┌───┐
국립중앙도서관 출판시도서목록 (CIP)

신자유주의의 종언과 세계화의 미래 / 하랄트 슈만, 크리스티아
네 그레페 지음 ; 김호균 옮김. --서울 : 영림카디널, 2010
   p. ;   cm. -- (세미나리움 총서 ; 21)

원표제: Der Globale Countdown
원저자명: Harald Schumann, Christiane Grefe
색인수록
독일어 원작을 한국어로 번역
ISBN 978-89-8401-149-6 04300 : ₩18000
ISBN 978-89-8401-023-9 (세트)

국제 경제[國際經濟]

322.8-KDC4
337-DDC21   CIP2009004093
└───┘

신자유주의의 종언과
세계화의 미래
Der Globale Countdown

2009년 3월 25일 1판 1쇄 발행
2010년 1월 20일 2판 1쇄 발행

지은이 | 하랄트 슈만 · 크리스티아네 그레페
옮긴이 | 김호균
펴낸이 | 양승윤

펴낸곳 | (주)영림카디널
        서울특별시 강남구 강남대로 345 혜천빌딩
        Tel.555-3200 Fax.552-0436

출판등록 1987.12.8. 제16-117호
http://www.ylc21.co.kr

ISBN 978-89-8401-149-6 04300
     978-89-8401-023-9 (세트)

*책값은 뒤표지에 있습니다.

| 글로벌 카운트다운 |

신자유주의의 종언과 세계화의 미래

하랄트 슈만 · 크리스티아네 그레페 지음 | 김호균 옮김

Der Globale Countdown

영림카디널

DER GLOBALE COUNTDOWN

by Christiane Grefe & Harald Schumann

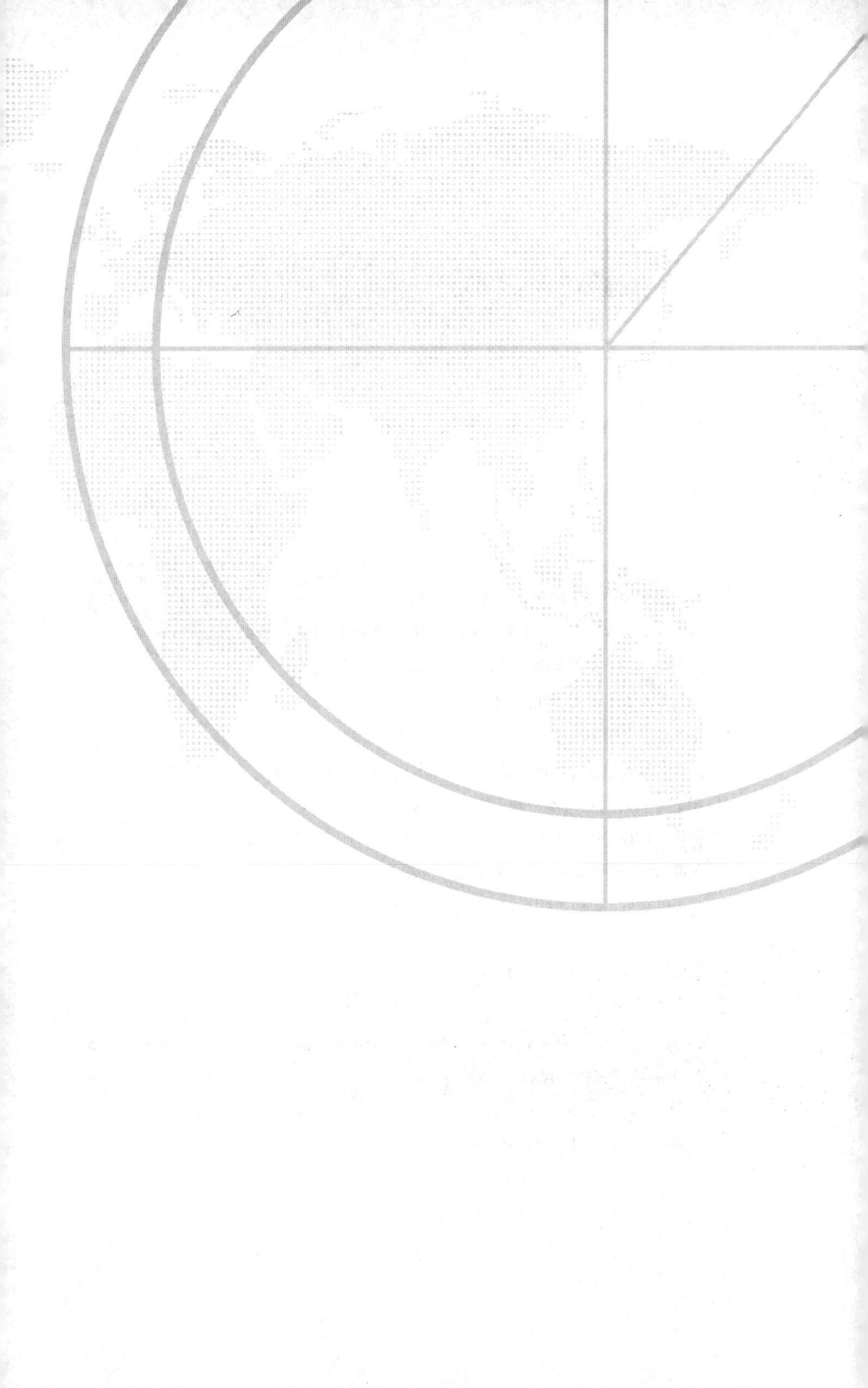

제1장 세계화와 함께 나락으로   21

제2장 미카도의 세계   51

제3장 세계적인 모래성   109

제4장 불평등의 씨를 뿌린 자들은……   187

제5장 온실에서 벌어지는 자원전쟁   255

글로벌 금융위기를 예언하고 환경위기를 진단한 책

이 책을 번역하기 시작한 것은 미국에서 출발한 세계 금융위기가 가시화되기 시작할 무렵이었다. 미국 정부가 보증하는 모기지 업체인 패니메이Fannie Mae와 프레디맥Fredie Mac에 대한 2,000억 달러 구제금융이 결정된 지 일주일 만에 미국의 4위 투자은행인 리먼브라더스Lehman Brothers가 파산보호 신청을 했고 3위 투자은행인 메릴린치Merrill Lynch가 BOA에 인수합병되었으며 최대 보험회사인 AIG마저 사실상 국유화되었다. 〈파이낸셜 타임스Financial Times〉조차 신자유주의를 뜻하는 "로널드 레이건 시대가 공식적으로 막을 내렸다"고 선언했다. 국내에서도 조선일보는 "금융위기에 흔들리는 미영 자본주의 모델", 중앙일보는 "미국, 30년 신자유주의의 종언"으로 규정하고 나섰다. 한국에서는 2008년 가을부터 환율이 폭등하고 주가와 펀드는 거의 반 토막 났다. 1997년의 혹독한 겨울이 한국에 다시 찾아온 것이다.

그런데 이 책을 우리말로 옮기면서 이러한 일련의 과정을 관찰하려니 지은이의 통찰력에 감탄을 금할 수 없었다. 2008년 2월에 원고가 마무리된 것으로 추정되는 이 책의 지은이가 임박한 세계 금융위기를 정확하게 예견한 것이었다. "금융시장이 붕괴에 직면해 있다." "결산의 날이 온다." 지은이는 작금의 금융위기의 시발점을 1973년 달러 금본위제의 해체와 고정환율제로부터 변동환율제로 이행한 것에서 찾아내고 있다. 이를 통해 금융산업이 세계시장을 상대로 폭발적으로 성장할 수 있는 길이 열렸다는 것이다. 그리하여 1980년 12조 달러로 당시 세계총생산과 비슷한 규모를 가졌던 금융자산이 2005년에는 그 10배가 넘는 140조 달러로 증가해 세계총생산의 거의 세 배에 달했다. 지은이는 이 금융자산이 어떻게 성장하고 어떠한 과정을 거쳐 붕괴하기에 이르렀는지를 이해하기 쉽게 설명하고 있다.

헤지펀드, 파생금융상품, 신용평가기관, 거품경제, 서브프라임 모기지, 투자은행 등 어느덧 우리에게도 익숙해진 금융시장 참여자들이 이 '모래성'을 쌓는 데 어떻게 기여했는지를 설득력 있게 설명하고 있다. 특히 지은이는 파생금융상품을 '세계 차원의 사기'로 규정하고 있다. 여기에서는 어떤 추상적인 이론에 기초해서 금융자산이 쌓은 거품경제를 설명하는 것이 아니다. 지은이는 저널리스트답게 수많은 사실과 사례를 들어 세계금융위기가 악화되는 과정을 보여주고 있다. 이 책을 읽다 보면 작금의 세계 금융위기에 누가 책임을 져야 하는지를 독자들은 알게 될 것이다.

위기에는 언제나 전조가 있기 마련이지만 그 전조가 대응책을 마련해야 할 책임 있는 정책당국자들에 의해서는 철저히 무시되는 것도 마치 하나의 법칙인 것 같다. 지은이는 반복되는 위기의 전조와 산발적이나마 제기된 경고에도 불구하고 금융위기의 발발을 사전에 차단하지 못한 정책실패가 우연이 아니라 정경유착에 의해 초래된 필연적인 결과임도 밝히고 있다. 그리고 2008년 9월까지 금융자본에 대한 규제를 일관되게 거부해 온 미국의 이기주의가 전 세계 인류에게 금융위기라는 재앙을 안겨주고 있음도 정확하게 밝혀내고 있다. 미국은 누적되는 재정 적자와 경상수지 적자를 해소하려 하지 않고 끊임없는 국채발행과 통화중발이라는 미봉책을 반복했다. 결제통화, 기축통화로서 달러화가 가지는 특권을 남용하여 전 세계를 상대로 '너희가 망하지 않으려면 우리를 망하게 하지 말라' 는 요구를 관철시킨 것이 미국의 일관된 공식 입장이었던 것이다. 경상수지 흑자를 통해 막대한 달러를 보유하게 된 나라들은 달러자산의 가치가 폭락하는 것이 두려워 미국의 정책에 어쩔 수 없이 끌려 다니는 형국이 되었다. 미국은 이를 '금융공포의 균형' 이라 불렀다.

지은이는 '금융시장 자본주의' 에 대한 비판에 그치지 않고 대안도 동시에 제시하고 있다. 파생금융상품을 비롯한 금융자본의 거래활동에 대해 전 세계 모든 정부가 규칙을 정해 규제해야 한다는 것이 첫 번째 대안이다. 아울러 헤지펀드를 감독하에 두기 위해서 역외센터나 조세피난처를 정비할 것을 제안하고 있다. 아울러 은행과 펀드의 경영진에 대한 급여체계를 규제하고 개선해야 함도 역설하고 있다.

지은이가 독일뿐만 아니라 한국에서도 베스트셀러가 된 자신의 저서《세계화의 덫》의 속편이라는 부제를 단 이 책을 집필한 것은 세계 금융위기의 발생을 경고하고 그에 대한 대응책을 제시하기 위한 것만은 아니었다. 지은이의 관심사는 세계화가 얼마나 돌이킬 수 없는 단계에 이르렀고, 그 과정에서 어떤 부정적인 현상이 발생하고 있으며 어떤 대응책이 세계적인 차원에서 필요한가에까지 이르고 있다.

　사실 세계화에 대한 논쟁은 어제 오늘의 일이 아니다. 이 책의 지은이가 증명하고 있는 바와 같이 세계화 논쟁은 20세기 초에도 있었지만 대공황과 두 차례의 세계대전을 거치면서 세계화가 사실상 중단되자 그에 관한 논의도 중단되었다. 그러다가 다시 1990년대 들어서면서 세계화 논의가 다시 활발해지기 시작했다. 이 논의과정에서 세계화를 바라보는 시각이 여러 갈래로 극단적으로 구분되고 있음이 확인되고 있다. 우선 세계화라는 현상이 실제로 진행되고 있는지에서부터 의견이 갈리고 있다. 한편에서는 세계화를 부정하는 입장이 자리하고 있다. 이들은 세계화를 아무런 실체가 없는 '암호' 또는 '신화'로 간주한다. 그 근거로 이들은 자본주의 재생산 구조가 20세기 초에 비해 질적인 도약을 했다는 증거를 찾기 어렵다는 점을 들고 있다. 이러한 입장에서 보면 세계화 담론은 산업입지 경쟁을 부추기는 이데올로기로서만 기능할 뿐이다. 즉, 국가간 경쟁을 부추겨 복지를 감축하고 노동에 압박을 가하거나 국가의 노동정책을 자본에 유리한 방향으로 변화시키기 위해 연막전술을 펴는 신자유주의의 음모로 '세계화 수사학'을 비판하고 있는 것이다. 이러한 입장은 노조에 친화적인 학자들 사이에서 상당한 지지를 받고 있다. 세계화가 새로운 현상임을 부정하는 입장에서 내리는 정치적 결론은 국민국가 차원에서 결정되고 추진되던 기존의 정치 노선을 고수하는 것이다. 세계화가 진행되고 있지 않으니 굳이 세계화에 대응책을 마련한다면서 노조에 불리한 담론의 장에 나설 필요가 없기 때문이다.

이와 반대로 세계화 현상을 인정하는 입장은 다시 네 가지로 분화되고 있다. 하나는 세계화를 신자유주의 정치프로젝트의 결과이자 구성요소로 파악하는 시각이다. 이 시각에 따르면 세계화는 현실이며 소유주 이익의 극대화라는 신자유주의적 목표를 구현하기 위해서 추진되는 과정이다. 그러므로 이들이 제기하는 비판은 세계화가 아니라 이 세계화를 적극 추진하는 신자유주의에 초점이 맞추어져 있다. 다른 한 가지 입장은 세계화를 '외부강제'로 인식한다. 이 시각에 따르면 세계화는 돌이킬 수 없는 대세이며 이에 순응하지 않고 적응하지 않는 나라는 세계시장 경쟁에서 낙오할 수밖에 없다. 그런데 기이하게도 이처럼 세계화를 대세로 인정하는 시각은 이념적으로 서로 대척점에 있는 논객들의 지지를 받고 있다. 즉, 신자유주의자들뿐만 아니라 전통적인 진보학자들도 '외부강제' 논리를 내세우고 있는 것이다. 단지 신자유주의자들은 세계화를 경쟁 촉진을 통해 경제적인 효율성과 후생이 극대화되는 과정으로 해석하는 데 비해, 진보학자들은 자본주의가 국민국가의 공간을 뛰어넘어 세계적 차원에서 모순이 심화되는 과정으로 해석한다. 양자의 차이는 세계화가 초래하는 사회경제적 결과에 대해서 극단적으로 엇갈리는 평가를 내리는 데 있다. 신자유주의자들은 세계화를 경제성장과 후생증대를 가져다주는 '복음'으로 주장하면서 세계화 과정을 ‘과잉규제’ 되었던 시장의 해방으로 축하하고 정부의 정책조치는 세계시장의 경쟁압력에 대한 적응에 초점을 맞출 것을 요구하고 있다. 반면에 진보학자들에게 세계화는 국민국가의 정책을 무력화시키고 국민국가를 복지국가에서 ‘경쟁국가’로 변모시켜 사회보장시스템을 비롯한 사회적 결속과 연대 일체를 파괴하고 사회경제적 양극화를 초래하는 ‘공포 비전’으로 보고 있다.

마지막으로 세계화 현상을 인정하는 한편, 세계화가 초래하는 긍정적인 영향과 부정적인 영향에 함께 주목하면서 부정적인 영향을 해소하려는 관점이 있다. 이 시각은 세계화를 통해 인류 모두가 더욱 가까워지고 경제적으로도 효율성 향상과 복지증진의 기회와 가능성이 확대되는 점은 인정하면서도 그것이 아직은 대부분의 인간에게는 기회와 가능성으로만 머물 뿐 현실적으로는 ‘20대80사회’라는 구호로 집약되듯이 극소수에게만 그 혜택이 집중되고 있음에도 주목한다. 이 책의 지은이가 서있는 입장이 바로 이것이다. 이것은 세계화 부정론이나 ‘공포 비전’과는 달리 세계화 현상을 인정하고 그것에 긍정적 가치를 부여하는 시각이다. 그렇지만 다른 한편으로는 신자유주의처럼 세계화에 열광하지는 않는다. 자유방임적인 세계화가 아니라 조절된 세계화, 자본 중심의 세계화가 아니라 인간 중심의 세계화를 옹호하는 것으로 해석될 수 있다.

지은이는 세계화가 인류 모두에게 성공하기 위해서 조절되어야 할 것, 지금 당장 해결되어야 할 미래과제로 세 가지를 거론하고 있다. 세계화된 금융산업의 제어, 개도국의 대중빈곤과 선진국의 사회적 분열의 극복, 재생에너지원에 의한 화석연료 및 핵연료의 대체가 그것이다.

지은이는 먼저 중국과 미국, 중국과 인도, 유럽과 러시아 등을 사례로 들면서 전 세계적으로 경제관계가 돌이킬 수 없을 만큼 상호의존하고 있고 그 의존도가 갈수록 높아지고 있음을 설명하고 있다. 지은이는 이러한 상황을 "우리는 서로 없으면 살 수 없다"는 클린턴 전 대통령의 말로 요약하고 있다. 다른 한편으로 지은이는 이 경제적 세계화가 선진국 중심으로 이루어지고 있는 현실을 비판하고 있는 것이다. 미국이나 유럽이 개도국을 향해서 보여주는 일방주의 또는 편의주의를 비판하고 있다. 신흥공업국이나 중동 산유국들이 선진국의 주요 기업을 인수하고자 할 때 선진국 정부가 나서서 이를 저지하는 사례들을 들면서 선진국들의 위선을 고발하고 있다.

이 책이 전하고자 하는 또 하나의 메시지는 국내 차원에서뿐만 아니라 국제적 차원에서 경제적 불평등을 완화하지 않고서는 세계화가 성공할 수 없다는 사실이다. 이러한 맥락에서 지은이는 '세금기생족'과 조세피난처를 고발하고 있다. 또한 불평등의 심화가 국내적으로나 국제적으로 갈등과 분쟁을 심화시키는 핵심원인이 되고 있음도 보여주고 있다. 사회경제적 처지가 악화될 위험이 개인을 극단적인 행동으로 유인하듯이 대중의 빈곤은 한 국가 전체가 종교적 근본주의나 테러주의에 빠지는 결정적인 요인이 된다는 명제를 실증적으로 제시하고 있는 것이다. 그래서 전통적인 복지국가들이 국내적으로는 불평등을 완화시키는 재분배정책을 적극적으로 시행해야 하고 개도국에 대해서는 각국의 필요에 맞는 개발정책을 지원해야 한다는 대안을 제시하고 있다. 아울러 지은이는 선진국에서 불평등의 심화가 초래할 정치적 파장에 대한 두려움 때문에 적극적인 재분배정책의 필요성에 대한 공감대가 사회전반으로 확산되고 있음도 보여주고 있다. 이는 우리가 주의깊게 살펴봐야 할 점이다. "수십 년에 걸쳐 복지국가를 잠식한 신자유주의적인 삭감정책이 시행되고 난 지금 정치적·경제적 엘리트들은 그들 스스로 추동한 사회적 분열의 정치적 귀결에 대한 두려움에 사로잡혀 있다. 일본, 독일, 영국, 미국 등 다양한 나라들에서 보수적인 정치인들조차 갑자기 보다 공정한 조세, 보다 높은 임금, 위로부터 아래로의 재분배를 요구하고 있다." 사회주의체제가 붕괴되기 훨씬 전에 스탈린주의는 공식적으로 폐기되었다. 하지만 스탈린주의가 이념적으로 몰락했음에도 불구하고 스탈린주의자들은 아직도 남아 있다. 이와 마찬가지로 신자유주의가 미국, 영국 등 그 원산지에서 몰락해도 신자유주의자들은 여기저기 남아 있을 것이다. 그런데 퇴조하는 신자유주의가 중요한 역사적 전환기에 놓여 있는 한국사회의 틀을 세계사의 흐름에 역행하는 방향으로 변화시킬 우려가 있다. 모든 나라가 규제의 재도입을 주장하고 있는 시점에서 규제완화와 개방화, 민영화를 강행하는 것은 한국사회의 시계를 거꾸로 돌리는 우를 범할 수도 있을 것이다.

"기후변화는 현안이다." 이것은 지은이가 이 책에서 강조하는 또 하나의 화두이다. 지은이는 석유나 석탄 등 화석연료 사용이 초래하는 지구온난화가 인류에게 현안으로 다가왔음을 설득력 있게 설명하고 있다. 그리고 이 온난화에 책임이 가장 적은 개도국에 온난화의 피해가 집중되는 반면, 온난화에 가장 큰 책임을 져야 할 선진국에서는 온난화에 따른 혜택이 발생하는 역설을 많은 사례를 들어 설명하고 있다. 그리고 기후변화에 대한 대응이 지연된 이유가 어디에 있는지, 늑장 대응이 어떤 결과를 초래할지에 대해서도 선명하게 보여주고 있다. '에코토피아'가 실현되려면 세계적인 차원에서 선진국과 개도국 사이에 기후정의가 실현되어야 한다는 주장에서는 지은이의 냉철한 양심이 돋보인다. 나아가 이 책에서는 기후변화가 더 이상 진전되지 않기 위해서 정확한 대체에너지가 활용되어야 함을 제시하고 있다. 지은이에 따르면 원자력은 물론 바이오 연료도 대체에너지에 속할 수 없고 태양광, 풍력, 바이오 가스 등이 대안이 될 수 있다. 원자력에 대한 높은 의존도를 유지하려는 한국 사회가 진지하게 검토해야 할 주장으로 생각된다.

금융위기, 기후변화, 지역분쟁이라는 인류 전체의 과제를 해결하는 주체로서 지은이는 비정부단체들의 활동에 주목하고 있다. 각종 정부 차원의 협의체는 물론 UN마저도 이들 현안을 해결하는 데 충분한 실행 능력을 갖추지 못하고 구두선만을 반복하고 있음을 지적하면서 '세계 시민'이 된 비정부단체들의 공동노력을 긍정적으로 평가하고 있는 것이다. 하지만 이들도 재정문제에서 내재적인 한계를 가지고 있기 때문에 결코 정부를 대체할 수 있는 것은 아니며, 궁극적으로는 집행능력을 갖춘 국제기구가 절실히 필요함을 역설하고 있다. 이러한 맥락에서 지은이는 일종의 '확장된 유럽'으로서의 세계를 비전으로 제시하고 있다. 유럽은 이미 협상을 통해 합의에 도달하는 비교적 오랜 전통을 가지고 있기 때문에 일방주의가 아닌 다자주의가 필요한 세계에서 하나의 모델이 될 수 있을 것이라는 판단이다. 그렇지만 지은이는 유럽 모델 자체도 민주주의가 더욱 보완되어야 함을 지적하고 있어 객관적 비평자로서 중심을 잃지 않고 있다.

전체적으로 이 책은 부인할 수 없는 구체적인 사실들에 입각해서 지은이가 주장하고자 하는 메시지를 독자에게 정확하게 전달하고 있다는 평가를 받을 수 있을 것이다. 금융위기의 예언뿐만 아니라 기후변화, 양극화, 자원전쟁, 세계시민운동 등 21세기 인류가 안고 있는 공동의 문제와 그에 대한 대응책을 제시하려는 시도에서 이 책만큼 성공한 책도 드물 것이다.

2009년 초봄

김 호 균

제1장

세계화와 함께 나락으로

Der Globale Countdown

세계가 상호의존하는 새로운 시대와 역사의 경고

인류 전체의 민족과 국가가 지금처럼 서로 가까운 적은 일찍이 없었다.

정보와 자본이 유럽과 미주, 아시아 사이의 대양을 끊임없이 넘나들고 있다. 수많은 새로운 기술 덕분에 수초 만에 서로 연락할 수 있고 어느 국경이든 넘을 수 있는 운송체계가 있으며, 모든 대륙의 구석구석에까지 국제무역이 뻗어가고 있다. 수천 개의 기업이 전 세계에 걸쳐 생산망과 판매망을 구축하고 있다. 런던과 뉴욕에 있는 수많은 정보망의 교차점에서는 전 세계의 모든 정보를 확보하고 있는 투자은행가들이 고속성장하고 있는 신흥공업국에서 신도시나 수송로, 공장을 짓는 데 필요한 재원을 조달해 주는 새로운 금융회사를 끊임없이 설립하고 있다. 이들 신흥공업국의 추격과 기술변화는 일상생활을 급속하게 변화시키고 있다. 새로운 기계들이 한꺼번에 수백 명의 노동력을 대체할 수 있기 때문에 통째로 사라지는 직업군도 있다. 동시에 값싼 수입품들이 시대에 뒤떨어진 수많은 생산자들을 내몰고 있다. 수백만이 실업자가 되고 바다 건너 이국으로 새로운 꿈을 찾아가고 있다.

전례 없는 호황이 지금까지 아무도 알지 못했던 동력을 뿜어내고 있다. 경제학자들은 '거리距籬의 소멸'[1] 에 열광하고 있다. 미국의 저명한 경제학자인 리처드 엘리Richard Ely● 는 국가별로 조직되었던 국민경제가 종말을 고하고 있다고 말했다. "다음 단계는 세계경제일 것이고 화

● Richard Ely: 1854~1943, 존스홉킨스 대학 교수.

폐시장은 이미 진정한 세계시장이 되었다"[2]고 그는 예언했다.

위의 이야기는 1903년의 일이다. 현재의 세계경제 현황에 대한 논평처럼 들리는 것이 실제로는 이미 백여 년 전에 진행되었던 상황을 묘사한 내용인 것이다.

다국적기업, 국제경쟁, 세계적인 자본흐름은 우리 시대에 태어난 것이 아니다. 지난 세기 초에 세계를 움직인 것과 똑같은 경제적 힘이 오늘날 다시 한 번 인류를 사로잡고 있다. 세계화 과정, 즉 상품과 자본의 거래를 통한 시장과 기업, 지식과 문화의 전 세계적인 융합이 이미 적극적으로 우리 조부와 증조부 세대의 삶을 변화시킨 바 있다. "1914년경에 벌써 멀리 떨어진 해외시장에 의해 가격이 영향을 받지 않거나, 외국자본의 재원으로 조달된 사회간접자본이나 지식과 사업방식을 외국에서 수입하지 않은 도시가 이 지구 상에는 거의 없었다"고 경제사학자 케빈 오루어키Kebin O'Rourke와 제프리 윌리엄슨Jeffrey Williamson은 세계화 역사를 연구하면서 확인했다.[3]

오늘날과 마찬가지로 당시에도 혁명적인 신기술이 시장경제의 세계적인 확장을 가속화시켰다. 오늘날의 전자기술이나 인터넷, 나노기술과 마찬가지로 당시에도 자동차와 영화, X선과 전기조명, 전화와 합성섬유가 사람들을 경탄케 했다.

학창시절의 아이디어를 마이크로소프트와 구글이라는 수십억 규모의 세계적인 기업으로 발전시킨 빌 게이츠Bill Gates와 래리 페이지Larry Page 같은 선구자들은 세계화 제1기에도 있었다. 바로 베르너 폰 지멘스Werner von Siemens와 토머스 에디슨Thomas Edison 같은 사람들이며 이들은 그 후계자들과 마찬가지로 한 세대도 되지 않아 구멍가게를 세계적인 대기업으로 키워냈다. 세기가 바뀔 무렵 지멘스 가문은 벌써 생산공장의 30퍼센트를 세계 각지에 두고 있었으며 세금 부담이 적은 스위스 금융지주회사를 통해 아르헨티나에서부터 러시아에 이르기까지 세계 곳곳에 전기회사, 전차회사, 조명회사를 설립했다.[4]

경쟁도 마찬가지로 계속되었다. 알게마이네 엘렉트리치테트 게절샤프트Allgemeine Elektirizität Gesellschaft(AEG), 에디슨의 제너럴 일렉트릭General Electric, 그의 숙적 웨스팅하우스Westinghouse도 모두 동시에 전 세계로 뻗어나갔다. 이들 4개 대기업은 공동으로 세계 카르텔을 결성하기도 했고 오늘날 세계 독점기업인 마이크로소프트만큼이나 이윤을 창출했다.

이러한 성장의 가장 강력한 추동력은 새로운 통신망과 수송망이었다. 철도망이 확충되었고 시간이 흐를수록 큰 상선이 건조되었으며 수만 킬로미터의 전보망이 세계시장을 연결했다. 발칸 반도와 이집트, 인도, 중국, 북미에서 요란스럽게 벌어지는 철도 건설의 아슬아슬한 곡예는 당시 모험소설의 소재가 되기도 했다. 1880년 전 세계에 약 37만 킬로미터가 놓였던 철도는 1912년에 100만 킬로미터가 넘었다. 같은 기간 동안에 세계 상선단 중량은 두 배가 되었고 해외 전보케이블 용량은 17년 만에 70퍼센트 증가했다.[5]

1913년 런던 증권브로커들이 뉴욕시장의 담당자들과 시세나 매매 위탁 정보를 교환할 때는 1분도 기다리지 않고 연결될 수 있었다.

그럼으로써 머나먼 미개지역이 매력적인 성장 중심지가 될 수 있었다. 가령 시카고는 20년도 되지 않아 초원의 변두리에 놓인 변방도시에서 선물환거래로 곡물과 목재의 세계시장가격을 결정하는 대도시로 변신했다. 도시에 몰린 철도망은 대부분 유럽 투자자들에 의한 것이었다. 이들은 대영제국과 더불어 전 세계로 뻗어갔던 국경 없는 금융시스템의 덕을 보았다. 2차대전 이전에는 패권국이었던 영국은 오늘날 미국이 그러하듯이 거래규칙과 금융규칙을 결정했다. 영국 파운드화는 세계에서 통용되는 통화였고 런던 중심가에서 활약하는 은행가들은 유럽 전체 부자들의 재산을 대부분 관리했다. 당시에 이미 도이체방크도 참여하고 있었고 이 은행은 1914년에는 세계최대 은행으로 성장했다. 금융 매니저들은 투자자들의 자산을 신흥성장 지역에서 광산이나 철도, 공공운하 시스템에 필요한 수천 개의 폐쇄성 펀드에 투자했다. 그밖에 로열 더치 셸Royal Dutch Shell이나 브리티시 페트롤리움British Petroleum처럼 오늘날 대기업 세계에서 내로라하는 기업들도 당시 석유소비가 증가하는 것을 보며 투기 붐을 조장했던 투자펀드 덕분에 탄생할 수 있었다. 이들은 오늘날의 벤처캐피털 펀드와 비슷하게 괄목할 만한 이윤만큼이나 요란하게 파산하기도 했다.

1995년 싱가포르 지점의 투자 실패 때문에 파산한 바로 그 은행인 베어링스Barings는 100여 년 전에도 이미 한 차례 파산 직전까지 내몰렸다. 당시 아르헨티나에 대출한 것이 실패했음에도 불구하고 이 회사가 파산하지 않은 것은 단지 영란은행BOE* 이 금융 중심지 런던의 명성을 지키기 위해서 관대하게 지원을 해주었기 때문이다.

이렇게 선진국들은 세기가 바뀔 무렵 30년 동안 그 기세와 속도에서 오늘날의 변혁에 전혀 뒤지지 않는 비약적인 발전을 맛보았다. 20세기도 21세기와 마찬가지로 국제적인 경제적 연계가 급속히 가속화되면서 시작되었던 것이다.

● 英蘭銀行: 영국중앙은행Bank of England. 1694년 W. 페터슨의 제안에 따라 설립된 최초의 주식회사 형태의 은행으로 1946년 노동당 정부에 의하여 국유화되었으나, 중앙은행으로서의 업무는 기본적으로 변함없이 현재까지 이르고 있다.

대부분의 경제학자들은 고전학파의 자유방임주의를 따르고 언제나 시장을 역사의 근본적인 추진력으로 바라보는 경향이 있으며, 또 그것을 확고하게 믿고 있는 것처럼 보인다. 즉, 우주에 새로운 것은 없으며 역사는 끊임없이 전진한다는 사고방식이다. 오랫동안 독일의 킬Kiel 세계경제연구소 소장을 지냈고 독일 경제학계의 최고참인 헤르베르트 기르시Herbert Giersch는 "세계화는 세계의 변두리까지 자본주의 경제방식을 공간적으로 확장시키는 것이라는, 이미 오랫동안 진행되어 온 과정을 새롭게 부르는 구호일 뿐"이라고 진단하고 있다. 그에 따르면 세계화의 위험에 대한 모든 논란은 무의미한 것이다. 기르시는 "세계화 과정은 되돌이킬 수 없다"고 말하면서 전 세계 경제학계의 엘리트들과 의견일치를 보고 있다. "사람들은 세계화 과정에 적응해야지 저항해서는 안 된다."[6]

이와 관련하여 기르시를 비롯한 시장 신봉자들은 카를 마르크스Karl Marx와 프리드리히 엥겔스Friedrich Engels가 올바른 판단을 했다고 기꺼이 말한다. 이들 두 19세기 혁명가는 이미 그들의 '공산당 선언'에서 "부르주아지가 자신들의 생산물을 팔기 위해서 보다 확장된 판로에 대한 끊임없는 욕구를 …… 지구 전체에 걸쳐" 어떻게 충족시키고 있는지 서술했던 것이다. 이들 공산주의 예지자들은 "원시적인 국민적 산업"이 폐기되고 "모든 개화된 민족에게 사활문제가 되는" 새로운 산업의 도입에 의해 이들 국민적 산업이 내몰리는 것을 크게 환영했다. 이들은

"모든 사회적 상태가 끊임없이 요동치는 것"에 열광적으로 감탄사를 보냈다. "공고하게 엉겨붙은 모든 관계들은 해체되고 새로이 형성된 모든 관계들은 미처 굳기도 전에 노화되고 있다."

이는 마치 독일의 재계 로비스트들이나 대기업 경영진이 복지국가의 고루한 구조와 기득권들을 비난하고 세계 통합에 대한 모든 비판을 부정하면서 산업입지의 중요성을 역설하는 연설처럼 들린다. 실제로 오늘날의 시장 신봉자들은 마르크스와 한 가지 공통점을 가지고 있다. 바로 인류에게는 미리 정해진 발전경로 같은 것이 있다는 확신이다. 갈수록 넓어지는 시장, 갈수록 밀접해지는 국제분업, 갈수록 막강해지는 기업—이러한 미래만이 그들의 세계상에서는 예정되어 있다.

그렇지만 그러한 경제결정론을 칭송하는 것은 1914~73년의 시기를 일직선의 발전경로에서 일시적으로 이탈한 것으로 치부하려는 자들뿐이다. 그 까닭은 인류는 바로 국경을 무너뜨리는 자본주의의 이 힘을 폭력으로 퇴치하거나 적어도 규칙이나 국제협약으로 제어하는 데 최근의 60년을 보냈기 때문이다. 공산주의자들은 자신들이 점령한 나라에서 시장시스템 전체를 내팽개치면서 국가주도 경제를 정착시키는 데 전력을 기울였다. 이와는 반대로 자본주의 구조를 가진 국가들은 1930년대의 전 세계적인 시장붕괴라는 재앙을 물리치기에 급급했고 훗날 그러한 위기의 재발을 방지할 수 있도록 국가의 강력한 규제로 묶인 무역시스템, 통화시스템, 사회보장시스템을 발명해 냈다.

이 시기는 사망자 수를 기준으로 할 때 그때까지 인류 역사에서 가장 큰 재앙이었던 1차대전과 더불어 시작되었다. 1차대전을 기점으로 해서 세계경제통합은 급격한 반전을 겪기 시작했다. 영국의 금본위제에 기초하면서 거의 전 세계적으로 통용되던 안정적인 통화시스템과 무역

시스템은 사라지고 말았다. 그에 비견할 만한 국제경제질서와 통화질
서는 1945년 이후에 비로소 다시 등장했으며, 그것도 철의 장막 서편에
서만 통용되었다. 전 세계 가치창출액에서 차지하는 비중으로 측정할
때 세계무역이 이미 1913년에 도달한 수준에 다시 도달한 것은 60년 후
인 1973년이었다. 모든 선진국이 마침내 자본과 통화 거래에 대한 통제
도 포기하고, 자유화된 국제자본시장이 전쟁 이전의 거래량에 도달할
때까지는 그 후 다시 10년이 더 걸렸다. 오늘날 수많은 정부들이 벌써
이를 후회하고 있다.

파란만장했던 20세기 경제사는 다음과 같은 사실을 말해 주고 있다.
국경을 뛰어넘는 자본주의의 확장은 결코 사전에 결정되어 있는 것이
아니다. 역사의 진행은 전혀 다른 방향으로 나아갈 수도 있었다. 그것
은 변증법적 과정이다. 수요와 공급, 자본수익과 구조변화의 메커니즘
이 국경을 뛰어넘는 과정에서 특정한 이익이 침해되거나 기존 문화가
위협받는 곳에선 저항운동도 낳는다. 그리고 그 결과를 미리 알 수도 없
다. 전 세계적인 통합 경향이 지속되다가 다시 반전되지 않는다고 누구
도 장담할 수 없다. 유럽인들은 이미 60년 이상 평화와 복지를 누리고
있다. 그렇기 때문에 세계대전이 다시 일어날 수 있다는 생각이 그들에
게는 엉뚱한 것처럼 보인다. 그러므로 다시 나락으로 떨어질 수도 있다
는 시나리오는 비현실적으로 받아들인다. 그러나 그러한 잠재력은 끊
임없이 상승하고 있다.

세상 일이 시장논리만 따랐더라면 1차대전도 일어나서는 안 되는 것이었다. 이 정황을 영국의 언론인이자 훗날 노벨평화상 수상자인 노먼 에인절Norman Angell보다 더 정확하게 서술한 사람은 없다. 1차대전이 일어나기 4년 전인 1910년에 에인절은 당시 군국주의적인 시대정신을 정면으로 비판하는 반박서를 발표했다. 당시 유럽의 강대국들은 값비싼 군비경쟁에 빠져들고 있었다. 이를 정당화하기 위해서 각국 정부는 생활에 필수적인 자원과 민족의 생존을 둘러싼 투쟁으로 선전하면서 분위기를 고조시켰다. 독일은 영국에 맞서 군비를 증강했고 러시아는 오스트리아−헝가리 제국에 맞서는 동맹을 구축했으며, 프랑스는 1871년의 치욕●에 대한 복수를 벼르고 있었다. 그러나 독설을 마다 않는 분석가이자 독학한 학자인 에인절은 이러한 상황을 비판했다. 그는 근대 세계에서 전쟁 같은 폭력을 동원해서 한 나라의 복지를 증대시키거나 보전할 수 있으리라는 상상은 "커다란 환상"이라고 같은 제목의 저서에서 말했다.[7]

당시의 평화주의자들과는 달리 에인절은 도덕적이 아니라 경제적인 논거를 제시했다. 그는 유럽 국가들이 경제적으로 고도로 결속되어 있고 그로 인해 상호의존되어 있음을 지적했다. 그는 "경제적으로 문명화

● 프로이센의 비스마르크가 보불전쟁에서 프랑스에 승리하여 독일연방을 결성(1866)한 다음, 빌헬름 1세가 1871년 파리의 베르사유 궁전에서 대관식을 가지고 독일제국이 탄생했다.

된 세계에서 복지는 확실한 신용과 상업 계약에 기초하는데, 이는 [국제] 분업과 통신이 비약적으로 발전한 결과"라고 분석했다. 그러나 정복자가 모든 보화를 몰수하겠다고 위협하면 신용 위에 세워진 이 경제 시스템은 몰락한다는 것이다. 에인절은 "붕괴는 정복자 자신에게도 타격을 줄 것이며, 그러므로 정복자는 적의 재산을 존중해야 할 것이고, 결국 정복은 경제적으로 무의미할 것"이라고 에인절은 말했다.

이를 설명하기 위해서 에인절은 독일이 영국을 침공해서 영란은행이 보유한 금을 약탈하는 시나리오를 예시했다. 모든 지폐는 즉각 가치를 상실할 것이고 사람들이 은행에 몰려들 것이다. 이것이 영국의 일만은 아닐 것이라고 그는 경고했다. "그 까닭은 런던이 세계의 정산센터이고 전 세계를 대상으로 한 대출금은 더 이상 상환되지 않을 것이며, 모든 종류의 주식은 하락할 것이고 주식 보유자들은 몰락할 지경에 이를 것이며, 독일 금융시장도 영국 금융시장과 똑같은 혼란상태에 빠질 것이다." 에인절은 한 사례 한 사례 정밀 분석한 결과 동일한 결론에 이르렀다. "군사력은 경제적으로나 사회적으로 무용지물이다." 경제적으로 전쟁은 아무런 의미도 없으며 정복자와 패자를 똑같이 더 가난하게 만들 뿐이라고 그는 예상했다. 이러한 분석은 매혹적이어서 그의 책은 수백만 부가 팔렸으며 '에인절주의'를 따르는 추종자가 특히 사업가들 사이에서 많이 나타났다.

독일 자본가들도 결코 전쟁을 열망한 것은 아니었다. 한 콘체른의 총수인 후고 슈티네스Hugo Stinnes 같은 이는 전쟁이 일어나면 자신은 잃을 것밖에 없다는 사실을 명확하게 알고 있었다. 교과서에 나오는 것과 같은 진취적인 기업가인 슈티네스는 1898년 자신의 에센Essen 석탄광산을 도시에 있는 발전소와 연결시켜 "전선電線으로 석탄"을 판매하기

시작했고, 그럼으로써 오늘날의 거대 콘체른인 라인베스트팔렌시
Rheinisch-Westfälisches 에너지RWE를 위한 초석을 놓았다. 1911년 9월
슈티네스는 당시에 즉각적인 공격전쟁을 부추기고 있던 극우적인 '전
독운동全獨運動'의 지도자 중 한 사람이었던 하인리히 클라스Heinrich
Class와 논쟁을 벌였다. 전쟁추종자에 맞서서 이 자본가는 "이런 저런
기업의 다수 주식을 점차적으로 취득하고", "이탈리아 석탄 공급을 자신
이 담당"하거나 "필요한 광석을 위해서는 스웨덴이나 스페인에서 눈에
띄지 않게 자리를 잡을 수 있으며" 노르망디에서조차 정착할 수 있을
것이라고 말했다. "요컨대 3~4년만 평화가 유지되면 유럽에서 조용히
독일의 패권을 확보할 수 있다"고 한 것이다.[8]

비슷한 논법을 가지고 당시 빌헬름 2세와 독일 정부에 직언을 한 다
른 글로벌 플레이어도 있었다. 당시 화학 콘체른 BASF의 회장이었던
로버트 휘텐뮐러Robert Hüttenmüller는 독일 외무부에서 비밀리에 정치
지도자들과 회동하여 전쟁을 만류하기 위해 베를린으로 갔다. 그곳에
서 휘텐뮐러는 이렇게 경고했다. "독일 화학공업은 힘든 노동과 어려운
투쟁을 통해서 세계시장에서 성공을 거두었다. 세계평화가 크게 흔들
리면 화학공업의 지속적인 발전에 방해가 될 수 있다."[9]

함부르크 은행가인 막스 바르부르크Max Warburg도 전쟁이 일어나
면 전 세계를 무대로 활동하는 자기 가문의 은행(오늘날에는 대부분 스위
스 금융콘체른인 UBS가 보유)에게 최악의 사태가 발생할 것을 우려했다.
그래서 전쟁이 일어나기 일주일 전까지도 황제와 직접 독대하면서 전
쟁을 포기토록 하기 위해 노력했다. 그는 황제에게 "독일은 평화가 유
지되면 해마다 더욱 강해질 것이다. 우리에게는 기다리기만 하면 이익
이 된다"[10]고 설득했다고 자신의 일기장에 남겼다.

그럼에도 불구하고 이윤 추구에 대한 제국 나름대로의 망상을 꺾을 수는 없었다. 세상은 전례 없이 세계화되었지만 세계의 절반이 폭력의 나락으로 떨어지고 말았다. 반전론자인 에인젤의 말이 옳았다. 승자와 패자는 수백만의 사망자에 대해 애도해야 했고 게다가 전쟁 후에는 더욱 가난해졌다.

시장을 신봉하는 경제학자와 정치가들에게 이것은 오늘날까지도 당시의 급속한 세계화와는 아무런 연관도 없는 일종의 역사적 사고事故로만 간주된다. 혁신적인 기업가가 진보를 추동한다는 '창조적 파괴' 라는 유명한 말을 남긴 조지프 슘페터Joseph Schumpeter는 이미 "국가들의 침략적인 행태"를 당사자들의 이해관계로는 제대로 설명할 수 없었다. 1919년에 그는 제국주의는 "전前자본주의적 요소들의 강한 생명력"[11]에서 기인한다고 말했다.

그러나 많은 민족들이 대중의 열광 속에서 전쟁에 뛰어들기 위해 이 '자본과 시장의 광포한 승리' 를 이용했음을 시사하는 것들이 많다. 경제사학자 오루어키O'Rourke와 윌리엄슨Williamson은 이미 19세기 말에 세계화와 자유주의적인 경제체제의 "대대적인 후퇴"가 나타나기 시작했다고 말한다. 이러한 반전은 유럽 대륙에서 세계적인 경제적 변혁의 커다란 피해자들인 농민과 대지주들에게서부터 시작되었다. 수송체계의 혁명으로 미국과 러시아에서 수입된 수백만 톤의 값싼 곡물이 유럽 시장에서 넘쳐흘렀고 특히 프로이센의 융커豪族들 사이에서 대대적인 소요가 발생했다. 이들의 소득은 50퍼센트까지 감소했고 또한 영지의 가치는 급격하게 상실되었다.

빌헬름 황제 정부는 그때까지 유효하던 경제자유주의의 시대정신과 결별하면서 자신의 '녹색전선', 즉 생산계급을 높은 관세장벽으로 보호했다. 1902년까지 관세율은 상품가액의 47퍼센트까지 인상되었다. 다른 유럽 나라들도 대부분 독일 사례를 따랐다. 그렇지만 보호주의로 복귀한 것이 농업인의 비중이 감소되는 것을 막을 수는 없었다. 무엇보다도 농업인들이 국내에서 얻는 것보다 더 많은 것을 해외시장에서 잃었기 때문이다.

20세기로 들어서기 직전 농업보다 공업에서 처음으로 취업자가 더 많다는 사실이 통계적으로 입증되자 농업사회에서는 종말을 예견하며 대대적인 불안감에 사로잡혔다. 1897년 경제학자 카를 올덴베르크Karl Oldenberg가 라이프치히에서 열린 기독교 단체 연합모임에서 행한 선동적인 연설은 그 이후로 수년간에 걸쳐 펼쳐진 세계적인 경제적 연계에 관한 논쟁을 촉발시켰다. 올덴베르크는 독일이 미국이나 중국과 같은 '농업국가'에 종속될 위험이 있다고 주장했다. 그는 이러한 상황이 계속 진전된다면 "우리는 먹고 살기 위해서 갈수록 더 많이 수출해야 할 것"이라고 말했다. 그 결과 기계 수출은 민족에게 "무덤파기"가 된다는 것이다.[12] 저명한 경제학자 루트비히 폴레Ludwig Pohle도 당시의 세계화에 대해 경고했다. "낮은 임금 수준에 힘입어 결국 삼류국가들도 독일을 추월하게 되어 독일은 해외시장에서 추방될 위험"이 있을 뿐만 아니라 동시에 같은 산업에서도 "중국처럼 10배나 값싼 노동력 앞에서는 어떤 보호관세로도 국내시장을 유지할 수는 없다"고 경고했다. 그는 "자신이 상상으로 그린 공포의 괴물을 벽"에 그린 것이 아니라고 했다. 이 경제사학자는 "이들 산업의 파괴가 이미 진행되고 있다"고 주장했다. 그러나 실제로는 바로 정반대 현상이 일어나고 있었으며 독일 상품은 세계시장에서 홍수를 이루고 있었다.[13] 경제사학자 베르너 아벨스하우어Werner Abelshauer는 이러한 일련의 일들을 볼 때 "당시 역동적인 세계화에 대한 대대적인 저항이 존재했다"고 분석한다. 이 저항이 전쟁 이전 시대의 정치에서 큰 비중을 차지했으며 봉쇄경제와 국민적 자급자족을 향해 노력하기 위한 바탕을 마련하게 되었다. 그 이유는 제국의 장교진과 병사들이 융커와 이들의 농민에서 충원되었기 때문이다.

독일 산업사의 탁월한 연대기학자이자 역사학자인 요아힘 라트카우Joachim Radkau도 수많은 문서를 통해 갑자기 세계가 그토록 가까워진 것에 대해 전반적인 불안감에 시달렸다는 사실을 확인했다. 가령 미국의 경제적인 성공을 목격하면서 "위험한 미국"에 관해 언급하는 이가 많아졌다. 생산성에서 미국에 추월당하는 나라들은 "점차 중국과 같은 이류국가"로 침몰할 것이라고 어떤 평론가가 쓴 적이 있다. 라트카우는 가령 독일 기계공업은 1902년부터 1907년 사이에 600퍼센트의 수출증가를 달성하기는 했지만—이는 분명 역사적인 기록이 된 성공이다—"국제경쟁이라는 정신병에 시달리게 되었다"고 말했다.

시민들은 부당한 강요 속에 살고 있다는 느낌이 사회에 널리 확산되었다. 라트카우는—오늘날 또다시 재현되고 있는 바와 같이—지속적인 가속화만 중요시했던 당시의 시대정신에 관한 자신의 책에 '신경과민의 시대'라는 제목을 붙였다. '속도'가 보편적인 유행어였고 신경쇠약증, 즉 과도한 흥분이 국민질병으로까지 부상했는데 이는 독일에서만 그러한 것이 아니었다. 당시 저명한 신경과의사였던 빌헬름 에릅Wilhelm Erb은 이러한 현상이 "부적절한 정도까지 격화된 경쟁" 때문이라고 지적했다. 시민이든 민족이든 "생존을 위한 투쟁에 엄청난 노력을 기울이도록 강요당하고 있다"는 것이다.[14] 1914년에 유럽의 장군과 민족들이 모든 시대를 통틀어 전례 없이 잔혹했던 전쟁에 왜 내몰렸는지를 설명하기에는 이 모든 것으로도 분명 충분치 않다. 적어도 순기능하

는 국제기구가 없었다거나 군사동맹체제가 취약했다는 사실도 그만큼
은 중요했다. 아마도 그보다 더 큰 비중을 차지한 것은 현대전은 몇 달
이면 끝낼 수 있다는, 훗날에는 어처구니없는 생각으로 밝혀진 군부의
상상이었을 것이다. 끝으로 자기 민족이 우월하다는, 당시에는 아직 낡
지 않은 발상이 유럽인들 사이에서 강력한 추동력이 된 원인도 컸다. 그
러나 너무나 분명한 사실은 많은 국민의 방황과 불안이 전쟁으로 가는
길을 닦았으며 대항세력을 약화시켰다는 것이다. 모든 문제의 원인을
다른 나라나 민족에게 전가하는 것은 너무도 쉬웠다. 그리하여 1914년
여름 "특이하게도 전쟁 정신병은 결코 보수적인 왕정의 핵심지역인 평
탄한 농촌에서가 아니라 도시에서" 정점에 이르렀다고 라트카우는 분
석하고 있다.

세계화는 다시 실패할 것인가?

속도와 신경과민이라는 단어를 유연성과 스트레스로 대체하면 모든 것
이 익숙한 것처럼 들린다. 당시 농업사회가 해체되었던 것과 마찬가지
로 오늘날에는 노동자와 사무직 노동자가 평생 고용되어 있던 환경이
사라지고 있다. 일본에서든 미국에서든, 또는 중국에서든 독일에서든
세계적인 융합에 휩싸인 모든 사회에서는 승자와 패자의 분열이 심화
되는 현상이 또다시 나타나고 있다. 그리고 많은 이들은 그 책임을 타인
에게서, 외국에게서, 그리고 악의 세력에게서 찾으면서 이들을 퇴치해

야 한다고 주장한다. 중국의 노골적인 국가자본가에서부터 저주스러운 무슬림에 이르기까지 새로운 적敵 개념이 유행하고 있다. 세계적인 통합은 급속하게 진전될수록 전 세계에서 더 강한 저항에 부딪힌다는 것이 오래 전부터 국제적인 여론조사에서 나타나고 있다.

그렇다면 이러한 사태가 다시 발생할 것인가? 긴장이 고조되면 또다시 대규모 전쟁이 일어나 수백만 명이 사망하고 수십년의 경제적인 후퇴가 발생할 수 있을까? 이번에는 서로 예속시키기 위한 것이 아니라 그 대신 희소한 자원, 특히 화석연료인 석유와 가스를 둘러싸고 벌어지는 전쟁이 일어날 것인가? 특정한 날에 시작되지는 않을지라도 수많은 작은 갈등에서 점차적으로 세계적인 대규모 무력충돌로 확산되는 전쟁이 일어날 것인가? 세계화가 또다시 실패할 것인가?

원래부터 그렇게 될 조짐은 전혀 없다.

그 까닭은 인류의 모든 민족과 국가가 지금처럼 서로 가까워진 적은 없었기 때문이다. 전 세계에서 생산된 상품과 공급된 서비스의 4분의 1 이상이 이미 국제적으로 거래되어 국제관계가 20세기 초보다 두 배나 밀접해졌고 매년 9퍼센트씩 계속 증가하고 있는데 이는 전 세계 총생산이 상승하는 것보다 두 배 빠른 속도이다. 게다가 대대적인 무역량 덕분에 75만 개 이상의 해외 자회사를 거느린 초국적 기업이 약 77,000개가 세워져 있다.[15] 이들의 생산망과 가치 창출망은 모든 대륙에 뻗어 있으며 끊임없는 수송 흐름을 낳고 있다. 수출입 항구에서 매년 처리되는 컨테이너만 해도 5억 개에 이른다.[16]

전기면도기처럼 간단한 제품조차 오늘날에는 최고 10개국의 노동에 의존하고 있다. 세계 어디에서든 제품을 구입하기 위해서 슈퍼마켓이나 백화점에 들어서는 사람은 불가피하게 전 세계 수백 또는 수천 명의 인간과 연결된다. 이것이 가능해진 것은 세계를 연결하는 물류망 덕분인데, 인공위성으로 감시되는 이 물류망의 배송시스템은 근본적으로 평화와 안정에 기초하고 있다.

자본시장은 인류를 더욱 밀접하게 연결시키고 있다. 반전론자인 노먼 에인절은 한때 국제금융관계는 "무역 및 산업과 서로 강하게 연결되고 결속되어 있기 때문에" 이 부富를 군사적 폭력으로 획득하려는 어떤 시도도 이 부를 상실하는 것으로 끝난다고 말한 적이 있다. 오늘날 에인절의 주장은 훨씬 더 무게 있게 들린다. 2005년에 이미 6조 달러에 이르는 온갖 종류의 주식이나 대출, 신용, 기업이 국경을 넘어 거래되었다. 이는 독일에서 1년간 생산되는 모든 상품과 공급되는 서비스 가치의 두 배 이상이다.[17]

이로써 소유자의 국적과 소유물의 국가적 소속이 괴리되는 경우가 갈수록 빈번해지고 있다. 독일 주가지수DAX에 포함되어 있는 30대 기업의 주식은 평균적으로 이미 절반이 외국인 수중에 있다. 아디다스Adidas나 바이에르Bayer와 같은 콘체른의 경우에는 외국인 투자자가 주식을 70퍼센트 이상 보유하고 있다. 동시에 DAX에 상장된 30대 콘체른은 자신들의 가치창출의 약 3분의 2를 외국에서 벌어들인다. 독일에서 외국인은 총 3조9,000억 유로의 고정자산을 보유하고 있다. 독일 기업과 투자자들은 다시 이보다 더 많은 해외주식을 보유하고 있다. 독일 기업의 해외 자회사에만도 6,850억 유로가 투자되어 있다. 그밖에 독일 투자자들은 4조 유로가 넘는 외국 주식과 대출, 기타 유가증권을 보유하고 있다.[18]

매킨지 글로벌연구소는 자본이동의 국제화에 관한 보고서에서 "국내 자본시장들이 갈수록 단일한 하나의 세계자본시장으로 발전하고 있다"고 확인하고 있다. 이는 1세기 전 미국 경제학자 엘리가 진단한 것과 똑같다.

이 모든 것은 국가 범주로 이루어지는 사고와 통치를 순식간에 불합리한 것으로 만들고 있다. 이 복잡한 연관을 해체하게 되는 대규모 전쟁은 이 세계의 가장 부유한 나라들도 감당할 수 없을 것이다. 가령 독일인들이 세계시장이 없이 지내야 하고 해외투자를 포기해야 한다면 그들의 복지는 적어도 절반으로 줄어들 것이다.

통신구조의 끊임없는 혁신으로 인해 세계 속에 존재하는 모든 것들이 점차 강력하게 연결되어 가고 있다. 인류의 지식을 갈수록 많이 디지털화해서 보관하는 정보 흐름과 데이터뱅크의 융합은 이제 막 시작되었다. 세계적인 의사소통은 갈수록 더 이상 엘리트만의 특권이 아니라 모두에게 가능해지고 있다. 전자우편은 사실상 무료이고 1분에 1.7유로센트만 내면 세계 한쪽 끝에서 다른 쪽 끝으로 전화할 수 있다. 최근 연구결과에 따르면 컴퓨터를 이용하면 말하거나 쓰는 어떤 언어도 불과 수백분의 1초 안에 다른 어떠한 언어로 번역될 수 있을 것이기 때문에 언어장벽도 10년 이내에 무너질 것으로 기대되고 있다.[19]

그러면 인류의 지식은 잠재적으로 모두가 접근할 수 있게 된다. 만인을 위한 교육과 정보는 조만간 더 이상 문제가 되지 않을 것이다. 적어도 기술적으로는.

아울러 인류는 과거 어느 때보다도 부유하다. 자본주의가 세계적으로 확산되면서 과거 세대는 꿈조차 꿀 수 없었던 생산력의 증가를 이룰 수 있었다. 지구상의 인간은 매년 1인당 평균 1만 달러의 소득을 달성하는데, 이는 어느 누구도 더 이상 굶주리거나 목말라 죽거나 기초적인 진료 부족으로 죽지 않아도 된다는 의미이다. 다시 말하자면 갈등의 가장 중요한 원인이 되는 빈곤과 궁핍은 제거될 수 있다는 것이다. 또는 스위스의 투쟁적인 사회학자이자 UN 인권위원회 식량특별조사관 장 지글러Jean Ziegler가 표현한 바와 같이 "인류 역사에서 처음으로 객관적인 결핍은 극복되었고 공동행복의 유토피아는 물질적으로 가능하게 되었다."[20]

우주선을 탄 듯한 CEO들

이처럼 21세기 초 세계화는 한 세대 전만 해도 생각할 수 없었던 새로운 환상적인 차원에 이르렀다. 새로운 세계 시스템에 대한 정치적·학문적 서술은 언제나 상호의존이라는 한마디로 집약된다. 모든 국가와 경제적인 상호의존이 끊임없이 깊어지고 있다.

그런데 이로 인해 갈수록 복잡한 상호작용이 초래되고 있다. 중국인들의 에너지 수요가 증가함에 따라 중동 석유수출국들의 부가 증대하고 이들은 이 부를 가지고 미국 콘체른을 매입하려고 한다. 그런데 이들은 미국 경제의 심장부에 '아랍인'들이 들어오는 것을 두려워하는 의회의 저항에 부딪히고 있다. 미국 부동산 시장의 위기는 유럽 노동자들의 노후보장을 위태롭게 하고 있는데, 그 이유는 유럽 노동자들이 가입한 연기금과 생명보험이 미국 투자회사에 참여하고 있어 미국 부동산 가격의 변동에 좌우되기 때문이다. 또한 자본주의의 세계적인 성공은 온실가스 배출을 유발하고 그로 인해 북극의 빙산이 녹아 갑자기 대지한 조각과 그에 따른 자원이 노출되는 바람에 그 연안국들이 그것을 둘러싸고 식민지 시대처럼 갈등을 벌이고 있다. 바이오 연료에 대한 수요 증가는 옥수수와 사탕수수 가격을 폭등시켜 멕시코에서 인도네시아에 이르기까지 생필품 가격 상승에 항의하는 집회를 유발하고 있다. 이러한 사례는 얼마든지 들 수 있다.

이처럼 복잡한 영향 사슬들은 상호 모순되는 작용으로 이중적인 결과를 확산시키고 있다. 즉, 이 사슬들은 예측하기 어려운 위험을 동반하고 동시에 필연적으로 국제정치의 급격한 변화를 일으키고 있다. 모든 국경을 뛰어넘는 협력을 통한 세계적인 통치가 필수불가결하다. 현재 이론가들이 논의하고 있을 뿐인 '글로벌 거버넌스', 즉 모든 정부의 초국적 협력을 통한 세계적 문제의 해결은 이제 유토피아의 왕국을 떠나 각국의 정부 내각과 기업 경영진에서 매혹적일 뿐만 아니라 힘든 일상 업무가 되고 있다.

이에 관한 징후는 이미 오래 전부터 정치적인 일상에 스며들어 있다. 종종 100개국 이상이 참여하기도 하는 다자간협정의 수가 계속적으로 증가하고 있다. 뉴욕에 있는 UN에만도 이미 2천 개가 넘는 그러한 조약이 등록, 예탁되어 있다. 세계적인 무역입법인 WTO의 조약집은 1만 쪽 이상에 달하고 있다. 전염병 예방에서부터 항공에 이르기까지, 인터넷 규제에서부터 범죄 및 테러 퇴치에 이르기까지 세계 차원의 통치는 갈수록 폭넓은 정치영역을 포괄하고 있고 국내정치와 국제정치 사이에서 끊임없이 새로운 상호작용을 야기하고 있다. UN의 위기에 관한 논란이 시사하는 것과는 달리 세계기구의 실질적인 중요성도 끊임없이 커지고 있다. UN 평화유지군이 지금처럼 많이 투입된 적도 없다. UN 기구가 지난 10년만큼 많은 사람들에게 긴급원조를 해준 적도 없다.

이 모든 것은 인류가 기아와 추방, 전쟁이라는 재앙을 영원히 퇴치할 기회를 열어주고 있다. 팍스 글로벌리스가 가능한 것이다. 그렇지만 이 전망이 참으로 대단한 것처럼 보이기는 해도 이를 방해하는 위험 또한 만만치 않다. 이와 같은 새로운 세계시스템은 지극히 불안정한 것이다.

● 미국은 경제적·군사적 초강대국일 뿐만 아니라 전례 없는 규모의 부채 악순환에 빠져 있다. 미국 국민들은 스스로 생산하고 공급할 수 있는 것보다 갈수록 더 많은 제품과 서비스를 소비하고 있다. 미국 경제는 국민의 소비와 정부의 지출을 감당하기 위해서 매일 20억 달러의 외국자본을 주로 중국과 석유수출국들로부터 들여와야 한다. 자본 흐름이 무정부적이고 장애에 민감한 금융시스템에 의존하고 있기 때문에 이러한 불균형은 세계 경제의 밑바탕에 놓여 있는 폭발물이다. 이 금융시스템의 행위자들은 국가의 통제로부터 벗어나 있으며 자신의 경제력을 남용하면서 정부의 모든 규제에 저항하고 있다. 중앙은행과 감독 당국이 수없이 경고함에도 불구하고 통제받지 않은 투자회사들이 은행시스템 안팎에서 갈수록 큰 투기거품을 조성하고 있는데, 만약 이 거품이 꺼진다면 시스템 전체가 붕괴할 수도 있다. 이 위험군을 제거하지 못하면 20세기 30년대의 '대공황'보다 훨씬 더 많은 사람들을 곤궁으로 몰아넣을 국제경제위기가 발생할 수도 있다.

● 핵강대국들이 핵무기 병기창을 고집하고 있기 때문에 과거의 핵무기 확산금지체제는 무너지고 있다. 이란이나 이집트, 나이지리아, 사우디아라비아, 인도네시아, 브라질 등 부상하는 신흥공업국들의 핵무기 무장은 시간문제에 지나지 않을 것 같다. 평화적인 핵에너지 프로그램의 할당을 둘러싸고 또다시 시작된 경쟁은 이러한 시도에 정당성을

부여할 것이다. 그러면 핵분열물질을 보유할 가능성은 몇 배 더 증가하게 되고 대량살상무기가 국가가 아닌 개인 행위자의 수중에 들어갈 위험도 더욱 높아질 것이다. 이를 방지하기 위해서는 전 세계적인 핵무기 감축운동이 필요하고 세계적으로 다시 증가하고 있는, 원자력의 평화적인 이용에 관한 감언이설에 맞서는 운동도 필요하다.

● 현재 17억 정도가 되는 전 세계 소비자 계급의 라이프스타일이 나머지 인류에게 모델이 되고 있다. 그러한 생활에 대한 갈망이 현재와 같은 세계화 형태의 추동력이다. 그러나 바로 이러한 라이프스타일은 세계화될 수 없다. "서양에서 이루어지면 지구에서도 이루어진다"는 옛날 예언은 전 세계 민족들이 믿고는 있지만 오늘날과 같은 조건 하에서는 결코 실현될 수 없다. 지구의 생태학적 부담능력은 벌써부터 초과되고 있다. 인류의 4분의 1이 가용자원의 4분의 3을 소비하는 한 나머지 45억의 인구에게는 일종의 세계적인 인종차별이 강요되는 셈이다. 이로 인해 (현재 서부와 북부 아프리카에서 스페인과 이탈리아로 가는 것과 같은) 이주민의 수는 갈수록 많아질 수밖에 없다. 뿐만 아니라 동시에 석유나 담수, 비옥한 토지에 접근하기 위한 경쟁은 끊임없이 가열될 것이다. 이들 자원은 한정되어 있고 석유생산은 머지않아 감소할 수밖에 없다. 평화를 유지하고자 한다면 복지국가들이 지속 가능한 새로운 라이프스타일을 개발해야 한다.

● 이미 진행되고 있는 기후변화는 부인할 수 없는 현실이다. 기후변화에는 아직도 화석연료 소비 증가를 수반하고 있는 광범위한 라이프스타일로 인해 초래되는 모든 결과가 집약되어 있다. 지구 대기층의 온난화는 매년 더 많은 사람이 자신들의 생존기반인 농경지와 수자원에 접근하는 것을 가로막고 있다. 금세기 중반까지 5억 명의 사람이 기아

와 갈증, 홍수와 가뭄에 시달리고 그로 인해 고향을 등질 위험이 있다. 그러므로 민족이동과 세계적인 불안정을 방지하려면 10년 이내에 온실가스 배출을 세계적으로 진정되도록 해야 하고 그 뒤부터는 매년 적어도 5퍼센트씩 감축해야 한다. 막중한 과업이다. 여기에는 정의正義 문제도 있다. 이는 반드시 세워야 하지만 그로 인한 파급효과는 엄청나다. 즉, 기후변화의 영향은 그것을 야기하지 않는 가난한 나라들이 가장 크게 받고 있으며 그런 만큼 선진국의 원인자들에게 제기되는 요구는 클 수밖에 없다. 그밖에 기후문제의 해결책은 얼핏 보기에 패러독스에 부딪히고 있는 듯하다. 즉, 경제의 일부, 무엇보다도 에너지 생산과 농업 생산이 매우 다양한 생태적인 조건에 다시 보다 강하게 적응해야, 즉 지역에 뿌리를 내려야 한다. 그러나 이는 세계적인 정치적·학문적 교환 속에서 이루어져야 한다.

인류는 갈림길에 서 있다. 세계적인 협력과 세계적인 재앙의 두 가지 대안이 앞에 놓여 있다. 오늘날 우리가 가진 지식에 따르면 10~15년 안에 중차대한 진로가 결정되어야 한다. 그러나 이 모든 문제에 대한 실행 가능한 해결책도 이미 알려져 있고 이미 수만 명의 정치가나 학자, 기업가, 활동가들이 전 세계에서 이를 실천에 옮기고 있다는 것은 좋은 소식이다. 자본투자자들은 기후에 악영향을 미치는 기업에게 불리하도록 투자 형태를 변경시키고 있고 장래 전망이 좋은 청정에너지 생산에 투자하고 있다. 코카콜라나 휴렛 패커드와 같은 대규모 콘체른은 수자원을 보호하기 위해서 활동가들과 협력하거나 아프리카 빈민들에게 값싼 컴퓨터를 보급하여 적절한 가격으로 인터넷에 접근할 수 있도록 돕고 있다. 빌 게이츠에서 빌 클린턴에 이르는 미국의 대부호와 저명인사들은 수십억의 기부금과 재단을 동원하여 최상의 지구구제 프로젝트를 둘러싼 경쟁을 벌이고 있다. EU는 에너지 공급을 개혁하기 위한 혁명적인 결의안을 채택하기도 했다.

이 중 많은 것은 아직 미숙하거나 실질적인 진전보다는 홍보에 더 많이 기여하기는 하지만 그것이 보내는 신호는 결코 간과할 수 없다. 오래전부터 활동해 온 국제금융관세연대Attac, 그린피스, 세계야생동물기금협회WWF와 같은 기초조직을 넘어서는 세계적인 사고전환도 시작되었다. 가장 강한 나라인 미국이든, 가장 인구가 많은 나라인 중국과 인도든, 또 세계 어떤 나라든 다가오는 위기를 혼자서 해결할 수는 없다는 사실을 인식하는 사람들의 수도 꾸준히 증가하고 있다. 민족적이거나 군사적인 해결책을 선전하는 사람은 누구든 거짓 해결책을 추구하는 것이다. 고위급 인사들이 설사 수억 명의 다른 사람들에게는 기꺼이 희생을 감수하도록 강요한다 하더라도 자신과 자신의 민족을 기후변화의 영향으로부터 보호할 수는 없을 것이다. 그러므로 기후변화는 커다란 위험과 동시에 커다란 기회를 주고 있다. 즉, 그것은 각국의 정부와 국민에게 민족의 그림자를 뛰어넘어 세계 문제에 대한 세계적인 해결책을 찾아내도록 가르치는 원동력이 될 수도 있는 것이다.

그렇지만 세계적인 협력으로 가는 길에는—이것은 나쁜 소식인데—하루하루 폭발성이 커지는 위험이 가로놓여 있다. 승자와 패자 사이의 분열이 갈수록 심화되고 있는 것이다. 서구 복지국가들의 정부는 수십 년 동안 세계화를 유별나게 경제현상의 일방적인 자유화로 추진해 왔다. 막강한 경제 엘리트들의 압력을 받아 시장의 자율규제에 대한 믿음은 워싱턴에서 도쿄에 이르기까지 국가 이데올로기가 되었고 정치는 세계화 함정으로 교묘하게 빠져 들어갔다. 기업과 자본관리자들은 세계적으로 활동하는 권력으로 성장한 반면, 정치는 민족의 코르셋에 얽매여 있다. 민주적으로 통제되는 기구의 설립이나 세계화의 결실을 세계인 모두에게 유용한 방식으로 활용할 수 있게 해줄 협약의 체결은 소홀히 취급되고 있다. 국제통화기금IMF에서 UN에 이르기까지 모든 세계기구들은 다수의 이익을 고려할 필요도 없고 의회에 책임을 지지 않아도 되는 정부관료들의 엘리트적인 행사장으로만 머무르고 말았다. 국제 콘체른과 그 조직들은 정치가 단순히 자본이익의 일방적인 봉사자로 전락하도록 국민국가의 정부들을 서로 이간질시킬 수 있을 정도로 거대해졌다. 투자자를 유치하기 위한 세계적인 경쟁은 자본수익에 대한 최저세율과 노동자에 대한 최저임금을 둘러싼 경합을 낳기도 했다.

그 결과 소득과 자본이 기이하고도 불평하게 분배되고 있으며, 그마저 매일 악화되고 있다. 자본이익과 임금소득 사이의 격차는 20여 년 전부터 확대되고 있다. 어느덧 인류의 1퍼센트가 전체 투자자산의 40퍼센트 이상을 보유하게 된 반면, 갈수록 많은 인구가 임금이 감소하고 불안이 증대하는 현실을 안고 살아야 한다. 이것이 잘 되어갈 리 없다. 경제·사회적으로 소외될 위험이 있는 사람들은 다시 자신보다 더 약한 사람과 외국인들을 소외시키는 경향이 있다. 그러므로 사회적 추락에 대한 불안과 소망의 부재는 구세주에 대한 환상과 급진주의자들에 대한 추종자를 갈수록 증가시키고 도처에서 정치를 비합리성과 인기영합주의로 채우게 된다. 중동과 남아시아의 이슬람교도들에서부터 미국의 기독교 근본주의자들과 보호무역주의자들을 거쳐 유럽의 네오나치와 우익 포퓰리스트에 이르기까지 전 세계에 걸쳐 세계통합에 반대하는 저항운동이 형성되고 있다. 외국인에 대한 두려움과 인종주의, 성장하는 후진국들에 의한 민족적·지역적 고립에 대한 불안감이 증가하고 있다. 이와 병행해서 갈수록 많은 정부들이 자신의 자원기반을 군사력으로 확보하기 위한 전략계획을 세워 새로운 반세계화 분위기에 대응하고 있다.

20세기 초에 국가와 정부들은 너무 강력했고 이들은 시장경제의 평화적인 확장과 대립했었다. 역사 연구에 따르면 당시 세계화는 정복과 민족주의에 의존하는 '전前자본주의적인 요소들' 때문에 실패했다. 오늘날에는 정반대이다. 세계화의 엄청난 성공이 극소수가 아니라 인류 전체에게 이익이 되도록 하기 위해 시장과 자본이 일방적으로 승리하지 못하도록 규제하기에는 국가와 정부들이 너무 약하다.

그러나 여러 가지 사실에 비추어 볼 때 계속 이렇게 될 수 없다는 것은 자명하다. 뒤늦게, 그러나 너무 늦지는 않게 불공정한 분배에 저항하는 다양한 시민사회조직이 전 세계적으로 구성되고 있다. 국제 콘체른을 위해 생산하는 공장에서 임금인상과 노동조건 개선을 관철시키기 위해 중국 활동가들이 미국에서 노력하고 있다. 모든 복지국가에서는 시민운동들이 '공정무역'이라는 기치를 내걸고 빈곤국들의 생산자에게 도움이 되도록 공정한 가격을 받아내기 위한 투쟁에서 성공을 거두고 있다. 전 세계에 걸쳐 많은 활동가들이 더 많은 조세정의와 공정한 보상을 다시금 관철시키기 위해 협력하고 있다. 그리하여 반세계화 운동가들과 함께 그에 못지 않게 막강한 정의운동이 점차 발전하고 있고 하루가 다르게 성장하고 있다. 이 운동이 물론 국가와 정부들의 정책을 대체할 수 있는 것은 결코 아니다. 그래도 이 운동은 아마도 가진 자들의 탐욕에 법적인 한계를 설정하는 새로운 세대의 용기 있는 정치가들을 위한 토대이자 이들에게 정당성을 제공해 줄 기반이 될 것이다.

그리하여 세계화 비판자들은 시장과 권력, 문화의 세계적인 융합을 다른 사람도 아닌 바로 수십년 동안 이 과정을 추진해 온 주체들, 즉 콘체른 세계와 금융세계의 글로벌 플레이어, 그리고 언론과 학계에 있는 이들의 동조자이자 모략꾼들로부터 구제해야 하는 역할을 확고하게 맡고 있다.

불평등이 초래하는 바람직하지 않은 정치적인 결과에 대한 두려움은 승자들 사이에서도 증가하고 있다. 미국 연방준비제도이사회의 벤 버냉키Ben Bernanke 의장은 미국 자본주의의 현직 수호신으로서 "세계 통합의 결실이 충분히 널리 분배되도록" 배려하는 것이 정치의 임무라고 경고했다.[21] 이렇게 시장의 전지전능성에 대한 믿음에 기초한 신자유주의의 합의는 무너지고 있고, 모든 사람들의 이익을 위해 세계경제를 재규제하려는 데 대한 걸림돌은 하나씩 제거되고 있는 상황이다.

그럼으로써 국민국가와 정파논리라는 고전적인 한계를 뛰어넘어 세계정치에 다른 방향을 제시할 수 있는 전혀 새로운 정치적인 동맹이 태동할 가능성이 자라나고 있다. 물론 지금 당장은 그러한 희망이 공상적인 것처럼 보인다. 인류의 대부분은 여전히 생존을 위한 일상투쟁에 갇혀 있는 것이다. 정치적인 에너지는 아직도 대체로 민족적인 이익투쟁이라는 편협한 틀에 묶여 있고 다가오는 세계적인 위기가 대다수에게는 아직도 멀리 있는 것처럼 보인다.

그렇지만 모든 것이 지금까지와 마찬가지로 앞으로도 계속될 수 있을 것이라는 희망은 전적으로 비현실적이다. 현상 옹호자들이야말로 진정한 현실 거부자들이다. 기후변화와 난민이동, 세계금융시장의 불안정, 자원부족과 토지 및 수자원을 둘러싼 갈등이 다가오는 10년 사이에 모든 정치의 중심 테마가 될 것이라는 사실은 충분히 예견할 수 있다.

어떤 문제도 미룰 수 없다. 이들 문제를 해결하는 것이 필연적으로 인류 대다수에게 생존문제가 되고 있다. 그렇지만 그러한 위협이 강해질수록 모든 전통적인 경계를 무너뜨리는 정치적인 역동성이 분출될 수도 있다. 그 까닭은 긍정적이든 부정적이든 우리 시대의 메가트렌드에는 한 가지 공통점이 있기 때문이다. 이들 트렌드가 갈수록 많은 사람, 특히 정치적·경제적 엘리트들에게 전지구적 관점을 갖도록 요구한다는 점이다. 이들은 세계적인 연관 속에서 계획하고 행동해야 한다. 그렇게 하지 않으면 실패할 수밖에 없기 때문이다. 한때 이상주의자들이 사용했던 '우주선 지구호', '하나의 세계'라는 비유가 이제는 냉엄한 현실로 다가와 있는 것이다.

문제는 선진국들이 아시아의 신흥공업국이나 산유국들과 새로운 세계금융시스템 및 통화시스템에 관해 협상을 해야 하는지가 아니라, 이 협상을 낡은 시스템이 붕괴하기 전에 해야 하는지 아니면 붕괴된 다음에 해야 하는지이다. 또한 문제는 미국인이나 유럽인, 일본인들이 그들의 자원소비를 급격하게 줄일 것인지가 아니라, 오로지 언제, 어떤 상황 하에서 그렇게 해야 하는지에 달려 있다. 또한 문제는 우리에게 빈민을 위해 지원할 수 있는 여력이 있는지가 아니라, 그들의 궁핍이 우리의 궁핍이 될 때까지 기다릴 여력이 있는지이다.

이러한 모든 상황전개를 통해 결론내릴 수 있는 것은 한 가지이다. 그것은 인류가 세계적인 협력의 길을 찾아내든지, 아니면 세계가 어떤 국가나 민족도 영원히 벗어날 수는 없는 폭력적인 갈등에 수십년 동안 빠져들 것인지이다. 여전히 자신들의 단기적인 이익에 급급해서 이러한 통찰력을 거부하는 행위자들도 많다. 가령 기후보호나 금융시장의 안정이라는 면에서 지금까지 실패한 것만 보고 판단한다면 이들 미래

거부자들의 세력이 지금까지는 우세한 것이 사실이다. 그러나 정치의 세계화가 경제의 세계화를 서로의 눈높이에서 맞춘다면 이들 세력을 약화시킬 수 있다. 그러므로 통치자들의 가장 중대한 과제는 세계적인 규칙체계와 기구, 특히 UN을 확장하고 민주화하는 것이다. 여기에서 문제가 되는 것은 어차피 시민들과 멀리 떨어져 있고 과부하가 걸리며, 따라서 비효율적일 수밖에 없는 세계정부가 아니다. 모든 사람의 이익에 부합되기 위해서 우리가 해결해야 할 문제는 오히려 일종의 세계연방제를 구상하고 세계기구나 지역기구, 국가기구 사이의 올바른 정치 분업에 관한 명확한 규칙을 정하는 데 있다.

그곳으로 가는 길은 벌써 수억 명의 회원을 확보한 조직을 갖추고 있는 세계 시민사회가 이미 닦고 있다. 이들은 한때는 정치적·경제적 군주의 편에 섰으나 그러나 이제는 초국적·정치적 과정에 갈수록 강력하게 개입하고 있다. 그리고 점차 많은 성공을 거두고 있다. 그렇게 해서 그들 회원들의 등 뒤에서 점진적으로 세계사회가 등장하고 있다. 모든 국경을 뛰어넘으면서. 이 세계사회가 에너지나 식량, 삶의 거처를 둘러싼 당면한 세계적인 갈등보다 더 빨리 성장한다면 3차 세계대전은 방지될 수 있다. 글로벌 카운트다운은 이미 시작되었지만 중단될 수 있는 것이다.

제 2 장

미카도의 세계

Der
Globale
Countdown

소비자 계급의 세계화와 국민국가 주권의 해체

줄리엣은 스트레스도 많이 받고 있고 쉴 틈도 없다. 그래도 그녀는 다음 주 생산계획을 작성해야 하고 품질검사를 담당하는 동료를 도와야 하며 배송목록을 점검하고 계산도 해야 한다. 그것 말고는 그녀의 인생에서 이야기할 것은 아무것도 없다고 이 젊은 여성은 제조공장 옆에 판자로 만든 좁은 사무실에서 쑥스럽게 웃으면서 말한다. 칸데이아스Candeias 엔지니어링 사의 음향기기만을 만드는 작은 공장에서 생산주임으로 일하는 스물세 살의 줄리엣은 아주 정상적인 젊은 여성이다. 다른 많은 여성들과 마찬가지로 그녀도 야심차고 총명하다. 그렇지만 이곳에서는 평범한 것이 오히려 주목받는다. 그 까닭은 줄리엣의 진짜 이름은 리자 오샤이기 때문이다. 그녀는 상하이 금융쇼핑구역인 푸동浦東에 살면서 일하고 있는데, 이곳에서 잘나가는 젊은이들 사이에서는 서양식 애칭을 가지는 걸 세련된 것으로 여기고 있다. 그리고 전 세계의 주목을 끈 것은 줄리엣 같은 사람들의 인생경로이다.

그녀가 열다섯 살 소녀로 작은 가방을 손에 들고서 얼마간의 용돈을 가지고 부모 곁을 떠난 게 8년 전이다. 그 이전에 그녀는 9년 과정의 초등학교를 졸업했고 이어서 수공업과정을 다녔다. 조그만 땅에서 밭일을 하는 부모를 해마다 도우면서 중국 중부의 쓰촨성四川省 네이장內江 근처 산간마을에 있는 작은 벽돌집에서 여덟 명의 가족과 함께 살았다. 기차나 비행기, 고층건물, 고속도로는 거실에 있는 이 가족의 가장 비싼 사치품인 작은 흑백 TV를 통해서만 알고 있었다. 물은 문 앞 우물에서 길어다 마셨고 방바닥은 진흙을 발랐으며 변소는 집 뒤에 있었다. 4킬로미터 떨어진 학교까지는 걸어다녔고, 높은 산 기슭에 있는 마을에 추위가 닥치면 "겨울에는 식구 모두가 두껍게 옷을 입었다." 난방이 없었기 때문이다. 그녀는 자신의 가족이 가난하다고 느끼지 않았다고 한다. "거기에서는 다른 사람들도 모두 우리와 똑같이 살았다"고 줄리엣은 말한다. 그러나 그들이 가난했다는 것을 그녀는 매일 TV에서 볼 수 있었다. 줄리엣은 자신이 집을 나와 먼 여행을 떠나기로 언제 결심을 했는지조차 정확하게 기억하지 못하고 있다. 선생님은 동쪽에 있는 대도시의 일자리를 아주 당연하다는 듯이 소개해 주었다. "모두가 그리로 갔다. 거기에서는 누구나 돈을 벌 수 있었다. 그래서 나도 버스를 탔고 버스는 우리를 공장으로 데려다주었다"고 줄리엣은 회상한다.

광둥성廣東省 경제특구까지 2천 킬로미터 이상 차를 탔다. 그러나 도착부터 쓰라린 실망이 이어졌다. 그들을 기다린 것은 번쩍거리는 도시가 아니라 사방으로 지평선 끝까지 이어져 있는 공장구역이었다. 게다가 공장장은 이들이 너무 어리다고 채용조차 하지 않으려 했다. 그래서 줄리엣은 숙식을 제공받는 조건으로 싸구려 액세서리 공장에 들어갔다. 몇 달이 지나서야 비로소 전자제품공장으로 옮기는 데 성공했다. 일주일에 6일, 60시간씩 그녀는 전자 도체판導體板을 자동으로 장착하는 기계의 매거진部品桶에 부품을 채웠다. 간혹 80시간도 일해야 했다. 줄리엣은 많지 않은 여가시간을 대부분 구내식당이나 침실에서 보냈다. 그녀와 동료들은 흔들리는 2층침대만 있는, 아무런 개인 공간도 없는 침실에 수용되었다. 줄리엣은 그 대가로 한 달에 430위안을 받는데, 구매력 기준으로 환산하면 200달러에 해당한다. 그녀를 오랫동안 괴롭혔던 '끔찍한 향수'에 대한 보상은 분명 되지 못하는 금액이었다.

그러나 그녀는 빨리 배웠다. 유럽과 일본의 합작기업인 칸데이아스의 하청업체에서 그녀는 복잡한 업무를 맡아서 탁월하게 업무를 해냈다. 관리자는 만족하여 그녀를 본사에 채용했다. 쌍방 모두에게 만족스러운 일이었다. 그녀의 사장은 유연하고 학습능력이 뛰어난 노동력을 갖게 되었고 그녀는 일생의 기회를 잡게 되었다. 회사가 상하이로 이주할 때 그녀도 함께 갔다. 고향 마을에서 족히 2,700킬로미터는 떨어져 있었지만 그녀는 노련한 노동자가 되었다. 처음에는 품질검사를 맡았다가 이제는 전체 제조공정을 감독하고 있다. 40명의 젊은 남자와 여자가 그녀의 지시를 받는다. 월 200달러가 아니라 이제는 그 10배를 받는다. 그녀는 지금 남편과 함께 자기 집에서 살면서 중고차를 사려고 둘러보고 있고 첫 번째 해외여행도 계획하고 있다. 퇴근 후에는 야간학원에서 영어를 배웠고 사장을 대신해서 외국인 고객도 맞이하고 있다. 이런 속도로 가면 언젠가는 그녀가 관리업무도 맡을 수 있을 것이라고 사장은 말한다.

수줍어하는 눈빛과 강철 같은 의지로 이 젊은 여성은 유럽에서라면 3세대는 걸렸을 길을 불과 8년 만에 걸었다. 그녀는 부모가 작은 땅을 가졌으나 그녀도 직접 노동을 해야 식량과 옷을 해결할 수 있었던 가난한 농부 집안의 딸로 태어났다. 이제는 불과 스물세 살의 나이로 리자오샤는 이미 세계 소비자 계급의 구성원이 되었다. 그녀는 도쿄나 런던에 사는 동년배들과 똑같은 욕구와 소망을 가지고 있고 인구 1,200만 명이 넘는 휘황찬란한 상공업 메트로폴리스에서 살고 있다. 그곳에서는 눈 깜짝할 사이에 수많은 고층건물이 하늘로 치솟고 있다. 고층건물들 사이에서는 미래에나 있을 법한 입체 고가도로가 높은 기둥 위에서 여러 층으로 콘크리트 산맥 사이를 지난다. 20세기처럼 다리 하나와 터널 하나가 아니라 오늘날에는 여러 층으로 된 다리가 강을 가로지르고 있다. 건설 중인 것도 여러 개 더 있다. 통계적으로 보면 상하이 시민으로 성공한 이 여성은 자신의 부모에게는 충분했던 것보다 100배의 에너지와 자원을 소비하고 있다.

줄리엣은 특별히 성공한 여성이지만 결코 예외적인 경우는 아니다. 중국에는 그러한 스토리가 수천만 개는 된다. 이들의 소문은 산골 오두막에까지 전해져서 사람들의 귀를 솔깃하게 한다.

소비자 천국으로 신분이 상승하는 것은 가능하다. 쌀쌀한 날씨의 북부 초원 주민에서부터 남부 우림에 사는 종족에 이르기까지 이러한 희망은 세계에서 가장 큰 중국 민족을 영원한 비상사태에 놓이게 했다. 그 결과 중국에서는 역사상 최대의 민족이동이 일어나고 있다. 매년 1,000만 명에서 1,500만 명에 이르는―정확한 수치는 아무도 모른다―중국인들이 자신을 위해서는 아닐지라도 자녀들이나마 예전에는 서구 복지국가에서나 가능했을 삶을 위해서 고향 마을에서 번창하는 도시로 이주한 지 이제는 이미 20년 이상이 되었다. 그들의 집단적인 희망, 그들의 노력은 제어할 수 없는 힘을 방출하고 있고 이 힘은 전 세계에서 느껴진다.

베이징의 성공비결―무에서 창출된 자본

때로는 중국인들에게조차 실감나게 느껴지지 않는 이 급속한 경제기적은 무엇보다도 덩샤오핑鄧小平이라는 한 노인의 통찰력 덕분이었다. 공식적으로 발표되지는 않았지만 장기간에 걸쳐 재임했던 이 중국 공산당 주석은 75세의 나이에 세계 최대의 경제혁명을 출발시켰다. 덩은 1904년에 태어나 한때 프랑스에 유학했고 마오쩌둥毛澤東 곁에서 혁명을 위해 투쟁했다. 그는 문화혁명의 정치적 혼란기에 모든 관직을 잃기도 했지만 늙은 나이에 아시아에서 가장 강력한 정치인으로 다시 부상했다. 그는 20세기의 가장 대담하고 단호한 정치인으로 여겨지고 있고, 수천만 명을 빈곤에서 해방시켰다. 하지만 1989년 베이징 텐안먼天安門 광장에서처럼 경제적·정치적 자유를 요구하는 사람이 있으면 가차 없이 사살하고 투옥시키기도 했다.

덩은 모스크바에 있는 친구이자 적인 공산주의자들보다 먼저 계획경제가 진보에 걸림돌이 된다는 사실을 인식했다. 그래서 그는 해안도시 부근에 네 개의 경제특구를 먼저 건설해서 국영기업과 외국인 투자자들이 시장경제와 세계무역을 실험하도록 했다. 이 시도는 성공적으로 진행되었다. 이에 덩과 그의 정부는 일본과 미국 그리고 중국적 요소를 결합하여 25년이 지난 오늘날에는 세계경제를 근본적으로 뒤바꿔놓은 조정자본주의* 형태를 구상했다. 덩의 개혁친위대는 당시 아직도 3분의 2는 국가소유에 놓여 있는 기업들을 중앙정부의 조정으로부터 풀어주었고 이들에게 생산과 가격을 국내외 시장수요에 적응시키도록 했다. 동시에 그들은 조만간 세계에서 가장 큰 국내시장이 될 그 나라에 수십억을 투자하기 위해 학수고대하고 있던 서방 자본가들에게 제국을

---

*조정자본주의: 자본주의 시장경제를 영미형의 자유시장 자본주의와 유럽형의 조정자본주의로 나누는데, 조정자본주의의 최근 동향은 두 자본주의의 수렴 쪽으로 이동될 만큼 커다란 변화를 겪고 있다.

개방했다.

그러나 아무리 자유화를 추진한다 하면서도 그 개혁집단은 한 가지 예외만은 확고하게 고수했다. 은행은 물론 외국과의 자본거래는 국가 수중에 계속 두고 직접적인 정치적 통제를 받게 한 것이다. 세계자본시장으로부터 금융부문을 이처럼 분리시킨 것이 중국의 세기적인 도약을 위한 결정적인 추동력이었음이 오늘날 입증되고 있다. 서방 콘체른들은 주주와 대출업자들에게 비싼 배당금과 이자를 지불해야 하는 반면, 중국 기업들은 국가가 조정하는 은행시스템을 통해 거의 공짜로 자본을 조달할 수 있다. 국영은행들은 물가상승률을 약간 넘는 이자율로 자신들의 계획에 따라 신용을 제공하고 있다. 특히 전략적으로 필요하다고 인정되는 기업들이 혜택을 받고 있다. 중국에서 자동차산업, 에너지산업, 기초소재산업과 모든 수출 대기업들은 재원조달 문제를 결코 겪지 않는다.[22]

다른 신흥공업국들이 심각한 금융위기나 환율변동, 자본도피로 인해 곤경에 처하곤 하지만 중국에서는 지금까지 이러한 현상이 전혀 발생하지 않았다. 아무도 자본을 허락 없이 대규모로 국경을 넘어 이동시킬 수 없고 중국화폐 위안화를 상대로 투기할 수도 없다. 환율은 중앙은행이 정한다. 중앙은행은 수출을 통해 중국으로 유입되는 모든 외환을 사들인다. 허락을 받지 않으면 고액을 해외로 송금할 수도 없다. 공산당이 통치하는 중국이 이러한 방식으로 자본주의의 가장 중요한 성공비결을 철저하게 활용하고 있는 것이다. 이는 중앙은행을 통해 무에서 자본을 자유롭게 창출하고 값싼 신용을 제공하는 시스템이다.[23]

그 결과 중국의 경제성과는 1980년부터 2005년까지 불과 25년 사이에 1,000퍼센트 이상 성장했다. 요컨대 한 세대 안에 10배 성장했고 또

한 매년 약 10퍼센트씩 계속 성장하고 있는 것이다.[24]

중국 대중이 서구의 모범을 본받으려고 노력하는 것과 마찬가지로 중국은 아시아의 다른 나라들에게 모델이자 경제적 버팀목으로 기여하고 있다. 인도나 인도네시아, 베트남, 그리고 다른 많은 아시아 국가들도 이미 유사한 발전경로에 놓여 있다. 이들의 그림자 속에서 남미와 아프리카의 고전적인 원자재 및 농산물 수출국들도 전례 없는 성장을 이루고 있다. 그리하여 약 25억 명의 인구가 세계적인 분업과 소비 네트워크에 참여하는 과정 속에 들어가게 되었다. 이 과정은 90년대 초 냉전 종식 때부터 나타난 최대의 세계질서 변혁이라 할 수 있다. 사람과 가공된 자원의 수치로만 계산하면 이 과정은 18세기 산업혁명기의 대대적인 변화를 능가한다. 임금인상에서부터 에너지 소비에 이르기까지, 그리고 국제기구의 권력 배분에서부터 세계무역 규칙에 이르기까지 중국의 용과 그 모방국들의 숨결이 미치지 않는 분야는 거의 없다. 아시아와 남미의 신흥경제대국들의 기업과 시장, 정치와 문화는 갈수록 기존의 복지국가들과 밀접하게 엮이고 있다. 마구 뒤섞어 던져진 젓가락들이 저 혼자서는 움직일 수 없는 미카도 게임●처럼 한쪽 끝에서 일어나는 움직임이 거의 모든 다른 곳에서 움직임을 초래하고 있다. 그리고 이미 오래 전부터 모든 움직임을 예측하는 것이 불가능해진 상태이다.

●Mikado: 41개의 긴 젓가락을 아무렇게나 던져놓고, 다른 젓가락을 건드리지 않고 들어올리는 게임.

생산의 확장이 이미 직접적으로 세계적인 결과를 초래하고 있다. 어느덧 세계에서 판매되는 장난감의 70퍼센트, 모든 자전거의 60퍼센트, 모든 전자레인지와 DVD 플레이어, 운동화의 약 절반이 중국산이다. 세계 최대의 소매업 콘체른인 월마트는 판매 상품의 3분의 2를 중국에서 구입하고 있다. 중국은 2008년에 아마도 세계 최대 수출국으로서의 지위를 독일로부터 빼앗을 것이다. 그 사이에 인도 기업들은 북미와 유럽의 위탁자로부터 매년 1,000억 달러의 소프트웨어와 서비스를 주문받는 데 성공하고 있다. 국가 지원을 받는 중국 공장들은 값싼 노동력을 이용하여 세계적으로 수많은 상품의 가격을 떨어뜨렸다. 그렇기 때문에 가령 전자시장이 세계적으로 활황을 맛볼 수 있었고 대도시 청소년들이 여가시간에 즐겨찾는 목적지가 되기도 했다. 그럼으로써 10년 전만 해도 부자들만 구입할 수 있었던 평면TV나 PC와 같은 값비싼 기기를 오늘날에는 독일을 비롯한 여타 복지국가에서 수많은 가정이 갖추는 것이 가능해졌다.

동시에 중국이나 인도에서 위탁 생산할 수 있게 되면서 수많은 기업의 경영진은 노동자들에게 압력을 가할 수 있는 강력한 수단을 갖게 되었다. 일자리를 극동으로 옮겨갈 수도 있다는 위협만으로도 대개 임금과 노동조건에서 양보를 얻어낼 수 있었던 것이다. 신흥공업국들의 부상은 소비자의 구매력을 강화시켰지만 동시에 그것은 복지국가들에서 임금을 압박하고 있다. 그리하여 생산망의 세계적인 확장은 산업발전이 일찍이 시작되었던 나라들에서 간접적인 사회적 분열 요인이 되고 있다. 그리고 모든 종류의 자원 소비가 급속하게 증가하고 있는데, 이에 따른 비용은 모든 나라가 공동으로 부담하고 있는 셈이다.

중국은 오늘날 이미 철강이나 알루미늄, 구리, 석탄의 세계 최대 소비국이 되었다. 이로 인해 원자재산업과 금속산업, 선박운송업에 60년대 이후 처음으로 활황을 가져다주었다. 아시아 도시 중산층의 소득증대와 병행해서 육류와 유제품 또는 맥주와 같은 고급 식품에 대한 소비도 증가했다. 농경지 확대가 그에 따르지 못하기 때문에 이는 다시 필요한 동물을 사육하는 데 사용되는 옥수수나 밀, 콩의 가격을 전 세계적으로 상승시켰다. 그러나 이러한 모든 변천을 훨씬 능가하는 한 가지 통제 불가능한 현상이 있다. 그것은 아시아 수십억 인구에게 자가용에 대한 꿈이 확산된 것이다.

자동차 콘체른들은 2006년에 중국에서 이미 700만 대 이상의 차량을 생산했다. 이는 같은 해 독일의 모든 자동차 공장에서 생산된 것보다 100만 대가 많고 10년 전보다 다섯 배 많은 수치이다. 인도의 자동차 생산 및 판매도 그에 못지않게 증가하여 이미 매년 150만 대가 생산되고 있다. 인도에서 가장 큰 자동차회사인 타타Tata가 2008년도에 계획하고 있는 가족용 자동차는 대략 1,800유로로서 시장에 곧바로 수백만 대가 출시되면 중하위 계층도 자동차 문화에 접근할 수 있게 된다고 한다. 그런데 거의 모든 자동차가 아직도 휘발유나 디젤로 달리고 있다. 그에 따라 석유 소비가 급속히 증가하고 있다. 2006년에 인류는 10년 전보다 5억 톤 이상의 석유를 더 소비했다. 이 증가분의 약 40퍼센트는 중국과 인도에서 발생한 것이다.[25]

그 결과는 어느 때보다도 심각하다. 수요가 생산량보다 빨리 증가하기 때문에 2002년부터 2007년까지 가격은 세 배 증가하여 배럴당 25달러에서 거의 75달러까지 상승했다. 이것이 부의 축적과 함께 갈등과 재앙도 초래하고 있다.

가장 심한 타격을 받는 것은 자체적인 석유생산이 없는 아프리카의 가난한 나라들이다. 필요한 연료와 여타 석유제품을 수입하기 위해 과거 힘든 투쟁 끝에 얻어낸 16개 최빈국에 대한 부채탕감으로 절약된 원리금 상환액의 몇 배가 들어가고 있다.[26]

가령 세네갈은 원래부터 잘 나가고 있었고 절대 빈곤층을 2015년까지 반감시킨다는, UN 회원국 전체가 결의한 목표를 달성할 수 있었을 몇 안 되는 아프리카 나라 중 하나였다. 유가가 폭등하기 전까지는 그랬다. 이 나라는 전력생산뿐만 아니라 사람과 물자의 수송이 수입 디젤 연료에 전적으로 의존하고 있다. 국영 발전소는 이미 2005년부터 일주일에 며칠씩 여러 시간 동안 발전기를 멈출 수밖에 없게 되었다. 그럼에도 불구하고 디젤 가격을 보조하기 위한 국가 지출은 어느덧 그 나라 전체 보건시스템이나 학교에 배정된 것보다 더 많아졌다. 아프리카 석유 위기는 "빈곤을 퇴치하기 위한 수년간의 노력을 전부 물거품으로 만들었다"고 세네갈 대통령 압둘라예 웨이드Abdou-laye Wade는 하소연했다. 그러면서 "생존을 찾아가는 대대적인 이주"가 있을 것이라고 예상했다. 그리고 이 탈주는 거의 매일 스페인과 이탈리아 해안에서 난파하는 난민선과 더불어 이미 시작되었다.[27]

그러나 극동의 자동차 열기에 못지않은 것은 아랍에미리트의 동화 같은 급부상과 메트로폴리스 두바이의 붐이다. 과거 왕세자였고 오늘날에는 사막 에미리트의 통치자인 모하메드 빈 라시드 알 막툼Mohamed bin Rashid al Maktuoum은 90년대 중반에 걸프 연안국들로부터 모은 수십억 달러의 석유자금으로 새로운 금융센터 설립계획을 세웠다. 당초 구상은 수십년에 걸쳐 천천히 확장하는 것이었다. 그러나 유가폭등으로 전례 없는 부동산 붐이 일어나면서 많은 금액이 걸프 산유국 금고로 유입되었다. 부동산 붐은 더욱 많은 자본을 두바이로 유혹했는데, 이 중에는 유가 폭등의 또 다른 수혜자인 러시아에서 유입되는 수십억 달러도 있었다. 그리하여 상황은 자동적으로 가속화되었다. 90년대 초까지만 해도 이 도시는 별 볼일 없는 상업 중심지이자 어항漁港이었다. 오늘날에는 두바이의 스카이라인과 매출액, 관광객 수는 홍콩이나 싱가포르에 버금간다. 갈수록 많은 양의 아랍 오일달러가 런던이나 뉴욕이 아니라 아랍 걸프 만 자체에서 관리되고 있다.

석유 덕분에 부를 축적하고 아시아의 조정자본주의가 성공함에 따라 국가가 조정하는 수십억 달러 규모의 투자기금이 많이 조성되었고, 이들은 유례없이 세계를 돌아다니며 유리한 투자처를 물색하고 있다. 두바이의 이웃 에미리트의 아부다비 투자청만 해도 독자적으로 약 9,000억 달러의 투자자금을 관리하고 있다. 잠재적인 외부 투자자의 등장은 복지지대의 전통적인 경제강국들을 불안하게 만들고 있다. 그러한 국부기금은 사실 수십년 전부터 있었다. 가령 쿠웨이트는 이미 1974년에 독일 다임러 콘체른에 지분 참여했다. 오늘날에는 그 규모가 훨씬 클 뿐이다. 중국과 싱가포르 및 다른 산유국을 모두 합치면 2조5,000억 달러에 달하는 금액이 이미 국부기금으로 확보되어 있다. 국제통화기금의 계산에 다르면 2015년에는 그 금액이 12조 달러에 이를 것인데 이는 2008년 3월 현재 독일 주가지수DAX에 나타난 30대 독일 콘체른 주가총액의 12배에 달하는 금액이다.

중동과 극동에서 몰려올 기업사냥꾼들에 대해 가장 앞장서서 경고하는 경제인이 도이체방크 은행장인 요셉 아커만Joseph Akermann이다.

대체로 미국이나 영국에서 온 금융투자자('메뚜기')로 이루어진 적수들이 행하는 "수상쩍은 물밑작업"에 대해 날카롭게 비판하는 것으로 유명한 이 은행장이 2007년 6월에는 새로운 국가자본주의에 대해 경고하고 나섰다. 외국에서 온 강자들이 무엇보다도 독일 내 인수목표에 관심을 가지고 있다고 한다. 그 배후에는 정치적 동기를 가진 것으로 보이는 전략적 이해관계가 있다는 것이다.[28]

페르 슈타인브뤽Peer Steinbrück 재무장관과 앙겔라 메르켈Angela Merkel 총리는 즉각 해당 기업의 매입을 국가허가 의무사항으로 포함하는 법적 규제를 약속했다. 오래 전부터 자유로운 자본이동을 지지했던 EU 위원회조차도 아라비아와 러시아, 동아시아에서 오는 반갑지 않은 투자자들을 검증하기 위한 새로운 유럽 규제를 약속했다. 과거 부유국 블록의 모든 정부들은 2007년 10월 자신들이 조종하는 국제통화기금이 장차 국부기금의 활동을 감독해야 한다고 공동 결의하기도 했다.

영국 스탠더드 차터드 은행의 수석 이코노미스트이자 '독립적인 자산기금'이라는 새로운 권력에 관한 이론으로 유명한 제라르 리옹Gerard Lyons은 그러한 방어행동의 동기를 다음과 같이 설명했다. "각 국부기금의 '전략적' 투자는 대개 정보통신이나 에너지 부문, 미디어와 금융 분야의 기업에 해당될 것이고 '지적재산권의 취득'까지도 노릴 수 있다. 그렇다면 이는 정치적 동기를 가진 것이지 순수하게 상업적인 자본투자가 아니다."[29]

빌 클린턴 행정부에서 재무장관을 지냈던 로렌스 서머스Lawrence Summers는 국가 투자자들이 '자본주의의 논리를 뒤흔들' 수도 있다고 우려한다. 각국 정부는 "자국 기업의 경쟁력을 높이기 위해서, 기술지식을 획득하기 위해서, 또는 영향력을 얻기 위해서" 기업을 매입할 것

이라고 한다. 이로 인해 이들 정부는 "세계 시스템의 관점에서 볼 때 의심받게" 된다는 것이다.[30]

그렇지만 중동과 극동으로부터 오는 자본 습격을 방어해야 한다며 조잡한 어휘를 동원해 어설픈 논리를 펴고 있는 측도 의심스럽기는 마찬가지이다. 그 이유는 그들이 국가자본에 대해 비난하는 것은 다름 아니라 서방 정부들과 그들 정부의 지원을 받는 기업들이 아주 오래 전부터 자행해 오던 짓이기 때문이다. 미국 석유 콘체른 엑손Exxon, 세브런Chevron은 언제나 '전략적 투자'에 몰두해 있으며, 그것도 항상 미국 정부의 지원 하에서 이루어지고 있다. 독일의 자동차 및 전기 콘체른들은 수십년 전부터 전 세계에서 시장지배력과 기술적 우위를 확보한다는 '전략적' 목표를 가지고 투자하고 있다. 프랑스와 일본, 그리고 오랜 부자 나라들의 상층기구인 OECD의 다른 많은 회원국들도 똑같이 행동한다. 서머스가 비판하고 있는 "세계 시스템의 관점이란 다름 아니라 서방의 관점일 뿐"이라고 런던정경대학LSE의 발전경제학자 로버트 웨이드Robert Wade는 거꾸로 그 미국인 학자에게 반발하고 있다. 오히려 최근 강화된 국부기금은 '평평한 경기장', 즉 공정한 경쟁조건을 창출하기 위한 수단이 될 수도 있다는 것이다.[31]

그리하여 지난날의 세계 조종자들은 불안에 떨고 있다

그렇지만 바로 이 사실을 이 세계의 오랜 주인들은 아직까지 이해하지 못하고 있다. 세계화와 더불어 창출된 새로운 강대국들이 어떤 혼란을 야기할 수 있을지는 두바이 포츠 월드DPW라는 기업의 사례가 잘 보여주고 있다. 아랍 금융 메트로폴리스에서 창업된 이 국영기업은 소규모 항만 운영업체로 시작해서 전 세계에서 활약하는 해운 콘체른으로 발전했다. 2006년 2월 DPW가 68억5,000만 달러에 영국의 전통 있는 해운회사 페닌슐러 & 오리엔털 스팀 내비게이션P&O을 사들일 때까지는 이상한 것이 없었다. 이를 통해 이 콘체른은 수많은 새로운 전문인력뿐만 아니라 18개국에서 30개의 항만터미널을 확보할 수 있었다. 이들 항만회사 중 여섯 개는 미국 동부해안, 특히 뉴욕에 위치해 있다.

DPW 경영진의 세계적인 경험을 감안하여 미국 정부는 당초 두바이에서 온 기업이 미국 항만을 인수하는 데 아무런 우려도 하지 않았다. 그러나 시간이 지날수록 미국 하원의원들 사이에서 불신이 커져갔다. 미국 항만에 아랍인이 들어온다면 아랍 테러리스트를 위한, 통제하기 어려운 출입구로 변질되지는 않을까? 공화당 출신 뉴욕 상원의원인 피터 킹Peter King을 비롯한 10여 명의 양당 의원들이 이 문제를 제기하면서 그 기업과 경영진에 대한 추가적인 보안검증을 정부에 단호하게 요구했다. '알 카에다에 의한 침투' 우려도 있으며 이 기업이 부패에 의해 보안이 약화될 경우 그것을 어떻게 해결할 것인가가 문제라고 킹 의원은 말했다.[32]

이와 같은 의혹 제기는 사실 아무런 근거도 없다. 당시에 두바이 포츠의 미국인 경영자 한 명이 막 미국 교통부 해운국장으로 임명되었다. 뿐만 아니라 이 기업은 오래 전부터 최고 수준에서 미국의 안보를 지키기 위해 미국과 관련을 맺고 있었다. 그 까닭은 두바이는 아라비아 걸프만에서 미국의 중심적인 군사기지이고 그 항구인 예벨 알리Jebel Ali는 미국해군 소속 전함 수백 척이 이용하는 기지이기 때문이다. "이 모든 것이 두바이 포츠에 의해 운영된다. 요컨대 그곳에서 우리 군인들의 안전은 이들에 달려 있다"고 고든 잉글랜드Gordon England 국방차관이 상원에서 증언한 바 있다.[33]

그렇지만 이 증언이 상·하원의원들의 계속되는 불안심리를 막지는 못했다. 화가 난 DPW 최고경영자 모하메드 샤라프Mohammed Sharaf는 P&O를 매입한 지 한 달이 지나 마침내 다섯 개의 미국 항만회사를 다시 매각하겠다고 약속했다. 세계화된 자본주의가 이따금 보여주는 기이한 아이러니를 적나라하게 보여준 사례였다. 여러 응찰자들 사이에서 1년 동안 진행된 열띤 경합 끝에 DPW는 약 3억 달러의 이익을 남기면서 그 회사들을 매각했다. 보험 콘체른 AIG가 지불한 이 금액은 결국 미국 시민이 납입한 보험료에서 지불된 셈이다.[34]

원자재 가격의 상승, 임금경쟁, 거액을 가진 아시아와 아랍 및 러시아 출신 투자자—이 모든 것은 더 이상 멈출 수 없는 변화의 전조들이다. 이미 1세기 동안 지속되고 있는 미국과 그의 유럽 및 일본 동맹자들의 경제적 패권은 21세기가 지나면서 종식될 것으로 예견된다. 전쟁과 대형 환경재앙을 피할 수 있다면 중국은 아마도 2030년이면 세계 최대 경제대국[35]이 될 것이다. 10년 만 더 지나면 인도도 미국의 비중을 추월할 수 있을 것이다.

인구 수에 비추어 볼 때 이것은 합당하며, 또 유럽의 산업혁명 이전에 중국과 인도가 이미 세계에서 누렸던 지위를 회복하는 것이라고 말할 수도 있다. 역사학자들의 추정에 따르면 이 두 나라는 17세기에 세계 생산의 40퍼센트를 차지하고 있었다. 그렇지만 복지국가들, 특히 미국의 정치가와 그 유권자들은 이러한 전망을 암울한 위협으로 받아들이고 있다. 이들의 반응은 은폐된 침략으로 나타나고 있다. 이들은 선진국 노동자들의 임금이 정체되고 있고 국민경제에서 임금 비중이 갈수록 작아지고 있는 것은 오직 중국 때문이라고 변명한다. 또한 이들은 중국 정부가 기술절도와 저작권 침해를 자행하고 장려하며, 그렇게 해서 외국의 복지를 훔치고 있다고 비난하기도 한다. 급기야는 중국이 자국 통화의 환율을 조작하여 막대한 무역흑자를 달성하고 미국과 유럽을 '탈산업화시킬' 위험이 있다고 비난한다. 독일 시사주간지 〈슈피겔Der Spiegel〉의 한 정치분석가는 극동의 신흥공업국들이 '복지를 둘러싼 세계대전'을 이미 시작했다는 주장까지 제기하고 있다. 이들의 새로운 강세가 '서방의 약화'를 초래하고 있으며 '그들의 성공'은 '우리의 몰락'이라는 것이다. 그러므로 복지지대의 국가들은 아시아의 신흥공업국들에 맞서 동맹해야 하고 자신들의 경제를 새로운 경쟁에 맞서 방어해야 한다고 말한다.[36]

이들 비난은 모두 경제적으로 본다면 어불성설이다. 세계화와 세계무역은 한 나라가 잃는 것을 다른 나라가 얻는 제로섬 게임이 결코 아니다. 오히려 지금까지는 세계무역이 증가함에 따라 세계적으로 모든 참여국에서 가치창출도 더불어 증가했다. 그리고 이러한 상황이 변할 것이라는 조짐은 없다. 중국과 인도가 좀더 빨리 추격하고 약간 더 부유해진다고 해서 유럽이나 미국이 그것 때문에 덜 갖게 되거나 가난해지는 것은 더더욱 아니다. 상대적 비중, 즉 세계시장과 세계총생산에서 각국이 차지하는 점유율이 변동될 뿐이다. '탈산업화'는 어디를 보아도 흔적을 찾을 수 없다. 세계 제조업에서 중국이 차지하는 비중은 겨우 8~9퍼센트이며, 북미나 유럽, 일본과 같은 복지국가들의 산업생산이 그것 때문에 결코 축소되지는 않았다. 이들 나라는 여전히 세계총생산의 4분의

3을 차지하고 있다.[37]

다만 오늘날 기업에서는 지난 수십년에 비해 훨씬 적은 노동력이 필요할 뿐이다. 또한 경제조정과 수출증진을 위해 아시아에서 실행되고 있는 방법은 부유한 나라들이 한때 채택했던 방법과 별 차이가 없다. 독일의 경제기적도 수출을 촉진하는 고정환율과 아울러 외국에 비해 우위에 있는 기술력을 바탕으로 이루어졌다. 미국도 보호관세나 보조금을 이용해 산업을 진흥시켰던 오랜 역사를 가지고 있다. 일본이나 한국도 세계정상에 접근하기 위해서 똑같이 행동했다.

그러나 이러한 편견들은 모두 한 가지 단순한 이유 때문에 인기가 있다. 그것은 갈수록 심화되는 소득분배의 불평등이나 일자리 불안의 책임을 멀리 있는 '침략국' 들에게 전가시킬 수 있다는 것이다. 자국 내의 불공정에 대해서는 아무런 조치도 취하지 않고 정치와 기업에 대한 책임을 다른 곳으로 돌리게 만든다. 따라서 억지스러운 아시아 음모론자들은 공통적으로, 오랜 복지국가들의 정부가 무역제재와 정치적·군사적 압력을 가하여 아시아 경제강국들이 그들 나라의 노동자들에게는 보다 높은 임금을 지급하고 서방의 특허 및 저작권 보유자들에게는 더 많은 라이선스 수수료를 지불하며, 이에 더불어 환율을 자유시장에 맡기도록 강제해야 한다고 주장한다.

그렇지만 세계시장을 위한 세계적인 규칙을 세우는 것이 아무리 바람직할지라도 지난 세기에 통용되었던 권력정치적 수단으로 그러한 생각을 관철시키려는 시도는 얼토당토않은 일이다. 세계가 상호의존하고 있는 현실적 상황에서 '우리 대 다른 나라들' 이라는 발상은 완전히 시대착오적이다. 어제의 초강대국과 내일의 초강대국이 서로 뜻하지 않게 공생관계를 이루고 있다는 사실보다 이를 더 잘 보여주는 사례는 없다.

베이징 항공광장 옆 후쳉 가街 18번지에 있는 건물은 그다지 눈길을 끌지 않는다. 고속도로 교각의 커다란 콘크리트 기둥들과 바로 옆 쇼핑센터 사이에 끼어 있는 11층짜리 이 건물은 아무런 장식도 없이 마치 베이징의 미관을 해치는 수천 동의 사무실 건물 중 하나에 지나지 않는 것처럼 보인다. 경비병 한 명이 텅 빈 로비에 혼자 서 있고 문지기는 호기심에 찬 외국인 방문객에게 당황한 듯한 반응을 보인다.

그러나 이런 인상은 틀렸다. 베이징 시내의 정부구역과 관광명소로부터 멀리 떨어진 채 300명에 달하는 외환관리청 직원들이 중국이 지금까지 보유한 것 중에서 가장 중요한 권력수단을 관리하고 있다. 바로 중앙은행의 해외투자자산이다. 그 규모는 2007년 말 1조5,300억 달러에 이르렀다. 이는 독일 주식시장에 등록된 30대 콘체른의 주가총액의 1.5배이고 한 나라가 지금까지 축적한 외환보유고 중 최대 규모이다.[38]

그리고 중국의 모든 수출업자들은 잉여 외화를 베이징에 있는 중앙은행에서 중국 위안화와 교환해야 하기 때문에 매일 약 20억 달러가 추가되고 있다. 그러므로 중국 중앙은행은 '시장 전체에서 최대 플레이어 중 하나'라고 프랑크푸르트 소재 도이체방크 중앙은행업무부의 토르스텐 슈바이게르트Thorsten Schweigert 이사는 말한다. 전 세계에서 20개 이상의 금융기관이 중국의 투자를 관리하고 매입과 매도를 감독하기 위해 활동하고 있다. "중국인들은 외환보유고 축적에 매달리고 있다. 이것은 놀라운 일"이라고 슈바이게르트 이사는 열변을 토한다.

중국의 달러 산이 지속적으로 성장하고 있는 사실은 매우 독특한 세계경제 정황을 보여주는 것이다. 자본주의 패권국인 미국이 여전히 공산주의자들이 통치하고 있는 중국, 즉 미국의 초강대국 전략가들의 말에 따르면 세계정치에서 패권을 다투는 가장 사악한 경쟁국과 좋건 싫건 상호의존 관계에 빠져 있다는 것이다. 중국 중앙은행 총재인 조우샤오촨周小川이 당장 내일 중앙은행 포트폴리오에서 달러 채권을 시장에 내다팔도록 외환담당 직원에게 지시한다면 미국은 곧바로 심각한 경제위기에 내몰리게 된다. 중국이 미국 유가증권을 모두 매각하면 달러 가치는 즉각 폭락할 것이다. 동시에 금융시장의 민간투자자들도 달러 자산에서 이탈할 것이고 달러 가치는 더욱 하락할 것이다. 미국 채권에 대한 수요가 부족해지면 미국 자본시장에서 이자율은 수직 상승할 것이다. 개인 부채가 많은 수천만 명의 미국인은 갑자기 집을 팔아야 하고 저축을 해야 할 것이다. 따라서 불가피하게 경기는 후퇴하고 실업자는 급증할 것이다. 독일 정부의 대외정책 싱크탱크인 학술정치재단의 금융시장 전문가인 헤르베르트 디터Herbert Dieter는 "중국이 금융정책 폭탄을 손에 들고 있다"고 진단한다. 미국이 "협박당할 수 있다"는 것이다.[39]

그렇지만 이러한 상황은 결코 머리를 써서 짜낸 계획의 결과가 아니라 역사적 우연의 결과이다. 수출에 의해 일어난 중국의 발전이 미국이 전혀 다른 이유로 세계 최대 채무국으로 전락하는 시점에서 이루어진 것이다. 이러한 시기에 중국은 과소비의 덫에 빠져 있고 극도로 많은 군비지출 부담을 안고 있는 미국 경제에 거의 자동적으로 가장 중요한 신용제공자가 되었다. 이 놀라운 관계의 원인은 미국 경제의 구조적인 특징에 있다. 1983년 이후, 다시 말하자면 25년 전부터 미국인들은 경기침체로 인해 일시적으로 중단된 시기를 빼고는 그들이 다른 나라로 수출하는 것보다 더 많이 수입하고 소비하고 있다. 이처럼 자신들의 능력 이상으로 생활하는 민족은 불가피하게 외국에서 유입되는 자본에 의존하게 된다. 그러나 이 경상수지 적자는 수년 동안 문제가 되지 않았다. 반복되는 금융위기에 시달리는 남미 채무국들과는 달리 미국은 세계 기축통화의 발행국으로서 매우 귀중한 특권을 누리고 있다. 미국은 자기 통화로 빚을 질 수 있는 것이다. 그러므로 미국의 경제 책임자들은 환율하락을 두려워할 필요가 없다. 달라가 하락하면 부채 수준도 감소한다. 다른 통화와의 관계에서는 어쨌든 그러하다. 반면에 수출액은 증가한다.

동시에 기축통화 지위는 달러 자산에 대한 전 세계적인 수요를 보장한다. 이 덕분에 미국 경제는 오래 전부터 전 세계에 지속적으로 달러를 뿌려댈 수 있는 일종의 권리를 확보하고 있는 셈이다. 세계는 미국에 상품을 공급하고 그 대가로 은행권이나 달러 채권, 유가증권을 받는다. 요컨대 전 세계에 공급된 달러의 통화량은 끊임없이 확대되고 외국인이 보유한 미국 주식과 대출의 규모는 갈수록 커져가고 있는 것이다. 2000년까지 이러한 현상은 전적으로 민간경제의 사안이었다. 전 세계의 연기금이나 보험, 기업과 같은 투자자들은 미국의 호황에 참여하기 위해 미국에 기꺼이 자본을 투자했다. 당시에는 국가재정도 균형을 이루고 있었고 자본유입은 대부분 투자재원조달에 사용되었다. 경상수지 적자와 달러 환율을 조절하는 것은 시장이라고 클린턴 시절의 재무장관들은 단언했고 시장에 개입할 아무런 이유도 발견하지 못했다.

그러나 지금은 이토록 건전하다고 선전했던 세계에 남아 있는 것이 아무것도 없다. 2001년 주식시장의 거품이 꺼진 이후 중앙은행인 연방준비제도이사회뿐만 아니라 조지 W. 부시 대통령 정부도 달러 화산을 더욱 뜨겁게 달구었다. 먼저 중앙은행은 기준금리를 연 1퍼센트까지 인하했다. 이에 따라 은행의 입장에서 보면 달러는 저렴해졌고, 그런 만큼 저렴한 신용과 저당권을 제공하는 것이 가능해졌다. 그밖에 부시 행정부는 미국 고소득층과 부자들을 위해 연 2,000억 달러 규모의 세금을 인하했다. 이에 따라 소비자와 업계는 값싼 신용과 추가소득을 소비와 투자에 사용했기 때문에 경기침체 위험을 물리칠 수 있었다. 그러나 그 대가는 컸다. 감세는 국가재정에 커다란 구멍을 냈고 동시에 이라크 전쟁과 아프가니스탄 전쟁으로 인해 군비지출은 매년 1,000억 달러 이상 증액되었다. 2004년까지 연간 신규채무는 4,860억 달러로 증가했는데 이는 유럽에서 마스트리히트 조약을 체결하면서 논란이 많았던 재정안정의 한계를 훨씬 넘어서는 수치이다. 동시에 초저금리는 수많은 미국인들을 부채로 끌어들였고 미국의 민간저축은 마이너스로 감소했다. 2003년부터 투자와 국가채무에 필요한 재원은 더 이상 국내자본으로는 거의 조달될 수 없었다.

시장에 결과를 맡겨놓는 나라에서 이러한 정책은 자동적으로 달러 환율의 하락으로 이어진다. 가령 유로화 지역의 민간투자자들은 미국이 대 EU 무역적자를 메우기 위해서 필요한 것보다 훨씬 적은 규모의 미국 유가증권과 기업을 사들였다. 게다가 달러 표시 유가증권에 대한 이자도 유로화 투자에 대한 이자보다 낮았다. 그래서 달러는 2001년부터 유로에 대하여 절반가량 가치를 상실했다. 그에 따라 유럽 상품은 미국 소비자들에게 비싸졌고 미국의 대 EU 무역적자는 감소했다. 영국 파운드화나 자유롭게 거래되는 다른 통화들에 대해서도 비슷한 양상이 나타났다. 세계 전체가 여기에 따랐다면 미국 시민들은 수입제품의 가격상승 때문에 덜 소비할 수 있었을 것이다. 미국 국내시장은 아마도 한동안 침체했을 것이고 그 대신 수출은 증가했을 것이다. 또한 무역적자도 줄어들었을 것이다.

그러나 이러한 현상은 일어나지 않았다. 그 까닭은 신흥공업국들의 부상과 더불어 미국과 그 동맹국들만이 더 이상 세계통화 시스템을 장악할 수 없게 된 원인에 있었다. 지난 세기와는 달리 신흥공업국들은 그 사이 미국의 통화정책에 맞설 수 있을 정도로 비중이 꽤 커졌다. 미국 연방준비제도이사회가 다른 나라에 대한 배려 없이 불러일으킨 달러 홍수는 이들 신흥공업국에게 엄청난 문제를 가져다주었다. 무엇보다도 중국과 아시아 호랑이 국가들, 아랍 걸프 만의 산유국들에게 있어 경제적 성공은 달러 시장에 대한 수출에 좌우되었고 지금도 좌우되고 있다. 이들이 유럽 나라들처럼 자국 통화의 달러 환율이 상승하도록 했다면 그들의 제품은 비싸졌을 것이고 이윤도 크게 줄었을 것이다. 또한 어떤 경우든 그들의 수출액은 감소했을 것이고 실업은 증가했을 것이다. 그러나 세계경제의 신흥공업국들은 그럴 의향이 없었다. 그래서 이들 나라의 정부는 전력을 다해 환율 하락을 막으면서 중앙은행의 통화를 동원해서 대규모로 달러를 사들이고 있다. 그 결과 세계 달러자산 시장은 시장의 보이지 않는 손이 아니라 동아시아와 산유국 중앙은행들의 분명히 보이는 손에 의해 조종당하게 되었다.

그리하여 베이징 정권이 미국 경제의 최대 재원조달자가 되었다. 중국이 매입한 달러는 미국 전체 적자의 4분의 1가량에 해당된다. 그 원인은 중국 경제의 특수성에 있다. 중국 경제는 농촌을 떠나는 수백만 인구에게 충분한 일자리를 제공해 주기에는 내수가 충분치 않다. 여기에서는 중국 국영기업들이 서방 파트너와 함께 노동자들이 임금인상을 위해 자유로운 노동조합을 조직하는 것을 강압적으로 저지하고 있다는 현실도 하나의 원인이 되고 있다. 그 결과 중국의 경제 책임자들은 구직자 군단을 제어하기 위해 수출산업의 성장에 의존하게 되었다. 원자바오溫家寶 총리가 이끄는 정부는 얼마 전까지만 해도 막대한 대미 무역흑자에도 불구하고 중국 위안화 환율을 고수하는 정책을 철저히 폈다. 1995년부터 2005년까지 10년 동안 중국에서 1달러는 정확하게 8.28위안이었다. 이로써 중국 상품은 미국에서 계속 싼 값을 유지할 수 있었고 월마트 같은 대형소매업자들을 강하게 유혹할 수 있었다.

이러한 식의 수출진흥은 물론 중국인에게도 값비싼 대가를 요구한다. 중앙은행은 수출입이나 외국인 투자를 통해 유입되는 모든 달러를 고정환율로 매입해야 한다. 그렇지 않으면 공식환율을 잠식하는 암시장이 형성될 수 있기 때문이다. 중앙은행은 그렇게 사들인 달러를 거의 아무런 이자수입도 가져다주지 않는 미국 유가증권에 다시 투자했다. 그리하여 외화자산은 2007년 내내 1분에 평균 100만 달러 이상 증가했다. 이렇게 해서 미국의 경쟁국인 중국이 부시 행정부에 수십억 달러의 값싼 신용을 제공함으로써 미국의 군사적 모험을 위한 재원을 조달해주게 된 셈이다. 여기에 동원된 금액이 놀라울 정도로 일치한다. 2003년부터 2006년 말까지 이라크와 아프가니스탄 전쟁으로 약 4,000억 달러의 미국 세금이 소요되었다.[40] 같은 기간 동안에 베이징 항공광장에 있는 외환관리 직원들은 4,640억 달러어치의 미국 국채와 국가가 보증하는 담보채권을 사들였다.[41]

아랍 걸프 만의 산유국들이 달러 환율을 안정시키기 위해 지불하는 형태도 이와 비슷하다. 시장전문가들의 추정에 따르면 걸프협력평의회에 속해 있는 산유국인 바레인과 쿠웨이트, 오만, 카타르, 사우디아라비아, 아랍에미리트는 2006년 말까지 1조6,000억 달러의 해외자산을 축적했으며 이 중 적어도 3분의 1이 미국 유가증권 매입과 지분참여로 이루어졌다.[42]

한편 인도에서 일본에 이르는 다른 아시아 수출국들도 1조5,000억 달러를 보유하고 있다. 이들도 경쟁국인 중국이 동참하지 않는 한 자국 통화의 가치절상을 허용할 수 없기 때문이다.

미국 경제에게 이것은 축복이자 동시에 저주이다. 금리가 아무리 변동해도 미국인들은 저축할 필요성을 느끼지 못하고 있다. 부동산 신용과 국가채무는 비교적 저렴하다. 온갖 소비재는 싼값으로 밀려들고 있다. 그러나 그 대가로 생산과 소비 사이의 괴리는 계속 깊어지고 있다. 미국 콘체른들은 갈수록 많은 상품을 아시아에서 생산하고 있고 국민경제의 수입계산서는 갈수록 불어나고 있다. 2006년 경상수지 적자는 8,110억 달러에 이르렀고 위기의 해였던 2007년에도 그다지 낮아지지 않았다. 이는 미국 국내 총생산의 6.2퍼센트에 해당하고 신흥공업국 멕시코의 총생산에 근접하는 규모였다. 지금까지 어떤 경제대국도 겪어보지 않은 비율이다. 그리하여 미국은 나머지 세계에 대하여 갈수록 많은 빚을 지게 되었다. 해외자산을 뺀 순규모로 계산하면 미국은 1997년에는 3,600억 달러밖에 빚을 지지 않았다. 이는 당시 미국 국내 총생산의 5퍼센트에 지나지 않았다. 그러나 9년 후 대외채무는 이미 거의 10배가 되어 3조6,000억 달러에 이르렀다. 이는 미국에서 해마다 생산되는 모든 재화와 용역의 가치의 4분의 1에 해당하는 규모였다.[43]

이 채무를 상환하려면 2년 반 동안 미국 경제가 수출로 벌어들이는 수입 전체를 여기에 지출해야 한다. 이는 악명 높은 과잉채무국 브라질이 오래 전에 보여준 것과 같은 상황이다. 그래서 미국은 "매우 거대한 라틴아메리카 채무국과 같다"고 〈파이낸셜 타임스〉가 이미 2004년에 조롱한 바 있다.[44] 그리고 이 채무는 지속적으로 증가하고 있다. 2007년 한 해 동안 미국은 기존의 소비와 투자를 유지하기 위해서 매일 평균 20억 달러 이상의 외국자본을 필요로 했다. 매일 매일이 그러했다. 금융 엘리트들이 이 문제를 매우 미화시켜 표현한 이러한 "세계적 불균형"은 세계 경제에게 장기적으로 엄청난 리스크인 셈이다. 미국 경제와 그 통화에 대한 신뢰가 갑자기 무너지면 모든 나라가 달러 자산에서 이탈하면서 전 세계적인 경제재앙이 일어날 것이다. 또한 이 금융불안은 조만간 새로운 세계통화체제를 도출해 내도록 강요할 것이다.(3장의 '세계적인 모래성' 참조)

그러나 그와 같은 동요가 발생하지 않더라도 미국의 채무 증대는 광범위한 정치적인 결과를 수반하고 있다. 적자는 '약점의 원천' 이라고 힐러리 클린턴이 민주당 대통령 후보선거전에서 경고한 바 있다. 그녀는 재무부와 중앙은행에 보낸 공개서한에서 미국이 "베이징에서 내리는 경제적 결정의 인질"이 될 위험이 있다고 주장했는데, 그것은 사실 많은 사람들이 느끼고 있는 두려움을 표현한 것에 불과하다.[45] 그러한 불안은 미국 역사에서도 선례가 있다. 영국 정부가 1956년 이집트의 수

에즈 운하 국유화를 막기 위해서 프랑스, 이스라엘과 공동으로 미국 정부의 뜻에 반해서 이집트를 침략했을 때 당시 아이젠하워 대통령은 통화정책을 무기로 사용했다. 당시 영국은 많은 채무를 지고 있어서 파운드화가 폭락할 위기에 처해 있고 국제통화기금으로부터 신용을 받아야 했다. 이 상황에서 아이젠하워는 재빨리 국제통화기금 이사회를 봉쇄하고 미국이 보유하고 있는 영국 국채를 전량 매각하겠다고 위협함으로써 대영제국에게 치명적인 타격을 입힌 것이다. 영국 정부는 지불불능을 걱정하지 않을 수 없어 결국 침공을 중단했다.

미국이 이와 유사한 상황에 처해 있다는 것은 결코 아니다. 베이징뿐만 아니라 산유국에 있는 통치자들은 그들의 가장 중요한 판매시장이 달러화 폭락으로 봉쇄되는 것은 결코 바라지 않는다. 무엇보다도 그들의 외화자산 가치가 급격하게 떨어질 것이기 때문이다. 그러므로 화폐경제학자들이 명명한 비공식적인 '달러 블록'의 어떤 정부도 분명히 달러화 떠받치기를 철회하지 않을 것이다. 그래서 '금융공포의 균형'에 힘입어 안정이 유지되고 있다고 미국의 전직 재무장관 로렌스 서머스는 냉전 시절 핵무기 위협의 균형에 빗대어 미국의 새로운 상황을 진단한 바 있다.[46] 그렇지만 동시에 이는 미국이라는 걸리버가 워싱턴에서 반드시 우방으로 간주되지는 않는 나라들의 금융족쇄에 어느새 묶여 있음을 의미하기도 한다. 충성심 없는 타이완의 독립을 둘러싼 갈등에서든, 아라비아 반도 주변에서의 대 테러전쟁에서든, 또는 무역문제에서든 어느 당사국도 미국과 정면대결을 감당할 수는 없다. 그 대신 외국 금융가들이 갈수록 더 많이 미국 국민경제의 지분 소유자가 되고 있고 초강대국 미국은 자신의 채권국들과 세계금융을 조정하기 위한 새로운 규칙에 관해 교섭해야 할 처지가 되었다. 이러한 상황에서 정치 부문에서는 무엇보다도 중미관계가 상호의존과 그 결과에 관한 학습장처럼 될 것이다.

어떤 미국 상원의원을 위한 학습시간

찰스 '척' 슈머Charles 'Chuk' Schmer는 전형적인 미국 정치인이다. 23세 때부터 그는 민주당에서 활동했다. 의원이 된 지 벌써 25년이 되었고 1999년부터 뉴욕 주 상원의원을 지내고 있다. 슈머 의원은 미국 미디어 민주주의의 모든 술책을 잘 활용하고 있다. 그의 동료 한 명은 "워싱턴에서 가장 위험한 자리가 TV 카메라와 척 슈머 사이"에 있다고 조롱한 바 있다. 그렇지만 그 많은 경험에도 불구하고 56세의 이 상원의원에게는 아직 부족한 게 한 가지 있다. 그는 아직 한 번도 외국에 나가서 활동을 해본 적이 없다. 미국 밖의 세계가 어떻게 돌아가는지 그는 오로지 보고 듣는 것만으로 알고 있을 뿐이다. "나는 안방샌님이야." 하고 그가 의기소침하게 고백했을 정도였다.

그가 중국이라는 테마를 발견할 때까지는 그러했다. 2005년 초 언젠가 슈머는 중국의 수출정책을 폭로하면 유권자들에게 점수를 딸 수 있다는 사실을 알게 되었다. 중국은 '불법적인 통화조작'을 자행하고 있으며 제품가격을 인위적으로 값싸게 유지하고 있다는 것이다. 그래서 그는 중국은 미국이 구입할 수 있는 것보다 매년 2,000억 달러어치를 더 많이 미국으로 수출한다고 기회가 있을 때마다 주장했다. 이로 인해 미국 일자리가 희생되고 있고 "미국 노동자들에게는 불공정"하다고 비난했으며 많은 사람들이 그의 말을 기꺼이 받아들였다. 중국이 수출하는 제품이 대부분 수년 전부터 미국에서는 더 이상 생산되지 않고 있고, 미국 산업에서 일자리가 줄어드는 것은 산업합리화 때문이라는 사실에는 슈머는 전혀 개의치 않았다. 미국 자신이 번번히 달러환율을 조작하고 1997년에는 일본과 공동으로 대대적인 아시아 금융위기까지 촉발했다는 사실에도 마찬가지로 슈머는 관심을 가지지 않았다. 미국을 희생양으로 삼는 작전이 더 그럴듯하게 받아들여진 것이다. 그래서 슈머는 2005년 여름 사우스캐롤라이나 주 출신 공화당 동료 린지 그레이엄Lindsey Graham과 공동으로 미국이 중국과 대대적인 무역전쟁을 벌여야 한다는 법안을 제출했다. 이 두 상원의원은 중국 지도부가 위안화를 즉각 자유화하지 않으면 모든 중국 상품에 27.5퍼센트의 보복관세를 부과하라고 요구했다.

슈머의 돌출행동은 미국의 최고경영진들과 부시 행정부 경제자문관들을 비상상태로 몰아넣었다. 중국에 진출해 있는 콘체른의 로비스트들이 나서기 시작했고 물가폭등도 경고했다. 즉각 여러 국제학술회의가 이 주제를 다루면서 수많은 전문가들은 중국의 달러 매입이 없으면 미국은 더 나빠질 것이라는 사실을 상기시켰다. 2005년 6월 중국의 국영 석유 콘체른 CNOOC가 석유회사 유노칼Unocal의 인수경쟁에 뛰어들어 미국의 거대 석유회사 셰브런보다 10억 달러를 더 많이 제안하자 분위기는 더욱 고조되었다. 중국 지도부는 처음으로 중국이 앞으로는 이자율이 낮은 국채뿐만 아니라 채산성 좋은 기업도 달러를 주고 사들이겠다는 사실을 명확히 밝혔다. 슈머와 그의 정치적 동료들은 즉각 국가안보가 위협당한다고 경고했고 중국에 대한 적대감의 물결이 미국 미디어를 휩쓸고 지나갔다. 이에 따라 신속하게 통과된 신규 법령은 외국 국영 콘체른이 미국 기업을 인수할 때 미국 정부가 충분한 검증을 하도록 의무화했다. 마침내 중국 석유 콘체른은 기업 인수를 포기했고, 원자바오 중국 총리는 외국인 최고경영자들과의 면담에서 "미국이 자신의 구조적인 문제를 중국 책임으로 돌리는 것은 불공정하다"고 불만을 토로했다.[47]

그렇지만 논란이 진행될수록 중국에 적대적인 입장은 유지되기 어렵게 되었고 양당의 많은 의원들이 조심스럽게 거리를 두기 시작했다. "외국인에 의한 미국 자본의 매입을 반대하는 민족주의적 반동은 전적으로 위선적"이라고 뉴욕대의 거시경제학자 누리엘 루비니Nouriel Roubini가 논평했는데, 이는 상원에 만연하던 외국에 적대적인 포퓰리즘에 거의 이구동성으로 분개하고 있던 그의 동료들을 대변한 것이다. "우리는 중국이 지금까지 낮은 이자로 자금을 제공해 주고, 그럼으로써 미국 정부와 미국 소비자들의 무절제한 부채를 가능케 해주었던 것에 대해 감사해야 한다"고 루비니는 주의를 환기시켰다.[48] 이 비판자들은 또한 상원 내 자칭 무역전쟁파들의 지식 부족도 조롱했다.

이러한 비난은 곧 슈머에게 전혀 새로운 빌미를 찾아나서게 했음이 분명하다. 즉, 그는 외국인에 대한 자신의 혐오감을 감추고 동료 상원의원 그레이엄과 함께 첫 번째 외국여행을 떠났다. 침략자라고 생각되는 자들의 실체를 현장에서 듣기 위해서 베이징과 상하이를 목적지로 선택했다. 그런데 중국 지도자들은 이 두 상원의원에게 붉은 양탄자를 깔아주었다. 뿐만 아니라 두 사람은 인민대궁전에서 '아주 각별한' 향연에 이르기까지 극진하게 영접받았다. 동시에 그들은 중국의 정치계급 내에서도 통화문제에 관해 논란이 있음을 알고 크게 놀랐다. 석유산업과 자동차산업은 평가절상을 요구하는데 반해, 섬유산업과 장난감산업의 경영자들은 그 경우 수백만 개 일자리가 감소할 것을 우려하고 있었다. 이와 관련하여 두 상원의원은 중국의 성장속도가 2퍼센트 포인트만 떨어져도 은행신용의 절반 이상이 지불 불능이 된다는 것, 다시 말하자면 은행시스템이 붕괴된다는, 중국의 초고속성장이 안고 있는 엄청난 잠재적 위험도 알게 되었다. 그리고 그렇게 되면 미국 적자를 메꾸는 데 필요한 재원조달도 붕괴된다는 사실도 알게 되었다.

늦긴 했지만 이러한 학습과정을 거친 다음 슈머와 그의 동료는 중국 경제 책임자들이 급격한 환율변동을 두려워하는 충분한 이유가 있다는 것을 알게 되었다. 이 상원의원은 무엇보다도 일종의 상위부처로서 모든 부처와 성省의 주요 경제조치들을 조정하는 국가발전개혁위원회 부위원장 주즈신에게 깊은 인상을 받았다. 슈머는 베이징에서 그와 면담하면서 미국과 중국 사이의 불균형에 대해 언급해 줄 것을 촉구했다. 한쪽, 즉 미국은 자신이 감당할 수 있는 것보다 더 많이 소비하는데 반해 다른 한쪽, 즉 중국은 증가하는 부에 비해서 너무 적게 소비하는 상황에 대한 의견을 물었다. 그러자 이 중국 고위관리는 바로 그 직전에 통과된 5개년계획을 인용했는데 이 계획에는 바로 이러한 왜곡된 상황에 대한 언급과 함께 그에 대한 조종이 포함되어 있었다. 슈머는 "그는 그 방향으로 가야 한다고 확신했고, 다만 그것을 어떻게 실행할지가 아직은 명확하지 않다고 대답했다"고 흡족해했으며 귀국 후에는 유화적으로 행동하게 되었다.[49]

미국이 중국과의 공공연한 갈등을 피하는 게 더 낫다는 것은 분명 부시 행정부 내 전문가들의 견해이기도 하다. 어쨌든 관측통들은 슈머가 중국을 다녀온 후 아무도 예상치 못한 인물이 재무장관에 임명된 것을 그렇게 설명했다. 헨리 (행크) 폴슨Henry (Hank) Paulson이 바로 그였다. 2006년 재무부를 맡을 때까지 신화적인 월스트리트 은행 골드만 삭스의 회장이었던 그는 부시의 공화당원도 아니었고 그의 정치적 서클에 속한 인물도 아니었다. 그 대신 폴슨은 다른 특이한 경력을 가지고 있었다. 그는 중국 전문가였으며 골드만 삭스에 근무하면서 70번 이상 중국을 방문하면서 수십억 달러 규모의 사업을 해결해 냈다.[50] 중국과 커다란 갈등이 일어나면 미국 경제에 어떤 일이 일어날지 그보다 잘 아는 사람은 없었다. 폴슨은 중국과의 분쟁을 해결하는 것을 부임 첫해의 주요 업무로 삼았다.

부임하자마자 그는 슈머 상원의원과 면담했고, 그 이후 슈머는 즉시 자신의 법안을 철회했으며 그 대신 지극히 미국적이지 않은 성명을 발표했다. 일방적으로 부과하는 보복관세는 세계무역기구WTO 규정에 위배된다는 것이었다. 그는 원래 자신의 동료 대부분과 마찬가지로 국제적인 규칙은 아무것도 아니라고 생각하는 미국 정치가였다. 바로 뒤이어 폴슨은 중국 통치자들과 장기적인 '전략적 경제대화'를 갖는 데 합의하기도 했다. 적어도 1년에 두 차례씩 두 나라의 여러 장관들로 구성된 대표단이 일종의 공동각료회의처럼 만나 점차적으로 양국의 입장을 접근시킨다는 것이었다. 폴슨이 상원을 설득하는 동안 베이징의 통화당국은 비록 중국 방식으로 신중하게 조금씩이기는 하지만 위안화를 절상하기 시작했다. 2007년 말까지 2년 만에 환율은 그렇게해서 10퍼센트 상승했다.

이처럼 중국의 통화정책을 둘러싼 분쟁은 상호의존의 네트워크에서는 미국과 같은 초강대국조차 행동반경이 얼마나 좁은지를 잘 보여주고 있다. 중국은 전략적 경쟁자일 수 있지만 또한 미국의 은행이기도 하며 미국 산업의 연장된 작업장이기도 하다. 미국이 이러한 양면성을 받아들이지 않는다면 자국 복지에 엄청난 손실을 감수해야 할 것이다. 미국 정부는 중국 파트너와 협력해야 한다. 그들에게 맞서는 것은 더 이상 안 된다.

그러나 같은 기간에 일당독재 국가인 중국의 전지전능할 것처럼 보이는 통치자들도 아주 유사한 경험을 했다. 미국과 유럽의 산업 콘체른의 이익 대리인들이 중국의 대규모 개혁을 저지하기 위해서 국내정치에 대대적으로 개입한 것이다. 그것도 원자바오 총리와 그의 노동장관 티안쳉핑田成平이 유럽과 미국의 정치가들이 오래 전부터 소리 높여 요구하던 정책 전환, 즉 중국 공장에서 일어나는 임금착취를 근절시키려 했을 뿐인데도 그러했다.

차이메리카에서 벌어지는 계급투쟁

저녁 7시 정각이면 불이 꺼지고 기계는 멈춰선다. 야간작업조의 여성 노동자들이 중국 남부 인구 백만의 도시인 선전深圳에 있는 프리워 Friwo 공장에서 2007년 8월 21일 밤에 파업을 외쳤을 때 그들은 분노에 차 있었다. 기술자들이 전기를 끄자마자 여성 동료들은 자신들이 휴대전화기용 충전기를 생산하던 공장건물의 창문을 부수기 시작했다. 출퇴근시간을 체크하던 타임레코더도 부서졌다. 그 독일 전기회사가 또다시 여성 노동자들에게 잔업수당을 주지 않은 채 더 생산하도록 강요했던 것이다. 시간당, 생산라인당 480개가 아니라 570개를 생산해야 한다는 것이다. "각 노동자에게 두 명 몫의 일을 부과했다. 그리고 이것을 우리가 정규 근로시간에 만들어 내지 못하면 사장은 수당도 주지 않고 야근을 강요했다"고 한 여성 노동자가 핀란드 신문 〈헬싱긴 사노마트 Helsingin Sanomat〉에 토로했다. 이 신문은 프리워가 핀란드 전화기 콘체른인 노키아Nokia와 밀접하게 연관되어 있기 때문에 그 원인을 취재하고 있었다.[51] 프리워는 소소한 업체가 아니라 세계적으로 앞서가는 휴대전화기용 충전기 생산기업이다. 그럼에도 불구하고 독일의 억만장자 슈테판 크반트Stefan Quandt가 소유하고 있는 이 회사는 중국인 노동자들에게 월 70유로의 현지 최저임금만 지불하고 있었다.

수당 없는 연장근무를 강요한 것은 분명 현지 사업 책임자의 과도한 처사였다. 홍콩에 소재한 지역본부의 발표에 따르면 1만 명의 회사 노동자 중 8,000명이 참여한 이 자발적인 파업은 3일 동안 계속되었다. 노동자들의 시위가 경찰의 물리력으로 진압된 후에 이 항의는 가라앉았다. 그러나 몇몇 시위자는 구금 중에 실종되어 그 운명을 알 수 없게 되었다. 그 중국 공장에서 일어난 파업의 원인에 대해 질문하면 독일 내 콘체른 경영진은 "중국의 특수한 상황"을 들먹인다. 그곳에서는 생활비가 급등하고 있다고 한다. 그럼에도 불구하고 지방정부가 최저임금을 10월에야 비로소 인상하려 했는데 이것이 파업을 자극했다고 기업 경영진은 기이한 변명을 늘어놓는다. 마치 프리워가 임금수준을 자유롭게 결정할 수 없는 것처럼. 게다가 수당 없는 연장근무를 요구한 것에 대해서는 콘체른 경영진은 아예 언급을 회피했다.

그렇지만 중국에서 이러한 착취방법을 사용하는 기업이 프리워만 있는 것이 아니다. 세계적으로 유명한 다른 회사들도 그러한 방법을 거리낌 없이 사용한다. 그렇기 때문에 요즈음에는 국내외의 기자들이 중국 노동자들에게 가해지는 무자비한 사례들을 한 달이 멀다 하고 보도하고 있다. 성공 신화의 주역이었던 리자오샤가 한때 광둥성에서 겪은 일을 지금은 수백만이 경험하고 있다. 이들은 아무런 권리도 없이, 노동조합도 없이, 그리고 대부분은 근로계약도 없이 사용자의 자의에 내맡겨져 있다. 당국의 발표에 따르면 민간기업의 4분의 1만이 노동자들과 고용계약을 맺고 있다. 노동자의 12퍼센트는 법정 최저임금도 받지 못하고 있고, 특히 건설업에서는 수만 명이 아예 임금을 사기당하고 있다. 2004년 말 공식 통계에 따르더라도 지불되지 않은 임금이 120억 달러에 이르렀다.[52] 많은 공장에서는 임금 보상 없이 연장근무가 강요되고 있고 특히 무자비한 기업들은 식사나 숙소, 안전장비마저 착취해서 종업원들을 병들게 만들고 있다.

비판자들은 중국이 이런 식으로 나머지 세계와 경쟁우위에 서려 한다고 비난한다. 게다가 서방 정치가들은 이러한 사실을 모질게 몰아붙여 자신의 이름을 알리려 한다. 가령 독일의 앙겔라 메르켈 총리는 중국의 상황을 '받아들일 수 없다' 고 표현하면서 WTO 협약을 추가 협상할 때는 중국 정부가 사회적 최소기준을 준수하도록 약속을 받아내야 한다고 목소리를 높이고 있다.[53] 민주당이 다수를 차지하고 있는 미국 상원도 나서서 그와 비슷한 결의안을 통과시켰다.

이러한 요구는 정당한 것이다. 다만 문제가 되는 것은 그것이 누구를 겨냥한 것인가이다. 중국 노동시장에 최소한의 규칙이 시급히 필요하다는 것은 중국 통치자들도 오래 전부터 알고 있었다. 공산당 독재자들은 한때 폴란드의 자유노조 '연대Solidarity' 처럼 노동자들의 조직화된 민주화운동을 두려워하고 있어서 아직까지도 자유노조를 금지시키고 있다. 그러나 노사분규를 조정할 정식 통로가 없기 때문에 중국 노동시장은 눈에 띄게 혼란상태에 빠져들고 있는 것이다. 자발적인 작업거부와 봉기가 지속적으로 증가하고 있는 것이다. 정부 발표에 따르더라도 온갖 종류의 노사분규가 1년에 30만 건 이상 발생하고 있다. 이 점에서 현대 중국은 불결한 작업환경에서 착취당하면서도 공식적인 갈등해소 메커니즘이 부재해 혼란스러운 상황을 야기했던 19세기 유럽 나라들과 다를 바가 없다.

이에 대처하기 위해서 원자바오 총리와 정치국은 2006년 3월 중국으로서는 지극히 이례적인 조치를 감행했다. 즉, 이들은 중국 노동법의 급진적인 개혁안을 발표했고 이에 대한 공청회도 열었다. 거의 민주적인 느낌이 드는 이러한 변화에 대해 상하이 법학교수이자 노동법 전문가인 류쳉柳城은 소요사태의 증가로 인해 "언제라도 사회적 폭동이 발생할 수 있기 때문에 정부에 우려를 안겨주었다"고 설명했다.[54]

이 법안에는 포괄적인 개혁안들이 포함되어 있다. 그에 따르면 모든 노동자는 원칙적으로 근로계약을 맺어야 한다. 사용자가 그러한 계약을 거부하면 해당 노동자는 해고보호권을 보장받으면서 무기한 고용된 것으로 간주된다. 동시에 파견근로는 6개월로 제한되며 그 이후에는 기업은 정규직으로 받아주어야 한다. 그러나 무엇보다도 이 법안은 기업기본법의 혁명을 예고한 것이었다. 50명 이상의 노동자를 해고하거나 임금 및 근로조건을 변경할 때는 국영노조의 대표나 적어도 현장에서 선출된 대표의 동의를 받도록 했다. 이 법안에는 '협상을 통한 합의'가 이루어져야 한다고 규정되어 있는데, 이는 독일과 스웨덴의 공동결정권에서 차용된 것이다. 중국 인민회의 법사위원회는 독일연방기술협력협회GTZ에 의뢰하여 독일 연방노동판사인 볼프강 린젠마이어Wolfgang

Linsenmaier와 노동법 교수인 볼프강 도이블러Wolfgang Däubler를 자문위원으로 참여시키기도 했다. 당 지도부가 증가하는 노사갈등을 평화적인 방식으로 이끌 수 있는 길을 찾고 있음이 분명하다고 도이블러는 베이징에서 그들과 면담 후에 말했다. 우선적으로는 노동자들의 권익을 보호하고, 그럼으로써 과격한 노동운동의 발생을 예방하는 시스템을 개발하도록 당이 통제하는 국영노조에게 요구한 것 같다고 했다.

국민들의 반응은 대단했다. 19만 명 이상의 노동자들이 인터넷으로 연락했고 자신들의 참을 수 없는 상황에 대해 알려주었으며 안전한 근로계약에 관한 약속을 환영했다. 그러나 동시에 학자들 사이에서는 새로운 노동법이 중국의 발전을 저해하지 않을지에 관한 공개적인 논쟁이 시작되었다. 중국에서 종종 그러하듯이 그 배경에는 중앙과 지방 사이의 갈등이 자리 잡고 있다. 몇몇 지방정부는 개혁이 이루어지면 외국인 투자자들이 떠날 것이라고 즉각 우려했다.[55] 지방정부로서는 그럴만한 이유가 있었다. 그 까닭은 유럽과 미국에서 온 국제 콘체른의 로비조직인 미국상업회의소와 유럽상업회의소가 이 개혁 계획에 거의 저돌적으로 반대하고 나섰기 때문이다. 법안이 발표된 직후인 2006년 4월 이 개혁에 대해 토론하려는 상하이 법학자들과 의원들의 모임에 먼저 일군의 서구 사업가들이 예고도 없이 나타났다. 그 외국인들은 스스로를 미국상업회의소 대표로 소개하면서 자신들의 투자를 철수하겠다고 노골적으로 위협했다.[56] 유럽상업회의소 회장인 네덜란드 은행가 세르게 얀센스 드 베레베케Serge Janssens de Vereveke도 법안이 통과될 경우 "사용자의 유연성을 제약할 것이고 …… 외국인 기업가들은 중국 투자를 재고하지 않을 수 없다"고 공개적으로 경고했다.[57]

이어서 두 상업회의소는 중국의 공식 입법기구인 인민회의의 담당

위원회에 도전적인 입장표명을 전달했다. "유럽 여러 나라들의 현행 노동법은 인건비 상승을 초래했고, 그리하여 생산라인의 유럽 외 이전을 초래했다"고 유럽 로비스트들은 말하면서 "중국이 만약 이 노동법을 발효시킨다면 의심할 나위 없이 동일한 문제에 직면할 것"이라고 위협했다.[58] 제너럴 일렉트릭, 마이크로소프트, 델, 나이키 등 세계적인 기업을 포함하여 1,300여 기업을 대변하는 미국상업회의소도 아주 유사한 문건을 작성했다. 이 새로운 법은 "중국 노동자들의 취업 가능성을 약화시킬 것"이고 "중화인민공화국의 경쟁력에 부정적인 영향을 미칠 것"이라고 의원들에게 보내는 서한에 밝혔다.

이러한 위협은 즉각 효과를 나타냈다. 첫 번째 발표 후 8개월 만에 베이징의 노동자들은 자신들의 개혁안에서 급진적인 부분을 삭제했다. 그리하여 새로운 법안은 해고나 노동시간 및 노동조건의 변동이 있을 경우 사용자에게 노동자 대표와 '협상'이 아니라 '자문'할 의무만을 부여하고 있다. 또한 노동보호 법규를 쉽게 우회할 수 있게 해주는 파견근로를 제한하는 내용도 더 이상 포함되지 않았다. 소관 위원회가 어떻게 해서 이렇게 변경을 하게 됐는지에 대해서는 아무 말도 밖으로 흘러나오지 않았다. 사실 중국 기업과 최고경영자들도 새로운 노동법에 반대했을 것은 의심할 여지가 없다. 어떻든 서방 콘체른의 변호사와 로비스트들은 승리를 축하했다. "우리는 필요하다면 상대방이 우리 말을 듣게 하는 데 충분한 투자를 하고 있다"고 MS 차이나의 인사당당 임원은 자신들이 그 변경을 유도했다는 사실을 암시하면서 과시했다.[59] "업계의 이의 제기가 효과를 발휘한 것 같다"면서 중국에서 수많은 미국 기업을 대변하고 있는 법률자문 콘체른인 베이커&매킨지Baker & McKenzie의 한 변호사도 흡족해하며 말했다.[60] 그렇지만 이렇게 약화된 법규에 대해서도 콘체른 로비스트들은 만족하지 않았다. 아직도 근로계약 의무와 임시직 계약의 제한, 그리고 대표 선출이 남아 있었다. 특히 당원증이 있는 노조활동가는 어떤 기업이든 출입할 수 있도록 한다는 것에 대하여 로비스트들은 추가적으로 이의를 제기했다.

콘체른 전략가들은 중국 노동자들을 계속 무법상태에 놓아두려는 시도를, 그때까지는 아마도 중국 밖으로는 새나가지 않을 일종의 내부 문제로 간주했던 것 같다. 오랫동안 실제로 그러했었다. 그러나 인터넷과 이메일의 시대에는 업계만 세계적인 네트워크를 가지고 있는 것이 아니다. 홍콩에 있는 소규모 활동단체인 중국노동속보China Labour Bulletin의 편집자들이 전 세계 노조활동가들에게 콘체른들의 추악한 로비 시도에 대해 알려주었다. 이 소식은 세계적인 항의의 물결을 불러일으켰다. 인권단체와 노동조합은 두 상업회의소의 회원기업들에게 직접 항의를 했다. 그러자 나이키나 에릭슨과 같은 콘체른은 자신들의 시장 이미지가 위협당한다고 판단해서 중국 내 대리인들의 활동으로부터 공개적으로 거리를 두기 시작했다. 상하이에 있는 유럽상업회의소는 회원사들의 압력을 받아 "중국 내 근로조건을 긴급히 개선할 필요성"이 있다며 이를 위해 자신들은 "확고하게 중국 정부의 편"에 서 있다는 '해명서'까지 발표했다. 반면에 그들의 미국 동료들과 제너럴 일렉트릭, 인텔과 같은 미국 거대 콘체른들은 기존의 입장을 고수했다.

이에 미국 노조운동가들이 이 문제를 상원으로 들고 가 상하이 노동법 교수 류쳉을 초청해서 상·하원의원들과 면담토록 했다. 이 법학자는 그 자신이 직접 초안 작성에 참여했던 중국의 개혁계획에 대한 지지를 얻어내기 위해 2007년 4월 2주 남짓 미국에 머물렀다. 이 노동법학자는 이곳저곳 다니면서 자신의 활동을 다음과 같이 요약했다. "나는 경제단체들이 임금 덤핑을 하기 위해 자신들이 운영하는 노동착취공장을 계속 운영하려 한다고 사람들에게 폭로했다." 그밖에 중국 인민회의 의원들도 "사용자들의 로비가 강한 영향력을 발휘하고 있어서 우리는 외부의 지원이 필요하다"고 밝혔다.[61]

32명의 하원의원이 즉각 이를 진지하게 받아들여 부시 행정부로 하여금 베이징 정부에 대하여 당초 계획했던 개혁을 분명히 시행하도록 요구하는 결의안을 제출했다. 그렇지만 이는 너무 늦게 이루어진 것이어서, 중국 인민회의가 약화된 내용의 새로운 법을 통과시킨 뒤였다. 그러나 그럼에도 불구하고 류쳉은 희망을 가지고 있다. 후속 개혁을 준비하고 있기 때문이다.

예전 같았으면 중국 내부문제에 지나지 않았을 것이 불과 몇 달 사이에 세계정치가 되어 틀에 박힌 모든 관행을 거부하기에 이르렀다. "중국인들이 미국 노동자들로부터 일자리를 빼앗아 가는 것이 아니라 우리 콘체른이 중국에서 임금을 압박하고, 그럼으로써 전 세계에서 임금과 노동시간을 압박한다"는 것을 갑자기 깨닫게 되었다고 미국 노조변호사 얼 브라운Earl Brown이 설명했다. 브라운은 중국이 아니라 "전 세계의 노동착취공장 로비"가 진짜 적이라고 말한다. "여기에서 우리의 정치가와 노조운동가들은 몇 가지 배워야 한다."

그럼에도 불구하고 미국과 유럽의 정치에서 중국이라는 주적 개념이 사라지려면 아직 멀었다. 미국 민주당의 두 대통령 예비후보자, 즉 힐러리 클린턴 상원의원과 버락 오바마 상원의원은 선거전 동안 반중 카드를 사용했고 중국의 달러 비축에 따른 '위험성'에 대해 경고했으며, 자신들이 당선되면 중국에 대항해서 '미국 노동자들의 이익을 적극적으로' 옹호할 것을 약속했다.(오바마) 동시에 슈머와 그의 동료들

은 비록 크게 완화된 형태이기는 하지만 위안화 조작을 금지하는 새로
운 법을 준비하고 있다. 이번에 이들은 유럽과의 통상마찰이 발생하면
오래 전부터 해온 것과 똑같이 중국도 WTO에 제소하도록 행정부에 요
구하려고 한다. 그러나 세계정치의 두 거인 사이의 정치적·경제적 교
류가 갈수록 밀접해지기 때문에 그러한 공격은 어느덧 간혹 코미디 같
은 의식처럼 비쳐지기 시작하고 있다.

2007년 7월 미국 상원이 중국의 달러 매입을 금지하는 새로운 법안
을 놓고 토론하는 동안, 같은 시각에 미국 주택건설장관 앨폰소 잭슨
Alphonso Jackson은 중국 중앙은행 총재에게 그것과는 정반대되는 관심
사를 설명하기 위해 베이징으로 떠났다. 그는 막 무너지기 시작한 미국
주택시장을 지탱할 수 있도록 중국이 가능한 한 많은 달러를 미국 저당
채권에 투자하도록 요청했다.[62] 그 이전에 재무장관 폴슨은 상원에서
증가하는 비판에 대응하기 위해서 무역불균형을 해소하기 위한 중국의
조치를 '전략적 경제대화' 자리에서 촉구한 바 있다. 그때 베이징 사절
단의 대표인 우위吳儀 부총리는 중국 정부가 전형적인 미국적 방식을
채택하여 중국에 비판적인 의원의 선거구에서 300억 달러어치의 상품
을 주문했다고 밝혔다.[63] 이 자리에서는 또한 중국이 미국 소프트웨어
와 영화의 불법복제를 막지 않기 때문에 미국 소프트웨어 산업과 영화
산업에 수십억 달러의 손실을 입히고 있다는, 오래 전부터 제기되어 온
비난도 논의되었다. 그런데 바로 이 시점에 FBI와 중국 경찰의 추적팀
이 중국에 거점을 두고 전 세계에 걸쳐 활동하던 위조범 일당을 이미 여
러 달 전부터 쫓고 있는 중이었다. 얼마 지나지 않아 그들은 두 나라에
서 25명의 범인을 검거하고 시가 5억 달러 규모의 소프트웨어를 압수
했다.[64]

이와 같이 중첩되는 행동과 의존관계를 바라보면서 미국 경제사학자이자 세계화 역사 전문가 나이얼 퍼거슨Niall Ferguson은 논리적으로 놀라운 결론에 이르렀다. 그는 몇몇 미국 신문에 기고한 칼럼에서 중국과 미국 사이에 존재하는 커다란 불균형을 가령 '애리조나와 캘리포니아 사이에 존재하는 의심할 나위 없이 커다란 불균형처럼' 보다 느긋하게 관찰할 것을 주문했다. 그러면 "미합중국과 중화인민공화국은 두 나라가 아니라 한 나라로 간주될 수 있을 것이다. 세계 인구의 4분의 1로 세계 경제성장의 60퍼센트를 차지하는 차이메리카, 즉 막강한 헤비급이 될 수도 있는 것이다." 이 관계는 "균형 잡힌 것이 아니라 공생관계이지만 다른 지역이 위험해질수록 이 관계는 아마도 더욱 견고해질 것"이라고 퍼거슨은 말한다.[65]

국가안보의 종언

그러나 서로 경쟁하는 강대국들 사이에 경제와 정치가 놀라울 만큼 집중적으로 상호침투하는 것은 결코 '차이메리카' 에 국한되지 않는다. 중국과 인도의 융합도 그에 못지않게 역동적으로 발전하고 있다. 아시아의 두 대국이 지난 수십년 동안 베이징의 공산주의자와 워싱턴의 세계전략가 사이보다 더 강한 적대관계에 놓여 있었음에도 불구하고 말이다. 그렇기 때문에 2006년 7월 6일 인도 병사와 중국 병사가 히말라야 산맥 위에서 악수를 하고 국경도로 나툴라NathuLa를 통행할 수 있도록 다시 개방한 것은 역사적인 대사건이었다. 그 까닭은 인도 언론이 즐겨쓰듯이 용과 코끼리가 3,500킬로미터의 국경을 공유하고는 있지만 44년 동안 두 나라 국민은 어느 쪽에서도 건널 수 없었기 때문이다. 병사들은 식민지 시대가 끝난 이래 아직도 확정되지 못하고 있는 경계선 양측에서 서로 불신의 눈길로 바라보고 있었다. 이 갈등이 고조되다가 1962년에는 급기야 짧지만 격렬한 국경분쟁이 발생하여 2,000명이 사망했다. 평화조약이 체결된 후에도 불신관계는 해소되지 않았다. 급기야 인도가 중국의 사회주의 경쟁국인 소련과 친선조약을 맺고 중국은 인도에게 껄끄러운 적인 파키스탄과 60년대에 동맹을 맺으면서 그 관계는 더욱 악화되었다. 게다가 중국은 인도의 시킴 왕국 합병을 인정하지 않았다. 반대로 뉴델리는 중국의 티벳 점령을 비난했고 달라이 라마에게 망명을 허용했다.

그러다가 이날 4,545미터의 높이에서 병사들뿐만 아니라 전통의상을 입은 수백 명의 상인들이 안개 속에서 펄럭이는 각양각색의 깃발 아래 서로에게 다가갔다. 축제 분위기 속에서 이들은 잔칫집처럼 장식된 커다란 문을 통해 서로 상대방의 나라에 들어섰다. 그 후로 그들은 광물과 점토, 캐시미어 염소와 비단 원사를 다시 교환하고 있으며 벌써 교환허용품목 리스트를 확대해 줄 것을 요청할 정도에 이르렀다. 지금까지 거래되고 있는 원자재들은 대부분 대량으로 판매될 수 없는 것들이기 때문이다. 게다가 나툴라는 겨울에 눈이 많이 내린다. 또한 물동량을 확대하려면 도로도 확장해야 한다. 그럼에도 불구하고 이 국경도로는 두 나라가 아주 먼 옛날과 새롭게 연결짓고자 한다는 상징이 되었다. 신화적인 실크로드 바로 옆에 놓인 이 길로 이미 2,000년 전에 중국 상단이 비단과 모직물을 인도로 가져가고 향료와 소금을 고향으로 가져왔다. 새롭고 놀라운 이 친선관계는 2007년에 인·중경제협정이 체결되면서 다시 시작되었다. 당시 양국 정상은 '친디아' 프로젝트를 높이 치켜들었다. 인도 총리 만모한 싱Manmohan Singh은 중국 원자바오 총리가 4일간 델리를 국빈 방문했을 때 두 나라가 공동으로 나서면 "세계질서를 새롭게 형성할 수 있다"고 말하면서 일종의 평화주문을 선포했다. "세계는 두 나라에게 넉넉할 정도로 크다. 또한 양국은 타국에 의해 경시되기에는 너무 크다."

양국의 접근에는 무엇보다도 상대국의 경제적인 장점과 비교 우위 부문을 통해 이익을 얻겠다는 희망이 작용했다. 이 희망은 인도 언론에서 표현한 문구인 '하드웨어가 소프트웨어를 만난다'로 대변할 수 있다. 이 공생에서 중국은 컴퓨터 설계와 산업생산을 대표하고, 인도는 무엇보다도 프로그램과 서비스 공급을 대표한다. 가령 거의 신화적인 기업이 된 인도 소프트웨어 콘체른 인포시스Infosys는 2011년까지 약 6,500만 달러를 상하이와 항저우에 투자할 예정이고 지금 이미 수백 명의 중국 학생을 양성하고 있다. 몇 년 안 되어 중국은 인도에게 미국 다음의 두 번째로 큰 무역상대국이 되었다. 인도 역시 이웃나라 중국과의 무역수지 면에서 눈에 띄게 비중 있는 상대로 부상했다. 상호 상품교역 규모도 2008년 200억 달러까지 증가시키기로 했다. 이는 3년 전보다 30퍼센트 많은 규모이다. 두 강대국은 자국 국민경제에게 결정적으로 중요한 분야인 에너지 공급에서도 협력하기로 합의했다. 양국에서는 모두 에너지 수요가 급증하고 있고 양국은 화석연료 수입에 의존하고 있으며, 양국은 석유보고가 이미 대부분 분배가 끝난 시점에 뒤늦게 추가 개발을 놓고 세계경쟁에 뛰어들었다. 따라서 이러한 시점에서 양국이 서로 경쟁한다면 공멸하지 않을까 하는 우려 때문에 중국과 인도의 석유 콘체른들은 경쟁력을 높이기 위해 시리아에서부터 수단을 거쳐 콜롬비아에 이르기까지 채광허가를 받기 위해 공동제안서를 제출했다.

이 모든 것이 오랜 갈등이 사라졌음을 의미하는 것은 아니다. 중국이 인도에 다가간 이유는 자신의 이웃나라가 미국과의 관계를 강화하고 있기 때문이기도 하다. 베이징의 외교정책당국은 인도와 미국이 중국에 맞서 동맹맺는 것을 예방하려고 한다. 두 나라는 또한 히말라야 양측의 정치 엘리트들이 목격하고 있듯이 다가오는 '아시아의 시대'에 당당한 패권국으로 자리잡고 싶어한다. 바로 이 점에서 많은 인도인들은 북쪽 이웃나라를 착잡한 심경으로 바라보고 있다. 그와 동시에 인도인들은 자신의 아대륙●에서는 역동적인 성장이 중국에 비해 나중에 시작되었고 그것도 덜 힘차게 진행되고 있기 때문에 경제적으로는 뒤떨어져 있다고 생각한다. 다른 한편으로 인도인들은 자신들의 더딘 변화속도가 민주주의 때문이라고 자랑스럽게 여기고 있다. 대학이나 신문 편집부에서, 그리고 경영진 사이에서는 어떤 시스템이 최종적으로 보다 성공하게 될지에 대해서 정기적이고 열정적으로 토론하고 있다. 여기에서 핵심이 되는 정치적 동기는 여전히 경쟁이다. 그렇지만 이 두 경쟁국은 결국에는 협력을 통해 경쟁심을 억제하는 것만이 자신들의 발전과정에 유리하다는 결론에 이르렀다.

이에 관한 공동의 언어는 극동에서도 역시 인기 있는 대중매체에서 가장 빨리 발견된다. 원자바오가 인도를 국빈 방문하는 동안 두 명의 톱스타가 〈베이징 리뷰Beijing Review〉의 1면을 장식했고 나중에는 인도 신문 〈아시아 시대Asian Age〉의 1면도 장식했다. 인도 영화산업인 발리

● 亞大陸: 지질학적·지형학적인 대륙의 대분류로, 인도 아대류 따위를 이른다.

우드Bollywood●의 아름다운 아이시와르야 라이Aishwarya Rai가 매력적인 중국 슈퍼스타 장쯔이章子怡와 나란히 귀여운 포즈를 취한 것이다. 중국과 인도가 역사의 새로운 장을 연다고 편집자들은 쓰면서 그 모습이 "좋아 보인다"고 대문짝만 하게 제목을 붙였다.

경쟁심과 불신을 누르고 공동이익을 어떻게 실현할 수 있을지는 EU 정부들이 대제국 러시아와 그의 반半민주적인 장수 블라디미르 푸틴과 교류하는 과정을 통해 잘 알 수 있다. 어느 누구든 유럽 정상들과 모스크바의 이 맞상대가 공개적으로 벌이는 논쟁을 보면 오래 전부터 적대감이 증가하고 있다는 것을 알 수 있다. 러시아 국영 콘체른 가즈프롬Gazprom이 수십억 유로의 미납 대금을 둘러싸고 우크라이나 및 벨로루시와 분쟁을 벌이면서 두 나라를 통과하는 가스 파이프라인을 막았을 때 푸틴은 여러 차례 유럽인들로부터 비난을 받았다. 그렇게 하면 다른 유럽 국가들에 대한 가스 공급도 일시적으로 중단되기 때문에 그 분노는 대단히 컸다. 프랑스 대통령 니콜라 사코르지Nicolas Sarkozy는 푸틴이 에너지 공급을 '잔인하게' 권력수단으로 사용한다고 비난했다. EU 위원회 의장 마누엘 바로소Manuel Barroso도 러시아의 행동이 '전혀 용납될 수 없는 것'이라고 말했다. 그리고 EU 나라들은 러시아 이외의 지역에서 가스와 석유를 더 많이 수입하겠다고 예고했다. 반대로 푸틴은 중국과 미국도 러시아의 매력 있는 시장이며 '가스판매의 대안'으로 활용할 수 있다고 브뤼셀에서 밝혔다.

푸틴과 그의 경찰 및 비밀경찰에 의한 러시아 내 민주적 기본권의 침

● Bollywood: 할리우드와 봄베이(지금은 뭄바이로 개명)를 합성한 신조어로, 인도 영화산업을 일컫는 대명사이다.

해를 둘러싼 논쟁도 외교적인 배려가 없는 상태에서 벌어졌다. 2007년 5월 독일 총리 앙겔라 메르켈은 EU와 러시아의 정상회담을 앞두고 러시아가 정부 비판 인사들을 체포한 데 대해 돌아가는 카메라 앞에서 러시아 대통령과 언쟁을 주고받았다. 그리고 포르투갈 정부도 반년 후 후속회담에 앞서 러시아를 '적국'으로 발전될 가능성이 있음에도 '사이비 민주주의'로 표현하는 전략문서를 배포했다.[66] 이에 대한 반응으로 푸틴은 EU 내 기본권 침해를 조사할 연구소를 브뤼셀에 설치하자고 맞받았다.

이런 식의 언쟁이 혹 이례적으로 보일지 모르지만 실제로는 미국 상원에서 있었던 중국 공격처럼 의례적인 일이다. 경제적·금융적 융합이 중국과 미국의 정치가들에게 필요한 것과 마찬가지로 유럽인과 러시아인들도 균형을 찾는 길밖에 없다. 그 까닭은 포르투갈 총리 호세 소크라테스José Sócrates가 EU 평의회 의장으로서 2007년 가을 러시아에 대해 공개적으로 비판한 전략문서에도 나와 있듯이 아직까지는 '필요에 의해서 형성되는 상호의존'이 상호불신보다는 크기 때문이다. 이는 과장이 아니다. 러시아는 전체 무역의 거의 절반을 EU 국가들과 하고 있다. 물론 러시아 국민경제가 원유와 가스 수출에 너무 많이 의존하고 있기는 하다. 이 중 절반 이상이 EU로 간다. 국영 콘체른 가즈프롬과 대부분 국영인 석유회사들은 2006년에 유럽과의 거래에서만 1,000억 유로 이상을 벌어들였다. 반대로 러시아는 유럽 연료공급의 5분의 1을 차지한다. 독일은 가스의 3분의 1 이상을 러시아에서 구입하고 있다. 더욱이 북해 연안국인 영국과 노르웨이의 매장량이 감소하고 있기 때문에 이 비율은 더욱 높아질 것이다. 모스크바에서 보내는 위협 몸짓에도 불구하고 중국과 북미가 그만큼 대량의 원유와 가스를 사들일 수 있는 것은 기껏해야 먼 장래에나 가능한 일이다. 그에 앞서 매우 큰 비용을 들여서 다른 목적지로 향하는 수만 킬로미터에 달하는 파이프라인 망을 확충해야 할 것이다.

이 모든 정치적 갈등에도 불구하고 자본도 이들 공급의 흐름을 따르고 있다. 그 결과 경제적 상호침투가 무역을 이미 훨씬 뛰어넘고 있다. 2007년에 독일 기업만 해도 러시아 기업에 70억 유로를 투자했고, 또한 러시아에 대한 외국인 직접투자의 70퍼센트를 EU가 하고 있다. 동시에 러시아의 산업들도 EU 국가들로 확장되고 있다. 러시아 국영 브네시토르크 은행Vneshtorgbank이 2006년에 에어버스 콘체른 EADS에 참여한 것은 세상의 이목을 끄는 수많은 투자 중 하나일 뿐이다. 독일 건설 콘체른 호흐티프Hochtief나 유행품 생산업체 에스카다Eskada에도 러시아 자본이 참여하고 있다. 그러나 무엇보다도 러시아 콘체른들은 유럽에서 최종 소비자에 대한 수익성 높은 천연가스 판매에도 함께 참여하고 싶어한다. 그래서 가즈프롬은 곧장 9개 EU 국가들의 수입업체 주식을 매입했고, 그 대신 다른 전기 및 가스 콘체른에게 러시아에서 기업의 지분참여를 허용했다. 그리하여 가즈프롬은 독일에서 천연가스 판매기업인 빈가스Wingas를 BASF 콘체른과 공동소유하게 되었고 그 대가로 BASF는 시베리아 가스전 유즈노루스코예Juschno-Russkoje의 지분 3분의 1을 받았다. 전기 콘체른 Eon도 루르가스Ruhrgas를 통해서 가즈프롬에 5퍼센트 지분참여를 하고 있으며 감사위원회에 대표를 파견하고 있다. 그 밖에 40억 유로를 투자해 방대한 발전소를 가진 한 러시아 전기회사의 대주주가 되기도 했다. 프랑스 에너지 거대기업 가즈드프랑스 Gaz de France와 이탈리아 에넬Enel도 같은 규모로 러시아 가스 및 석유 산업과의 상호 지분참여 형태로 진출해 있다. 이들 모두 흥미진진한 정치적 영향이 예상되는 동맹이다. 그 까닭은 각국의 정부 사이에 존재하는 모든 차이를 뛰어넘어 이렇게 해서 이제는 모스크바와 브뤼셀에서 공동으로 정치를 하는 에너지 독점기업들 사이에 일종의 '인터내셔널'이 형성됐기 때문이다.

이것이 처음으로 눈에 띈 것은 EU 경쟁규제위원 닐리 크루스Neelie Kroes가 전기 및 가스생산업자들에게 송전망과 가스운송망을 판매하도록 요구하는 계획을 발표한 다음이었다. 그렇게 해야만 "진정한 경쟁이 가능하다"고 이 용감한 위원은 자신의 구상을 밝혔다. 독일과 프랑스, 이탈리아의 전기 및 가스회사 사장들뿐만 아니라 이들의 러시아 동료들도 즉각 동조하고 나섰다. 러시아에서 수십억 유로 규모의 사업을 하는 데 따르는 위험에 대해 질문을 받으면 가령 독일 에너지 거대기업 Eon의 불프 베르노타트Wulf Bernotat 사장은, 위험은 EU처럼 안전성이 높은 곳에서도 존재한다고 대답한다. EU에서는 이러한 배송망을 국가가 '몰수' 할 가능성도 있으며 따라서 '그러한 논란' 은 "러시아에서라면 벌어지지 않았을 것"이라고 한다.[67]

크루스 위원과 그녀의 지지자들에게는 배송망의 판매가 문제가 될 뿐이지만 가즈프롬 부사장 알렉산더 메드베데프Alexander Medwedew 는 어처구니없는 논리를 펴고 있다. 그는 "우리는 여기에서 인프라스트럭처의 소유주가 자신의 재산을 잃어버릴 수도 있는 매우 위험한 상황에 직면해 있다"고 하면서 곧바로 위협을 덧붙였다. 즉, 장기 공급계약은 파이프라인 소유권에 대한 보장이 있을 경우에만 가능하다는 것이다. 또한 "가스 생산자의 의견을 반영하지 않는 것은 대단히 비합리적"이라고도 말했다.[68] 이탈리아 에너지회사 에넬의 풀비오 콘티Fulvio Conti 사장도 자신의 콘체른이 러시아에서 가스전과 전기회사를 매입할 수 있게 된 다음에는 이를 이해할 수 있게 되었다. '러시아인들은 최종 소비자 판매업의 일부에 참여하길 원하는데' 이는 당연한 것이라고 콘티는 말한다. "그들도 가스를 생산하고 운반하고 있는데, 왜 판매사업에 지분참여를 하는 것이 안 되는가?"[69] 배송망의 매입과 소유를 둘러싼 논란은 러시아 가스 콘체른이 독일 축구클럽 샬케Schalke 04 선수 유니폼에 상품마크를 부착하는 수천만 유로짜리 광고를 포함해서 EU 전체에 걸쳐서 투자를 확대하는 데 방해가 되지 않았다.

이러한 배경에서 볼 때 유럽이 러시아에 대한 에너지 종속으로 인해 "협박당할 수 있다"는, 억만장자 조지 소로스나 미국 국무장관 콘돌리자 라이스와 같은 푸틴의 적수들이 내세우는 경고는 별 근거가 없다. 러시아 정부가 실제로 자신의 고객들에 대하여 파이프라인을 실질적인 '정치적 무기'로 사용한다면 유럽인들뿐만 아니라 자기 나라에도 손해를 끼칠 것이고, 나아가 수십억 유로에 달하는 러시아 기업의 EU 투자에도 손실을 끼칠 것이다. 또는 가즈프롬 부사장 메드베데프가 언급했듯이 "우리 고객이 우리의 공급에 의존하는 것과 마찬가지로 우리도 우리 소득의 3분의 2를 차지하는 수출입에 의존하고 있다는 사실을 상기할 필요가 있다."[70]

따라서 유럽의 고위 정치가들뿐만 아니라 블라디미르 푸틴도 상호비방전을 벌이고도 언제나 평화적인 제스처를 남기는 것은 놀랄 일이 아니다. 러시아 대통령은 "우리가 아무것도 정치화하지 않으면 긍정적일 수 있는 상호의존성"에 대해 언급하고[71] 독일 외무장관 발터 슈타인마이어Walter Steinmeier는 자신의 러시아 전략에 "연계를 통한 접근"이라는 명칭을 붙였다. 앙겔라 메르켈 총리도 보수적인 언론에게는 푸틴의 권위적인 통치 스타일에 정면으로 대응하는 정치가로 비쳐지고 싶어하지만 그렇다고 사람들에게 환상을 심어주려 하지는 않는다. "러시아와의 전략적인 동반관계는 생명줄과 같은 것"이라고 메르켈 총리는 2007년 10월 푸틴과의 정례적인 업무협의를 마친 후 밝혔다. 그 기회를 이용하여 메르켈 총리는 아울러 심각한 대립이나 또는 냉전시대의 블록 정치로 회귀할 생각은 전혀 없음을 분명히 했다. 총리는 "우리는 우리가 커다란 세계적 문제와 국제적 갈등을 공동으로 해결할 수밖에 없음을 잘 알고 있다"고 말함으로써 세계적 통합의 시대에 필요한 대외정책의 단순하면서도 급진적인 기본원칙을 천명했다. 즉, 민족적, 그리고 EU의 경우에는 지역적 전략만으로는 점증하는 위험에 효과적으로 대처할 수 없는 것이다.[72] 그 까닭은 경제적·정치적 과정들이 모든 국경을 뛰어넘어 엉켜 있기 때문만이 아니다. 그와 더불어 세계적으로 연결되어 있는 자본주의에 따른 위험과 위기의 전 세계적으로 증가하고 있기 때문이다.

그러므로 영국의 노벨 평화상 수상자 폴 로저스Paul Rogers나 저명한 옥스퍼드 연구그룹Oxford Research Group에 속해 있는 그의 동료들과 같은 선각자들은 정치가 전통적인 '국가안보' 개념으로부터 탈피해야 한다고 말하고 있다. 로저스는 특히 미국과 영국의 이라크 침공에 대해 저항이 지속적으로 이어지고 테러조직까지 급격히 강화시키게 될 것이라고 정확하게 예측한 것으로 유명하다. 그와 그의 팀은 지금 외교안보정책에 대한 새로운 '패러다임'을 제시하고 있다. 지금까지는 모든 종류의 위협에 대해 '폭력을 동원하여 대응'하는 것을 기본원칙으로 삼았다.[73] 그러나 기후변화나 원자재를 둘러싼 경쟁의 심화, 부富의 집중과 함께 나타나는 대량빈곤, 그리고 대량살상 무기의 확산 같은 일은 어떤 군사적 폭력과도 비교할 수 없는 위험요소라고 갈등전문가들은 말한다. 따라서 '장기적으로 지속 가능한 안보'를 수립하는 정책이 필요하다. 여기에서는 부자 나라들이 자원소비를 줄이고 지금까지 불이익을 당해 온 인류 다수에게 도움이 되도록 세계경제를 개조하는 정책이 중심이 되어야 한다. 복지국가들의 통치자들이 '현 상태를 유지시켜야 한다'는 '잘못된 논리'를 고수한다면 결국 '자멸의 정책'을 추진하는 꼴이 되는 것이다.

전통적인 세계정책의 범례에 비추어 본다면 이러한 말은 이상주의적으로 들린다. 초강대국 미국과 그 동맹국들이 여전히 통제와 방어의 낡은 패러다임을 따르고 있기 때문이다. 이들은 빈곤퇴치 대신 군수품에 투자한다. 유전을 군사적으로 확보하기 위한 지출이 소비를 줄이기 위한 지출보다 수천 배 이상 많으며, 이 점에서는 신흥공업국인 새로운 강대국들도 그다지 다르게 행동하지 않는다. 그러므로 워싱턴이나 모스크바, 베이징, 델리 또는 EU의 수도에 있는 책임 있는 정치가들은 아마도 영국 학자들의 이와 같은 새로운 제안에 관심을 갖지 않을 것이다. 그러나 이것이 그다지 오래 가지 않을 것이라는 증거는 많다.

우리는 서로 없으면 살 수 없다

그 까닭은 전통적으로 보다 보수적인 진영에 가까운 초국적 콘체른의 기획부서에서도 안보정책에 관해 이와 아주 유사한 새로운 구상이 논의되고 있기 때문이다. 이들의 자체 발표에 따르면 세계에서 '수천 명의 지도급 기업가들'이 회원으로 참여하고 있는 세계경제포럼WEF에서도 확인할 수 있다. 이 조직은 매년 스위스의 관광지 다보스에서 회의를 여는 행사 이외에 글로벌 리스크 네트워크를 별도로 운영하고 있다. 여기에는 수많은 기업, 특히 보험 콘체른인 스위스 레Swiss Re나 씨티그룹과 같은 금융산업의 기획담당 전문가들이 자신들 사업의 위험성을 예측하고 대응조치에 대한 자문을 구하기 위해 가입해 있다.

이는 현대 경제생활에서는 생각만큼 그렇게 낯선 일이 아니다. 생산망과 자본투자가 전 세계적으로 확대됨으로써 대부분의 기업들은 오늘날 상처받기가 매우 쉽다. 만약에 남북한 사이에 다시 전쟁이 발발한다면 전 세계 전자산업에 공급되는 메모리칩 생산의 절반 이상이 중단될 것이다. 결국 시장에서는 혼란이 발생하게 된다. 남부 인도의 봉기가 그곳 대도시들에까지 번진다면 금융산업은 급격히 붕괴될 수도 있다. 매일 이루어지는 수백만 건의 금융전자거래 중 상당 부분의 데이터 처리가 인도 서비스회사들에 의해 이루어지기 때문이다. 새로운 독감 인플루엔저가 아시아에서부터 전 세계로 확산된다면 그에 따른 혼란상태는 주요 수송로를 수개월 동안 마비시킬 것이고 그 결과 많은 회사들이 무너질 것이다. 콘체른들로선 그러한 위험을 예방하는 게 더 낫다는 것은 지극히 당연한 일이다.

"몇 년 전부터 우리 회원들 사이에서는 우리들만으로는 세계적인 위험을 더 이상 제대로 평가할 수 없다는 느낌이 증가하고 있다"고 WEF를 위한 네트워크 업무를 조정하는 위험연구전문가 찰스 에머슨Charles Emmerson이 말한다. 콘체른 전문가들은 간담회에서 이른바 23개의 핵심위험을 조사했다. 그 목록에는 테러공격에 따른 유가 급등에서부터 중국의 경제적 붕괴는 물론 위험한 컴퓨터 바이러스의 통제되지 않은 확산으로 인한 정보 인프라스트럭처의 붕괴도 포함되어 있다. 그러나 콘체른 세계에서 활동하는 위험연구전문가들도 악화되는 기후변화를 '21세기 결정적인 도전'으로 간주하고 있다. 그리고 학술적인 평화연구자들과 마찬가지로 이들도 2007년 연차보고서에서 "세계적인 위험의 결과에 반응만 할 것이 아니라 그 뿌리에 접근할 것"을 요구하고 있다.[74] 무엇보다도 "위험들이 서로 연결되어 있다는 것"을 이해할 필요가 있다고 에머슨은 말한다.

위험관리자들은 자신들의 관점을 명확히 보여주기 위해서 "얼마나 많은 신호들이 수평선에서 이미 인식되고 있는지, 그리고 세계가 앞으로 올 몇 년 사이에 얼마나 많은 중요한 결정들을 내려야 하는지를 알려주기 위해서" 여러 가지 시나리오를 작성했다. 향후 10년을 내다보는 그 시나리오는 '거세지는 태풍'이라 이름이 붙어졌다. 한 예로 2017년 다보스에서 열릴 세계경제회의의 개막연설문을 가상해서 작성된 아래의 콘체른 기획자들의 글을 보면 무엇이 위태로운지 명확히 알 수 있다.

"오늘 여기에 대표자가 참석한 국가군은 10년 전과는 다릅니다. 그리고 우리 사절들도 당시와는 판이하게 다릅니다. 아마도 2007년도 대표들보다는 더 현명해졌을 것이라 생각합니다. 그해는 1990년부터 계속되어 온 경제적 · 지정학적 조건들이 유난히 유리했던 시기가 끝나는 해였습니다. 당시에 사람들은 그러한 상황들이 정상이라고 생각했습니다. 하지만 우리의 경험은 다른 무언가를 우리에게 가르쳐 주고 있습니다.

우리는 중국에서 성장이 갑작스럽게 중단되고 위기가 시작되어 처음에는 내부 정치적 분란이 발생했다가 마침내 내전으로 치달았고 결국 그 나라가 7개국으로 분열되는 것을 보았습니다. 또한 이러한 사건의 결과 세계를 엄습한 경기침체를 겪어야 했습니다. 특히 아프리카 원자재 생산국들의 몰락은 21세기 초 호황이 갑작스럽게 종료되면서 나타난 상황 중 하나였습니다.

중동에서는 유럽과 미국의 점령지역이 등장했습니다. 그 원인은 미국의 이란 공격이 실패했기 때문입니다. 이 공격은 이란의 핵무장 능력은 제거하지 못하고 오히려 아랍과 모슬렘 세계에서 전면적인 반미 봉기를 촉발했을 뿐입니다. 이는 세계가 이 아대륙의 두 핵강대국 사이에 벌어진 대규모 전쟁에 정신이 팔려 있는 사이에, 미국의 개입에 반대하는 시위 끝에 권좌에서 물러난 파키스탄의 무샤라프 장군과 또한 그 결과 무너져 내린 인도 증권시장과도 밀접한 관계가 있습니다.

우리는 많은 나라가 스스로 식량을 조달할 능력을 상실하는 것도 보았습니다. 어종이 거의 완전히 멸종된 해안지역에서는 그 현상이 특히 심했습니다. 동시에 우리는 기후변화가 어떻게 정正의 피드백, 즉 자기 강화효과에 의해서 촉진되었는지도 보았습니다. …… 그리고 이 모든 사건의 한복판에서 2008년과 2009년에는 우리가 미처 대비하지 못했던 독감 전염병이 엄습했습니다. 세계경제공황으로 인해 우리의 협력의지가 약화되었기 때문입니다.

지난 10년에서 우리는 무엇을 배울 수 있을까요? 그것은 인간사회가 이 모든 것을 해결할 수 있었다는 사실입니다. …… 이 모든 것에도 불구하고 우리가 살고 있는 문명을 종식시킬 정도로 큰 세계 시스템의 붕괴는 분명 일어나지 않았습니다. 그러나 우리는 이보다 훨씬 더 잘할 수 있었습니다. …… 정치·행정·경제 분야의 책임 있는 인사들이 이와 같은 파국들이 일어나지 않도록 결정을 내릴 수 있었다고 나는 깊이 확신합니다. 전염병, 세계적인 경제적 불균형, 급격한 기후변화에 대처하고 전체 시스템의 저항능력을 보다 잘 발전시키기 위해 다른 결정을 내렸더라면 우리의 금년 회의는 보다 낮게 출발할 수도 있었을 것입니다.

2006년에 이미 하늘에는 구름이 모여 있었습니다. 그 구름이 엄청난 폭풍으로 발전할 수 있었던 것은 세계적인 위험에 대처하는 데 우리가 실패했기 때문이었습니다.”

이 연설에 어느 정도 과장이 담겨 있기는 하다. 그러나 다른 경우에는 그토록 냉정했던 세계 콘체른 엘리트 전문가들이 내린 이 진단은 음미할 만한 가치가 있다. 과거와는 달리 이들은 시장의 힘, 다시 말하자면 기업가나 경영자의 판단력도 믿지 않으려 한다. 그 대신 그들은 대대적인 국가 개입과 정부기구의 새로운 지향을 요구하고 있다. 모든 기업이 어느덧 ‘최고위험관리자CRO’를 두고 있듯이 국가들도 우선순위를 정하고 부처행정에서 할거주의를 무너뜨릴 수 있는 ‘국가위험관리자’, 즉 지휘 기능을 가진 조정자를 투입해야 한다는 것이다. 할거주의는 사회 한 분야의 이익에만 집착하려 드는 개별 당국의 좁은 소견에서 비롯된다. 독일의 맥락에서 보자면, 가령 경제부처가 전통적인 에너지 분야나 주택건설 분야의 이윤을 축소시킬 수 있다는 이유로 기후보호에 저항한다면 바로 그러한 할거주의가 되는 것이다.(6장의 ‘에코토피아를 향하여’ 참조) 그밖에 WEF 전문가들은 전염병 위험이나 기후변화 또는 대량살상무기 확산을 예방하기 위해서는 통상적인 국제협상에만 의존하지 말고 각 분야별로 ‘뜻있는 당사자들의 연합’, 즉 맨 앞에 서서 실제적으로 실천해 나가는 ‘전위부대’의 결성을 요구하고 있다.

이와 같은 제안들은 처음에는 예방적 평화정책에 관한 평화연구자들의 제안만큼이나 순진하고, 또한 전 세계 정치가와 정부들로 구성된 견고한 현상 유지자들과 벌이는 고달픈 싸움과는 너무도 동떨어진 것처럼 보였다. 그렇지만 그러한 개념들이나 최근 여기저기에서 제시되고 있는 것과 같은 다른 많은 유사한 개념들을 볼 때 업계나 학계, 정계의 세계화된 엘리트들 사이에서 세계적인 상호의존성의 시급성과 필요성에 관한 의식이 급속히 확산되고 있다는 사실을 알 수 있다. 클린턴의 제2의 인생도 이러한 현상을 말해 주고 있다. 전직 미국 대통령이 2005년부터 빈곤퇴치와 기후보호를 위한 캠페인인 '클린턴 글로벌 이니셔티브'를 벌이고 있는 것이다. 그럼으로써 그는 짧은 기간 동안에 전 세계에 걸쳐 약 1,000명의 부자와 명망가들을 후원자로 모을 수 있었다. 이들은 2년도 안 되어 약 100억 달러를 기부했다. 클린턴이 이와 같은 활동과 적극적으로 기부에 동참한 사람들에 대해 연설할 때 그 마지막은 대부분 짧은 문장으로 끝난다. "우리는 서로 없으면 살 수 없습니다."[75]

새로운 세계 상황을 이보다 더 잘 표현할 수는 없다. 대체로 독자적으로 행동하고 웬만해서는 무너지지 않을 것 같은 여겨지는 사람들도 이 사실은 배워야 한다. 그들은 바로 금융산업의 수익 사냥꾼들인 것이다.

제3장

세계적인 모래성

Der
Globale
Countdown

슈테판 오르차이펜Stefan Ortseifen은 분명 도박꾼이 아니다. 이 전문직 금융인은 동일 계통에서 아무 과실 없이 지난 수십년 동안 경력을 쌓아 왔다. 처음에는 슈투트가르트에 소재한 다임러벤츠의 경리부에서 일했다가 나중에 철강 콘체른 크루프Krupp에서 해외금융업무를 맡았다. 34세 때 그는 자신의 마지막 직장이 된 뒤셀도르프 소재 IKB 독일신용은행으로 옮겼다. 이 기관은 80년 이상 독일 중소기업을 대상으로 대출업무를 수행해왔지만 금융부문에서는 그다지 발 빠르게 움직이지는 않았다. 은행가들은 이 소형은행을 '앞뒤가 꽉 막힌' 또는 '반관영' 등으로 부르기도 했을 정도였다. 이 은행의 본점은 라인 강변에서 멀지 않으면서 눈에도 잘 띄지 않는 7층짜리 원형 건물에 자리 잡고 있다. 연간 수익 1억8,000만 유로에 종업원 1,800명인 이 은행은 돈의 세계에서 글로벌 플레이어라기보다는 저축은행에 더 가깝다. 그러나 출세욕에 불타는 젊은 매니저 오르차이펜에게는 딱 맞는 직장이었다. 여기에서 그는 승승장구했다. 은행에 입사한 지 10년 만에 그는 이사회에 자리를 잡았고 다시 10년이 지난 2004년 가을에는 54세의 나이로 최고 목표에 도달했다. 그는 은행장이 되어 성공적으로 이끌었으며, 150만 유로의 연봉을 받으면서 골프에 흠뻑 빠져 있었다. 2007년 7월 27일까지는.

금요일이었던 이날 오르차이펜의 세계가 무너졌다. 그의 은행이 수십억 유로를 잃는 데 며칠이 걸리지 않았다. 아무도 더 이상 IKB에 대출해 주려 하지 않자 결국 파산위기에 직면했다. 은행감독당국이 개입하

여 장부를 검사하고 다음 일요일에 감사위원회를 긴급 소집했다. 여기
에서 오르차이펜의 운명은 끝났다. 그에게는 즉각 사임하는 길밖에 없
었으며 그 자신은 회의에도 참석할 수 없었다. 그 대신 국영 KfW 은행
이 IKB에서 발언권을 가지게 되었고 새로운 대표이사를 선임했다. 반
면에 그때까지 존경받던 오르차이펜에 대해서는 검찰이 배임과 주식법
위반 혐의로 수사에 들어갔다.

문자 그대로 건실한 금융인 오르차이펜이 범죄자가 된 것이다. 그 튼
튼하던 IKB가 수십억 유로를 날려버린 오락실이었단 말인가? 처음에
는 그렇게 보였다. 그러나 그것은 진실의 절반도 되지 않는다. 오히려
IKB와 그 은행장은 기후변화와 더불어 세계사회에 가장 큰 위협이 되
어버린 국제정치의 우연한 희생자가 되었던 것이다. 이는 세계금융시
장의 무정부 상태가 심화된 탓이다. IKB, 그리고 나중에는 작센 주립은
행은 물론 호주에서 중국을 거쳐 캐나다와 미국에 이르기까지 2007년
여름에 갑자기 수십억의 손실을 고시한 수많은 금융기관들도 조만간
세계경제를 심각한 위기로 몰아넣을 세계적인 연쇄반응의 전조에 지나
지 않았다.

이러한 사태의 중요한 원인은 세계적으로 활동하는 금융산업의 대
부분이 국가의 감독을 받지 않고 단기적인 이익을 위하여 장기적인 혼
란을 부추긴 데 있다. 면도기나 수출용 꽃 조차도 국제무역에서 소비자
를 보호하기 위해서 그동안 국가가 정한 표준을 따르고 있다. 그런데 유
가증권과 금융의 세계무역에서만은 그 분야의 관리자가 스스로를 규제
한다. 이들은 어떤 때는 자신들 사업장을 규정이 느슨하고 면세가 되는
섬나라에 있는 페이퍼 컴퍼니로 이전한다. 또 어떤 때는 어떤 결산에서
도 나타나지 않는 위장회사의 도움을 받아 지극히 위험스러운 수십억

짜리 도박을 한다. 그러다가는 다시 부채를 묶어서 의심스러운 유가증권으로 만들어 허위 평가를 거친 다음 아무것도 모르는 구매자에게 전달해 준다. 그 결과 갈수록 많은 금융업무가 국가 감독당국의 손길이 전혀 미치지 않는 일종의 무법지대에서 진행되고 있다. "문제는 더 이상 그것이 재앙을 초래할 것이냐가 아니라 언제 초래하느냐"라고 요헨 자니오Jochen Sanio 독일연방금융서비스감독청장이 이미 2006년 1월에 경고한 바 있다. 자니오가 지적한 위험이란 1973년부터 시작된 잘못을 말한다. 당시 서방 선진국들은 2차대전 이후 유럽과 미국, 일본의 통화 사이에서 만들어진 고정환율시스템을 포기했다.[76] 이어서 그들은 고정환율제와 연결된 국제자본거래에 대한 통제도 단념했지만 국제적인 감독기관에 의한 규제에는 합의하지 못했다. 그럼으로써 그때까지는 대체로 각각의 국내시장에 국한되었던 금융산업이 폭발적으로 성장할 수 있는 길이 열리게 되었다.

모든 국경통제로부터 해방되자 은행이나 보험회사, 펀드회사는 물론 초국적 콘체른의 금융부서들이 외환 및 유가증권 거래를 타의 추종을 불허하는 세계 최대의 매출을 올리는 사업으로 발전시켰다. 인터넷이 사용되기 훨씬 이전부터 금융시장 거래자들은 세계를 아우르는 전자 연결망, 즉 세계금융의 사이버 공간을 보유하고 있었다. 이를 통해 초 단위로 수십억대의 자산이 한 통화권에서 다른 통화권으로, 한 투자형태에서 다른 투자 형태로 이동될 수 있었다. 여기에서는 이자율이 낮은 일본 엔화 표시 신용으로 이자율이 높은 호주 달러 표시 신용을 매입할 수도 있었다. 그리고 펀드매니저들이 유럽 기업의 투자자금을 단기간에 값싸게 수용하여 이를 미국 신용카드 채무자들의 비싼 연체이자로부터 이윤을 얻는 장기채권에 투자했다. 여기에서는 신용이 있는 자산관리자들이 자기 투자자본의 10배를 석유 콘체른 주가가 상승하면 자동차 주식의 가격이 하락한다는 것에, 또는 정반대의 변동에 내기를 걸었다. 생각할 수 있는 온갖 거래가 가능했고 이윤 기회만 있으면 실제로 일이 진행되었다. 이들 시장은 주식시장의 거래일을 따라 24시간 돌아갔다. 도쿄와 홍콩에서 프랑크푸르트와 런던을 거쳐 뉴욕과 시카고에 이르기까지 이 내기 게임은 매일 한 바퀴씩 지구를 돌았다.

이 거래의 규모는 30년 전부터 경제 전반이 성장하는 것보다 훨씬 빠른 속도로 증가하고 어느덧 모든 차원을 뛰어넘고 있었다. 1980년에 세계 모든 금융자산, 즉 모든 종류의 주식과 대출, 채권과 아울러 은행예금의 가치는 1조2,000억 달러로 매년 전 세계에서 판매되는 모든 상품과 서비스의 가치와 대략 비슷했다. 25년 후에 이 가치는 14조 달러로 10배 이상 증가했고 연간 세계생산량의 거의 세 배에 달했다.[77] 다시 말하자면 실물경제로 투자되는 생산적 자본 뒤에는 거래 가능한 자본투자의 형태로 언제나 더 많은 채무가 숨겨져 있는 것이다.

자본홍수—그에 따르는 채무 팽창—는 금융제도의 자유화와 세계화로 인해 시작된 경제적 악순환의 산물이다. 국경 없는 자본시장은 처음에는 불안을 고조시키고 신용에 대한 이자율을 높이고, 그럼으로써 자본투자 비용을 상승시켰다. 그에 따라 기업은 신용을 상환하기 위해서는 더 많은 이윤을 올려야 했다. 그 결과 자본자산으로부터 얻는 소득은 증가하는 반면에, 임금은 정체되고 투자는 감소하기도 했다. 그리하여 처음에는 개인들 사이에서, 그러다가 나중에는 기업 내에서도 화폐자산이 경제 전반보다 훨씬 빠르게 증가했다. 그렇지만 부의 증대는 더 이상 물질적인 소망이 거의 의미가 없을 정도로 자산을 이미 많이 보유하고 있는 사람들에게서 대부분 이루어지고 있었다. 그들의 과도한 이윤은 실물경제를 위한 수요를 거의 창출하지 못하고 그 대신 자본투자에 대한 수요를 더욱 증가시켰다. 처음에는 작게 시작했지만 지난 30년 동안 지속적으로 자기 강화적인 효과가 나타났다. 금융산업의 성장과 더불어 이들의 정치적인 영향력도 증가했다. 그리하여 그들은 대부분의 선진국에서 청년층이 노년층의 노후보장을 담당했던 것을 국민 개개인이 저축을 통해 해결하도록 유도했다.[78] 이로 인해 은행과 보험회사의 물레방아로 끌려 들어가는 국민소득 부분이 더욱 커졌다.

이렇게 해서 실물경제에 투자되지도 않고 소비되지도 않는 초과 유동자본이 오늘날까지 끊임없이 증가하고 있다. 그 결과 복지국가들에서 국민경제가 돌아가는 메커니즘을 근본적으로 뒤바꿔 놓은 현상, 즉 금융부문이 끊임없이 팽창하는 현상이 나타나게 되었다. 80년대 말까지만 해도 금융부문은 기본적으로 다른 경제부문을 위한 서비스 제공자였다. 금융과 보험은 국민의 저축을 모아서 이를 보다 높은 이자를 받으면서 대출, 즉 거래 가능하고 보증된 신용 형태로 다른 기업과 국가에 전달했다. 그리고 기업과 국가는 이를 통해 새로운 투자를 위한 재원을 마련했다. 그러나 오늘날에는 정반대가 되었다. 은행이 생산기업에게 서비스하는 것이 아니라 실물경제가 금융산업이 제시하는 조건에 묶여 있게 되었고 금융산업은 갈수록 큰 이윤을 챙기게 된 것이다. 이는 미국에서 가장 심하다. 이 나라에서는 모든 기업의 세후稅後 이윤에서 금융산업이 가져가는 몫이 1982년 5퍼센트에서 2007년에는 41퍼센트로 상승했다.[79] 과거 세계은행의 경제학자였고 지금은 런던정경대 교수인 로버트 웨이드Robert Wade는 "하인이 주인으로 바뀌었다. 꼬리가 개를 흔들고 있다"고 진단했다.[80]

이것이 현실적으로 의미하는 바는 다음과 같다. 은행관리자, 중개인,

딜러, 자산관리자 등 약 5만 명의 소수가 나머지 세계를 향하여 어느 기업이 잘 나가는지를 알려준다. 그러므로 가령 상장기업(주식회사) 이사진은 종업원들로부터 최대의 이윤을 뽑아내지 못하면 자신의 기업이 경쟁자나 펀드기업에 의해 인수될 수도 있음을 언제나 염두에 두어야 한다. 그 까닭은 신속하게 이윤을 극대화시켜 금융 이자만 지불할 수 있다면 그에 따른 인수 비용은 어디에서든 신용으로 얻어낼 수 있기 때문이다.

가령 휴대전화기 콘체른 노키아의 이사회가 2008년 1월 연간수익이 72억 유로로 67퍼센트 증가한 데 만족하지 않을 것을 이러한 이유에서 찾을 수 있다. 노키아 경영진은 오히려 독일 보쿰Bochum에 소재한 거점에서 생산을 중단하고 루마니아에 새로운 공장을 짓기로 결정하면서 3,300명의 노동자를 길거리로 내몰았다. 보쿰 공장은 그때까지 수익성이 좋았다. 기업평의회의 설명에 따르면 납입자본에 대한 수익률은 10퍼센트 이상이었다. 그러나 주가를 조정하는 판단을 내리는 금융산업의 애널리스트들에게는 실제이윤이 아니라 가능한 이윤이 중요하다. 가령 독일 전문인력이 최적화된 조립공정을 개발해서 이를 임금이 낮은 루마니아로 이전하면 20퍼센트 이상 수익률을 더 올릴 수 있다. 경영진이 이윤 극대화 기회를 활용하지 않으면 다른 사람이라도 과반수 주식을 가지고 실행에 옮길 수 있다. 노키아의 경우에 적어도 이러한 상황이 발생할 가능성이 있는 이유는 50퍼센트를 훨씬 넘는 지분을 미국 펀드들이 보유하고 있기 때문이다. 이러한 압력은 노키아 사장 올리 페카 칼라스부오Olli-Pekka Kallasvuo처럼 겉으로는 막강해 보이는 남자조차 일개 톱니바퀴 부품으로 만들고 만다. 이로 인해 초래되는 결과는―만약 그것이 연구비 지출을 크게 감축하거나 임금을 무자비하게 압박하는 것으로 난타난다면—국민경제의 후생뿐만 아니라 기업 자신의 발전에도 장기적으로는 해가 될 것이다.

그렇기 때문에 과반수 주식 소유자에 의해 확고하게 통제되지 않는 독일의 대규모 주식회사 중 적어도 15퍼센트의 연간수익률을 달성할 수 있는 기업에만 거의 철두철미하게 투자하고 있다. 이윤 전망이 그보다 못하더라도 혹 생태학적으로나 사회적으로 진보를 가져다줄 아이디어나 제품이 있어도 그냥 방치되고 만다. 그에 따라 기업들은 금융자산을 쌓거나 큰 이윤을 주주에게 나누어 줄 수 있어야 하고, 이는 결국 다른 곳의 유가증권까지도 자극을 주어 가격을 상승시킬 가능성이 있다.

독일 사회민주당의 프란츠 뮌테페링Franz Müntefering이 노동장관이던 시절에 붙여준 '메뚜기'라는 악명을 달고 그 사이 온 세상을 돌아다니고 있는 소위 사모펀드의 호황 뒤에는 바로 이러한 사고가 자리 잡고 있다. 페리마Perima, 칼라일Carlyle 또는 텍사스 퍼시픽Texas Pacific과 같은 이름을 가진 이들 자본참여회사는 자신들의 투자자의 이름으로 기업을 신용으로 사들여서 종업원의 희생 위에 최대 이윤을 추구한 다음 되팔아서 더 큰 수익을 챙긴다. 이후 해당 기업은 대체로 자기자본을 거의 가지지 못하고 그 대신 많은 부채를 짊어지게 된다. 고객이 이탈하거나 경기가 좋지 않으면 이들 기업은 매우 취약하게 된다. 그러면 종업원이나 납세자의 부담 위에서 다시 구조조정이 이루어진다.

그럼으로써 가처분 국민소득이 끊임없이 자본 소유주들에게 들어가게 된다. 이들의 과다한 소득이 어느덧 전통적인 선진국에서는 끔찍한 결과를 초래하고 있다. 한편으로는 모든 종류의 유가증권과 자산투자의 가격이 호황기에는 일반적인 생활비보다 훨씬 빠르게 상승한다. 전 세계적으로 통화량이 폭발적으로 증가하지만 이로 인해 임금이나 물가가 상승하는 것이 아니라 주가지수와 땅값만 상승한다. 그렇기 때문에 '중앙은행들의 은행'으로 불리면서 대체로 보수적인 스위스 바젤에 있는 국제결제은행BIS의 경제학자들조차 통제할 수 없게 된 '자산 인플레이션', 즉 자산가치 거래에서 화폐가치가 하락하는 현상을 오래 전부터 경고하고 있는 것이다. [81]

다른 한편으로는 기업 경영자들조차 어떻게 처리해야 할지 알 수 없을 정도로 많은 기업의 이윤이 증가하고 있다. 그러므로 과거 산업자본주의 시대에 핵심적인 차입자이자 투자자였던 기업들이 이제는 저축자에 지나지 않는 경우가 많아졌다. 다시 말하자면 경기가 좋을 때면 자본회사들은 자신들이 배당금이나 신규투자로 다시 지출하는 것보다 더 많은 이윤을 챙기게 되는 것이다. 2004년 한 해에만 이 수익이 1조3,000억 달러, 즉 7대 선진국 G7의 연간 총생산의 2.5퍼센트에 이르렀다. [82]

이 자금을 가지고 콘체른들의 금융부서는 다시 자본시장에 들어가 모든 종류의 유가증권 가격을—모든 합리적인 평가를 뛰어넘어—계속 상승하게 만든다. 이는 중단 없이 스스로 가속화되는 악순환이다. 독일의 30대 주식회사의 경우도 마찬가지이다. 여기에서는 2006년까지 3년 동안 이윤이 143퍼센트 증가하여 2007년 초에 이들은 1,200억 유로가 넘는 유동성을 확보했다. 그러나 콘체른 경영진은 이 넘쳐나는 자금을 신제품을 개발한다거나 저개발과 기후변화에 대처하는 기업가적 노력을 위해서 사용하지 않았다. 그보다는 주가를 상승시키고, 그럼으로써 주가와 연동된 자신들의 연봉을 높이는 데 투자했다. 그러기 위해서 그들은 철두철미하게 배당금을 인상했고 30개 DAX 콘체른 중 28개는 투자하는 대신 오히려 자사주를 매입했다. 수많은 최고경영자들이 축사에서 즐겨 사용하는 창조적인 기업가 정신은 그들의 통속적인 일상과

는 아무런 상관도 없다. 그들은 특수한 형태의 자산관리라는 자신들의 직무에만 충실할 뿐이다.[83]

비판자들이 이름 붙인 이 '금융시장 자본주의'의 결과는 정치적으로나 경제적으로 모두 파괴적이다. 국민의 대다수가 갈수록 적은 소득으로 살아야 하는데 반해, 기업과 자본소유자들은 갈수록 많은 금액을 축적하고 있다. 그러나 이들이 금융시장에서 발휘하는 재능은 갈수록 새로운 투기거품, 즉 상응하는 실물자산이나 투자가 없는 모든 종류의 유가증권 가격을 지나치게 상승시킬 뿐이다. 따라서 투자자들이 그때그때의 가격변동 상황에 대해 신뢰를 상실하게 되면 이 거품은 최종 구매자에게 막대한 손실을 입히면서 불가피하게 꺼지게 된다. 이때 몇몇 특권적인 부자가 자신들의 가공적일 뿐인 가치의 일부를 순식간에 잃을지라도 나머지 세계에는 아무런 영향을 주지 않는다. 그렇지만 이런 투기는 자금순환을 통해서, 신용이자와 주가를 통해서, 그리고 연기금과 생명보험을 통해서 투기는 수십억 인구의 매우 현실적인 생활과 직접 연결되어 있다.

신용이 갑자기 비싸지면 사업이 무너지고 해고가 코앞에 닥친다. 유가증권이 원래 샀을 때보다 가치가 갑자기 크게 떨어지면 수천만 명의 노후보장이 달려 있는 생명보험과 연기금의 수익이 사라진다. 특히 손실의 대부분을 감당해야 하는 계층은 거의 언제나 단순 저축자나 소액투자자, 납세자들이다. 이것은 오늘날에야 깨닫게 된 일이 아니다. 영국 경제학자 존 메이너드 케인스John Maynard Keynes는 이미 70여 년 전에 이러한 상황을 명확히 분석했다. 그 스스로도 주식시장에서 큰 돈을 번 케인스는 "투기꾼들이 기업의 지속적인 흐름 위에 있는 거품에 지나지 않는다면 기업에게는 아무런 손실이 발생하지 않는다." "그러나 기업들이 투기의 소용돌이 위에 있는 거품이 된다면 상황은 심각해진다"
고 그는 이미 당시에 월스트리트가 끼칠 치명적인 영향을 지적하면서
경고했다. "만약 한 나라의 자본 발전이 한 카지노에서 이루어지는 일
들의 부산물이 된다면 이 과제는 해결하기 어려워질 것이다."[84]

그렇지만 오늘날 금융산업의 거래소에서 전문가들에게 그들이 매일
행하는 수조 달러 규모의 게임에 어떤 유익이 있느냐고 묻는다면 그들
은 모든 역사적 경험은 무시하고서 전혀 다른 설명을 내놓을 것이다. 자
신들의 일을 통해서 비로소 시장이 효율적이 된다고 말이다. 런던에 있
는 도이체방크의 한 노회한 딜러는 자신의 동류들을 대변하면서 "우리
는 가장 생산적으로 투자될 수 있고, 그래서 수익률이 가장 높은 곳으
로 자본이 흘러가도록 이끌고 있다"고 대답할 것이다. 그러나 그럴듯하
게 보이는 이 명분은 진실이기보다는 이데올로기이다. 실제로 금융시
장에서 일어나는 일은 경영학의 원칙을 따르기보다는 오히려 대중심리
학의 규칙을 따르고 있다. 사실 투자전략가들은 무한히 많은 정보에 기
초해서 작업을 한다. 그들의 작업장은 모든 종류의 금융 뉴스를 쉴 새
없이 전달해 주는 모니터 화면으로 가득 차 있다. 중앙은행의 결정 상
황, 기업 파산, 소비자 동향, 유가, 테러 공격, 그리고 날씨까지—이 모
든 것이 주가에 영향을 미칠 수 있다.

그러나 그때그때의 분석이 실제로 근거가 있건 없건 결국에는 똑같
다. 또한 시장 행위자들에게는 자신들이 그 요소들을 어떻게 판단하는
지는 중요하지 않다. 어떤 딜러든 "결정적인 것은 다른 사람들이 어떻
게 생각하는지에 대한 예상"이라고 곧바로 대답할 것이다. 그 까닭은
주가를 최종적으로 결정하는 것은 모든 판단의 합계이기 때문이다. 그
결과 전 세계에 걸쳐 있는 수천 명의 숙달된 금융전문가들은 위탁자들

의 자금을 쏠림현상(레밍Lemming 효과)에 따라 투자한다. 언제나 대중과 함께 가라, 그렇지 않으면 손해를 볼 위험이 있다. 그러므로 펀드매니저나 자산관리인들은 개인적으로는 매우 합리적인 계산을 따른다. 그러나 집단적으로는 전자딜러군단은 탐욕과 불안이라는 원시적인 역학을 따르며 이로 인해 완전히 비합리적인 평가가 규칙적으로 나타난다. 이는 경제학자들이 흔히 아무렇지도 않다는 듯이 '시장의 과잉반응'이라 부르는 현상이다.

그렇기 때문에 수조 규모의 위험한 게임이 잘못되는 경우가 끊임없이 발생하는 것이다. 일종의 반복되는 단선單線처럼 국제적인 이동자본의 과도한 유입과 뒤이은 갑작스러운 철수는 한 산업부문 전체나 나라 전체의 발전을 중단시키거나 파괴하며, 그 결과 일자리와 주거를 잃은 사람들 사이에 불안과 빈곤이 확산된다. 90년대 멕시코와 아시아의 호랑이들이 그러했다. 이들 나라에서는 런던과 뉴욕, 도쿄에서 온 값싼 신용으로 미친 듯이 건축 붐을 달구었고, 나중에는 수익성이 없는 곳에도 투자하여 결국 값비싼 대가를 치렀다. 그러자 신용 제공자들은 공황 상태에 빠져 자신들의 투자금과 통화를 빼내가면서 공황이 야기되고 이들 나라에서는 수천만 명의 사람들이 빈곤으로 추락하게 되었다.[85] 기업들이 연간 이윤의 500배에 달하는 가격으로도 거래되었다가 곧바로 파산하면서 사라져 버리기도 한 21세기 초 인터넷 경제의 호황 때도 그러했다. 이렇듯 손실이 갑자기 불어나고 뒤이어 어떤 위험이 닥칠지 모른다는 불안이 엄습하면서 세계경제의 절반이 2년 동안 경기침체에 빠져들었다. 그리고 2007년 7월 IKB 은행장 슈테판 오르차이펜이 직장과 명성을 같이 잃어버린 것도 역시 이러한 공황 때문이었다.

그렇지만 이번에는 군중심리와 고수익을 좇는 자본의 과잉 상태만

작용한 것은 아니었다. 이 공황은 세계 금융경제의 적나라한 모습을 노출시켰다. 즉, 미국의 과잉채무가 가시적이 되었고, 금융시스템의 불안정이 세계 차원의 협력과 규제를 통해서만 극복될 수 있을 정도로 세계적인 위협으로 자랐다는 사실이 처음으로 분명해진 것이다. 물론 이 과정에서 대량 사기와 전례 없는 투자자 오도도 있었다. 그리고 독일의 도이체방크와 그 은행장이 여기에서 핵심적 역할을 했다.

앨런 그린스펀의 실패

베를린 빌헬름 가에 있는 독일 사회민주당SPD 중앙당 대형 홀의 연단에 올라서는 사람은 누구나 강력한 가상의 경쟁자와 맞닥뜨리게 된다. 무대 옆에는 사회민주당 출신의 최초의 연방총리 빌리 브란트Willy Brandt의 조상彫像이 실물보다 크게 우뚝 솟아 있어 모든 연사들을 상대적으로 왜소하게 만든다. 그렇지만 독일에서 두 번째로 큰 은행의 수장인 요셉 아커만Josef Ackermann이 2007년 6월 20일 이곳에서 강연했을 때 청중에게는 그가 작아 보이지 않았다. 독일 사회민주당 원내 교섭단체가 금융계와 사이좋게 지내기 위해서 그를 초청했고, 이 도이체방크 은행장은 마치 자신이 세계 강대국들의 대표나 되는 것처럼 등장했다. 그도 그럴 것이 그는 매출액의 5분의 1을 독일에서 올리고 있고 세계 사회의 저축을 둘러싼 경주에서 앞자리를 차지하면서 세계에서 가장 큰 금융 콘체른의 하나인 은행을 대표하고 있었기 때문이다.

2006년에는 사회민주당 소속 노동장관이 약탈적인 메뚜기 펀드에 대해서 언급한 바 있다. 그의 동료인 재무장관 페르 슈타인브뤽은 조세피난처에 있는 익명의 펀드회사가 초래할 수 있는 예측 불가능한 위험에 대해서 경고했다. 그러나 이제 아커만은 이러한 우려를 가볍게 해소시켜 줄 인물로 여겨진 것이다. 그는 '사실과 전문지식'만으로 의사결정을 해야 한다고 사회민주당원들에게 역설했다. 물론 그는 시장에서 거래되는 금액과 내기가 갈수록 많아지는 것을 보면서 현대인들이 느끼는 공연한 '시기심'을 이해할 수 있다고 환하게 웃으면서 매력적인 스위스 악센트로 말을 했다. 그러나 그는 금융시스템이 "이전보다 오늘날 훨씬 안정적"이라고 확신하면서 스스로가 교양 있는 전문가임을 자처했다. 그는 이러한 높은 안전성은 무엇보다도 "혁신적인 금융수단"과 "예를 들어 헤지펀드와 같은 새로운 행위자" 덕분이라고 주장했다. 아커만은 이 두 가지 덕분에 "위험이 예전보다 훨씬 폭넓게 분산될 수 있다"고 하면서 새로운 금융세계를 설명했다. '전염될 위험', 즉 금융위기가 한 나라에서 다른 나라로, 한 부분시장에서 다른 부분시장으로 전파될 위험은 아주 적다는 것이었다. 독일 최고의 이 은행가는 시스템이 "위험을 더 많이 흡수"할 수 있고 "체제의 위협은 무의미해졌다"고 장담했다. 그 자리에 있던 사회민주당 직업정치인 누구도 반박할 엄두를 내지 못했다. 혁신과 위험 분산에 이의를 제기할 수는 없었던 것이다. 사회민주당원들은 독일 경영자 계급의 최고소득자에게 용감하게 박수를 쳤다. 그들은 자신들의 무지를 보여주었던 것이다.

그 까닭은 아커만이 약속한 것과 정반대되는 현상이 이미 몇 달 전부터 시작되고 있었기 때문이다. 이 은행가는 청중의 무지를 냉혹하게 즐기면서 그 자신은 이미 오래 전부터 알고 있었던 경고신호에 대해 침묵했다. 그가 베를린에서 여당인 사회민주당을 우롱하고 있는 바로 그날 전통 있는 뉴욕 투자은행 베어스턴스Bear Stearns의 최대 펀드 두 개가 도합 40억 달러 이상의 투자자본과 160억 달러 이상의 부채를 안고 있어서 파산 직전 상태라는 사실이 알려졌다. 베어스턴스는 독일의 이 은행가가 베를린에서 그토록 칭송해마지 않은 바로 저 혁신금융상품에 고객의 돈과 그것의 몇 배를 레버리지Leverage●로 투자했던 것이다. 지능적인 상품이라고 했던 것들이 갑자기 매각할 수도 없고, 따라서 가치가 없게 되었다. 아커만이 베를린에서 연설하던 그 시간에 베어스턴스 매니저들은 신용제공자들과 상환기간 연장 및 담보 포기에 관해 필사적으로 협상하고 있었다. 그러나 도이체방크를 포함한 채권자들은 완강했다. 열흘 후 펀드매니저들은 '친애하는 베어스턴스 주식회사 고객들'에게 "투자자들에게는 사실상 아무런 가치도 남아 있지 않다"고 편지를 보내야 했다.[86] 한 달 후 그들은 신용을 더 이상 상환할 수 없었기 때문에 파산 신청을 냈다.

두 메가펀드의 파산은 결코 이러한 종류에서 처음 있는 일은 아니다. 그러나 그것은 1929년의 대공황 이후 그때까지 금융시장의 가장 위험한 위기가 굴린 가장 비싼 마지막 돌이었다. 그 이후 몇 주 동안 이 위기는 독일과 일본을 거쳐 중국과 호주까지 갈수록 그 폭을 넓혀갔다. 2007년 8월 중순부터 마침내 이 위기는 단기투자 자본시장의 붕괴로 연결되었으며, 그리하여 이자율을 폭등시켰고 실물경제에서 수만 개의 기업을 몰락시켰으며, 주로 미국과 영국에서 민간채무자들을 신용경색으로 몰아넣었다. 이후 몇 달이 지나 미국 경제는 침체에 빠졌고 나중에는 유

———————————

● Leverage: 매매자 본인의 돈보다 더 큰 액수를 매매할 때 타인의 돈을 빌리는 것.

럽과 아시아에서도 경기가 무릎을 꿇었으며, 이 책이 마감될 무렵까지도 정확한 손실 규모는 아직 추정할 수 없을 정도였다.

아무런 규제도 존재하지 않는 금융시장에서 이와 같은 동요가 발생한 원인에 대해 탐색하다 보면 곧바로 그 이전의 위기 때까지 이르게 된다. 2000년 겨울 인터넷 경제로 불리는 '신경제'가 더 이상 새로운 것이 아니라 구식이며 위기에 취약하다는 사실이 밝혀지면서 미국과 유럽에서 주가는 전면적으로 폭락했다. 미국의 첨단기술 주식은 기술주식시장의 지표인 나스닥으로 측정할 때 3년도 안 되어 가치의 3분의 2를 잃었다. 다우존스 지수에 포함된 대규모 세계 콘체른의 가치조차 같은 기간 동안에 거의 3분의 1이 상실되었다. 그리하여 많은 미국인들은 자신들이 사들인 높은 주식의 가격이 상상 이상으로 크게 떨어졌다는 사실을 깨달아야 했다. 그에 따라 그들의 구매력, 따라서 소비가 위축될 위험이 있었다. 잘 나가는 많은 기업들도 마찬가지로 여유자금을 '닷컴' 거품에 투자해 놓고 있었기 때문에 많은 돈을 잃었다. 그래서 대부분의 기업들도 절약하기 시작했고 투자를 줄였다. 특히 미국에서는 경기가 침체되고 실업이 증가할 위험이 있었다. 이에 미국 중앙은행인 연방준비제도이사회는 당시 75세의 신화적인 앨런 그린스펀 의장의 지도 아래 단호하게 대응했다. 세계 기축통화의 그 보호자는 2001년 1월부터 달러화에 대한 기준금리를 여러 단계에 걸쳐 6.5퍼센트에서 마침내 2003년 6월에는 1퍼센트까지 인하했다. 은행들에게 이는 마이너스금리, 즉 인플레이션율보다 낮은 이자율로 중앙은행에서 돈을 빌릴 수 있었고 그것도 거의 2년 동안 가능하다는 의미였다. 동시에 은행들도 저렴하게 신용을 제공할 수 있게 되었다. 중앙은행 당국자의 계산은 맞아떨어졌다. 미국 금융기관들은 미국 경제에 값싼 신용이 넘쳐나게 만들었고 경기침체 위험은 해소되었으며 경제성장이 되살아났다.

그러나 그럼으로써 다음 재앙의 씨앗은 이미 뿌려지고 있었다. 안정에 책임을 지는 중앙은행이 달러 홍수로 이전의 그 어느 거품보다 더 큰 새로운 세계적인 거품을 키웠던 것이다. 연방준비제도이사회가 낮은 금리로 은행시스템에 돈을 퍼붓는 정책을 너무 오랫동안 유지했기 때문에 시장금리는 수십년 이래 가장 낮은 수준으로 떨어졌고 거래는 갈수록 대담해졌다. 부채가 많은 소비자나 능력보다 욕구가 앞서는 주택보유자들은 물론 이윤 전망이 매우 불투명한 기업조차 값싼 신용을 제공받았다. 중앙은행 당국자 한 명은 다가오는 위험을 보았다. 2005년까지 7인의 연방준비제도이사 중 한 명이었던 에드워드 그램리치Edward Gramlich는 이미 2004년에 몇몇 부동산은행이 값싼 신용을 남발하는 것에 대해 경고하면서 감독 강화를 요구한 적이 있다. 그러나 그린스펀 의장 자신은 급진적인 시장신봉주의자로서 가능한 한 규제를 적게 하고자 했다. 그래서 그는 그램리치의 요구대로 감독을 강화하게 되면 "바람직한 신용제공을 방해할 것이기 때문에" 막았다고 훗날 밝혔다.[87] 그리하여 불량 채무자에 대한 금리할증이 0까지 하락했고, 미국 금융회사 웰스 캐피털 매니지먼트Wells Capital Management의 수석전략가인 제임스 폴슨James Paulson을 비롯한 많은 금융 분야의 매니저들은 기본을 지키지 않았다. 2007년 초만 해도 그는 "자본비용이 10~20년 동안 미미한 수준으로 떨어진 장기간의 호경기"를 약속하는 '새로운 시대'가 도래했다고 아주 굳게 믿었다. 미국의 시사주간지 〈비즈니스위크〉는 '저금리, 저금리, 저금리 세계가 왔다'고 칭송했고 '쉽게 얻을 수 있는 돈'을 전 세계 성장 촉진제로 환영했다.[88]

그러나 경제 기적이라고 칭송되는 것 위에는 이미 오래 전부터 사상 유례가 없는 최대의 거품이 쌓여 있었다. 2004년까지 상환기간이 30년인 부동산담보대출 금리는 연간 5.5퍼센트로 2000년 초의 절반 수준으로 하락했다. 이는 제일 먼저 주택신축률과 주택가격을 치솟게 했다. 2007년 초에 부동산 가치는 1999년에 비해 실질적으로, 즉 인플레이션을 제하고 전국 평균으로 보아 거의 두 배가 되었다. 붐이 일었던 지역인 캘리포니아, 플로리다, 뉴욕에서 주택 가격은 500퍼센트까지 치솟았다. 금리하락과 병행되는 주택가격의 상승은 다시 소비에 굶주린 미국 시민들을 갈수록 더 많은 빚을 지도록 유혹했다. 미국에서 가계의 70퍼센트가량을 차지하는 주택 소유자들은 대량으로 새로운 부동산담보대출을 받아서 고화질 TV뿐만 아니라 더 높은 가격을 바라고 투기하기 위해서 다른 부동산에 투자하는 등 가능한 모든 것을 구매했다. 〈워싱턴포스트〉는 "사람들이 자신의 주택을 화려한 현금지급기로 마냥 이용하고 있다"고 썼다.[89] 이 붐은 수년 동안 더욱 커져갔다. 저렴한 부동산대출은 주택 수요를 증가시켰다. 주택가격 상승은 더 많은 부동산대출을 가능하게 했고 미국은 주택 보유자의 채무에 기초한 고도성장을 달성했다. 마지막에는 모든 부동산대출 금액이 미국의 민간부동산 총 가치의 거의 절반에 이르렀다. 이는 10년 전에 비해 두 배인 셈이다.[90]

그렇지만 만일 이 한 가지뿐이었다면 전 세계에 영향을 미치는 위기를 초래하지 않으면서 천천히 혼자서 헤쳐나갈 수 있었을 것이다. 연방준비제도이사회가 다가오는 인플레이션을 제어하기 위해 2006년에 금리를 다시 인상했을 때 미국 건설경기는 후퇴하고 부동산 가격이 하락하기 시작했다. 이는 미국 건설업과 주택보유자들에게는 분명 고통스러웠을 것이다. 많은 부동산 채무자들이 더 이상 상환할 수 없게 되었기 때문에 신축건물 발주는 감소했고 강제경매 수는 증가했다. 그러나 이러한 상황은 예전에도 이미 있었다. 그럼에도 불구하고 이때에는 왜 은행가와 투자자들이 패닉 상태에 빠졌을까? 단지 켄터키 주에 사는 조 스미스Joe Smith 씨가 할부금을 연체하고 있었기 때문인가?

대답은 아커만이 말한 저 '혁신상품'에 있다. 바로 이것으로 은행들은 위험을 미화했고 나중에는 자기기만에 빠졌으며 동시에 전 세계 자산관리자들을 함정으로 유혹했다. 마지막에는 보수적인 소액투자자들뿐만 아니라 수십년의 경험을 가진 교활한 투기꾼들도 당했다. 그리고 지역 연기금에서부터 세계최대 은행에 이르기까지 아주 다양한 기관들이 수천억 달러를 잃었다.

모든 패자에게 공통적인 것은 그들의 사업이 소위 파생금융상품의 매입 또는 매도와 결부되어 있었다는 점이다. 이 개념은 이국적으로 들리고 금융전문가들도 그러한 유가증권을 '극히 복잡하다'거나 '수학적'이라고 즐겨 표현했는데, 그 까닭은 무엇보다도 그렇게 말함으로써 비판적인 질문을 회피할 수 있었기 때문이다. 그렇지만 그 배후에 있는 개념은 간단하다. 파생상품은 기초가 되는 다른 상품의 가격으로부터 자신의 가치가 '파생되는', 즉 도출되는 유가증권인 것이다. 그러한 계약은 전문적으로 거래가 이루어지기 시작한 이래 언제나 있었다. 가령 한 딜러가 다른 딜러에게 6개월 후에 그에게서 오늘 정해진 유로화 환율로 1,000달러를 매입하겠다고 서면으로 약속하면서 일정한 수수료를 지불하면 하나의 파생상품을 취득하게 되는 것이다. 그는 6개월 후 1달러를 매입하는 데 비용이 얼마나 들지를 오늘 벌써 알게 되고, 따라서 자신의 잠재적인 이윤을 확실하게 계산할 수 있다. 이 계약에서 매도인은 환위험을 감수한다. 유로 표시 달러 가치가 상승하면 파생상품 매도인은 손해를 본다. 반면에 달러 가치가 하락하면 매도인은 수수료 수입과 함께 그 차액까지도 벌 수 있다.

이러한 종류의 증권은 수백만 가지 있으며 석유나 통화, 철강, 국채, 주식 등 대규모 시장에서 거래되는 거의 모든 것이 대상이 된다. 이들 계약 중 많은 것은 표준화되어 있으며 확정계약으로서 거래소에서 거래된다. 그러나 거래소에서 이루어지는 것보다 네 배 많은 파생계약이 당사자들의 필요에 따라 다시 발생하고 개별 딜러들이 다른 딜러들에게 전화나 인터넷으로 직접 판매하기도 한다. 대부분의 기업들에게 파생상품계약은 시장변동에 대비한 일종의 보험이다. 이 모든 거래를 통해 비록 이윤의 일부를 잃는다고 할지라도 이러한 방식으로 모든 예기치 못한 위험으로부터 보호받을 수 있다. 그러나 동시에 파생상품은 막강한―그리고 위험한―투기수단이기도 하다. 적은 돈으로, 즉 적은 '보험료'만 들이면 곧바로 주식이나 대출금 또는 상품을 구매하지 않고서도 여러 상품의 가격이나 가격변동을 예측하고서 내기를 걸 수 있는 것이다. 그러나 이 내기가 잘못되면 금방 매우 비싼 대가를 치르게 된다. 자신의 돈만 잃는 것이 아니라 추가로 더 지불할 수도 있는 것이다.

사실 이러한 메커니즘 자체만으로도 시장에서는 극심한 시세변동이 야기되고 위기에 대한 취약성을 극도로 심화시킬 수 있다. 그러나 1997년에 미국 대형은행 JP 모건에서 일하는 일군의 젊고 야심만만한 금융 전문가들이 정확하게 10년 후, 2차대전 이후 역사에서 가장 값비싼 공황을 촉발한 하나의 구조체를 발명해 냈다. 그 까닭은 이 파생상품은 아주 특이한 속성을 가지고 있기 때문이다. 이들은 감독 당국의 손길에서 벗어나 있고 여타 통제장치를 대부분 무력화시키는 것이다.

당시 JP 모건은 신용이 너무 풍족했다는 문제를 안고 있었다. 전 세계적으로 은행법들은 대출금의 양이 자기자본, 즉 동원 가능한 자기자금에 비해 일정한 값을 초과하지 못하도록 규정하고 있다. 대개 은행들은 거액 채무자에게 문제가 발생했을 때에라도 은행 스스로 지급불능이 되지 않도록 대출금의 8퍼센트를 지급준비금으로 보유하고 있어야 한다. 이는 지난 300년간 은행 도산과 저축 손실을 경험하면서 얻은 결론이다. 그러나 금융업에서는 이 제한이 거추장스러운 제동기로 여겨지고 있다. 그래서 모건 군단은 신용에 기반한 파생상품을 개발한다는 착상을 하게 된 것이다. 이들은 투자자들이 어떤 채무자가 상환이 불가능할 경우 그의 지불의무를 떠맡는 조건으로 투자자들에게 수수료를 지불했다. 그렇게 해서 은행은 이자수입의 일부를 포기하기는 했지만 위험은 장부에서 사라지게 되었다.

여타 신용중개와 그것으로 벌 수 있는 상당한 수수료는 이제 제한이 없게 되었다. 반면에 그에 대한 위험을 떠맡기로 한 사람은 자기 자신이 직접 자금을 대출해 주지 않으면서도 신용만으로 수수료를 벌 수 있게 되었다. 이 아이디어는 아주 성공적이었고 금융부문에서 순식간에 퍼져나갔다. 이와 같은 '신용 디폴트 스와프CDS' 사업은 이후 10년간 폭발적으로 번창했다. 2007년 6월까지 CDS 계약과 연결된 신용의 명목가치는 이미 42조 달러라는 상상할 수 없는 금액에 달했다. 이는 미국의 1년 국내 총생산의 약 세 배에 해당하는 규모이다.[91]

그렇지만 JP 모건의 금융엔지니어들은 개별 신용의 위험을 외부로 전가시키는 것만으로는 처음부터 만족하지 않았다. 그렇게 하면 부동산이나 자동차 대출, 신용카드 채무를 이용한 대중사업은 자기자본 비율에 관한 법적 한계를 넘어서서 확장될 수 없기 때문이다. 게다가 하나의 부동산에 대해 하나의 CDS 계약만 체결하고 하나의 구매자만 찾는 것은 큰 이익이 되지 않았다. 그래서 그들은 특별히 이 목적을 위해 설립된 회사들에서 수천 개의 소액대출을 대규모 패키지로 묶는 것을 발명해 냈다. 그러면 이들 회사는 앞서 묶여진 신용 패키지를 담보로 다시 대출증권을 팔 수 있다. 이것은 기본적으로는 낡은 방법이다. 독일의 오래된 우량 저당증권도 수많은 개별 부동산으로 담보되어 있다. 그러나 이 새로운 '부채담보부증권CDO'에는 아주 특별한 이점이 있다. 그것은 불량채무자, 즉 위험한 채무자에 대한 채권을 1급으로 평가된 대출로 전환시킬 수 있는 점이었다.

그 뒤에 숨어 있는 속임수는 일종의 보험수학을 응용한 것이다. 소득이 낮은 한 차입자의 부채는 그가 자신의 소득으로 살기도 힘든데다가 불입금까지 내야 하기 때문에 위험한 것으로 평가된다. 따라서 그만큼 그가 지불해야 하는 이자는 높다. 그렇지만 그러한 가난한 채무자 1,000명의 부채를 하나의 패키지로 묶으면 지금까지의 경험에서 볼 때 결국에는 모든 채무자가 아니라 대략 10명 중 한 명만 실제로 지불능력이 없다는 결과가 나오게 된다. 그러므로 원래의 신용 차입자가 신뢰할 수 없다고 할지라도 그러한 부채 패키지의 90퍼센트는 1급 대출, 즉 안전한 대출로 판매될 수 있다. 결국 CDO 발명자들은 '후순위 계열Equity Tranche'이라 부르는 나머지 10퍼센트의 구매자에 대해서만 높은 위험을 떠안게 되는 것이다. 모든 것이 탈 없이 진행되는 한 높은 이자수입에서 이들이 차지하는 비중도 높아진다.

　적어도 이론적으로는 그렇다. 그러나 실제로는 이들 증권의 매입자가 하나하나의 지분 계산을 검증하는 것은 거의 불가능하다. 결국 그러한 CDO 사채社債의 세 가지 상이한 트랑세Tranche(위험등급)에 대한 평가는 은행만 알고 있는 경험치에 의거한다. 게다가 전제가 변하면, 가령 실업이 증가하거나 이자율이 상승하기 때문에 지불능력이 없는 신용 차입자가 증가하면 과거 경험치는 쓸모없게 된다. 그리고 만약 모건 군단과 훗날 모든 그의 모방자들이 그토록 강력한 동맹군을 발견하지 못했다면 그 아이디어는 결코 사업이 되지 못했을 것이다. 그 동맹군은 다름 아닌 3대 평가기관인 무디스, 스탠더드 & 푸어스, 피치이다. 이들 세 기업은 모두 뉴욕에 본사를 두고 있으며 원래 순수한 민간기업이다. 그러나 이들은 재무장관이나 세계적인 콘체른의 회장들도 두려워하는 관청과 유사한 권력을 누리고 있다. 그 까닭은 이들의 사업이 채무자들과 모든 종류의 유가증권을 평가하는 것이기 때문이다. 이들은 대가를 지불하는 모든 위탁자의 재무 역사와 건전성을 조사하고 그 결과를 비교할 수 있도록 점수를 매긴다. 'Aaa' (트리플 A)는 해당 채무자의 지불능력에 의심할 여지가 없음을 의미하는데, 이는 대부분의 부유한 나라들과 세계적인 콘체른들이 받는 평가이다. 'Baa' 만 해도 아주 좋지는 않으며, 'Ba-' 이하는 전부 위험한 것으로 간주되고 'C' 는 해당 고객이 사실상 파산상태임을 의미한다. 각 평점은 위탁자에게는 현금 같은 가치가 있다. 좋은 점수는 낮은 금리로 신용을 얻을 수 있고 유가증권의 경우에는 높은 가격을 받을 수 있게 해준다. 점수가 나쁘면 채무는 비싸진다.

　부패를 방지하고 독립성을 보장하기 위해 이들 기관은 막대한 비용을 들여 종업원들을 보호하고 통제하고 있다. 평가 하나하나마다 언제나 두 전문가가 검토해야 하고 고객마다 담당자가 자주 바뀐다. 그렇지만 이들 평가회사의 매출액과 이윤은 은행과 마찬가지로 창출되는 신용금액의 규모에 따라 달라진다. 그러므로 이해갈등이 이미 사업모델에 내재되어 있는 것이다. 1997년 이후 금융용어로 ‘구조화된’ CDO 사채를 이용하여 사업을 확장할 기회가 오자 무디스 등은 탐욕스럽게 이에 뛰어들었다. 그때그때 은행들과 공동으로 소위 독립적이라는 검사자들이 신용 패키지를 구성하고 그에 대한 평점을 부여했다. 보험논리에 따라 이들 평점은 대부분 매우 좋았다. 그 결과 판매자는 자신의 유가증권에 대한 투자자를 어렵지 않게 모을 수 있었다.

대부분 Aa로 평가된 CDO 사채는 정상적인 회사채나 국채보다 높은 이자를 가져다주었기 때문에 새로운 금융상품은 날개 돋힌 듯 팔렸다.

세계적으로 활동하는 대형 은행에게는 이것이 좋았다. 이들은 예컨대 부동산담보부증권을 대량 발행한 뒤 이것을 국경을 초월해서 판매하여 자신들의 사업을 확장할 수 있었기 때문이다. CDO 증권이 붐을 이루는 것과 때를 같이 해서 제공된 신용도 몇 배 증가했다. 2006년 말까지 신용의 명목가치는 전 세계에서 모집된 CDO 사채의 뒤를 이어 거의 1조 달러로 급증했다.[92] 이들 증권의 발행 은행뿐만 아니라 신용평가기관들에서도 이윤은 하늘 높은 줄 모르고 치솟았다. 2006년 12월 신용 붐이 절정에 이르렀을 때 월스트리트 5대 은행이 종업원들에게 지급한 성탄보너스만 해도 500억 달러 이상이었다. 이는 전 세계에서 지출된 개발원조금 1년치와 맞먹는 금액이다. 그러나 이 사업은 구매자에게도 좋았던 것 같다. 그 까닭은 이들은 동일한 안정성을 가진 정상적인 사채보다 더 높은 수익을 달성할 수 있었기 때문이다. 그렇게 계속되는 동안에는 이 CDO는 '금융계의 칼로리 없는 초콜릿'이며 '사실이기에는 너무나 좋은 것'이라고 〈파이낸셜 타임스〉의 투자전문가 질리언 테트Gillian Tett는 조롱했다.[93]

그리고 실제로도 정말 그러했다. 왜냐하면 수익성이 좋은 아이디어의 뒷면은 위험하고 어리석었기 때문이다. 도이체방크의 아커만 회장이 안심시키면서 설명한 바와 같이 그러한 위험은 세계적인 시스템에서 아주 잘 분산되었을 뿐만 아니라 다변화되기도 했다. 은행들은 다방면에 신용을 제공하면서 위험 기준을 낮추었고 신용상태가 좋지 않는 개인과 위험한 기업도 쉽게 새로운 신용을 받을 수 있었다. 지불불능 위험을 세련되게 포장해서 넘길 수 있는데 왜 굳이 신용상태를 검토하겠는가? 그러나 동시에 그 위험은 은행의 장부에서만 사라지는 것이 아니었다. 이 위험은 감독 당국의 레이더망에도 더 이상 잡히지 않았다. 그러다가 2007년 중반에 들어서서는 어떤 기관이 어떤 잠재 위험을 떠안고 있는지 아무도 알 수 없게 되었다. 미국 경제학자 조지프 메이슨 Joseph Mason의 평가에 따르면 신용사업 전체가 마치 참여자들이 '어둠 속에서 뜨거운 감자를 서로 던지다가' 불이 다시 켜지면서 마지막으로 잡은 사람이 손가락을 데는 게임과 같았다.[94]

모건은행이 최초로 CDO 사채를 판매한 이후 2007년 6월 마침내 불이 켜지고 손실이 눈에 보이기 시작할 때까지는 거의 10년이 걸렸다. 누구보다도 앞장서서 매수인으로 나선 것은 헤지펀드였다. 이들은 부유한 투자자나 연기금, 보험회사를 대신해서 높은 수익을 보장하고 따라서 높은 위험을 감수하는 자본회사이다. 이들은 작은 시세차익이나 이자 차이로부터 최대 이윤을 얻어내기 위해서 거의 언제나 투자자금의 몇 배만큼 추가로 빚을 지게 된다. 투입된 자기자본이 100만 달러일 때

900만 달러의 신용을 추가로 차입해서 100만 달러당 2퍼센트 수익을 올리면 차입한 신용에 대한 이자비용을 제하고도 자기자본에 대한 수익은 20퍼센트로 둔갑한다. 시세차익이 발생하지 않으면 당연히 그만큼 손실이 크게 발생한다. 그러므로 이들은 전체 금융시스템에 지속적으로 거대한 위험을 실어다 주는 고차원의 노름꾼 클럽인 것이다.

그렇지만 은행에게는 오늘날 더 이상 아무런 문제가 되지 않는다. 헤지펀드들도 어느덧 은행들의 가장 중요한 수입원의 하나가 되었고, 골드만삭스나 베어스턴스 같은 은행들은 스스로 그러한 투기기금을 여러 개 설치해 두었다. 도이체방크에서도 어느새 노름사업이 콘체른 전체 이윤의 거의 5분의 1을 차지하게 되었다.[95] 그러나 은행들은 결손위험을 언제나 다른 매수인에게 계속 전가한다. 독일 은행감독당국의 한 공무원이 시인한 바에 따르면 이때 한 펀드가 여러 중간단계를 거치면서 결국 자기 자신의 결손위험을 스스로 떠맡는 것에 대한 대가로 수수료를 받는 것조차 가능하다. 그는 국민국가에만 존재하는 감독당국의 모든 노력을 무용지물로 만드는 이러한 상황을 "여기에서 우리에게 못하게 할 수 있는 것은 아무것도 없다"고 설명한다.

그러한 회사들이 어느덧 1만 개가 알려져 있는데, 이들 모두 약 1조 5,000억 달러의 투자자금을 관리하고 있고 그것의 몇 배를 신용으로 차입해 놓은 상태이다. 그럼에도 불구하고 이 분야 전체가 아무런 감독도 받지 않는다는 것은 놀라운 일이다. 거의 모든 대형 펀드의 매니저들은 미국 뉴욕 부근 코네티컷 주의 '황금해안'이나 런던의 부촌 메이페어에 있는 깔끔한 사무실에 근무하고 있다. 그렇지만 공식적으로는 이들 펀드가 카리브 해 케이먼 제도나 바하마 제도, 영국령 카나리아 제도와 같은 가상 금융센터나 역외 센터에 페이퍼컴퍼니로 등록되어 있다. 이들 금융센터에는 주민 수보다 많은 금융회사가 들어서 있다. 그렇기 때문에 공식적으로 등록된 자산으로 측정하면 케이먼 제도는 주민이 46,000명에 지나지 않음에도 지금은 런던이나 뉴욕, 도쿄, 홍콩 다음으로 세계 5대 금융센터가 되었다. 그곳에서는 조세도 발생하지 않을 뿐만 아니라 투자자금 취급에 관한 법적 규제도 거의 없다.

신용위험은 규제받지 않는 금융회사에 전가되고 사업은 조세 피난처로 공식적으로 이전되는 이와 같은 조합은 전 세계 신용사업을 불과 수년 만에 급격하게 변화시켰다. 사실상 국가에 의한 통제나 위험의 제한은 더 이상 이루어지지 않고 있다. 금융곡예사들이 국가나 법률 규제의 지배가 아니라 기껏해야 돈의 지배만이 통용되는 일종의 민간 무정부상태, 즉 국가가 없는 공간을 창출한 것이다. "우리는 우리 은행들이 위험에 충분히 대비하기 위하여 법규를 준수하고 있는지 꽤 까다롭게 검증한다. 그렇지만 이것이 금융시스템의 안전에는 아무런 도움이 되지 않는다. 음악은 '역외域外에서' 헤지펀드가 연주하고 있다"고 독일 연방금융서비스감독청BaFin의 요헨 자니오Jochen Sanio 청장이 최근 위기가 발생하기 이미 오래 전에 실토한 바 있다. 한때 파생상품 딜러였다가 훗날 런던 투자은행 세계에서 이단자가 된 소니 카푸어Sony Kapoor는 이렇게 변화된 상황을 훨씬 더 신랄하게 표현했다. 금융시스템이 예전에는 "평탄한 길 위의 자동차처럼 달렸다. 운전사는 교육을 받았고 속도제한과 경찰차도 있었다." 그러나 오늘날에는 시장이 "연료를 가득 싣고 여기저기 구멍 난 도로에서 경주를 하는 수많은 화물차와 같다. 그리고 속도제한이 있다고 할지라도 경찰은 경찰차가 없고 눈은 가려져 있다."[96] 자니오와 마찬가지로 카푸어도 위기가 발생하기 오래 전에 통제 불가능한 연쇄반응이 일어날 수 있다고 경고했다. 이들 비판자들

은 대부분 채권자와 은행도 함께 나락으로 떨어지는 대형 헤지펀드의
몰락을 예상했다. 그렇지만 이러한 경고조차도 이 시스템에 내재되어
있는 실제 위험을 비슷하게라도 설명하지 못하고 있다. 자니오가 그러
한 경고를 공개적으로 밝혔을 때 파생금융상품 거래는 이미 통제될 수
없는 상황이 되어 있었다.

연기금 사기

타헤르 아프가니Taher Afghani가 부동산담보 분야의 믿을 수 없는 일자
리에 대해서 들은 것은 2004년 봄이었다. 파키스탄 출신 이민자의 아들
로서 스물일곱 살 된 그가 한 슈퍼마켓 체인의 배송센터 책임자로서 샌
프란시스코에서 버는 연봉은 58,000달러로 그다지 나쁘지 않았다. 그
러나 시큐어펀딩Secure Funding이라는 회사에서 일하는 친구가 멕시코
의 휴양지 로스 카보스Los Cabos로 가는 회사 야유회에 그를 데리고 갔
다. "나는 주말에 한꺼번에 그렇게 많은 돈을 펑펑 쓰는 것을 본 적이
없다"고 그는 당시를 회상한다. "어처구니 없었다. 모든 젊은이들이 그
토록 부자일 수 없었다. 최고급 양복, 승용차, 여자. 그들은 모든 것을
가지고 있었다." 아프가니는 이에 매료당해 시큐어펀딩에 입사하기 위
해 샌프란시스코에서 로스앤젤레스 부근 코스타메사Costa Mesa로 이사
했다.

그가 할 일은 부동산담보대출을 누구에게든, 어떤 방법으로든, 채무

자가 상환능력이 있든 없든 상관없이 전화로 중개하는 것이었다. 그는 '상환능력이 아주 완벽하지 않은 경우에도' 값싼 신용카드를 발급받을 수 있다며 자신에게 전화하라고 유혹했다. 여기에 걸려든 사람들에게 아프가니와 그의 동료들은 고객의 아무리 초라한 집이라도 여섯 자리 신용이 쉽게 제공될 수 있음을 설명했다. 대부분의 경우 이자나 상환기간 같은 조건에 대해서는 거의 이야기하지도 않고 대체로 고객들이 그 돈으로 무엇을 할 수 있는지에 대해서만 이야기했다고 아프가니는 설명한다. 그밖에 처음에는 이자율이 낮았다가 나중에 10퍼센트 이상으로 상승하는 '미끼이자' 로 술수도 부렸다. 현재의 소득을 기록할 때도 대출판매자는 그다지 정확하게 하지 않았다. 봉급이 최저수준인 사람이 대출을 신청하는 것도 예외적인 사례가 아니었다고 아프가니의 한 여자동료가 전한다. 2005년 1년 동안 시큐어펀딩은 남녀 불문하고 이러한 방식으로 12억5,000만 달러의 부동산담보대출을 제공했고 곧바로 이를 영국 대형은행 HSBC에게 넘겼는데, HSBC는 이것으로 다시 새로운 파생금융상품을 개발했다.[97]

　'서브프라임', 일등급이 아님. 이는 원래 신용능력이 전혀 없는 채무자를 미화하면서 부르는 전문용어이다. 금융회사들은 이들을 상대로 돈을 벌었다. 그리고 미국에서 파국이 있기 전 4년 동안 채무 붐이 절정에 이르게 한 유사한 기업들이 수백 개가 있었는데 시큐어펀딩은 그 중 하나이다. 소득이 높은 채무자를 상대로 하는 시장이 거의 포화상태에 이르자 금융산업은 대출바퀴를 계속 돌리기 위해 시큐어펀딩과 같은 모호한 중개업체를 점차 활용했다. 붕괴되기 전 마지막 해에 미국에서 새로운 부동산담보대출 다섯 건 중 한 건은 이 분야의 칭호에 따르면 '닌자' 고객의 것이었다. '무소득no income, 무직no job, 무자산no assets'.

적어도 500만 명. 그 중 다수가 흑인이거나 소수인종에 속하는데, 이들은 겉보기에 끝없이 상승하는 자신들의 집값이 어떤 식으로든 돈을 다시 끌어들일 것이라는 기대를 항상 가지고서 지속적으로 자신들의 능력을 뛰어넘는 부채상태로 내몰렸다. 최종적으로 그들의 채무는 도합 1조2,000억 달러라는 엄청난 규모로 증가했는데 이는 미국 전체 부동산 담보대출의 10분의 1에 해당한다.

이런 일이 가능했던 것은 오로지 중개업체들이 지급된 대출을 즉시한 대형은행에 다시 전달하고 이들은 다시 이 대출로 '구조화된 상품'을 짰기 때문이다. 신용평가기관들은 이들 CDO 증권에 기꺼이 좋은 평점을 주었기 때문에 투자은행들은 거의 원하는 수량만큼 재판매할 수 있었다. 이렇게 해서 집단적인 무책임감 속에서 세계 금융산업에서는 가난한 사람에 대한 대출 투매가 투자은행에게는 보물창고가 되었고 매입자에게는 파산의 늪이 되었다.

그렇지만 얼마 되지 않아 헤지펀드 부문이 혼자서는 몰려드는 수요를 다 감당할 수 없게 되었다. 따라서 전직 국제통화기금 금융전문가이자 현재 투자은행 라자드Lazard의 부행장인 게르트 호이슬러Gerd Häusler의 설명에 따르면 월스트리트 은행들은 '거의 일렬종대로 줄을 서서' 자신들의 미화된 위험증권을 전 세계 자산관리인과 기금관리인 들에게 행상行商하기 시작했다고 한다. 위험도가 가장 높은 트랑세는 내부적으로 '독극물 쓰레기'로 불렸다. 그렇지만 이로 인해 은행 대표들이 수많은 공적 연기금에서 일하는, 자질이 뒤떨어지는 매니저들에게 이들 증권을 판매하는 것이 지장을 받지는 않았다. 적어도 교사나 소방관, 경찰관의 노후보장을 위해 적립된 5억 달러가 그렇게 해서 소각되었다고 금융 통신사 블룸버그가 보도했다.[98]

이와 병행해서 해외에서도 판매 공세가 시작되었다. 이들 위험증권을 반국영의 대형 중국은행에서부터 호주 매쿼리Macquarue 은행과 유럽의 보험거인 알리안츠, 그리고 AXA를 거쳐 베스트도이치 주립은행과 작센 주립은행에 이르기까지 신용평가기관의 높은 평점을 기꺼이 믿으면서 높은 이자를 받으려는 매수인들에게 전달되었다. 그리하여 슈테판 오르차이펜과 뒤셀도르프 IKB에 근무하는 그의 동료에게도 컨설턴트와 매도인들이 CDO 건으로 문을 두드리고 유리한 투자형태를 제안하기에 이르렀다. JP 모건의 '일렬종대'에 못지 않은 적극성으로 도이체방크도 IKB에게 접근했다. 그리하여 원래 보수적인 이 중소기업은행도 독일 신용시장의 작은 이윤에서 벗어나야겠다는 욕심을 갖게 되었다. 오르차이펜의 불평처럼 이 작은 이윤으로는 "비용도 거의 충당할 수 없었던 것이다."

그리하여 IKB 매니저들은 2002년에 통제받지 않는 역외 센터, 조세피난처에 본사를 둔 회사를 설립했다. 도버 해협의 저지Jersey 섬과 미국 델라웨어 주에 또 하나의 페이퍼컴퍼니 '라인란트 펀딩 캐피털 회사'를 등록했다. 이는 일종의 헤지펀드로서 은행용어로는 '콘듀잇Conduit', 즉 도관導管 또는 운하를 뜻한다. 1년 후 아일랜드에서는 '라인 브리지 펀드'라는 이름으로 같은 기능을 담당하는 또 다른 회사가 설립되었다. 이 펀드의 이름으로—그리고 모母은행의 보증을 받아—IKB 딜러들은 1개월에서 3개월짜리 채권을 금융시장에서 표준금리로 대규모로 판매했다. 유동적인 자금을 짧은 기간 동안 묻어두려는 매수인은 미국 미니애폴리스 교육청에서부터 런던 부동산중개업자에 이르기까지 어디에나 있었다. 이러한 금융은 늦어도 3개월마다 계속 갱신되어야 했지만 시장에는 언제나 자금이 넘쳐흘렀다. 중앙은행과 마찬가지로 딜러들은 '과잉 유동성'에 시달릴 정도였다.

단기채권 매도에서 얻은 수익을 라인란트 전략가들은 특히 도이체방크가 제공하는 장기 CDO 사채에 다시 투자했다. 이자 차익은 모기업 IKB에게 '자문료'로 지급되어 그곳의 이익에 보태주었다. 2003년 9월 이들 펀드는 48억 유로 규모였는데 3년 후에는 이미 90억 유로가 되었다. 신용투기로부터 얻은 수익이 최종적으로는 전체 은행 이윤의 3분의 1을 차지했다. 이 모든 것이 비록 단기채무로 장기투자를 한다는, 예전부터 위험하다고 지적되어 온 원리에 기초하기는 했지만 그들이 사들인 CDO 사채의 90퍼센트 이상이 적어도 신용평가기관의 A등급을 받았기 때문에 아무도 걱정하지 않았다. 단기자금이 부족해지면 장기투자를 매각하면 된다고 생각했다. 게다가 IKB는 신용평가기관 무디스로부터 '성공적으로 분산 투자했다'는 증명까지 받았다. 이 시장이 붕괴되기 한 달 전 IKB 오르차이펜 행장은 경상 사업연도에 '기록적인 성과'의 달성을 예고했다.

그러나 실제로는 이미 2007년 6월의 시점에서 위기가 한창 고조되고 있었다. 단지 이 붕괴가 일종의 느린 동작으로 다가오고 있었을 뿐이다. 이미 2006년 가을에 미국 부동산기업들은 갈수록 많은 서브프라임 채무자들이 지불약정을 이행하지 못하고 있다고 신고했다. 저소득층을 위한 전체 부동산담보대출의 13퍼센트가 이미 연체되고 있었고, 그 결과 그와 연계된 CDO 사채에서도 상환이 지연되고 있었다. 봄까지 부동산담보대출과 연계된 신규사업은 사실상 붕괴되었고 30개의 소규모 부동산담보은행이 파산했다. 2월 초 세계 3대 금융 콘체른이자 미국 부동산담보대출 최대 투자자 중 하나인 영국의 아시아은행 HSBC의 행장이 발표한 바에 따르면 이미 100억 달러 이상이 서브프라임으로부터 예상

되는 손실에 대비해서 적립되었다. 그 직후 제너럴 모터스의 금융자회
사가 서브프라임 부문에서 10억 달러 손실을 입었다고 신고했다. 뒤를
이어 스위스 금융대기업인 UBS의 첫 번째 헤지펀드가 부동산담보대출
CDO의 가치하락 때문에 몰락했다. 4월에 무디스의 브랜드 사기꾼●들
은 자신들이 평가한 서브프라임 신용이 부도가 날 확률이 2004년보다
세 배 상승했다고 처음으로 시인했다. 그러나 동시에 이 기관은 A등급을
받은 채권 중에서 "가치가 하락할 비율은 미미할 것"이라고 발표했다.[99]

방화범, 정직한 사람, 아커만

그래서 늦어도 이 시점에는 시장에서 의구심이 생겨났다. 등급이 좋은
CDO 사채도 더 이상 안정적인 것으로 여겨지지 않았다. 전주錢主들이
파생금융상품을 더 이상 안정자산으로 받아들이지 않았기 때문에 펀드
가 하나둘 자금조달에 문제를 겪게 되었다. 널리 보급되어 있던 3개월
짜리 신용과 같은 이미 오래된 거래도 만기가 되자 매수인들이 연장하
기를 주저했다. 마침내 베어스턴스의 두 펀드가 몰락하는 것은 거의 공
식과도 같이 되었다. 두 펀드의 관리자들은 160억 달러를 단기신용으로
조달했다. 첫 번째 신용제공자가 환급을 요청했을 때 모기업이 30억 달
러를 선불해 주었다. 그럼에도 불구하고 어느 은행도 더 이상 이 펀드에

●브랜드 사기꾼: 무디스의 이름으로 불성실하게 신용평가를 남발했다는 뜻.

참여하려 들지 않았다. 펀드 매니저들이 지불 요구된 자금을 동원할 수 없게 되자 투자은행 메릴린치의 동료들은 심각해졌다. 이들은 자신들에게 할당된 CDO 사채 부분을 압류해서 이를 매각하고자 했다. 그러자 일이 벌어지고 말았다. 어제까지만 해도 분산된 위험에 대해 칭송해마지 않던 은행가 중 어느 누구도 베어스턴스와 그 채권자들이 이제는 그 사채에 대해 설정해 놓은 가격을 비슷하게라도 지불하려 하지 않았다. '구조화된 투자상품' 배후에 있는 조잡한 수학이 믿을 수 없다는 사실을 갑자기 깨닫게 된 것이다. 그러자 이제야 비로소 신용평가기관들도 최고등급을 취소했다. 몇 주 후에 무디스는 691개의 대형 CDO 패키지를 취소했는데 그 중 228개는 이전에 A등급으로 판매된 것이었다. 신용평가자들은 "이들 신용은 당초 가정했던 것보다 훨씬 높은 수준의 위험이 있는 것으로 확인되었다"고 기술했다.[100]

이때부터 멈출 수가 없었다. '신용'이라는 단어가 왜 라틴어 'credere'에서 유래했는지, '믿는다'와 '신뢰한다'가 무엇을 의미하는지 갑자기 분명해졌다. 그 까닭은 돈 거래는 모두 신뢰에 기초하기 때문이다. 누구나 얼룩덜룩한 종이 묶음을 힘든 노동이나 가치 있는 제품과 교환하고 싶어하는 데는 단 한 가지 이유가 있다. 다른 모든 사람들도 그렇게 하기 때문이다. 따라서 돈과 신용은 다름 아니라 모두가 인정하는 규칙에 기초하여 축적된 신뢰이다. 그것이 무너지면, 가령 어떤 중앙은행이 너무 많은 돈을 발행해서 가치를 떨어뜨리면 신뢰 상실은 거의 피할 수 없게 된다.

그리고 바로 이러한 일이 2007년 7월부터 전 세계 신용시장에서 일어났다. 신뢰도가 0으로 떨어진 것이다. 수십억 달러, 유로, 엔 규모의 대출이 파생상품으로 포장되고 재판매되었다가 또다시 포장되고 재판

매되었다. 적어도 서브프라임 주탁담보대출의 경우에는 이것이 결손안
전에 관한 허위정보에 기초해서 이루어졌다. "무디스와 스탠더드 & 푸
어스가 그 부문에서 그토록 엉성하게 일처리를 했다면 똑같은 구조적
오류가 동일한 종류의 다른 상품에서도 발생하지 않았을 것이라고 시
장이 어떻게 신뢰할 수 있단 말인가?" 알리안츠 콘체른의 자회사인 자
산관리회사 핌코Pimco의 세계 최대 사모펀드의 회장인 윌리엄 그로스
William Gross는 당시 널리 퍼져 있었던 분위기를 이렇게 표현했다.[101]
구조화된 채권의 가치가 실제로 얼마인지 아무도 알지 못했다. 따라서
아무도 그것을 매수하려 들지 않았고 그것을 담보로 신용을 제공하려
들지도 않았다. 그리하여 거의 하룻밤 사이에 신용으로 자금을 조달하
던 기업매입 붐이 종말을 고하고 말았다. 2007년 7월까지 6개월 동안만
도 블랙스톤스Blackstones, KKR 등의 사모펀드들은 3조4,000억 달러의
인수를 예고했다. 이는 전년도 1년분과 같은 금액이었다. 그렇지만 예
고되었던 그 거래는 대부분 취소되었다. 이 메뚜기 부문은 신용 대신 강
제휴가를 받았고 주가를 띄우고 있던 자금도 그와 더불어 사라졌다. 홍
콩에서부터 프랑크푸르트에 이르기까지 주식시장이 붕괴되었다. 말레이
시아 쿠알라룸푸르의 자산관리인조차 '피바다' 라고 말할 정도였다.[102]

　　IKB 매니저들과 슈테판 오르차이펜에게 파산을 안겨준 것도 바로 이
러한 상황이었다. 라인란트펀드와 라인브리지펀드에게 지불할 자금이
사라져 버렸다. 그들은 3개월짜리 채권을 연장할 수 없었고 기한이 지
난 채권은 상환해야 했으며, 자신들의 CDO 사채는 판매할 수 없었다.
갑자기 은행은 자신들로서는 단기적으로 동원할 수 없는 10억 유로를
조달해야 했다. 게다가 금융부문에서 리더격인 도이체방크에서 자금을
조달하려 한 것이 오히려 종말을 재촉했다. 도이체방크는 일부 채권을

IKB에 매각하기는 했지만 거기에 신용을 제공하려고 하지는 않았다. 그 대신 도이체방크 요셉 아커만 회장은 2007년 7월 27일 본에 있는 감독 당국에게—그가 훗날 표현한 바와 같이—'상황이 꼬였다'고 통보했다. 이어서 그는 방화범과 공모는 했지만 불을 다룰 때 조심하라고 경고했기 때문에 자신은 죄가 없다는 식의 신파극을 연출했다.

그는 일련의 구제조치를 주도한 뒤에 "우리는 이틀 안에 해결책을 마련해 냈고" 독일 금융시장의 '대대적인 투매'를 막았다고 자화자찬했다. 분명한 것은 나머지 독일 금융기관들이 해외 파트너의 신뢰를 잃고 똑같이 막다른 골목에 이르는 것을 막아준 이 구제조치는 사실은 납세자에 의한 것이었다는 사실을 알아야 한다. 독일연방금융서비스감독청의 자니오 청장과 페르 슈타인브뤽 재무장관의 압력에 국영 재건신용기관KfW과 저축은행연합이 53억 유로에 달하는 IKB 라인란트펀드의 위험 부담을 대부분 떠맡은 것이다. 민간은행들은 법에 규정된 예금보장기금을 통해 9억2,500만 유로만큼만 참여했으나 아마도 이는 전혀 사용되지 않을 것이다. CDO 사채가격 폭락으로 인해 실제로 발생한 손실은 아마도 거의 IKB와 국영 대주주인 KfW의 자기자본에만 부담을 주었을 것이다. 아커만 회장이 IKB 매니저들만 책임져야 할 사람들로 국한한 것은 사실 최선을 다한 결과였다. 신용평가기관을 지나치게 신뢰한 것이 "약간 순진한 것"이었다고 아커만 회장은 말하며 '경영진의 태만'을 크게 나무랐다.[103]

그런데 여기에서는 그의 콘체른 대리인들도 그와 똑같은 지불능력 등급을 가지고 고객사냥에 나선 바 있다. 즉, 2004년 초까지만 해도 도이체방크 혼자서 IKB 동료들에게 5~6억 유로 규모의 미국 파생금융상품을 판매했다고 런던 전문잡지 〈리스크Risk〉가 보도했다. 그럼으로써 아커만의 은행은 이미 2004년에 전문기자들이 '극도로 위험한' 등급으로 분류한 IKB와의 거래에서 2,000~3,000만 유로를 벌었다고 한다.[104] 저축은행연합회 하인리히 하지스Heinrich Haasis 회장도 도이체방크 회장을 가리키면서 "예전에 IKB의 콘듀잇● 에서 크게 재미를 본" 인물이 뒤늦게 나서고 있다고 조롱했다. 이는 "예전에는 인화물질을 마구 공급한 자가 이제는 방화자문관으로 행세한다"는 뜻이다.[105]

자본시장에서 혼란이 가중되고 있는 와중에 독일 내에서 실랑이하는 것은 당연히 아무런 의미가 없는 일이다. 한주 한주 지날 때마다 신뢰위기는 더욱 깊어졌다. 어디에서 어떤 위험이 나타날지 아무도 몰랐기 때문에 유럽과 미국에서는 모든 신용시장 중에서 가장 중요한 신용시장이 무너졌다. 바로 은행들 사이의 신용인 것이다. 평소에는 의례적이었던 것, 즉 동료를 위해서 다음날까지 '유동성을 공급하는 것'이 더 이상 작동하지 않게 된 것이다. 유럽 중앙은행이나 미국 연방준비제도 이사회가 시장에 제시한 기준금리보다 훨씬 높은 금리를 제안하는 기관만이 자금을 받을 수 있었다. 그러나 신용은 국민경제의 혈액이다. 그것이 갑자기 비싸지면 순환이 멈추게 된다. 그리하여 전 세계 자금기계가 정지되었고 연쇄적인 붕괴가 일어나기 시작했다. 그 중에는 하버드 대학이 일부 자산을 맡겼던 펀드도 있었다. 이 펀드가 15억 달러를 잃고 폐쇄되고 말았다. 이제는 최고의 학자들도 주저하지 않을 수 없게 되었다.

그러한 손실이 발생하면 연쇄반응은 피할 수 없다. B 은행이 주택담

● Conduit: 유동화 증권을 발행할 때 매번 그에 따른 전문회사를 세울 필요 없이 자산을 유동화할 수 있는 특수목적 법인을 말한다.

보 파생상품을 더 이상 안전한 것으로 여기지 않으면 A 헤지펀드는 대출금을 상환해야 한다. 결국 이 펀드는 어떤 가격으로라도 판매해야 하고, 그러면 결국 더욱 떨어진다. 그 결과 수많은 다른 펀드들의 투자도 마찬가지로 가치를 상실하게 되고 자금 공급자로부터 상환을 독촉하는 전화를 받게 된다. 그러면 그들도 팔리는 것은 무엇이든 팔게 되고 이에 따라 주식시장은 주가하락의 늪에 빠지게 된다. 결국 수많은 펀드매니저들이 더 이상 신용을 상환할 수 없을 정도로 주가가 하락한다. 그러면 은행도 자금이 부족하게 되고 스스로 부채를 상환할 수 없게 되면서 추가적인 채무를 차입해야 한다. 그러나 자신의 계좌에 아직도 유동성을 보유하고 있는 기관들은 다른 기관들의 장부에 어떤 위험이 숨겨져 있는지 모르기 때문에 이 유동성을 고수하거나 매우 높은 금리 마진을 요구하게 된다.

그리하여 2007년에는 미국 부동산담보부채권에 한 푼도 투자하지 않았던 투자자들까지도 대대적으로 피해를 보는 악순환이 일어났다. 모든 파생금융상품이 갑자기 불안하게 여겨졌기 때문에 가령 독일 생명보험회사와 연기금이 쾰른 오펜하임 은행의 한 펀드에 투자한 8억 유로도 피해를 보았다. 이 펀드는 파생금융상품에 일부 투자하기는 했지만 나머지는 모두 유럽 파생금융상품이었다. 오펜하임 은행의 수석 펀드매니저는 "전 세계 은행들이 우리 채권에 대한 가격을 전혀 제시하지 않는다"고 낙담해했다. "우리는 미국 위기에 전염되었지만 어찌할 도리가 없다"고 그는 불만을 토로했다. 그리고 그와 함께 수백만의 독일 생명보험 가입자들도 손해를 보았다.[106]

금융 분야에서 가장 많은 독자를 가지고 있는 〈파이낸셜 타임스〉조차 이러한 방식으로 "금융시장이 세계경제를 인질로 삼았다"고 보도했다.[107] 결국 프랑크푸르트와 뉴욕, 도쿄의 중앙은행들은 다시 늑대를 피하기 위해서 호랑이를 불러들일 수밖에 없었다. 이들은 '유동성'을 창출하고 적어도 일일거래에 대한 시장금리를 바람직한 수준으로 낮추기 위해서 2007년 8월 9일과 10일의 24시간 이내에 3,000억 달러 이상을 은행에게 공급했다. 미국 연방준비제도이사회는 몇몇 파생금융상품을 담보로 잡기조차 했으며 1주일 후에는 다시 기준금리마저 인하했다. 그럼으로써 통화량은 다시 불어났고 간접적으로 투기꾼들을 다시 돈으로 해방시켰다.

그러나 시장의 반응은 진정효과와는 거리가 멀었다. 이제 전 세계 금융산업의 자금관리인들은 위기가 악화될 것을 추측하는 것이 아니라 그 사실을 확실히 알게 되었다. 통화 당국의 단호한 개입은 마치 관객이 들어차 있는 영화관에서 불이 났다고 큰 소리를 치는 것과 같은 효과를 가져왔다. 모든 사람들이 출구로 몰려들었다. 신용시장은 더욱더 말라갔고 몇몇 금융귀족들은 다시 한 번 세계가 무너지는 것을 경험해야 했다. 가령 애덤 애플가스Adam Applegarth에게도 그러했다. 영국 부동산담보은행 노던 록Northern Rock의 행장인 그에게 8월 9일은 그가 훗날 TV 인터뷰에서 밝힌 바와 같이 '지구가 회전하기를 멈춘' 날이나 마찬가지였다.[108] 애플가스는 자신의 지방금융기관을 6년도 안 되어 영국 주택건설업자들의 싸구려 슈퍼마켓 알디Aldi처럼 만들었다. 게다가 자신의 고객들이 맡긴 20억 파운드(약 30억 유로)로도 만족치 않았다. 그래서 그도 미국식 게임을 벌여 단기신용을 차입해서 저렴한 부동산담보대출 재원을 마련했다. 그러나 노던 록이 어려움에 처했다는 소문이 나자 아무도 예상치 못한 일이 벌어졌다. 1896년 이래 처음으로 영국인들은 진짜 은행파산을 경험한 것이다. 150만 명의 예금주들이 노던 록의 전 지점에 몰려가서 3일간 줄서서 기다리며 계좌를 비워냈다. 그럼으로써 그 은행은 사실상 하룻밤 사이에 파산하고 말았다. 영국 정부가 애플가스 부동산담보대출 점포에 있는 모든 예금에 대한 국가지급보증을 발표하자 비로소 패닉이 멈추었다. 2008년 2월 영국 정부로서는 그 은행을 국유화하는 것 이외에 다른 방도가 없었다.

그러나 노던 록의 드라마도 몇 달이 지나면서 일개 에피소드에 지나지 않은 것이 되었다. 의심스러운 펀드로 모든 재무규정을 뛰어넘어 대형 거래를 해오면서 은행감독을 무너뜨린 것이 아무 생각 없는 독일 변두리의 은행가만은 결코 아니었다. IKB와 작센주립은행은 서방 금융세계의 소문난 업체들 사이에서는 이미 수년 전부터 널리 행해지고 있던 것을 단지 복사했을 뿐이다. 독일 드레스덴은행으로부터 영국 HSBC에 이르기까지, 그리고 프랑스 소시에테 제네랄Societé Generale에서부터 몬트리올은행에 이르기까지 이들은 모두 자금시장에서 3~6개월 신용을 차입해서 금리가 좋은 장기 CDO 패키지에 투자하는 콘듀잇을 역외센터의 회색지대에 신설했었다. 그리하여 아무런 통제도 받지 않으면서 약 5조 달러에 달하는 방대한 규모의 신용을 움직인 '지하은행' 이 공식적인 은행시스템과 나란히 존재하게 되었다. 왕립스코틀랜드은행의 신용분석가 밥 잔주아Bob Janjuah가 계산한 바에 따르면 미국에서 이루어진 전체 대출의 절반가량이 이 시스템을 통해서 이루어졌다. "지하은행 세계가 믿을 수 없을 정도로" 성장한 것이다.[109]

이들 지하은행엔 당연히 결정적인 단점이 존재했다. 그들은 공식적으로는, 즉 감독자나 주주에게는 전혀 존재하지 않았기 때문에 중앙은행이 제공하는 긴급대출은 받을 수 없었다. 그러나 2007년 7월부터 어떤 개인 투자자도 그러한 유령이 발행하는 단기사채는 매입하려 하지 않았고 만기가 되는 채무는 상환해야 했기 때문에 모은행들은 자신들의 지하은행을 공식적인 수치에 포함시키는 도리밖에 없었다. 그리하여 대형은행도 하나씩 곤경에 빠지게 되었다. 수백억에 달하는 미상환 채무에 대해서 법적으로 규정된 최소 자기자본규모가 없었던 것이다. 금융귀족들은 이 안전장치에 필요한 금액을 외면해 왔었는데 이제는 이것이 그들에게 치명타가 되고 말았다. 그들이 매입한 CDO 패키지 가격도 동시에 폭락했고, 그에 따라 금융귀족들은 가치손실을 정식으로 장부에서 차감할 수밖에 없었다.

2007년 12월 초 처음으로 백기를 든 것은 스위스 대형은행 UBS의 신임 회장으로 등극한 마르셀 로네Marcel Rohner였다. 세계 최대의 자산관리자이자 금융 연대連帶의 상징으로 여겨졌던 이 금융 콘체른은 140억 달러 이상을 차감할 수밖에 없었는데 이는 그 기업 역사상 최초의 연간손실에 해당한다. 그 뒤를 이어 곧바로 세계적인 대형은행들 거의 모두의 퍼레이드가 이어졌다. 그 중에는 월스트리트의 거인 메릴린치와 모건스탠리도 포함되었다. 세계최대 은행인 시티그룹도 최대 손실을 기록했다. 2007년 말까지 이 세계적인 초거대은행에서 무려 250억 달러 손실이 발생했고, 게다가 주가의 절반 이상이 사라졌다. 아울러 찰스 프린스Charles Prince 회장은 물론 이 콘체른이 설립한 10개가 넘는 콘듀잇 담당 매니저들도 사라졌다. 2008년 2월까지 이 콘체른은 총 1,200억 달러의 가치손실을 장부에 기록했다. 그 당시까지 대부분 정확히 예측을 하던 골드만삭스의 예상에 따르면 이 금액은 2008년 중에 다시 한 번 두 배가 될 것이다.[110] G7 그룹 재무장관들은 결손이 4,000억 유로까지 이를 것으로 계산했다. 아마 이것도 마지막이 아닐 것이다. 이미 2006년에 부동산담보대출의 붕괴를 예언한 뉴욕대학 교수인 누리엘 루비니는 2008년 2월 신용카드 시장과 소비자 대출 시장은 물론 사모펀드가 기업 매입을 위해 제공하는 전체 소비자 대출 시장으로 위기가 확산될 것으로 경고했다. 종국에는 1조 달러의 결손이 예상된다고 루비니는 말한다. 금융시스템의 '시스템 붕괴'가 갈수록 가능성이 높아지고 있는 것이다.[111]

그래서 어쩔 수 없이 해당 은행과 펀드들은 그 이후 새로운 신용의 발행을 급격히 축소시켰는데, 골드만삭스의 추정에 따르면 그 금액이 전 세계에 걸쳐 2조 달러에 달한다. 동시에 미국에서는 2백만 가구의 주택이 강제경매에 나오게 되었다. 전국적으로 부동산 가격이 하락했고 그와 함께 주택에 대한 구매력도 떨어졌다. 마침내 연방준비제도이사회가 금융시장에서 금리를 인플레이션율 이하로 낮추었음에도 불구하고 미국에서 경기침체는 더 이상 막을 수 없었다. 그 까닭은 낮은 금리로는 기업들의 부채가 적정수준 이하일 때만이 경기를 진작시킬 수 있기 때문이다. 그러나 은행들이 쪼들리면 그들은 사업을 확장하기 전에 먼저 자신들의 손실부터 보충해야 한다. 이는 일본 경제로 하여금 1990년 부동산 폭락 이후 제로금리에도 불구하고 10년 이상 경기침체를 겪게 한 바로 그 현상이다.

그러나 미국은 아마도 이러한 운명을 겪지 않을 수도 있다. 그 까닭은 세계 금융산업의 10억대 노름꾼들은 자신들의 부채를 충당하는 것과 병행해서 자신들의 콘체른이 몰락하지 않도록 요란법석한 술수를 부렸기 때문이다. 즉, 중국과 한국, 싱가포르 및 아시아 산유국의 국부펀드들이 수백억 달러를 가지고 새로운 대주주로 진입토록 하는 방안을 마련한 것이다. 씨티그룹은 단독으로 215억 달러의 신규 주식사채를 발행했다. 매수인은 아부다비, 싱가포르, 쿠웨이트와 사우디 왕자 알왈

리드 빈 탈랄Alwaleed bin Talal의 국영자산 관리인들이었다. UBS에서도 마찬가지로 도시국가 싱가포르가 새로운 대주주가 되었고 메릴린치에는 한국도 참여했다. 모건스탠리에서는 이제 중국투자공사 대표가 발언권을 함께 행사하고 있다. 그렇지만 펀드가 파산하면서 위기가 촉발된 베어스턴스에게는 그러한 원조가 너무 늦게 도착했다. 중국의 시틱Citic 은행이 베이징으로부터 10억 달러 참여를 허락받기 전에 이 투자은행은 이미 끝이 나버리고 말았다. 연방준비제도이사회가 구조행동에 나선 다음에 대형은행 JP 모건 체이스가 이 은행을 헐값에 사들였다.

경제사학자 찰스 게이스트Charles Geisst는 "1차대전이 발발하기 이전의 시기 이후 미국 기업이 그토록 많은 외국자본을 끌어들인 적은 없었다"고 말했는데, 이는 그 진행과정을 올바른 틀에서 파악한 것이다. 세계금융계 최고경영자의 초대를 받아 아랍과 아시아의 국가자본가들이 평화적으로 침공하는 것은 자본주의 역사에서 역사적 전환으로 기록된다. 그리고 그것은 참으로 아이러니컬하다. 분기分期를 주기로 해서 이윤을 극대화하라는 요구에 시달리지 않고 장기적으로 국가의 위임을 받은 자산관리인들, 시장 신봉과는 거리가 먼 이 이단자들이 이제는 미국 금융자본주의의 한복판에서 주요한 지분참여자로 부상한 것이다. 이 협상이 진행되는 동안 대서양 양측의 정치가들은 중동과 극동의 경제 책임자들이 자기들 나라의 콘체른에 참여하는 것을 어렵게 제한하는 엄격한 규칙을 짜내고 있었다. 그러나 미국 재계의 선도 기관지인 〈월스트리트저널〉은 솔직하게 "세계가 월스트리트를 구한다"는 제목을 붙였다.[112]

규제가 아닌 금권정치군단

물론 이들도 세계경제의 급격한 후퇴를 막을 수는 없었다. 주식과 채권 가격의 하락을 통해 수조 달러, 유로, 엔만큼의 가치가 사라졌다. 수백만 명의 예금주와 주택소유자들은 손해를 보거나 몰락했다. 그밖에 의회와의 아무런 협의도 없이 납세자들이 수십억 규모의 손실과 국가보증 때문에 피를 흘려야 했다. 다시 한 번 세계경제발전은 케인스가 적절하게 묘사한 바와 같이 "카지노 활동의 부산물"이었음이 드러났다.

그런데 이상한 것이 있다. 미국이나 유럽, 일본의 책임 있는 정부들은 마치 자그마한 장애인 것처럼 이 현상을 다루었다. 가령 유럽경제의 세계적인 관심사를 담당할 뿐만 아니라 보통 때 같았으면 새로운 규제를 짜내기 위해 동분서주했던 EU 위원회가 이번에는 전혀 아무것도 하지 않았다. EU의 담당위원인 찰스 매크리비Charles McCreevy는 은행부문이 이미 잘 해결해 나가고 있다며 금융부문에 대한 보다 엄격한 규칙을 제정하는 데 반대했다. 미국 재무장관 헨리 폴슨도 새로운 규제는 '반생산적'이라고 주장했다. 규제가 없기 때문에 이러한 참상이 초래된 것이 아니냐는 질문에 그는 "정치적인 해결로는 높은 혁신을 이루어내기 어렵다는 것을 역사는 보여준다"고 대답했을 뿐이다.[113]

독일의 앙겔라 메르켈 총리는 "한 곳에서 위험평가를 잘못한 것으로 인해 세계공동체 전체가 그 대가를 치러야 하는 것은 있을 수 없다"고 한탄하기만 했다.[114] 그렇지만 국제금융시스템을 개혁하기 위한 적절한 제안은 하지 않았다. 그녀의 사회민주당 재무장관인 페르 슈타인브뤽도 "국제 카지노 자본주의는 무척 섬뜩한 것"이라고 말했다. 그럼에도 그는 자신의 프랑스 동료 크리스티네 라자르드Christine Largarde와 베를린에서 만난 다음 공동으로 "새로운 규제가 계획된 바 없다"고 발표했다. 슈타인브뤽은 왜 그랬는지도 알려주었다. "국가적인 차원에서는 할 수도 있다. 그러나 아무 소용없을 것이다. 하지만 국제적인 차원에서는 그렇게 할 수 없다"며 그는 '앵글로색슨계의 거부감' 에 의한 것임을 암시했다.[115]

이는 외교적 표현이기는 하지만 문제의 엄연한 핵심을 지적하고 있는 말이기도 하다. 영국과 미국 정부는 어느 정당이 집권하든 상관없이 수십년 전부터 금융산업의 투기적 과잉에 보다 엄격한 제한을 가하려는 데 대해 거부해 왔다. 슈타인브뤽 장관도 이것을 다시 한 번 경험한 셈이다. 2007년 여름 하일리겐담Heiligendamm에서 G8 정상회담이 열리기 직전 그는 금융감독관 자니오의 요구를 받아들여 위험 정도에 관한 투명도를 높이기 위해 헤지펀드의 투자에 대하여 적어도 일종의 국제등기소를 설치하려 시도했다. 그렇지만 이 사소한 시도조차 런던과 워싱턴에 있는 그의 동료들은 정면으로 거부했다. 이 거부는 나머지 인류가 입을 손실과 비교할 때 무책임한 일이다. 그렇지만 그 배후에는 세계화 시대에 정치가 처한 근본적인 딜레마가 자리 잡고 있다. 세계적으로 연계된 경제는 세계적인 규제를 필요로 한다. 그러나 각각의 국민국가 정부는 오로지 국익만을 대변하고 있다. 게다가 발생할 수 있는 손실을 규제하는 데 필요한 비용은 대부분 외국으로 나가는 것이고, 자신들은 세계시장의 무정부적인 상태로부터 오히려 이익을 얻을 수 있기 때문에 두 '앵글로색슨' 나라에서는 오늘날까지도 거의 요지부동인 것이다.

영국의 경우에는 런던 금융센터의 규모로 인해 이러한 생각이 더욱 지배적이다. 전통적으로 '시티'로 불리는 이 은행가街는 세계최대의 외환 및 유가증권 거래처로서 1.5평방킬로미터에 불과한 구역에서 영국 국내총생산의 약 12퍼센트가 생산된다. 금융산업 자체가 영국 경제에서 가장 빨리 성장하는 분야이며, 여기에 필요한 관련 서비스를 포함해서 영국 전체 일자리의 약 3분의 1을 차지한다. 미국에게는 금융부문이 세계적으로 경쟁력이 있고 관련 서비스와 유가증권 거래를 통해 대규모 흑자를 달성하는 몇 안 되는 부문 중 하나이다.

따라서 전통적으로 두 나라에서는 정치와 금융산업이 밀접하게 연결되어 있다. 월스트리트는 정기적으로 각료를 배출하는 것뿐만이 아니다. 헨리 폴슨은 골드만삭스가 10년 안에 벌써 두 번째 배출한 재무장관이다. 그밖에 미국과 영국의 정부가 보증하는 국경 없는 금융의 자유는 소수의 수중에 엄청난 부를 집적시키고, 이들은 다시 각종 개혁에 대해 돈의 힘으로 일종의 거부권을 행사할 수 있다. 사모펀드와 헤지펀드에서 가장 많이 버는 20명의 매니저가 2006년에 평균 6억5,800만 달러의 연간 개인소득을 올렸다.[116] 이는 요셉 아커만 도이체방크 회장이 받는 연봉 1,870만 달러가 용돈처럼 보이게 만드는 엄청난 금액이다.

따라서 런던에 압력을 가하기 위해서는 자산관리사무소를 이전하겠다는 위협만으로도 충분하다. 워싱턴에서는 선거전에 대한 직·간접적인 지원으로 인해 그에 상응하는 의존성이 발생한다. 2004년 조지 부시가 재선 선거전을 위해 설치한 열 곳의 기부금 접수처 중 아홉 군데가 금융산업의 선도기업들이었다. 골드만삭스에서 씨티그룹을 거쳐 UBS에 이르기까지 모두가 여섯 자리 금액을 기부했다.[117] 그밖에 차기 대선을 향한 경선에서 수많은 헤지펀드 소유주들이 선거자금 지원에서 선두를 달리고 있다. 뉴욕 전 시장이자 공화당 경선 패배자인 루돌프 줄리아니Rudolph Giuliani는 엘리엇 어소시에이츠Elliot Associates 펀드의 창설자이자 70억 달러 관리인인 폴 싱어Paul Singer를 자신의 선거자금 조달책으로 임명했다. 힐러리 클린턴은 120억 달러짜리 펀드의 매니저인 리자 페리와 리처드 페리 부부를 영입했다. 힐러리의 상대인 버락 오바마는 헤지펀드 이튼 팍Eton Park의 회장인 에릭 민디치Eric Mindich와 골드만삭스 전 회장이면서 전 재무장관인 로버트 루빈의 아들이자 사모펀드 매니저인 제이미 루빈의 지원을 받고 있다. 2008년 2월까지 월스트리트 매니저들이 그에게 기부한 금액은 이미 530만 달러에 이르렀다.[118] 반대로 이 분야의 또 다른 거인인 SAC캐피털은 이러한 규제 문제를 다루는 부서에 자기 측 핵심 인물을 심기 위해서 은행위원회 위원장인 크리스토퍼 도드Christopher Dodd 상원의원의 선거자금을 지원하기 위해 최대 기금을 모았다.

민주주의의 이러한 금권정치적인 변종이 배경에 있기 때문에 금융 시스템에 필요한 새로운 규제에 관한 세계적인 논란은 수십년 동안 항상 동일한 양상으로 진행되고 있다. 먼저 유명한 경제학자와 감독기관은 위험 발생 가능성을 경고하면서 위기 시나리오를 제시한다. 그러면 몇몇 EU 장관이 종종 일본 동료의 지원을 받으면서 보다 엄격한 규칙을 요구하지만 워싱턴과 런던의 저항 때문에 실패한다. 결국 위기가 도래하면 '앵글로색슨' 측은 구두로 양보를 한다. 이렇게 해서 다양한 제안을 검토하는 위원회가 구성된다. 그러나 여기에서도 금융산업은 미국과 영국 측의 적절한 견제를 받아 결국 모든 제안은 자율적인 합의나 순전히 기계적인 개선으로 결론이 난다.

그렇기 때문에 국제위원회가 부족한 것이 아니다. 위원회들이 실질적인 변화를 이끌어낼 권한이 없을 뿐이다. 두드러진 사례가 금융안정포럼Financial Stability Forum(FSF)이다. 이 포럼은 1997~98년에 금융위기가 처음에는 아시아 네 나라를 흔들고 다음으로 러시아와 브라질을 흔들면서 수백만 명이 실업과 빈곤의 나락으로 떨어진 다음에 설립되었다. 이 위기는 메가펀드 LTCM을 곤경에 빠뜨렸으나, 결국 수십억 달러의 구제금융이 마지막 순간에 투입됨으로써 시스템 붕괴는 가까스로 막을 수 있었다. 당시 미국 대통령 빌 클린턴이 말한 바와 같이 30년대 '대공황 이후 최악의 금융위기'가 지나가고 G10으로 불리는 대규모 금융센터의 감독기관과 중앙은행, 재무부 대표들과 국제통화기금 및 세계은행의 대표들이 다음 위기를 예방하기 위해서 적어도 1년에 두 번씩 회동하고 있다. 그 후 규제받지 않는 헤지펀드와 역외 금융센터의 위험이나 파생금융상품의 위험성에 관한 수많은 보고서가 작성되었다. 따라서 2007년의 신용붕괴만큼 많이 경고를 받은 금융위기도 일찍이 없었던 셈이다.

이미 2006년 6월 경제학자들이 중앙은행들의 유명한 센터인 스위스 바젤에 있는 국제결제은행BIS에게 '신용시장의 취약성'에 대해 경고했다. BIS 전문가들은 특히 저당 잡힌 부동산담보신용이 위험요인이고 "신용평가기관들의 평가에 과도한 신뢰를 부여할 경우" 투자자들은 예상치 않게 큰 손실을 입을 위험이 있다고 보고했다. 국제통화기금의 경제학자들까지 몇 달 후에 도래할 연쇄반응을 2007년 4월 매우 정확하게 제시했을 정도로 누적된 위험에 관한 경고는 널리 이미 확산되어 있었다.[119] 그럼에도 불구하고 정부가 사육하는 FSF의 전문가들은 시장규율을 더 많이 요구하거나 은행들에게 '상대방 위험'을 검증하도록 경고하는 것이 고작이었다. 은행감독기관과 증권 및 보험감독기관, 그리고 두 달에 한번씩 바젤에서 회동하는 중앙은행 담당자들로 구성된 공동포럼인 바젤은행감독위원회도 마찬가지였다.

이들 위원회는 모두 여론을 배제한 채 협상하고 인적으로 금융산업과 유착되어 있다는 공통점을 가지고 있다. 가령 금융안정포럼의 회장인 이탈리아 중앙은행 총재 마리오 드라기Mario Draghi는 총재직에 취임하기 전에 골드만삭스의 주주였다. 반대로 오랫동안 BIS 총재를 지낸 앤드루 크로켓Andrew Crockett은 오늘날 금융거인 JP 모건 체이스를 위해 일한다. 예전에 모든 중앙은행의 비공식 대변인이었던 그는 최상의 인맥을 가지고 있으며, 세계 어디에서도 너무 강화된 규칙이 제정되지 않도록 통제할 수 있다. 미국 중앙은행시스템에서 감독을 담당하고 있는 연방준비제도이사회 뉴욕 지사의 두 전직 지사장도 오늘날에는 자신들이 예전에 통제해야 했던 기관들에서 일하고 있다. 1993년까지 연준 뉴욕 지사에서 근무한 제럴드 코리건Gerald Corrigan은 그 이후 골드만삭스의 감독위원회에 속해 있다. 그곳에서 그는 오랫동안 유럽중앙은행의 수석 이코노미스트였던 오트마 이싱Otmar Issing을 만났다. 코리건의 후임 윌리엄 맥도너William McDonough는 지금 월스트리트의 3인자인 메릴린치를 위해 일하고 있다. 도이체방크는 독일에서 가장 강력했던 은행감독관을 영입했다. 2007년까지 연방금융서비스감독청 은행부장이었던 헬무트 바우어는 이제 예전에 자신의 규제 대상이었던 은행을 위해서 그 자신을 위해 특별히 신설된 '감독업무'를 이끌고 있다. 그의 상관이었던 카이오 코흐베저Caio Koch-Weser도 그를 돕고 있는데, 코흐베저는 재무부 차관직에서 독일 최대은행으로 직장을 옮겼다. 그리고 나서 도이체방크는 곧바로 미국 중앙은행의 전 의장 앨런 그린스펀마저 영입했다. 게다가 코흐베저의 전직 동료이자 총리실 차관이었던 한스마르틴 부리Hans-Martin Bury는 월스트리트의 리먼브러더스를 위해서 독일에서 동분서주하고 있다. 그린스펀 밑에서 부의장을 지낸 로저 퍼거슨은 보험 콘체른인 스위스 레Swiss Re로 직장을 옮겨 자본시장에서 위험부담이 큰 보험의 판매를 관장하고 있다. 그는 과거에는 민간가계와 투자자들에게 위험을 전가시키는 것에 대해 끊임없이 경고했던 인물이다. 이밖에도 이러한 사람들의 예는 얼마든지 들 수 있다. 이들은 금융계의 주인들이 규제에 나설 것을 대비해서 설치해 놓은 인간방패인 셈이다.[120]

이런 이유 때문에도 전 세계 금융시장이 붕괴하면서 초래할 재앙이 가져올 커다란 위험에 관한 세계적인 논의는 기후대책이 90년대 초에 제자리를 맴돌던 그때와 같은 상태이다. 당시와 마찬가지로 책임 있는 사람들은 근본적인 시스템 개혁에 협조하는 대신 다시 한 번 단순한 교체정책을 추구하고 있다. 2007년의 금융위기를 치르고 나서도 여전하다. 독일 재무장관 슈타인브뤽이 에둘러서 표현했듯이 '앵글로색슨권'에 대해 배려하기 위해 금융감독자와 장관들은 미국 재무장관 폴슨과 그의 영국 동료 앨리스테어 달링이 일찌감치 표현했던 바와 같이 '투명성'을 좀더 높이고 '국제협력'을 더욱 강화하는 것을 촉구하기로 합의하는 선에서 그쳤다.[121] 신용평가기관들은 자신들의 평가방법을 공개해야 하고 투자은행의 금융 연금술사들은 파생금융상품을 보다 분명하게 평가해야 한다는 정도였다. 수많은 위기대책회의에도 불구하고 그 이상은 나오지 않았다. 참으로 기이한 결과이다. 그 까닭은 시장의 투명성과는 상관없이, 아무리 많이 논의한다 해도 기존의 구조불량이 달라질 수는 없기 때문이다. 은행가와 펀드전략가들은 개인적인 악의에서 위험을 노출시키지 못하는 것이 아니라 그들이 활동하는 시장이 이를 요구하기 때문에 그렇게 한다. 은행의 수수료 수입뿐만 아니라 그 직원들과 펀드매니저들의 보너스 지급도 무엇보다도 매출규모, 즉 발행된 유가증권이나 제공된 신용과 거래량을 기준으로 이루어진다. 이로부터 발생하는 위험의 대부분을 일반인과 익명의 주주에게 전가하는 것이 가능한 환경에서는 최고의 위험을 안고 최대량을 투입하는 것이 합리적이다. 모든 일이 잘 되면 그들은 거액의 보너스를 받는다. 잘 안되면 다른 사람들이 대가를 치르며, 최악의 경우에도 펀드매니저들은 새로운 일자리를 구하면 된다. 이러한 과정에 동참하지 않는 사람은 금방 패자로 남게 된다.

이렇듯 잘못된 요인으로 인해 생겨나는 의식구조를 가장 잘 보여주는 사례가 실패한 씨티그룹 회장 찰스 프린스가 신용 붐의 위험에 관한 질문에 답하면서 던진 말이다. 그는 자신의 콘체른에 250억 달러의 적자가 발생하기 6개월 전에 "[신용 패키지를 위한] 유동성이라는 의미에서 음악이 멈춰지면 일이 어려워진다. 그러나 음악이 계속되는 동안에는 같이 춤을 추어야 한다. 어쨌든 우리는 아직 춤을 추고 있다"고 대답했다.[122] 프린스는 자신이 잘못 내린 결정에 대해 지금도 후회할 필요는 없다. 콘체른은 그에게 4,000만 달러의 스톡옵션을 고별선물로 주었다. 프린스의 동료이며 황금 낙하산을 타고 메릴린치에 들어가 근무한 스탠 오닐Stan O'Neal은 수십억의 손실을 끼쳤음에도 불구하고 1억 4,000만 달러의 보수를 받았다.

그러므로 장차 금융재앙을 막으려 한다면 사업규칙을 근본적으로 바꿔야 한다. 각국 정부가 국민들을 보호하고 금융산업의 과도한 비중을 줄이고자 한다면 대차대조표 안에서든 밖에서든, 또는 은행이든 펀드회사든 상관없이 앞으로는 은행업이 사전에 규정된 자기자본 완충장치를 벗어나는 것을 원칙적으로 막아야 한다. 파생금융상품, 즉 위험을 타인에게 떠넘기는 이 상품을 정부가 규제하고 주식시장을 통해서만 거래하도록 하는 것도 한 가지 방안이 될 수 있다. 여기에서는 모든 행위자들이 은행과 같은 규제를 받아 자기자본 비율을 지키도록 해야 한다. 그러면 과도한 위험에 대해서는 자동적으로 비싼 비용이 발생해 제동장치가 작동할 것이고, 자기 자금을 제공하는 데 따르는 위험을 인식하게 될 것이다.

이에 못지 않게 긴급한 것은 역외 센터를 정비하고, 그럼으로써 헤지펀드를 감독 하에 두는 일이다. 이들 섬島의 대부분은 반半국영이고 준準주권을 가지고 있다. 이들이 금융회사들에게 적은 수수료를 받고 과세와 감독을 면제시켜 주는 일은 사실 해당 금융기관들이 실제로 영업을 하고 있는 모든 나라들이 선의에서 용인해 주고 있기 때문에 존재할 수 있는 것이다.(4장의 '세금기생족' 참조) 순전히 물리적인 의미에서 조세 피난처란 뉴욕이나 도쿄, 프랑크푸르트에 소재하는 금융산업의 데이터 저장소 자체가 치외법권에 속한다는 뜻이다. 그러므로 복지국가의 정부들은 당장이라도 "자국의 은행과 보험회사들이 이들 섬나라에 의미적으로만 법률상의 본사를 두고 정부의 감독을 피할 경우 신용 제공을 금지하면 된다." '맹수자본주의'를 제어할 수 있는 이러한 방법은 헬무트 슈미트Helmut Schmidt 독일 전 총리가 제안한 것이다. 그는 세계화 비판자들이 이미 90년대 중반부터 제기하고 있었던 요구를 인정한 셈이다.[123]

마지막으로 은행과 펀드의 경영진에 대한 급여체계를 규제하는 것도 필요하다. 가령 국제통화기금의 수석 이코노미스트였던 라구람 라잔Raghuram Rajan은 모든 특별급여는 10년까지 미뤄야 할 뿐만 아니라 그들이 한 일이 실제로 가치증식에 기여한 것이 입증되어야 한다는 조건을 붙이자고 주장하고 있다. 이는 분명 과도한 개입이 되겠지만 은행이 가지고 있는 특수한 위상을 고려할 때 정당화될 수 있다고 본다. 그 까닭은 무슨 일이 있어도 중간규모의 은행이라도 파산하는 것을 감당할 수 있는 나라는 이 세상에 없을 것이기 때문이다. 그렇지 않으면 세금이나 중앙은행의 신용으로 청산하는 것보다 훨씬 더 값비싼 대가를 치러야 한다. 그렇기 때문에 〈파이낸셜타임스〉의 수석 이코노미스트인 마틴 울프Martin Wolf는 급여 규제에 대한 이와 같은 요구를 다음과 같은 설명으로 보충하고 있다. "그러한 개입은 끔찍한 일이겠지만 위기가 무한히 반복되는 것은 그보다 더 끔찍한 일이다."[124]

그렇지만 미국 재무장관 폴슨이나 유럽과 일본에 있는 그의 동료들은 세계적인 카지노가 안고 있는 위험의 강도를 줄이는 그러한 효과적인 조치를 취하기보다는 모든 참여자들이, 즉 다른 사람들이 어떤 식으로 돈을 잃는지 더 잘 알게 해주는 것으로 만족해할 뿐이다. 프랑스 경제학자이자 유럽 싱크탱크 브뤼겔Bruegel의 소장인 장 피사니페리Jean PisanißFerry는 이것을 항해에 비유하면서 다음과 같이 표현했다. "시장 행위자들에게 빙산으로 덮인 바다를 안전하게 피해서 항해하라고 경고만 할 것이 아니라, 모든 행위자에게 일기예보 현황과 레이더 기술을 제공하는 것이 필요하다."[125]

그렇지만 세계화된 금권통치자들이 금융시장의 새로운 규제에 반대하는 거부권을 앞으로도 오랫동안 행사할 수 있을지는 의문이다. 금융시스템을 개혁하라는 압력은 거스를 수 없을 정도로 커질 것이기 때문이다. 2007~2008년의 신용위기는 사실 예측 가능한 최상의 조건 하에서 진행되었다. 세계경제는 호황을 누리고 있었고 신흥공업대국들은 거의 그 영향을 받지 않았으며, 또한 위기를 촉발한 당사자들은 전 세계 자본시장 규모에 비해 우스울 정도로 작았다. 미국 부동산담보채권시장의 10분의 1 정도만이 불량인 것으로 파악된 것이다. 그렇지만 이것만으로도 중앙은행과 감독 당국이 대량의 공적 자금을 투입한 뒤에야 힘겹게 해결할 수 있었을 정도로 세계적인 충격파는 컸다. 그러나 만약 훨씬 큰 충격이 과도하게 팽창한 통화량과 과잉부채로 이루어진 전 세계의 모래성을 흔든다면 무슨 일이 벌어질까? 이는 결코 이론적으로만 제기되는 질문이 아니다. 이미 수년 전부터 세계의 거의 모든 저명한 경제학자와 금융전문가들은 전 세계 자본흐름을 오도할 또 다른 위협에 대해 경고하고 있다. 이 위협에 비하면 부동산담보대출 거품은 사소한 것에 지나지 않는다. 미국 경제가 나머지 세계에 갚아야 할 채무가 계속적으로 증가하는 현상과 달러의 과잉공급이 바로 그 위협이다. 이 지구상에서 미국의 지배적인 지위를 뒷받침해 주는 이 주춧돌이 일단 흔들리게 되면 세계금융시스템의 개혁은 불가피하게 된다. 그리고 미국 정부만큼 그 개혁에 큰 영향을 받을 정부도 없게 될 것이다.

달러 폭탄

2007년 9월 세 번째 주에 미국 중앙은행 당국자들은 전혀 새로운 경험을 했다. 연방준비제도이사회 벤 버냉키 의장과 그의 동료들은 부동산담보대출의 위기가 어떻게 가속화되는지를 수주에 걸쳐 추적했다. 손실은 갈수록 커졌고 갈수록 많은 미국인들이 빚을 갚을 수 없게 되어 집을 잃었다. 지난 모든 위기 때와 마찬가지로 금융부문과 이들의 학술적인 조연들은 미국 경제를 경기침체로부터 방어하기 위해서 중앙은행이 이자율을 낮추어야 한다고 압력을 가했다. 헤지펀드 매니저이면서 CNBC 텔레비전 방송에서 자기 프로를 가지고 있는 영향력 있는 저널리스트인 짐 크래머Jim Cramer는 월스트리트를 대변하면서 "연준이 잠자고 있다. 그 의장은 밖에서 얼마나 끔찍한 일이 벌어지고 있는지 전혀 알지 못한다"고 말했다.[126] 당시는 중앙은행이 이자율을 낮추면 금융시스템에 더 많은 돈이 흘러 들어갈 것이고 그러면 혼란을 초래한 자들까지도 지원해 주는 결과가 될 것이라는 사실을 잘 알기 때문에 버냉키는 망설이고 있었다.

그렇지만 9월 18일 버냉키가 여타 연준 이사들과 회동하여 월레이자율협의를 할 때 수요 침체와 실업률 상승에 대한 두려움이 그들을 압도했다. 이들 달러 수호자들은 은행에 대한 일일대출 이자율을 0.5퍼센트 더 낮추었다. 0.5퍼센트는 적은 것 같지만, 그 후 수개월이 지나게 되면 수십억 달러를 추가로 시장에 퍼붓고 이자율까지 내려간 덕분에 추가 사업이 가능해지게 된다. 대부분의 시장행위자들은 바로 이러한 식의 처방을 금과옥조처럼 떠받들고 있으며 또한 그것만으로도 만족해한다. 사실 그들이 기대했던 효과의 일부는 즉각적으로 나타났다. 주가가 가파르게 상승한 것이다.

그러나 그 뒤 주식시장의 전광판에 예기치 않은 상황이 나타났다. 불과 며칠 사이에 달러 환율이 4퍼센트 하락했고 1달러의 가치는 70유로센트로 떨어졌다. 뿐만 아니라 10년 및 30년 만기 국채 가격이 동시에 바닥으로 떨어졌다. 이와 정반대로 국고나 그러한 장기채권을 판매하는 채무자가 지급해야 하는 이자는 상승했다. 이 분야 전문가들은 충격에 휩싸였다. 연준은 하루나 일주일 대출에 적용되는 이자를 낮추었으나 그럼에도 불구하고 주택이나 공장과 같은 장기투자에 필요한 신용은 비싸졌다. 부동산담보 채무자의 부담을 경감시켜 준 것이 아니라 정반대 결과가 초래되었다. 연방준비제도이사회의 결정이 오히려 변동금리부 부동산대출을 비싸게 만들었던 것이다. 무슨 일이 일어난 걸까? 연준의 버냉키 의장뿐만 아니라 폴슨 재무장관은 어떤 언급도 피했는데 여기에는 그만한 이유가 있었다. 해명 자체가 너무나 불편한 일이고 또 너무나 위험했기 때문이다. 이에 대해 세계의 금고 역할을 하는 영국의 중앙기관지인 〈파이낸셜 타임스〉가 불평을 늘어놓았다. 이 신문은 적극적인 금리인하와 그에 따른 환율하락은 전 세계 투자자들에게 '인플레이션의 회귀' 라는 진짜 악몽을 연상시켰다고 썼다.[127] 그렇기 때문에 달러 투자에 대한 수요가 감소한다는 것이다. 그리고 월스트리트의 중개업체 제프리스Jefferies에서 유가증권 거래의 베테랑인 톰 디 갈로마Tom di Galoma가 한 말에 따르면 "우리 국채의 대부분은 외국인이 보유하고 있는데 이제는 그들이 매도할 우려가 있다."

그리하여 미국의 세계조종자들은 신용위기의 한복판에서 미국 경제와 세계 경제가 극도로 취약해졌다는 사실을 불편하게나마 인식하지 않을 수 없었다. 미국 중앙은행 이사들은 이제 더 이상 세계 기축통화의 가치는 물론 미국 경제의 신용공급을 좌지우지하는 유일한 지배자가 아니었다. 이들이 통화 수도꼭지를 너무 많이 열면 달러 평가절하와 이자율 상승은 통제 불가능해진다. 그 원인은 지난 10년 동안 미국 경제의 해외자본유입 의존도가 폭발적으로 증가했기 때문이다.(2장의 '미카도의 세계' 참조) 2006년에만도 외국 중앙은행과 투자자들은 미국 기업과 시민이 해외에 투자한 것보다 8,330억 달러 많은 유가증권과 기업지분을 매입했다. 이 초과금액 덕분에 미국 시민들은 자신들이 생산한 것보다 훨씬 더 많은 재화와 용역을 소비할 수 있었다. 2006년 미국 국내 총생산의 6.2퍼센트가 외국인 투자자들에 의한 것이었는데, 이는 미국 달러화의 안정성을 신뢰하고 미국의 유가증권과 기업에 투자할 의향이 있었기 때문에 가능했다.

미국의 이러한 이른바 경상수지 적자는 기본적으로 오래된 현상이며 세계 기축통화의 원산국에게는 거의 불가피한 현상이다. 세계 무역거래와 금융거래의 거의 대부분이 달러로 결제될 뿐만 아니라 불안정한 통화를 가진 많은 나라의 사람들이 오래 전부터 달러화로 저축하기 때문에, 미국 발권은행은 미국 실물경제의 대응가치가 허용하는 것보다 훨씬 더 많은 양의 달러화를 인쇄된 형태로든 전자적 형태로든 유통시킬 수 있는 것이다. 그러므로 미국은 수출하는 것보다 거의 자동적으로 더 많이 수입할 수 있다. 뉴욕대학의 경제학자이자 통화전문가인 브래드 셋서Brad Setser가 표현한 바와 같이 "외국인들은 우리에게 자신들의 상품을 공급해 주고 그 대가로 우리들의 죽은 대통령 사진이 찍혀 있는 종이를 받아간다."

더욱이 그에 따른 미국의 대외채무는 다른 적자국들과는 달리 외환이 아니라 자기 통화로 이루어진다. 달러 환율이 하락하면 그것은 미국에게는 또 다른 이점이 된다. 자동적으로 채무가 감소하기 때문이다. 어쨌든 다른 통화에 대해 상대적으로 그러하다. 프랑스 전직 대통령 샤를 드 골이 화가 나서 언젠가 말했듯이 이것은 지나친 특권이다. 이 특권이 얼마나 엄청나게 가치가 있는지는 미국의 채무결산표에서 읽을 수 있다. 2006년 총액으로 미국의 적자는 8,330억 달러 증가했다. 그러나 미국의 해외투자를 정산한 순 규모로는 적자가 3,000억 달러만 증가했다. 이 차이는 외국통화의 가치상승과 그에 따른 유가증권 가격 상승 때문이다. 이렇게 해서 미국은 같은 해에 덴마크와 핀란드가 소비한 것보다 더 많은 상품과 서비스를 선물로 받을 수 있었다.

이러한 메커니즘 덕분에 미국의 통화정책은 리처드 닉슨 정부의 재무장관을 지낸 존 코널리John Connally가 1971년에 유럽 재무장관들에게 제시한 다음 사항을 수십년 동안 따를 수 있었다. "달러화는 비록 우리 통화이지만 당신들 문제이다." 미국 연방준비제도이사회 의장과 재무장관은 언제나 통화정책을 오로지 미국 국내경제의 필요에만 맞추었다. 경기가 하강하면 그들은 통화발행량을 늘려 전 세계 물자 공급국들이 그로 인해 심각한 손해를 입을지라도 달러화 평가절하를 단행했다. 인플레이션 위험이 나타나면, 대외채무가 있는 수많은 개발도상국들을 몰락시킬지라도 그들은 이자율과 달러 환율을 상승시킨다. 기축통화로서 달러의 위상에는 아무런 변화가 없는 것이다. 이는 정반대로 어떠한 위기가 발생하든 갈수록 많은 투자자들을 '안전한 항구'로 여기고 있는 미국 자본시장으로 몰아넣게 한다.

그렇지만 21세기로 접어들면서 달러 헤게모니는 무너지기 시작했고 완전히 붕괴될 위험에까지 놓여 있다. 달러화 수호자들은 지나치게 차입했고 이들의 부채기계는 뜨겁게 돌아가고 있으며 워싱턴의 달러전략은 통제력을 잃었다. 이에 대한 책임은 누구보다도 왕관만 쓰지 않았을 뿐 신화적인 제왕이나 다름 없는 앨런 그린스펀에게 있다. 2001년 당시 연방준비제도이사회 의장인 그가 마이너스 금리로 미국 경제를 다시 부양했을 때 미국의 최대 교역 상대국들이 온 힘을 다해 달러화의 평가절하에 저항할 것이라는 점을 예상치 못했다. 베이징의 국가자본주의자들은 환율 안정만큼 자국의 고속성장을 유지시켜 줄 도구는 없다는 사실을 일찌감치 깨달았다. 국민경제의 절반 이상을 대외무역에 의존하는 곳에서 고정환율은 기업들에게 장기적인 회계 및 투자 안정성을 보장해 준다. 오늘날의 부국은 물론 한국과 대만 같은 신흥공업국들도 한때는 그렇게 행동했다. 2차대전 후 독일과 일본의 경제기적도 대부분 1973년까지 유지된 서방세계의 고정환율체제 덕분이었다.

바로 이러한 사례를 따르면서 중국의 중앙은행도 1995년부터 철저하게 안정적인 달러환율을 고수하고 있다. 미국 통화가 나머지 세계에서는 어떻게 거래되든 상관없이 그렇게 하고 있는 것이다. 아시아의 다른 신흥공업국 정부들과는 반대로 중국의 경제조정자들은 외국과의 자유로운 자본거래도 허용하지 않고 있다. 비교적 큰 규모의 자본수출입은 정부 허락을 받아야 한다. 그렇기 때문에 태국이나 인도네시아와 한국에 그처럼 파괴적인 손실을 입혔던 금융위기도 중국은 비켜갔다. 미국의 전직 재무장관 로버트 루빈은 1999년 베이징 여행을 하면서 중국이 위기의 한복판에서도 '안전한 피난처'로 남아 있었음을 극구 칭찬했다. 베이징의 중앙은행 당국자들은 태국에서 일본에 이르는 모든 경쟁국들의 통화가치가 하락하고, 그럼으로써 중국의 수출상품이 상대적으로 비싸졌지만 위안화를 평가절하하지 않았던 것이다.

중국 조정자본주의의 대가들은 달러 제왕 그린스펀이 2001년 저금리를 통해 미국 통화의 가치하락을 유도했을 때도 이 원칙을 고수했다. 위안화 환율을 유지하기 위해서 중국 중앙은행은 무역과 외국인 직접투자를 통해서 중국으로 들어오는 모든 달러를 위안화와 교환함과 동시에 이 달러를 미국 국채와 여타 안전한 채권에 투자하기 시작했다. 이는 소규모로 시작했지만 금방 급물살을 탔다. 미국 은행들이 달러화를 많이 유통시킬수록 더 많은 금액이 중국으로 흘러 들어갔는데, 이제 이에 필요한 재원은—고정환율 때문에—낮은 미국 금리로도 조달될 수 있었다. 이렇게 해서 그린스펀의 경기부양 프로그램은 간접적으로 중국의 생산용량도 확장시켰다. 그에 따라 중국의 대미 무역흑자와 외환 보유고는 증가했다.

이것이 전부가 아니었다. 중국의 경쟁은 일본에서부터 인도에 이르는 다른 모든 아시아 경제강국들에게 자국 통화가 평가절상되지 않도록 보호하기 위해서 수년에 걸쳐 수백억 달러를 사들이도록 부추겼다. 같은 시기에 유가상승과 함께 산유국들의 수입도 급격하게 증가했다. 석유는 달러 가격으로 거래되기 때문에 페르시아 만의 석유수출국들은 통화를 달러화에 연동시켜 놓고 있다. 그에 따라 그들의 달러자산은 폭발적으로 증가했다. 대부분의 개발도상국들도 같은 시기에 동일한 노선을 택했기 때문에 그 상승폭은 더욱 증가했다. 이들 나라 대부분은 무역상대이면서 신용제공자인 부유한 선진국의 압력을 받아 그 사이에 자본거래를 자유화했다. 그러나 해외 채권자들이 모든 단기신용의 상환을 요구하자 외환부족 때문에 갑자기 지불능력이 없어진 아시아 국가들에서 발생한 1998년의 위기상황은 아직도 기억에 생생하게 남아 있다. 그래서 최빈국에서도 중앙은행 당국자들은 중국의 모범을 따라서 달러를 대량으로 확보하기 시작했다.

그 결과는 엄청났다. 자본흐름이 급증하게 되었다. 더 이상 부자 나라들이 가난한 나라들에 투자하는 것이 아니라 정반대로 가난한 나라들이 부자 나라들에게 신용을 제공하고, 그리하여 자국 수출상품 구매자들에게 자금을 조달해 주고 있다. 한때 남미에서 악명 높았던 과잉채무국들조차 어느덧 더 이상 채무국이 아니라 선진국에 대한 순채권국이 되었다. 그리하여 전 세계에서 몰려드는 달러 구매자들이 미국 국채를 매입함으로써 미국 자본시장에서 금리를 누르고, 미국 국민들에게 원래 감당할 수 있는 것보다 더 많이 소비하고 더 많은 집을 짓도록 부추겼다. 그러므로 〈파이낸셜 타임스〉의 판단에 따르면 2007년의 신용위기는 "금융시스템에 결함이 있다는 징후일 뿐만 아니라 세계경제 불균형의 징조이기도 하다."[128] 위기가 전혀 없어도 이 불공정한 금융질서는 궁핍과 빈곤을 초래한다. 빈곤국들은 그렇지 않아도 부족한 재원을 자신들의 국민의 행복을 위해서 교육, 보건, 교통망 개선에 투자하지 못하고 이미 낡아버린 세계금융 시스템으로부터 자신들을 보호하기 위해서 달러채권을 사들여야 하며, 그럼으로써 미국이 저금리로 과소비하는 것을 가능케 한 것이다. 외환보유만으로도 개발도상국과 신흥공업국은 매년 국민 총생산의 1퍼센트를 비용으로 지불해야 한다고 하버드 대학의 개발경제학자 대니 로드릭Dani Rodrik은 계산하고 있다. 로드릭의 계산에 따르면 이는 '빈곤퇴치를 위해 가장 규모가 큰 프로젝트에 필요한' 지출의 몇 배에 달한다. 이에 로드릭은 "개발도상국은 금융 세계화를 위해서 높은 대가를 지불하고 있다"고 진단한다.[129]

경제전문용어로 이른바 '세계 불균형'의 원인에 대해서는 중앙은행 전문가들과 경제학자들이 수년 전부터 격렬한 논쟁을 벌이고 있다. 뉴욕대학의 거시경제학자 누리엘 루비니를 선두로 하는 일군의 학자들은 미국에 책임이 있다고 주장한다. 미국은 국가와 국민이 자신들의 형편 이상으로 살기 때문에 소비에 필요한 재원을 조달하기 위해서는 갈수록 많은 빚을 질 수밖에 없다는 것이다. 그에 필요한 채권을 세계시장에서 판매하여 전 세계 저축의 4분의 3을 흡수하고 미국을 채무함정에 빠뜨린다고 루비니는 주장한다. 또는 스타 경제학자이자 〈뉴욕타임스〉칼럼니스트인 폴 크루그먼Paul Krugman이 말하듯이 "우리는 수입된 석유 만큼이나 수입된 자금에 중독되어 있다."[130]

반면에 벤 버냉키와 미국 보수주의자들은 아시아와 중동의 흑자국에 책임이 있다고 주장한다. 이들이 자국에 너무 적게 투자하고 그곳의 금융시장이 충분한 투자기회를 제공하지 못하기 때문에 '세계적인 저축 홍수'가 발생하고 이 홍수가 미국 시장으로 흘러 들어온다고 버냉키는 생각한다.[131] 이들과는 다른 제3그룹은 도이체방크 이코노미스트인 미하엘 둘리Michael Dooley와 데이비드 폴커츠랜드David Folkerts-Landau 의 논리를 지지한다. 이들은 모든 신흥공업국이 일종의 제2의 브레튼우즈 시스템, 즉 미국과 서방 동맹국들이 1946~1973년 동안 유지했던 고정환율제를 창출했기 때문에 불균형이 발생했다고 주장하는 것이다. 이로 인해 발생하는 대규모 달러 유보금과 이의 평가절하로 인한 가치손실은 무시될 수 있다고 한다. 어쨌든 신흥공업국들은 그 대가로 안정을 얻을 수 있고 국제기업들의 투자를 끌어들일 수 있었다는 것이다.[132]

아마도 이들 세 가지 설명은 모두 진실의 일부를 포함하고 있을 것이다. 그러나 무엇이 이 위험한 불균형의 원인이든 상관없이 모든 학설과 모든 나라의 전문가와 금융정책가들의 의견이 일치하는 한 가지 사실이 있다. 나머지 세계의 희생 위에서 이루어지는 미국의 과소비는 미래가 없다는 점이다. 조만간 미국으로 들어가는 자본유입은 중단될 것이고 미국 경제는 힘겨운 하향 적응국면에 들어설 것이다. 이 과정이 수년에 걸친 장기간으로 분산된다면 그 결과는 불편하긴 하겠지만 통제 가능할 것이다. 미국 기업들은 자신들의 생산을 높이고 가격이 상승하는 수입품을 대체하는 한편, 다시 더 많이 수출할 시간을 벌 수 있을 것이다. 대미 공급자들도 마찬가지로 순응할 수 있을 것이다. 가령 중국은 임금상승을 통해 내수를 진작시킬 수 있을 것이고 그러면 수출을 덜 해도 될 것이다. 독일과 일본도 마찬가지이다. 그러나—자본시장에서 종종 그러하듯이—자본관리인들이 몇 주 또는 몇 달 사이에 달러를 대폭 평가절하한다면 무슨 일이 일어날 것인가? 전 세계적으로 기축통화인 달러에 대한 신뢰가 갑자기 무너지고 미국이 문자 그대로 신용을 잃어버리는 상황도 발생할 수 있을까?

버클리 소재 캘리포니아 대학 경제학자 배리 에이켄그린Barry Eichengreen은 반평생 동안 국제금융구조와 그 위기에 대해 연구했고 이에 관해 여러 권의 책도 펴냈다. 그러나 이 질문에 대해서는 그도 명확한 답을 제시하지 못하고 있다. 에이켄그린은 "근대 역사에서 그러한 상황은 없었다. 예전에는 세계의 보유통화로 제공하는 최대 국민경제가 이만큼 국제수지 적자를 기록한 적이 없었다. 우리는 미지의 영역에 들어서 있다"고 말한다. 그렇기 때문에 그 자신도 '진지한 예측'을 할 수 없다고 한다. 그럼에도 불구하고 다만 한 가지만은 분명하다고 56세의 이 통화전문가는 말한다. "이 상황이 오래 지속될수록 더욱 나쁜 결과가 나타날 확률이 높아진다."[133] 그가 이 말을 한 것은 2006년 8월이었다. 유로화와 다른 거래통화에 대한 달러가치가 하락했음에도 불구하고 상황이 달라진 것은 거의 없다.

2007년에도 미국의 부채는 다시 7,110억 달러 증가했는데 이 중 4분의 3은 외국 중앙은행들이 조달해 주었으며 중국 혼자서만 3,000억 달러를 제공했다. 따라서 경고음이 갈수록 다급하게 울리고 있었다. IMF나 바젤의 국제결제은행, 유럽중앙은행 등 3대 국제기관이 똑같이 다가오는 달러위기에 대처하는 정책조치를 촉구했다. IMF는 벌써 5년 연속 그러했다. 세계적 불균형의 규모는 "세계 경제와 정치에 가장 큰 도전

의 하나이며 엄청난 위험을 내포하고 있다”고 유럽중앙은행 전문가들도 주장했다.[134]

2003년까지 국제통화기금 수석 이코노미스트였던 케네스 로고프Kenneth Rogoff의 말은 더욱 명확하다. “무엇보다도 지불 요구가 매우 빨라지는 것이 본질적인 위험이다.” 게다가 “달러화는 돌처럼 떨어질 것이고 금리는 로케트처럼 상승할 것이다.” 환율이 40퍼센트까지 하락할 것으로 예상된다고 오늘날 하버드 대학 교수인 로고프는 경고한다.[135]

그 결과는 참담할 것이다. 휘발유에서부터 전기기기에 이르기까지 모든 종류의 수입재가 엄청나게 비싸질 것이기 때문에 미국의 저소득층은 한동안 거의 빈민으로 전락할 것이다. 클린턴 행정부에서 재무장관으로서 한동안 달러제국을 조종했던 로렌스 서머스Lawrence Summers는 달러화가 폭락할 경우 ‘몇 가지 악순환’이 발생할 것으로 예상한다. 수요격감으로 인해 먼저 자동적으로 경기침체와 경제위축이 발생할 것이다. 그 결과 재정적자가 급속히 증가할 것이고 마찬가지로 실업도 증가할 것이다. 이어서 해외 채권자들이 높은 위험 프리미엄, 즉 높은 금리를 요구할 것이기 때문에 미국 경제에게 채무상환이 처음으로 심각한 부담이 될 것이다. 그럼으로써 미국 경제에 대한 전 세계의 신뢰가 사라질 것이다. 그러한 경우에 연방준비제도이사회는 어려운 딜레마에 봉착할 것이라고 서머스는 경고한다.[136] 경기를 살리기 위해서 연방준비제도이사회는 금리를 크게 낮추어 더 많은 달러를 유통시킬 수도 있다. 그러면 외국인 채권자들은 본격적으로 자본을 철수할 것이고 환율은 더욱 하락할 것이다. 따라서 달러화를 강화시키려면 연방준비제도이사회 이사들이 금리를 인상해야 할 것이다. 그러나 이는 위기를 더욱 심화시킬 뿐이다.

그렇지만 버냉키나 그 후임자가 그러한 위기상황에서 어떤 결정을 내리든 상관없이 급속한 달러폭락은 불가피하게 세계 경제의 붕괴를 초래할 것이다. 개발도상국들이 또다시 가장 큰 타격을 입을 것이다. 한편으로는 그들이 원료 및 농산물을 수출해서 벌어들이는 수입이 감소할 것이고, 다른 한편으로는 달러금리 상승 때문에 더 많은 채무를 상환해야 할 것이다. 동시에 자본시장의 무정부상태는 그 원인 제공자에게도 커다란 타격을 줄 것이다. 마침내 전 세계 달러 표시 유가증권의 절반가량이 추방될 것이다. 만약 달러가 예상보다 심각하게 쇠락하면 딜러와 자산관리인들은 패닉 상태에서 달러채권을 시장에 내던질 것이다. 그러면 은행과 펀드들이 곧바로 파산할 것이고 세계 생산사슬과 자본참여의 전체 구조가 무너질 것이다. 늦어도 그때가 되면 경제위기는 정치적으로도 더 이상 통제할 수 없게 된다. 이렇게 되면 형형색색의 반세계화론자들이 많은 나라에서 권력을 장악할 것이고, 뒤이어 봉쇄경제가 추구되었던 20세기 30년대 세계경제공황 당시와 유사하게 세계무역 및 금융시스템이 붕괴될 것이다.

결산의 날이 온다

이러한 시나리오에서 좋은 점이 있다면 그것은 세계 어느 나라도 그렇게까지 되기를 원치 않는다는 점이다. 달러폭탄은 장전이 되어 있지만 누구도 그것을 고의로 점화하지는 않을 것이다. 중국이든, 일본이든,

사우디아라비아든 어느 대형 중앙은행도 자신들이 보유한 수조 달러를 시장에 내던져 스스로 폭락을 자초하지는 않을 것이다. 그렇게 하면 자신에게 손해될 뿐이다. 외환보유 가치가 하락하고 주요 판매시장이 약화될 것이기 때문이다. 반면에 현재 상태에서는 직접적인 해악이 나타날 명확한 조짐이 있는 것은 아니기 때문에 달러에 대한 갑작스러운 신뢰상실을 예방하기 위해 긴급한 조치가 취해지지도 않을 것이다. 그렇지만 이 신뢰상실은 언제라도 정치적인 사건이나 경제적인 상황 전개에 따라 촉발될 수 있다. 사우디아라비아에서 정권교체가 일어날 수도 있고 대만을 둘러싼 미국과 중국 사이의 갈등이 발생할 수도 있으며, 또는 달러 인플레이션이 갑자기 폭발하여 시장에 패닉을 불러올 수도 있다.

혹시 발생할지도 모르는 폭락의 근거를 제거하기 위해 유일하게 시도를 한 것은 2006년 가을 당시 국제통화기금IMF 총재였던 스페인의 로드리고 라토Rodrigo Rato였다. 그는 중요한 행위자들인 중국이나 일본, 사우디아라비아, 유로존 및 미국의 재무장관과 중앙은행 총재들에게 차관 및 부총재급의 공동실무단을 구성하도록 설득했다. IMF 전문가들이 먼저 각국과 개별적으로 면밀하게 논의한 다음, 이어서 세계통화위기에 책임 있는 인사들이 워싱턴에서 만나 세 차례 회의를 가졌다. 한 유럽 참석자에 따르면 "격렬하게 논의되었다. 그것은 외교관들의 협상이 아니었다." 그러나 그럼에도 불구하고 6개월 동안의 협의를 거쳐 나온 결과는 '공동책임'을 다짐하고 장밋빛 희망만 제시하는 구속력 없는 타협안뿐이었다. 즉, 미국은 더 많이 절약해야 하고 중국은 위안화를 평가절상해야 하며, 사우디는 더 많이 투자해야 하고 일본과 유럽은 수출을 줄이는 대신 자국에서 수요를 진작시켜야 한다는 것이다. 이 협상에 참석한 한 유럽 관료는 낙담하면서 "적어도 우리는 이제 모두 서로를 잘 알게 되었다"는 말로 위안을 삼았다. '논의한 것만으로도 만족해야 한다'는 구호에 충실한 회의였던 것이다.

이렇듯 논의가 지지부진한 원인은 미국 정부를 한편으로 하고 아시아 채권국들을 다른 한편으로 하는 양자가 서로 대립했기 때문이다. 이들은 누가 어떤 방식으로 국제금융시장 규칙을 결정할 것인지를 놓고 보이지 않게 권력투쟁을 벌였다. 여기에다 미국의 정치·경제 지도부는 자신은 아무것도 변화시키지 않겠다는 전제를 이미 설정해 놓고 있었다.

부시 행정부가 기후변화를 무시했던 것과 마찬가지로 미국 재무장관 폴슨 역시 금융체제에서 나타나고 있는 엄청난 불균형에도 불구하고 문제가 있다는 사실 자체를 부인하고 있다. 그는 "외국인들이 우리 국채를 보유하고 싶어하는 것은 긍정적"이라고 여러 차례 밝힌 바 있다. 그 덕분에 금리가 낮아지면 미국에게 유익하며 위험은 존재하지 않는다는 것이다. 미국의 극심한 무역적자에 대해 물으면 그는 중국과 그 이웃나라들에게 책임을 돌렸다. 2007년 2월 미국 상원 청문회에서 그는 위안화 환율을 자유화하도록 계속 압력을 가해야 한다고 밝혔다.[137] 그의 계산에 따르면 중국이 먼저 양보하면 다른 신흥공업국들도 평가절상할 수 있을 것이고, 그러면 미국의 적자는 천천히 감소할 것이다. 다른 말로 하자면 미국이 아니라 다른 모든 나라들이 적응해야 한다는 뜻이다.

그러나 베이징의 당국자들은 정반대로 생각하고 있다. 베이징에 있는 폴슨의 상대역은 중국의 정상급 경제학자 판강樊綱이다. 폴슨과 마찬가지로 미국 하버드 대학 졸업생인 이 55세의 엘리트 학자는 중국중앙은행위원회 위원이고 따라서 정권의 내부권력집단의 일원에 속한다. 그럼에도 불구하고 판강은 세계적인 금융참상에 대한 중국의 관점을 제시하는 데 조금도 주저하지 않았다. 이 문제에 관해 암스테르담에서 열린 회의에서 그는 "본질적인 문제는 인민화폐 위안의 과소평가가 아니라 달러화의 가치하락"이라고 말했다. 문제의 뿌리는 중국의 환율통제가 아니라 미국의 인플레이션 유발 통화정책이라는 것이다. 그러므로 달러화는 더 이상 세계금융체제의 안정된 닻이 되지 못한다고 판강은 솔직하게 말했다. 대안을 찾을 때가 되었다는 것이다. 판강에 따르면 "실제로 회원국의 개별이익에 좌우되지 않으면서 관리되고 모두에게 공동이익을 가져다주는 국제통화표준이 있어야 할 것이다."[138]

다가오는 세계위기에 대비한 세계통화는 어떠한가? 이것이 베이징 정부의 공식 입장이라면 중국은 세계적인 차원의 협력적 통치로 가는 길에서 이미 이른바 G8이라 불리는 다른 모든 나라들보다 훨씬 앞서 있는 셈이다. 이 중국인 전략가의 의견에 따르면 그러한 해결책이 실현되지 않는 것은 '우리 시대의 핵심문제'를 다시 한 번 노출시켜 주는 것일 뿐이다. 그것은 급속하게 세계화되는 세계에서 글로벌 거버넌스●가 존재하지 않는다는 절망적인 상황을 말한다. 판강의 요구는 달러라는 기축통화를 60년 동안 경험한 지금 결코 엉뚱하게 들리지는 않는다. 1944년 여름 세계공동체는 바로 이 문제에 대해서 이미 한 차례 협상한 적이 있다. 그 당시에 미국 뉴햄프셔 주 휴양지 브레튼우즈에 세계 44개국에서 730명의 대표가 2차대전 이후의 시대를 위해 위기에 견딜 수 있는 세계경제질서를 확립하기 위해서 모였다. 당시의 의장은 통화문제를 확

● Governance: 정부 역할과 기능 간의 불일치를 해소하고자 제시된 대안적인 국정관리 개념.

고히 해결할 '국제청산연맹'에 관한 구상을 바로 3년 전에 제시한 바 있는 영국 경제학자 존 메이너드 케인스였다. 케인스는 유럽과 미국 사이에서 통제받지 않고 이루어지는 자본 흐름이 2차대전 이전 경제위기의 핵심적인 원인의 하나로 보았다. 그러므로 케인스의 말에 따르면 "자본기금의 자유로운 흐름을 규제하는 것보다 더 확실한 방법은 없다." 그렇지 않으면 그들은 "마술 양탄자와 같은 속도로 [목표를] 변경할 것이며 이러한 운동은 모든 정당한 거래를 혼란에 빠뜨리는 효과를 초래할 것이다." 그의 미국 상대인 해리 덱스터 화이트Harry Dexter White가 밝힌 바에 따르면 이에 필요한 통제는 "유동자본의 소유자에게는 자유가 제약되는 것을 의미하겠지만 이 통제는 국민들에게는 이익이 될 것이다."[139]

케인스의 제안은 모든 회원국들이 일종의 세계중앙은행인 청산센터에 개설된 계좌를 통해 지불관계를 결제하도록 하는 것이었다. 이들 계좌는 그가 '뱅커Bancor'라고 부른 장부통화(세계화폐)로 운용되도록 했다. 뱅커에 대한 각국 통화의 환율은 원칙적으로 고정되어야 하고 다만 회원국 통화의 인플레이션율이 상이하게 나타날 경우에만 변경되도록 했다. 케인스는 무역수지 흑자와 적자를 각국이 세계무역에서 차지하는 비중에 따라 계산된 일정한 한도 내에서만 허용하고자 했다. 이 한도를 넘어설 경우 흑자국은 과도한 흑자에 대해 벌칙이자를 납부해야 한다. 이는 그 나라가 다른 나라를 희생시키면서 과도하게 성장하지 못하도록 하기 위한 장치였다. 그렇지만 모든 나라를 위해서 각 나라가 통화주권을 포기해야 한다는 케인스의 구상은 관철될 수 없었다. 미국 정부는 뱅커가 아니라 달러가 세계 기축통화로 격상되고, 무역 불균형에 대해서도 한도를 설정하지 말 것을 강요했다.

바로 이것 때문에 70년대 초에도 이 체제는 실패했다. 당시 미국 대통령 닉슨은 달러 통화량을 증대시켜 베트남전쟁 재원을 조달했다. 달러 인플레이션은 고정환율제를 파괴시켰고 이와 연관되어 있던 각국 정부들은 자본거래를 자유화해야 했다. 당시 연방준비제도이사회 의장이었던 아서 번스Arthur Burns는 금융시장을 이처럼 자유화하면 "틀림없이 인류에게 빈곤을 가져다줄 것이며, 일단 시작되면 다시 종식시키기 어려울 것"이라고 경고했다.[140] 그 후로 100차례가 넘는 국가적·국제적 금융위기가 전 세계 경제발전을 계속적으로 후퇴시켰고 수천만 명의 인간을 궁핍으로 몰아넣었다.

그런데 60년 이상이 지난 지금 케인스의 제안은 그 어느 때보다도 절실하다. 달러 헤게모니가 불가항력적으로 갈수록 깊은 위기로 빠져들고 있기 때문이다.

이에 대한 감출 수 없는 징조는 유로화가 제2의 보유외환 및 거래통화로 상승했다는 사실이다. 2006년에 이미 달러화보다 유로화로 표시되어 발행된 민간채권과 국가채권이 더 많았다. 현금지불 수단으로서도 마찬가지로 유로화가 달러화를 앞질렀다. 가치 기준으로는 유로지폐가 달러지폐보다 더 많이 유통되고 있다. 동시에 러시아나 이란, 베네주엘라 등 산유국은 석유공급계약을 유로화로도 체결하기 시작했고, 조금 적은 규모이기는 하지만 쿠웨이트도 그러했다. 이 모든 상황으로 인해 달러화가 거래통화로서 필요성이 줄었기 때문에 달러화 수요는 계속 감소할 것이다.

그렇기 때문에 달러화와 유로화 이외에 일본 엔화는 물론 언젠가는 중국 위안화도 비슷한 규모로 거래되는 복수통화제도로 이행될 것으로 예상하는 경제학자들이 많다. 그러나 그것은 결코 진보가 아니라 정반대이다. 통일된 통화기준이 존재하지 않으면 불안은 더욱 증폭될 것이다. 참여하는 중앙은행들이 협력하기보다는 대결할 것이기 때문에 통화권 사이의 환율변동이 더욱 심해질 것이다. 이렇게 되면 금융산업은 자신들의 '보험상품' 매출은 증대시킬 수 있겠지만 자동적으로 더 많은 위기를 초래하면서—케인스가 당시에 비판한 바와 같이—"모든 정상적인 사업을 혼란에 빠뜨릴 수도 있다"

2007년부터 유럽인들도 이를 뼈저리게 느끼고 있다. 유로화는 비록 유로존 내에서는 극심한 환율변동이 해소되었지만 그럴수록 이제 문제는 세계적인 차원에서 더욱 커졌다. 중국의 통화당국이 미국 정부와 중앙은행의 달러 게임을 거부하고 위안화의 대외가치를 달러화에 대해서 기껏해야 1년에 3퍼센트씩만 절상하도록 했기 때문에 달러화와 함께 공동으로 중국의 인민폐는 자유롭게 거래되는 다른 모든 통화에 대하여 하락하게 된다. 그만큼 중국 제품은 유럽에서 누구도 넘볼 수 없을 정도로 저렴해져서 이제는 EU가 미국을 앞질러 중국의 최대 무역상대국이 되었다. 2007년에는 EU도 미국과 똑같이 중국과의 무역에서 심각한 적자에 빠졌다. 2007년 10월 유로존의 재무장관들은 중국이 평가절상할 것을 즉각 요구했다. 중국 정부는 자신들의 점진적인 계획을 고수하겠다고 즉각 응수했다. 게다가 베이징 외무부 대변인은 그것이 오히려 달러 문제라고 반박했다.[141]

그러나 이로 인해 달러연동을 고수하는 나라들도 동시에 궁지에 빠지고 있다. 이들 나라의 중앙은행이 환율을 유지하려면 지속적인 달러 매입을 위해 자국 통화량을 증대시켜야 한다. 그렇지만 통화가치 하락을 억제하기 위해서 이들 중앙은행은 이렇게 유통시킨 통화를 새로운 국채를 판매해서 다시 흡수해야 한다.

통화전문가들은 이러한 수법을 '불태화不胎化(Sterilization)'라 부른다. 그러나 이 술수도 각국의 중앙은행이 인위적으로 국가채무를 누적시켜야 하는 것을 의미하기 때문에 한계가 있다. 아라비아 만 연안국들에서는 그 사이에 달러연동이 한계에 도달했음이 분명하다. 인플레이션이 두드러지게 가속화되고 있고 아랍에미리트연방에서는 이미 두 자리 수에 이르렀다. 사우디아라비아와 중국에서도 화폐가치 하락이 연간 7퍼센트로 두 배가 되었고 현재 계속 상승 추세에 있다. 달러 금리가 하락했기 때문에 위안화 금리는 인플레이션을 억제하기 위해 인상되어야 했고 중국은행은 이제 갈수록 많은 손실을 기록하고 있다. 이들 중앙은행이 달러 투자에서 벌어들이는 수익은 그들이 과잉 통화량을 '불태화' 하기 위해 판매한 국채에 대해 지불하는 이자보다 적기 때문이다.[142]

세계 통화투기꾼들을 제어하기 위한 시스템이 존재하지 않아 야기되는 정치적인 긴장도 그에 못지않게 심각하다. 동아시아와 중동 국가들이 달러 보유금을 축적하면 할수록 이들이 세계경제에 미치는 잠재적 영향력은 더욱 커진다. 그와 함께 미국과 유럽이 이 영향력에 대한 두려움 때문에 스스로를 봉쇄하기 시작할 위험이 있다. 힐러리 클린턴은 예비선거에서 "미국이 베이징이나 도쿄에서 내리는 경제적 결정의 인질이 될 수 있다"는 경고로 선거전에서 히트를 쳤다. 그러면서 그녀는 법적 대응조치를 요구했다.[143] 미국 연방정부와 EU 위원회는 극동과 중동의 달러 흑자로 조성된 국부기금이—독일 연방경제부가 밝혔듯이—"우리의 기간산업"을 매입하지 못하도록 차단하는 데 주력하고 있다.(2장의 '미카도의 세계' 참조) 그러한 요구가 단순한 정치구호에 불과한 것이 아니라면 저편과 이편의 달러 유보금은 당연히 가치가 떨어질 위험이 있다. 미국의 일부 애국자들이 주장하듯이 미국이 중국이나 아랍의 달러계좌를 동결해서라도 스스로를 보호하려 든다면 세계금융시스템은 즉각 붕괴할 것이다.

그러한 모순에 직면해서 벌써부터 우려할 만한 사건들이 시장에서 발생하고 있는 것은 놀랄 일이 아니다. 2007년 9월 셋째 주는 바로 그러한 위기의 순간이었다. 사우디 중앙은행이 처음으로 미국 파트너를 따르지 않고 인플레이션에 대한 두려움 때문에 금리를 더 이상 인하하지 않으려 했다. 그러자 작은 나라 쿠웨이트에 이어 커다란 사우디아라비아도 자국 통화, 사우디 리얄의 달러연동을 포기할 것이며, 따라서 대대적인 달러 매각이 예상된다는 소문이 즉각 퍼졌다. 일부 시장 참여자들은 투기를 통해 돈을 벌기 위해서 이 소문을 더욱 부추기려고 시도했다. 전설적인 투기제왕 조지 소로스의 파트너이기도 한 펀드매니저 짐 로저스Jim Rogers는 미국 중앙은행이 '불꽃놀이'를 한다고 말했다. 게다가 영국 파운드화가 세계보유통화로서의 지위를 상실했을 때 "80퍼센트 하락했으며, 달러화도 똑같은 일을 당할 것"이라는 말까지 했다.[144]

사우디 정부는 즉각 모든 소문을 부인했고 달러화 폭락은 일단 일어나지 않았다. 그러나 위험은 여전히 남아 있으며, 이 일화는 그런 일이 얼마나 빨리 확산될 수 있는지를 잘 보여주고 있다. 로저스의 말에 따르는 추종자들이 어느 정도만 있었더라면 이 폭풍은 거의 멈출 수 없었을 것이다. 그런 상황이 되면 기껏해야 도쿄에서 프랑크푸르트에 이르는 대형 중앙은행들의 연합만이 그러한 매도 물결에 대처할 수 있었을 것이다. 그러나 "그들도 실제로 그렇게 하려고 할지는 의문"이라고 유럽 금융감독기구의 고위관료는 말한다. "왜 전 세계가 영구히 미국의 몸값을 지불해야 하는가?" 그러나 어쨌든 지금으로선 각국의 중앙은행 당국자들은 그처럼 심각한 사대를 앞에 놓고 고뇌해야 할 상황에 실제로 놓여 있다. 그들은 어차피 이러한 상황을 피하기 위해서 관례적으로 두 달에 한번씩 바젤에 모여 의견을 교환하고 있다. 그러나 그러한 비상제동장치가 성공적으로 작동한다 할지라도 그 다음은 어떻게 될 것인가? 문제는 단지 연기되었을 뿐 해결된 것은 아닐 것이다.

　정치적인 목적으로 조직된 세계금융 조정당국은 이에 관해 공식적으로 아무런 정보도 제공하지 않을 뿐만 아니라 비공식적으로도 이 금기사항에 대해서 언급하지 않는다. 그러나 많은 정황에 비추어 볼 때 대규모 달러위기가 오히려 부담과 이익을 공평하게 배분하는 새로운 세계시스템을 창출할 적절한 계기가 될 수도 있다. 노벨경제학상을 받은 조지프 스티글리츠Joseph Stiglitz 역시 이러한 견해를 밝히고 있다. 그는 2000년에 미국과 IMF의 잘못된 통화정책에 대해 항의하는 바람에 세계은행 수석연구관의 자리를 잃고 지금은 뉴욕 컬럼비아 대학에서 강의하고 있다. 미국의 "적자 경제가 영원히 이어질 수는 없다. 결산의 날이 올 것"이라고 그는 말한다. 그의 중국 동료 판강과 마찬가지로 그 역시 그 후의 대안을 찾아내야 한다고 주장한다. 이를 위해 그는 적자국과 흑자국 사이의 조정을 국가공동체 전체로 확대하는, 세계보유통화에 관한 케인스 구상의 확장판을 제안했다. 이를 위해서는 각 가맹국들이 매년 고정된 금액의 자국통화를 세계통화당국에 납입해야 한다. 그 대가로 가맹국들은 중앙은행이 비상사태에 대비한 유보금으로 보유할 '세계달러'를 받게 된다. 위기상황이 발생하면 세계달러는 다른 모든 가맹국의 어떤 통화와도 원하는 액수만큼 교환될 수 있다. 스티글리치의 제안에 따르면 모든 국가가 공동으로 떠맡는 '협동조합적' 보증에 힘입어 전체적으로는 훨씬 적은 유보금을 보유하게 되어, 어느 나라도 지금의 미국처럼 자기파괴적인 악순환에 따라 채무가 갈수록 증가하지 않게 된다.

세계금융시스템의 닻은 모든 가맹국의 국민경제 총액에 따른 가상통화가 될 것이다. 이들 가맹국은 계속적으로 자국통화와 자체적인 통화정책을 가질 수 있지만 이들의 상호관계를 위해서는 완충장치가 필요하다. 미국에서 가장 용감한 이 경제학자는 이러한 방식으로 하면 기축통화국의 과도한 특권, 즉 실물 기반 없이도 거래목적을 위해서 통화를 추가로 발행할 수 있는 특권이 없어지는 대신 오히려 세계 전체에 유익하게 이용될 수도 있을 것이라고 주장한다. 스티글리츠가 계산한 바에 따르면 매년 총 2,000억~4,000억 달러가 축적될 수 있으며, 이는 개발원조나 기후보호를 위해 투입될 수도 있다. 그리고 만약 미국이 새로운 시스템에 가입하지 않을 경우에는 보다 강경한 진행방식을 채택할 수 있을 것이라고 이 뉴욕 경제학자는 주장한다. 그 중 한 조치는 "나머지 세계가 이 시스템, 즉 협동조합적인 상호부조 형태로 전환하고 유보금 중 점차 많은 부분을 참가국의 국내통화로 보유하는 것"이다. 스티글리츠의 계산에 따르면 미국은 시간이 흐름에 따라 "개발도상국에 대한 착취로부터 얻는 이익이 갈수록 적을 것이므로 이 체제에 가입할 가능성이 커진다."[145]

현재 상황과 비교할 때 이러한 구상은 공허한 공상처럼 들린다. 금융산업의 강자들과 이들의 지원을 받는 정부들이 지금까지 어떤 정치적 개입에도 반대할 뿐만 아니라 그러한 전환과정을 조직하고 세계통화보호기관의 역할을 수행할 세계기구도 없기 때문이다. 국제통화기금은 1944년에 바로 이러한 목적을 위해 창설되었지만 오늘날에는 그 구조가 절망스러울 만큼 낡았다. 인류의 5분의 4의 이익은 이 이사회에서 무시되거나 형식적인 지분에 따라서만 언급될 뿐이다. 게다가 미국과 유럽은 수십년 동안 남반구의 신흥공업국들에 맞서 자신들의 이익을 관철시키기 위해서 이 국제통화기금을 이용했다. 이 기구는 이제 세계 공익을 대변하는 상징으로서는 더 이상 적합하지 않다. IMF라는 약칭을 상반되는 의미와 연결시키는 사람들이 너무 많다.(8장의 'UN 패러독스' 참조) 그러므로 지금으로선 이러한 장애물을 극복할 수 없는 것처럼 보인다. 그럼에도 불구하고 네트워크로 연결된 세계의 전통적인 강대국들과 새로이 부상하는 강대국들은 그다지 머지않은 장래에 금융시스템의 신속한 개혁에 관해 고민해야 할 것이다. 이는 이 분야의 전문가들에게는 이미 오래 전부터 인식되고 있는 사실이다. 가령 1987년까지 미국 발권은행의 최고위층에 있었고 오늘날에도 UN의 의뢰를 받아 정치적인 영향력을 평가하고 있는 폴 볼커Paul Volker는 이를 전혀 의심하지 않는다. 그는 2007년 5월 달러의 미래에 관한 질문을 받자 "장기적으로는 세계통화로 귀결될 것"이라고 답변했다.[146] 이와 같이 세계적인 해결책을 강구하기 위해서는 장차 금융업을 규제하기 위한 은행감독기구가 조직되어야 한다. 2003년까지 영국 금융감독기관의 수장이었고 오늘날에는 런던정경대를 이끌고 있는 하워드 데이비스Howard Davies는 국가감독기구체제를 '지난 시대를 위한 상징물'이라고 부르고 있다. 2007년 1월 다보스에서 열린 세계경제포럼에서 그는 "우리 모두는 위험이 어떻게 확산되고 세계적으로 차례로 돌아가고 있는지 현실을 잘 알고 있다"고 말했다. "그러나 우리 감독기관의 실권자들은 여전히 아무것도 변하지 않았다는 듯이 행동한다"고 데이비스는 비판했다. 세계적인 협력 하에서 금융감독을 다시 규제하는 것이 반드시 필요하다는 의미이다.

이는 낡은 체제가 위기에 취약하기 때문만은 아니다. 투기적인 거품과 붕괴 시나리오가 없을지라도 전 세계 금융거래에 보다 엄격한 정치적인 규제가 필요한 합당한 이유가 있다. 그것은 위험한 상황이 이렇듯 지속되는 상황의 한가운데에는 바로 금융거래가 놓여 있기 때문이다. 즉, 세계화된 자본주의가 창출하는 대규모의 부富가 극단적으로 불균등하게 배분되어 있으면 세계적인 규제의 네트워크가 작동하는 데 반드시 필요한 정치적 안정이 위협받기 때문이다. 이는 지금은 어느덧 부자들까지 불안하게 만들고 있다.

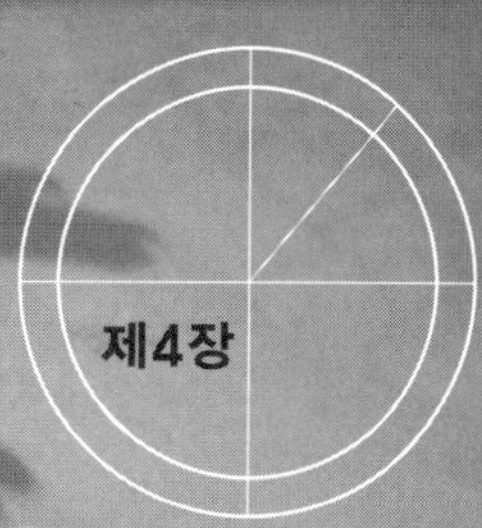

제4장

불평등의 씨를
뿌린 자들은……

Der
Globale
Countdown

연단에 있는 발표자들이 청중을 심하게 공격하기 시작했다. 첫 번째 연사는 '막강한 세계주의 계급'이 방대한 부를 축적하는 동안 "뒤처져 있는 수많은 시민들은 갈수록 심한 압력에 시달리고 있다"고 비난하면서 "이러한 불평등이 갈수록 심해지는 것을 어떻게 막을지에 관해 모든 강대국이 진지하게 고민할 것"을 요구했다. 이러한 추세를 막으려면 "국가가 훨씬 큰 역할을 감당해야 한다"고 토론자들은 주장했다. 그렇지 않으면 '매우 끔찍한 정치적 반작용'이 일어날 위험이 있다는 것이다. 항구적으로 "세계화에서 얻어지는 모든 이익이 자본 소유자에게 돌아가고 노동자와 사무직의 소득은 기껏해야 정체되어 있는 현실"은 큰 모순이라고 청중 한 사람도 나서서 경고했다. 그렇기 때문에 이제는 '정치적 추가 오른쪽에서 왼쪽으로' 움직여야 한다는 것이다. 한 사람이 발표하자 그 뒤를 다른 사람이 이어나갔다. 그래서 마치 노조활동가나 세계화 비판자들의 집회와 같은 분위기가 되었다.

그렇지만 이 행사가 저항문화를 위한 것은 아니었다. 이와 같이 갈수록 불평등해지는 자산과 소득의 분배에 관한 경고들이 쏟아진 것은 다름아닌 2007년 1월 스위스의 호화 스키장 다보스의 회의장에서 열린 세계경제포럼이었다. 그리고 콘체른 경영자들과 경제거물들이 모이는 이 세계클럽의 연례회동에서 목소리를 높인 사람들은 몰래 들어온 혁명운동가도 아니었다. 오히려 이들 도발적인 연사들은 미국 경제학의 자유시장주의적인 사상의 중심부에서 온 사람들이었다. 예일 대학의 엘리트 경제학자 로버트 실러Robert Shiller는 선도적인 금융시장이론가로 손 꼽히는데 그는 2000년 여름에 일어난 주식폭락을 일찌감치 예언함으로 써 세계적인 명성을 얻은 바 있다. 그가 이곳에서 세계 상층위 계급의 소득에 부과되는 세금을 급속히 인상하라고 요구했는데 그의 발언을 듣는 청중의 대부분이 이 계급에 속했다. 그의 상대 토론자는 뉴욕대학 의 스타 경제학자인 누리엘 루비니였는데 그가 운영하는 전자정보 사 이트인 글로벌 이코노믹스 모니터에서는 월스트리트의 애널리스트들 이 다섯 자리 수의 접속 수수료를 지불하고 있다. 다보스에서 그는 '강 력한 사회적 안전망'과 소득분배를 위한 국가 개입을 강하게 주장했다. 청중 속에서 이와 비슷한 경고를 보낸 인사 중에는 투자은행 모건 스탠 리의 수석 이코노미스트이자 오늘날 아시아 담당 이사인 스티븐 로치 Stephen Roach 같은 이도 있었다. 모건 스탠리는 20년 이상 은행가들을 위해서 세계경제동향을 분석해 왔고 당시에는 '기록적인 수준의 이윤' 을 자랑하고 있었다.

이렇듯 세계화의 최대 수혜자들이 패자들의 불안과 불만을 진지하 게 논의한 것은 결코 우연이 아니었다. 다보스 포럼은 모든 복지국가는 물론 신흥공업국들에서도 정치적인 인식이 점차 전환되고 있음을 분명 하게 보여주었다. 즉, 세계 사회와 민족들이 빈자와 부자, 소수의 수혜 자와 다수의 패배자로 분열되는 현상이 갈수록 심화되는 것은 기후변 화나 금융체제의 불안정에 못지않게 세계정치의 커다란 문제점에 속한 다는 것이다. 30년 이상 부자 나라들의 경제자유주의 정부들은 기업과 기업소유자들을 국가 규제와 조세로부터 해방시킴으로써 자본주의가 세계적으로 확장되는 데 크게 기여했다. 동시에 노동자의 조세부담은 증가했고 사회보장은 약화되었다.

시장은 좋고 국가개입은 나쁘다―이것은 조직화된 경제 엘리트들과 이들을 추종하는 학계와 언론계 인사들이 자신들의 시스템을 정당화하기 위해 동원한 이데올로기이다. 자유화, 규제완화, 민영화는 정치와 국가가 기업과 시장에 미치는 영향을 끊임없이 약화시키기 위해서 동원된 정치적 도구들이었다. 그리고 미국이든 일본이든, 또는 유럽이나 어디에서든 한 가지 점에서는 결과가 동일했다. 즉, 자본소유자들과 이들이 급여를 주는 매니저, 그리고 컨설턴트나 변호사, 전문가들에게 들어가는 소득은 갈수록 많아진 반면, 최저임금으로 살아야 하는 인류의 수는 증가하고 더욱이 다수의 인류는 세계화된 경제의 거대한 성장으로부터 배제되어 있다는 사실이다. 경제적 성과는 '모두에게 이익이 되어야' 한다는, 독일 경제장관 루트비히 에르하르트Ludwig Erhard가 언젠가 주장했고 2차대전 이후 서방 시장사회에서 적용되던 불문율의 사회계약은 단계적으로 소멸되었다.[147]

그렇지만 수십년에 걸쳐 복지국가를 잠식한 신자유주의적인 삭감정책이 시행되고 난 지금 정치·경제 엘리트들은 그들 스스로가 야기한 사회적 분열에 대한 정치적인 반동의 두려움에 사로잡혀 있다. 일본이나 독일, 영국, 미국 등 다양한 나라에서 보수적인 정치인들조차 갑자기 보다 공정한 조세, 보다 높은 임금, 위로부터 아래로 향한 재분배를 요구하고 나선 것이다. 다보스 포럼의 공식 요약본을 작성한 필자들은 그 배후에 있는 우려를 분명하게 표현했다. "세계성장의 새로운 시대는 산업혁명 동안 민족주의나 파시즘, 공산주의의 부상을 조장했던 것과 똑같은 불균형과 불평등을 일으키고 있다. 그에 따라 반동적이거나 퇴행적인 세력이 다시 성장할 가능성이 있다고 우려하는 사람들이 많다."[148]

이 두려움은 너무나도 당연한 것이다. 사회혁명이나 공산주의자들의 선동이 다시 세계를 뒤흔들 것 같지는 않지만 한 나라씩 한 나라씩 더욱 빈곤해져 가는 현실이 나머지 세계에 파괴적인 정치 형태로 부상할 위험은 더욱 커져가고 있는 것이다.

아메리칸 드림의 종말

그러한 사태의 가능성에 관한 경고가 주로 미국에서 나오는 것은 우연이 아니다. 냉전 종식 이후 진행된 시장급진적인 반개혁은 바로 제2차 세계화의 주도국에 깊은 상처를 남겼다. 이로 인해 미국 사회에 심각한 사회적 대립이 발생한 것은 결코 새삼스러운 일이 아니다. 이미 80년대 초부터 소득격차는 확대되기 시작했다. 주로 미국 대륙에 소재한 전통적인 산업 콘체른들이 세계적인 네트워크로 연결된 생산사슬로 탈바꿈되면서 전통적인 구조가 파괴되었다. 급여가 많은 생산직 수는 계속 감소한 반면 노조는—노동조합을 겨냥한 로널드 레이건 대통령 정부의 입법에 의해 가속되면서—넓은 전선에서 영향력을 잃고 말았다. 경제학자들이 미화하면서 부르는 이 구조전환은 소득구조를 지속적으로 자본소유주와 고숙련자들에게 유리하게 변화시켰다.

그리하여 미국 소득 피라미드에서 하위 20퍼센트의 총임금은 1973년을 기준으로 할 때 90년대 중반까지 거의 20퍼센트 하락했다. 정규직 노동자는 대체로 시간당 5달러가 채 되지 않는 최저임금을 받으면서 단순서비스를 제공하는 파트타임과 계약직 노동자로 대체되었고, 이들이

'노동빈민'으로서 미국 사회의 기층을 형성한 것은 이미 오래되었다. 게다가 미국이라는 풍요사회의 한복판에서 3,000만 명 이상이 기아와 영양결핍에 시달리고 있다.[149] 그렇지만 사회의 하층에서 오래 전부터 진행되어 온 이러한 빈곤화는 주로 스페인어를 사용하는 이주민과 교육수준이 낮은 흑인 소수민족에게 해당된다. 경제 엘리트와 이들이 재정지원을 해주는 정치계급에게는 거의 해당되지 않는다. 게다가 미국의 빈민들은 대부분 투표에 참여하지 않으며 따라서 그들의 투표권은 미국 정계에서 거의 무의미하다.

그러나 세계화된 구조전환을 10년 더 경험한 지금의 상황은 급격히 첨예해졌다. 소득감소와 일자리 불안은 지금 대다수의 백인 중산층에게도 미치고 있다. 2000년 중반부터는 중간소득 계층도 감소하고 있다. 이는 취업자 중 임금이 적은 하위 절반이 매년 갈수록 더 적은 소득을 얻게 된다는 의미이다. 그것도 국민경제 전체가 2007년까지 18퍼센트 이상 성장한 시기에 그러한 것이다. 미국의 조세 및 소득 통계를 정기적으로 분석하는 워싱턴 경제정책연구소의 경제학자 제러드 번스타인 Jared Bernstein은 "노동자들은 자신들의 생산성과 급여봉투 사이의 괴리가 계속 커져가는 것에 대해 분노할 만한 충분한 이유가 있다"고 말한다. "그들은 더 힘들고 더 빨리 일하고 더 높은 효율성으로 더 큰 케이크를 굽지만 자신들은 점점 더 작은 부분을 차지할 뿐이다."[150]

말하자면 다수가 빈손으로 나가는 동안 이룩한 성장의 거의 대부분은 특권을 가진 계층에게 들어가고 있는 것이다. 모든 미국인 중 최고위 소득층 1퍼센트는 2004년에 1979년 최고위 소득층 1퍼센트보다 두 배 반 이상 높은 소득을 올렸다. 이들 최고위 소득층의 10분의 1, 말하자면 전체 국민의 0.1퍼센트에 해당하는 약 30만 명의 부호들은 다시 하위 소득계층 3분의 1에 속하는 미국인 1억2,000만 명 전체보다 더 많은 소득을 거둬들였다.[151] 이처럼 극단적으로 불평등한 분배가 진행되는 가운데에서도 자녀 교육비는 평균을 훨씬 넘게 증가하고 있다. 이 두 가지 요인이 미국 사회 정체성의 주춧돌을 눈에 띄게 뒤흔들고 있다. 전설적인 대통령 존 F. 케네디는 복지가 성장함에 따라 그에 동참한 모든 사람들에게 돌아가는 혜택에 대해, 바닷물의 수위가 상승하면 그와 함께 모든 보트도 상승한다는 비유를 들어 설명했다. 동시에 미국인들은 누구든 열심히 일하면 빈곤에서 벗어날 수 있다는 고전적인 아메리칸 드림도 역설했다. 그렇지만 이 두 가지 원칙이 오늘날에는 더 이상 유효하지 않다. 성장에도 불구하고 소득은 정체하거나 감소한다. 대부분의 아동들은 부모 세대가 이룩한 성취 이상으로 올라서지 못한다. 하위소득계층 50퍼센트에 속하는 30세에서 40세 사이 미국 남성이 2004년에 받은 임금은 30년 전 그들 아버지 세대의 같은 연령 남성이 받던 임금보다 12퍼센트 가치가 적었다.[152] 더 잘살 수 있다는 성공사회의 고전적인 인생 목표는 아이들에게 이젠 환상에 지나지 않게 되었다.

이러한 하향추세는 아직 가족 전체 소득에는 해당되지 않는데, 그 이유는 여성들이 이전보다 더 많이 그리고 오래 일하기 때문이다. 전체적으로 미국 중산층은 과거와 똑같은 구매력을 가지기 위해서 그들 부모 세대보다 가사노동 이외에 약 50퍼센트 더 오래 일을 해야 한다. 그렇지만 아이들에게 더 높은 수준의 교육을 시키기에는 갈수록 많은 가정에서 소득이 부족해지고 있다. 매년 약 40만 명의 고졸자가 좋은 성적에도 불구하고 부모가 학비를 대줄 수 없어서 대학에 진학하지 못하고 있다. 한때 무한한 가능성의 나라였고 접시닦이에서 백만장자가 된 신화의 나라였던 미국에서 오늘날 사회적 계층상승에 성공하는 사람은 대부분의 유럽 국가나 일본에서보다 훨씬 적다.

한때 귀족의 특권을 가장 먼저 철폐했고 헌법에 의해 모든 이에게 평등한 권리를 보장했던 나라, 바로 그곳에서 지금은 한 인간의 사회적 지위가 대부분 사회적 출신에 따라 결정되고 있다. 사회학자들은 이미 사회의 재봉건화에 대해 언급하기 시작했다. "미국에서 엘리트로 출생한 자는 세계에서 일찍이 극소수만이 경험한 특권 상황에 놓이게 된다. 그러나 미국에서 빈민으로 태어나면 서구나 일본 또는 캐나다와는 비교도 할 수 없는 불이익을 받는다." 캘리포니아 주립대학의 경제학자 데이비드 레빈David Levine은 현대 미국 계급사회를 이렇게 표현하고 있다.[153] 이로 인해 미국 국민의 자기정체성이 근본적으로 동요되고 있고 이러한 퇴보와 이에 대한 대응책에 관해 폭넓은 논쟁이 벌어지고 있다. 〈뉴욕타임스〉는 이미 2005년에 발표한 연재기사 '계급이 중요하다'에서 이러한 변화를 모든 측면에서 조망한 바 있다. 상하 양원 합동 경제위원회는 이 주제에 관한 대대적인 청문회를 열었다. 미국 대통령 후보 지망자 버락 오바마가 표현했듯이 '아메리칸 드림의 회복'은 백악관을 둘러싼 경주에서 중심적인 선거 이슈가 되었다.

독일에서도 똑같은 사태가 나타나기 시작했다. 미국에서와 마찬가지로 유럽 최대의 국민경제에서도 세계 경제와 통합된 이후 극단적으로 불평등한 소득분배가 동시에 진행되고 있다. 인플레이션과 세금 및 부담금을 제외한 2006년 노동시간당 노동자 실질순소득은 1991년보다 겨우 9.6퍼센트밖에 증가하지 않았다. 전체적으로 더 많은 사람, 특히 더 많은 여성이 임금노동을 했기 때문에, 그것도 많은 경우에 파트타임이나 계약직이었기 때문에 노동자 1인당으로 계산하면 15년 동안 오히려 1.8퍼센트가 감소한 셈이다. 다시 말하자면 15년 동안의 경제성장이 거의 전부 노동자의 임금과 급여를 비켜갔고 아직도 비켜가고 있다. 그리고 이 기간 동안에 경제성장은 엄청나게 이루어졌다. 이는 매년 약 5,000억 유로에 해당하는데 이는 독일인 전체가 1년 동안 내는 세금과 맞먹는 액수이다.[154]

그렇지만 저소득 임금과 고소득자 사이는 더 깊게 벌어져 있다. 기업의 고숙련 노동자들과 상층 관리자들은 당연히 모두 엄청나게 소득이 증대했고 잘 나가는 대형 콘체른 이사진의 경우에는 500퍼센트까지 올랐다. 이에 비해 다수의 취업자는 갈수록 더 적은 소득으로 살아야 했다. 그러므로 이미 독일인의 거의 19퍼센트, 이 중에는 어린이가 250만 명이 있는데, 이들은 상대적 빈곤 속에서 살아야 한다. 평균소득의 60퍼센트보다 적은 소득으로 사는 독일인은 자동차 소유, 휴가여행, 메이커 의류 등 소위 복지의 모든 상징에서 제외되어 있다. 그리고 미국과 아주 흡사하게 정책 책임자들이 점차 인식하고 있는 사실은 이러한 불평등한 분배로 인해 유권자와 저임금 노동자들 어디에선가는 정치적으로 바람직하지 않은 위험한 현상이 나타날 수도 있다는 것이다.

이러한 상황을 대표적으로 보여주는 사례가 연방대통령이자 전직 IMF 총재였던 호르스트 쾰러Horst Köhler의 연설이다. 2005년 3월만 해도 그는 이렇게 말했다. "우리는 일자리를 위한 우선 정책이 필요하다.……다른 목표를 향해 가는 것은—아무리 바람직할지라도—부차적이다." 이러한 정책으로 그는 왜 임금이나 연금 및 건강급여는 삭감되어야 하는 반면에, 기업의 이윤에 대한 과세는 오히려 인하되고 사용자들은 종업원들의 연금보험료과 건강보험료를 더 이상 지불하지 않아도 되는지 밝힌 것이다. 그래서 당시 대통령이 소속된 정당인 기독교민주당CDU은 그에 합당한 정책을 세웠고 대통령 역시 그것이 옳다고 생각했다. 그런데 2년 남짓 지나서는 똑같은 인물이 "자본수익이 임금보다 훨씬 비약적으로 증가했기 때문에 소득분배의 불평등이 심화되었다"고 비판하면서 "한쪽의 상승이 다른 한쪽의 하강이 되어서는 안 된다"고 말했다.[155]

이 부분에서 미국과 독일은 앞장 서 있을 뿐이다. 전통적인 선진국 전체에서 동일한 현상이 나타나고 있다. OECD 회원국인 44개 모든 복지국가들 평균으로 1983년 이후 국민소득에서 근로소득의 비중은 지속적으로 감소한 반면, 자본수입의 비중은 28퍼센트에서 36퍼센트로 증가했다.[156] 그리고 도처에서 이러한 현상이 일어나는 데 대한 불만이 고조되고 있다. 대다수 국민들 사이에서 긴장감이 감돌고 있고 정치적으로나 경제적으로 엄청난 잠재적 위험이 도사리고 있는 것이다. 사회적 계급하강에 대한 불만이 확산되고 있는데도 권력은 오히려 이러한 불합리성을 더 키워가고 있는 셈이다. 무엇보다도 미국에서 이러한 현상이 두드러지게 나타나고 있다.

돌아온 보호주의자들

힐러리 클린턴과 버락 오바마, 그리고 여타 민주당 고위 정치인들이 미국 중산층의 몰락을 비난할 때 그들은 그 책임을 무엇보다도 외국에서 찾는다. 때로는 중국인이었다가 때로는 인도인이고 또 때로는 멕시코인이다. 그 후보들은 노동자와 사무직의 지위와 소득을 개선시켜 줄 수 있는 세법이나 사회법, 노동법의 개혁을 제시하는 것이 아니다. 그 대신 대통령 후보자들은 저임금국의 경쟁에 맞서는 무역장벽으로 유권자들의 일자리를 보호하겠다고 약속한다.

힐러리 클린턴은 추가적인 무역협정에 대한 유예기간이 필요하다면서 모두에게 유익하다는 자유무역의 낡은 공식은 21세기에는 더 이상 맞지 않는다고 선언했다. 앞으로는 미국의 수입은 해당 상품을 제조할 때 지켜야 할 사회적 최소규범의 준수와 결부시켜야 한다는 것이다. 버락 오바마도 동일한 주장을 더욱 간단한 말로 표현했다. "사람들이 자신들의 일자리를 잃는 대가를 치러야 한다면 값싼 티셔츠를 사지 않을 것이다." 민주당 내에서 '좌파'로 간주되는 그의 경쟁자 존 에드워즈John Edwards는 "무역은 일하는 미국인들에게는 나쁜 단어가 되고 말았는데 그 이유는 간단하다. 우리의 통상정책이 그들에게 불리하기 때문"이라는 주장마저 폈다.[157]

이것이 단지 선거유세용에 지나지 않는다면 큰 의미가 없을 것이다. 그렇지만 외국 경쟁자들을 미국의 사회문제에 대한 속죄양으로 이용함으로써 선거유세자들은 국민들의 정서에 다가가는 것이다. 2007년 12월 〈월스트리트 저널〉이 실시한 대표적인 설문조사에서 세계화가 미국 제품을 위한 새로운 시장과 새로운 일자리를 창출하기 때문에 미국 경제에 좋다는 명제에 동의한 응답자는 28퍼센트에 지나지 않았다. 반면에 미국 경제가 세계 경제에 통합되는 것은 국내 기업을 불공정한 경쟁과 저임금으로 몰아가기 때문에 나쁘다는 의견이 58퍼센트였다. 10년 전에는 이 두 명제에 대한 동의가 거의 비슷하게 높았다.[158]

이러한 변화는 미국 국민들이 심각한 불안에 시달리고 있다는 증거로서, 이는 다른 복지국가에 사는 대부분의 시민들도 공유하는 감정이다. 〈파이낸셜 타임스〉의 의뢰를 받아 영국과 프랑스, 스페인, 이탈리아, 독일에서 실시된 여론조사 결과 역시 이들 나라 사람들도 다수가 세계화를 위협으로 받아들인다는 것이었다.[159] 기업들이 세계 다른 어떤 나라에서보다 많이 수출하는 독일에서조차 시민 다수가 스스로를 세계화의 피해자로 느끼고 있다. 그렇기 때문에 유럽에서도 극동의 성장국들에 대한 봉쇄와 보호무역을 원하는 사람들이 증가하고 있다. 독일인의 57퍼센트, 프랑스인의 70퍼센트는 중국의 성공적인 성장을 어느덧 '위협'으로 여기게 되었다.[160]

이에 맞추어서 대중매체들은 중국인들을 유럽인들의 복지를 망치는 사악한 존재로 그리기 시작했다. 프랑스 대통령 니콜라스 사르코지는 그러한 불만을 정치적으로 이용한 첫 번째 유럽 고위 정치인이다. 2007년 봄 대통령 선거유세에서 그는 아시아 생산자들이 '사회적·환경적 덤핑'을 통해 자유무역을 남용하는 데 맞서겠다는 공약으로 유권자의 점수를 땄다. 또한 사르코지는 신흥공업국들의 기업과 펀드가 유럽 콘체른을 인수하는 것을 막아야 한다고 주장했다. 인도의 대기업 락시미 미탈Lakshmi Mittal에게 유럽의 철강 대기업 아르셀로Arcelor를 매각한 것은 실수였으며, 상품과 자본의 '무제한적 자유무역'은 순진한 정책이라는 것이다.

이러한 말들은 세계적으로 구조전환이 진행되는 동안 일자리와 소득을 잃었거나 잃을 것을 두려워해야 하는 사람들의 귀에는 매우 솔깃하게 들린다. 결국 대서양 양편에서 나타난 이 새로운 보호주의적 선동은 저임금국에 대해 대대적인 통상정책이나 봉쇄를 가해 자국 국민들의 사회적인 추락을 막아야 한다고 암시하고 있는 것이다. 그렇지만 그것은 엄청난 혹세무민이다. 고임금국에서는 모든 종류의 노동집약적

상품 생산이 이미 수년 전에 사라진 반면 저임금국에서 노동집약적 생산이 증가하고 있다는 것은 부인할 수 없는 사실이다. 장난감이나 의류, 가정용품, 전기제품의 수작업은 서유럽과 미국에서는 지속적으로 감소하고 있다. 그러나 기계나 전자부품, 복잡한 소프트웨어와 같은 고부가가치 상품의 생산은 그와는 반비례해서 빨리 증가하고 있다. 세계를 아우르는 생산사슬을 통해 기존의 기업들은 생산성을 몇 배 높일 수 있었고 그와 동시에 그들에게 방대한 시장을 열어주었다. 또한 저임금국의 하청공급과 저임금국에 대한 판매를 통해 산업부문은 지속적으로 성장하고 있다. 그리고 이러한 성장은 양쪽, 즉 동유럽과 아시아의 신흥공업국은 물론 전통적인 공업국들에서도 이루어지고 있다. 독일에서는 모든 신흥시장에 자체생산으로 진출해 있는 기업들이 새로운 일자리의 대부분을 창출하고 있다.

이것은 미국도 마찬가지이다. 이 나라에서도 오하이오 주 출신 민주당 상원의원 셰러드 브라운Sherrod Brown이나 CNN 기자 루 돕스Lou Dobbs 같은 새로운 반세계화 포퓰리스트들이 소위 다가오는 '탈산업화'나 '미국 생산기지의 몰락'에 대해 불만을 표시하고 있다. 그러나 실제로는 미국 공장에서 1990년부터 2006년 사이에 이루어진 생산은 판매된 제품의 가치로 측정할 때 실질적으로, 즉 인플레이션을 배제할 때 66퍼센트 증가했다. 이 나라 국내총생산에서 공업이 차지하는 비중은 이 기간 내내 13~14퍼센트 수준에서 일정하게 머물렀다. 공업부문의 자본수지도 플러스이다. 외국의 공업생산 기업들이 미국 생산시설에 투자한 것이 미국 콘체른이 외국에 투자한 것보다 많다. 반면에 일자리 수는 급격하게 변했다. 2000년부터 2006년 사이에만도 미국 공장에서는 300만 개의 일자리가 사라졌는데 이는 공업부문 전체 일자리의 17퍼

센트 이상에 해당한다. 그 뒷면에서는 노동자 1인당 생산성이 거의 50 퍼센트 상승했다.[161]

따라서 미국에서 영향력 있는 모든 경제학자들, 특히 연방준비제도 이사회 의장 버냉키는 세계화가 아니라 '기술진보'가 일자리 상실과 임금 압박의 원인이라고 주장한다. 기업들이 끊임없이 자동화에 투자하기 때문에 미숙련자에게는 일자리가 갈수록 적어진다는 것이다. 그렇지만 일자리 감소가 아시아와 남미에서 수입하는 것 때문인지 로봇 투입 증가 때문인지는 결국에는 중요하지 않다. 결정적인 것은 관세나 무역장벽으로 상황을 개선시킬 수 없을 것이라는 사실이다. 수많은 제품 가격이 상승하고 노동자의 구매력이 감소할 뿐만 아니라 동시에 공업부문 기업들은 하청업체들에게 더 높은 가격을 지불해야 할 것이고 세계시장에서 유럽이나 일본 기업에 비해 경쟁력이 약해질 것이다. 그 결과로 일자리도 줄어들고 공업생산도 줄어들 것이다. 더 많아지는 것이 아니다.

이러한 맥락에서 특히 아이러니컬한 것은 국제노동기구ILO 협약에 규정된 것과 같은 사회적 최소규범이 저임금국들에서 관철되어야 한다는 새로운 보호주의자들의 요구이다. 아이러니컬한 이유는 바로 이 '핵심노동규범'이 미국에서도 매우 제한적으로만 적용되기 때문이다. ILO 협약에서 가령 강제노동은 금지되어 있지만 미국 연방교도소관리청에만도 죄수들이 노동을 하고 그 대가로 최저임금도 받지 못하는 공장이 100곳이나 된다.

더 중요한 것은 파업권과 노조 조직권의 자유이다. 이 자유가 중국과 다른 나라의 노동자들에게 유보되고 있다고 노조활동가들이 비판하는 것은 정당하다. 그렇지만 미국인 취업자들 대부분도 상황이 크게 낫지는 않다. 자동차산업이나 금속산업과 같은 전통적인 산업 이외에는 어떠한 노조 조직이나 파업도 기업가들이 저지할 수 있을 정도로 법률과 판결은 기업가들에게 우위를 보장하고 있다. 기업가들이 파업 노동자들을 간단하게 해고하는 것이나 노동자 대표의 선출을 수년 동안 지연시키고 사보타주하는 것이 합법적이다. 따라서 미국 노동자의 10퍼센트만이 노조에 가입되어 있는 것은 놀라운 일이 아니다. 그러므로 미국이 파업권 준수에 관한 ILO 순위에서 니제르나 중앙아프리카공화국 등과 같은 수준에 놓여 있는 것은 지극히 당연하다.[162] 그렇기 때문에 뉴욕에 있는 컬럼비아 대학의 경제학자 자그디시 바그와티Jagdish Bhagwati는 2007년 3월 통상정책에 관한 미국 상원 청문회에서 "이 문제에서 우리가 보다 높은 도덕적 관점을 가지고 있다고 주장한다 해도 외국에서는 누구도 믿지 않는다"고 비웃었다.[163]

미국이 현행 통상법을 일방적으로 위반하려 들지 않는다면 어차피 무역에 관한 적절하고도 새로운 규칙을 151개 회원국이 참여하고 있는 세계무역기구WTO나 개별 국가들 사이의 쌍무협정을 통해 합의해야 한다. 물론 그러한 무리한 요구는 중국의 통치자들부터 자유로운 노조가 정치화되는 것을 두려워하기 때문에 거부당할 것이다. 그러나 중국과의 노골적인 무역전쟁은 미국을 깊은 경제위기로 몰아넣을 것이 분명하다. 그렇다고 해서 세계적인 최소한의 규범을 요구하는 것이 부당하다는 의미는 결코 아니다.(7장의 '세계강자 세계시민' 참조)

반면에 복지국가들에서 나타나고 있는 일자리 불안과 불평등한 소득분배의 심화가 통상정책을 바꾼다고 해서 해소될 수 있으리라는 생각은 위험한 환상이다. 한 국가나 한 지역이 세계적인 분업에서 이탈하는 것은 극히 위험하다. 기업과 시장의 세계적인 네트워크화는 돌이킬 수 없는 추세이다. 독자적으로 되돌아가려는 나라는 급격한 복지감소라는 대가를 치러야 할 것이다. 이 사실은—선거공약에서 아무리 반대되는 주장을 펼지라도—지금까지 미국과 유럽의 정치가들도 대부분 잘 알고 있다. 그렇기 때문에 모든 보호주의 주장은 지금까지 실제로 적용된 적이 거의 없었다. WTO 회원국들이 2001년부터 이른바 도하 라운드 내에서 추진한 무역장벽의 추가적인 해소에 관한 협상은 실패했다. 그렇지만 그 원인은 무엇보다도 복지국가들의 농산물시장 보호를 둘러싼 논란—이는 오래 전부터 특수사례이자 세계무역체제에서 비중이 큰 갈등이다—과 아울러 선진국들이 개발도상국의 산업을 희생시키면서 서둘러 시장개방을 강요하려는 속셈 때문이었다. 그러나 시장과 기업의 세계적인 융합은 지금까지 멈추지 않고 계속되고 있다. 2007년에도 상품과 서비스의 국제교역은 9퍼센트 이상 증가했는데 이는 세계 경제 성장보다 두 배 이상 빠른 속도이다.[164]

그러나 이러한 추세가 얼마나 더 오래 갈까? 미국의 정치계급이 유권자들의 보호주의적인 반사작용에 립서비스만으로 다가간다 하더라도 그것이 오래 지속될수록 거기에서 실질적인 정책이 생겨날 위험은 커진다. 무엇보다도 경기침체가 장기화되고 갑자기 수백만의 실업자가 생겨난다면 특히 그러하다. 이는 바로 2007~2008년 신용위기 당시 비관론자들이 제시한 시나리오이다. 따라서 기업경영자와 정치가들이 각 국민경제가 국제경쟁에서 이기기 위해서는 어쩔 수 없다며 오랫동안 임금과 사회보장 수준을 낮추면 머지않아 그에 따른 반작용이 발생할 것이다. 과거에 이것은 거의 언제나 기업과 그 소유주들에게 조세특혜를 부여하거나 종업원의 질병이나 실업 및 노후를 보장하기 위해 필요한 재원 조달에서 면제해 주기 위해서 내세운 구실에 지나지 않았다. 그러나 지금은 개별 국가나 초국가적인 차원의 규칙과 법률을 통해 세계화를 조절하는 것이 아니라 세계화 자체가 문제라는 생각이 실제로 널리 확산되어 있다. 이러한 위기상황에서는 학자나 경제정책가들이 세계화를 봉쇄하는 것이 오히려 해로울 뿐이라고 경고해도 별로 소용이 없다. 프린스턴 대학의 경제학자이자 전직 연방준비제도이사회 부의장이었던 앨런 블라인더Alan Blinder는 2008년 1월 대통령 선거전 동안의 분위기를 "미국인들은 현실에 눈을 감고 이 세상을 정지시키려 한다"고 설명했다. "미국이 위험지대에 접근하고 있다."[165]

그러나 차기 미국 행정부, 그리고 그 뒤를 이어 유럽과 일본이 중국이나 베트남, 멕시코, 브라질을 비롯하여 사회기준 및 환경기준이 낮은 여타 공급국들에 대해 실제로 포괄적인 무역장벽을 설치하기 시작한다면 해당 국가들은 어쩔 수 없이 동일한 방식으로 반응할 것이다. 그 결과 무역전쟁은 가속화될 것이고, 지금까지 주로 부유한 나라들, 특히 미국에게 이익을 가져다 주었던 자유로운 세계무역체제와 자본체제가 붕괴될 것이다. 이미 한 세기 전에 일어났던 것과 마찬가지로 그러한 사태전개는 다시 한 번 세계화의 종식을 의미할 것이다. 그 당시에도 패자가 정치 세력으로 부상했기 때문에 세계화의 추세가 꺾였다. 경제사학자 케빈 오루어키Kebin O'Rourke는 20세기 세계통합의 실패에 관한 자신의 연구 결과를 "반격은 분배효과 때문에 발생했다. 세계화는 자멸했다"고 요약했다.[166]

이러한 위험은 불평등이 심화되는 것과 함게 진행되는 또 다른 위험요인으로 인해 급격히 악화된다. 세계 경제에 통합되면서 급진적인 변혁을 경험하고 있는 사회들이 갈수록 소요나 폭력, 테러로 동요되고 있다. 여기에서 빈부대립이 심화될수록, 복지와 안전이 다수에게 베풀어지지 않을수록 분노는 일찍 폭발한다. 무엇보다도 젊은이들이 근본주의 이데올로기와 이를 따르는 조직의 폭력행위에서 자신들의 정체성과 도피처를 찾을 수 있다. 인도네시아에서 발생한 테러 공격이 휴양지 발리 섬에 온 부유한 관광객들을 겨냥한 것은 우연이 아니다. 인도에서는 모택동주의 모델을 따르는 농민게릴라인 이른바 낙살리트Naxalite의 봉기가 바로 그 나라에서 가장 가난한 지역에서, 가난한 사람들은 도달할 수 없는 부자들 세계의 상징이자 현대적인 산업이 토착주민들의 생활기반을 위협하는 곳에서 대부분 확산되고 있다. 만모한 싱Manmohan Singh 총리는 이미 이 봉기를 이 나라 최대의 치안문제로 지목했다. 그밖에 힌두민족주의 정당이 무슬림 학살을 계속 저지르고, 반대로 모슬렘이 힌두족 학살을 저지르는 것은 대부분 사회적인 취약집단에서 일어나는 일들이다.

그러나 유럽에서도 인종주의와 외국인 적대 성향이 늘고 있다. 여기에서도 우익 포퓰리즘이나 민족주의적인 정책이 들어설 문은 활짝 열려 있다. 우익민족주의자 르펭Le Pen의 추종자들이 아랍인과 다른 이주민들을 공격하는 프랑스에서, 그리고 아프리카 난민들이 위협받는 스페인에서 그러하다. 특히 그리고 독일에서도.

사회적 추락에 대한 불안이 증오와 배척을 부추긴다

어느 날 저녁 무렵 한 만원버스에 유색인 남자와 임신한 부인이 유모차를 밀고 들어갔다. 버스 안은 비좁았으며, 이미 세 가족이 유모차를 가지고 타고 있었다. 그때 갑자기 누군가가 큰 소리로 외쳤다. "외국놈들이 탈 자리 없어!" 다른 사람도 소리를 질렀다. "빌어먹을 터키놈들!" 버스가 출발하기도 전에 소리친 남자 한 명이 팔꿈치로 젊은 임신부의 얼굴을 쳤고 다른 남자는 그녀를 있는 힘껏 출구 쪽으로 밀었다. 그녀가 넘어지면서 비명을 지르자 곧이어 주먹이 날아갔다. "문 열어. 외국놈 냄새가 난다." 주먹을 날린 남자가 소리쳤다. 운전기사가 차를 멈추자 가해자들은 도망쳤다. 맞은 부인은 병원으로 옮겨졌다. 열 명이 넘는 목격자가 있었지만 아무도 임신부를 도와주지 않았다.

이것은 이라크인 건설노동자 아마드 마루프Ahmad Maaruf A.가 2007년 12월 1일 밤 마그데부르크Magdeburg에서 당한 사건이다. 독일에서 9년 전부터 살고 있고 어느 정도 이미 익숙해진 그조차도 당시 큰 충격을 받았다. 사건 직후 그는 기자에게 "정상적인 인간들은 그런 짓을 하지 않는다"고 말했다. 그러나 그렇게 간단하지가 않다. '정상적인 인간들'도 '그런 짓'에 대해서 적어도 묵인하고 있는 것이다.[167] 많은 주민들은 노골적인 외국인 적대감을 단호히 거부하기는 한다. 그러나 유색인이나 이방인 외모를 가진 사람에 대한 부당한 행위는 계속 증가하고 있고 이미 독일인의 거의 절반이 모든 외국인에 대한 강한 증오심을 품고 있는 것으로 나타나고 있다. 마그데부르크 버스의 가해자들도 폭력배나 네오나치가 아니라고 경찰이 훗날 확인했다.

'정치와 시민'이라는 단체를 이끌면서 급진극우적인 분위기의 확산을 막고 있는 라이프치히 역사학자 졸베이크 회프너Solvejg Höppner는 "일상적인 인종주의가 도처에 만연되었다"고 말했다. 그리고 이는 결코 독일에만 해당되는 것이 아니다. EU 기본권기구의 보고에 따르면 인종주의적인 편견 아래 저질러지는 폭력행위가 스웨덴과 오스트리아를 제외하고 모든 EU 국가에서 증가하고 있다.[168] 그와 동시에 갈수록 많은 사람들이 이슬람에 적대적인 성향을 띠고 있다. 국가에 따라서는 응답자의 20퍼센트(프랑스)에서 40퍼센트(영국)가 무슬림은 국가안보에 위협이 된다고 생각한다. 그리고 여론조사연구소 알렌스바흐Alensbach가 실시한 설문조사 결과에 따르면 이미 독일인의 50퍼센트 이상은 무슬림과 '문명의 투쟁' 상태에 놓여 있으며 '무슬림 주민들과 적대적 상태'에 이를 것이라고 심각하게 생각하는 것으로 나타났다.[169] 이는 인종주의적인 갈등이 얼마나 사람들의 인식을 쉽게 흐려놓는지 잘 알 수 있게 해준다.

유럽의 무슬림들의 생활을 세밀히 조사한 한 연구보고서에 따르면, 유럽인들과 그들 간의 차이는 무엇보다도 종교적이거나 이데올로기적이 아니라 사회적인 것에 있다. 아랍과 터키의 가부장들이 부인과 딸을 억압하는 것은 유럽에서 과거 기독교 가부장들이 했던 것과 다를 바 없다. 그들이 자식에게 체벌을 가하는 것은 독일 가정에서 60년대까지도 일상적이었던 일이다. 차이는 종교에서 나오는 게 아니라 경제적·문화적 현대화의 수준에서 나온다. 사실 수많은 이주민과 그들의 자녀도 수십년의 이 차이를 뛰어넘어야 하겠지만 복지혜택을 받을 기회가 적을수록 그것을 극복할 가능성은 낮다. 그 결과 종교가 아니라 경제사회적 후진성이 문제임에도 불구하고 주류 사회와의 갈등은 히잡이나 이슬람 사원과 같은 문화적 상징 쪽으로 쏠린다. 게다가 언론도 종교적인 양극화를 부추기기 때문에 그러한 문제를 진지하게 고민하는 시민은 갈수록 적어지고 있다. 그들이 불안감을 느낄수록 사회적 환경이 어떠하든 그에 대한 책임을 외국인이나 그들의 종교에서 찾으려는 경향이 커진다.

그러한 사고방식이 경제적 변혁과 얼마나 밀접하게 연관되어 있는지는 독일 빌레펠트의 사회학자 빌헬름 하이트마이어Wilhelm Heitmeyer와 그의 팀이 찾아낸 연구결과를 통해 잘 알 수 있다. 그들은 2002년부터 매년 2,000명의 독일인에게 그들의 경제상태와 '집단적인 인간 적대감' 에 대한 성향에 관해 질문을 했다. 그 결과는 명확했다. 자신의 사회적 하강에 대한 불안이 클수록 당사자들은 '독일에 외국인들이 너무 많이' 있고 이들을 '다시 고향으로 보내야 한다' 고 생각하는 것으로 나타났다. 스스로가 소외되고 있다고 느끼거나 사회적 신분이 무너지고 있다고 생각하는 사람들은 자신들보다 더 약하고 소수인 사람들을 공동으로 배척함으로써 같은 생각을 가진 사람들에게서 인정과 정신적 안정을 찾는다. 사회학자들은 이미 오래 전부터 이러한 과정을 일종의 역사적 공식으로 설정해 놓고 있다. 이 과정은 모든 현대사회에서도 반복되고 있고, 2차대전 이전에는 유럽에서 파시즘 운동으로 연결된 바 있다. 하이트마이어와 그의 동료들은 지금 이러한 현상이 어떻게 새롭게 확산되고 있는지 포괄적으로 연구하고 있다. 사회연구자들의 인식에 따르면 그것은 사회적 인정과 자기 인생 목표를 추구하려는 기본욕구에서부터 시작된다. 그렇지만 광고에서 흔히 나타나는 '정상적인' 생활의 모습들, 가령 자가용이나 레스토랑 외식을 즐길 여력이 없고 그것을 언젠가 이룰 가능성도 없다고 생각하는 사람들은 그러한 기본 욕구에 대해 박탈감을 느끼게 된다.

빌레펠트의 학자들이 자신들의 연구 시리즈 '독일 상황' 에서 내린 결론은 "내부적인 분열을 경험하게 되면 이주민을 받아들이려는 마음이 약화된다"는 것이다. 하이트마이어는 독일 인구의 3분의 2를 차지하는 중간소득계층에서도 어느덧 응답자의 거의 절반이 사회적 하강을 두려워하고 있다는 사실에 대해 '아주 심각하다'고 표현했다. 하이트마이어는 "부자와 빈민의 차이가 심화되는 것은 폭력사태가 증가할 확실한 전조"라고 경고한다. 이미 인터뷰에서 모든 응답자의 48.5퍼센트가 노골적인 외국인 적대감을 드러낸 바 있다.[170] 이러한 상황은 외국인과 무슬림에 대한 공격이 폭넓은 사회적 동조를 받고 있다는 막연한 느낌을 청년 폭력배들만 갖게 해주는 것이 아니다.

지난 수년 동안 외국인에 대한 적대적인 공격을 중지하자는 모든 민주적인 정당 정치인들의 호소는 단순한 캠페인으로 그쳤다. '품위를 지닌 사람들이 그러한 폭력에 대항하고', '용감한 시민들도 그에 맞서는 용기를 보여주어야 하며', '폭력배들을 감시할 것'―이것은 독일 통치자들이 소위 다수사회에 호소하며 그들의 도움을 통해 착각에 빠진 극우분자들을 통제하기 위해 사용했던 구호들이다. 핀란드에서부터 스페인에 이르기까지 유럽 전체에서 그와 유사한 구호가 중구난방 돌아다니고 있다. 그렇지만 하이트마이어 같은 전문가들은 근본을 비켜가는 이와 같은 호소 정책에 대해서는 회의적이다. 그는 "중간계층의 배척과 몰락 및 탈계급화에 대한 불안이 커지는 곳에서는 좀더 구체적인 대응책"이 구호성 캠페인보다 훨씬 중요하다고 말한다.

위선자들의 정의

이러한 인식이 어느덧 지구상에 있는 복지지역 전체의 지도적인 정치인들에게까지 퍼져 있다. 특히 독일에서는 그 양상이 두드러진다. 선거와 여론조사 결과를 통해 너무나도 극명하게 드러나고 있는 것이다. 가령 2005년 당시 앙겔라 메르켈이 야당 총재로서 연방의회 선거에 뛰어들면서 제시한 정책은 절대다수 시민들의 보건과 노후보장을 위해서 재정지출을 증가시키는 한편, 기업과 고소득층에게는 조세와 부담금을 경감시켜 주려는 것이었다. 그녀는 고전을 했지만 참패는 가까스로 면했다. 그러나 선거의 패배로 인해 정적인 사회민주당SPD과 연립정부를 구성할 수밖에 없었다. 그 이후 그녀는 더 이상 "고통스러운 재정축소"나 "시민들에게 더 많은 책임"을 지도록 요구하지 않고 경제성장이 "만인에게 혜택이 돌아가도록 하겠다"고 약속했다. "우리는 누구도 소외되지 않게 하겠다."

그러나 그녀의 연정 파트너인 사회민주당은 그와는 다른 식으로 행동했다. 사회민주당은 슈뢰더Schröder를 총리로 하여 정부를 이끌었던 7년 동안 아래로부터 위로의 급진적인 재분배를 추진했다. 슈뢰더 정부는 때로는 연간 260억 유로까지 콘체른이나 자본회사, 고소득층의 세금 부담을 덜어준 반면, 실업자에 대한 지원은 줄였다. 그 후 실업수당 수령자의 절반 이상이 '개혁' 이전보다 더 적게 받고 있다. 그러자 무엇보다도 불안감이 높아졌다. 1년 이상 실업상태이고 재산이 없는 사람은 어쩔 수 없이 빈곤층으로 떨어지고 겨우 의식주를 해결할 만큼만 지원받는다. 독일경제연구소DIW 연구자들이 계산한 바에 따르면 "국제적인 기준에 따를 때 소득빈곤층으로 간주되는 해당 급여수령자의 비율은 절반 약간 넘는 수준에서 3분의 2로 증가했다." 그럼에도 불구하고 이 연구소의 클라우스 치머만Klaus Zimmerman 소장은 이 정책을 '원칙적으로 긍정적인' 것으로 평가했다.[171] 이와 병행해서 슈뢰더 정부는 폭넓은 분야에서 임금삭감을 추진했다. 그는 파견근로나 시한부 노동계약의 연장, 임시직 고용을 자유화했고 단체협약이 가진 구속력도 약화시켰다. 이러한 변화를 통해 이룬 것은 노동이 값싸졌다는 것뿐이다. 경기가 활성화되어도 과거의 성장국면 동안에 창출된 것보다 많은 일자리가 창출되지도 않았다. 150만 명의 실업자가 새로운 직업을 찾았지만 대부분 저임금 파견노동이거나 단기 직업이었다. 그 결과 독일에서도 근로빈민의 수가 급격하게 증가했다. 2007년 12월까지 50만 명 이상이 일하러 다녔음에도 불구하고 아직도 국가의 지원금에 의존하고 있다.

이러한 배경에 비추어 볼 때 독일인의 3분의 2가 현재의 경제상황을 불공정하다고 생각하고 15퍼센트만이 공정하다고 생각하는 것은 하나도 놀라운 일이 아니다. 이 비율은 베르텔스만Bertelsmann 재단이 2007년 실시한 여론조사에서 보여주듯이 역사상 최저수준이다. 7년 전에는 그래도 3분의 1을 훨씬 넘는 응답자가 독일의 경제생활을 공정한 것으로 평가했다.[172] 따라서 독일 사회민주당도 유권자의 지지율 손실을 만회하기 위해서 노선을 전환해야 했다. 슈뢰더의 후임인 쿠르트 벡Kurt Beck은—그와 그의 당 동료들이 예전에 함께 저지른 일을 이제는 만회하기 위해서—'빈곤임금'의 해소를 당 강령으로 격상시켰고 '아동노동에 반대하는 국민협약'을 요청했다.

갑작스럽게 사회정의를 세운답시고 떠벌인 이들은 그러나 단순한 상징정책 이상은 시도하지 않고 넘어갔다. 사회민주당은 최저임금과 장년 실업자를 위한 실업수당 연장지급을 요구만 한 채 그냥 제자리걸음만 하고 있다. 독일 노동조합총연합의 수석 이코노미스트 디르크 히르셸Dierk Hirschel은 '소 잃고 외양간 고친다'고 그들을 조롱했다. 메르켈 총리와 그녀의 당은 "노동자들도 자본소득에 대한 혜택을 받을 수 있도록 해주어야 한다"는 모호한 공약만 제시했을 뿐 어떤 실질적인 정책은 내놓지 못한 것이다. 이러한 사이비 정책의 또 하나의 예가 교육 공약이다. 정치와 경제의 책임 있는 인사들은 세계화의 패자에 대해 논의할 때마다 언제나 국민의 교육수준을 향상시킬 필요성이 있다고 말한다. 미숙련자들에게는 갈수록 일자리가 적어지므로 바로 취업인구의 자질이 향상되어야 한다고 기업 책임자와 경제정책가들은 한 목소리로 요구한다. 실력이 있어야 일자리를 얻을 수 있다는 것이다. 즉, 실력을 갖춘 사람들의 실업은 항상 적다. 이것은 단순한 말이긴 하지만 그 의미는 무엇인가?

오늘날 이미 사회에서 소외된 사람들에게는 위와 같은 사실에서 아무런 희망도 가질 수 없다. 그러나 그래도 교육시설을 대대적으로 확충시키면 다음 세대의 상황은 개선될 수 있을 것이다. 이는 보편적인 결론이긴 하지만 그럼에도 불구하고 이것이 실제로 행해지는 일은 거의 없다. 이러한 현상은 스칸디나비아 제국을 제외한 모든 EU 핵심국가들뿐만 아니라 놀라울 정도로 미국에서도 동일하게 나타나고 있다. 이탈리아를 제외하고 독일만큼 모순이 첨예한 나라는 없다. 독일의 비참한 교육현실은 수년 전부터 수천 번에 걸쳐 보고되었다. 이미 90년대 중반부터 각 연령대의 청소년 중 5분의 1이 졸업장을 받지 못하거나 직업교육을 받지 못하고 있다. 그렇게 되면 수백만 명의 청소년이 열여섯살의 나이에 벌써 실업과 빈곤에서 벗어날 희망을 거의 갖지 못하며, 이 중에서도 이주민 가족 출신의 청소년들이 평균 이상으로 많다.

미국과 마찬가지로 독일에서도 젊은이들이 대학을 졸업할지 여부가 사회적 출신에 의해 결정되는 것은 '용서할 수 없는 불의' 라고 주류사회의 수장인 연방대통령 호르스트 쾰러Horst Köhler가 한탄했다. 이미 10년 전에 그의 전임자 로만 헤르초크Roman Herzog도 똑같은 문제를 제기하면서 교육문제에서도 국가가 '밀어줄' 것을 요구했다. 그 이후 아마도 정당을 불문하고 독일에서 고위 정치인으로서 학제 개선을 요구하거나 약속하지 않은 인사는 없을 것이다. 그들은 무엇보다도 유치원과 초등학교에서 이루어지는 조기교육은 부모의 빈곤과 낮은 교육수준에서 비롯되는 불이익을 상쇄하기 위해서 대대적인 지원이 이루어져야 한다고 주장했다. 이에 대해서는 모든 노선의 전문가들이 같은 의견이다. 그렇지만 양대 정당의 통치자들은 교사와 학생들에게 대대적으로 투자하는 것을 계속적으로 미루고 있다. 1995년부터 2005년까지 독일에서 학생 1인당 지출은 6퍼센트도 증가하지 않았다.[173] 수요에 비해 초라할 정도로 적은 금액이다. 물론 지출을 증가시킨다고 해서 자동적으로 교육 성과가 나아지는 것은 아니다. 그렇지만 이 부문에 누적된 엄청난 결손은 예산을 크게 증액하지 않고서도 해소될 수 있을 것이다. 이것이 이루어지지 않기 때문에 세계에서 가장 부유한 나라 중 하나에서 수백만 명의 학생이 70년대 기술장비를 갖춘 낡은 건물에서 수업하고 있다. 그와 동시에 수만 명의 교사들이 독일어를 거의 할 줄 모르는 학급 내 수많은 이주민 자녀들을 혼자서 가르치느라 힘겨워하고 있다. 또한 그렇기 때문에 기업들은 전문인력 부족에 대해 점점 더 크게 불평하고 있다.

이는 사회적 분열과 그에 따르는 교육 빈곤이 정치의 과제를 분배정의가 아니라 '기회정의'의 창출이라고 주장한 독일 사회민주당과 전직 총리 슈뢰더의 구호가 얼마나 공허한지를 극명하게 보여주는 사례이다. 실제로 이 양자는 오래 전부터 서로 분리될 수 없게 되었다. 그러나 말과 행동 사이의 괴리가 커질수록 정치적 위험은 더욱 예측 불가능해진다. 불의에 관한 비판과 그 대안을 수년 동안 요란하게 변죽만 울리고서도 아무런 변화도 꾀하지 못한다면 민주주의와 시장경제는 국민들 사이에서 정당성과 지지를 상실하게 된다.

아래로부터 발생하는 이러한 급진화 양상은 사회 상위계층의 급진화도 가능케 한다. 이러한 현상은 대기업의 최고경영진들이 아무런 양심의 가책도 받지 않고 부자가 되는 데에서 분명하게 나타나고 있다. 그들은 다수의 종업원들을 향해서는 소득감소를 해외 저임금국의 경쟁 탓으로 얼버무리는 반면, 이사회에 속해 있는 주식자산의 관리인들은 풍족한 보너스로 대우해 준다. 인사 컨설팅회사 킨바움Kienbaum의 조사에 따르면 독일 최대기업 1,300개에 재직하는 4,300명의 이사가 받는 보수가 2007년 한 해에만도 평균 17.5퍼센트 인상되었다. 독일 증권시장에 상장된 콘체른에서는 최고경영진의 보수가 무려 23퍼센트 증가했다.[174] 이에 필요한 정당화 논리는 민간은행 메르크 핑크주식회사Merck, Fink & Co.의 알렉산더 메텐하이머Alexander Mettenheimer 사장이 정확하게 표현했다. 독일의 세계화 승자들을 위한 자산관리인으로서 그는 '소득은 벌어질수록 좋다'고 말한 것이다. 그 까닭은 그렇게 해야만 "개인도 …… 크게 성공할 수 있기" 때문이고, 이것이 "나라를 위해서도 좋은 일이다."[175]

그러므로 포퓰리즘 정치가가 권력을 장악하기 위해서 사회적 분열을 이용하고 외국인이나 외국 및 세계화에 대해 깊어지는 혐오감을 조장할 위험이 선거를 치를 때마다 커지고 있다. 이 위험을 독일 총리도 감지하고 있는 것 같다. 앙겔라 메르켈 총리는 2007년 전당대회 연설에서 시민들이 사회의 결속에 대한 믿음을 잃어서는 안 된다고 말했다. 그녀는 "그것을 이루지 못하면 만사휴의가 된다"고 이례적으로 분명하게—비록 그것을 실천하려는 노력은 없었지만—경고했다.[176]

그렇지만 기회와 소득의 분배를 실질적으로 개선하려는 노력을 꺼리는 것이 단지 위선의 차원에만 머무는 것이 아니다. 그 배후에는 승자들과의 대결에서 이겨낼 수 없을 것이라는 정치계급의 두려움이 자리잡고 있다. 그 까닭은 통치자들이 배척과 불의에 결연하게 맞서고자 한다면 그들은 신자유주의 시대에 금기시되어 버린 고전적 수단, 즉 조세와 분담금을 통해 부자로부터 빈민을 향한 재분배를 실천해야 하기 때문이다. "이는 더 이상 우리 현대사회의 정치일 수 없다"고 사회민주당 원내대표인 페터 슈타인브뤽이 1999년 정권을 인수한 다음 선언했다. 이는 커다란 오류이다.[177] '현대사회'에서 바로 이 오류의 회복보다 더 시급한 것은 없다. 이러한 인식이 한때 시장급진주의의 잘못된 이론이 마거릿 대처와 로널드 레이건이 최고통치자로 등장했던 곳, 즉 영국과 미국에서 새롭게 확산되고 있는 것은 놀라운 일이다.

억만장자들의 조세피난

영국 의회의 금융위원회는 구경거리가 별로 없다. 그 분야의 의원을 잘 안다면 몰라도 세법의 세세한 사항에 관한 그들의 논쟁을 이해하는 사람도 거의 없다. 그러나 2007년 6월 이날은 전혀 달랐다. 웨스트민스터 궁전 부속건물에 있는 회의장 앞에서 기다리는 사람들의 행렬이 큰길까지 길게 늘어섰다. 고급 맞춤양복을 입은 사람도 많았다. 지금까지는 한번도 없었던 연극이 예정되어 있었기 때문이다. 즉, 금융산업에서 가장 막강하고 부유한 남자들 몇몇이 이날 자신들의 사업에 관해 해명과 답변을 하도록 되어 있었던 것이다.

그 몇 달 전부터 노조활동가들이 전국적인 캠페인을 통해 사모투자회사PE들의 횡포에 대해 항의했다. 이들은 기업을 사들여서 높은 신용을 차입한 다음 이를 종업원을 희생시키면서 달성한 경비절감을 통해 상환하고, 여기에 더해 재매각하여 방대한 이윤을 거두어들이는 펀드회사이다. 이미 영국 일자리의 5분의 1이 PE 회사의 활동에 좌우되고 있을 정도이다. 가령 자동차부문에서는 퍼미라Permira 지주회사의 투자자와 매니저들이 이윤을 증대시키기 위해서 3,400명의 종업원의 일자리를 빼앗았다. 이 회사는 독일에서도 텔레비전방송사 프로지벤샷 1 ProSiebenSat.1과 다른 여러 기업에서 '메뚜기'로 언론의 1면 톱을 장식했던 기업이다.

그리고 이제 퍼미라의 설립자이자 최대주주이고 이 사업에서 베테랑인 니콜러스 퍼거슨Nicholas Ferguson마저 이 사업의 추악한 면을 공공연하게 비판하고 나섰다. 영국 세법 덕분에 수백만의 보수를 받는 펀드매니저들이 '청소부보다 세금을 덜 내고 있다'고 퍼거슨이 〈파이낸셜 타임스〉에 기고했다. "이성적인 사람이라면 누구나 그것이 정당하지 않다고 말할 것이다."[178] 여론이 들끓어 올랐다. 가령 〈데일리 메일〉은 "열심히 일하는 가정들을 기만하는 새로운 도적귀족"이라는 제목을 달았다. 소관 위원회 의원들도 이를 무시할 수 없어서 이 분야 최고경영자 네 명을 즉각 공개청문회에 불렀다. 영국 기업 퍼미라와 3i의 데이먼 버피니Damon Buffini, 필립 예Philip Yea 이외에 미국 수퍼펀드 칼라일과 KKR의 로버트 이스튼, 그리고 도미니크 머피도 출두해야 했다. 이들 미국 펀드는 세계를 포괄하는 기업을 소유하고 있고 전직 대통령 부시 시니어를 비롯한 수십 명의 전직 고위 정치인들이 파트너로 참여하고 있다.

모두 수억대 자산을 가진 이들 억대 거래의 주인이자 세계화된 금융자본가들이 이제 그곳에 앉아서 생도처럼 훈계를 들어야 했다. 그들의 채무전략이 종업원들에게 불이익을 가져다 준다는 비난을 듣고 머피는 자신의 회사 KKR은 "끈기 있고 성실하게 운영하는 장기투자자"라고 답변했다. 그리고 버피니는 퍼미라 지주회사에 대한 변명으로 "우리는 부당한 짓은 아무것도 하지 않는다. 나와 내 파트너들은 자기자본으로 세계에서 가장 성공적인 금융서비스기업 하나를 세웠을 뿐"이라고 내세웠다. 이에 대해 이 위원회 위원장 존 맥펄John McFal은 이렇게 조롱하는 투로 질문했다. "일반인들은 얼굴에 한 대 맞기는 하지만 아무도 죽지는 않는다, 이 말씀인가요?"

이어서 맥펄은 한 사람씩 차례대로 그들이 세금을 얼마나 내고 있는지 질문했지만 아무도 답변하지 않았다. 마침내 위원장이 격노했다. "이보시오, 당신들은 '우주의 주인들' 아니오? 수익세를 얼마나 내는지 내가 묻는데 당신들은 거기에 대해 아무 말도 할 수 없는 겁니까? 이거 정말 놀라울 따름입니다." "이 어리석은 말은 삭제하시오" 또는 "시시한 변명은 그만두시오" "우리를 바보 취급하지 마시오"와 같은 훈계로 의원들은 두 시간 가까운 청문회를 법정처럼 만들었지만, 정작 실제로 이 말들을 들어야 할 대상은 빠져 있었다. 그것은 정부수반이었다.

그 이유는 10년 전에 재무장관으로서 특혜를 관철시킨 인물은 바로 영국 총리 고든 브라운 말고 다른 이가 아니었다. 그 덕분에 PE 매니저들은 대부분 전체 수익의 5분의 1에 해당하는 자신들의 펀드이윤 지분에 대하여 소득세를 납부하지 않고 '자본수익'으로 신고할 수 있게 되었다. 정상적인 노동자처럼 40퍼센트까지 납부하지 않고 소득의 10퍼센트만 국고에 납부하는 것이다. 야당과 자기 당의 공격을 받자 브라운은 그것이 '공정한' 세율이 아니라는 점을 인정하지 않을 수 없었고 그의 재무장관은 자본수익에 대한 세율을 18퍼센트까지 인상하겠다고 답변했다. 그렇지만 그가 이 약속을 지킬 수 있을지는 지극히 불투명하다. 그 후에도 몇 달 동안 논란은 줄지 않고 계속되었고, 훨씬 더 강력한 요구를 제기한 의원도 많았다.

이것이 한갓 국내 조세논쟁이라면 이 모든 것은 한낱 일화에 지나지 않았을 것이다. 그러나 바로 영국 정치가들이 이제라도 부자와 특권층에게 베풀어 준 특혜에 의문을 제기한다는 것은 세계화된 자본주의의 가장 큰 잘못을 수정할 가능성이 있다는 뜻이다. 이 잘못이란 초국적 기업과 부유한 자본소유주들이 납세의무로부터 도피하는 것이다. 그 까닭은 영국이 여기에서 핵심역할을 맡고 있기 때문이다. 이러한 상황 자체는 이미 수십년 된 것이고 80년대 이후 자본거래의 자유화와 경제의 국제화로 인해 거의 자동적으로 발생한 측면도 있다. 자본의 이동성이 높아질수록 조세감면으로 투자와 자본유입을 유인하고 그럼으로써 자국에서 경제적 이익과 일자리를 창출하려는 국가간 경쟁은 심해지기 때문이다. 이것은 미국에서 출발해서 곧 기업과 자산가들을 위한 감세경쟁이 벌어지면서 오늘날까지 계속되고 있다. 그 결과 국가와 정부는 사실상 조세주권을 상실했다고 할 수 있다.

그리하여 EU에서는 자본회사에 대한 세율이 모든 회원국 평균으로 1985년부터 2005년까지 50퍼센트에서 22퍼센트로 인하되었다.[179] 이로 인해 발생하는 결손을 상쇄하기 위해서 회원국들은 대부분 조세기반을 확대했다. 즉, 공제 및 정산 가능성을 제한하거나 부동산 거래와 토지 소유에 대한 과세를 인상한 것이다. 게다가 이 조치는 특히 주로 국내에서 활동하는 중소기업에게만 가해졌다. 반대로 국제적 콘체른은 세금이 적은 곳에서 합법적으로 이윤이 발생하도록 만들 수 있었다. 그 전형적인 방법이 가령 이익세를 12.5퍼센트만 징수하는 아일랜드처럼 세율이 낮은 나라에 금융회사를 설립하는 것이다. 그리고 이 금융회사가 세율이 높은 나라에 있는 모기업에게 신용을 제공하거나 상표와 특허의 소유자가 된다. 그러면 콘체른은 이자나 라이선스 수수료를 금융자회사에게 이체하고, 그럼으로써 납세의무가 있는 이윤을 줄일 수 있다. 이 이윤은 세금이 적은 아일랜드에서 발생하는 것이다.

이렇게 해서 가령 세계적인 콘체른 마이크로소프트는 자신의 세계 전체 라이센스 수입의 4분의 1을 아일랜드 자회사로 유도함으로써 매년 약 5억 달러의 세금을 미국과 유럽에서 절약한다. 이 자회사는 '라운드 아일랜드 원' 이라는 독특한 명칭을 가지고 있으며 더블린 소재 변호사 사무실을 사업장 주소로 사용하고 있다.[180] 창립 당시의 젊고 평화로운 이미지로 치장하는 것을 좋아하던 세계최대 광고 콘체른 구글 경영인들도 처신이 다르지 않다. '사악하지 마라Dont's be evil' 가 이 회사 좌우명인데 그렇다면 조세회피는 분명 사악하지 않은 일에 속하는 모양이다. 이 캘리포니아 주 인터넷 억만장자는 2004년과 2005년 연차 보고서에서 '비교적 꽤 많은 수입이 아일랜드 자회사로 옮겨졌기' 때문에 이 광고 콘체른의 조세부담이 1억 달러 이상 절감되었다고 자랑스럽게 설명했다.[181] 게다가 이와 같은 기업들은 투자국의 교육과 인프라에 필요한 재정적 지원은 기피하고 오히려 자신들의 기업을 운영할 수 있도록 높은 교육 수준과 인프라스트럭처 수준만 요구하고 있다. 전체적으로 미국에서는 세입 총액에서 기업이 차지하는 비중이 1970년 이후 약 30퍼센트에서 8퍼센트까지 떨어졌다.

대서양의 이쪽에서도 조세정책과 조세정서가 똑같이 변화되고 있다. 비스바덴Wiesbaden 대학 경제학자이자 기업조세 전문가인 로렌츠 야라스Lorenz Jarass가 계산한 바에 따르면 예컨대 부채와 라이선스를 이용하는 방법으로 가구 콘체른 이케아Ikea도 세금을 절약하여 결국 고객에게 부담을 전가시키고 있다. 이에 따르면 독일 이케아는 2003년 자기자본이 300만 유로에 지나지 않았으나 부채는 14억 유로나 되었다. 그래서 부채이자로 6,000만 유로가 외국으로 흘러나갔다. 독일 이케아는 이에 더해 상표권 사용에 대한 라이선스 수수료로 7,000만 유로를 또 다른 해외기업에게 지불했다. 그리하여 이 거대가구기업은 독일에서 올린 이윤 약 3억 유로에 대해서 모두 합쳐 5,000만 유로, 말하자면 당시 유효했던 세율 39퍼센트가 아니라 15퍼센트만을 법인세와 영업세로 납부한 것이다.[182] 재정학자이자 독일의 저명한 기업세무사인 슈테판 홈부르크Stefan Homburg는 "이러한 현상은 광범하게 퍼져 있다"고 말하고 있다.[183] 로렌츠 야라스가 계산한 바에 따르면 그러한 수법뿐만 아니라 다른 많은 트릭을 이용해서 독일 자본회사들은 자신들의 이윤에 대하여 2006년에 평균적으로 법정세율 39퍼센트가 아니라 17퍼센트만 납부했다. 이 모순을 줄이기 위해 정부는 세율을 그 사이에 29퍼센트로 인하했다. 이로 인해 매년 적어도 60억 유로의 추가적인 세수 감소가 발생하고 있다. 이는 12만 명의 교사를 새로 임용하기에 충분한 금액이다. 그러나 재무장관 페르 슈타인브뤽은 조세부담의 불평등을 또다시 심화시키는 이 새로운 세율을 '경쟁력 있다' 고 정당화시켰다.

그렇지만 이것은 기업 측면에 지나지 않는다. 기업 이윤이 소유주와 주주 쪽에서 적절하게 과세된다면 조세부담의 재분배는 적어도 부분적으로는 형평성을 찾을 수 있을 것이다. 그러나 실제는 그렇지 않고 기업의 초국적인 조세회피와 병행해서 자산가들의 사적인 조세회피도 20년 전에는 생각조차 할 수 없었을 정도에까지 이르렀다. 이것이 가능해진 것은 미화하듯이 조세 오아시스라고 불리는 역외센터라는 시스템 때문이었다. 이들 오아시스의 확장은 전 세계 정부가 수십년 전부터 당연한 것처럼 용인해 왔다. OECD 전문가들에 따르면 적어도 73개 나라와 영토, 도시들이 조직적인 조세피난이 이루어질 수 있는 장소로 제공되고 있다. 그들 모두 핵심에서는 동일한 것을 제공하고 있다. 기업에서 발생하는 수익에 대해서는 세금을 부과하지 않고 계좌와 페이퍼 컴퍼니를 개설하는 데 대한 수수료만 받을 뿐이다. 범죄 혐의가 있는 경우를 제외하고 소유주는 익명으로 되어 있는데, 이때 탈세는 물론 예외이다. 이들 조세피난처는 카리브 해의 섬 안티구아에서부터 스위스, 두바이, 홍콩, 싱가포르를 거쳐 태평양의 섬공화국 바누아투에까지 이르고 있다.

이들 조세피난처에 등재된 투자자산의 정확한 규모는 당연히 아무도 말할 수 없다. 그러나 '역외'로 신고된 예금에 관한 국제결제은행 BIS의 통계와 보스턴 컨설팅이 자산이 많은 고객의 투자행태에 관해 작성한 연구보고서가 있다. 이를 기초로 해서 역외괴물들에 대한 비판자들의 국제연합인 조세정의네트워크의 전문가들이 계산한 바에 따르면 2005년에 조세 오아시스에 기재된 개인자산 규모는 적어도 10조 달러에 이른다.[184] 여기에는 형식적으로 그러한 곳에 본사를 두고 있는 수많은 펀드와 보험, 부동산기업은 전혀 포함되어 있지 않다.

　　10,000,000,000,000달러! 이는 전 세계 원유 거래규모의 다섯 배, 또는 이 연구보고서를 위해 데이터를 수집한 해인 2003년 미국 국내총생산과 맞먹는 규모에 해당한다. 그 사이에 이 금액은 다시 30퍼센트 증가했을 것이다. 이 투자가 평균적으로 7.5퍼센트의 수익을 가져다 주었다고 가정할 때 역외자산 보유자들은 2003년에만도 7,500억 달러의 소득을 달성했지만 이에 대해 세금은 한 푼도 내지 않았다. 세율을 30퍼센트로만 잡아도 탈세자들의 모국에서 2,250억 달러의 조세 수입이 누락된 셈이다. 이 금액은 그 해 OECD 회원국들이 지출한 개발원조의 약 세 배에 해당한다. 아마도 역외 회색지대에서 회피된 납세 총액은 이보다 훨씬 클 것이다.

세금 기생족

이들 모든 조세피난처가 카리브 해나 영불해협에 있는 사이비 국가들뿐이라면 '오아시스'는 아무 문제가 되지 않을 것이다. 그런 곳들은 세계화된 금융엘리트를 위한 거주지나 글로벌 플레이를 펼치기 위한 금융산업의 본사로서도 적합하지 않을 것이다. 그러나 실제로 케이먼 제도나 맨 섬Isle of Man, 그리고 제후국 리히텐슈타인과 그 모방국들은 위장기업이나 재단, 신탁회사 및 여타 구조체의 형식적인 주소로만 사용될 뿐이다. 이들 덕분에 일군의 변호사와 기업컨설턴트가 먹고 산다. 대부분 고상한 민간은행과 세계적으로 활동하는 회계감사법인인

KPMG, 프라이스워터하우스쿠퍼스PricewaterhouseCoopers, 언스트 & 영Ernst & Young은 자신들의 고객을 위해 '절세라는 이유로 용납할 수 없는 행태'를 벌이고 있다고 OECD 회원국 조세당국의 수장들이 이미 2006년 공동성명에서 비난했다. 물론 이러한 사업이 가능한 것은 많은 정부가 그것을 은연 중에 용인할 뿐만 아니라 일부 국가들은 명시적으로 지원하기 때문이다.

겉으로는 무관한 듯한 나라들에서도 책임 있는 정치인들이 조세회피를 얼마나 기만적으로 행하는지는 2008년 2월 조세수사관들이 리히텐슈타인 은행LGT의 독일인 고객의 리스트를 찾아냈을 때 아주 잘 나타났다. 독일 연방정보국은 영향력 있는 제후 가문이 소유한 금융기관의 전직 직원에게서 약 700명의 유복한 독일인의 계좌와 교신에 관한 모든 데이터를 사들였다. 이들을 위해서 LGT는 총 10억 유로의 자산을 가진 여러 재단을 '신탁자산'으로, 세금을 내지 않으면서 운영하고 있었다. 이 정보기관은 정부 공식 경로를 통해 그 데이터를 조세당국과 검찰에 넘겼다.

수사관들이 그 명단에서 가장 저명한 인사이고 오랫동안 독일 우편국장을 지낸 클라우스 치머만을 발견하고 그가 수백만 규모의 탈세를 자행한 것이 밝혀지자 연립정부 고위층은 갑작스럽게 격분을 연출했다. 기독교민주당 출신 메르켈 총리는 이런 일은 정말 "상상도 할 수 없었다"면서 맞장구를 쳤다. 사회민주당 쿠르트 벡은 이 사건으로 "극도의 충격을 받았다"면서 그를 '상류층의 반사회적 행태'라고 맹비난했다.[185] 오스트리아와 스위스 사이에 있는 알프스의 이 리히텐슈타인에서는 16개 은행이 1,000억 유로의 조세회피자금을 관리하고 있다. 이 나라를 쿠르트 벡은 '현대의 도둑기사단'이라고 몰아붙였다. 사회민주당의 고위 조세전문가 요아힘 포스Joachim Poß는 '불량배국가'라고까지 말했다.[186] 그리고 이들은 모두 리히텐슈타인에 있는 여러 재단이나 다른 지역의 유사한 조직들이 운영하고 독일에서도 이용하고 있는 그러한 조세회피 방법을 이제야 비로소 알게 되었다는 듯이 행동했다.

그러나 실제로는 8년 사이에 이미 세 번째 리히텐슈타인 사건이 일어났다. 2000년에 이미 한 차례 도난당한 데이터를 통해서 리히텐슈타인 신탁회사 헤르베르트 바틀리너Herbert Batliner의 독일인 고객 100명 이상이 탄로난 바 있다. 그 중에는 그 사이에 타계한 억만장자 카를 프리드리히 플릭과 사업수완이 좋은 기수 파울 쇼케묄레Paul Schockemöhle도 있었다. 곧 뒤이어 같은 신탁회사가 수십년 동안 여당인 기독교민주당과 이 당 출신 헬무트 콜 총리의 검은 돈도 '재단' 형태로 관리하고 있었음이 드러나기도 했다. 이러한 일들이 없었더라면 앙겔라 메르켈은 추측컨대 결코 총리가 되지 못했을 것이다. 그러나 이러한 폭로에도 불구하고 리히텐슈타인의 조세회피 조력자들에게는 아무런 제재도 가해지지 않았다. 최근의 사건과 관련하여 독일 연방재무부의 관료들이 밝힌 바와 같이 그들 제후국과의 사업거래나 교역하는 일은 방해받지 않았다. 그렇기 때문에 조세정의네트워크의 독일 대변인 스벤 기골트는 정치인들의 모든 분노는 '전혀 신뢰할 수 없다'고 비난했다. 그 말이 옳다. 그 사건의 진짜 핵심은 겉으로 드러난 조세범죄가 아니라 그에 앞선 정치권의 무대응인 것이다. 경제지도층 및 금융귀족들과의 은밀한 양해 속에서 현직 페르 슈타인브뤽을 포함해서 지금까지 재무장관들은 조세정의를 위해서 국제적인 경제적 갈등을 감수하는 것을 언제나 너무 주저했다.

그렇지만 이제는 이것이 시급하게 되었다. 조세회피 사업에서 가장 중요한 당사자는 리히텐슈타인이나 안도라가 아니라 스위스 칸톤● 정부와 영국 정부이다. 미국의 조세정보서비스인 조세분석의 연구보고서가 이를 밝혀주고 있다. 그 분야에서는 관행적으로 이 분야에 대해서 입을 다물고 있었으나 반대로 이 서비스의 소유주인 마틴 설리번Martin Sullivan은 투명성과 공정성의 원칙을 표방하면서 자체 조사를 통해 조세회피의 어둠 속을 밝히기 시작했다. 설리번이 계산한 바에 따르면 탈세를 목적으로 스위스의 331개 은행에만 '은행고객비밀'이라는 미명 아래 약 9,600억 유로의 자산이 예금계좌나 신탁계좌에 예치되어 있다.[187] 이는 리히텐슈타인에 예탁된 금액의 약 10배이다. 이곳에서는 실수나 우연에 의해서 신분이 노출될 위험 때문에 대부호나 저명인사들의 주소지 변경 서비스까지 제공한다. 취리히 호의 '황금호반'에서부터 수도 베른에 이르기까지 거의 모든 칸톤에서는 전 세계 부호들이 주소지를 그곳으로 옮긴다는 전제 하에서 정상적인 조세 대신 생계유지에 필요한 '최소비용'에 대해서만 세금을 일괄부과하도록 협상한다.

그리하여 이들 특혜를 받은 사람들은 조세부담이 한 자리 수의 백분비로 줄어든다. 적어도 4,000명의 외국인 억만장자와 백만장자가 자신들의 소득이 발생하는 나라에 납부할 세금을 이러한 방식으로 회피하고 있다. 가령 포뮬라-1 레이스 스타인 미하엘 슈마허Michael Schumacher와 이케아 설립자 잉그바르 캄프라드Ingvar Kamprad도 그 수혜자에 속한다. 이들은 각각 1억 프랑으로 추산되는 연간소득에 대해 고작 200만 프랑의 세금만 납부할 뿐이다. 철통같이 방어되는 스위스 은행비밀과

● Canton: 스위스 연방 정부를 구성하는 자치주와 같은 단위. 1293년 4개의 칸톤으로 시작해서 현재 26개로 늘어났다.

일괄세금 뒤에 숨어 있는 경제논리는 간단하다. 자국민에 의한 투자가 없이도 스위스에서는 금융산업에서 많은 일자리가 생길 뿐만 아니라, 외국의 부호들과 그 수행원들까지 들어오는 것이다. 그 뒤에 숨어 있는 정치의 태만은 독일 테신Tessin 지역의 세무사 마르코 베르나스코니 Marco Bernasconi가 분명히 밝히고 있다. 즉, "스위스에서 영업활동을 해서 얻어진 수익이 아니라 외국에서 발생한 것이기 때문에 조세정의 라는 말은 해당되지 않는다"고 베르나스코니는 오히려 역설하면서 그 러한 수법을 대학에서도 가르치고 있다.[188] 다른 말로 하자면 스위스는 자신의 조세회피 부문의 수익은 외국에 손해를 끼치며 얻어지는 것이 고, 나머지 세계에 대해서 기생충처럼 행동한다는 뜻이다.

이는 영국에도 그대로 해당되는데, 영국 정부는 수십년 동안 의식적 으로 영국령인 카리브 해 제도의 '영토'와 자국 해안 앞에 부자들을 위 한 면세기구를 설치하는 것을 장려했다. 그럼으로써 런던은 전 세계 조 세피난의 가장 중요한 축으로 발전했다. 미국인 전문가 설리번이 계산 한 바에 따르면 2007년 중반까지 영국령 카나리아 제도의 저지Jersey 섬 및 건지Guernsey 섬과 아일랜드 해의 맨 섬에 있는 은행지점에만도 적 어도 1조 달러의 비거주자 자산이 조세회피 목적으로 예치되어 있 다.[189] 이는 대략 스페인의 국내총생산에 해당하는 금액이다. 이에 맞 추어 영국 정부는 재산 많은 외국인에게 '지불지 비지정 거주자Non-domiciled residents'의 지위를 부여하고 있다. 1799년 대영제국 당시 도 입된 이 규정의 취지는 플랜테이션 소유주들이 식민지에서 벌어들인 수익에 대하여 본국에서 세금을 납부하지 않아도 되도록 하는 것이었 다. 오늘날에 이 규정은 모든 비영국인에게 열려 있으며, 이들이 공식 적인 국경 밖에서 벌어들인 소득을 면세로 취득할 수 있도록 허용하고

있다. 영국은 대부분의 OECD 회원국과 이중과세방지협정을 체결하고
있기 때문에 수혜자들은 주로 해외에 체류하는 한 고국 재무당국의 추
적에서도 벗어날 수 있다. 이처럼 '비거주 주민'들을 아름다운 영어권
섬의 믿을 수 있는 은행의 법적으로 보호되는 익명 계좌와 결합시켜 줌
으로써 런던은 세계에서 가장 주요한 조세 오아시스가 되고 있다. 영국
재무부는 2005년에 이미 11만2,000명의 '비거주 주민'을 등록해 놓았
다. 최신 데이터는 알려져 있지 않지만 그 수혜자의 수는 급속히 증가하
고 있으며, 2005년까지의 3년 동안에만도 해외수입이 있는 조세난민
48,000명이 새로 추가되었다.

영국 조세전문가 리처드 머피Richard Murphy가 계산한 바에 따르면
영국에서 지원받는 조세회피만으로도 수혜자들은 연간 약 400만 유로
를 벌어들인다.[190] 그 수혜자 중에는 인도 태생의 철강 재벌 락시미 미
탈Lakshmi Mittal도 들어 있는데, 그는 자신의 콘체른이 세계화됨에 따
라 220억 유로의 자산을 축적했지만 그에 필요한 인프라스트럭처나 학
교 교육은 일반 시민들이 부담하도록 하고 있다. 러시아 석유억만장자
로만 아브라모비치Roman Abramowitsch도 똑같이 행동하고 있다. 그는
세금을 납부하는 대신 차라리 자신이 소유한 축구클럽 첼시를 위해 스
타선수들을 사들인다. 독일의 금융엘리트로는 무엇보다도 엥겔호른
Engelhorn 가문과 브레멘 커피왕조의 상속인인 클라우스 야콥스Klaus
Jacobs가 대표적이다. 엥겔호른 가문은 90년대 말 자신들이 소유하고
있던 제약회사 뵈링어 만하임Boehringer Mannheim의 지분을 매각해서
110억 달러를 받았다. 그 전에 이 가문은 당시에는 아직 매각수입에 대
한 과세가 유효했기 때문에 이를 피하기 위해서 이 지분을 버뮤다에 있
는 지주회사의 소유로 이전해 놓고 있었다. 이 자산에서 발생하는 수익

을 엥겔호른 후손들은 파나마와 버뮤다에 있는 역외회사, 그리고 이에 걸맞은 런던 주거지의 도움을 받아 면세로 옮겨놓을 수 있게 되었다. 그 동안에 이 가문은 조세피난처 모나코에 거주하고 있다. 커피왕조 상속인 클라우스 야콥스는 자신의 기업을 일찌감치 스위스로 옮겨서 그곳 시민이 되었고 이제는 수년 전부터 런던에서 세금을 최소화시키면서 살고 있다. 그래도 그는 사립대학을 위해서 자기 고향 브레멘에 2억 유로를 기증했고, 그 후 그 대학은 그의 이름을 달고 있다.

이들과 같은 많은 국제금융귀족 이외에도 영국의 조세피난 지원이 일차적으로 도움을 주는 것은 금융부문의 최고 소득층이다. 은행과 투자회사들은 최상의 고객을 전 세계에서 자국으로 영입해 와서 최소의 세금으로 최고 소득을 보장해 준다. 이것이 런던의 시티가 뉴욕에 비해 지니고 있는 핵심적인 장점으로서, 영국의 수도 런던에게—나머지 세계를 희생시키면서—금융산업의 세계 수도라는 명성을 가져다 주었다.[191]

그러한 까닭에 기업 구매자와 기업 분할자들의 조합인 사모펀드들이 기업의 본사를 주로 런던과 그 교외에 두고 있다. 그 이유는 그들 사업의 대부분이 조직적인 조세회피가 없으면 이루어질 수 없기 때문이다. 이를 위해 특별히 조직된 역외 회사를 이용해서 퍼미라나 칼라일 같은 금융투자자들은 자신들이 인수한 기업들에서 발생하는 모든 이익세를 줄여나간다. 이들 기업이 나중에 다시 매각되면 역외 기구들은 참여 투자자들이 세금을 내지 않고 이익을 얻을 수 있도록 도와준다. 게다가 이들 회사의 대주주들은 2007년 웨스트민스터에서 열린 금융위원회에 출두한 증인들처럼—고든 브라운 덕분에—자본수익에 대한 과세에서 특히 유리한 영국 규정을 적용받게 되거나 '비거주 주민'으로 등록되어 있다.

세계화를 구제하기 위한 뉴딜 정책

독일 베스트팔렌의 소도시 헤메르에 본사를 두고 위생장비부문에서 세계 선두 기업인 독일 기업 그로에Grohe의 사례를 살펴보자 이 회사가 영국 BC 파트너스Partners와 훗날 미국 텍사스퍼시픽그룹TPG의 금융마술사의 수중에 떨어지기 전까지는 상당한 이윤을 올리면서 3,000만~4,000만 유로의 이윤세를 매년 납부하고 있었다. 인수된 후 이 회사는 형식상 쿠바 남쪽 케이먼 제도의 수도인 조지타운에 본사를 둔 회사의 소유가 되었고 결국 10억 유로 이상의 부채를 지게 되었다. 그 까닭은 금융투자자들은 대부분의 경우에 '사모私募'라는 명칭이 암시하는 것과는 정반대로 행하기 때문이다. 그들은 자기자본을 납입하는 것이 아니라 오히려 회수하는 대신 기업 매수대금은 신용으로 지불하고 이를 그 기업에게 부담시키기 때문이다. 그로에의 경우에는 기업이 스스로의 매각대금을 지불해야 했기 때문에 자기자본 비율이 50퍼센트 이상에서 2퍼센트로 감소했다. 그에 따라 이윤은 더 이상 발생하지 않았고 세금도 마찬가지로 납부하지 않았다. 그 대신 그렇게 해서 절감된 금액은 부채 상환에 사용되었다. 뒤이어 약 1,000개의 일자리를 저임금국으로 이전하여 '구조조정'을 단행한 다음 그로에는 다시 매각됐다. 이에 따른 이윤은 마찬가지로 카리브 해에서 발생했고 여기에 참여한 투자자들에게는 당연히 세금 한 푼 내지 않고 투자자들 주머니로 흘러 들어갈 수 있었다. 게다가 런던에 있는 TPG 매니저들은 자본수익의 일부를 지분 형태로 받은데다가 세율이 그들의 부하직원들보다 훨씬 낮은 것을 보고 기

뻐했다.[192]

그러므로 세율 논란이 바로 메뚜기 부문의 최고 소득층에게서 일어나는 것은 결코 우연이 아니다. 이들은 '비거주 주민'을 위한 규정의 혜택을 추가적으로 받기 때문에 영국 재무장관 앨리스테어 달링Alistair Darling은 여기에서도 빗장을 질러야 할 강한 필요성을 느꼈다. 그래서 그들이 계속 세금을 내지 않고 해외소득을 얻으려 한다면 매년 일괄적으로 4만 유로를 납부하도록 규정하는 새로운 법안을 추진 중이다. 그렇지만 이 계획이 실현될지는 불투명하다. 그들의 변호사들이 고객을 스위스로 빼돌리겠다고 위협한 것이다. 스위스 칸톤 정부들은 제네바나 취리히, 그리고 축Zug에 있는 자신들의 대안적 조세피난처에 관한 광고를 런던에서 거리낌 없이 하고 있다.[193]

그렇지만 대부호를 위한 세금 특혜는 영국에서만 논란이 되는 것이 아니다. 웨스트민스터 재판이 벌어지던 당시 미국의 사모펀드 매니저들도 공격을 받았다. 미국에서도 개인회사의 수익에 대해서는 15퍼센트의 세금만 부과된다. 이는 원래 창업자와 소규모 개인기업을 지원하기 위한 것이었다. 그러나 미국에서만도 수조 달러에 달하는 기업제국을 지배하고 있는 사모기업의 소유자들은 이를 그 나라의 최고 소득자를 위한 조세지원제도로 바꾸었다. 양쪽에서 일해 본 경험이 있는 한 매니저는 그들이 단 한 차례의 거래를 통해 "DAX에 상장된 콘체른의 이사가 10년 동안 벌 수 있는 만큼"을 버는 경우도 있다고 실토했다. 이러한 메가 소득에 대한 미니 세금은 이미 오래 전부터 알려져 있는 사실이지만 이에 대한 저항이 일어난 것은 세계 최대 사모 콘체른 블랙스톤Blackstone이 2007년 봄에 자신의 자산을 다시 한 번 몇 배 증식시키려 했을 때였다.

독일에서 블랙스톤은 무엇보다도 독일 텔레콤에 참여하면서 알려지게 되었다. 이 지분 참여와 함께 2007년에 배당금은 3억 유로가 증가한 반면에 5만 명의 종업원에 대한 임금은 축소되는 일이 벌어졌다. 주식시장 일람표를 통해 미국 여론은 창립자이자 시니어 파트너인 스티븐 슈워즈먼Stephen Schwarzman 혼자서 2006년에 도이체방크 아커만 회장 연봉의 20배에 해당하는 4억 달러를 벌었다는 사실을 알게 되었다. 그 밖에 회사 지분 2퍼센트를 주식시장에서 매각하여 월스트리트의 왕관 없는 이 제왕은 다시 한번 6억4,000만 달러 이상을 벌었다고 한다. 그것도 주식시장에 상장된 다른 콘체른들과는 반대로 35퍼센트가 아니라 15퍼센트의 이윤세밖에 내지 않는 기업에서 세금 한 푼 내지 않고 벌어들였다. 이것은 미국 기준으로도 너무 많았다. 미국 상원의 위임을 받아 이 사안을 조사한 재정학자 빅터 플레이셔Victor Fleischer가 내린 결론은 '가장 부유한 사업가가 가장 낮은 세율을 납부한다' 는 것이었다.[194] 그리하여 양당의 하원의원과 상원의원은 사모펀드 매니저와 헤지펀드 매니저들에게도 정상 소득자들과 같은 법이 적용되도록 하는 긴급법안을 즉각 여러 건 제출했다.

그러나 그것은 미국 조세논란의 한 예에 지나지 않았다. 동시에 이 일을 계기로 해서 극단적인 시장자유주의로 잘 알려진 경제학자들이 국민 절반의 빈곤층에게 유리한 소득재분배를 위한 급진적인 제안들을 앞 다투어 내놓았다. 예컨대 매튜 슬로터Matthew Slaughter는 경영학 교수일 뿐만 아니라 3년 동안 부시 대통령의 경제자문위원으로도 일했다. 2001년에 그는 가장 부유한 국민 5퍼센트에게 연간 2,000억 달러 이상의 세금을 면제해 주는 조세개혁에 찬성한 바 있다. 그러나 2007년 7월 보수적인 잡지 〈포린어페어스Foreign Affairs〉에 기고한 글에서 불평등

이 '지난 20년 이래 그 어느 때보다도 크고' 미국이 보호주의의 함정에
빠져들고 있다고 경고했다. 이를 바로잡기 위해서 그는—1930년대 세
계경제공황 이후 루스벨트 대통령 행정부의 사회개혁에 빗대면서—
'세계화를 구제하기' 위한 '뉴딜'을 요구했다.[195]

슬로터에 따르면 "교육비 지출 증대와 해고 노동자 지원 개선과 같
은 통상적인 대응책 만으로는 매우 불충분하다." 그보다는 "적극적으
로 소득을 재분배하는 개혁, 요컨대 매우 누진적인 세제"라는 것이다.
그 중 한 가지 가능성은 고소득층을 연금보험에 참여시키는 것이다. 독
일에서처럼 모든 미국 노동자는 연간소득 9만4,200달러까지는 연기금
을 납부해야 한다. 그런데 실제로는 이 원칙은 역진적으로 작용한다.
소득이 높을수록 연금생활자를 부양하기 위한 백분비 보험료는 적어지
는 것이다. 슬로터가 계산한 바에 따르면 이 한계를 폐지하면 소득 피라
미드에서 하위 50퍼센트의 피보험자에게는 보험료를 면제시켜 줄 수
있을 것이고, 그럼으로써 2,560억 달러를 하위 빈곤층에게 지원해 줄
수 있다고 한다. 하이델베르크 가정법원 판사 위르겐 보르셰르트Jürgen
Borchert와 같은 사회개혁가들의 의견에 따르면 이러한 구상을 독일에
서도 적용하면 '축복'이 될 수 있다. 저소득층은 혜택을 볼 것이고 저
숙련노동을 위한 일자리 공급도 증가할 것이다.

슬로터의 동료 로버트 실러의 제안은 이보다 더욱 급진적이다. 그는
금융대가로서 이미 다보스에서 콘체른 엘리트들에게 불평등의 위험에
대해 경고한 바 있다. 실러가 주장하는 대로 진행된다면 고소득층에 대
한 소득세는 분배의 불평등 정도가 심해질수록 더욱 증가할 것이다.
"재무당국은 불평등 정도가 더 심화되지 않도록 매년 세금을 조정할
것"을 실러는 요구하고 있다. 부자들은 불만스럽겠지만 '그들의 상대적

지위가 보장된다면' 그들도 크게 억울하지는 않을 것이라고 한다.[196]

이에 대해 미국 상원에 상정된 첫 번째 수정 제안의 향후 운명을 통해 조세체계를 다시 정상화시키는 것이 얼마나 어려울지 가늠할 수 있게 된다. 2007년 초까지 민간투자회사로 구성된 금융계의 거인들은 자신들의 네트워크를 통해 도처에서 압력을 가하고 있었기 때문에 별도의 로비스트를 필요로 하지 않았다. 그렇지만 국민들의 분노가 하원에까지 밀려들자 펀드 전략가들은 총력을 동원했다. 수정 제안의 입법을 막기 위해 블랙스톤 혼자서만도 변호사와 컨설턴트에 370만 달러를 투자했다. 동시에 그 협회는 의회 홍보를 위해 수백만 달러를 들여 최고전문가를 고용했다. 마침내 이들은 네바다 주 출신 상원의원이자 상원 민주당 대표인 해리 레이드Harry Reid에게서 첫 번째 돌파구를 마련했다. 원래는 레이드가 기부금만 모으려고 했던 라스베이거스 소재 벨라지오Bellagio 호텔에서 열린 만찬에서 여러 기부자가 동시에 펀드 운영자와 투자자에 대한 세율 인상에 반대하는 발언을 했다. 나중에 레이드는 상원이 당해 회기연도에는 관련 제안들에 대해 더 이상 표결하지 않게 하겠다고 약속해 주었다.[197]

그렇게 되면 2008년에는 대통령 선거가 예정되어 있고 어느 정당도 다른 정당의 성공을 허용하지 않을 것이기 때문에 15퍼센트에서 35퍼센트로 세율을 인상하려던 계획은 적어도 2년 동안은 현안에서 제외된다. 기껏해야 1천만 달러를 홍보비로 지출해서 사모펀드와 헤지펀드 매니저들, 그리고 그 투자자들은 적어도 100억 달러의 세금을 절약했다고 〈조세 애널리스트Tax Analyst〉의 한 전문가가 계산했다.[198] 이제 개혁가들이 희망을 가질 수 있는 것은 민주당 후보가 대통령 선거에서 승리해서 그의 선거공약을 지키는 것뿐이다. 힐러리 클린턴과 버락 오바마는 유복한 사람들에 대한 세금인상과 역외 센터의 조세피난에 대한 강력한 조치를 예고한 것이다.

메뚜기 펀드들의 세금절약을 차단하려는 독일 재무장관 페르 슈타인브뤽의 시도도 마찬가지로 참담하게 실패했다. 슈타인브뤽이 속한 사회민주당도 2001년에는 기업매각에서 발생하는 수익에 대해 세금을 법률로 면제해 줌으로써 당초에는 기업사냥꾼들을 거의 유혹하다시피 했다. 당시 노동장관이던 프란츠 뮌테페링Franz Müntefering의 거센 비판을 받은 다음에 슈타인브뤽은 2006년 가을에 다른 기업세 개혁을 통해 이 실수를 만회하려 했다. 그래서 그는 해외부채를 이용한 술수를 차단하기 위해서 '이자제한' 의 도입을 계획했다. 이자 지급은 30퍼센트까지만 이윤으로 정산할 수 있도록 한다는 것이었다. 그런데 금융산업이 포격을 가해 왔다. 도이체방크 감사위원장 클레멘스 뵈르지히Clemens Börsig는 기독교민주당을 향해 한 가지 예외규정을 요구했다. 그는 이 규정에 '탈출조항' 이라는 정직한 명칭을 붙였다. 헤센 주 주지사이자 연방상원에서 기독교민주당 협상대표였던 롤란트 코흐Roland Koch는 그러한 종류의 회피조항을 재빠르게 받아들였고 슈타인브뤽은 양보했다. 그러자 연방의회가 법안을 논의하기도 전에 이미 2006년 12월 5일 베를린 재무부의 담당 고위관료 게르트 뮐러가테르만Gert Müller-Gatermann이 업계 대표들에게 이 사실을 통보했다. 즉, 재무부의 한 국장이 조세회피 콘체른 KPMG가 프랑크푸르트에서 주최한 행사에서 지분참여 기업들이 높은 외부차입을 이용해 법인세를 절약하기 위해 탈출조항을 이용하는 데 아무 문제가 없다고 약속해 준 것이다.[199]

이러한 세력 우위 때문에 그 이전 몇 년 동안에도 스위스나 다른 목적지로 향하는 조세피난이 증가하는 것을 차단하려는 시도가 이미 여러 번 실패했었다. 가령 부자 나라들을 위한 국제적 싱크탱크이자 조정자로 전락한 OECD는 이미 1998년에 '유해한 조세관행'을 금지하는 개혁을 시작했다. 그렇지만 셀 수 없는 회의와 협상에도 불구하고 여기에서 얻어낸 것은 다른 나라의 '요청이 있으면' 개인이나 기업에 관한 정보를 전달하겠다는, 오히려 OECD에 가입하지 않은 조세회피국들에 대한 보장뿐이었다. 안도라나 리히텐슈타인, 모나코를 제외하고 해당되는 모든 조세회피국의 통치자들은 실질적인 조세집행을 위해서는 그에 따른 비용 때문에 아무런 효과가 없을 것이라는 점을 잘 알면서도 여기에 서명했다. 그 까닭은 의혹에 대한 확실한 증거를 갖출 경우에만 법적 효력이 있기 때문이다. 그렇지만 이는 예컨대 압수수색에서 의심스러운 계좌이체증명서가 발견되는 경우에나 가능하다. 그러나 스위스 통치자들이 오스트리아나 룩셈부르크 출신 동맹자들과 공동으로 이를 거부했기 때문에 OECD 회원국에 속한 조세피난국에게는 이러한 규정조차 적용되지 않았다. 이들 세 나라는 탈세와 조세사기를 세밀하게 구분하고 있다. 전자는 단순한 법규위반으로 여겨지기 때문에 법적구조에 관한 합의에 적용을 받지 않는다. 해외 당국이 가령 피고가 서류를 위조했다는 사실을 입증했을 때야 비로소 스위스에서도 수사가 이루어질 수 있는 것이다. 그렇기 때문에 극히 예외적인 경우를 제외하고는 스위스나 오스트리아, 룩셈부르크에 있는 외국인 탈세자들은 오늘날까지 아무것도 두려워할 필요가 없다.

스위스와 여타 주요 조세피난처가 EU 주민의 금융투자에 관한 통제보고서를 해당 주민의 본국 조세당국에게 보내도록 하려는 EU 재무장관들의 시도도 이보다 나은 결과를 가져오지는 못했다. 스위스 및 영국령 '도서島嶼 영토'와 벌인 협상은 대부분 언론을 배제한 채 진행되었으며, 조세피난처의 로비스트들은 EU 내 조세피난국인 룩셈부르크나 오스트리아, 벨기에의 지원을 받아 필요한 협약을 무력화시킬 정도로 많은 항목을 제외시켰다. 마침내 2004년 스위스 정부가 서명했을 때는 단지 EU 시민의 이자수익에 대하여 원천세를 처음에는 15퍼센트, 나중에는 35퍼센트를 징수하여 그의 본국 국고에—물론 익명으로—이체하겠다고 약속하면 되는 것이었다. 그러나 동시에 기업이나 재단, 생명보험, 또는 파생상품 거래는 이 조항의 적용을 받지 않으며 어떤 탈세자도 가상기업을 설립하여 원격조세를 피할 수 있었다. 예상대로 스위스 은행들은 2006년에 27개 EU 회원국 모두에게 보내는 세금으로 겨우 3억 2,900만 유로를 거둬들였을 뿐이다. 게다가 조세피난 고객의 대부분이 독일인인 그들의 고국(독일)에서는 9,000만 유로도 징수하지 못했다.[200]

계속 이런 상태로 있을 수는 없다. 그리고 그렇게 되지도 않을 것이다. 그 까닭은 조세피난 문제가 극에 달할 경우 어떠한 정치적 수단이나 정부도 소수의 승자와 다수의 패자 사이의 극심한 갈등을 해결할 수 없기 때문이다. 독자 대부분이 승자에 속하는 〈파이낸셜 타임스〉조차도 2007년 6월 다음과 같이 경고했다. "세계적인 금권계급이 거의 또는 전혀 세금은 내지 않으면서 서민들의 납세에 의해 유지되는 안정에 편승하려는 그러한 세계는 영속되지 않을 것이다. 투자자들이라고 해서 다른 별에 사는 사람은 아니다. 그들도 그들 자신의 사업이 이루어지는 장소의 정부에 의해 좌우된다. 오늘날 이에 대한 정치적 반작용이 벌써 느껴지고 있으며, 이는 다음 위기가 발생하게 되면 더욱 강력해질 것이 분명하다. 이러한 사실은 아마 금융가들도 무시할 수 없을 것이다."[201]

따라서 다음과 같은 결론을 내릴 수밖에 없다. 즉, 조세당국의 초국적 협력이 금융세계의 세계화를 따라가야 한다는 것이다. 국제통화기금의 전 재정부장이었던 비토 탄지Vito Tanzi는 "개별 국가의 이익만이 아니라 전 세계 공익에 맞게 조세제도를 구축하기" 위해서 이미 1996년에 국제조세기구의 창설을 요구했다.[202] 이것은 아마도 당시에는 공상적인 발상이었겠지만 10여 년이 지난 지금은 반드시 필요하게 되었다. 이제 금융세계의 중심인 미국과 영국에서 사고전환이 이루어지기 시작했고 유로존 국가 및 나머지 OECD 회원국들과 협력할 수 있는 가능성도 열리고 있다. 이들은 공동으로 소득세와 기업세에 대한 최저세율을 무리 없이 결정할 수 있을 것이고, 제 살 깎아먹는 감세경쟁도 종식시킬 수 있을 것이다. 더욱이 조세 오아시스에서 벌어지는 모든 소동은 훨씬 쉽게 해소시킬 수 있을 것이다. 은행과 투자회사를 면세지역과 아무런 관계도 갖지 않겠다는 약속을 받고 인가하면 될 것이다. 그렇게 되면 어떤 대형은행도 그런 장난을 칠 수 없게 된다. 유럽중앙은행이나 영란은행, 연방준비제도이사회에 계좌를 개설하지 않고서는 금융거래를 할 수 없기 때문이다.

그렇게 되면 스위스의 기생적인 사업들도 끝장날 것이다. "스위스는 EU와의 조세협상을 거부한다"고 베른의 연방상원과 연방재무부가 2007년 11월 발표했다.[203] 이는 설득력이 없는 말이다. 스위스연방공화국은 EU 회원국들의 결정에 전적으로 좌우될 수밖에 없다. 이제는 EU가 이 문제에서 영국과 합의가 가능하므로 유럽인들은 결국 자산가들의 조세회피에 공동으로 대응할 수 있게 될 것이고, 스위스 금융부문이 나머지 세계 납세자들의 희생 위에서 이익을 보는 것을 더 이상 용인할 수도 없게 될 것이다. 부족한 것이 있다면 그것은 어떤 점에서 보더라도 정당한 일을 확고하게 관철시키려는 의지와 정치적인 용기뿐이다. 스위스 은행들도 어쩔 수 없이 유로존의 입김에 좌우될 수밖에 없기 때문이다.

여기에서 중요한 것은 결코 부자들을 배척하거나 재산을 몰수하자는 것이 아니라 다만 앞서도 밝혔듯이 조세부담에 있어 능력에 따른 공정한 분배를 회복하자는 것이다. 전 세계에서 '프라이빗 뱅킹' 공급자와 조세(탈루)컨설턴트를 먹여살리는 약 1,000만 명에 이르는 '고액순자산개인', 즉 100만 달러 이상의 금융투자를 하고 있는 부유층은 대부분 그들이 실제 세율에 따라 징수될지라도 아마도 전혀 부담을 느끼지 못할 것이다. 그들의 자산은 그래도 매년 두 자리수 백분율로 증가하게 된다.[204] 손해를 보는 쪽은 무엇보다도 자신들의 중요한 사업영역을 상실하게 될 그들의 컨설턴트와 관리인 군단일 것이다. 그 대신 국가와 정부의 위상은 크게 높아 질 것이다.

바로 그렇기 때문에 세계사회의 평화적인 미래를 위해서 이러한 차원의 정의는 반드시 필요하다. 그 이유는 이렇게 해서 징수된 수십억의 추가 재원은 복지국가들에서 교육시스템을 확충하고 미숙련 노동자를 지원하기 위해서 사용될 뿐만 아니라 복지지대의 주민들과 세계화된 경제의 수익으로부터 완전히 배제된 사람들을 분리시키고 있는 간극을 극복하는 것도 마찬가지로 긴급하기—아마도 더욱 값비싸겠지만—때문이다. 세계적인 차원에서는 불평등한 분배가 이미 심각한 수준에까지 이르렀다. 헬싱키에 있는 UN 대학의 연구자들이 조사한 바에 따르면 세계 성인인구의 1퍼센트가 거래 가능한 전체 자산의 40퍼센트를 보유하고서 대부분 미국이나 유럽, 일본에 살고 있다. 반면에 인류의 빈곤한 절반은 모든 자산가치의 1퍼센트도 보유하고 있지 않다.[205] 그리고 약 10억의 인구, 옥스퍼드 대학의 아프리카경제연구센터의 개발경제학자 폴 콜리어Paul Collier가 '밑바닥 10억'이라 부르는 이 계층은 너무 가난해서 먹고 살거나 간단한 전염병으로부터도 보호받을 수 없기 때문에 빈곤에서 탈출할 기회가 거의 없다고 보아도 된다. 전 세계 인구의 거의 절반이 하루에 2달러 미만으로 살아야 한다.

이러한 극단적인 격차는 동시에 세계안정을 위한 극단적인 위험이기도 하다. 2007년 봄까지 프랑스 외무장관을 지낸 필립페 두스테블라지Philippe Douste-Blazy는 그 관계를 쉬운 말로 설명했다. "가난한 나라와 부자 나라 사이의 간극을 보여주는 그림은 전 세계에서 볼 수 있다. 불평등이 심해지면 굴욕감과 증오심이 발생하고 그리하여 국제테러리즘의 비옥한 온상이 된다는 것을 우리는 의식하고 있는가? 개발과 근본주의의 퇴치, 간단히 말해 평화를 그 어느 때보다도 이러한 연관 속에서 보아야 한다."[206] 이는 런던정경대학의 개발경제학자 로버트 웨이드의 분석과 일치한다. 사회적인 양극화가 이 세계를 적나라하게 '평화지대와 소요지대'로 분할하고 있다고 웨이드는 경고했다. 그 결과 "새로운 정보기술 덕분에 그들 사회의 안정, 아니 부유지대의 사회적 안정조차 위협할 수 있는 수단을 갖게 된 분노에 찬 수많은 청년실업자들이 탄생했다. 갈수록 많은 사람들이 부유지대로 이주하는 것을 유일한 해결책으로 여기고 있다." 그러므로 '분배문제가 세계의제'로 설정되어야 한다는 것이다.[207]

이것도 원칙적으로는 부인되지 않고 있다. 이미 수십년 전부터 복지국가들은 빈곤한 개발도상국을 위한 이른바 개발원조에 참여하고 있다. 세계은행에서부터 교회단체인 미제레오르Misereor●나 '세계를 위한 빵Brot für die welt’에 이르기까지 수백 개의 기관이 빈곤을 물리치기 위해서 활동한다. OECD 회원국들은 매년 이를 위해서 약 1,000억 달러의 세금을 지출하고 있다. 그럼에도 불구하고 문제는 작아지는 것이 아니라 오히려 커지는 것 같다. 무엇보다도 아프리카에서는 절대빈곤 상태에 갇혀 있는 사람의 수가 지속적으로 증가하고 있다. 모든 노력이 헛된 것인가? 많은 원조 비판자들이 주장하듯이 개발원조는 중단되어야 하는가? 하지만 그렇게 되면 그보다 더 잔인한 일은 없을 것이다. 원조 중단은 수백만 명의 사람을 그냥 기아와 질병에 의한 신속한 죽음에 맡겨놓는 꼴이다. 그보다는 지금까지는 대중궁핍을 해결하기 위해서 잘못된 방법으로, 또 너무 적은 자금으로 사업을 추진했다는 사실이 올바른 지적일 것이다.

모범사례 르완다

그들의 손은 온통 굳은살이 박혀 있고 근육질의 팔에선 힘과 뚝심이 느껴지고 주름진 얼굴은 여위어 있었다. 재클린 카렌조Jacqueline Karenzo의 얼굴에서는 그녀가 수십년 동안 혹독한 노동 이외에는 아무것도 하지 않았음을 알 수 있다. 해마다 이 48세의 농민은 1.5헥타르(4,500평)의 가족농지를 괭이와 풀 베는 칼로 경작해 왔고 병든 남편과 다섯 아이를

● Misereor: 독일 주교회의 산하 국제개발 원조기구.

위해 4킬로미터를 걸어 식수를 날라왔다. 그녀는 끝없이 일했다. 하루 하루 근근히 연명하는 것 이상의 생활은 하지 못하고 있다. 그녀는 "우리는 늘 배를 곯았다"고 말했다. 게다가 말라리아모기는 끊임없이 먹이를 요구했다. 병원체를 가진 이 모기가 밤마다 물어뜯었고 1년 중 몇 주는 열이 나는 아이들을 돌보느라 정신이 없었다. 여기 아프리카 르완다의 작은 마을 마양게Mayange에서는 모든 사람이 그렇게 산다. "이밖에 다른 것은 알지 못했다"고 이 농부는 토로했다.

그렇지만 2006년 5월부터는 모든 것이 달라졌다. 당시에 한 정부 관료가 주민들을 소집한 뒤 한 미국인이 나와서 이 마을에서 50가정을 위한 새로운 농경기술을 시험할 것이고 그러면 지금보다 훨씬 많이 수확하게 될 것이라고 설명했다. 그 밖에 몇 가지 조치를 통해 건강도 보호해주겠다고 말했다. 말라리아도 퇴치하고 어린이들의 설사병도 낫게 될 것이라고 했다. 주민들은 단지 위원회를 만들어 새로운 방법을 배운 뒤 다른 이웃에게 전해 주면 된다고 했다. 카렌조 부인도 여기에 동참해서 농업담당을 맡았다. 그 뒤부터 그녀는 개선된 영농법을 마을에 전파시키는 일을 했다. 그 지역의 정부 자문관이 와서 옥수수를 어떻게 일렬로 심는지, 경작지 위의 작은 고랑에는 어떻게 하면 소중한 빗물을 오래 간직하게 할 수 있는지, 유기비료는 어떻게 주어야 하는지를 가르쳐 주었다. 집집마다 종자 한 부대와 비료를 무료로 받았다. 동시에 간호사들이 지역보건소에서 나와 살충제로 처리된 모기장을 나눠주었다. 또한 이들은 어머니들에게 올바른 자녀 식사법과 장전염병을 막을 수 있는 방법도 가르쳐 주었다.

이 작은 변화가 커다란 성공을 가져다 주었다. 마을사람들은 처음으로 자신들의 식생활에 필요한 양보다 훨씬 많이 수확했다. 카렌조 부인은 시장에 옥수수 300킬로그램을 내다 팔아서 그 돈으로 장남의 중학교 수업료를 낼 수 있었다. 2007년 5월에는 다음 농사철에 필요한 비료와 종자를 사기 위해서 그녀의 인생에서 처음으로 대출도 받았다. 채산성이 맞도록 그녀는 수익이 떨어지는 콩 재배는 줄이고 옥수수의 재배면적을 두 배 이상 늘렸다. 다음 수확이 이루어지고 나면 학비보다 훨씬 더 많이 벌기를 그녀는 기대하고 있다. 아이들도 이제는 더 많이 도와줄 수 있게 되었으니 더욱 그러하다. 몇 달 전부터 어느 아이도 그 무서운 열도 나지 않는다. 수년 동안 심하게 시달려 왔던 어머니는 "마치 모기들이 그냥 사라져 버린 것 같다"고 말한다. 보다 나은 미래에 대한 희망으로 인해 보통 때는 그토록 침울했던 그녀의 얼굴에 마술처럼 미소가 떠올랐다. "이제 우리는 제대로 살 수 있을 것 같다. 아이들도 대학에 보낼 수 있을 것 같다."

이러한 이야기는 최근 카렌조 부인의 마을에서는 수천 명에게서 나오고 있다. 종자와 비료, 모기장, 지역보건소에서 일하는 12명의 새로운 간호사와 20명의 컨설턴트가 전쟁과 인종학살로 점철된 이 나라에서도 가장 가난한 지역의 삶을 이렇듯 바꿔놓았다. 카렌조 부인과 그녀의 마을을 도와준 것은 '정부'이다. 그러나 정부만이 아니었다. 그 이유는 마양게의 기적은 멀리 떨어진 뉴욕에 본거지를 둔 어떤 주도자가 구상한 독특한 실험에 따른 것이기 때문이다.

그곳에서 2000년에 모든 UN 회원국의 정부들은 대중빈곤을 퇴치하기 위해서 15년 이내에 굶주리는 사람과 절대빈곤층의 수를 절반으로 줄이고 모든 어린이가 학교를 다닐 수 있도록 해주며, 말라리아와 에이즈의 확산을 막고 기타 다섯 가지 이른바 새천년 목표를 구현할 것을 엄숙하게 결의했다. 그러나 이 결의가 거의 실행에 옮겨지지 않자 당시

UN 사무총장이던 코피 아난은 한 가지 계획을 세우도록 UN 경제학자 제프리 삭스Jeffrey Sachs를 위원장으로 하는 고위급 학자위원회를 구성했다. 이 위원회는 2005년에 이들 목표를 달성할 수 있는 포괄적인 계획을 2005년에 제시했다. '새천년프로젝트'라고 이름붙은 이 계획에는 '대규모 지원Big Push'이 뒤따른다. 특히 가난한 나라에는 대규모 원조자금을 한 차례만 투입해도 사람들을 5년 이내에 '빈곤 함정'으로부터 해방시켜 줄 수 있을 것이라고 삭스와 그의 동료들은 확신했다. 이 UN 경제학자는 아프리카인들이 대부분 악순환에 빠져 있다고 진단했다. 농민들은 지극히 단순한 영농법만 알고 있거나 아니면 이마저도 전혀 알지 못하기 때문에 농업생산성이 매우 낮다. 그래서 그들은 늘 굶주리고 소득도 거의 올리지 못하고 있다. 삭스의 말에 따르면 식량부족은 질병을 야기하고 소득부족은 모든 자녀교육의 기회를 차단하며, 이러한 것들 때문에 이들 가난한 사람들이 시장이나 세계경제와 접촉할 기회는 거의 없게 된다. 따라서 무엇보다도 현대적인 농업기술 지원과 말라리아나 여타 질병의 대대적인 퇴치, 도로와 전력공급의 전면적인 확충이 사하라 사막 남쪽의 아프리카 국가들에게 필요하다고 이 위원회는 제시했다. 이들의 구상에 따르면 이러한 경로를 통해 가난한 나라들도 '개발 사다리'의 첫 단계에 오를 수 있고, 그리고 나면 이어서 자력으로 경제적 진전을 이룩할 수 있게 된다.

이 계획은 공표되자마자 모든 쪽에서 상당한 비판을 받았다. 개발원조를 오랫동안 담당해 왔던 사람들은 '70년대로 후퇴하는 것'이라고 말하면서 과거 수십년 동안 유사한 프로그램들이 실패했다는 사실을 거론했다. 가난한 나라들의 발전을 위해서 가장 필요한 것은 오히려 합리적인 정부운영과 부패척결, 여성탄압의 종식이라는 것이다. 민간 원조기구들의 활동가들도 이 계획을 '기술관료적'이고 '비정치적'이라고 비난했다. 복지국가들이 자국 농산물에 보조금을 지급함으로써 가난한 나라 농민들의 판로를 막고 있으며, 세계은행 역시 선진국 원자재 콘체른과 농업 콘체른에게만 지원해 주는 한 가난한 나라 사람들은 결코 희망을 갖지 못한다는 것이다. 그래서 독일 개발사회학자 볼프강 작스Wolfgang Sachs는 그의 동명 사촌 제프리 삭스Sachs에게 빈곤은 '소득부족의 결과가 아니라 권력부족의 결과'라는 반론을 폈다.

이러한 모든 비판에는 나름대로 근거가 있다. 미국과 유럽의 농업보조금은 아프리카에 엄청난 손해를 끼치고 있다. 선진국들의 저가수출은 서부아프리카의 목화재배농에서부터 케냐의 곡물재배농에 이르기까지 수천만 명에게서 임금과 빵을 빼앗아 가고 있다. 과잉보조금을 받는 EU의 초대형 어선단은 서부아프리카 연안 바다를 바닥까지 훑으면서 인근 나라들의 가장 중요한 단백질원을 약탈해 가고 있다.[208] G8 국가들이 조종하는 세계은행의 정책은 더욱 파괴적인 영향을 끼치고 있다. 세계은행은 아프리카 가난한 나라들이 긴급하게 요구하는 신용의 제공을 무역을 자유화하고 빈곤층을 위한 재정지출을 줄이라는 조건과 결부시키고 있는 것이다. 그로 인해 예를 들어 코트디부아르의 경우에는 가난한 북부지역은 보조금을 더 이상 받지 못하고 국내 소기업은 저가수입품의 압박에 무너지게 되었다. 당연히 피해자들은 분노했고 잘못된 '개발원조' 정책이 이 나라를 수년에 걸친 내전으로 몰아넣었다.[209]

국가를 노획물로 생각하는 아프리카 엘리트들의 전통도 마찬가지로 파괴적이다. 케냐가 선거를 치른 다음 2008년 1월에 소요와 폭동에 휩싸였을 때 그 주된 책임은 케냐인들에게 있었다. 음와이 키바키Mwai

Kibaki 대통령이 선거결과를 조작했을 뿐만 아니라 그에 앞서 수년 동안 자신의 가족과 종족의 주머니만 채우기에 급급했던 것이다. 연간 5퍼센트 경제성장에도 불구하고 대다수 케냐인들은 가뭄과 흉작으로 갈수록 깊은 궁핍에 빠져들었다.[210]

그러나 이런 저런 잘못에도 불구하고 빈곤 대중을 살리기 위해서는 대규모 투자가 필요하다는 주장의 핵심사항을 부인할 수는 없다. 즉, 대다수 아프리카인들은 너무 가난해서 자력으로 일어설 수 없다는 사실이다. 그렇기 때문에 UN 자문관 삭스는 비판논자들이 '자신들의 태만'을 과거의 오류로 전가시키려는 것을 비난했다. 사실은 아프리카인들에게 좋은 거버넌스를 요구하는 바로 그 정부들이 자신들이 약속한 것을 실질적인 정책으로 전환시키지 못하고 있는 상황이라고 삭스는 비판하면서 G8 국가들의 조속한 결의를 촉구했다. 이들 나라는 이미 2005년에 영국 글렌이글스Gleneagles에서 열린 정상회담에서 빈곤을 역사의 뒤로 파묻자는 거창한 구호를 내걸고서 아프리카 원조자금을 2010년까지 두 배로 늘이기로 약속했다. 그러나 이 약속은 겉만 번지르한 것에 지나지 않았다. 그 후 2년 동안에는 원조가 오히려 감소했다. 비록 당초 약속한 것보다 훨씬 적기는 했어도 영국과 독일만이 필요한 금액 정도만 제공했을 뿐이다.[211] 그렇기 때문에 제프리 삭스를 비롯한 UN 경제학자들과 영국 정부의 아프리카위원회는 자신들이 제안한 'Big Push'의 기본적인 이론, 즉 기아나 질병 및 교육빈곤의 전방위적인 동시 퇴치를 위해서 한번도 대규모 지원이 제대로 이루어지지 않았다고 반박할 수 있었다. 삭스에 따르면 2006년까지 60년 이상에 걸쳐 23억 달러가 흘러 들어갔다고 해서 면죄되는 것도 아니다. 이 금액은 가난한 나라의 국민에게 1인당 연간 16달러에 지나지 않는다. 게다가 이 금액도 대부분 냉전시절에 서방의 편에 섰던 부패한 정권을 관리하는 데 사용되었다는 것이다. 그렇기 때문에 과거의 실패를 거론하는 것은 중요하지 않다고 그는 말한다.[212]

원조제공국들을 설득하기 위해서 UN 경제학자들은 사명감을 가지고 2005년 '새천년마을' 프로젝트를 시작했고 여기에 금융거부 조지 소로스 같은 개인의 지원을 받았다. 10개의 각각 다른 아프리카 국가와 생태지역에 흩어져 있는 12개의 독립된 주거지역에서 'Big Push'가 제대로 효과를 발휘할 수 있음을 증명해야 했다. 5년간에 걸쳐 각각 주민이 약 5,000명 되는 마을에 1인당 연간 70달러를 지원하면서 자력발전으로 나아갈 수 있어야 한다. 여기에 해당 아프리카 정부는 1인당 30달러를 부담하고, 주민들도 1인당 10달러를 자기부담으로 참여해야 한다.

르완다에서는 정부가 지정한 대로, 그리고 카렌조 부인에게는 운이 좋아 수도 키갈리에서 남쪽으로 50킬로미터 남짓 떨어진 부구세라 구역의 마양게 마을이 선정되었다. 그곳 조건이 유리한 것은 결코 아니었다. 이 지역은 유별나게 건조하고 토양은 수년에 걸친 과잉경작으로 인해 피폐해져 있었다. 주민의 70퍼센트가 절대빈곤층에 속하는 '천 개의 언덕이 있는 땅'에서 농민들이 보유한 토지는 평균 0.5헥타르(1,500평)도 안 되었다. 원조자 한 명은 "우리가 도착했을 때 가뭄 때문에 기아 직전의 상태에 있었다"고 보고했다. 그렇기 때문에 식량안전이 최우선 순위였다. 이에 비추어 본다면 초반 성공은 대단한 것이었다. 조생종 종자와 비료 덕분에 옥수수 수확량을 헥타르당 300킬로그램에서 3.7톤으로 급증시켰다. 모든 농민가족이 수확량의 10퍼센트는 비상시에 대비해 공동창고에 보관했다. 보건지원과 모기장 보급으로 말라리아 발생과 아동사망율을 급격하게 감소시켰다. 새로운 의사와 간호사를 배치한 다음부터 지역보건소는 매일 100명 이상의 환자를 돌보았다.

말리에서부터 말라위에 이르기까지 각기 다른 마을에서도 비슷한 성공담들이 뉴욕에 도착했다. 그러나 고전적인 개발원조 전문가들에게 이것은 아직 큰 성공이 아니다. 현장에 있는 한 독일 개발원조자는 "저에게 돈을 주십시오, 그러면 제가 사막 어디라도 낙원으로 만들어 드리지요"라고 하면서 '삭스 씨의 포템킨 마을●'을 비웃었다. 그렇지만 무엇보다도 중요한 것은 외국인 원조자들이 철수하고 외국에서 더 이상 자금이 들어오지 않아도 성공이 지속될 것인가 하는 점이다. 또한 이 모델이 전국으로 확산될 수 있을지도 사실 의문이었다. '의사와 농업자문관은 어디에서 데려오고 또 누가 도로와 전선을 건설할 것인가? 정부는 이에 필요한 재정을 제대로 확보할 수 있을까?' 이것이 가장 큰 의문이고, 따라서 제대로 된 개발정책이라면 국가행정능력을 우선적으로 강화켜야 한다는 것이다. 한 마을에서 이룩한 전시적인 성공은 별로 도움이 되지 않는다고 했다.

조시 룩신Josh Ruxin은 이러한 비판을 너무도 잘 알고 있었다. 45명으로 구성된 마양게 팀을 이끌고 있는 37세의 이 미국 보건경제학자는 그 개발활동의 모든 문제점들을 잘 알고 있었다. 룩신은 전형적인 미국식의 지도자 타입으로서 교제할 때는 격의 없지만 결단을 내릴 때는 단호하다. 룩신은 개발원조 경험이 많았다. 이미 20년 전부터 5개국에서

● Potemkin 마을: 1905년 옛 제정러시아 시절 흑해에서 선상 반란을 일으켰던 전함 포템킨 호의 사건에서 유래된 말로, 전시용 마을이라는 뜻.

개발프로젝트에 참여해 온 것이다. 그는 "우리를 믿어달라. 어떻게 해서든 성공이 지속되도록 하겠다"고 장담했다. 그렇다면 의존증후군은? 규칙적으로 선물을 받는 사람은 거기에 익숙해진다. 그렇기 때문에 종자와 비료는 첫해에만 공짜로 제공했다. 두 번째 농사철을 위해서는 지역은행이 마이크로 크레딧●을 제공하도록 협의했다. 대부분의 농민가정은 또 한 차례 가뭄이 들면 빚을 지게 될까 봐 처음에는 겁을 먹었다. 그래서 룩신은 최저납부금과 정부지원금으로 구성된 보증기금을 설치했다. 그래도 해당 가구의 4분의 3만 이에 참여했다.

생태학적인 문제도 쉽지 않았다. 옥수수와 무기비료가 만능 해결책이 아니라는 사실은 룩신도 알고 있었다. 비료는 에너지가 많이 들고 유가급등으로 인해 머지않아 구입할 수 없게 될 것이다. 게다가 열대 토양은 부식질腐植質이 부족해서 금방 척박해질 수 있다. 그래서 농부의 자녀였던 이 프로젝트의 농업자문관들도 대부분 5년이 지날 때까지는 아보카도나무●나 석류와 같은 다년생 경작으로 전환해야 한다고 제안했다. 질소가 풍부한 덤불로 이루어진 울타리와 소를 통해 유기비료를 공급해야 한다는 것이다. 인구밀도가 높은 르완다에서는 이미 오래 전부터 모든 국민이 농업으로 먹고 살 수는 없기 때문에 수백 명의 여성이 이들 자문관의 제안에 따라 광주리를 생산하기 위한 협동조합을 결성했다. 그리고 미국의 한 백화점망과 공급계약을 체결한 덕분에 처음 2년 동안은 판로가 확보되었다.

그렇지만 이 프로젝트의 핵심은 전혀 다른 것이었다. 중심목표는 주

● Micro Credit: 영세민들을 위한 무담보 소액대출.
● 아보카도나무: 녹나무과에 속하는 상록수로, 키가 15미터가량 된다.

민의 동원과 조직이다. 이를 위해 10여 명의 직원을 두었는데, 이들은 공동체의 결속을 유지하고 현지 지도자를 양성하도록 훈련을 받은 이 마을 출신의 동원 담당자들이다. 모든 사안은 먼저 현지 위원회에서 논의했다. 여기에서 주민들이 어떤 문제를 먼저 해결하고 누구를 먼저 도울 것인지를 스스로 결정했다. 이들에게는 자문 받은 내용을 다른 사람에게도 전달하도록 했는데 이는 성공적이었다. 처음에는 50가구가 참여했으나 2007년 6월에는 1,000가구가 넘었다. 아울러 현지 관리가 꼭 참여하도록 했다. 결국에는 지역 관리들이 이 사업을 담당해야 했기 때문이다. 룩신은 "그래서 그들에게 모든 결정에 참여하게 했다"고 말했다. 세 명의 미국인을 제외하고는 모든 직원이 그 지역 출신이었다. 지역 촌장은 이것을 절대적으로 찬성했다. 촌장이 중앙정부에 성공을 보고한다면 모두 그의 공이 되는 것이다. 촌장은 "나에게 이 새천년 프로젝트는 행운이었다"고 솔직하게 인정했다. "주민들이 더 이상 굶주리지 않는데 그것보다 중요한 일이 어디 있겠느냐." 다음 해에는 그 지역의 다른 공동체도 참여시키겠다고 말했다. 이 촌장은 "그리고 나서 우리도 혼자서 할 수 있다는 것을 보여주겠다. 그에 필요한 지식을 익혔으니 외국 전문가들이 간다고 해도 없어지지 않는다"고 자신감 있게 말했다.

이 사업은 사람의 두뇌를 개조하기 위해 기술관료적으로 개입하는 것이 아니라 일종의 사회관리라 할 수 있다. 그러나 이것이 장기적으로도 성공할 수 있을까? 르완다 전체가 이렇게 해서 빈곤함정에서 벗어날 수 있는가? 룩신과 그의 팀은 자신감을 나타내고 있지만, 그러면서도 결코 자신들의 업적을 내세우지 않는다. 오히려 그들에게 희망이 되고 있는 것은 한때 반란군 사령관이었던 폴 카가메Paul Kagame가 이끄는 현 정부이다. 이 정부는 이미 뉴욕에서 자문단이 도착하기 전에 아주 유사한 프로그램을 전국적으로 시행한 바 있었다. 연전연승하는 투치족族을 이끈 반군사령관이었던 카가메는 1994년 인종학살에 종지부를 찍은 뒤 현재 이 나라를 강력하게 통치하고 있다. 그는 암암리에 자신들의 종족을 앞세우는 다른 모든 야당을 철저히 봉쇄하고 있다. 이 나라에서는 현재 소속 종족에 대한 공개적인 언급이 금지되어 있다. 카가메가 95퍼센트 지지를 받은 2003년 대통령 선거는 민주적이었다고 할 수는 없다. 그렇지만 다른 많은 아프리카 국가들에서와는 달리 그 정권은 권력을 자신의 치부를 위해서가 아니라 급진적인 국가개조를 위해서 사용하고 있다. 모든 부정부패는 엄하게 처벌받으며, 현지에 있는 대부분의 외국 전문가들의 견해에 따르면 그러한 문제는 더 이상 발생하지 않고 있다고 한다. 공공재정의 운용은 매우 투명해서 갈수록 많은 원조 제공국들이 직접적으로 예산에 지원하고 있다. 세계은행은 전 세계에 걸친 상황보고서 〈사업하기Doing Business〉에서 사하라 이남의 모든 아프리카 국가 중 최상의 사업환경을 가진 나라 순위에서 르완다를 1위에 올려놓았다.

르완다 정부는 또한 대대적으로 국민을 동원하고 있다. 널리 흩어져 있는 주민들을 지역공동체로 통합시키는 일도 종종 있다. 교육을 받은 3만 명의 '공동체 동원 담당자들'이 가령 의료보험 보조금과 같은 적은 재원을 분배하는 일을 위해서도 지역위원회를 결성하도록 주민들을 독려하고 있다. 여성도 이 나라에서는 더 이상 짐 나르는 당나귀가 아니라 권력에 참여하고 있다. 국회의원의 절반이 여성이고 내각에서도 여성이 3분의 1 이상을 차지하고 있으며, 이는 모든 하위 국가차원에서도 마찬가지이다. 이와 병행해서 카가메 정부는 행정업무의 분권화도 이루었다. 모든 국가예산의 5분의 1은 이미 지방에서 그 사용처를 결정하고 있다. 수도인 키갈리에서 독일 원조기구를 대표하고 있는 알렉산더 칼크Alexander Kalk는 "여기에서 정치적 역동성은 괄목할 만해서 다른 지역에서 나타나고 있는 무관심과는 비교가 안 된다"고 말하고 있다.

이 모든 것이 그렇다고 이 나라에서 발생했던 커다란 문제를 잊게 해줄 수는 없다. 다수종족 후투족이 파시스트 정부에 선동되어 소수종족 투치족을 말살시키려 했던 1994년 대학살의 상처는 아직 아물지 않고 있다. 다수를 차지하고 있는 후투족은 다른 부족과의 해묵은 갈등을 계속해서 부추기고 있다. 게다가 여전히 급속히 증가하고 있는 인구가 모든 성공을 무너뜨릴 위험도 있다. 정부는 너무 늦게 전국적으로 가족계획과 피임을 권장하기 시작했다. 2015년까지 인구는 1,800만 명으로 두 배가 될 것으로 전망된다. 경제성장을 급격히 가속화하지 않으면 또다시 몰락할 것은 뻔한 일이다.

그렇지만 성공적으로 구조개혁을 이룬 것과 함께 바로 이러한 정황이 독일 헤센 주보다 야간 큰 규모인 이 작은 나라 르완다를 'Big Push'를 위한 이상적인 후보지로 만들어 주었다. 그리고 카가메와 그의 각료들은 실제로도 큰 도약에 도전하고 있다. 2008년에는 이 나라 30개 자치지구 모두에 새천년 마을의 원칙에 따라 각각 하나씩 시범공동체가 설립될 예정이다. 이 사업이 성공적으로 진행되면 농업과 의료, 수공업 협동조합, 학교가 2009년부터 확충될 것이다. '비전 2020'이라 이름붙인 이 계획은 그러나 한 가지 커다란 약점이 있다. 재원조달이 불투명하다는 점이다. 이미 지금까지 르완다 예산의 절반은 외국에서 들여왔다. 재무장관 제임스 무소니가 계산한 바에 따르면 이 계획을 실행하려면 무엇보다도 도로망과 전력망을 확충하기 위해서 원조금이 2007년 2억

5,000만 달러에서 5억 달러로 두 배가 되어야 한다. 이것은 비록 큰 금액이기는 하지만 '글렌이글스에서 구상한 액수'일 뿐이라고 무소니는 말하면서, 이것이 실제로 이루어지기를 요구하는 동시에 대범한 약속도 내놓고 있다. "지금 우리에게 투자하면 2015년부터는 외국보조금을 줄이기 시작할 수 있다." 르완다는 많은 전문가들이 보기에도 실행 가능하다고 여기는 계획들을 세워놓았다는 것이다. 그러므로 이제 공은 '원조제공국인 상대방'에게 넘어갔다고 무소니는 말한다.

이는 르완다에게만 해당되는 것이 아니다. 나이지리아나 케냐에서 벌어진 부정선거와 부패한 정권, 콩고나 수단에서 벌어진 유혈전쟁으로 인한 수많은 회의에도 불구하고 콩고 동쪽 키부 호湖 주변의 작은 나라들처럼 안정되고 합리적으로 통치되는 아프리카 나라들도 많이 있다. 가나나 말라위, 베냉, 세네갈, 감비아, 시에라리온에서도 많은 사람들이 자립할 수 있도록 도움을 줄 수 있다. 독일의 세계기아원조를 대신해서 르완다와 부룬디에서 아주 비슷한 개념을 가진 두 개의 새천년 마을을 지원하고 있는 아프리카 개발원조 활동의 베테랑인 프레트 괴리케Fred Göricke는 "이곳의 대부분의 사람들에게 중요한 것은 유럽적인 의미의 복지가 아니다"고 말한다. "사람들은 단지 존엄과 안전 속에서 살고 싶어할 뿐이다." 마양계 마을에서 이룬 작은 성공만으로도 이미 무한히 많은 것을 얻었다고 할 수 있다. 성공한 사례보다 더 설득력이 있는 것은 없으니까.

UN 경제학자 삭스는 총체적인 개념으로 접근하기만 하면 "10년 후에 아프리카는 더 이상 가난하지 않게 될 것"이라고 말한다. 이것은 물론 과장된 말이다. 그렇지만 정치적인 여건이 허락하는 곳이라면 어디에서나 적어도 이를 시도하는 것은 아주 바람직하다. 이러한 계획을 자금 때문에 실행하지 못한다면 불합리한 일이다. 세계은행이 계산한 바에 따르면 새천년 목표를 전 세계적으로 확산시키려면 해마다 500억~600억 달러가 10년 동안 추가로 필요하다. 아마도 이 계산은 현실적이지 않은 것 같다. 불가피한 손실과 오류를 함께 감안한다면 그 두 배는 필요할 것으로 짐작된다. 분명 큰 액수이기는 하지만 부자 나라들은 충분히 감당할 수 있는 금액이다. 1,000억 달러는 OECD 회원국 총생산의 0.3퍼센트에 지나지 않는다. 미국의 군비지출만 해도 매년 8,000억 달러에 달한다. 아프리카 지원 경제학자 삭스가 계산한 바로는 "펜타곤의 하루 예산이면 아프리카에서 5년 동안 모든 잠자리에 말라리아를 예방할 모기장을 달아주기에 충분하다." 이것은 자신들의 안보를 위한 투자도 될 수 있다. 극단적인 빈곤으로 인해 생겨나는 절망만큼 폭력과 전쟁을 부추기는 것도 없기 때문이다. 독일 연방해군의 함정들이 해적이나 무기 밀매를 막기 위해서 해안에 파견되어 있는 소말리아가 내전으로 국가가 무너진 것도 국민의 극심한 빈곤으로 인한 것이었다.

그렇지만 복지지대의 시민들이 가난한 나라들을 위해서 수년 동안, 그리고 공황기에도 수십억의 재정을 지원하는 데 동의하려면 한 가지 조건이 충족되어야 한다. 이를 뒷받침하는 세금체계가 일반적으로 공정하고 정당해야 한다는 것이다. 세계화 승자들로 이루어진 '금권정치 계급'이 여론의 주목을 받는 곳에만 기부하고 납세는 하지 않는다면 유럽이나 미국의 평범한 납세자들은 빈곤퇴치를 위해 더 많은 세금을 납부하는 데 분명 동의하지 않을 것이다. 달리 표현하자면, 국내 정의가 세워지지 않으면 세계적인 정의도 확립될 수 없다는 말이다. 그러나 바로 이것, 지구 전체에 걸친 균형적인 연대가 머지않아 불가피하게 전쟁

과 평화를 결정짓는 문제가 될 것이다. 그 이유는 다가오는 세계사회의
최대의 도전은 부유한 선진국보다 개발도상국의 빈민들에게 훨씬 심한
타격을 줄 것이기 때문이다.

온실에서 벌어지는 자원전쟁

Der
Globale
Countdown

임박한 기후재앙과 생존공간을 위한 투쟁

신이 내린 질서가 풍비박산 났을 때 족장 힐랄 압둘라는 이미 여든 살이 넘어 있었다. 유목민인 잘룰족의 이 최고령자는 세계의 종말이 오는 것을 보았다고 영국인 손님에게 말했다. 노인이 걱정을 이야기하는 동안 두 남자는 검은 베두인 천막 안에서 안장과 가죽주머니, 칼 더미를 사이에 두고 차를 마시고 있었다. 얼마 전부터 수단 다르푸르Darfur 지방의 북부에 있는 밭에는 사막모래가 여기저기 덮였다고 한다. 그렇지 않아도 짧은 우기가 때로는 아예 오지 않기도 하고, 그러다가 오랜 건기 후에 비가 내리면 비옥한 충적토의 대부분이 씻겨나간다는 것이다. 결국 농민들이 울타리를 치는 일까지 일어났다고 이 족장은 걱정스럽게 말했다. 농지가 더 이상 주민들에게 충분치 않다는 것이다. 그래서 종족 중에서 떠돌아다니는 목동이나 낙타 몰이꾼들이 자신들의 초원에 들어오는 것을 막는 것이라고 한다. 그리하여 농민과 유목민들이 옛날부터 평화롭게 살고 토지와 우물을 같이 사용하면서 필요한 모든 것을 서로 공급해 주던 아주 오랜 전통이 깨졌다고 한다. 그동안에는 한편에서는 고기와 우유 및 수송능력을 제공해 주고, 다른 한편에서는 곡식과 철 제품을 공급해 주었다. 이런 이야기를 힐랄 압둘라 족장은 80년대 중반 극심한 가뭄이 있었던 당시에 아프리카 연구가 악셀 드 왈Axel de Waal에게 전해 주었다. 악셀 드 왈은 오늘날 뉴욕 사회과학연구위원회의 프로그램 담당 이사인데, 지난 몇 년 동안 종종 힐랄 압둘라를 떠올리지 않을 수 없었다고 한다. 그 이유는 이 나이든 족장이 말한 음울한

예언이 맞아떨어졌기 때문이다.[213]

천막에서 이 족장을 만난 지 거의 20년이 지난 2003년 아랍 민병대가 다르푸르 마을을 습격했다. 잔자위드, 번역하자면 대략 '무기를 들고 말 탄 남자들'은 가옥을 불태우고 농민들을 고문하고 살해했으며 이들의 부인에게 폭행을 가했다. 이 무리의 대장은 무사 힐랄이라는 이름을 가진 줄랄족이었다. 악셀 드 왈은 그를 알아보았다. 그는 족장의 아들이었다. 바로 그가 저 잔혹한 내전을 시작한 주인공이었다. 정확지는 않지만 이 내전에서 20만 명 이상이 살해되었고 250만 명이 고향에서 쫓겨났다. 오늘날 다르푸르는 굶주림과 고통, 전쟁으로 얼룩진 지옥이다. 그리고 인류에게는 불길한 전조이다. 희소해지는 자원을 둘러싼 갈등과 위협이 이미 피비린내 나는 현실이 되어버린 곳으로서.

세계 여론은 오래 기다리지 않았다. 수단 서부에서 벌어지고 있는 인간학살과 기아를 보여주는 사진들이 TV 화면에 등장하자 잔자위드의 습격은 곧바로 '아랍인들'이 '아프리카 흑인들'에게 자행하는 '인종청소'로 표현되었다. 미국 정부는 공식적으로 민족학살이라고 발표했다. 실제로 체계적인 약탈행위와 잔인함이 뒤섞인 이 전쟁은 경제적·정치적·생태학적 원인들이 결부되어 일어난 일이다.

수단의 수도 카르툼에서는 집권층에 의해 그 유명한 기마민병대가 조직되었고 정규군의 공중공격 지원까지 받았다. 이들은 수단해방군 SLM, 정의평등운동JEM, 그리고 훗날에는 또 다른 여러 분파들과 싸웠다. 이들 반군은 대부분 가난한 농민부족의 지원을 받고 있었으며, 군사독재자 오마르 알바시르Omar al-Baschir에게 쫓겨 변두리로 밀려나고 소외당한 유목민들의 도움도 받았다. 반군과 마찬가지로 잔자위드도 병사들을 동원하기 위해서 약 80개에 달하는 종족이나 부족민병대, 범죄자들 사이에서 다양하게 쌓여 있던 아주 오랜 종족적 갈등뿐만 아니라 종교적·정치적 갈등까지 이용했다.

그러나 나이든 족장 힐랄을 그토록 괴롭혔던 유목민들과 정착 농부들 사이의 갈등은 특히 권력투쟁을 위해서 도구화되고 말았다. 생존기반을 둘러싼 경쟁은 처음에는 국지적으로 제한된 충돌로 나타나다가 마침내 내전으로 비화되었다. UN 환경계획 전문가들도 '토양침식과 사막화의 진전, 그리고 종족적 갈등 사이의 밀접한 연관관계'를 확인하고 있다. 이 전쟁이 "생태학적인 붕괴로 인해 발생할 수 있는 사회적 붕괴의 비극적인 사례"라는 것이다.[214]

오래 전부터 이 황량한 지역에서는 인구가 증가함에 따라 치열한 생존투쟁이 벌어지고 있었다. 그리고 기계화된 집약농법의 확산은 이 문제를 더욱 첨예화시켰다. 그럼으로써 예전에는 비옥했던 토양이 많은 곳에서 황폐해졌고 목동과 소농은 인구밀도가 높은 지역으로 이주하지 않을 수 없었다. 그들 말고도 어차피 많은 사람들이 사막을 피해 도주하고 있었다. 모든 것을 파괴하는 사막의 아름다움은 수세기 전부터 남쪽으로 내려오고 있었지만 지난 20년 동안에는 그 속도가 훨씬 빨라졌다. 이 기간에 다르푸르의 연평균 강수량은 40퍼센트 감소했고, 또 계속 감소하고 있다. 이에 대해서는 그 어느 것보다도 인류의 미래에 더 많이 영향을 미칠 바로 그 현상의 책임이 클 것이다. 바로 세계적인 기후변화이다. UN 사무총장도 인도양의 기온이 높아진 결과 아프리카의 이 지역에서 가뭄이 심화되고 있다고 말한다. 2007년 봄 반기문 사무총장은 건조화가 "어느 정도까지는 인간에 의해 야기된 지구온난화에서 유래한다"고 설명했다.[215] 그래서 그는 부유한 나라들이 다르푸르 사태에 간접적으로 공동책임을 져야 한다고 말했다. 이는 기후변화가 모든 인간에게 얼마나 밀접하게 상호 연결되어 영향을 미치는지 분명히 밝힌 것이다. 기후변화에 가장 책임이 적은 사람들이 기후변화의 일차적인 희생자라는 것은 너무나 불공평한 일이다.

그런데 마치 기후나 토양, 물을 둘러싼 드라마만으로는 충분치 않다는 듯이 수단의 학살은 '검은 황금'을 둘러싼 세계적인 경쟁에 의해서 더욱 부추겨졌다. 석유는 갈수록 희소해지는 중요한 자원이다. 다르푸르 사태는 방대한 양의 원유가 매장된 수단 중부와 남부에서 벌어졌던 앞선 내전과 불가분의 관계에 있다. 추정량은 30억 배럴까지 된다. 하루에 약 52만 배럴이 이미 채굴되고 있다. 계속 증가하는 수십억의 수입은 이 나라를 발전시키는 데 도움이 될 수 있을 것이다. 그러나 현실은 그렇지 않고 오히려 이 나라를 갈기갈기 찢으려고 위협하고 있다. 그 이유는 석유달러에 대한 권리는 언제나 북부의 수도에 자리 잡은 권력도당이 차지하고 있기 때문이다. 이것 때문에 오마르 알바시르 정권은 수년에 걸친 남부 내전에서 살인과 추방을 부추겼다. 이곳에서는 해방운동 SPLA가 자신들 지역의 석유 수입을 확보하기 위해 투쟁하고 있었다. 2005년 초에 오마르 알바시르의 군사정권은 국제적인 압력을 받아 마침내 석유가 풍부한 남부지역의 반군과 평화조약을 맺었다. 이 조약은 석유수입의 분배와 상당 부분 자치를 보장하고 있다. 주민들이 2011년 투표에서 원할 경우에는 독립도 가능하다고 되어 있다.

이것은 매우 취약한 토대 위에 세워진 평화이다. 그러나 다르푸르에 있는 반군에게는 매우 큰 자극제가 되었다. 북부와 남부 사이에 평화협상이 시작된 바로 그 시점에 SLM과 JEM이 첫 번째 행동을 시작한 것은 우연이 아니었다. 서부 수단도 케이크 한 조각을 받아야 했던 것이다. 게다가 다르푸르에도 석유가 있다. 매장층은 아직 자세하게 탐사되지 않았고 혹시 과잉평가될 수도 있지만 가능성이 큰 것은 사실이다. 즉시 그곳 현지 주민들이 석유달러 수입에 동참을 요구하면서 들고 일어났으며 일부는 남부의 SPLA 전사들과 어깨를 나란히 했다. 그리고 다시 정부가 지원하는 민병대가 이들 반군에 대해 잔인한 출정에 나섰고 민간인에게 테러를 가했다.[216]

석유에 목마른 전 세계 투자자들과 구매자들도 이러한 사태에 공동 책임이 있다. 미국의 석유 콘체른들은 80년대에는 내전 때문에, 90년대에는 수단 정부에 대한 워싱턴의 경제제재 때문에 유전을 떠났다. 그 뒤를 이어 러시아와 인도, 말레이시아의 기업들이 이 공백지대로 밀려들었다. 그리고 중국 기업도. 중국 국영석유공사는 수단 국영석유개발사에 가장 큰 40퍼센트의 지분을 가지고 있으며 기술 인프라스트럭처에 거액을 투자했다. 수단 원유의 3분의 2가량이 송유관을 통해 북쪽 해안쪽으로 운반되고 거기에서 다시 중국으로 수송된다. 수단은 이미 중국 석유소비의 8퍼센트를 담당하고 있으며 그 비중은 더욱 높아질 것이다. 마지막 석유매장지를 둘러싼 국제 포커게임에서 중국이라는 성장거인은 개발공세와 함께 탐사권과 시추권을 우선적으로 확보하고자 아프리카 도처에서 애를 쓰고 있다.

중국은 예산지원금과 인프라스트럭처 원조를 동원해 오마르 알바시르 정권과의 관계도 더욱 공공히 다졌다. 물론 1억 달러 규모의 군사원조 및 무기도 제공했는데,[217] 영국 인권단체인 글로벌 위트니스의 발표에 따르면 다르푸르 공격에 이들 무기가 사용되었다. 그러므로 중국 대표가 UN 안전보장이사회에서 수년 동안 카르툼에 대한 국제적 제재조치를 막고 그 분쟁지역에 평화유지군을 파견하여 대량학살을 종식시키려는 계획을 지연시킨 것은 우연이 아니다. 2007년 중반에야 비로소 베이징은 수단의 독재자에게 압력을 가했고 UN군 투입에도 동의했다. 이제는 다르푸르 분쟁을 해결하기 위한 특별대사가 임명된데다가 중국군도 평화유지군에 참여하게 될 전망이다.

중국이 입장을 바꾼 것은 전 세계에서 갈수록 커지는 인권운동과 베이징 올림픽 보이콧에 대한 우려 때문이었다. 여기에 중국이 원자재 국가들에서 펼치는 권력정치에 대해 많은 아프리카 나라들이 갈수록 강하게 회의를 품고 있다는 사실도 작용했다. 그러나 수단 전체의 질서도 유지되어야 한다는 중국의 견해도 일정한 역할을 했을 것이다. 그 까닭은 남부가 실제로 분리되고 언젠가 다르푸르 지역과 독립적으로 동맹을 맺게 되면 카르툼 정권만 수단의 석유생산에 대한 이권을 상실하는 것이 아니다. 그 경우에는 중국과 인도도 더 이상 특권적인 위치를 누릴 수 없게 될 것이다. 게다가 러시아나 캐나다, 프랑스, 스웨덴 등에서 온 기업들이 사하라 변방의 이 석유소유주 앞에 이미 줄을 서 있다.[218]

미국에게도 검은 대륙은 원자재 공급에서 갈수록 중요한 역할을 하고 있다. 긴장이 고조되어 있는 중동에 대한 의존도를 낮추기 위해 아프리카 나라들로부터 오는 공급을 2015년에는 미국 수요의 40퍼센트까지 증가시켜야 한다는 목표가 부시 행정부의 에너지 계획에 이미 설정되어 있다. 그러므로 수단 남부에 새로운 국가가 들어서는 것이 미국의 이익을 위해서는 좋을 것이다. 따라서 미국이 SPLA와 좋은 관계를 유지하는 것은 우연이 아니다. 그러나 미국의 세계정책가들은 통일 수단의 평화도 동시에 촉구하고 있다. 이 평화가 달성되는 즉시 카르툼에 대한 경제제재를 해제하겠다고 조지 부시 대통령은 미국 석유 콘체른 셰브런과 엑슨모빌과 약속했다.[219]

미국 정부가 분쟁지역인 다르푸르에서 당초 UN군이 아니라 나토에게 강력한 역할을 맡기려 했었던 사실은, 지하자원을 둘러싼 새로운 대리전쟁이 언제라도 기승을 부리고 이 세계의 강대국들이 직접 개입할 수 있을 것이라는 예감이 들게 한다. 그러나 결국에는 중국과 미국을 포함하는 모든 나라들이 다르푸르에 UN군을 파견하는 다국적군에 합의했다. 그렇지만 군인들의 장비는 그들이 맡아야 할 임무에도 맞지 않고 또한 너무 늦게 파견되고 있다. 그 사이에 그곳의 전장은 수단 국경을 넘어 이웃나라 차드와 리비아까지 확산되고 있다.

기후변화는 현안이다

다르푸르에서는 마치 볼록렌즈 아래처럼 또 하나의 세계적인 위기가 응집되어 상호 상승작용하고 있다. 바로 물부족이다. 토양의 건조화와 황폐화, 그리고 사막의 확장. 마지막 석유 한 방울을 향한 질주. 궁극적으로는 기후변화―이것은 다른 모든 문제를 결합하고 강화시키는 촉매제이다. 기후변화가 지구상에서 다르푸르와 유사한 다른 지역에서도 전쟁을 촉발할 수 있기 때문에 영국 정부는 2007년 처음으로 안전보장이사회에서 기후변화를 의사일정에 포함시켰다. 온실효과의 결과는 모든 개별적인 갈등에 의한 것보다 훨씬 포괄적이라고 당시 영국 대표였던 마거릿 베켓Margaret Beckett이 말했다. 그녀는 이것이 집단안보에 '파괴적인 영향'을 미칠 가능성에 대해 경고했다. 바로 이 문제에 '우리 세대의 태풍'이 잠재해 있다는 것이다.[220]

그러한 일이 그때까지는 한 번도 발생하지 않았지만, 세계민족공동체의 가장 강력한 회의체가 생태학적인 문제를 논의하고 세계안보와 연관시켰다는 사실은 비록 늦었지만 지속적인 경각심을 알려주는 신호인 셈이다.

2007년은 이 문제가 구체성을 띠게 되는 해였다. 75개의 대형 연구에서 얻어진 2만9,000개의 데이터를 UN 기후변화위원회IPCC가 분석했다. 6년에 걸쳐 130개국 2,500명의 학술연구자들이 작업한 결과가 나온 것이다.[221] 예전에 IPCC는 온실효과가 초래할 수 있는 수많은 가정에 대해서는 언급하려 하지 않았다. 그렇지만 2007년에는 더 이상 의문의 여지를 두지 않았다. "기후 시스템의 온난화는 명확하다"고 진단을 내렸기 때문이다. 그리고 기후위원회는 과거의 모든 예측치를 단호한 태도로 크게 상향 수정했다. 그리고 무엇보다도 중국과 사우디아라비아, 미국이 정치적으로 희석시키려는 시도에도 불구하고 결국에는 이를 만장일치로 통과시켰다.

연구자들은 자신들의 연구결과를 1년에 걸쳐 나누어 해설하면서 마치 '점점 강하게'처럼 연출했기 때문에 신문 보도와 TV 방송, 토론에서는 늘 경악스러운 메시지들을 계속 쏟아놓을 수밖에 없었다. 산업혁명 이전의 시대에 비해 세계 평균기온이 이미 섭씨 0.74도가 높아졌다. 다시 말하자면 지역에 따라서는 훨씬 더 많이 상승한 곳도 있는 것이다. 북극에서는 두 배 상승했다. 1996년부터 2007년까지 12년 중 11년은 기온을 측정하기 시작한 이래 가장 더운 해였다. 그리고 그 원인으로는 한 가지만이 문제시되고 있다. 인간. 갈수록 많은 땅을 이용하고 석탄과 석유, 천연가스로 난방을 하며 전력을 생산하고 자동차와 항공기를 움직이는 데 이용하고, 그래서 배출가스를 지속적으로 증가시키고 있는 존재. 북극해를 관통하는 기념비적인 북서항로 사진이 마치 온난화의 상징처럼 세계를 돌아다녔다. 이곳을 뚫을 수 없었던 사실은 영화와 소설의 소재가 되기도 했었다. 한때 '얼음과 어둠의 공포'로 인식되었던 해로가 인간이 촬영한 이래 처음으로 2007년 여름에 두꺼운 얼음덩이에서 완전히 해방되어 유조선이 통과할 수 있게 되었다.[222] IPCC에 따르면 인류는 이제 "새로운 기후시대"에 들어서고 있다.

이는 UN 기후변화위원회가 발표한 보고서에 실린 몇 안 되는 비장하게 들리는 문장 중 하나이다. 그밖에 냉정한 학문적 평가가 이 보고서의 폭발력을 더욱 높여주고 있다. 모든 배출가스를 하룻밤 사이에 중단할 수 있을지라도 금세기 말까지 다시 0.9도가 더워지는 것은 막을 수 없다는 것이다. 그 까닭은 기후는 극히 더디게 반응하고, 이미 지나간 행위로 인해 그 영향이 지금 나타나고 있기 때문이다. 0.9도 더워진다는 것, 그것이 의미하는 바는 IPCC에 따르면 강수량 분포가 전 세계적으로 변화하고 빙하가 녹아내리며, 해면이 상승하고 새로운 전염병과 해충이 확산되며, 흉작과 가뭄은 물론 홍수와 강풍, 허리케인이 빈번해진다는 뜻이다.

그리고 이 모든 것은 벌써부터 관찰되고 경험되고 피해를 보고 있다. 구체적인 평가가 나온 해인 2007년에만도 전 지구적 온실에서는 끊임없이 나쁜 소식들이 들려왔다. 1월에는 겨울폭풍 키릴Kyrill이 유럽 절반을 마비시켰다. 중국 80개 지역에서는 여름에 450만 명의 사람과 가축이 여러 달 동안 식수를 배급받았고 벼를 재배할 수 없었다. 영국은 4월에 한여름의 기온을 경험했고 7월에는 북부에서 70년 이래 최악의 홍수를, 그리고 남부에서는 최악의 가뭄을 겪었다. 이란과 사우디아라비아의 해안 근처에서는 아라비아 해에서 처음으로 열대성 사이클론이 발생했다. 8월에는 앙카라에서 몇 주 동안 물이 배급되었다. 같은 달 동남아시아에서는 3,000만 명이 억수 같은 몬순 강우와 홍수의 습격을 받았다. 물은 인간의 주택을 파괴했고 비옥한 토지를 휩쓸고 갔다. 9월에는 모리셔스에서 우간다와 토고를 거쳐 수단에 이르기까지 아프리카인 170만 명이 똑같은 고통을 겪었다. 10월 말에는 멕시코 남동부의 타바스코Tabasco 주와 도미니카공화국의 4분의 3이 물에 잠겼다. 11월에는 사이클론이 방글라데시를 엄습해 수천 명의 사망자가 발생했다. 호주는 6년 연속, 일부 지역에서는 벌써 12년 연속 가뭄이 들었다. 세계에서 가장 큰 식량창고 중 하나가 많은 곳에서 강물이 흙탕물로 뒤덮일 위험에 처해 있고 호주에서는 예전보다 수확량이 절반가량으로 줄었다. 이것은 모두 단 한 해 동안 겪은 기후변화와 자연재해였다. 이들 사건 하나하나가 기후변화 때문이라는 사실에 의심의 여지가 없는 것은 아니지만, 그 빈도와 강도는 IPCC 전문가들 사이에서는 논란의 여지가 없다.

요컨대 대기 온난화는 지금은 상상할 수도 없는 대재앙을 먼 미래에 초래해서 인류를 엄습하는 것이 아니다. 그러한 상상은 성경적인 영향을 받았거나 할리우드에서 극적인 효과를 노리고 제작한 롤랜드 에머리치 감독의 '투모로우The Day After Tomorrow'와 같은 영화에서나 볼 수 있다. 이 영화에서는 불과 며칠 사이에 미대륙 동부해안 전제가 북극 한파로 뒤덮인다. 하지만 현실은 그렇지 않다. 세계의 갑작스러운 종말은 일어나지 않는다. 처음에는 산발적으로 일부 지역을 약화시키다가 갈수록 세계지역으로 확산되고 결국에는 지구의 모든 생태계와 거주자를 고통 속으로 끌어들이는 피할 수 없는 과정이 벌써 진행 중이다. 이 과정에서 예측 불가능성과 불안정성이 전 세계에서 심화되고 안전한 생활공간을 둘러싼 갈등이 갈수록 첨예화되는 것이다. 이러한 일들은 적어도 0.9도 기온이 상승하는 시점까지 계속될 것이다. 2007년 11월

반기문 UN 사무총장은 "마치 공상과학영화에처럼 가공스럽다. 그것은 현실이기 때문에 더욱 끔찍하다"고 절규하듯 말했다.

캐나다인 앨런 캐럴Allan Carroll은 "사람들은 기후변화에 대해서는 우리 아이들 세대나 나중에 걱정하면 된다고 생각한다. 그러나 그렇지 않다. 기후변화는 현안이다." 캐나다 앨버타 주와 브리티시 컬럼비아 주에 있는 숲의 녹색 띠가 아주 작은 나무좀과 곤충으로 인해 한해 한해 파괴되는 광경을 보고 이 산림학자는 자신의 집 문 앞에서 겁에 질리고 말았다. 이 곤충이 단단한 소나무를 녹처럼 붉은 유령으로 변화시켰던 것이다. 결국 소나무는 솔잎 하나 없는 뼈대만 남아 벌거벗은 가지를 하늘로 뻗고 말았다. 독일 바이에른 주 크기의 면적이 이미 파괴되어 녹색 허파와 수분저장소로서 더 이상 기능할 수 없게 되었다. 2007년 여름에는 로키산맥 방향으로 계속 잠식해 들어가고 있었다. 그런 해충은 그전에도 있었다. 그렇지만 예전에는 그 개체군이 영하 20도까지 내려가는 추위로 인해 활동하지 못했다. 그러나 기온이 상승함에 따라 곤충의 증식이 통제 불가능 상태에 빠졌다.[223] 기후변화가 일상생활로 슬금슬금 침투하는 것을 가장 먼저 느끼게 되는 것은 거의 세계 어디에서나 캐럴처럼 숲이나 농촌에서 일하는 사람들이다.

낯설고 뜨거운 별

'어머니인 대지.' 2006년 가을 전 세계에서 거의 5,000명에 이르는 소생산자들이 모인 집회에 붙인 이름이다.[224] 중앙아시아 키르기스스탄에 서부터 아르헨티나까지, 영국에서부터 마다가스카르까지 이르는 곳곳 에서 험한 날씨에 단련된 얼굴과 거친 손을 가진 남자와 여자들이 새로 지어 깔끔한 이탈리아 투린Turin의 전시장이 비좁을 정도로 모여들었 다. 얼룩덜룩한 판초와 사리, 밀짚모자, 수놓은 망토, 그리고 반바지가 어우러진, 문자 그대로 이 세계적인 농경문화 축제에서는 매우 다양한 제품들이 선보였다. 그리고 지구상 어디에서나 느껴지는 기후변화에 대한 걱정이 전시장을 채웠다. 또 자신들이 더 이상 조상들처럼 자연의 신호를 읽을 수 없게 된 점에 대해서도.

어떤 사람들에게는 기후변화가 긍정적인 결과를 가져다준다. 스웨 덴과 라플란드 지방은 예전보다 몇 주씩 더 오래 순록을 눈 녹은 초원에 서 방목할 수 있게 되었다. 그린란드 사람들은 샐러드를 심게 되었다. 독일 자우어란트 사람들은 그동안 너무 추워서 심지 못했던 옥수수를 재배할 수 있게 되었다. 사하라 사막 주변 사바나에서도 비가 내리기 시 작하여 다시 경작이 가능해졌다. 그러나 '어머니인 지구' 집회에 온 농 부들은 수확이 감소하고 갈수록 예측하기 어려워지고 있다고 말했다. 가령 캐나다에서 온 모호크족 인디언 여성인 로레인 그레이Lorraine Gray는 세인트로렌스 강에서 콩과 호박, 옥수수를 재배하고 있다. 볼이 빨갛고 얼굴이 둥근 이 여성은 그렇지 않아도 농사철이 짧은데 이제는 아무것도 믿을 수 없게 되었다고 말했다. "봄에 씨를 뿌려도 비가 거의 오지 않을 때가 있다. 그러다가 나중에 비가 억수같이 쏟아져 처음부터 다시 시작해야 한다." 농사만으로는 더 이상 살 수 없게 되어 많은 사람 들이 떠났다고 한다. 태국 남부에서 온 몬티엔 타마와트도 걱정스럽기 는 마찬가지이다. 그녀는 농장에서 커피와 수분이 많은 과일을 재배하고 있다. 망고와 두리언, 람부탄은 많은 비가 와야 하고, 또 비는 여덟 달 동안 내렸다. 그런데 최근에는 간혹 과일이 익기에 충분치 않게 비가 오는 경우가 있다는 것이다. "과일들이 죽어간다"고 이 젊은 농부는 말한다.

농부들은 이러한 불확실성에 익숙해졌고, 1~2년 흉작에도 어떻게든 견뎌내야 한다는 사실을 안고 살아왔다. 그런데도 불구하고 지금은 다른 종류를 심고 전혀 새로운 경작법과 주기를 배워야 하며 판로도 다시 찾을 수밖에 없게 되었다. 그리고 도시인들도 이상기온을 경험하고 습기 찬 지하창고 말고도 벌써부터 일상에서 기후변화를 만나고 있다. 가령 생필품 가격이 전 세계적으로 수십년 만에 처음으로 다시 상승하는 것도 호주에서 재앙과 같은 흉작이 든 것과 상관이 있다. 이것은 통제불능 상태를 알려주는 서곡일 뿐이다. 그러나 상황이 이 수준을 넘어 더 악화될지, 악화된다면 얼마나 악화될지는 아직 인류의 손에 달려 있다.

앞으로도 온실효과의 정도는 복잡한 연관관계에 의해 좌우되겠지만 궁극적으로는 정치·경제·소비자에 좌우되기 때문에 IPCC의 전문가들도 이에 대한 예측을 일정한 폭으로만 표현할 수밖에 없었다. 그에 따르면 기온은 금세기 말까지 상황진전에 따라 다르겠지만 평균적으로 최상의 경우에는 0.9도, 최악의 경우에는 6.4도 상승할 위험이 있다. 이 극단적인 시나리오도 배제할 수 없다. 그 이유는 OECD 회원국들의 국제에너지기구IEA와 여타 연구소들의 예측에 따르면 2030년까지 세계 에너지 소비가 다시 50퍼센트 증가할 것이기 때문이다. 배출가스가 없는 에너지원으로 매우 신속하게 전환하지 못하면 기후에도 그만큼 더 영향을 미칠 것이다. 이러한 영향은 무엇보다도 중국이나 인도와 같은 신흥공업국들, 또는 언제나 냉정한 IEA 분석가들이 표현하듯이 '세계

경제의 새로운 거인들'의 호황에 의한 것이다.[225] 그곳에서 복지가 향상됨에 따라 에너지 소비가 더욱 늘어날 것이다. 또 다른 세계적인 부분에서도 악영향 쪽으로만 진전되고 있다. 가령 지금은 전 세계 온실가스 배출에서 3퍼센트로 비교적 적은 비중을 차지하고 있는 항공교통의 배출량은 1990년부터 2003년 사이에 거의 90퍼센트 증가했고 2020년까지는 이에 두 배가 될 전망이다 해운은 지난 15년 동안 일곱 배 이상 증가하여 매년 항공교통보다 두 배 많은 이산화탄소로 대기에 부담을 주고 있다.

IPCC의 극단적인 시나리오가 현실이 된다면 지구는 금세기 말에는 지금과는 근본적으로 다른 세계가 될 것이다. 그 경우에는 완전히 다른 해안선과 기후권, 그리고 급격하게 축소된 생명계를 가진 낯설고 뜨거운 별이 우주를 돌아다닐 것이다. 영국 작가 마크 라이너스Mark Lynas는 이 경우의 지구 상태를 고생대 말기의 이첩기와 비유한다. 2억5천만 년 전의 이 열대기에는 대륙 동물의 75퍼센트와 바다 생명체의 95퍼센트가 소멸했다. 메탄 폭발과 '슈퍼온실효과' 때문에.[226]

설사 그러한 상황까지는 이르지 않고 느릿느릿 움직이는 이 온실유조선을 '돌아올 수 없는 지점' 훨씬 앞에서 세우고 되돌린다고 할지라도 그 피해는 막대할 것이다. 산업혁명 이전의 시기에 비해 기온이 2.5도만 상승해도 생명체 종의 3분의 1이 멸종될 위기에 놓인다. 이미 오늘날 10억 이상의 인간이 물 부족 상태에서 살고 있다. 2025년에는 30억 명이 그렇게 될 것이다. 금세기 말까지 북미대륙의 남부는 사막으로 변할 위험이 있다. 남부 스페인에서 그리스의 펠로폰네소스 반도에 이르는 지중해 연안도 마찬가지이다. 무엇보다도 남부 아프리카에서는 가장 가난한 나라들의 절반이 건조화로 인해 그렇지 않아도 부족한 식량

생산의 5분의 1을 잃을 것이다. 그들의 식량수입 의존도는 높아지고 영양불량자 수는 국제협약에서 제시한 것처럼 감소하는 것이 아니라 증가할 것이다.

그리고 농업만 피해를 보는 것이 아니다. 예를 들어 가나에서는 열기와 강수량 부족으로 인해 벌써 오늘날 경제의 가장 중요한 엔진이 피해를 입고 있다. 그것은 볼타Volta 호수이다. 그곳의 아코솜보 댐의 수면이 내려가면 거기에 건설되어 80년대에는 전국에 전기를 공급했던 수력발전소의 터빈이 정지된다. 기후변화는 장차 다른 곳에서도 비슷하게 개발효과를 무력화시키고 새로운 인프라스트럭처를 구축하지 않을 수 없게 만들 것이다. 그러면 새로운 상황에 적응하고 악영향을 가능한 한 최소화시키기 위해서 엄청나고 다양한 노력이 필요할 것이다.

모든 잘못의 총합

지구 온난화는 그 자체로도 문제이지만 다른 자원위기와 밀접한 관계를 갖고 있고 부분적으로는 동일한 원인으로 인한 것이다. 이러한 연관성과 피드백을 염두에 두고 그에 따른 혁신적인 조치를 취하는 게 절대적으로 필요하며, 이와 동시에 생태학적으로 지속가능한 다른 해결책과 대응전략도 개발해 내야 한다. 많은 나라에서는 기후변화로 인한 가뭄과 홍수의 피해가 오기 이전부터 산업적으로 경영되는 농업에 의해 이미 농업 자신의 토대가 파괴되었다. 60년대부터 농업학자들은 고수확 품종, 단일경작, 화학비료, 살충제 등을 이용해서 식량생산을 몇 배 증가시키는 데 성공했다. 가령 인도는 수십년 만에 처음으로 식량수입에서 벗어났다. 그렇지만 이미 1968년에 그곳에서 바로 이러한 '녹색혁명'의 아버지이자 수차례 상을 탄 농업학자 M.S. 스와미나탄Swaminathan이 다음과 같이 경고했다. "이윤만 생각하고 직접적인 생산성 증가만 염두에 둔다면, 토지비옥도와 토지보존에 신경 쓰지 않는 집약영농은 결국 사막의 등장을 초래할 것이다. 적절한 배수가 없는 관개시스템은 토양을 산성화시켜 망칠 것이다. 살충제나 살균제, 제초제를 무차별적으로 투입하면 생물학적 균형을 뒤흔들 수도 있다."[227]

호주 평원에서부터 아나톨리아 평야까지 많은 곳에서 스와미나탄이 두려워했던 것과 똑같은 상황이 발생하고 있다. 유럽에서도 토양의 3분의 1이 손상된 것으로 여겨진다. 요컨대 기후변화는 새로운 농업시스템을 통해 허약해진 곳을 먼저 공격한다. 농업은 피해자인 동시에 가해자이기도 하다. 그 이유는 온실가스의 거의 3분의 1이—이에 대해서는 추정치밖에 없다—농업생산에서 발생하기 때문이다. 이산화탄소 배출의 5분의 1은 증가하는 인구에게 필요한 농지와, 그리고 난방취사용 땔감을 위해 벌목한 결과이기 때문이다. 그러나 나무는 이산화탄소 저장소이고, 물과 양분이 토양에 머물도록 해준다.

방대한 양의 이산화탄소 배출은 산업적인 영농에서 비롯된다. 비료생산을 위해서만도 가령 미국에서 매년 1억 배럴의 석유가 사용되는데 이는 전 세계에서 하루 종일 채굴된 석유보다 많은 양이다. 여기에 살충제와 농기계 생산에 필요한 에너지가 추가된다. 끝으로 전 세계 소비자들의 육류소비가 계속 증가하고 있는데, 이를 충족시키기 위한 가축 사육에서는 전체 메탄가스의 거의 40퍼센트가 발생하고 있다. 메탄가스는 이산화탄소보다 20배 더 해롭고 온실효과의 5분의 1에 대해 책임이 있는 온실가스이다. 현재와 같은 형태의 집약영농에 대한 대안을 찾아내고 소농을 위해 자원절약적인 생산방법을 개발한다면 여러 가지 큰 문제가 한꺼번에 해결될 수 있다.

특히 물 부족도 대부분 토지이용 방식에서 비롯된 것이다. 생존에 필요한 이 자원을 무엇보다도 개발도상국에서는 농업이 가져간다. 미국 옥수수 벨트의 옥수수 단일경작에서부터 남부 스페인의 온실에 이르기까지 물은 종종 수원이 고갈될 정도로 남용된다. 가난한 나라의 정부는 농부들에게 관개펌프에 필요한 전력을 무료로 공급해 주기도 하기 때문에 상당기간 동안 물을 낭비하도록 유도하는 셈이 된다. 인도의 펀자브 주에서는 예전에는 지하수를 얻기 위해서 90미터 파 내려갔으나 오늘날에는 270미터까지 파야 하는 곳도 많다. 물을 비에서 '수확해서' 다시 사용하던 옛날 전통은 잊혀지고 말았다. 그 이웃 라자스탄 주에 사는 농부들은 오늘날 말라버린 움푹한 땅을 가리키며 말한다. "저것이 예전에는 강이었다."

요컨대 기후변화는 오래 전부터 존재해 오던 생태문제 한 가지를 더욱 악화시키고 있는 것이다. 그리고 이 문제는 다시 기후변화를 더욱 촉진시키고 있다. 그 이유는 벌거벗은 산야와 말라버린 토지는 과열을 더욱 부추기기 때문이다. 많은 지역에서 우물이 말라버렸기 때문에 오래 전부터 식품 콘체른 운영자들은 제품생산에 필요한 물 공급을 걱정하고 있는 실정이다. 물론 대량의 값싼 원자재를 찾는 다국적기업들의 충동으로 인해 많은 지역에서 물 사용이 더욱 심화되고 있는데, 퇴임하는 네슬레 콘체른의 회장 페터 브라베크레트마테Peter Brabeck-Letmathe도 이제 와서는 "소중한 재화를 남용했다"고 실토한 바 있다. 그리고 갈수록 토지의 많은 부분이 먼지로 사라지고 있다. 90년대에는 매년 거의 3,440평방킬로미터가 사막으로 변했는데 이는 70년대보다 두 배가 넘는 면적이다.

건조화는 도시에서도 일어난다. 도시들은 새로운 소비욕구를 통해 건조화를 더욱 부채질하고 있다. 급성장하는 많은 메트로폴리탄이 중국에서만 모래 위에 지어지는 것이 아니다. 댐과 파이프라인을 이용해서 물은 갈수록 멀리서 끌어와야 한다. 수원水源 근처에 사는 농부들의 피해에도 불구하고 인도에서는 코베리 댐에서 방갈로르로, 나가르주나 사가르 댐에서 히데라바드로, 테리 댐에서 델리로 동일한 방식으로 수백 킬로미터를 거쳐 물을 끌어가곤 한다. 이렇게 해서 더욱 가난해진 농촌사람들은 다른 곳에서 사는 부자들이 자신보다 몇 배 많은 물을 매일 소비할 수 있도록 갈수록 깊이 파야한다. 수단에서도 SPLA 반군이 거대한 준설기를 폭파하면서 북부와 남부 사이의 내전이 시작된 것은 우연이 아니다. 이 준설기는 당초 부유한 북부로 물을 끌어가기 위한 운하를 파는 데 설치된 것이다.[228]

이 모든 것, 즉 자연자원의 극심한 남용은 화석연료에서 에너지를 얻으면서 시작되었다. 물 펌프나 화학비료를 사용하는 영농기업뿐만 아니라 인구 집중화와 도시화, 소비문화, 물품 대량수송, 개인교통의 발달 등 서구 산업사회의 모든 특혜는 지금까지 수십년 동안 값싸게 얻을 수 있었던 석탄, 가스, 석유에 의한 것이었다. 이들 화석연료의 과도한 연소는 기후변화를 초래하기 이미 오래 전부터 해로운 것이었다. 기후변화를 둘러싼 논란은 가스발전소, 석유발전소, 석탄발전소가 이산화탄소뿐만 아니라 이산화황, 이산화질소, 매연 미립자도 배출한다는 사실을 살짝 뒷전으로 밀어놓았다. UN 보고서에 따르면 매년 전 세계에서 200만 명이 발전소와 교통수단에 의한 대기오염으로 인해 사망하고 있다.[229] 다른 연구에 따르면 대양해운에서 발생하는 유독배기가스에 의해서만도 6만 명이 사망하고 있다.[230] 필터와 촉매를 이용해서 관리를 잘 하고, 또한 더러운 생산공정은 법률이 느슨하고 그만큼 비용도 적게 드는 나라로 이전한 나라들조차 결국에는 유해물질에서 벗어나지 못한다. 연구자들은 캘리포니아 주와 오리건 주의 높은 산 위 대기 중에서 해로운 화합물과 미립자를 계속 발견하고 있다. 이들은 중국 석탄발전소에서부터 사막과 바다를 거쳐 미국 서부해안까지 이동한 구름과 함께 날아온다. 〈뉴욕타임스〉는 이를 '별로 알려지지 않은 중국 수출품 중 하나' 라고 빈정거리면서 보도했다.

기후변화에 관한 확실성이 높아진 2007년에는 IPCC 보고서 이외에 또 하나의 중요한 현황보고서가 발표되었다. UN 환경계획UNEP의 제4차 보고서였다.[231] 물 부족, 사막화, 생물 종 감소, 농지 소실에 직면한 상황에 대해 이 보고서가 전하는 핵심 메시지는 "우리는 우리의 형편보다 훨씬 잘 산다"는 것이다. UNEP에 따르면 세계인구는 이제 너무 많아서 "인류가 생존에 필요한 자원의 공급을 초과했다." 그러나 그 주된 원인은 인류의 부유층이 지나치게 많은 소비재를 요구하기 때문이다. 노르웨이 여성 정치인 그로 하를렘 브룬틀란드Gro Harlem Brundland는 이미 20년 전에 다음과 같이 말한 바 있다. "세계는 환경위기, 개발위기, 에너지위기에 직면해 있는 것이 아니라 이들 위기가 모두 한 가지 동일한 위기로 모아지고 있다." 이 위기의 이름은 기후변화이다. 인도 환경보호론자인 수니타 나라인Sunita Narain도 이 기후변화가 '모든 잘못의 총합' 이라고 부른다. 아마도 그것은 총합의 몇 배일 수도 있다.

기후변화가 계속 심화되는 것을 막는다는 것은 자연의 법칙을 무시하거나 극복하려 하지 말고 경제활동을 자연의 법칙에 순응시키는 것을 의미한다. 자연이 스스로를 다시 재생할 수 있도록 자연의 공급을 이용하는 것이다. 그렇지 않으면 소설가이자 생태학자인 카를 아메리Carl Amery의 상상이 현실이 될 위험이 있다. 그는 자신의 충격적인 저서 《선구자 히틀러》에서 전 세계 자원이 더 이상 충분하지 않게 된다면 수혜자와 비수혜자 사이의 새로운 구분이 일어날 것을 우려했다. 아메리는 "인류의 '진보적인' 인사와 단체들은 모든 생명시스템의 기본원칙을 중시하는 경제시스템을 개발할 것에 동의했다. 신트로피Syntrophy●, 즉 끊임없이 도착하는 태양에너지를 최대한 이용하자는 것이다. 그리고 이 경제시스템은 사막에서 특히 유리하다." 그러나 아메리는 강자들이 위협적인 엘리트적 '지구관리'를 펼치면서 새로운 방식으로 누가 '비수혜자'인지 가려내려고 시도할지 모른다고 경고했다. 그리고 '비수혜자들의 기존 생활양식이 실질적으로 위협받거나 발생하는 곳에서' 그러한 일이 일어날지도 모른다고 경고했다.[232]

그러한 경고가 과장된 것이 아니라는 사실은 이미 유럽의 남쪽 경계에서 증명되고 있다. 주인형 인간Herrenmensch● 에 관한 나치의 이데올로기는 지나친 것일 수 있겠지만 그것에서 비롯된 인간경시는 이미 확산되기 시작했다. 얼기설기 엮은 보트를 타고 스페인이나 그리스, 이탈리아 해변으로 상륙하려는 저 수척하고 완전히 탈진한 남녀 아프리카인들을 돌려보내는 일이 종종 일어나고 있는 것이다. '망명찬성Pro Asyl' 이라는 단체나 앰네스티 인터내셔널과 같은 단체들의 보고에 따르

● Syntrophy: 엔토로피의 속도를 늦추어 재생이나 소생으로 향하도록 하는 과정.
● Herrenmensch: 니체는 인간을 '주인형 인간Herrenmensch' 과 '노예형 인간Sklavenmensch' 으로 나누었다.

면 그리스와 이탈리아 국경수비대와 해양경비대는 정기적으로 구멍난 난민보트를 공해상에서 돌아가도록 강요하고 난민들을 물도 식량도 없는 섬에 내려놓거나 그냥 익사하도록 방치하고 있다.[233]

아메리가 걱정하는 '구분'의 또 다른 전조는 리비아 독재자 무아마르 알 카다피Muammar al-Qaddafi의 나라에서 이탈리아 세금으로 운영되는 불법이민자 수용소이다. 그곳에서는 수단이나 이디오피아 등에서 온 난민들이 비인간적인 환경에서 감금되어 있다가 그들의 생명이 위협받는 고향으로 송환된다. 난민단체인 '포트리스 유럽Fortress Europe' 은 리비아를 거쳐서 복지지대로 이주하여 생활터전을 찾으려 했던 수많은 난민들의 운명을 다음과 같이 묘사했다. "사막에서 맛보는 죽음. 시칠리아 앞바다에서의 죽음. 수용소의 고문과 성폭행. 사하라로 내쫓기는 추방. 경찰서에서 맛보는 살인." 이것은 한마디로 공포의 세계이며, 이에 대해서는 EU도 부분적인 책임이 있다.[234] 소설가 나피트 케르마니Navid Kermani는 유럽이 난민보호를 "더 이상 난민의 보호가 아니라 난민으로부터 [자신들의] 보호로 인식함으로써" 도덕성을 내팽겼다고 비난했다.[235]

기후정책은 안보정책이다

생활공간의 침식과 기후변화의 결과가 사람들을 난민으로 만들고 있고, 이 두 가지 요인은 다르푸르를 넘어서서 아프리카 여러 지역에서 폭력을 부추기고 있다. 우간다와 마찬가지로 케냐 북부에서도 가축이나 토지, 물을 둘러싼 갈등이 쌓이고 있다. 비가 적은 계절에는 말라버리는 우물이 많기 때문이다. 2005년에는 사망자도 많았다. 세네갈과 모리타니의 국경지역에서 세네갈 강의 물을 둘러싸고 거의 전쟁이 일어날 뻔했다.[236] 나일 강과 오카방고Okavango 강 유역에서, 그리고 요르단 강과 티그리스 강의 상하류에 접해 있는 나라들 사이에서 불신이 고조되고 있다.

세계은행 전문가들과 평화연구자들이 중재는 하고 있다. 생존이 달린 자원인 물에 대해 공동으로 의존하고 있는 국가들 사이에서는 일반적으로 경쟁보다는 협력이 유지되고 있다고 한다. 실례를 들면 인더스 강 이용에 관해 인도와 파키스탄이 맺은 조약은 그동안 국경분쟁이 끊임없이 발생하고 심지어 양국이 핵무장까지 할 정도로 원한 관계에 있는데도 불구하고 47년 동안 유지되고 있다. 유프라테스 강변에 있는 여러 터키 발전소와 관개사업들도―비록 시리아가 안달루시아 댐 때문에 화가 나 있기는 하지만―시리아와 농업프로젝트를 협력하는 것이 방해받지 않았다. 그렇지만 기후변화로 인해 물 공급이 급격하게 줄어들고 아시아와 아프리카 여러 나라에서 동시에 인구가 증가한다면 이 평화는 얼마나 오래 유지될 수 있겠는가? 가령 세계 인구의 5분의 1이 세계 물 보유량의 7퍼센트만 소비하고 있는 중국이 티베트 히말라야 고원의 물을 댐을 이용해서 자국 영토로 우회시킨다면 문자 그대로 다른 아시아 나라들의 수로를 끊게 된다. 이들이 그것을 용인할까?

그리고 가뭄에 앞서 홍수가 오는 경우가 적지 않다. "난민들은 어디로 가야 하는가?" UNEP 의장 아킴 슈타이너는 기후변화에 따른 생존투쟁과 대량난민에 관한 경고를 이 간단한 문장으로 집약시켜 묻는다.[237] 만약 예를 들어 넓은 히말라야 산맥에서 길이 2,500킬로미터에 달하는 웅장한 빙산이 녹는다면—사실 이 빙산의 후퇴는 티베트에서부터 네팔을 거쳐 인도에 이르기까지 벌써 시작되었다—남부 아시아 전체에서 수억 명의 인구가 생존기반을 잃고 도시와 농촌을 떠나게 될지도 모른다. 부탄과 티베트의 산맥에서는 많은 빙하호수들이 위태로운 형태로 높은 곳에 채워져 있다. 이들이 금이 간다면 쓰나미 같은 홍수재앙이 발생할 것이다. 녹아내리는 물이 불어나기만 해도 히말라야 유수流水의 수면이 상승하고 비옥한 토지가 물이 넘쳐 쓸려갈 것이다. 사람들이 특히 많이 살고 있는 곳으로.

그로부터 수십 년이 지나서 산맥으로부터 눈 녹은 물이 더 이상 지속적으로 보충되지 않으면 아시아의 7대 강은 건기에는 수로가 되어버릴 것이다. 그러나 성스러운 갠지즈 강, 인더스 강, 브라마푸트라 강, 황하, 양쯔 강, 메콩 강, 살윈 강이 아시아의 경작지에 물을 공급하지 못하면 그보다 더 심각한 사태는 상상할 수 없을 것이라고 인도사회시장 센터의 말리니 메라Malini Mehra가 말한다.[238] 그러면 사람들은 이주하기 시작할 것이다. 그리고 다른 지역 사람들과 맞서게 될 것이라고 UNEP 의장 슈타이너는 말한다. "어떤 공동체가 이들을 받아주려 하겠는가?"

빙하는 케냐에서도 줄어들고 있고 인간과 동물의 생존을 위협하고 있다. 나이로비에 사는 케냐 경제학자 스탠리 음바가티Stanley Mbagathi 는 그곳 주민들이 부르듯이 5대 '물기둥' 의 하나인 웅장한 케냐 산을 슬프게 바라본다. 음바가티는 말하기를, "나는 은예리의 집에 올 때마다, 그리고 내 어린시절의 그림들이 영원히 사라져 버렸다는 것을 다시 한 번 깨닫게 될 때마다 울고 싶은 심정이다. 케냐 산은 키쿠유 말로 하얀 '깃털모자를 쓴 산'이라는 뜻을 가진 키린야가가 이제 더 이상 아니다. 저기 위에 사시는 우리의 신도 아마 더 이상 편안하지 못할 것이다." 아주 오래된 얼음갑옷을 입은 남미의 안데스에서도 얼음이 녹아내리고 있다. 그곳에서는 7,700만 명이 물 부족 위협을 받고 있다. 그리고 얼음은 알프스에서도 녹아내린다.

기후변화와 자원 희소성으로 인해 초래된 위기와 잠재적 갈등 지역은 경악스러울 정도로 많다. 이들 지역은 북아프리카에서부터 중앙아시아와 중국을 거쳐 아마존까지 걸쳐 있다. 독일 연방정부의 학술자문위원회인 세계기후변화WBGU가 2007년 설명한 바와 같이 아마존에서는 열대우림의 "붕괴가 수반될 수밖에 없어" 남미의 자연공간이 급격하게 변화될 것이다. "그에 따른 경제적·사회적 결말은 예측할 수 없을 정도다."[239]

재앙을 막거나 멈출 수 없는 곳에서는 적어도 완화시켜야 하며, 이를 위해서는 모든 생활영역이나 지식영역, 정치영역에서 근본적으로 새로운 사고방식을 가져야 하지만 이에 대한 인식은 이제 와서야 싹트기 시작했다. 국가는 대외적인 국경을 군사적으로 보호함으로써 영토에 대한 배타적인 권리를 가진다는 낡은 사고와 작별하는 것도 그러한 새로운 인식에 속한다. 수많은 지역에서 장차 몰아닥칠 홍수와 폭풍은 물론 곤궁에 처한 수백만의 난민이 겪을 문제를 생각하면 영토에 대한 배타적인 권리라는 말은 공허하게 들린다. WBGU도 '새로운 안보정책적 도전'에 대해 논의하고 있다. 모든 것을 변환시키는 기후변화의 양상들은 "국가붕괴, 사회질서의 잠식, 폭력성향의 증가와 같은 통제하기 어려운 문제들을 가중시킬 것이다." WBGU 평가자들의 의견에 따르면 "기존의 글로벌 거버넌스 시스템에 과부하가 걸릴" 위험이 존재한다.

이러한 평가를 내리는 것이 이들 독일 학자들만은 아니다. 펜실베이니아 전략연구소의 전문가들도 "지금까지는 생각할 수 없을 정도로 큰 규모의 다국적 기관의 협력"이 요구된다고 말했다.[240] 미국의 국가 안보기관에서도 기후변화에 관한 확실성이 높아진 해인 2007년에 경종을 울렸다. 미국의 저명한 싱크탱크들은 기후변화가 '현대생활의 거의 측면'에서 균형을 무너뜨릴 위험이 있다고 공동보고서에 기술했다.[241] 이들은 이와 비슷한 상황으로는 오직 '냉전시대에 핵무기 공격으로 발생했을 상황'을 들고 있다. 미국 육군의 군사자문관이자 전직 인사참모인 고든 R. 설리번Gordon R. Sullivan 장군은 "냉전은 허깨비였으나 기후변화는 현실"이라고 말했다. 지구 온난화에 수반되는 위험은 그와 다른 11명의 미군 고위장성들이 전역 후 안보보고서를 작성하는 동기가 되었다.[242] 이들은 유럽이 '자신들의 국경에 집착할 가능성이 다분히 있기' 때문에 오랜 동맹이 와해될 수 있다고 경고했다. 그리고 미국 조지 부시 대통령처럼 오랫동안 기후변화를 무시한 사람들을 다음과 같이 비판하고 있다. "군인으로서 우리는 결코 100퍼센트 확신은 못한다는 사실은 잘 알고 있다. 그러나 그것을 기다리고만 있으면 끔찍한 일이 일어날 수도 있다."

2도. 지금 이것은 운명의 숫자이다. EU 정부들과 대부분의 G8 국가들은 끈질기게 밀고 당긴 끝에 금세기 말까지 이 상한선 내에서 기온상승을 막아야 한다고 합의했다. 그 이유는 WBGU와 IPCC가 한 목소리로 예고했듯이 2도를 넘지 않을 경우에만 동식물 종이 필연적인 환경변화에 그래도 적응할 수 있고 기후변화의 후속 피해도 극복할 수 있는 여지가 인류에게 남아 있을 것이기 때문이다. 대기 중 이산화탄소 농도가 향후 10년 동안 불가피하게 상승할 텐데 그 다음에는 어떤 수준으로 유지되어야 하는지에 대해서는 평가가 엇갈리고 있다. 550ppm이 되어도 괜찮겠는가, 아니면 450ppm이나 400ppm, 또는 이보다 더 적어야 하는가? 산업화 이전에는 280ppm이었는데 그 후 농도가 지속적이고 가속적으로 상승해 오늘날에는 380ppm 이상에 이르렀다. 그러나 분명한 사실은 IPCC 과학자들이 제시하는 바와 같이 유럽이 2050년까지 배출가스를 80~90퍼센트 감축해야만 달성할 수 있는 2도 목표는 "보다 효율적인 새로운 기술들을 신속하게 도입할 경우"에만 실현될 수 있다는 점이다. 그리고 매우 가능성 높은 사실은 우리가 설정하고 있는 이 목표선조차 모든 나라가 엄청난 노력을 기울여야 하는 것임에도 불구하고 이것조차도 안전한 목표라고는 할 수 없다는 점이다.

그 이유는 수많은 과학자들이 새천년에 들어오면서 기후변화 과정이 UN 기후상황판에 예측되어 있는 것보다 훨씬 빠르게 진행되고 있다고 경고하고 있기 때문이다. 호주의 팀 플래너리Tim Flannery가 계산한 바에 따르면 대기 중 온실가스는 IPCC가 향후 10년 사이에나 도달할 것으로 예상했던 농도를 이미 2007년에 도달했다.[243] IPCC의 이 보고서조차 2006년 중반의 데이터에 기초했기 때문에 이미 낡은 부분이 많다. 앙겔라 메르켈 총리에서부터 반기문 사무총장에 이르기까지 정치가들이 언론을 의식하면서 북극여행객으로 나섰던 그린란드 탐방 당시 목격한, 얼음이 눈에 띄게 가속적으로 녹아내리는 현상뿐만 아니라 지금까지 거의 연구된 바가 없는 기후변화와 그 영향 사이의 피드백 효과도 당시의 UN 기후연구자들은 예측할 수 없었다. 이들 피드백 효과 중 일부가 기후변화에 제동을 거는 곳도 있을 수 있겠지만 새로운 자료들을 감안해 볼 때 오히려 정반대 상황이 도래할 가능성이 더 크다.

기후변화로 인해 거칠어진 남반구 대양의 바람들이 다시 기후변화를 촉진한다고 주장하는 연구팀이 여럿 있다.[244] 그 이유는 다음과 같다. 이산화탄소 함량이 높은 심해의 바닷물 층이 수면으로 소용돌이쳐 올라오기 때문에 대양이 그다지 많은 이산화탄소를 흡수할 수 없다는 것이다. 90년대만 해도 대양은 추가로 배출된 이산화탄소의 60퍼센트를 흡수했다. 그러나 2000년부터는 그 비율이 54퍼센트로 감소했다. 그 결과 더욱 많은 양의 기후 가스가 대기에 머물러 있다는 것이다.

그런데 그뿐만이 아니라 전 세계 배출가스가 어느덧 IPCC의 시나리오들이 가상했던 것보다 더 빨리 증가하고 있다. 이는 호주의 세계석탄프로젝트GCP의 연구자들이 계산한 결과이다.[245] 이 계산에 따르면 경제성장에 따른 이산화탄소 집약도, 즉 1퍼센트 경제성장이 대기에 추가로 배출하는 이산화탄소의 양이 다시 증가했다. 게다가 이 배출량은 더욱 빨리 증가하고 있다. 90년대에는 약 1퍼센트였는데 비해 지금은 3퍼센트씩 증가한다. 그 원인은 아시아 신흥공업국들의 에너지 수요가 비싼 석유와 가스 가격 때문에 주로 석탄을 사용하면서 급속하게 증가하기 때문이다. GCP 연구가 내린 충격적인 결론은 지구가 '예상했던 것보다 더 일찍 그리고 더 심각하게' 온난화될 것이라는 점이다.

여기에서는 간과할 수 없는 한 가지 다른 시나리오가 있다. 기후가 향후 몇 년 사이에도 급격하게 변화되어 새로운 상태로 발전할 수 있다는 것이다. 그러한 정점Tipping-point은 극지방의 영구동토가 급속히 해빙되어 짧은 시간에 대량의 메탄가스를 방출할 때 나타날 수도 있다. 메탄가스의 온실효과는 이산화탄소보다 훨씬 강력하다. 서부시베리아에서 오늘날에는 아직 얼어 있는 이탄층과 늪지에 저장되어 있는 온실가스만 해도 적어도 700억 톤에 이른다.

기후변화의 영향이 더 이상 통제할 수 없게 될 가능성은 기온이 0.1도 상승할 때마다 크게 증가한다. 그렇기 때문에 다른 모든 정치영역에서는 핑계에 지나지 않는 표현이 예외적으로 기후변화 영역에서는 사실에 해당한다. '대안이 없다'는 표현 말이다. 온실가스 배출은 가능한 한 빨리 그리고 널리 감축되어야 한다. 키워드는 '빨리'와 '즉시'이다. 이는 무엇보다도 선진국에 해당된다. 그 이유는 이들이 1세기 이상 최대의 원인제공자였기 때문이다. 오늘날 미국 혼자서만도 1년에 전 세계 이산화탄소 배출량의 거의 4분의 1을 차지하고 있다. 인구는 4배 많음에도 불구하고 인도는 4퍼센트에 지나지 않는다. 중국의 10억대 인구는 미국과 거의 같은 수준이었으나, 네덜란드 연구소 MNP가 추정한 바에 따르면 이미 미국을 추월했다.[246] 그렇지만 1인당으로는 미국인이 통계적으로 볼 때 중국인에 비해서는 거의 7배, 인도인에 비해서는 10배 많은 유해가스를 배출하고 있다. 그리고 유럽인도 인도인의 10배를 배출해서 세계 어느 민족과 비교할 수 없을 정도로 기후에 더 유해하다.

미국 어린이들이 자동차로 학교에 가고 게다가 냉방도 너무 춥게 해서 두터운 스웨터까지 껴입는 사이에, 그리고 유럽에서는 영하의 날씨에도 레스토랑 발코니에서 가스로 작동하는 버섯 모양의 난방기기 아래에서 담배 피우고 식사하는 것이 유행인 사이에, 집에서는 모든 전기기기가 대기상태에 놓여 있는 사이에 다른 세계에서는 아직도 20억 이상의 사람들이 전기에너지의 혜택을 입지 못하고 나무를 태워 취사하고 있다. 그러나 이들 가난한 사람들이 지구 온난화의 가장 큰 피해를 받고 있다. 자국 내 낭비를 포함해서 부자들의 에너지 낭비가 초래하는 영향을 견뎌야 하는 사람들이 바로 이들이다. 이들의 생활공간을 보호하고 에너지와 대안 영농, 보험을 제공해 주어 이들을 지원해야 한다. 그와 동시에 이들 나라가 처음부터 온실가스를 적게 배출하면서 경제발전을 이룩할 수 있도록 도와야 한다.

역사적이고 현재적인 이중적인 불공평이 해소되지 않으면 장기적으로 평화는 더 이상 불가능할 것이다. IPCC 보고서 집필자 중 한 사람인 살레물 훅Saleemul Huq은 국토의 상당 부분이 지금은 강과 바다 수면의 상승으로 인해 갈수록 자주 홍수 피해를 당하고 있고 장차 언젠가는 물에 잠길 것으로 예상되는 방글라데시에 대해 다음과 같이 말하고 있다. "서방이 자신들의 책임을 계속 부인한다면 가장 가난한 나라들이 서방에 선전포고할 날이 올 것이다."[247]

요컨대 무엇보다도 부자 나라들 클럽인 OECD 회원국 앞에 놓인 과제는 막중하다. 그들은 가난한 나라들이 기후변화에 적응할 수 있도록 막대한 자금을 지원해야 한다. 그러나 무엇보다도 이들은 자기들 나라에서 새로운 기술과 새로운 문화, 새로운 경제주체, 변화된 무역 흐름으로 경제생활을 새롭게 바꿔야 한다. 지금처럼 '전복'이라는 단어가 자주 언급된 적도 드물다. 철학자 페터 슬로터다이크Peter Sloterdijk은 "코페르니쿠스의 발상에 버금가는" 혁명을 요구하고 있다.[248] 즉, 중세 천문학자가 생전에 기념비적인 개념으로 제시한 우주론의 행성들과 마찬가지로 새로운 에너지 기술도 태양의 주위를 돌아야 한다는 것이다. 기후연구자 한스 요아힘 셸른후버Hans Joachim Schellnhuber도 '다름 아닌 3차 산업혁명'을 시작해야 한다고 말한다. 독일 연방총리의 자문위원인 그가 자신이 운영하고 있는 포츠담 기후변화연구소에 초청한 노벨상 수상자들은 한결같이 '대전환'을 주문했다. 이들 저명인사들은 결의문에서 세계적인 '에너지 효율성 제고를 위한 아폴로 프로그램', 즉 미국의 우주정복과 달 착륙 당시에 맞먹는 비용을 들여서 집요하고도 열정적으로 노력을 기울일 것을 선언했다.[249]

적어도 수많은 시민이나 기업가, 정치인들의 머릿속에서 배출가스가 적은 사회로 전환해야겠다는 생각이 스며들기 시작했다는 것은 좋은 일이다. 학계의 첫 번째 경고가 있은 지 30년 만에 책임 있는 인사들이 기후변화를 진지하게 검토해야 한다는 사실을 깨달았다. 기후변화의 파괴적인 발전을 막기 위해서 지금처럼 다양한 정치적 차원에서, 그리고 지금처럼 다양한 사회집단이 세계적인 네트워크를 형성해서 주도적으로 새로운 활동을 시작한 적도 없었다. 간과할 수 없는 자연재해와 IPCC 및 미국 군부의 경고들이 눈에 띄게 효과를 나타내고 있다. UN 기후변화위원회와 공동으로 2007년 노벨평화상을 받은 전 미국 부통령 앨 고어가 말한 '불편한 진실'도 그 중 하나이다. 고어가 제시한 자료들은 바로 미국에서 획기적인 의식전환을 가져오게 했다. 설문조사 결과에 따르면 어느덧 미국인의 83퍼센트가 기후변화를 절박한 문제로 생각하게 되었다. 70퍼센트는 기후변화를 막기 위해서 자신들의 일상생활을 변화시킬 의향이 있다고 답했다.[250] 지금 전기자동차는 경축할 만한 생산물이고, 발행부수가 많은 잡지들은 모두 표제 기사로 녹색 영웅과 기술에 관한 내용을 쓰고 있다. 수백 개의 기업이나 대도시 및 자체들이 급격한 배출가스 감축의무를 지게 되었다. 어느덧 기후보호법은 공화당 존 워너John Warner 의원이나 맥스 보커스Max Baucus 의원처럼 기후변화에 회의적이었던 인사들까지도 지지하게 되었다. 보커스의원은 석탄생산이 많은 몬태나 주의 이익을 대변하는 상원의원이다.

그러나 세계적으로 정계와 재계의 의식전환에 가장 많이 공헌한 사람은 아마도 경제학자 니콜라스 스턴Nicholas Stern일 것이다. 전직 세계은행 수석 이코노미스트였고 오늘날 런던정경대 교수인 그는 영국 정부의 의뢰를 받아 지구온난화의 경제적인 측면을 분석하여 2006년 가을 포괄적인 보고서를 제출했다.[251] 기후변화가 벌써 여러 가지 투자를 무용지물로 만들고 기업을 몰락시킨다는 사실은 수년 전부터 농업수확량 변동이나 알프스의 겨울 스포츠 지역의 수입 감소에서 나타나고 있었다. 알프스에서는 눈 부족으로 스키리프트가 운행되지 않는 사례가 갈수록 자주 발생하고 있다. 허리케인 카트리나로 인해 미국 100대 기업의 거의 절반이 이윤감소를 경험했다. 도이체방크는 세계적인 불공정 구조를 다음과 같이 냉정하게 요약하고 있다. 장래 자연재해는 "예상컨대 인도나 방글라데시, 중남미 같은 나라에서" 가장 많은 사망자를 낼 것이다. 그러나 가장 큰 경제적 손실은 선진국들에서 발생할 것이다.[252]

니콜라스 스턴은 기후변화에 의한 파괴를 지난 세기 두 차례의 세계대전과 경제공황에 따른 파탄과 비교했다. 여기에서 그가 미리 추정한 바에 따르면 폭풍이나 홍수, 가뭄의 발생이 초래하는 손실을 만회하기 위해서 세계경제가 치러야 할 대가가 이들의 발생을 '단호하고 신속한 행동'으로 막는 것보다 경우에 따라서 5~20배까지 비쌀 것이다. 그의 보고서가 추정한 바에 따르면 온실가스 배출 감축에 소요되는 비용은 2050년까지 매년 세계총생산의 약 1퍼센트에 이를 것이다. 이는 "많지만 감당할 수 있는 수준"이라고 스턴은 말한다. 그러나 그는 아무리 암울해도 동시에 새로운 기회도 있을 것이라고 예상한다. 이산화탄소 배출 상품이 비싼 대가를 치르게 되고, 그 결과 탄소 배출이 적고 효율적인 상품과 서비스의 시장이 커지면 새로운 '청정' 사업의 기회도 열릴 것이라고 한다.

이렇게 해서 스턴은, 수많은 환경전문가들이 오랫동안 몽상가라고 비난 받으면서도 대략적인 그림을 제시했던 새로운 생태학적 관점을 적절한 시기에 다른 언어, 즉 주류 경제학의 언어로 번역한 셈이 되었다. 전 세계 언론의 경제부서에서 이 문제가 화두로 등장하면서 영국의 이 경제 현자는 기업의 관리자와 정치가들에게도 이 문제의 긴박성을 인식토록 해주었다. 그러는 사이에 공포스러울 정도로 절망적인 스턴의 미래 전망이 오히려 너무 낙관적이라는 비판이 나올 정도로 상황이 바뀌게 되었다. 한 예로 미국 학자들은 스턴이 기후보호를 위해 투자해야 할 금액을 너무 낮게 잡았다고 이의를 제기하기도 했다. 적어도 현실적으로 보아 세계총생산의 3퍼센트는 투자해야 된다는 것이다. 복지국가들의 경제적·정치적 기득권층 다수가 오랫동안 생태학적 개혁에 반대하는 입장을 취했었지만 이제는 스턴의 기본적인 제안—예방에 필요한 자금은 조달할 수 있고 또 그것은 할 만한 가치가 있다는 사실—은 더 이상 외면만 할 수 없게 되었다.

그리하여 매년 경제계 거물들이 회동하는 다보스 경제포럼에서 2007년에는 작은 이변이 발생했다. 즉, 이 회의에서 어떤 문제에 대해 논의하고 싶은지에 관한 투표가 개막행사 동안 참석자들 사이에서 이루어졌다. 즉각 연사들이 차례로 일어나 기후변화도 토론주제 항목에 포함시켜야 한다고 주장했다. 주최 측은 이 주제를 전혀 예정하지 않았다. 〈파이낸셜 타임스〉 독일어판 기자는 가장 강력한 경제 지도자들의 세계연합 한복판에서 풀뿌리민주주의로 진행되는 학생총회에 참석한 듯한 느낌을 받았다고 한다.[253] 의사일정이 진행됨에 따라 물론 과도한 세계몰락 시나리오들을 비난하는 네슬레의 대표 브라베크 레트마테와 같은 인사도 여전히 있었지만 실무자들은 오히려 스턴 보고서에 근거한 새로운 전환이 필요하다는 분위기로 몰고 갔다. 즉, '녹색으로 돈을 벌자.'

돈은 강력한 동기가 된다. 그리고 기후변화로도 이미 많은 돈을 벌고 있다. 이제 분위기를 반전시킬 수 있다는 희망이 생겼다. 그 이유는 모든 경제분야 중에서 가장 막강한 분야가 스턴 보고서에 동조하면서 지구온난화 주제에 최근 큰 관심을 보이게 된 것이다. 바로 금융산업이다. 이 산업의 경영자와 딜러들은 전 세계 자본시장에서 숨쉴 틈 없이 이윤을 추구하면서 불안정을 야기하기는 하지만, 기후전선에서만큼은 신속한 생태학적 개혁을 위해 집요하게 파고들고 있다. 그 이유는 이들은 무엇보다도 기업과 투자의 향후 발전에 관해 올바로 예측해야 자신들이 성공하기 때문이다. 그런데 이 예측이 기후변화로 인해 갈수록 어려워지고 있는 것이다. 재난 위험을 산정할 수 없을 뿐만 아니라 그에 따른 정치적 반응은 물론 그와 연관된 모든 종류의 사업환경은 더더욱 예측할 수 없게 되었다. 그러므로 세계 금융흐름의 최전선에 서 있는 이들이 어차피 불가피한 변화를 '가격에 포함시킬' 수 있도록 신속하게 행동에 나서는 것은 우연이 아니다.

이러한 사고의 전환은 스위스 레Swiss Re나 뮌헤너 뤽Münchener Rück과 같은 대형 재보험회사에서 먼저 시작되었다. 이들은 아무리 추정할 수 없는 위험이라도 이를 가장 먼저 제대로 예측해야 하는 당사자들이다. 이들이 지급하는 손해배상 비용과 그에 따르는 손해는 이미 오래 전부터 꾸준히 상승하고 있었다. 이와 관련하여 UN 환경계획 금융분과 사무국장 폴 클레멘츠헌트Paul Clements-Hunt는 기후변화로 인한 2012년도 손실을 1,500억 달러로 계상한 2003년 추정치는 2005년에 들어서자 이미 낡았다는 사실을 알게 되었다. 미국 해안을 따라 2004년과 2005년에 발생한 폭풍 피해만도 보험회사에게 거의 600억 달러에 달하는 거액의 비용을 발생시켰다. 세계 인구의 거의 3분의 2가 해변에 거주하는데, 그곳에는 주거공간뿐만 아니라 항만시설과 에너지, 교통, 산업, 물류, 관광용 인프라스트럭처가 밀집되어 있고 이들이 종종 큰 위협을 받는다. 보험약관과 보험료 할증이 수정되어야 하는 것은 놀라운 일이 아니다. 따라서 어떻게 하면 이러한 위험과 손실에 필요한 재원의 일부를 자본시장에 전가하고, 그럼으로써 자신들의 이윤을 높일 수 있는지에 대해 숙고하게 된 것이다. 투자상담사들이 보기에는 이것이야말로 '새롭고도 매력적인 시장'이다.

기관투자자로서도 역할을 하는 보험은 기후보호에서도 원초적인 이해관계를 찾아냈다. 이들은 연기금 및 부동산펀드와 공동으로 기후변화에 따른 자본투자의 위험에 대해 더 많은 정보를 얻기 위해서 동분서주하고 있다. 기업이나 발전소의 소재지에서 폭풍이나 홍수 위험이 증가하면 투자자본을 전면적으로 재평가해야 하는 경우가 발생한다. 부동산에서도 노후한 난방시설이나 열악한 단열설비는 에너지 가격이 상승할 때 유지비를 인상시키므로 머지않아 가치를 떨어지는 요인이 될 수 있다. 이렇듯 모든 예측치를 설정하는 데 익숙해 있는 투자상담사와 애널리스트들에게는 잠재적 투자를 평가할 때 그러한 측면을 포함시키는 것이 당연한 일이 되고 있다. 이들의 투명성 요구는 갈수록 기업 경영인들의 사고를 변화시킨다. 이들의 기업이 높은 에너지 소비와 자원 소비에 대응조치를 취하지 않고 배출가스 축소에 참여하지 않을 경우 이제는 기업의 명성에도 손해가 된다. 요컨대 막강한 금융기업들이 불편한 명제를 가지고 경제를 서서히 기후보호 방향으로 끌고 가고 있는 것이다.

이러한 방향으로 가는 최대의 행동은 전 세계에 걸쳐 410억 달러의 투자자산을 보유하고 있는 314명의 투자자 그룹이 이미 2000년에 시작했다. 바로 탄소공개프로젝트CDP이다.[254] 이 프로젝트에서 매년 발간되는 보고서는 2,400개의 상장 콘체른에 대한 설문조사에 기초해서 산업부문별 온실가스 배출과 기후보호 정책을 분석하고, 무엇보다도 500대 콘체른의 실천사항을 점검한다. 설문지를 반송하지 않으면―아직도 그렇게 하는 콘체른이 많은데―거의 의심을 받게 된다. CDP의 기준이 합당한지, 또는 기술적인 평가를 제대로 내릴 수 있는지에 대해서는 논란의 여지가 있지만 어떻든 이러한 형태의 여론 형성이 기후정책에 압력을 가하게 되었고, 결국 환경보호논자들은 이들 새로운 동맹군의 출현에 환호하게 되었다.

그러나 금융산업에게는 무엇보다도 폭발적으로 성장하는 새로운 세계 환경기술시장과 세계 기후보호기술시장이 매력적이다. 한 연구의 추정에 따르면 이 시장은 연간 8퍼센트 성장하는데,[255] 효율적인 기술만으로도 2030년에는 1조 유로에 이르는 매출이 발생할 것이라고 한다. 전문잡지들은 이러한 새로운 '메가트렌드'를 축하하고, 도이체방크도 기후위협 가능성에도 불구하고 오히려 새로운 고객들을 모으고 있다. "뜨거운 것을 환영하는 사람들도 있다."[256] 한마디로 기후변화에 적응하는 것도 좋은 사업이 되고 있는 것이다. 예를 들어 지붕을 새로이 개조하는 기업에 투자하는 것도 여기에 해당된다. 그들은 이러한 기업들의 주문이 밀려 있고 주식 전망이 좋다고 고객들을 설득하는 것이다. 게다가 '냉방시설' 사업에서도 새로운 기술에 투자를 유도하고, 잘 마모되지 않는 새로운 첨단소재나 대안적인 에너지원 개발에 필요한 재원도 지원해 주고 있다. 금융계는 특히 풍력과 태양력에 대해서는 에너지 정책가들보다 훨씬 많은 신뢰를 보이고 있다. 솔라월드나 퍼스트솔라와 같은 기업의 주가가 연간 30퍼센트에 이르는 성장률에 힘입어 수직 상승하고 있는 것에 비추어 볼 때 이는 놀라운 일이 아니다. 이 산업부문에서 발간되는 잡지가 보도하고 있듯이 태양광 패널에 대한 수요는 '구식 공장'까지 동원해야 할 정도로 커지고 있다. 철학자 슬로터다이크는 자본의 이러한 발전과 방향전환에서 새로운 희망을 품을 수 있다고 말한다. "돈이 영악해지면 새로운 에너지원이 쇄도하게 된다."

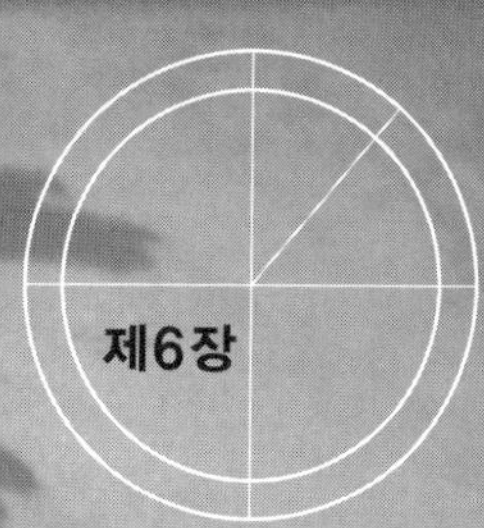

제6장

에코토피아를 향하여

Der
Globale
Countdown

전통적인 에너지 산업의 방어전과 자본주의의 생태학적 적응

처음엔 작게, 아주 작게 시작되었다. 알로이스 보벤Aloys Wobben이 에네르콘Enercon을 창업했을 때 그는 50평방미터(15평)도 안 되는 오두막과 한 가지 아이디어만 가지고 있었을 뿐이다. 당시 32살의 이 전자공학 엔지니어는 전자공학을 약간 활용하면 전기를 적절한 가격에 공급할 수 있는 풍력원동기를 제작할 수 있을 것이라 생각했다. 첫 번째 간단한 모델은 자신의 정원에 설치했는데, 이 전기모터를 제작하는 것만으로도 수익이 생겼다. 첫 번째 종업원은 시간제 근무를 하는 여비서였다. 1984년의 일이었다. 24년 후 이 몽상가는 연간 매출액이 25억 유로이고 종업원 1만 명에 독일 내의 아우리히나 마그데부르크뿐만 아니라 브라질이나 인도, 터키에 생산공장을 가진 세계 콘체른의 주인이자 사장이 되었다. 보벤의 첫 번째 발전기는 55킬로와트의 성능을 가졌고 높이는 불과 20미터밖에 되지 않았다. 그러나 최신 모델에서는 63미터의 날개가 135미터 높이의 탑 위에서 돌아가고 이를 통해 작동되는 원동기는 하루에 5,000가구가 충분히 사용할 수 있는 전기를 공급할 수 있다. 첫 번째 모델이 1년 반 걸려 생산하던 양이다. 2007년까지 보벤의 회사에서는 전 세계에 1만 기 이상을 팔았다. 오스트프리스란트Ostfriesland 태생의 이 축복받은 발명가 겸 기업가는 50억 유로 이상의 재산을 모아 독일에서 25대 갑부에 속한다.

기후불안의 시대에 최대의 희망을 전파하는 것은 바로 이와 같은 이야기들이다. 보벤은 선구자이다. 이미 수천 명이 그를 뒤따르고 있다.

캘리포니아 주나 일본에서든, 인도나 중국에서든 전 세계에서 신에너지기술 산업은 석탄이나 석유, 원자력을 넘어서서 호황을 누리고 있다. 이러한 호황에 견줄 만한 것은 컴퓨터기술의 개선행진 정도이다. 2007년에 풍력분야만으로도 전 세계 매출액이 이미 180억 유로에 달했고 100억 유로의 시장규모를 가진 광전지가 그 뒤를 이었다. 이 분야 전문가들은 10년 안에 세 배가 증가할 것으로 예상하고 있다. 언제 성장세가 꺾일지는 예측할 수 없다. 그 이유는 기후함정에서 벗어나게 해줄 청정에너지원에 대한 갈망은 한이 없을 것이기 때문이다.

이러한 희망이 환상이 아니라는 것은 특히 두 남자가 보여주었다. 이들은 그 공로로 대안노벨상을 받았다. 미국인 엔지니어 에이머리 로빈스Amory Lovins는 에너지 투입 효율성을 높이는 일이 얼마나 큰 잠재력을 가지고 있는지를 최초로 인식한 학자 중 한 명이다. 독일 정치가 헤르만 셰르Hermann Scheer는 유로솔라Eurosolar협회 창립자 겸 회장이고 독일 연방의원으로서 끈질긴 인내심을 가지고 재생에너지 확대의 길을 열었다.[257] 이들은 에너지정책과 기후정책이 비싼 전환비용만 문제삼고 있어서 잘못된 방향으로 나아가고 있다는 비판에 동의한다. 셰르는 에너지 전환은 "부담이 아니라 화석 에너지가 가하는 강압으로부터의 해방"을 의미한다고 역설하면서 비싸고 취약한 화석에너지 운송시스템과 불안정한 정권에 대한 정치·경제적 의존을 지적하고 있다.

그리고 로빈스도 기후문제 해결은 비싸지 않고 수익성이 좋다고 말한다. 산악지대가 많은 콜로라도 주에 소재한 그의 로키마운틴 연구소는 무엇보다도 2,000cc급 '하이퍼 자동차'를 개발했고 보잉에서부터 월마트에 이르기까지 운송화물차와 비행기의 에너지 소비를 어떻게 하면 3분의 1 이하로 감소시킬 수 있는지 자문해 주었다. 그 비결은 새로운 탄소섬유를 이용한 경량화, 공기역학의 개선, 최적화된 바퀴 및 구동장치에 있다. "추가비용은 1~2년 안에 회수될 수 있다"고 로빈스는 장담한다.

이로써 세르와 로빈스는 인류의 생존을 장기적으로 가능케 해줄 생태학적 개조의 두 가지 원칙을 제시한 것이다. 효율적인 기술을 이용하여 에너지 대사를 급격하게 감소시키고 나머지 수요는 재생에너지로 충당시키는 것인데, 그것이 충분히 가능하다는 것이다.

이것이 어떻게 가능한가는 그러한 전망이 얼마 전까지만 해도 순진한 발상이라고 여겨졌던 곳에서조차 2007년 가을에 목격될 수 있었다. 그곳은 워싱턴에 소재한 미국 국회의사당의 우뚝 솟아오른 돔에서 멀지 않은 곳이다. 거기에서는 배출가스 세계챔피언인 그 나라에서는 아직도 정말로 진기한 것에 속하는 건물을 구경하기 위해서 많은 사람들이 인내심을 가지고 줄을 서서 기다리고 있었다. 발전소가 되기도 하는 방갈로, 더 이상 에너지를 공급하지 않아도 되고 첨단기술을 이용해서 스스로 잉여 에너지를 생산해 내는 건물이었다.[258] 미국 에너지 차관과 국제건축물경연대회 솔라 데카슬론Solar Decathlon의 심사위원들은 이 프로젝트에 일등상을 수여했고, 그리하여 미국 수도의 심장부에서 설명회가 열리게 된 것이다. 수많은 방문객들이 도저히 믿을 수 없어 한 이 주택은 신소재로 단열이 잘 되어 있었다. 여름이 되어 더워지면 떡갈나무 판자로 지은 전면이 그늘을 만들어 준다. 잉크 빛 태양전지는 지붕뿐만 아니라 외벽 일부에도 설치되어 있고, 이 전지를 통해서 만들어진 전기는 난방과 온수를 공급해 주는 열펌프뿐만 아니라 전기자동차까지 가동시키기기에 충분했다.

밖에서는 일본식 느낌을 주는 우아함을, 안에서는 산뜻한 안락함을

느끼게 해주는 이 건물은 생태학이 더 이상 유치하거나 냉혹하게 기술
만능주의적으로만 보이게 하는 것이 아니라 아름다울 수도 있다는 것
을 보여주고 있었다. 그런데 이 건물을 구상한 것은 스타 건축가가 아니
라 독일 다름슈타트 공대생들이었다. 이와 같은 '수동주택Passivhaus'
은 누구든지 구입할 수 있는 저렴한 기성주택 형태로 이미 오래 전부터
나와 있었다. 사실 이들은 바람과 추위로부터 보호해 줄 뿐만 아니라 태
양광을 효율적으로 이용함으로써 에너지를 절약하고 난방과 냉방을,
빛과 전기를 자신을 둘러싸고 있는 환경으로부터 독자적으로 생산해
내기 때문에 '능동주택'으로 불렸어야 한다.

　이렇듯 단독주택에서만 진보가 이루어지는 것은 아니다. 지금까지
난방 에너지의 90퍼센트까지 추운 주변에 빼앗기는 구식건물도 위와
비슷한 정도로 에너지 효율적인 주거공간이 될 수 있다. 최신 진공단열
재 덕분이다. 그리고 더 많은 제품들이 이미 나와 있거나 가까운 장래에
이용 가능하다. 가령 박막광전지 모듈은 가시광선뿐만 아니라 태양광
의 적외선 영역도 이용할 수 있고, 따라서 보다 효율적이고 저렴하고
성능도 두 배가 된다. 온수를 얻기 위한 태양전지는 반사광까지 이용하
기 때문에 빛에서 더 많은 것을 얻어낼 수 있다. 예를 들어 '상변이소재
相變移素材'는 분자구조의 상태에 따라 여름에 열을 저장해 두었다가 겨
울에 내보낼 수 있다. 지능유리는 빛의 통과를 조절하기 때문에 더워도
블라인드가 필요 없다. 이 두 가지는 난방시설이나 냉방시설에서 에너
지를 절약토록 해준다.

　특수한 장치가 달린 하이브리드 자동차는 이미 차고에서 전지로도
사용되고 있다. 주행할 때 생산된 에너지가 집 안에서 이용될 수 있는
것이다.[259] 전기자동차는 태양열을 모아 만든 전기나 풍력발전시설로

배터리를 충전한다. 솔라월드SolarWorld 사는 태양광으로 경주용 자동차까지 주행시킬 수 있는 기술을 개발해 냈다. 호주 정치가들은 가뭄에 시달리는 해안지방에 태양열발전단지를 건설하고 이 에너지로 바닷물을 탈염脫鹽해서 목마른 농지에 물을 대려고 한다. 대양해운에서조차 재생에너지 이용 개념을 도입하고 있다. 독일인 발명가 슈테판 브라게Stephan Wrage의 스카이세일스SkySails사는 연 이용법을 실험하고 있다. 수송선 앞에 연을 달아두면 바람의 방향에 따라 연료비의 10~15퍼센트를 절감하고 배출가스도 감소된다고 한다.

이러한 혁신 시리즈는 여기에서 끝나지 않을 것이다. 보벤처럼 한 가지 일에 몰두하는 사람들이 바이오가스 설비의 성능이나 태양전기 및 풍력전기의 저장기술, 그리고 송전망이 아니라 태양전지로부터 전기를 공급받거나 마이크로 원동기를 통해 주변의 진동이나 열로부터 에너지를 '수확하는' 전자기기의 개발에 몰두하고 있다. 네덜란드 로테르담에 있는 세계 최초의 '반영구적인 댄스클럽'에서는 파티 참석자들이 자신의 율동의 힘으로 전기원동기를 돌린다. 독일 바덴뷔르템베르크에서 캘리포니아 주에 이르기까지 많은 연구자들이 롤에서 필름이 풀어지듯이 뽑아낼 수 있는 태양전지를 개발하고 있다. 이러한 프로젝트는 이 밖에도 얼마든지 있다.

이렇듯 새로운 가능성을 지닌 연구와 그것을 활용하려는 시도는 유럽과 미국의 첨단기술 제조창에서뿐만이 아니라 사람들이 거의 생각지 못하는 곳, 즉 화석연료 시대의 중심지인 아라비아 반도에서도 일어나고 있다. 두바이 통치자 모하메드 빈 라시드 알 막툼Mohammed bin Rashid Al Maktoum은 물과 에너지 및 비용을 절약하기 위해서 엄격한 녹색 건설법을 제정했다.[260] 또한 인접해 있는 아랍에미리트의 수도 아부다비에는 거대한 재생에너지 연구센터가 들어설 예정이다.[261] 이들 유전의 주인들은 산업화시대의 주역이었던 석유뿐만 아니라 미래의 신기술까지 수출하고자 한다. 그밖에 자동차와 이산화탄소가 없는 생태학적 이상도시도 계획되고 있다. 이 도시에서는 쓰레기도 없고, 계속 순환되는 물을 포함해서 모든 것이 재활용될 것이다.

잃어버린 15년

말하자면 에코토피아에 필요한 기술들은 이미 준비되어 있다. 자본도 금융부문에서 보내오는 신호들이 보여주듯이 충분히 동원될 수 있다. 그러나 이 두 가지를 정말로 적절한 시기에 투입할 수 있을까? 난방열과 전기, 운송능력과 식량의 공급은 각 사회의 경제적·정치적 권력구조와 매우 밀접하게 연관되어 있다. 기후변화를 더욱 억지하기 위해서는 수 세대 전부터 실험되어 온 산업기술들을 포기하고 각 부문 전체가 개혁되어야 한다. 수조 유로 규모로 동원 가능한 자본흐름을 그쪽으로 유도하는 것이 필요하다. 그리고 그것은 우리가 생각할 수 있는 것 중 가장 어려운 정치적 과업이다. 〈슈테른Stern〉지의 보도나 다른 수많은 연구가 보여주듯이 이에 필요한 구조전환이 국민경제에 큰 영향을 주지는 않는다 하더라도 이익을 보는 사람과 손해를 보는 사람이 나타나는 것은 어쩔 수 없는 일이다.

새로 지은 집들이 태양에너지와 열펌프로 난방을 할지, 아니면 수천 킬로미터 떨어진 곳에서 끌어온 천연가스나 난방용 기름을 태우는 보일러가 필요할지는 기술의 문제가 아니라 순전히 국가의 정책적 문제이다. 이에 대한 최종 판단은 정치의 몫이다. 온실가스 배출 당사자에 대해서 그들이 실제로 끼치고 있는 손실에 비용을 부담시킨다면 석탄이나 석유, 천연가스는 더 이상 경쟁력이 없게 된다. 이 경우에는 설비제작자들과 건축산업이 이득을 볼 것이다. 반대로 대기권이 공짜 배기가스 처리장으로 계속 남게 된다면 원자재 생산국 및 이들과 동맹을 맺은 석유 콘체른들이 대체로 배급망도 운영하면서 이익을 볼 것이다. 따라서 기후보호를 진지하게 생각하는 정부라면 어느 정도는 장기적인 권력투쟁에 휘말릴 각오를 해야 한다.

기후정책은 바로 그것 때문에 이미 한번 실패한 바 있다. 구조전환이 필요하다는 것은 이미 20년 전에도 분명했다. 1987년에 가령 독일 연방의회는 '대기보호예방' 이라는 명칭이 붙은 여론조사위원회를 설치했다. 설립 취지에 따르면 당시에 이미 "향후 100년 내에 지구 표면의 평균기온이 섭씨 3도 올라갈 것이라는 의혹에는 타당한 근거가 있다."[262] 그리고 5년 후에 이 문제는 세계적으로도 인정되었다. 1992년 리우데자네이로에서는 116개국 정상들이 당시까지는 최대 규모의 UN 회의에 모여 '기후변화에 관한 국제연합 기본협약' 에 서명한 것이다. 이 문서도 이미 "인류에 의해 초래된 기후시스템의 위험한 장애", 즉 인간에 의해 야기된 기후변화에 대해 경고했다. 그리고 당시 미국 대통령 조지 부시 시니어조차 이 문서에 서명했다. 그럼에도 불구하고 UN 정부간 기후변화협의회IPCC의 학자 2,500명도 15년 후에 동일한 사실을 공식적으로 그들의 최종보고서에 삽입하기 위해 다시 한 번 투쟁을 벌여야 했다. 그러나 그러한 조기 인식에도 불구하고 덴마크나 독일, 영국과 같은 몇몇 나라만이 배출가스를 줄이기 위한 효과적인 조치를 취했을 뿐이다.

기후보호를 위한 소중한 시간을 15년이나 이렇게 해서 잃어버렸다. 그 이유는 아주 단순한 것이었다. 기상학의 연구결과가 세계적인, 특히 미국의 석유·석탄·자동차산업을 위협했다는 것이다. 그래서 이들 기업의 최고경영자들은 원자재 소비를 줄이기 위한 모든 예방정책을 방해하기 위해서 모든 권력을 동원했다. 이는 마치 음모론처럼 들리지만 이를 입증하는 기록이 얼마든지 있다.[263] 그 주된 방어수단은 담배산업이 수십년 동안 정치적인 개입으로부터 자신을 보호하기 위해서 사용했던 것과 동일하다. 정보왜곡과 사이비 과학이 그것이다. 이류밖에 안 되는 자칭 기후학자들이 이들 산업계과 밀접한 연구기관으로부터 대부분 비밀리에 위임받아 여론 앞에 나서서 가증스럽지만 상상력이 풍부하게 변형된 설명으로 기후변화를 부정한 것이다.

환경보호단체로 위장했지만 실제로는 석유산업 선전조직인 세계기후연합Global Climate Coalition(GCC)은 의회 청문회와 광고에서 기후변화 이론에는 아직도 '과학적 불확실성' 이 너무 많다고 비판했다. GCC의 내부 문건에 따르면 이들의 목표는 여론에서 기후변화의 위상을 '변형시키는 것, 그것도 사실이 아니라 이론 정도의 위치로 만드는 것' 이었다. 그렇게 해서 그들은 큰 성공을 거두었다. 적극적인 기후연구자들 사이에서는 사소한 불확실성만이 존재했음에도 불구하고 수년에 걸쳐 〈뉴욕타임스〉나 〈워싱턴포스트〉와 같은 권위 있는 미국 신문들조차 기후변화를 과학적으로 논란이 있는 것으로 보도했다. 조지 부시 주니어가 권력을 잡은 다음에는 기후위험을 부정하는 사람들이 주요 연구기관들의 과학적 저술을 검열할 수 있도록 자신들의 대리인을 은밀하게 백악관에 침투시키는 데 성공했다. 이렇게 해서 왜곡된 정보가 미국에서만 통했지만, 이것만 가지고도 세계 전체에서 기후보호를 차단하기에 충분했다.

미국 의회는 교토 기후협약과 기타 모든 기후보호 의무를 거부했고, 그로 인해 브뤼셀에서 베이징에 이르기까지 현상태를 유지함으로써 이익을 얻는 모든 이들에게 함께 동참하여 거부할 수 있도록 큰 빌미를 제공해 주었다. 세계 최대의 배출국인 미국이 동참하지 않는 한 유럽과 독일도 '자신들의 경쟁력'을 보호하기 위해서 기후보호에서 '독주'를 하지 않겠다고 1999년 독일산업연맹은 공표했는데, 이는 양대 국민정당과 당시 슈뢰더 총리의 전폭적인 지지를 받았다.[264] 그래서 녹색당이 참여한 최초의 연방정부도 재임기간 7년 동안 배출가스를 이미 2005년까지 1990년 수준의 4분의 1을 감축하려는 목표를 당초 스스로 설정해 놓고도 실패하고 말았다.

이 모든 것이 오늘날에는 역사처럼 보인다. 기후변화를 부정하는 사이비학자들로 구성된 세계기후연합은 해체되었고 미국의 화학 콘체른과 에너지 콘체른조차도 이제는 구속력 있는 배출량 규제를 요구하고 있는 실정이다. 2008년 11월 미국 대선에 출마한 후보들의 말을 믿는다면 미국의 기후정책과 에너지정책의 전환은 이제 시간문제일 뿐이다. 동시에 기후위험에 대한 우려의 물결은 거의 모든 나라와 정부에 다다르고 있다. 캐나다에서 중국에 이르기까지 정계와 재계는 보다 많은 기후보호를 위해 노력하고 있다. 보수적인 존 하워드John Howard 총리가 미국을 따라 수년 동안 모든 기후 관련 경고를 무시했던 호주에서조차 극심한 가뭄으로 인해 기후변화에 대해 심사숙고하도록 만들었다. 호주에서는 2007년 11월 총선에서 야당이었던 노동당이 무엇보다도 교토

기후협약에 사후적으로나마 가입하겠다는 공약을 내걸고 승리했다.[265]
EU의 정상들은 2007년 3월 야심찬 목표를 결의했다. 2020년까지, 즉 13년 이내에 EU의 온실가스 배출 총량을 1990년 수준에 비해 적어도 20퍼센트 감축하겠다는 것이었다. 다른 선진국들도 동참한다면 30퍼센트까지 될 수도 있다. 그러나 효과적인 기후보호를 위해서는 이것만으로는 부족하다. 동유럽의 EU 회원국들에서 계획경제가 붕괴된 이후 산업이 몰락한 상태에서 2006년까지 달성한 감축만해도 이것의 절반에 이르기 때문이다.[266] EU 정부들이 실천을 위해서 합의한 내용은 유로 통화권 국가들 대부분의 경제구조에서 혁신적인 변화가 필요하다.[267] EU 정상들은 2020년까지 국민생산으로 계산한 에너지 소비를 5분의 1 줄일 것을 약속했다. 동시에 에너지 총소비에서 차지하는 재생에너지 비중은 5퍼센트에서 20퍼센트로 네 배 증가시키기로 했다. 이러한 수치에서 볼 때 앙겔라 메르켈 총리가 '제3의 기술혁명을 위한 시동' 이 될 수 있는 돌파가 이루어졌다고 말한 것은 그다지 과장된 말이 아니다.

그러한 것이 가능하다는 사실은 의심할 나위가 없지만 그것이 실제로 달성될지는 결코 확실하지 않다. 그 까닭은 세계적인 기후논란은 기껏해야 과학적인 차원에서만 결판이 났기 때문이다. 기후변화를 부정하는 세력의 조직적인 정보왜곡은 이제 과거지사가 되었다. 그렇지만 그 배후에 있는 이해관계는 그렇지 않다. 그렇기 때문에 기후변화에 관해 만장일치가 이루어졌다고 착각하는 것은 순진한 생각이다. 지구를 기후혼란으로부터 구출하려는 노력을 둘러싼 극심한 갈등은 아직 끝나지 않았다. 이 사실을 독일보다 더 잘 관찰할 수 있는 나라는 어디에도 없다. 독일의 산업은 청정에너지 생산에 관한 한 세계에서 가장 앞서 있고 모범적이라고도 할 수 있으며, 독일 정부수반은 기후변화에 맞선 투쟁을 '인류를 위한 생존문제'라고 밝힌 바 있다. 이 나라에서는 내각이 새로운 세계기후협약에 관한 협상을 시작할 즈음에 2020년까지 자국의 온실가스 배출을 1990년 수준에 비해 40퍼센트 감축시켜 EU 차원에서 결의한 목표를 뛰어넘게 해줄 법률을 2007년 8월부터 논의하다가 12월 초에 보란 듯이 통과시켰다. 이에 따른 후속 조치에는 건물의 에너지 소비기준의 강화에서부터 태양열 발전을 이용한 온수생산의 확대는 물론 자동차 연료 절감까지 포괄하고 있다. 그런데 막상 기후보호를 위해 가장 중요한 분야인 전력생산에서는 베를린 정가의 기후보호론자들이 가장 중요한 정책의 변화를 이끌어내는 데 주저하고 있다. 이로 인해 현재 그 계획 전체가 실패할 위험에 놓여 있다.

독일 모델 – 기후보호를 둘러싼 권력투쟁

롤란트 하이넥Roland Heineck은 원래 소박하고 상냥한 사람으로서 혁신가와는 거리가 멀었다. 그러나 난방기술 마이스터이자 작센Sachsen 주 켐니츠Chemnitz에 소재한 수공업 기업의 소유자로서 그는 기술혁신에 대해서는 남다른 감각을 지니고 있었다. 그 덕분에 그는 제너테크 SenerTec 사가 2003년 여름 그의 집으로 보내온 광고책자를 보고서 곧바로 한가지 아이디어가 떠올랐다. 그 책자에는 자기 회사의 제품은 어떤 규모의 집이라도 난방할 수 있으며 "온실가스의 주범인 이산화탄소를 47퍼센트까지 줄일 수 있다"고 되어 있었다. 이 회사 광고책자에는 이와 동시에 집주인은 1년에 수천 유로를 절약할 수 있다고 나와 있었다. 생태학적으로도 잘 어울리는 이 시설은 전기와 열의 생산을 효율적으로 결합시키는 것이었다. 단순한 난방시설뿐만 아니라 이 회사는 발전기를 포함하여 천연가스로 구동되는 모터까지 제공했다. 이 모터는 다른 난방시설과 마찬가지로 난방수와 상수도 물도 데우고 곁들여서 일정량의 전기도 생산한다. 투입된 에너지의 60퍼센트가 폐열로 손실되는 일반적인 대형 발전기와는 달리 이 설비는 천연가스나 석유에 들어 있는 에너지의 80~90퍼센트까지를 실질적로 활용하며, 따라서 공해발생 발전소 전기의 일부를 대체할 수 있었다. 하이넥은 열광했다. "이것은 미래를 위한 것이라고 나는 생각했다"고 63세의 이 수공업 마이스터는 회고했다. 그는 곧바로 그것을 구입했다. 전문가였으니까. 게다가 그는 18세대가 사는 임대주택의 소유주로서 적당한 대상까지 보유하고 있었다. 그는 즉각 두 대의 모터를 주문해서 이를 자신의 임대주택의 지하 난방실에서 온수망 및 전력망과 연결했다.

2005년 겨울에 그는 준비를 다 갖췄다. 그때부터 임차인들은 주택 안에 설치된 설비로부터 전력을 공급받게 되었다. 게다가 잉여전력은 공공전력망에 공급해서 석탄전력을 줄이는 데도 약간 기여했다. 이처럼 기후보호가 얼마나 간단하고 수익성도 좋은가! 연방의회의 입법자들도 이를 본받아 '열병합발전'이라 불리는 이 방식에 대해 보조금을 지급하기로 의결했다. 그러나 독일에서 전력시장의 거의 40퍼센트를 장악하고 있는 RWE 콘체른의 자회사인 엔비아엠EnviaM은 켐니츠 시에 전력을 공급하는 업체로서 이 사실에 불만이 많았다. 이 콘체른의 대변인은 하이넥 씨가 허가를 받지 않고 '공공전력을 공급하고' 있다고 비난했다. 그러므로 그가 임차인들의 계량기를 자신의 것으로 교체해서 요금을 받아서도 안 된다고 주장했다.

그렇지만 롤란트 하이넥은 머뭇거리지 않고 재빨리 중앙계량기를 교체했다. 그러자 그 지역 RWE 담당자가 법원에 제소해서 하이넥에 대하여 가처분신청을 냈다. 이 콘체른의 변호사는 만일 하이넥이 자체적인 전력사업을 계속한다면 20만 유로의 벌금형이나 7개월의 금고형을 받도록 하겠다고 위협했다. 게다가 RWE는 임차인들에게 일단 개인사업 전력망에 계량기를 연결시키면 다시는 자신들의 전기를 사용하지 못하도록 하겠다고 협박했다. 그 이후로 임차인들은 엔비아엠에 킬로와트당 25유로센트를 다시 지불해야 했다. 반면에 하이넥은 스스로 생산해서 전력망에 연결한 전력에 대하여 같은 지역에서 킬로와트당 13유로센트를 받았을 뿐이다. 그가 좋은 의도로 시작한 환경프로젝트가 적자사업이 된 것이다.

환경보호의식이 강한 작센 출신의 이 수공업 마이스터가 마침내 자신의 권리를 인정받고 수익도 올릴 수 있을 때까지는 2년이 걸렸다. 그의 임차인들이 각자 모두 자신들의 회사를 설립해서 설비를 임차한 것이다. 그러자 마침내 독일 전력망 사업자들의 감독기관인 연방전력망감독청은 임차인들도 개인사업자들의 전력을 사용할 수 있다고 결정했다. 이렇게 해서 하이넥의 문제는 일단 해결되었으나 엔비아엠과 RWE도 원하는 목적을 달성했다. 하이넥이 그동안 1만 유로 이상 손해를 보았으며, 그로 인해 수백만 명의 주택 소유주들로 하여금 개인적인 열병합발전 시설을 갖추어 대형 전력생산자에게 대항하는 것을 포기하도록 만들었기 때문이다. 하이넥을 포함해서 유사한 문제를 가진 다른 수십 명을 대변하는 베를린의 변호사이자 에너지법 전문가 마르틴 리델Martin Riedel은 "수년 전부터 전국적으로 이러한 봉쇄전략이 자행되고 있음이 분명하다"고 보고했다.

이러한 봉쇄전략에는 다시는 자신들과 연결하지 못하도록 하는 것도 포함된다. 여기에 가격 덤핑까지 가한다. 어떤 기업이 자체적인 열병합발전 시설을 계획하면 그 지역에 아주 낮은 가격으로 전력을 공급해서 열병합발전 시설이 경제성이 없도록 하는 것을 독일 브레멘의 에너지 전문가 볼프강 슐츠Wolfgang Schulz는 여러 번 확인했다. 그는 연방경제부의 의뢰를 받아 열병합발전의 타당성을 연구한 바 있다. 그에 따르면 대규모 발전소 단지를 보유하고 있는 콘체른에게 그것은 경쟁 대상이 되지 않는다. 그들은 이미 투자비용을 회수한 뒤여서 어느 누구도 경쟁할 수 없을 정도로 값싸게 전기를 공급할 수 있기 때문이다.

이와 같은 봉쇄전략은 상당한 효과를 거두었다. 슐츠와 그 동료들의 연구 결과에 따르면 매우 다양한 규모의 난방발전소에서 전력과 열을 결합 생산하게 되면 독일은 소비자에게 추가 비용을 부담시키지 않으면서 전체 전력수요의 절반 이상을 충족시킬 수 있을 것으로 나타났다.[268] 약 1,700만 동의 주택을 비롯해서 공정열工程熱 수요가 엄청나게 많은 수만 개의 공장에 이르기까지 수많은 난방설비가 불필요해질 것이기 때문에 매년 8,000만 톤 이상의 이산화탄소를 감축시킬 수 있다. 전 세계 기후위험에 대한 독일 전체의 부담 중 거의 10분의 1을 이러한 방식으로 감소시킬 수 있는 것이다. 이것은 이미 오래 전부터 알려진 사실이다. 이미 1997년부터 3기에 걸친 독일 연방정부와 브뤼셀 EU 위원회의 환경정치가들은 열병합발전을 추진하고자 시도했다. 그럼에도 불구하고 독일에서는 지금까지 전력생산의 12퍼센트에서만 열이 이용되고 있다. 반면에 이웃나라 네덜란드에서는 전력의 40퍼센트 이상이 난방열과 공정열도 공급하는 발전소에서 생산된다. 덴마크에서는 열병합발전이 50퍼센트 이상이다.

이들 두 나라에서는 송전망을 국가가 소유하고 있다. 그렇기 때문에 두 나라 정부는 각자에게 유리한 전력생산방식을 선택해서 시행할 수 있다. 반면에 독일에서는 4대 콘체른인 Eon, RWE, 바텐팔Vattenfall, EnBw가 2008년까지 전국적인 전력망을 지배하고 있다. 게다가 이들은 300개 이상의 지역 공급업체에 지분참여하고 있고, 따라서 이들이 구매조건과 공급조건에 압력을 가할 수 있다. 동시에 이들 4대 콘체른은 80퍼센트 이상의 생산용량을 보유하고 있는데, 거의 대부분이 석탄과 원자력 및 천연가스를 이용하는 대규모 응축발전소이다. 또한 그 중 일부는 동일한 콘체른의 수중에 있는 유사한 과점기업寡占企業들을 거느리고 있어서 다른 EU 나라의 전력시장까지도 지배하고 있다. 전력생산과 전력공급 인프라스트럭처에 대한 이러한 이중적인 지배는 콘체른 경영진에게 수십년 동안 경제적으로나 생태학적으로 갈수록 커다란 손해를 끼칠 수 있는 권력을 쥐어주었다.

유럽의 전력시장은 1999년부터 자유화되었지만 과점기업들은 송전망과 발전소에 대한 통제력을 이용해서 공정한 경쟁을 차단할 수 있다. 바로 그렇기 때문에 2000년부터 2007년까지 독일에서 전력생산비는 대부분의 발전소에서 상승하지 않았음에도 불구하고 이들 과점기업들은 같은 기간에 공급가격을 40퍼센트까지 인상할 수 있었다. 그에 따라 전력거인들의 이윤은 가히 폭발적이었다. 예를 들어 유럽의 초대형 에너지 기업의 하나인 Eon은 2000년부터 2007년까지 소비자 가격이 3분의 1 상승하는 동안 연간수익이 14억 유로에서 70억 유로로 다섯 배 증가했다.[269] 이 콘체른은 2008년도에 다시 전국적으로 평균 8.5퍼센트에 달하는 가격인상을 예고했다. 환경장관 지그마르 가브리엘Sigmar

Gabriel은 '약탈행위'라고 목소리를 높였고 에너지소비자연합도 '사기'라고 비난했다.

송전망 통제력이 전력공급자들에게 생태학적인 개혁을 가로막는 권력까지도 쥐어주게 된 것은 더욱 심각한 일이다. 이들이 열병합발전의 활용을 수십년 동안 봉쇄했다는 것은 수많은 사례 중 하나일 뿐이다. 해상 풍력발전소의 건설도 이들은 수년간에 걸쳐 지연시켰다. 이러한 일에 대해서는 특히 베를린의 에너지 전문가 안드레아스 브록묄러Andreas Brockmöller가 뼈저리게 체험했다. 이 공학박사는 교과서에 나오는 것과 같은 기업가이다. 55세 된 이 전문가는 20년 이상 전력사업을 해오는 동안 열발전소, 바이오가스 설비, 풍력단지 등과 같은 다양한 프로젝트를 적극적으로 활용하고 있다. 베를린 크로이츠베르크 구역의 상가건물 5층에 있는 그의 사무실은 수십 가지 다양한 사업계획에 필요한 서류와 설계도로 넘쳐나고 있다.

고갈되지 않는 새로운 에너지원을 개척하는 분야에서 그는 개척자적인 사업가 중 한 사람이었다. 그 에너지원은 평균적으로 내륙에서보다 두 배 강하게 불고 여덟 배 이상 전력을 생산해 주는 해상 풍력이다. 그 당시 연방정부가 '국외' 풍력전기에 대해 일정액을 보상해 주는 제도를 어렵게 도입한 후 1년이 지난 터라 그는 연방해운청에 세부적인 건설허가신청서를 제출했다. 그는 하나에 5메가와트의 용량을 가진 풍력발전기 80기를 독일 북동해 한복판에 설치하고자 했다. 뤼겐Rügen 섬에서 북쪽으로 35킬로미터 떨어진 아르코나Arkona 만 남동부에 2008년까지 환경친화적이고 미래 전력공급의 선구적인, 독일 최초의 해상 발전소를 건립하고자 했다. 2단계 확장단계에 들어서면 총 600메가와트 용량을 가진 120기를 추가로 건립할 예정이었다.

계획은 그랬었다. 그러나 육지에 있는 풍력단지와는 달리 번쩍이는 대형 프로펠러를 심해에 설치하는 복잡한 작업은 대량일 때만 수지가 맞는다. 당시 이미 1단계 확장단계에서 브록뮐러는 7억5,000만 유로의 비용을 예상했다. 그는 이 정도 규모의 신용을 은행에서 받을 수 있는 파트너와 손을 잡기로 했다. Eon 경영자 게오르크 바르톤Georg Barton 이 그에 필요한 자금을 대겠다며 공동회사 설립을 제안했다. 당시만 해도 그 전력거인이 실제로 풍력생산에 대규모로 참여할 것처럼 보였다. 그 까닭은 Eon 경영자는 아르코나Arkona 프로젝트 이외에도 홀스타인 주 발트 해 해변 프로젝트와 독일 북해의 섬 암룬Amrun의 서부 프로젝트와 같은 다른 두 계획에 대한 사업권도 확보하고 있었기 때문이다. 또 한 그의 조건도 매력적으로 보였다. 브록뮐러는 공동회사의 지분 2퍼센트를 보유하고 지배인 지위를 보장받았으며 프로젝트 수뇌부도 맡았다. 그밖에도 그 콘체른 파트너는 건설 초기단계에 수천만 유로를 지원하기로 동의했다. 그러나 실제로는 그렇게 되지 않았다.

이들 두 파트너는 불안정한 상태이기는 하지만 계속 인가절차를 진행시키고 있었다. 송전망 노선도 이미 확정했다. "나는 정말 이제는 되는구나 싶었다"고 브록뮐러는 협력이 시작된 첫해를 그렇게 회고했다. 뭐니 뭐니 해도 그는 '일을 가장 빨리 진척시킬 수 있는 최상의 프로젝트'를 가지고 있었다. 독일 북해와 발트 해에서 인가받은 15개의 다른 사업계획과는 달리 그의 공해公海 풍력발전소는 송전망 접속에 아무런 문제가 없었던 것이다. 한때 동독의 루브민Lubmin 시를 위해 원자력 발전소가 해변에 건설된 바 있었지만 이 발전소가 가동 중지되어 더 이상 이용되지 않고 있는 고압선을 이용하면 큰 비용을 들이지 않고도 전력을 보낼 수 있었다. 게다가 Eon도 같은 장소에 러시아 콘체른 가즈프롬과 공동으로 가스발전소를 계획하고 있었다. 바람이 적은 날씨에는 이 것으로 보완하면 이상적인 형태가 될 수 있다. 두 설비를 이용하면 공동으로 24시간 내내 전력을 공급할 수 있고, 또 아주 적은 배출가스를 내보내면서 대형 석탄발전소나 원자력발전소 하나를 불필요하게 만들 수 있는 것이다.

그렇지만 바로 이러한 상황이 Eon의 경영자들의 이해와 맞지 않았다. 즉, 풍력전기에 대한 정부의 보상율을 높인다고 할지라도 오래 전에 이미 감가상각을 마친 그들의 석탄발전소와 원자력발전소가 훨씬 이윤이 높기 때문이다. 그 콘체른 내부 전략문서에 따르면 공해발전소의 경우에는 설사 가능할지라도 "현재 여건 하에서는 수익률이 충분치 않다."[270]

따라서 2005년 가을부터 브록묄러는 자신의 Eon 파트너가 이 프로젝트를 고의적으로 지연시키는 것을 그저 지켜볼 수밖에 없었다. 그들은 한편으로는 계약 시한을 넘기기도 하고, 또한 자금을 공급하지 않거나 필요한 기계를 구입하기 위한 입찰공고를 합당한 이유 없이 거부하기도 했다. 마침내 Eon 대표 바르톤Barton은 2010년 이전에는 짓지 않겠다고 통보했다. 브록묄러가 이에 항의하자 콘체른 파트너는 그를 지배인에서 해고했다. 그 결과 수년에 걸친 법정다툼이 이어지고 그 프로젝트는 중지되었다. Eon이 보장한 다른 두 개의 기획도 비슷하게 진행되었다. 이들 프로젝트도 콘체른이 이런 식으로 봉쇄했기 때문에 그 기획자들도 아무런 금융지원도 받을 수 없었다. 독일에서 9년에 걸친 준비에도 불구하고 2007년 말까지는 영해 풍력발전기가 단 한 기도 건설되지 않았다. 단지 제작자가 다른 12대의 발전기가 2008년 봄에 독일 북해의 보르쿰Borkum 섬 부근의 '실험구역'에 건설되기 시작했을 뿐이다. 그것도 조세 지원을 받으면서.

이러한 지연전략의 배경은 단순하면서도 파괴적이다. 주식회사의 이사들은 환경보호가 아니라 주주들에 대한 자산 증식에 기여했을 때 봉급을 받는다. 그래서 독일의 전력 영주들은 이익이 많이 남는 자신들의 사업모델을 방어하기 위해 동원할 수 있는 모든 수단을 사용하는 것이다. 바로 석탄이나 천연가스, 우라늄에 기초한 대형발전소의 전력생산이다. 환경에는 적합하지만 새로운 인프라를 구축해야 하는 다른 어떤 대안보다 대형발전소의 전력생산이 훨씬 높은 수익을 가져다주는 것이다. 그러나 동시에 독일에서는 전력 부문이 모든 이산화탄소 배출량의 거의 절반을 차지한다. 이 부문을 급진적으로 개혁하지 않고서는 기후연구자들이 원하는 21세기 중반까지 80퍼센트 감축 목표는 달성할 수 없다. 그러므로 정권을 잡은 정치가가 기후보호의 돌파구를 마련코자 한다면 전력산업이 내세우는 지금까지의 경영학적 논리에 맞설 수 있도록 제반 여건을 변화시켜야 한다.

사실 이에 대한 여건은 오래 전부터 이미 마련되어 있었다. 독일에게 선구자라는 명성을 가져다준 개혁에 해당하는 재생에너지법이 바로 이를 증명해 준다. 2000년 이 법이 발효된 이후 태양광이나 풍력, 바이오가스, 지열을 이용하는 발전기 운영자들은 자신들이 생산한 전력에 대하여 20년간 일정한 요금지불 비율을 보장받았다.[271] 동시에 송전망 보유자, 즉 기존의 전력 콘체른들은 이들 설비의 전력도 수용하여 요금을 지불할 의무를 지게 되었다. 이들 전력이 재래식 방법으로 생산된 전력에 비해 생산비용이 높으면 이 초과분은 전력거래소의 도매가격으로 계산하여 모두 소비자에게 부담시킬 수 있도록 허용되었다. 아울러 녹색당과 사회민주당 연방의원들로 구성된 이 법의 기안자들은 이것이 영구보조금 형식이 되지 않도록 처음부터 제한규정을 삽입했다. 새로운 설비에 대한 요금지불 비율을 전력생산 방식에 따라 매년 2~8퍼센트씩 감소시키도록 한 것이다.

그에 따른 성공은 눈부신 것이었다. 새로운 산업부문에 대한 그 어떤 지원 프로그램도 일찍이 그렇게 적은 비용으로 그렇게 빨리, 그리고 크게 성과를 낸 적이 없었다. 20년간 보장된 이 요금지불제도는 새로운 설비에 대한 수지타산을 맞출 수 있게 해주었고, 따라서 민간인들에게도 매력적인 사업이 되었다. 그리하여 그동안 확실한 자본투자를 찾아 기웃거리면서 한 자리 수 수익률에만 만족하던 수백만 시민들의 저축이 펀드회사를 통해 이 분야의 투자로 이어질 수 있게 되었다. 반면에 독일 전력 콘체른들은 대체로 이윤의 15퍼센트도 재투자를 하지 않고 있어서 수년 동안 그들은 고전할 수밖에 없었다. 처음 7년 동안 청정에너지원에서 얻는 전력생산 용량은 연평균 3,000메가와트 증가했다. 독일 전력생산에서 재생에너지가 차지하는 비중은 6퍼센트에서 14퍼센트로 증가했다. 이를 옛날 발전소 단지의 수치로 측정하면 이산화탄소의 대기 유입을 매년 약 5,000만 톤 감소시킨 것과 같다. 이와 동시에 풍차탑을 제작하는 철강업에서부터 태양광 패널을 조립하는 수공업 기업에 이르기까지 14만 개의 새로운 일자리가 적은 비용을 들이고서도 만들어졌다. 민간고객을 위한 킬로와트당 가격은 재생에너지법에 따른 수익보존으로 인해 2007년까지 겨우 0.75유로센트 상승했을 뿐이다. 이것은 한 가정당 한 달에 평균 1유로를 더 지불하는 정도이다.[272]

그러나 실제로는 이러한 수지 이상의 효과가 있었다. 그 까닭은 정상적인 시장을 통해서 송전되는 풍력전기만으로도 이미 전체 생산의 7퍼센트를 차지하는데, 이밖의 추가적인 풍력전기 생산으로 인해 라이프치히 전력거래소의 도매가격이 연평균 0.1~0.2유로센트 낮아지는 데 크게 기여했기 때문이다. 그러나 이 가격은 독일의 전력요금 계산에서 큰 의미를 갖고 있다. 말하자면 풍력이 없으면 전력가격은 훨씬 더 높아지는 것이다. 그 결과 기업과 가정이 풍력을 어느 정도 사용했느냐에 따라서 연간 20억~30억 유로를 절약할 수 있다는 것이 전력 콘체른 Eon의 전문가들이 연구한 결과이다.[273] 이에 반해 재생에너지법에 따른 수익 보존을 위해 독일의 모든 풍력시설을 지원하는 전체 비용은 2006년에 11억 유로에 지나지 않았다. 그 결과 풍력에너지는 국민경제적으로 계산하면 벌써 흑자를 기록하고 있는 셈이다. 이러한 성공이 확실했기 때문에 18개 EU 회원국은 물론 30개 비유럽국가들도 독일의 사례를 따라 유사한 제도를 도입했다.

이러한 배경에서 볼 때 독일이 이 길을 계속 가는 것은 당연한 것처럼 보인다. 지금까지의 발전속도가 유지된다면 40년 이내에 독일 전체 전력생산은 핵폐기물이나 기후가스가 없는 청정에너지원에서 얻어질 것이다. 화석연료를 이용하여 전력을 생산하는 비용은 불가피하게 상승하는데 반해 청정에너지 생산에 필요한 기술은 생산설비가 대형화됨에 따라 더욱 저렴해질 것이기 때문에, 완전히 재생에너지원에 의존하여 전력을 생산한다는 목표는 아마도 훨씬 빨리 달성될 수도 있을 것이다. 게다가 그러한 전환은 행운까지 겹쳐 촉진될 수 있다. 즉, 독일 전력 부문 발전소 단지의 거의 절반에 해당하는 약 5만메가와트의 발전용량이 2020년까지 가동이 중단될 예정이다. 그 까닭은 많은 석탄발전소가 수명을 다할 것이고, 이미 1999년에 핵에너지를 폐기하기로 의결되었기 때문에 나머지 17기의 핵발전소도 가동이 중단될 예정이기 때문이다.

따라서 13년 안에 약 220테라와트TWh의 전기, 즉 기존 소비의 40퍼센트를 줄이거나 아니면 청정에너지원으로부터 생산해야 할 것이다. 기술적으로나 경제적으로 이것이 실현 가능하다는 것은 일련의 연구결과에서 입증되었다. 이들 연구에는 연방정부의 위탁연구도 들어 있다.[274] 에너지 면에서나 생태학적인 측면에서 불필요한 전기난방과 전기온수 공급을 금지하는 것만으로도 부족해지는 전력량의 15퍼센트 이상(35TWh)을 절약할 수 있다. 유럽과 독일에서 일본의 선례를 따라 가장 효율적인 전기제품을 최소 기준으로 해서 동일한 종류의 모든 제품에 적용시킨다면 비효율적인 전기제품 대부분이 10년 안에 시장에서 사라질 것이고, 그에 따라 다시 15퍼센트를 절약할 수 있을 것이다. 여기에 모든 종류의 전자제품의 대기전력 소비를 최소화하는 것만으로도 2,000메가와트의 용량을 가진 발전소 하나를 대체할 수 있다. 핵발전소와 석탄발전소가 가동을 중단함에 따라 줄어드는 전력생산의 거의 40퍼센트(80TWh)는 아무 문제없이 생태전력으로 대체될 수 있을 것으로 연방환경청의 평가보고서는 계산하고 있다. 그밖에 전력공급자들이 이웃나라로 전력을 더 이상 수출하지 않아야 할 것이다.(20TWh 절약.) 나머지(50TWh)는 천연가스를 이용한 새로운 열병합발전설비로 생산할 수 있을 것이다.[275] 정부도 예상하고 있는 바와 같이 동시에 노후건물에 대한 단열에 대규모 투자가 이루어진다면 천연가스 소비는 증가하지 않아도 될 것이다. 이렇게 되면 독일은 핵발전소를 전부 폐기함에도 불구하고 전력부문 하나만 통해서도 메르켈 총리와 지그마르 가브리엘 환경장관이 전체적으로 2020년까지 달성하겠다고 공언한 목표의 거의 절반에 해당하는 1억1,000만 톤의 이산화탄소 배출을 절감할 수 있게 된다.

이와 같은 미래의 전력은 넓은 지역에 분산되어 있고 환경조건에 따라 다양하게 결합된 수천 개의 설비도 공급될 것이다. 건물 정면의 태양전지에서부터 농업기업에서 활용되는 바이오가스의 전력화, 개울가에 놓인 수천 개의 유수流水 발전기, 언덕이나 제방에 설치된 풍력발전설비는 물론 병원이나 주거지의 집단 열병합발전소에 이르기까지 전력공급은 완전히 새로운 구조로 변화될 수 있고 또 변화되어야 한다. 이는 동시에 민주주의를 위해서도 득이 될 것이다. 지자체와 시민들은 자신들이 전력을 어떻게 공급받을지, 그리고 이때 수익자는 누가 될지에 대해서 공동 결정할 수 있을 것이다. 그에 따라 자율적인 규제가 가능해지고, 이것은 보다 규모가 작은 지자체에서 가장 먼저 가능해질 것이다. 그럼으로써 이러한 현상은 지금까지 개발도상국에서 전기도 없이 살아야 하는 수백만 개 마을의 모델이 될 수도 있다.

이러한 전력공급은 구식 시스템에 비해 결코 비싸지도 않을 것이다. 구식 시스템은 발전소가 클수록 전력생산도 저렴해지는 구조를 갖고 있다. 경제학자들이 말하는 그러한 '규모의 경제'는 분산된 생산구조가 일반화되었을 경우 전력생산 면에서는 나타나지 않겠지만 아마도 설비생산 면에서는 나타날 것이다. 실제로 풍력발전기와 태양전지 제작비용은 점차 규격화되어 가는 덕분에 매년 몇 퍼센트씩 감소하고 있다. 그러므로 풍력이 몇 년 후에는 석탄발전소의 전력과 경쟁할 수 있을 것으로 대규모 전력공급자들도 예상하고 있다. 지붕에서 얻는 태양전기는 그것을 생산하는 가정에게는 예상컨대 2015년부터는 비가 많은 독일에서조차 발전소에서 얻는 전기보다 비싸지 않을 것이다.

그러한 에너지 구상에 대해서 구식 시스템 옹호자들은 항상 같은 이의를 제기한다. 완전공급을 위해서는 자연의 에너지원은 너무도 불확실하다는 것이다. "핵발전과 석탄발전을 모두 포기하는 것"은 가령

RWE 신임 사장 위르겐 그로스만Jürgen Großmann의 말에 따르면 '불가능'하고 Eon 사장 불프 베르노타트Wulf Bernotat의 말에 따르면 "우리 모두가 촛불에 둘러앉고자 하는" 경우에만 가능하다. 루르콜레Ruhrkohle 주식회사의 후신인 에보닉Evonik 발전소 사장인 알프레트 타케Alfred Tacke의 말에 따르면 "풍력설비가 바람이 불지 않아서 오랫동안 가동하지 않으면" 대형 발전소가 그리워질 것이라고 한다.[276] 그렇지만 수십년 된 이러한 불안조성 습관은 나이든 최고경영자들이 기술적으로 최신 수준에 무지하다는 사실을 말해 주는 것일 뿐이다. 이들은 옛날부터 그러했다. 이들 기업들은 1994년에 공동으로 낸 신문광고에서 "재생에너지는 장기적으로 우리 에너지 수요의 4퍼센트 이상을 충족시키지 못할 것"이라고 말했다.[277] 이들이 말한 장기는 8년도 채 걸리지 않았다. 2007년에 이미 거의 14퍼센트가 되었다.

만일 사람들이 밤에 TV나 난로, 전등을 켜야 하는데 태양이 더 이상 빛나지 않고 여름에는 여러 달 동안 홍수가 난다면 청정에너지의 미래는 어떻게 될까? 앙겔라 메르켈 총리가 2006년 경제 및 환경담당 장관들을 전력 콘체른 사장 및 생태전력기술 제작자들과 함께 '에너지 정상회담' 식으로 총리실로 불렀을 때 바로 이 질문이 제기되었다. 이 질문은 언젠가는 태양광 창업기의 삼총사로 역사에 남을 세 명의 기업가에게 던져졌다. 풍력 억만장자이고 에너콘 사장인 알로이스 보벤, 세계적으로 성공한 광전지 기업 솔라월드SolarWorld 사장 프랑크 아스벡Frank Asbeck, 바이오가스설비 제작사의 설립자이자 사장인 울리히 슈막Ulrich Schmack. 이들의 답변은 '가상 결합발전소'였다. 이는 현대적인 네트워크 전자공학에 기초한 혁신적인 기술이다. 다양한 청정 전력원을 상호간은 물론 전기저장 발전소와 통합하여 접속시키면 간단히 해결된다고 이들 미래 에너지의 선구자들은 밝혔다.

"그렇다면 한번 보여달라"고 총리가 요구했다. 이들 세 기업은 이 기회를 활용했다. 그들은 카셀Kassel 대학 태양에너지공급연구소ISET의 전문가들에게 과학적으로 검증하도록 위탁했다. ISET 엔지니어들은 아헨Aachen에서 북해까지 11대의 풍력발전기, 여기에 헤센Hessen 주와 바이에른Bayern 주에 있는 20대의 광전지와 4기의 바이오가스 설비에 측량망을 연결해서 이들의 전력생산을 파악했다. 그리고 나서 실제 데이터를 이용하여 이들 모든 에너지원을 하나의 발전소에 통합하여 접속시키는 작업을 컴퓨터로 시뮬레이션해서, 이들 에너지원의 결합만으로도 12,000명의 주민이 사는 전형적인 소도시의 전력수요를 1분 단위까지 정확하게 충족시킬 수 있다는 사실을 1년 동안 보여주었다. 추가로 필요한 것은 튀링엔Thüringen 주 골디스탈Goldisthal에 있는 펌프저장소의 일부 용량을 이용한 것뿐이었다. 햇빛이 많고 바람 부는 날에 풍력이나 태양광 시설에서 얻는 잉여전력을 저장하기 위해서는 그곳에서 물을 계곡 높은 곳에 있는 물막이까지 퍼올려야 하기 때문이다. 그리고 필요하다면 이 물을 다시 송수관을 통해 계곡으로 흐르게 하면서 발전기를 돌리면 저장된 에너지를 다시 불러낼 수도 있다.

카셀 연구진이 개발한 이 모델은 독일 전역의 전력수요를 정확하게 1:10,000의 척도로 모사한 것이다. 말하자면 이 모델은 '재생에너지에 의한 전력 전량공급이라는 대규모 사업이 가능하다는 것을 축소해서' 보여주는 것이라고 태양광 기업가 아스벡은 설명했다.[278] 그렇지만 생태전력생산을 대대적으로 확대하는 것 이외에 전력저장소를 추가로 건설할 필요도 있다. 현재 사용되고 있는 기술인 산간계곡의 물 저장소와 더불어 압축공기저장소나 속도조절바퀴Schwungrad도 동일한 기능을 할 수 있을 것이다. 독일 환경부는 폐쇄된 광산에 지하펌프 저장소를 설치하는 것도 고려하고 있다. '가능성은 완벽할 정도' 라고 이 프로젝트를 담당하는 관리는 말하고 있다.

그러나 전력개혁가들이 내세우는 기후보호 시나리오는 한 가지 커다란 정치적인 문제를 안고 있다. 기존 발전소의 가동률과 그 운영자들의 이익이 끊임없이 하락할 것이고 장기적으로는 대형발전소의 사업 자체가 낡은 모델이 될 것이라는 사실은 명약관화하다. 따라서 전력공급회사의 최고경영진들이 자신들의 기업이 망하는 것을 원치 않는다면 사고를 급진적으로 전환하고 완전히 새로운 사업전략을 개발하지 않을 수 없다. 그런데 책임 있는 경영자들이 수년 동안 보여준 행태는 그렇게 할 의향이 없다는 사실이다. 그 대신 그들은 온 힘을 다해 에너지 전환을 지연시키려고 한다. 그들은 이미 90년대에도 '풍력에너지전력공급법' 을 유럽 법원에까지 끌고 가면서 막으려고 헛된 노력을 한 바 있다.

전력산업은 재생에너지가 붐을 이루는 동안 태만했던 탓에 2000년부터 매년 그들 시장의 1퍼센트를 정책적 지원을 받는 새로운 경쟁자에게 빼앗기고 있다. 그 개인 투자자들이 생태전력부문에 나설 것이라고는 예상치 못했다. 너무 늦게 이 사실을 깨달은 뒤, 예컨대 Eon 콘체른은 풍력발전기가 특히 많은 홀스타인 주 북해 연안에서 필요한 송전망을 지하케이블로 확충하는 것을 거부했다. 이미 몇 년 전부터 바람이 강하게 불면 기존 케이블은 과부하가 걸리고 있다. Eon의 송전망회사는 강풍이 불면 기술자들이 풍력발전단지 전체를 원격조종으로 쉽게 끌수 있도록 재빠르게 시스템을 변경해 놓았다. 그 결과 해안에서 풍력발전을 확충하는 사업은 사실상 정지되고 말았다.

바이에른, 바덴뷔르템베르크, 노르트라인베스트팔렌, 헤센 주와 같

은 곳에서는 대형발전소 옹호자들이 풍력발전기가 초래하는 소위 '경
관파괴'에 반대하는 보수적인 정치인들과 연합했다. 이들 주정부는 풍
력발전 설비의 건설을 거의 완벽하게 중단시키는 조례를 제정했다. 그
런데 사실은 전통적인 전력경제부문의 기업들은 수천 평방킬로미터의
문화경관을 황폐화시키고 라우지츠Lausitz와 라인란트Rheinland 지방의
주민을 추방한 책임이 있다. 그곳에서 그들은 거대한 노천광산에서 갈
탄을 채굴해서 발전소 보일러에 공급하고 있다. 농촌의 목가적인 풍경
을 지키겠다며 이처럼 낭만적으로 무장하여 투쟁하는 한편, 콘체른 경
영자들은 수년간에 걸쳐 정보를 왜곡하는 수법을 동원하고 있다. 가령
Eon의 전 전력사업본부장 위르겐 엘재서Jürgen Elsässer는 풍력전기가
'오늘날 발전소 단지보다 네 배의 비용'을 발생시킬 것이라고 주장하기
도 했다.[279]

2007년이 지나면서 비로소 이런 수법들은 잦아들었다. 게다가 이들
4대 콘체른과 그 경영진이 갑자기 생태학적인 전력공급의 선구자처럼
모습을 바꾸는 바람에 이 분야의 전문가들조차 당혹스럽게 되었다.
RWE의 그로스만 사장은 "청정에너지 공급을 위하여 우리는 어머니인
자연에게 기대를 걸고 있다"며 신문에 전면광고를 냈고, 2008년부터 매
년 10억 유로를 생태전력 생산에 투자하겠다고 공표했다. 그로스만의
동료인 Eon의 불프 베르노타트 사장도 원래는 원자력발전을 옹호하는
강경론자인데 그 이미지를 바꾸기 위해 수백만 유로를 광고에 투자했
다. 전력 콘체른들은 이제 '재생에너지는 우리의 본질'이라고 선전하면
서 스페인과 미국의 풍력단지나 이색적인 조력발전소를 이용한 "바다
에서 온 전력"을 선전하고 있다. 남서 독일의 전력공급자이자 프랑스
국영콘체른 EdF의 자회사인 EnBW조차 생태전력 비중을 20퍼센트로

높이겠다고 약속했다.

이러한 변화가 반갑기는 하지만 이것은 오히려 혼란만 일으키고 있을 뿐이다. 사실 이들 4대 콘체른은 2012년까지 갈탄 및 석탄에 기반한 대형발전소를 19개 추가로 건설하기로 했는데, 이로 인해 이산화탄소 배출이 감소되는 것이 아니라 오히려 증가될 것이기 때문이다. 이 중 6개의 기후 살인마는 2008년 봄에 이미 공사에 들어갔고 다른 나머지 발전소들도 허가절차를 밟고 있다. 모든 기후보호 노력에 반하는 자신들의 계획을 관철시키기 위해 그 기업들은 자신들은 전혀 보유하지도 않은 기술을 내세우고 지킬 수 없는 약속을 남발하고 있다. 이들 중에서는 자신을 선구적인 기후보호자로 위장하고서 독일 총리와 좋은 관계를 유지하고 있는 한 스웨덴인만큼이나 거창한 환상을 잘 팔아먹는 사람도 없을 것이다.

석탄 거짓말

라스 괴란 요셉손Lars Göran Josefsson은 편안한 대화 상대이다. 그는 항상 친절하게 웃으면서 인내심 있게 들으며, 어떤 어려운 질문에도 답하려고 애쓰는 모습이 역력하다. 요셉손은 스웨덴 국유인 유럽전력 콘체른 바텐팔Vattenfal의 사장이다. 그는 폴란드, 핀란드, 스웨덴, 덴마크, 독일에 500만의 고객과 160억 유로의 연간매출액을 가지고 있는 대기업을 운영하고 있다. 그렇지만 이 57살의 스웨덴인은 비슷한 지위에 있는 그의 동료들과는 별로 공통된 점이 없다. 그들의 직업상 갖고 있는 자기과시 성향이나 서투른 시장 이데올로기는 요셉손에게서는 찾아볼 수 없다. 그는 오히려 기후변화의 위협이 걱정된다고 진지한 눈빛으로 말한다. "우리가 아무것도 하지 않으면 기후변화는 우리의 모든 생활 영역에 강하게 침투하여 우리 사회의 안정"을 위협하게 될 것이라고 이 스웨텐 전력회사 사장은 단정지어 말하는데, 아마도 이것은 그의 본심일 것이다. 그는 한 캐나다 인디언 추장이 강연한, 온난화의 결과로 북극의 빙산이 녹아내리면서 생긴 거대한 홍수에 관한 이야기에 얼마나 큰 충격을 받았는지 모른다고 소상하게 말해 주었다. 그는 그 강연이 자신의 의식을 깨운 '모닝콜'과 같았다고 한다. 요셉손은 그 문제를 정치권에만 맡겨두지 않고 재계에서 적용하기로 했다고 했다. 그래서 그는 다른 콘체른 사장들과 공동으로 전 세계적으로 이산화탄소 배출 수수료를 도입하는 결의안에 서명했다. 그리하여 앙겔라 메르켈 총리도 그를 기후정책 자문위원으로 위촉했다. 마침내 바텐팔은 신문광고를 통해 '빈 말'만 하지 않고 '실질적인 결과가 나타나도록 하겠다고 약속했다.[280]

이것은 듣기에는 좋은 말이지만 바텐팔은 사실은 여기에 관여하고 싶어하지 않는다. 그 까닭은 말과는 달리 요셉손은 독일에서 기후보호를 거의 봉쇄하는 일을 하기 때문이다. 그의 기업은 매년 8,200만 톤의 이산화탄소를 배출하여 유럽에서 두 번째로 큰 기후해충에 해당된다.[281] 동부 독일에 있는 그의 세 개의 발전소는 환경에 특히 해로운 갈탄을 때고 있다. 킬로와트당 이산화탄소를 거의 1킬로그램 배출하고 있다. 이는 천연가스발전소보다 두 배 이상 많은 양이다. 그럼에도 불구하고 바텐팔은 배출량을 더욱 증가시키려 한다. 작센 주 복스베르크

Boxberg에 또 하나의 갈탄 발전소를 이미 건설하고 있으며 2010년부터는 예상컨대 매년 450만 톤의 이산화탄소를 더 생산해 낼 것이다. 동시에 도합 1,640메가와트의 용량을 가진 두 개의 석탄발전소를 함부르크에 건설하기로 이미 확정해 놓았고 그곳 시장도 이미 허가한 상태이다. 그밖에 석탄발전소 하나가 베를린에 예정되어 있다. 이들 새로운 발전소가 실제로 건설되면 이미 그것만으로도 독일 연방정부가 2020년까지 세운 배출 목표를 달성할 수 없게 된다. 정부의 계획은 그때까지 17기의 핵발전소 가동을 중단할 뿐만 아니라 나머지 전력산업에서 배출량을 매년 8,000만 톤씩 감축하도록 계획을 세워놓았다. 환경장관 지그마르 가브리엘이 약속한 바에 따르면 이 목표가 가능해지려면 풍력발전소, 태양광발전소, 바이오가스발전소, 열병합발전소가 확장되어야 할 뿐만 아니라 낡은 석탄발전소는 효율성이 높은 새로운 석탄발전소로 대체되어 연료를 절감해야 한다. 이 계획에 따르면 새로운 전력생산시설들이 송전망과 연결되는 만큼 낡은 발전소의 가동은 중단되는 것을 의미한다. 그러나 환경장관의 약속과는 반대로 이러한 사실을 요셉손은 다른 콘체른들과 마찬가지로 전혀 염두에 두고 있지 않다.

가령 RWE는 '고도로 효율적인 새로운 발전소'를 설립하여 이산화탄소 배출을 '낡은 시설에 비해 매년 1,300만 톤씩 감축할 것'을 약속했다. 그러나 실제로 이 콘체른이 이미 건설 중인 새로운 갈탄 발전소 4기는 가동이 중단될 예정인 낡은 설비보다 용량이 30퍼센트가량 더 크다. 이산화탄소 배출량은 잘 해야 같은 수준에 머물 것이다. 적어도 10기의 추가 석탄발전소에 관한 계획도 거의 마찬가지이다. 그리고 혹시 배출량이 미미하게나마 감축될지라도 이것이 모두 건설되면 문제가 크게 발생하게 된다. 그 까닭은 독일 연방의회는 압도적인 다수의 찬성에 따라

2050년까지 배출량을 80퍼센트 감축시키기로 했는데, 수백억 유로를 들여 이들 새로운 발전소가 건설되면 독일은 앞으로 수십년 동안 석탄연료에 붙잡힐 것이기 때문이다.

이러한 모순을 지적하자 친절한 요셉손은 언뜻 보기에 간단한 대답을 제시한다. 즉, 갈탄은 "기후살인마이고 석탄발전소는 장기적으로 커다란 문제"라는 사실은 일단 인정하는 것이다. 그러나 사람들이 언젠가는, 아마 2015년이나 2020년쯤에 이러한 시설을 '더 이상 이산화탄소를 배출하지 않는 시설로 변환시킬' 것이라고 한다. 이 갈탄 전략가는 "이산화탄소를 분리해서 저장하는 것이 가능하고 경제적이라고 확신한다"고 말했다. 이러한 기술이 활용될 수 있을 때까지 다만 '시간적인 지체'가 있을 뿐이라는 것이다. 그러므로 향후 10년 동안 배출량을 억제하는 것은 전혀 고려하지 않는다고 했다. 오히려 "20~30년 후에는 많은 비용이 발생하지 않고도 이산화탄소 배출을 급속하게 감소시키는 것"이 가능하다고 장담하면서.

기후보호를 아주 편안하게 그때 가서 보자는 식으로 해결하겠다? 요셉손은 물론 다른 콘체른에 있는 그의 동료들은 이른바 CCS● 기술에 기대를 걸고 있다. 이에 따르면 이산화탄소를 배기가스에서 분리한 다음 냉각하고 액화해서 마지막으로 지표에서 수백 미터 아래 물이 흐르는 암석층이나 해저에 압착해 넣는다는 것이다.

바텐팔뿐만 아니라 RWE도 이에 대한 시범적인 시설을 기획하기 시작했다. 이와 병행해서 기업들은 국가연구기관들과 공동으로 가능성 있는 저장장소를 물색하고 있다. 따라서 실제로 2015년에는 온실가스

● Carbon Capture and Storage: 탄소포착저장.

를 분리해서 저장하는 시범적인 발전소가 1~2기 정도 건설될 수도 있다. 그럼에도 대부분의 전문가들 견해에 따르면 이 프로젝트는 기후보호를 위해서는 의미가 없을 것이다. 그 까닭은 이산화탄소 분리가 기술적으로는 가능할지라도 이를 대규모로 실행에 옮기는 것은 현실성이 없기 때문이다.

이는 그 공정 자체가 엄청난 양의 에너지를 소비하기 때문에 이 기술이 화석자원 소비를 절감시키는 것이 아니라 오히려 대대적으로 증가시킨다는 사실로도 알 수 있다. 따라서 전력생산의 효율이 다시 70년대 수준으로 하락할 것이다. 동시에 비용도 적어도 두 배는 될 것이다. 독일 연방정부의 위임을 받아 세 곳의 연구기관이 세밀하게 조사한 내용에 따르면 이산화탄소 1톤의 저장에 35~50유로의 비용이 들 것이다.[282] 동시에 장기적으로는 석탄과 가스의 가격도 상승할 것으로 예상된다. 이에 비해 재생에너지원을 이용한 전력생산은 지속적으로 저렴해질 것이다. 그러므로 CCS 도입을 의무화하는 것은 '너무 일찍 재생에너지와 화석에너지 생산 사이의 경쟁력을 결판낼 것' 이라고 결론지었다. 2020년부터 그렇게 될 것이라고 한다. 이는 CCS 기술이 상업적으로 이용될 수 있게 되는 시점이다. 달리 말하자면 요셉손과 그의 동료들이 제시하는 기술 공상은 국민경제적으로 볼 때 아무런 의미가 없다. 전기를 온실가스 없이 생산하는 것보다 석탄전력 생산을 통해 발생하는 배기가스를 제거하는 비용이 더 비싼 것이다.

이러한 사실은 전체 과정을 훑어보기만 해도 금방 알 수 있다. 게다가 CCS 발전소도 결코 이산화탄소가 발생하지 않는 것이 아니다. 발전소에서, 그리고 석탄을 채굴할 때, 저장소로 운반할 때 각각 발생하는 것을 감안한다 해도 온실가스의 70퍼센트를 억제할 수 있다고 그들은 주장한다. 그러나 무엇보다도 매일 수백만 톤의 가스를 운반하고 저장하는 그 작업 자체가 엄청난 안전문제를 안고 있고, 또한 비싸고 복잡한 인프라스트럭처가 필요하다. 이에 대해서 요셉손은 유럽 대륙 전체를 위해서는 "아마도 새로운 파이프라인망을 구축해야 할 것"이라고 간결하게 대답한다. 그렇지만 그러한 파이프라인은 "안전상 인구밀도가 높은 거주지역에서 떨어져서" 지나가야 하고 많은 비용을 투입해서 누출과 과잉압력에 대비한 안전장치를 설치해야 할 것이라고 연방정부 전문가들은 경고하고 있다. 그 까닭은 이산화탄소는 공기보다 무겁기 때문이다. 누출되면 가스는 바닥에서 빠른 속도로 대기 중의 산소를 밀어올리게 된다. 이산화탄소는 대기 중에 8퍼센트만 있어도 생명을 위협한다. 많은 시민이 자신들의 주거지 근처에 그러한 잠재적 위험이 도사리고 있다면 크게 저항할 것이라는 사실은 오늘날에도 예측이 가능하다.

게다가 수십년은 지나야 모든 발전소가 파이프라인으로 연결될 수 있을 것이다. 부퍼탈Wuppertal 기후환경에너지연구소의 기후정책전문가이자 새로운 기후협약 협상을 위한 연방정부 자문위원인 헤르만 오트Hermann Ott는 "저장이 가능할지라도 그것은 너무 늦게 이루어질 것이고 비용은 너무 비쌀 것이며, 청정에너지 생산에 투자되는 것이 더 바람직한 어마어마한 자본이 묶이게 될 것"이라고 한다. 그렇기 때문에 이 기술은 현실성 없는 것으로 보아야 한다는 것이다. "그렇지 않으면 2020년에 가서 정신을 차리고 대안을 찾는다 해도 너무 늦을 것"이라고 오트는 경고한다.

이산화탄소 문제는 예전의 유황가스처럼 일종의 필터로 간단하게 해결될 것이라고 하는 말은, 구식 전력산업을 강조하고 있는 사람들이 전력부문의 개혁을 막기 위해서 우리의 관심을 다른 곳으로 돌리려는 술책에 지나지 않는다. 이러한 의도를 요셉손과 그의 동료들은 이미 함부르크 시정부에게 1,600메가와트 석탄발전소를 팔았을 때 드러냈다. 요셉손은 2015년부터 이 설비에 CCS를 도입하기로 시장과의 개인적인 면담에서 합의했다. 그런데 그때까지 성공하지 못하면 어떻게 되는 걸까? "그러면 문제가 된다"고 바텐팔 사장은 기자들에게 솔직하게 인정하면서 그럴 경우에는 벌금 1,050만 유로를 '기후기금'으로 납부하겠다고 약속했다. 마치 기후보호가 면죄부 구입으로 대체될 수 있는 것처럼. 갈탄 생산이 많은 독일 브란덴부르크 주도 똑같은 선전에 넘어가서 지금은 100평방킬로미터를 추가로 노천채광으로 개발해서 황폐화시킬 것을 계획하고 있다.

이 모든 것이 순전히 독일만의 현상이라면 하나의 에피소드에 지나지 않을 것이다. 그러나 독일은 전 세계적으로 기후보호에 관한 한 일종의 선도국으로 자리 잡고 있다. 게다가 전통적인 에너지산업 전체가 선전하는 '청정석탄기술'이라는 거짓말도 이미 치부 가리개 정도로 인식되고 있다. 석탄 및 석유기업들은 때가 되면 설비를 확충하겠다는 약속으로 호주에서 중국은 물론 캐나다에 이르기까지 더러운 검은 금 석탄을 가지고 여러 사업권을 따내고 있다. 기후변화를 부인하는 인사들이 모여 있는 부시 행정부도 CCS 기술을 지원해서 그 낡은 산업의 원자재 창고와 설비가 무용지물이 되지 않도록 보호하려는 것은 우연이 아니다. 얼마 전까지만 해도 기후변화를 극단적인 환경보호론자들의 망상 정도로 치부했던 석유 콘체른 엑슨조차 어느덧 자신들도 기후보호 연구프로그램에 참여하고 있다고 선전하고 있다. 그러나 미국 에너지부가 일리노이 주에 계획했던 CCS의 프로토타입은 건설비용이 너무 많이

들 것으로 예상되어 2008년 초에 중단되었다. 노르웨이도 이보다 몇 주 앞서 비슷한 프로젝트를 중단했다.[283] 그러함에도 이제 독일이 장기적으로 석탄전력에 의존하게 된다면 그것은 어쩔 수 없이 전 세계에 절망적인 신호를 보는 셈이 될 것이다.

독일 환경장관 지그마르 가브리엘도 2007년 11월 환경보호단체 그린피스의 끈질긴 항의에 못이겨 만일 산업계가 현재의 화력 발전소 계획을 그대로 실행한다면 '기후보호 목표를 달성하지 못할 것'이라는 점을 인정하지 않을 수 없었다. 그는 "엄청난 비용을 들여 정부가 에너지 정책을 마련한 뒤, 나중에 4대 콘체른의 에너지 사업정책에 의해 그 중 일부가 취소"되는 일은 결코 없어야 한다고 공공연하게 발언했다.[284] 그러나 사실 그 몇 주 전만 해도 가브리엘은 전혀 다른 논리를 폈었다. 그의 당 동료들이 크레펠트Krefeld 시의 새로운 석탄발전소 건설에 반대하는 투표를 하자 그는 이들을 정반대 방향으로 설득하기 위해서 직접 지구당대회에 참석하기도 했던 것이다.

가브리엘 장관의 오락가락하는 행보는 그가 속해 있는 사회민주당의 딜레마를 여실히 보여주고 있다. 전통적으로 독일 사회민주당은 이들 콘체른과 아주 밀접하게 연결되어 있다. 바로 몇몇 전직 사회민주당 경제장관과 차관들은 RWE나 Eon의 이익을 위해 활동하고 있으며 이들의 독점적인 지배력을 확대하는 데 적극적으로 가담하고 있다.[285] 동시에 사회민주당에 친화적인 노동조합인 광산화학에너지 산별노조와 연합서비스노조는 구식 콘체른 구조를 강철같이 보호하고 있다. 서비스노조는 의회 통과 직전의 기후보호법에 반대하여 베를린 시내에서 2007년 2월 광산노동자 2만 명이 참여한 시위를 주도한 바 있다.[286]

그렇지만 환경장관과 총리, 그리고 이들의 의회 내 대연정은 콘체른 전략가들과 이들의 노조 지원군의 저항에 무기력하게 손 놓고 있는 것만은 아니다. 그 정반대이다. 그들이 속한 당의 저변과 많은 유권자들 사이에서도 이미 장래 전력공급이 대형 발전소 없이도 가능하다는 사실이 퍼져 있다. 브레멘 시와 크레펠트 시에서는 2007년 중에 시의회가 석탄발전소 건설 계획에 반대하는 결의안을 채택했다. 자를란트의 석탄철강지역 한가운데 있는 지자체 엔스도르프Ensdorf에서는 시민들 다수가 새로운 1,600메가와트 발전소를 건설하려는 RWE 콘체른의 계획에 반대하는 투표를 했다. 가브리엘 장관과 메르켈 총리가 주민들의 이러한 변화 의지에 부응하고자 한다면 그들에게는 브뤼셀의 EU 위원회라는 막강한 동맹군을 얻을 수 있다. 그곳에서는 전력산업의 필요한 개혁을 강하게 추진할 수 있는 두 가지 강력한 정치적 수단을 준비하고 있기 때문이다.

자본 대 자본

유럽의 배출권거래제도가 좋은 선례가 될 수도 있다. 2003년에 진작 도입되었더라면 이 제도 덕분에 유럽에서는 기후보호가 이미 자동장치가 되었을 것이다. 캐나다 경제학자 존 데일스John Dales가 40년 전에 생각해 낸 이 아이디어는 독창적이면서도 간단하다. 국가는 개별 기업 하나하나에게 얼마의 배기가스를 배출해도 되는지를 규정하는 것이 아니라 다만 산업설비 전체에 대한 연간 총배출량만 정하고 이를 가동 중인 공장에 배분하는 것이다. EU 회원국들이 2002년 12월 만장일치로 이 제도를 결의한 다음의 순서는 모든 회원국들이 '국가배분계획' 을 작성하는 것이었다.

배분된 배출양은 대체로 각 설비의 과거 배출량에서 정책에 의해 정해진 감축 목표를 뺀 양이 된다. 그러면 기업에게는 두 가지 선택만이 남는다. 첫 번째는 기업들이 배기가스를 적게 배출하는 신기술에 투자하는 것이다. 그래서 자신들에게 할당된 양만큼 배출하거나 아니면 배출하지 않은 잉여할당량을 판매해서 추가 이익을 얻을 수도 있다. 두 번째는 새로운 설비가 갖출 수 없으면 배출권을 사들이는 것이다. 그렇게 되면 가장 적은 비용으로 기후보호에 참여하면서도 자신들의 사업을 유지할 수 있게 된다. '제한하고 거래한다' 는 것이 경제학자들이 이 제도에 제시한 공식이다. 이렇게 한다면 가령 RWE 콘체른은 자신의 갈탄발전소를 그대로 유지하기 위해서는 2006년까지 배기가스 감축조치를 일찍 시행한 다른 기업으로부터 900만 톤에 대한 배출권을 사들여야 한다.

이 제도가 제대로 작동하기 위해서는 정책적으로 높은 기준을 제시해야 한다. 즉, 상한선이 소요량보다 낮게 책정되고 그 후로도 지속적으로 낮아져야 한다. 그렇게 해야만 청정기술에 투자할 유인이 발생하는 것이다. 그러나 유럽에서는 첫 번째 시도부터 잘못되었다. 해당 산업의 치밀한 로비에 의해 압력을 받아 대부분의 정부는 2007년까지 처음 3년 시험기간 동안 최종적으로 사용된 것보다 더 많은 배출량을 허용했다. 엄청난 행정비용을 들여 도입한 배출권이 1차 거래기간이 종료될 즈음에는 톤당 몇 유로센트의 가치밖에 나가지 않았고, 따라서 기업들에게 어떠한 압박도 가하지 못하게 되었다.

또 한 가지, 많은 비용을 들이고서도 실수한 큰 문제는 배출권을 무료로 배정한 것이었다. 배출권이 부족하면 그것도 나름대로 가치가 있다. 2008년 봄 2차 거래기간이 시작되면서 배출권은 유럽 전력거래소에서 톤당 약 21유로에 거래되었다. 그러나 생산자, 특히 전력 콘체른은 이 제도가 벌금과 같은 의미인데도 불구하고 이 금액을 자신들의 상품 가격에 포함시켰다. 그 결과 기업들은 매년 5억 톤의 이산화탄소를 배출하면서도 추가적인 비용을 부담하지 않고 오히려 고객들에게 연간 100억 유로를 추가로 부담시켰다. 전력생산자들이 "배출권 거래를 치부를 위한 수단으로 만들었다"고 독일 소비자보호센터 연방협회의 에너지 전문가 홀거 크라빙켈Holger Krawinkel은 비난했다.

그러나 배출권 거래제도의 이 두 가지 결함은 치유 가능한 것이다. 교토 기후협약이 종료되는 2012년이 지나면 EU 정부들은 어차피 규칙을 새로 정해야 한다. 이때 상한선은 정치적으로 지향하는 감축목표에 맞추어 10년 동안 연차적으로 사전에 결정할 수 있을 것이다. 그리고 동시에 배출권은 무료로 배정하지 말고 전부 경매에 붙여야 한다. 그 효과는 엄청날 것이다. 청정기술이 시장에서 단지 우위를 가지는 것만이 아니다. 게다가 국가는 수십억 유로의 수입도 거둘 것이다. 이 수입으로 국가는 기후변화에 필요한 새로운 사업에 소요되는 재원을 조달할 수도 있다. 복지국가들은 빈곤국들의 기후변화 희생자들이 기후변화로 인한 피해를 극복할 수 있도록 도와야 한다. 그리고 에너지 가격 상승으로 인해 자국 빈곤층의 저소득이 더욱 축소되는 부분을 보상해 주어야 한다.

그 까닭은 이것이 효과적인 기후정책의 이면—대부분의 환경보호론자들이 간과하고 있는—이기 때문이다. 건물이나 차량, 생산설비가 재정비되면 전력과 난방, 교통비용이 일단은 비싸질 것이기 때문에 최빈곤충이 가장 큰 타격을 받는다. 이미 2007년에 황색신문● 〈빌트지Bild〉가 '부자들만 자동차를 탈 것인가'라는 제목을 달았을 때 독자들은 경악했다. 이렇듯 기후변화가 그렇지 않아도 불균등한 소득분배를 더욱 악화시킨다는 소문이 나면 기후변화를 위해 다수의 유권자를 동원하는 것은 거의 불가능하게 된다.

원칙적으로는 독일 환경장관 가브리엘도 2013년부터는 지금까지처럼 배출권의 10퍼센트만이 아니라 전체를 최고가격 입찰자에게 판매하겠다고 이미 밝힌 바 있다. 그가 만약 나머지 EU 회원국들의 동료 장관들도 이에 동조하도록 설득한다면 EU는 이를 조기에 법제화할 수 있을 것이다. 국제적으로 약속된 기후목표의 준수를 감독하는 EU 위원회의 책임 있는 관료들은 물론 이에 찬성하고 있다. 그렇게만 해도 이미 예정된 석탄발전소 중 몇 기는 장래 수지를 계산할 수 없기 때문에 계획단계 이상을 넘지 못할 것이다.

그런데 배출권 경매도 마찬가지로 지극히 관료적인 것으로 나타나고 있다. 말하자면 무게만 몇 킬로그램이나 되는 이 규정집 자체가 엄청난 절제와 통제가 필요한 것이다. 여기에는 약간의 아이러니도 없지 않지만 90년대에 교토의정서를 합의할 당시에는 보다 유연하고 역동적인 시장수단으로서 탄소배출에 대한 단순한 조세보다 경매를 선호했다. 그것도 마지막에 교토의정서에 서명하지 않은 미국의 요구에 의한 것이었다. 이산화탄소세는 동일한 목표를 훨씬 간단한 방식으로 달성할 수 있을 것인데, 지금은 어느덧 미국과 영국의 많은 경제학자들도 그렇게 생각하게 되었다.[287] 배출된 이산화탄소 1톤당 30유로를 부담시키는

● Yellow paper: 선정적인 기사를 주로 다루는 신문.

식으로 모든 연료에 판매세를 부과하게 되면 결국 모든 시장참여자는 자신이 부담해야 하는 가격 수준을 처음부터 알 것이다. 이와 병행해서 입법자는 모든 시민이 매년 환급받을 수 있는 고정금액을 확정할 수 있다. 가장 많이 소비하는 자가 가장 많은 부담을 져야 할 것이다. 반면에 절약하는 소비자는 인상된 연료가격으로 인해 지출하는 것보다 더 많이 환급받을 것이다. 그렇게 되면 훨씬 더 명확하고 시민친화적인 신호를 보낼 수 있다. 그렇지만 배출권 거래와 병행해서 이산화탄소세를 전 세계적으로 도입시키기도 사실상 쉽지 않고, 또한 배출권 거래를 시행하기 위해 막대한 비용을 투입한 다음에 배출권 거래를 이산화탄소세로 대체한다면 그것도 비합리적이다. 따라서 기존의 수단을 더욱 철저하게 적용하는 것이 중요하다.

그러나 배출권 거래제도 이외에 EU 위원회는 에너지 및 기후정책의 성공과 실패를 결정적으로 좌우할 또 한 가지 수단을 마련했다. 네덜란드 경제정책 전문가 겸 현직 경쟁정책 담당위원 넬리 크로에스Neelie Kroes와 그녀의 에너지 담당 동료인 안드리스 피발그스Andris Piebalgs의 제안에 따르면 에너지 콘체른들은 유럽 전체에서 전기와 천연가스 배송망을 국가나 전기 및 가스를 직접 생산하지 않는 중립적인 기업에 판매해야 한다. 그렇게 해야만 생산자 카르텔이 붕괴되고 에너지 시장에서 진정한 경쟁이 유도될 수 있다는 것이다. 무엇보다도 과도한 가격으로부터 소비자를 보호하는 것이 중요하다. 그렇지만 적어도 이에 못지않게 중요한 전혀 다른 의미도 있다. 즉, 발전사업자가 아니라 망사업자와 국가가 누가, 어디서, 어떤 조건으로 전기와 가스를 공급할지 독자적으로 결정할 수 있다는 사실이다.

이러한 것이 자유롭게 된다면 지금까지 기존 콘체른의 봉쇄권력 때문에 실패했던 수많은 혁신이 가능해질 것이다. 가령 고객들과 인터넷으로 연결되는 전자 계량기를 설치하면 그 영향은 지대할 수도 있다. 이를 통하면 망사업자나 다른 서비스 제공자는 전력수요를 지금까지보다 훨씬 더 쉽게 조절할 수 있다. 가정고객들이 만약 세탁기나 냉장고와 같은 대형 가전제품을 전력수요 피크타임에 일시적으로 몇 분 동안 꺼두면서 요금을 할인받을 수 있다면 수백만 가구가 지금까지의 전력수요에 변화를 가져오게 해서 값비싼 일반 발전소를 줄이는 효과도 거둘 수 있을 것이다. 전력흐름을 양방향으로 흐르게 한다면 보일러실이나 지붕 위의 태양전지에 있는 수천 개의 마이크로 터빈도 가상 발전소로 통합되고 또 그렇게 해서 거래될 수도 있을 것이다.

독립적인 망사업자들은—자기 이익을 위해서—망의 연결을 전국적으로 확대해서 지금까지 벽지에서 발생하던 전기부족 현상도 해소할 수 있을 것이다. 이렇게 하면 풍력의 단점이었던 불연속적인 생산이 유럽 차원에서 해결될 수도 있다. 이는 예컨대 연중 많은 날에 걸쳐 자국에서 필요한 것보다 더 많은 풍력을 생산하는 덴마크 망사업자 엘트라Eltra가 안고 있는 문제도 해결해 줄 것이다. 그곳의 수석 엔지니어 욘 엘리 닐센Jon Eli Nielsen은 수요가 부족해서 많은 설비가 일시적으로 가동 중단되거나 전력을 기부해야 할 때가 있다고 불평한다. 그래서 그는 유럽 연결망을 기대하고 있다. 닐센은 "망사업자의 연결망이 클수록 바람이 어디에서 불든 영향을 받지 않게 된다"고 말한다. 그렇게 되면 태풍이나 홍수 때도 쉽게 조절할 수 있다.[288]

망에 자유롭게 연결할 수 있다면 로마클럽의 'Desertec 계획'도 언젠가는 실현될 수 있다. 이 계획은 북아프리카 국가들에 태양열 발전소를 건설해서 잉여전력을 유럽에 공급하자는 것이다. 이에 필요한 기술은 이미 캘리포니아 주와 스페인에서 활용되고 있다. 커다란 전력 손실 없이 원거리를 보내는 송전기술도 개발되어 있다. 독일 연방정부의 위탁을 받은 평가단은 이를 대량으로 제작하면 아프리카 태양열 전기 가격을 킬로와트당 4~5유로센트로 내릴 수 있을 것으로 계산했다. 그 잠재력은 사실상 무한하다고 볼 수 있다. 평방킬로미터당 매년 2억5,000만 킬로와트가 생산 가능한데, 이는 독일에서 4인 기준으로 5만 가구에게 충분한 양이다.[289] 그러면 자동차 운행도 기후에 적합하게 변환될 수 있다. 휘발유나 디젤엔진도 전기엔진으로 대체할 수 있을 것인데, 이는 그렇지 않아도 대부분의 자동차회사들이 현재 추진하고 있는 방향이다.[290] 주차하고 있는 동안 망에 연결된 차량 수백만 대의 배터리는 불규칙하게 생산되는 생태전력을 충전하는 집단적인 저장장치 역할도 할 수 있다. 아헨Aachen에 있는 라인베스트팔렌 공대의 물리학자 디르크 사우어Dirk Sauer의 말에 따르면 추측컨대 이는 생산과 수요가 균형을 이루도록 하는 합리적인 형태가 될 수도 있다.

이러한 구상이 채택될지 아니면 다른 어떤 구상이 채택될지는 아무도 모른다. 환경 및 에너지정책 분야에서 유럽의 저명한 싱크탱크 중 하나인 독일생태연구소 에너지부장 펠릭스 마테스Felix Matthes에 따르면 그렇기 때문에 "10년 뒤의 마스터플랜을 사전에 짜는 것은 아무런 의미가 없다." 그 대신 "문제점들을 해결 가능하게 만드는 공간만 열어놓으면 된다." 그러므로 마테스는 "망사업은 반드시 다른 이해관계로부터 독립되어야 한다"고 말한다. 도로망을 자동차 콘체른에게 맡기지 않는 것이나 마찬가지이다. 마테스는 에너지 문제를 해결하기 위한 열쇠는 "인프라스트럭처에 자유롭게 접근하는 것"이라고 말한다. 이 점에서 그는 세계에서 가장 유명한 기후활동가인 미국 정치인 앨 고어와 같은 견해를 갖고 있다. 인터넷의 확산이 컴퓨터 기술의 비약적인 발전에 미치는 영향처럼 전력망 개방은 '기발한 에너지 기술' 이 등장하는 데 '지대한 영향' 을 미칠 것이라고 이 노벨상 수상자는 기대한다.[291]

따라서 고어는 자신의 자금과 광고의 대부분을 혁신적인 기업가를 찾는 데 투입하고 있다. 투자은행 골드만 삭스의 전직 경영자의 도움을 받아 그는 '세대투자' 기금을 설치했다. 이 기금에는 인터넷 억만장자 존 되어John Doerr의 기업도 참여하고 있는데, 되르는 한때 구글과 아마존의 지분을 팔아서 재산을 모으기도 했다. 이들은 공동으로 수백억의 기금을 에너지 기업에 투자하려고 한다. "지속 가능성이 있는 환경 친화적인 기술은 대박감이다. 이것이야말로 진정 모든 시장의 어머니"라고 캘리포니아 주 출신의 되어는 말한다. 그는 2006년 여름 자신의 수많은 실리콘 밸리 친구들과 아널드 슈워제네거 주지사의 기후보호 제안을 위한 캠페인을 시작했다.

독일과 마찬가지로 그곳에서도 구식 사업과 발전사업자들은 배출량 규제와 망 개방에 반대하고 있다. 그곳 상업회의소장은 '자의적으로 배출량을 제한' 하게 되면 다른 주州로 "사용자들이 이동한다"고 불평했다. 이에 대해 되어는 국가가 새로운 규제를 제정하면 새로운 기술에 대한 안정적인 수요가 창출될 것이라고 말한다. 캘리포니아 주는 하이테크와 바이오테크 분야에서 선도적인데 이제는 "그린테크에서 우리가 선도할지 아니면 뒤처질지"가 중요하다고 이 기후활동가는 경고하면서 과거의 성공을 상기시켰다. "7년 전에는 구글이 없었다. 이는 캘리포니아 주가 세계를 얼마나 빨리 변화시킬 수 있는지를 보여주는 사례이다."[292] 그러한 지원 덕분에 슈워제네거 주지사는 마침내 자신의 정당과 의회 내 반대론자에 맞서 자신의 주장을 관철시킬 수 있었다.

이처럼 캘리포니아 주에서 진행된 기후논쟁이 시사하는 바는 결국에는 다양한 분야와 기업들, 그리고 자본소유자들의 상반되는 이익을 어떻게 조정할지가 중요하다는 사실이다. 워싱턴에서 미국의 일부 전기공급자들의 이익을 대변하는 로비스트 스코트 시걸Scott Segal이 설명하는 바와 같이 기후문제에서는 "대부분의 사람들이 생각하는 것처럼 공익이 사익에 맞서" 있는 것만은 아니다. 시걸은 "그보다는 좀더 복잡한 문제들이 얽혀 있고, 특히 이 논쟁은 서로 다른 업계이익들 사이에서 발생하고 있다"고 말한다. 설비제작자나 서비스 제공자 및 금융산업은 조속한 조치에 찬성하지만 화학산업이나 자동차산업, 철강산업은 반대한다. 그렇기 때문에 전통적인 재계단체들의 목소리는 오히려 크게 약화되었다고 볼 수 있다. 일부 회원들은 기후보호를 통해 돈을 벌 수 있다고 생각하는 반면에 다른 회원들은 자신들의 이익이 위협받는다고 생각한다.[293] 이와 비슷한 분열은 독일에서도 볼 수 있다. 수년 동안 독일산업연합회BDI는 기존의 전력 콘체른이나 자동차 콘체른, 화학 콘체른의 이익에 부합되지 않는 제안에 대해서는 끈질기게 반대했다. 이 입장이 기후보호에 관한 의미 있는 해라 할 수 있는 2007년에는 더 이상 유지될 수 없었다. 그 연합회의 회장 위르겐 투만Jürgen Thumann이 매킨지 컨설팅에게 어떤 조치가 경제적인지 조사해 달라고 의뢰하자 상이한 진영들이 압력을 가하기 시작했다. 이 컨설팅에 참여한 한 컨설턴트에 의하면, 최종 평가를 둘러싼 투쟁에 '피와 땀과 눈물'이 동원되었다고 한다. 그리하여 가령 재생에너지 지원과 새로운 석탄발전소가 동시에 권고되는, 내적으로 모순되는 보고서가 발표되었다.

정치권의 상황이라고 이보다 나을 것은 없다. 자본력이 막강한 산업들 상당 부분이 일관성 있는 기후정책이 펼쳐지기를 원하고 상이한 산업부문들이 단지 서로 반목하는 것이기만 하다면 일관성 있는 기후정책을 수립하는 것은 그다지 어렵지 않다. 그렇지만 기후보호론자인 독일 총리와 그녀의 사회민주당조차도 가장 중요한 분야인 전력 분야를 개혁하고 망을 분리하는 데 주저하고 있다. 좌익 급진적인 성향과는 동떨어진 도이체방크의 경제학자들조차 "생산자와 망의 완벽한 분리"에 반대했다. 이것이 재산권에 대한 개입이기는 하지만 "수십년에 걸쳐 망을 확충하기 위해서 필요한 자본축적"이 이루어질 수 있었던 것은 "독점수익을 올릴 수 있었기 때문이기도 한 것이다." 그러므로 이 경우 재산권 문제는 다른 각도에서 조명되어야 한다고 이 은행가들은 말한다.[294]

그러나 메르켈 총리와 부총리 겸 외무장관 프랑크발터 슈타인마이어Frank-Walter Steinmeier는 콘체른 총수들을 보호하는 입장에 서서 브뤼셀에서 거부권을 행사했다. 슈타인마이어는 자신이 낡은 시스템을 고수하는 이유를 "우리에게는 글로벌 플레이어로 나설 수 있는 독일의 강력한 에너지 공급자가 필요하기" 때문이라고 말한다. 마치 전력망 매각을 강제하면 수십억 규모의 대기업들이 몰락하기라도 할 것처럼.[295] 그러나 실제로는 슈타인마이어가 걱정하는 것과는 정반대이다. Eon이나 RWE, 바텐팔과 이들의 프랑스, 이탈리아 및 여타 EU 회원국의 자매 콘체른들은 독점적 지배력이 상실된다면 시대에 뒤떨어지지 않거나 시장을 잃기 전에 자신들의 사업을 적절한 시기에 미래지향적으로 변화시키지 않을 수 없게 될 것이다.

정부 고위층을 상대로 하는 로비스트들도 놀랄 정도로 EU 위원인 크로에스는 베를린과 여타 EU 회원국들의 저항에도 조금도 굽히지 않았다. 2006년 독일의 4대 전력 콘체른에 대한 대대적인 감사에서 EU 관리들은 이들 전력독점 기업들이 '유럽카르텔법'을 위반했음을 입증하는 수많은 서류를 발견했다. EU 위원회가 이에 의거해서 2008년 초에 Eon 콘체른에게 수십억 규모의 벌금형으로 위협하자 Eon 사장 베르노타트는 항복할 수밖에 없었다. 구속당하기 않기 위해서라도 그는 2008년 2월 브뤼셀 당국과 협정을 맺어야 했다. 이에 따르면 Eon은 약 1만 킬로미터의 송전선을 갖춘 고압전력망 일부와 자신의 발전소 단지 일부를 매각해야 한다. 그 대가로 위원회는 Eon을 상대로 현재 진행 중인 재판을 종료하겠다는 의향을 비쳤다. 이것만으로는 전력공급의 생태학적 개혁에 반대하는 기존 전력산업의 저항을 아직은 완전히 봉쇄할 수 없을 것이다. 그러나 Eon 경영진들의 후퇴는 바로 구식 시스템이 몰락하기 시작했음을 시사한다. 메르켈 총리는 일단 다른 세 개의 콘체른은 망사업 분리에서 제외하겠다고 발표했다. 그러나 Eon이 포함된 것은 이들 기업에게도 압박을 가할 것이다. 이제 환경친화적인 전력생산설비를 확충하기 위해서 망을 대대적으로 개방할 수 있는 기회가 처음으로 눈앞에 다가온 듯이 보인다. 망사업 전체가 국영사업으로 전환될 수도 있고, 기후보호를 진전시킬 수 있는 형태로 전력을 생산하는 기업에게 우선적으로 망사업권을 부여하는 정책을 자유롭게 펼 수도 있을 것이다.

그렇지만 이러한 해방조치가 성공하지 못하면 기후보호 모범국으로 여겨지는 독일이 또 한 차례 패배할 것이고, 그러면 이는 전 세계에 영향을 미칠 것이다. 전력공급 시스템을 제때에 개혁하지 못한다면 독일인들은 10년 이내에 이산화탄소 배출량을 추가로 24퍼센트 감축하겠다고 전 세계에 약속한 것을 조만간 취소해야 한다. 이 계획에 따라 17기의 원자력발전소를 가동 중단하지 않으면 그 목표는 달성할 수 없다. 게다가 Eon 사장 베르노타트와 같은 강경론자들은 온실가스를 효과적으로 감축하기 위해서는 "핵에너지가 필수불가결하다"고 일찍부터 주장한 바 있다. 그는 다른 세 콘체른의 동료들과 2009년 가을 연방의회 선거에 기대를 걸고 있다. 앙겔라 메르켈 총리는 이 선거를 통해 기독교민주당이 사회민주당 없이도 정권을 장악한다면 "핵발전소를 기술적으로 문제가 없을 때까지 운영하도록 에너지 생산자들에게 위임하겠다"고 이미 2005년 선거 이전에 발표한 바 있다. 이 정책이 시행되고 독일이 약속한 것보다 훨씬 오래 핵발전소에 의존한다면 이는 세계에 또 하나의 불행한 소식을 전하는 것이 된다. 그리고 이 소식은 국민경제적으로도 불합리하며 사회 전체에게는 기후변화 자체만큼이나 위협적이 될 것이다.

원자력 환상

원자력 사업자와 지지자가 등장하는 곳에서는 세계 어디에서든 이들이 결코 빼놓지 않는 주장이 한 가지 있다. 우라늄의 핵분열에서 에너지를 얻는 방법이 온실가스를 적게 배출한다는 것이다. "원자력발전소는 이산화탄소를 배출하지 않는다. 원자력발전소는 매년 1억5,000만 톤의 이산화탄소를 감축하고 있다." 이것은 독일의 전력 카르텔이 자신들의 발전기를 2022년까지 단계적으로 가동 중단하기로 1999년에 약속한 것을 취소하기 위해서 2007년 여름 비싼 광고전략을 통해 알린 내용이다. 러시아 정부도 2007년 7월 하일리겐담에서 열린 G8 회담에서 "원자력은 기후변화 대책"이라고 선언하면서 20기의 새로운 발전소를 추가로 건설하겠다고 발표했다.[296] 미국 대통령 조지 부시나 영국 정부, 중국, 인도도 똑같이 행동하고 있으며 원자력에 의존하고 있는 프랑스나 일본 같은 나라들도 마찬가지이다. 유럽의회마저 "현재 탄소를 적게 배출하는 이 최대 에너지원이 기후변화를 해결하는 데 상당히 기여한다"는 이유로 2007년 10월 유럽위원회 연구예산에서 수십억 유로의 지원을 원자력에너지 분야에 약속했다. 세계원자력산업협회WNA는 이 승리를 축하하면서 에너지 공급 안정과 배출량 감축을 추구하는 전 세계적인 염원에 부합토록 하겠다며 '원자력 르네상스'의 도래를 기뻐했다.

그러나 이것은 순전이 환상일 뿐이다. 핵에너지가 지구의 온실가스 문제를 해결하는 데 크게 기여할 것이라는 상상은 세계적인 기후논쟁에서 최대의 오류이다. 파리의 원자력 전문가이자 《세계원자력산업현황보고서》의 저자인 마이클 슈나이더Mycle Schneider가 예측한 바에 따르면 실제로 전 세계 전력생산에서 원자력이 차지하는 비중은 2006년 16퍼센트에서 향후 수십년 동안 상승하는 것이 아니라 하락할 것으로 보인다. 이 보고서에 제시된 수치는 원자력기술 지지자들도 부정하지 않는다.[297] 원자력 비중이 계속 감소하는 원인은 기존 원자력발전소 단지의 노후화이다. 2007년에 전 세계에서 가동되고 있는 339기의 발전기 중에서 2015년까지만 해도 90기가 수명을 다할 것이다. 그렇지만 그때까지 가동될 수 있도록 새로 계획되거나 건설 중인 발전기는 21기뿐이다. 여기에 정치적·기술적·재정적 이유로 지난 수십년 이상 완공이 불확실한 상태에 있는 11개 프로젝트를 추가한다고 할지라도, 단지 현상유지를 위해서라도 도합 42,000메가와트의 발전용량을 가진 적어도 40기의 원자력 발전소가 7년 이내에 계획되고 재원이 조달되고 건설되어야 한다. 그렇지만 이마저도 여기에 소요되는 준비기간과 건설기간은 물론 생산용량 부족을 감안할 때 사실상 불가능하다. 그 이후 2025년 까지 10년 동안에도 도합 1,200메가와트 용량이 되는 192기의 낡은 발전기가 가동이 중단될 것이다. 이는 지금과 같이 원자력 전력생산을 유지하기 위해서는 10년 동안 평균적으로 거의 매달 세계 어디에선가 도합 1,200메가와트의 용량을 가진 새로운 여러 원자력발전소가 가동에 들어가야 한다는 것을 의미한다.

그러나 그렇게 한다고 해도 기후보호를 위해서 기여하는 바는 하나도 없다. 영국 평화연구소 옥스퍼드 연구그룹이 계산한 바에 따르면 이 목적을 위해서 핵에너지 비중을 전체의 3분의 1로 증가시키고 이를 이루기 위해 2075년까지, 가능하기만 하다면 수요 증가를 감안할 때 또다시 약 2,500기의 핵발전소가 추가로 건설되어야 한다.[298] 2008년부터 계산한다면 이것은 10일에 한 기씩 건설되는 꼴이다. 그렇지만 이들을 가동시키기에는 천연 우라늄의 0.7퍼센트밖에 되지 않는 핵분열 우라늄 매장량이 크게 부족하다. 그러므로 세계 전력의 3분의 1만 원자력으로 공급하려 해도 증식로 발전소를 건설한 뒤에 여기에서 천연 우라늄을 중성자로 처리하여 플루토늄을 "부화시킨" 다음 이것을 연료로 사용해야 한다. 이렇게 한다면 지극히 위험한 이 물질의 전 세계 보유량은 지금까지의 400톤에서 4,000톤으로 10배 증가할 것이라고 영국 전문가들은 경고하고 있다. 게다가 지금까지 플루토늄 사업은 감독당국의 기능이나 법치국가 구조가 잘 갖춰져 있지 않은 나라들에서 대부분 발전해 왔다. 오랫동안 독일발전소안정위원회 의장으로 일해 온 미하엘 자일러Michael Sailer는 "그렇게 된다면 다음 대형사고가 일어날 확률은 부패지수에 따른 국가 순위를 이용해서 계산할 수 있을 것"이라고 조롱한다.

그러므로 원자력으로 기후보호에 기여하겠다는 환상은 곧 미궁에 빠진다는 사실은 간단한 계산만으로도 분명해진다. 그러나 그럴수록 원자력 산업과 이를 지원하는 국가기관이 기후보호를 과도하게 내세우는 것은 위험하다. 그 까닭은 이산화탄소가 발생하지 않는 핵분열이라는 구호가 원자력발전소의 지속적인 확대로 야기될 거대한 위험을 깨닫지 못하도록 왜곡시키기 때문이다. 이는 원자력발전이 시장에 도입된 지 50년이 지난 지금에도 수십억에 달하는 엄청난 보조금 없이는 운영될 수 없을 뿐만 아니라, 다른 곳에서라면 훨씬 더 효과적으로 투입될 수 있을 막대한 자본을 묶어둔다는 사실로도 알 수 있다.

단적인 예가 미국에서 벌어지고 있는 상황이다. 그곳에서는 전통적인 에너지산업과 인적으로 밀착되어 있는 부시 행정부가 이미 2005년에 하원에서 '원자력 지원법'을 통과시켰다. 이에 따르면 건설자는 최초의 6,000메가와트 발전용량에 대해서는 킬로와트당 1.8센트의 보조금을 받게 된다. 이는 발전기당 1년에 약 1억2,500만 달러가 되며, 그것도 10년간 받게 되는 것이다. 그밖에 정부는 납세자들의 부담을 염두에 두지 않고 지원을 약속했고 여기에 허가절차의 간소화, 2025년까지 제한된 책임, 건설이 지연될 경우 추가지원까지도 약속했다. 그럼에도 불구하고 지금까지 구체적인 건설 계획을 확정한 기업은 없다.

유럽에서 15년 만에 처음으로 프랑스와 독일의 합작 원자력 콘체른 아레바지멘스Areva-Siemens가 핀란드 올킬루토Olkiluoto에서 새로 건설한 시범 프로젝트도 국가의 대대적인 지원에 힘입은 것이다. 이 전력은 국가의 인가를 받아 핀란드 기업들로 구성된 구매 카르텔이 일정한 가격으로 판매하고, 참여 기업이 손해를 보는 경우에는 핀란드 국고에서 보조토록 했다. 게다가 국가보증이 첨부된 신용까지 특혜금리로 제공되었다. 동시에 프랑스 국영 콘체른 아레바Areva는 핀란드 전력 구매기업의 송전설비 구축에 대해 30억 유로를 보장해 주었다. 그러나 착공된 지 2년이 지난 2007년 가을 이 프로젝트는 이미 당초 건설일정보다 18개월이나 지연되고 있고, 건설비용은 계획된 예산을 이미 50퍼센트 초과했다. 15억 유로로 예상되는 이 추가비용은 기업의 손실을 거쳐 결국 프랑스 국고의 부담으로 귀착된다.

러시아와 일본 경쟁자들의 프로젝트도 일부 국가들이 원자력 에너지의 르네상스라는 구호의 배후에 있는 진정한 동기를 잘 보여주고 있다. 그것은 기후보호를 위해서가 아니라 몰락해 가는 산업을 지원하기 위해 수십억의 조세를 동원하는 것이다. 60년 이상 적어도 1조 달러가 '이성화理性化' 된 핵에너지 개발을 위한 보조금과 개발비로 흘러 들어갔다. 이는 재생에너지원 개발에 흘러 들어간 것보다 20배가 넘는다.[299] 이 막대한 지출이 혹시라도 수익성이 있으려면 다시 한 번 엄청난 금액을 투입해서 그 노하우와 함께 전 세계에 수출해야 한다. 그러므로 원자력에 대한 선전이 설비 생산자들의 본사가 있는 프랑스나 영국, 미국, 러시아, 일본에서 먼저 시작되고 있는 것은 결코 우연이 아니다. 독일의 핵발전소 사업자들은 단지 뒤따라다닐 뿐이다. 이들의 목표는 원자력 설비의 황금빛 종말을 연장하는 것이다. 설비의 건설비용은 이미 70년대와 80년대에 소비자에게 모두 전가되었고 감가상각도 완료되었기에 현재의 운영비는 지극히 저렴하게 든다. 투자은행 잘 오펜하임 Sal. Oppenheim이 추산한 바에 따르면 가령 RWE와 Eon이 자신들의 원자력발전소 13기를 앞으로 독일 정부와 계약을 통해 합의한 32년이 아니라 45년 동안 가동할 수 있다면 이들 기업은 각각 34억~46억 유로를 선물로 받게 된다.[300] 그렇지만 동시에 방사능 폐기물 양도 5,400톤 증가할 것으로 독일 연방방사능보호청은 추산했다. 그렇게 된다면 최근 건설된 네카르베스트하임Neckarwestheim 원자력발전소가 가동 중단되는 2037년까지 독일의 핵폐기물은 거의 23,000톤이 될 것이다. 그런데 안전한 처리장은 보이지 않는다. 세계 어디에서도.[301]

단지 에너지원에 관한 것이라면 이 모든 것은 기후변화에 대한 올바른 대응책을 둘러싸고 전 세계에서 벌어지는 논란의 보조무대에 지나지 않을 것이다. 그렇지만 프랑스나 미국, 러시아 같은 원자력 주도국이 찾고 있는 새로운 고객들은 주로 가스나 석유를 풍부하게 보유하고 있거나 아니면 드넓은 사막평원에서 태양전기를 훨씬 저렴하게 생산할 수도 있는 나라들이다. 이에 반해 원자력은 값 비싸고 더러우며 위험하다. 그럼에도 그렇게 많은 사람들이 관심을 보이는 것은 핵에너지는 다른 에너지원이 갖지 못한 것을 갖고 있기 때문이다. 즉, 그것은 권력도 생산하기 때문이다.

만인에게 폭탄을

이 시설은 수 평방킬로미터에 걸쳐 있으며 외딴 시골의 높은 철조망 뒤에 서 있다. 24시간 내내 경비병과 비밀경찰이 안전과 종업원을 감시한다. 여하튼 이곳에서는 히로시마급 원자폭탄에 필요한 핵물질이 불과 며칠이면 채취될 수 있다. 물론 이곳은 핵보유국의 무기공장이 아니다. 철조망 뒤에 있는 시설은 어떤 불량국가의 비밀프로젝트도 아니다. 누가 보기에도 지극히 위험한 이 공장은 네덜란드 국경 근처 베스트팔렌 Westphalen의 평화스러운 작은 도시 그로나우Gronau에 세워져 있다. 이 공장은 영국과 네덜란드, 독일의 합작기업인 우렌코Urenco 소유이고, 핵발전소 연료봉에 필요한 우라늄 핵물질을 농축하는 곳이다. 이 모든 일이 합법적으로 이루어지고 있다. 사업자와 독일 연방정부는 평화적인 목적을 위한 연료만을 생산하도록 계약상 의무를 지고 있으며 아무도 이들의 계약 준수를 의심하지 않는다.

이란 정부는 자신들도 바로 이와 똑같은 일을 하고 있다고 선전하고 있다. 이란의 이슬람 정권은 그로나우에서 사용되고 있는 것과 동일한 기술을 이용하여 작은 도시 나탄즈Natanz 부근에서 발전시설을 가동시키고 있다. 이란 통치자들도 이 시설을 평화적인 목적으로만 사용할 의무가 있다. 그들도 계약준수에 서약했다. 모든 것은 아주 합법적이다. 그럼에도 이란인들이 미군의 공격을 두려워할 만한 이유가 충분히 있다. 그들의 대통령이 미국의 동맹국인 이스라엘을 몰살시키겠다고 위협하고 있는 것이다. 한때 미국 대통령이 이란을 ‘악의 축’ 이라고 비난한 적도 있다. 게다가 미군이 UN의 위임도 받지 않고 이란의 서쪽 이웃나라 이라크를 점령하고 있다. 이미 몰락한 이라크의 예전 독재자는 20년 전에 미국의 지원을 받아 동쪽 이웃나라에 대하여 잔인한 전쟁을 일으킨 바 있다. 동시에 이란은 발전소를 위한 이상적인 연료인 천연가스 매장량이 세계에서 두 번째로 많다. 그렇기 때문에 이란인들은 우라늄 농축시설과 아직 완공되지 않은 첫 번째 핵발전소를 자신들의 에너지 수요를 충족시키기 위해서가 아니라 핵무기 원료와 핵 위협을 확보하기 위해서 건설했다는 의심을 받을 만하다.

그로나우와 나탄즈, 이 두 시설과 그 운영자는 하늘과 땅 차이이다.

그럼에도 불구하고 이들 두 장소에서 동일한 기술이 사용되는 것은 지금까지 핵무기확산금지정책의 커다란 모순을 보여주고 있다. 한편 이미 1968년에 체결된 핵무기금지조약은 모든 가맹국에게 핵무기를 포기하면 원자력의 평화적 사용에 대한 자유로운 접근을 약속하고 있다. 이 포기의 준수를 감시하는 국제원자력기구IAEA는 핵기술의 전 세계적인 확산을 지원해야 할 의무마저 지니고 있다. 그러나 동시에 원자력 산업이 발전한 모든 나라는 언제나 핵무기 보유국 대기자 명단에 들어 있다. 이것은 이란만이 아니다. 독일도 이 대기상태에 있다. 냉전 당시에는 핵무기 제조에 사용될 수 있는 플루토늄 수천 킬로그램을 헤센 주 하나우에 있는 독일 소유의 벙커에 저장해 놓고 수십년 동안 이러한 대기상태를 과시하기도 했다.[302]

테헤란 정권도 동일한 전략을 추구하고 있음이 분명하다. 이란이 핵무기개발 프로그램을 가졌다는 증거가 없다는 것은 미국 중앙정보부도 인정하지 않을 수 없다. 그러나 그것은 전혀 중요하지 않다. 비상상황에서는 엔지니어들이 그러한 무기를 제작하는 데 몇 주도 걸리지 않는다.[303] 중요한 문제는 폭탄 제조기술이 아니라 순도가 매우 높은 핵물질이다. 그렇기 때문에 미국과 유럽이 모든 힘을 다하여 이란에게 우라늄 농축을 포기하도록 종용하는 것은 일단 논리적인 것처럼 보인다. 프랑스 대통령 니콜라스 사르코지는 노골적으로 전쟁의 위협을 가하기도 했다. "이란의 핵무기 무장이냐, 이란 폭격이냐, 우리에게 최악의 두 가지 대안만이 남지 않도록" 모든 조치를 취해야 한다는 것이다.

참으로 비장하게 들리는 말이다. 그런데 UN 안전보장이사회에서 신랄하게 이란에 대한 제재를 촉구하고 있는 프랑스와 미국 정부가 러시아와 함께 북아프리카와 중동의 불안정한 독재자들에게는 평화적인 핵기술을 제공하기 위해 서로 경쟁을 벌이고 있다. 모로코에서부터 리비아, 알제리, 튀니지를 거쳐 이집트와 사우디아라비아에 이르기까지 각국의 통치자들은 원자력발전소 건설을 예고하고 있다. 프랑스 정부는 이들 국가 모두에게 필요한 기술을 제공하겠다고 약속했다. 경쟁국 미국과 러시아는 알제리, 이집트, 사우디아라비아에 국한하고 있다.[304]

이렇게 해서 평화적인 원자력 군비경쟁이 진행되고 있다. 그 까닭은 "평화적인 원자력 기술을 무기개발 방향으로 돌릴 가능성도 언제 어디에서나 당연히 존재하기 때문이라고 독일 연방정부의 외교정책 자문연구소인 '과학정치재단'의 핵전문가 올리버 트래너트Oliver Thränert는 말한다. 원자력 판매에 열을 올리는 배후에는 잠재적으로 군사적 용도를 가지고 있는 핵기술을 확산시키면 "좋은 나라와 나쁜 나라를 구별할 수 있다"는 상상이 자리 잡고 있는 것이 분명하다고 베를린 정치학자 루츠 메츠Lutz Mez도 조롱한다. 그는 30년 전부터 원자력활용정책에 관해 연구하고 있다. 이는 "결국 모든 나라가 핵폭탄을 가지는 결과가 된다"고 메츠는 경고한다. 그러면서 그는 이렇게 묻는다. "만약 알제리나 이집트, 또는 사우디아라비아에서 유럽과 미국에 적대적인 생각을 가진 이슬람주의자가 권력을 잡으면 어떻게 될 것인가? 이전에 공급한 시설들을 폭격으로 파괴할 것인가?" 이 질문에 대해 워싱턴이나 파리, 또는 다른 곳의 핵기술 판매자들은 아무런 대답도 내놓지 못하고 있다. 그들이 진정으로 핵무기확산을 방지하고자 한다면 핵확산금지조약의 근본적인 개혁을 추진하고 적어도 중기적으로는 그들 스스로 원자력을 포기해야 한다.

석탄 및 원자력 전략가들의 오류는 낡은 구조를 고수하는 것이 어떻게 기후정책을 막다른 골목으로 몰아넣는지를 잘 보여주고 있다. 이와 동시에 생태학적으로 의미 있는 해결책도 기대했던 것과는 정반대 현상으로 나타날 수도 있다. 식물 원료를 이용한 에너지가 최근 전 세계적으로 호황을 이루고 있는 현상이 이를 적나라하게 보여주고 있다. 올바른 아이디어를 잘못된 방향으로 이용하거나 심사숙고하지 않고 실천에 옮기면 그 결과는 상상 이상으로 파괴적일 수도 있는 것이다.

바이오 연료의 오류

2007년 11월의 어느 날 옥수수 대로 만든 사람 키 높이의 작대기들이 슈배비시 할Schwäbisch Hall 지자체의 소피숄Sophie-Scholl 강당을 장식하고 있다. 이 장식은 이날 집회의 주제와 잘 어울린다. 식물성 원료에서 에너지를 채취하는 문제가 이날의 화두였던 것이다. "이 지역의 전력공사가 과연 인도네시아 열대우림을 파괴하고 있는가?" 이 자리에서 논란의 대상이 되는 것은 바로 이러한 놀라운 문제였다. 37,000명이 거주하는 이 도시의 시민들이 떼를 지어 모여들었다. 그 까닭은 에너지 문제는 이곳에서는 그저 그런 관심의 대상이 아니기 때문이다. 호헨로헤셴Hohenloheschen에 있는 이 지자체는 전력공급을 일찌감치 재생에너지와 효율적인 열병합발전설비로 전환했기 때문에 이미 수년 전부터 인근 지역을 넘어 멀리까지 이름이 알려져 있었다. 기후문제가 정치적인 핵심문제로 떠오르자 이 도시의 시민들은 여기에 적극적으로 대처하기 위해 단호한 결정을 내린 바 있다. 그 덕분에 이미 유럽 태양열상을 받기도 했다. 이곳의 전력공사 소장 요하네스 판 베르겐Johannes van Bergen과 시장 헤르만요셉 펠그림Hermann-Josef Pelgrim은 독일 전역에 걸쳐 진행되고 있는 대형 전력 콘체른의 합병전략에 맞서 자립적인 지역에너지 공급자의 필요성을 끈질기게 제기했다. 그리고 기후보호라는 명분을 일관되게 추진한 끝에 마침내 자신들의 열병합발전소에서 사용하는 천연가스를 바이오매스로 대체하기로 결의했다. 그 까닭은 식물은 소각할 때 자신이 성장하면서 생화학적으로 합성한 만큼의 탄소만 방출하므로 식물성 연료의 사용은 화석연료와는 반대로 기후에 중립적이기 때문이다. 여기에 선택된 원료는 동남아시아산 야자유였다. 야자유는 잘 타고 비교적 저렴하다. 그런데 이 야자유와 함께 곤경이 시작되고 말았다.

이러한 결정이 내려지자마자 독일 전역의 환경보호론자들이 이 녹색 에너지 선구자에게 달려들었다. 수천 통의 이메일이 날아들었고 생태자연보호연합에서부터 환경단체 로빈 우드Robin Wood뿐만 아니라 열대림보호협회에 이르기까지 온갖 곳에서 비난이 쏟아졌다. '벌채 에너지'라는 것이었다. 그 이유는 야자유 생산국인 말레이시아나 인도네시아, 파푸아 뉴기니에서는 새로운 야자수 플랜테이션을 조성하기 위해 멀쩡한 열대림이 희생되고 있기 때문이다. 사실 벌목은 기후변화의 주 원인 중 하나이다. 전 세계 이산화탄소 배출의 약 3분의 1에 대해 책임이 있다. "우리는 우리 전력공사를 그토록 자랑스러워 했다"고 중년의 한 슈배비시 할 주민이 말한다. "그런데 지금은?" 생태계 보호의 모범생이 일거에 '열대림 약탈꾼'이 되고 말았다.

그리고 고뇌에 찬 이곳의 시장은 더 많은 불편한 사실도 들어야 했다. 동남아시아에서는 벌목으로 인해 땅이 침식되어 이산화탄소가 새어나올 뿐만 아니라 습기와 탄소를 빨아들이는 원시림의 힘도 약해지고 있다고 소피솔 강당의 연단에서 환경과 개발 포럼의 기후전문가 게랄트 크나우프Gerald Knauf가 비판했다. 동시에 진흙땅이나 습지가 말라버려 화재발생 위험도 많다고 한다. 그러면 거대한 탄소저장고가 해로운 기후가스 발생소로 전환될 것이다. 인도네시아에서는 인류의 생존에 필요한 이 자연공간의 절반이 이미 상실되었다. 이 개발도상국이 미국과 중국 다음으로 세 번째 온실가스 배출국이 된 주된 이유가 바로 그것이다. 지금은 640만 헥타르에 야자수가 심어져 있는데, 환경단체들은 그에 대한 수요가 줄어들지 않는다면 이 면적이 세 배 증가할 것으로 우려하고 있다. 게다가 벌목이 금지되면 또 다른 일이 발생한다. 인도네시아 숲이나 습지에서 발생하는 화재의 5분의 4는 고의적인 방화에 의한 것으로 추정된다. 그래서 열대 국가들에서는 에너지를 수출해서 얻는 꽤 많은 수익이 막대한 이산화탄소 배출과 복구 불능한 종 다양성의 상실이라는 대가를 치르면서 얻어지고 있다고 제랄트 크나우프는 말한다. 생태학적인 부메랑이다. "지구의 한 지역과 세계정치를 전혀 분리해서 생각하면 안 된다."

벌목 문제는 새로운 것이 아니며 결코 바이오 연료 탓으로만 돌릴 수 있는 것도 아니다. 유럽인들이 이미 수백년 전에 자신들의 원시림을 완전히 전멸시켰듯이 오늘날에는 전 세계에서 농민들이 새로운 농경지를 얻기 위해 나무를 베고 있다. 게다가 아시아의 거목들은 대부분 이미 오래 전에 화장품산업과 식용유산업에 필요한 야자유 플랜테이션을 개간하기 위해서 잘려나갔다. 게다가 지금 세계적인 바이오매스 붐이 대규모 산림을 크게 파괴하고 있고, 이로 인해 지리학자들이 일찍이 우려했던 일이 현실이 되고 있다. "웅장한 열대우림, 이 거대한 기후 실험실,

역동적이고도 조화롭게 대기를 순환시키는 식물들로 가득 찬 습하고 따뜻한 빌로드 벨트가 정말로 파괴될 것인가?" 한 지리부도의 저자가 이미 19세기 말에 경외심에 압도되어 이렇게 물은 적이 있다. "아니면, 인류가 심사숙고하지 않고 지구를 습격하고 산림을 침탈하는 유혹에 넘어갈 것인가? 그렇게 되면 결국에 위협받는 것은 …… 인류 자신이다. 그 까닭은 대기는 균형을 잃을 것이고 안정이 깨지면서 전 세계 기후에 영향을 미칠 것이기 때문이다."[305] 그 후 수백년 동안 파괴가 자행되었다. 기후는 균형을 잃었다. 그리고 이미 전 세계에는 마지막 정글의 잔재만 남아 있을 뿐이다.

펠그림 시장 자신은 선의에서 결정했다고 변명한다. 그는 "기후변화의 시계가 재깍거리고 있다. 우리는 무슨 조치든 빨리 취해야 한다. 대안은 무엇인가? 여러분은 차라리 석탄발전소를 짓겠다는 건가?" 원래 그 전력공사는 주변의 유채 기름을 사들이려고 했었다. 그렇지만 당시에는 야자유가 훨씬 저렴했다. 이를 수입하기만 하면 대규모 전력 콘체른과의 가격경쟁에서도 잘 견뎌내고 동시에 '기후 선구자' 가 될 수 있다고 판단한 것이다. 그밖에 이 전력공사는 그 연료기름을 이미 존재하는 플랜테이션에서만 구입하려 했다고 펠그림 시장은 강조한다. 그리고 장래에 습지나 원시림이 사라지지 않도록 보장하기 위해서 다른 발전소 운영자들과 공동으로 회사를 설립하여 전 세계에서 환경친화적으로 생산된 야자유와 식물성 자원을 구입하겠다고 밝혔다. 장기적으로 야자수 재배에 필요한 구속력 있는 법규도 제정하도록 기술협력협회 GTZ에 위탁했다고도 했다. 게다가 끝으로 독일 연방정부의 정책을 믿고 그리했을 뿐이라고 말했다. 당시 연방정부는 전력생산을 위한 야자유 수입을 '재생에너지법' 에 따라 보상해 주면서 무제한적으로 지원했던 것이다. 그러나 2008년으로 예정된 개정안이 통과되면 수입업자들은 자신들의 원료가 생태학적으로 위험하지 않게 생산되었다는 것을 증명해야 한다.

바이오에너지 딜레마는 결코 슈배비시 할의 에너지 선구자들만이 안고 있는 문제는 아니다. 이 사건은 전 세계 정부가 얼마나 생각 없이 농경지에서 에너지를 채취하고 있는지를 보여주는 한 사례일 뿐이다. 이미 41개 나라에서는 전문용어로 '재생에너지원NaWaRos'●이라 불리는, 계속 자라는 원료의 재배와 활용에 조세감면과 보조금을 지원하고 있다. 그리고 이들에 대한 수요는 계속 증가하고 있다. 그렇지만 그 원인이 슈배비시 할처럼 열발전소인 경우는 드물고 가장 널리 확산되어 있는 에너지낭비기계인 자동차이다. 야자유나 콩, 유채로부터 채취된 바이오디젤에서부터 발효된 옥수수와 밀, 사탕수수나 사탕무로 만든 알코올인 에탄올에 이르기까지 생물학적으로 생산한 연료를 이용하여 교통 분야를 신속하게 기후친화적으로 바꾸고 동시에 안정적인 공급도 보장한다는 것이다. 이란이나 사우디아라비아, 러시아, 베네수엘라처럼 후진적이고 정치적으로 불안정한 정권들이 바로 이 부분을 통해 자신들의 정권을 유지하려 들고 있기 때문이다. 여전히 세계 자동차의 97퍼센트는 석유에서 비롯된 연료로 달리고 있다. 반면에 바이오 연료는 후진국 농업의 소득을 증대시켜 주는 것처럼 보인다. 그리고 그들 국가의 통치자들에게는 승용차를 타는 유권자 및 자동차 콘체른과의 갈등을 피할 수 있는 이점도 가져다준다. 이렇게 해서 비효율적이고 낙후된 자동차의 엔진이 바이오 연료라는 녹색외투를 걸치고 또다시 살아남게

● NaWaRos: Nachwachsende Rohstoffe의 약자.

된 것이다.

독일에서는 식물에서 추출된 연료가 이미 2007년에 연료공급의 6.3
퍼센트를 차지했다. 이는 4년 전보다 세 배 높은 수치이다. 독일 연방정
부의 정책에 따르면 이 비중은 2020년까지 20퍼센트까지 높아진다. EU
전체로는 그때까지 바이오 연료의 비중이 최소한 10퍼센트가 되는 것
을 목표로 하고 있다. 그렇지만 갑작스러운 호황은 심각한 문제를 일으
킨다. 즉, 생태연료가 기후보호에 얼마나 효과적일까? 드라이브를 하
기 위해서 식용식물을 낭비하는 것이 윤리적으로 용납될 수 있는가? 아
니면 UN 인권위원회 식량특별조사관 장 지글러가 경고한 것처럼, 그렇
게 된다면 실제로 "8억의 자동차 보유자와 20억의 세계 최빈곤층 사이
에 식량을 둘러싼 전쟁"이 벌어질 것인가?[306] 분명한 것은 이 영역에서
도 지금까지 전통적인 구조를 고수하는 것이, 생태학적으로는 큰 의미
를 지닌 한 지역을 나머지 세계로부터 보호하려는 데 걸림돌이 된다는
사실이다. 이 경우에는 전력산업이 아니라 자동차산업이나 석유산업과
농산물산업이 갈등의 중심이 되고 있다. 이는 이미 오래 전부터 미국에
서는 간과할 수 없는 현실이 되어 있다. 미국 농부들은 세계 어느 나라
와도 달리 산업적인 방법으로 농지를 경작하기 때문이다.

기후살해범 농업

몇 안 되는 목장이 아직도 '축우회사' 또는 '가축농장Ranch' 이라 불리

지만 이곳에서 동물들이 풀을 뜯어먹은 지는 이미 오래되었다. 어디를 보더라도 콩과 옥수수, 옥수수와 콩, 옥수수, 옥수수, 옥수수뿐이다. 미국 중서부를 관통하는 도로를 따라서 수백 킬로미터에 걸쳐 똑같은 그림이 펼쳐지고 있다. 한여름의 광활한 풍경은 두 가지 녹색으로 물들어 있다. 고속도로 왼쪽으로는 콩 줄기의 황록색, 오른쪽으로는 꼿꼿하게 서 있는 옥수수의 녹색이다. 농가들은 외롭게 서 있고 지평선에는 곡물저장고들이 옥수수 벨트 위 하늘로 높이 솟아 있다. 이곳의 온습한 기후에서는 모든 곡초 중 가장 까다로운 곡초가 세계 생산의 약 40퍼센트를 차지하며 자라고 있다.

이곳에서 부시 정부는 앞으로 10년 동안 에탄올 생산량을 1억1,000만 톤으로 다섯 배 증가시킬 예정이다. 부시 행정부만 그런 것이 아니다. 버락 오바마든 존 에드워즈든 아니면 힐러리 클린턴이든 어떤 민주당 후보도 대통령 선거에 앞서 농업이 발전한 주의 유권자들에게 새롭게 솟아나고 있는 수입원을 보장하는 데 주저하지 않고 있다. "에탄올에 좋은 것은 무엇이든 좋고 또 좋다"고 공화당 상원의원 척 그래슬리Chuck Grassley도 농업중심주인 아이오와에서 대농을 대신해서 이렇게 말한 바 있다. 수십년 전부터 이들은 유럽과 다른 나라의 동료들처럼 막대한 보조금에도 불구하고 '성장하든지 아니면 사라지든지' 사이를 달리고 있다. 한 푼이라도 새로운 경작지에 투자하는 자만이 살아남는다. 그렇지 않으면 이미 오래 전부터 생산비는 증가하고 곡물가격은 하락해서 수익에 막대한 타격을 받는다. 수십만 농가가 쓰러졌고, 그 결과 농지소유가 극단적으로 집중되었다. 이러한 상황에서 발생하는 과잉생산은 70년대 석유위기 이후 에탄올 공장을 국가가 초창기부터 지원하는 이유가 되기도 했다. 즉, 일부 옥수수 바이오매스는 발효시키거나 소각함으로해서 얻을 수 있고 이렇게 해서 농민들은 새로운 판로를 개척할 수 있게 되었다. 정치적인 성향이 강한 미국이 에너지 문제를 인식한 다음부터 바이오 연료 생산은 그야말로 붐을 이루었다. 2007년까지 5년도 채 안 되어 특별지원을 받아 에탄올 공장으로 들어간 곡물 비중이 거의 세 배 증가했다. 전체 옥수수 생산량의 5분의 1 이상이 이제는 미국 자동차 함대의 엔진으로 들어가고 있다. 여기에 추가로 브라질에서 에탄올을 수입한다. 바이오 연료 열기 속에서 이제는 많은 대농들이 콩과 돌려심기하는 것도 포기하고 몇 년 연속 '곡물의 왕'만을 생산하고 있다. 토지의 비옥도까지 크게 해칠 위험을 감수하고서 말이다.

옥수수 알코올은 생태학적인 악영향에 비해 에너지로 얻어지는 결과는 극히 비생산적이다. 전체 에너지 수확의 5분의 4가 무기비료나 살충제를 사용하고 농기계가 동원되어야 하는 것은 물론 증류에 필요한 난방에 화석연료 기계가 사용되기 때문에 사전에 이미 상당한 에너지가 소비된다. 나아가 화학비료는 다량의 일산화질소를 방출한다. 질소는 이산화탄소보다 300배 강한 온실가스이다. 그러므로 기후보호를 위해서는 이 프로그램 자체가 무용지물이며, 게다가 이토록 엄청난 비용이 투입됨에도 불구하고 옥수수 알코올은 미국 휘발유 소비량의 약 3.5퍼센트만 대체할 뿐이다.

단일경작은 생태학적인 이유에서도 원래 축소되어야 하는 것임에도 불구하고 이처럼 확대되고 있다. 수확량은 많지만 허기지고 목마른 식물을 산업 집약적으로 생산한 결과 매년 미국의 일부에서는 헥타르당 6.5톤의 옥토가 상실되고 있다. 그럴수록 더 많은 화학적 보조수단이 경작을 위해 사용된다. 그러면 경지에서 흘러나오는 화학비료 배수는 미시시피 강을 거쳐 멕시코 만까지 오염시키게 된다. 게다가 에탄올 1리터를 생산하기 위해서는 옥수수 벨트에서 수십년 전부터 사용해 온 지표수 3~5리터를 필요로 할 뿐만 아니라 13리터의 폐수를 배출하는데, 이를 정화시키기 위해서는 또다시 에너지 소비가 필요하다. 이러한 연관 때문에 캘리포니아 주의 저명한 농업발전연구소인 푸드퍼스트Food First의 소장 에릭 홀트지메니즈Eric Holt-Giménez는 에탄올 생산을 통째로 비난하고 있다. 겉보기에 '무진장한 풍요의 뿔'인 바이오 연료가 허구라는 것이다.[307]

독일에서도 에너지용 옥수수를 위한 경지면적은 2005년에만도 두 배가 됐고 그 후 계속 확대되고 있다. 그러나 총 1,200만 헥타르에 조금 못 미치는 경작지 중 약 12퍼센트에는 중요한 에너지 작물로서 무엇보다도 밝은 노란색 꽃이 피는 유채가 심어져 있다. 유채의 에너지 수지는 옥수수 알코올보다 나은데, 그 까닭은 기름을 채취한 다음 분리된 유채씨 깻묵은 가축사료로, 줄기는 바이오 설비에서 전력을 생산하기 위해 사용되기 때문이다. 그러나 유채도 대부분 화학비료와 살충제를 이용하여 단일경작 방식으로 재배된다. 또한 유채도 기후를 보호한다는 측면에서 보면 기후해충에 불과하다. 그리고 독일에서도 농민들은 다양한 돌려짓기는 갈수록 외면하면서 바이오 연료라는 과대선전에 넘어가 갈수록 많은 녹지를 경작지로 전환하고 있다. 이러한 전환은 원래 토지를 재생시키기 위해서 이용할 뿐이다.

이렇게 바이오 연료의 자기기만적인 활용은 낡은 산업의 논리만을 따르는 것이다. 이에 대해 에릭 홀트지메니즈는 막강한 농산물산업이 자신의 몰락과정이 시작되는 시점에서 맞서 저항하는 것으로 인식하고 있다. 푸드퍼스트의 이 전문가는 농업 관련 콘체른들이 성장의 한계에 다다랐다고 말한다. 한때 급속히 증가했던 수익이 오늘날에는 자주 멈

칫거리고 있다. 새로운 비료와 식물보호제, 종자, 농기계 등을 연구하는 데 갈수록 많은 투자가 필요한데 비해 농경지에서는 그에 상응하는 만큼 생산이 증가되지 않는다. 바로 이러한 시점에서 바이오 연료가 완벽한 대안으로 등장한 것이라고 홀트지메니즈는 말한다. 막대한 보조금을 받는 덕분에 바이오 연료는 줄어든 이익을 되살려주는 것이다.

이러한 변화의 중심에는 세계 곡물거래의 전통적인 거인이 서 있다. 카길Cargill과 아처 대니얼스 미들랜드ADM이다. 이 두 기업이 세계 곡물거래의 65퍼센트를 지배하며 이들은 또한 농화학기업이나 유전자 기술을 연구하는 기업과도 밀접하게 연계되어 있다. ADM 콘체른은 예전부터 많은 자금을 들여 로비활동을 한 덕분에 바이오 연료를 위해 한 국가지원 프로그램으로부터 수십억 규모의 지원을 받고 있다. ADM 독일 지사는 독일에서 선도적인 바이오디젤 생산업체이다.

농화학 콘체른에게도 새로운 바이오 연료는 수지가 맞는 사업이다. 가령 신젠타Syngenta와 공동으로 600억 달러 규모인 유전공학산업의 4분의 1을 지배하면서 농화학 분야에서 세계 일류로 성장한 미국 기업 먼샌토Monsanto는 2007년 여름에 이윤을 71퍼센트 증가시킬 수 있었다. 바이에르곡물과학Bayer Crop Science은 2007년에 23퍼센트의 이윤을 증가시켰는데 경영진은 향후 7년 이내에 세계 바이오 연료 시장이 두 배로 확장될 것으로 기대하고 있다. 비판자들은 이 새로운 영역에서는 무엇보다도 '후발 독점기업'들이 번창하고 있다고 조롱한다.[308]

유전공학 콘체른들은 사랑받지 못하는 자신들의 하이테크 산업에 대한 대다수 유럽 주민들의 불신을 완화시키려고 생태궤도라는 우회로를 이용해 새로운 시장을 창출하고 있다. 이들은 자신들이 개발한 새로운 유전자 조작 에너지 식물이 수확량도 많고 재배하기는 더 쉽다고 선전한다. 그렇게 해서—원자력의 경우와 마찬가지로—위험기술이 기후보호라는 명분 아래 생태적인 이미지를 갖게 되었다. 예를 들어 기름 성분이 많아진 유전자 변형 유채 종자는 이미 독일에도 있지만 그에 대한 경작은 지금까지 고객을 잃을 것을 우려하는 농민들의 반대로 실패했다. 그러자 반대자들을 길들이기 위해서 총리가 엄호사격을 하고 나섰다. 시정연설에서 앙겔라 메르켈 총리는 에너지 안보와 기후보호를 위해서 '유전공학에 대해 편견 없는 인식'을 가져달라고 시민들에게 촉구했다. 식품 분야가 아니라 원료에 관한 한 "우리는 선구자여야 한다"고 총리는 말했다.[309] 유전공학 지지자들은 동부지역의 거대한 평원이 경작에 알맞은 것으로 여기고 있다. 그들은 조작된 유전자가 인근 경지에 별 영향을 끼치지 않아 교배되는 일은 없을 것이라고 장담한다. 그러나 실제로는 그러한 유전자 오염은 거의 불가피한 일이다.

이 논란에서 농화학 콘체른의 경영자들은 석유산업과 자동차산업의 동료들을 자금력 강한 동맹군으로 확보하고 있다. 셸Shell이나 브리티시 페트롤리엄British Petroleum이든, 아니면 뒤퐁DuPont이나 다임러 벤츠든 이들 모두 새로운 바이오 연료 사업에서 맹활약 중이다. 그리고 예전에는 석유대기업 셰브런의 경영자였던 패트리셔 워츠Patricia Woertz가 2006년부터 ADM의 사장이 된 것은 이들 새로운 동맹에게는 하나의 상징으로 받아들여지고 있다. 그리하여 곡물 분야와 자동차 분야의 이해관계가 서로 얽혀들면서 토양을 파괴하는 농업의 산업화가 극단적으로 추진되고 있다. 이들의 강한 추진력으로 인해 원료 생산자인 농민들의 상황을 많은 곳에서 개선할 수는 있었으나 단기적으로만 효과가 있을 뿐이다. 결국에는 많은 농민들이 몇몇 소수의 구매업자에게 지금보다 훨씬 더 종속될 것이다.

이 현상은 바이오 연료 붐에 따라 인상되고 있는 토지가격으로 인해 시장성을 맞출 수 있는 것은 콘체른과 대농뿐이라는 사실에서 이미 시작되고 있다. 아르헨티나에서 우크라이나를 거쳐 남아프리카 평원에 이르기까지, 지금 세계 도처에서 도시의 자본제공자와 석유 콘체른들도 새로운 경작지를 매입하고 있다. 도처에서 석유가격이 농경지 가격을 결정하고 있다. 이것이 지주에게는 좋지만 소농이나 소작농에게는 불리하다. 무엇보다도 개발도상국, 특히 인도 오릿사Orissa 주의 평범한 농민이나 남미와 아시아 열대우림의 토착민 같은 사람들이 자금력이 막강한 기업들에게 종종 속아 넘어가거나 내쫓기곤 한다.[310]

그리하여 식량 생산과 바이오 연료 생산이 갈수록 서로 경쟁하는 상황이 되어가고 있다. 식용유는 이미 세계적으로 2005년부터 2007년까지 50퍼센트까지 비싸졌고 옥수수 가격은 거의 두 배 상승했다. 콩과 함께 그 기름이 가축 사육에 중요한 원료인 옥수수가 갈수록 많이 바이오디젤 연료로 가공되고 있다. 그렇기 때문에 가격도 둘 다 85퍼센트 상승했고 육류나 유제품, 계란 가격은 25퍼센트까지 상승했다. 그 결과 2007년부터 밀도 지속적으로 비싸지고 있고 그 가격상승의 끝은 보이지 않는다. 그렇기 때문에 투자상담사들은 '새로운 수퍼원료'에서 높은 이익이 창출될 수 있다고 말한다.[311] 전통적인 식품 콘체른에게 주요 원료의 가격상승은 곧바로 이익 감소로 이어진다. 가령 코카콜라는 옥수수에서 추출한, 수십년 동안 아주 저렴했던 시럽의 가격이 미국에서 높아졌다고 불만을 나타내고 있다. 유니레버Unilever는 유럽에서 마거린용 유채유를 구입하는 데 어려움을 겪기도 한다. 그리고 네슬레 회장 브라벡레트마테Brabeck-Letmathe도 자사 주식의 평가에 대한 우려에서만은 아니겠지만 어떻든 화를 내며 바이오 연료의 '생태학적인 광

기’를 비난했다.[312]

　이러한 가격상승은 당연히 소비자들 사이에서도 불만을 일으키고 있다. 유럽이나 미국의 중산층이 생필품을 사기 위해서 몇 유로를 더 지출하는 것은 감당할 수 있을 것이다. 이들이 식사를 위해서 지출하는 금액은 소득의 10분의 1보다 적다. 그러나 무엇보다도 개발도상국의 가난한 계층은 생존의 위협을 받는다. 이들은 소득의 3분의 2까지 생필품 구매에 지출해야 한다. 멕시코에서는 미국과 자유무역협정을 맺은 이후 90년대에 미국산 잉여곡물 수입으로 인해 자국 내 소농의 옥수수 농사가 대부분 무너졌다. 게다가 이제는 에탄올 붐이 일면서 미국이 옥수수 수출을 줄였기 때문에 멕시코인들은 높은 가격에 구입할 수밖에 없게 되었고 결국 2007년 봄에는 토르티야Tortilla● 가격폭등 때문에 수십 만 명이 거리로 뛰쳐나가는 일이 발생했다.[313]

　이것은 이제 시작에 지나지 않는다. 바이오 연료 붐이 있기 전에도 이미 전 세계적으로 8억 이상의 인구가 지불 능력의 부족으로 음식을 제대로 구입하지 못했다. 가격이 1퍼센트 오를 때마다 영양실조 위험은 더욱 커지지 때문에 2025년에는 12억 인구가 굶주림으로 고통 받을 것으로 예상된다. 이는 과거의 예측보다 6억 명이 더 많은 수치이다.[314] 이로써 세계 공동체는 새천년 개발목표와 관련하여 모든 UN 회원국이 채택한 경사스러운 결의와는 정반대로 나가고 있는 것이다. 그 당시 UN은 굶주리는 사람의 수를 2015년까지 반감시킨다는 목표를 세운 바 있다. UN 세계식량기구도 가격상승 때문에 원조금액을 축소해야 할지 결정을 앞두고 있다. UN 식량농업기구FAO 의장 자크 듀프Jacques

---

● Tortilla: 멕시코인들의 주식인, 납작하고 발효시키지 않은 빵.

Diouf도 "가격상승이 계속된다면 또 다른 소요사태가 일어난다 해도 놀라지 않을 것"이라고 경고했다.[315]

　이러한 위기 시나리오에 대해 많은 경제학자들은 식물 원료가 비싸질수록 그것을 연료로 사용하는 것은 수지가 맞지 않는다고 설명한다. 유가油價와 생필품 가격이 어떤 수준 이상이 되면 서로 견제하기 때문이라는 것이다. 그렇지만 유가도 자원이 고갈됨에 따라 지속적으로 가격이 상승할 가능성이 높다. 요컨대 아마도 두 곡선 모두 상승할 것이고, 그와 함께 인플레이션도 심화될 것이다. 게다가 그 상승 곡선이 가팔라지게 된다. 이러한 모든 요소를 감안할 때 호화 RV차량을 가득 채우기 위해서는 한 사람이 1년간 필요한 칼로리에 해당하는 양의 옥수수에서 기름을 추출해야 할 것이다.[316] EU 위원회에서 이에 관해 논란이 벌어졌고 선진국들의 클럽인 OECD 전문가들도 고민에 빠졌다. 이 클럽의 '지속가능한 발전을 위한 원탁회의' 의장은 속도를 줄이는 것이 필요하다고 말했다. 즉, 유럽은 수송부문에서 바이오 연료 사용을 증가시키려는 계획을 취소해야 한다는 것이다.[317] UN 인권위원회 식량특별조사관 장 지글러도 "인류에 대한 범죄"를 방지하려면 제2세대 식물연료가 공급될 때까지 5년 동안 유예기간을 두어야 한다고 말하고 있다.

다재다능한 바이오가스

새로운 대안에 대한 희망이 요원한 것만은 아니다. 실제로 전체 바이오 연료 채취는 정책적으로뿐만 아니라 기술적으로도 저개발 상태이다. 브라질에서 현지 연료공급의 40퍼센트를 차지하고 있고 앞으로 수출 효자상품이 될 사탕수수 에탄올은 옥수수 대안보다 훨씬 더 효율적이며 정상 연료보다 80퍼센트 적은 온실가스를 배출한다. 그러나 사탕수수도 기존의 농경지에서 재배할 경우에만 기후 중립적이다. 반대로 사탕수수를 재배하기 위해서 늪지가 개간되거나 열대우림을 파괴한다면 화석연료보다 훨씬 더 많은 이산화탄소를 대기에 배출할 수 있다. 브라질 정치가들은 사탕수수 재배를 지금보다 두 배가 훨씬 넘는 농경지로 대대적으로 확대하기로 계획을 세워놓고는, 이로 인해 열대우림은 파괴되지 않을 것이라고 말한다. 그렇지만 비판자들은 그 지역이 사탕수수 재배지가 되면 목축과 콩 재배가 북쪽 아마존 지역으로 옮겨가야 한다고 반박한다.[318]

그러나 그러한 부정적인 영향이 나타나지 않는 대안도 존재하고 있다. 예를 들어 미네소타 대학의 농업학자 데이비드 틸먼David Tilman은 미국에서 손상된 토지에서도 자라는 프레리 대초원●의 목초를 이용해서 실험을 했다. 그 지역에 적응된 이 식물은 비료를 거의 필요로 하지 않고 옥수수보다 훨씬 더 많은 에너지를 추출할 수 있으며, 동시에 대기로부터 많은 이산화탄소를 빨아들인다. 게다가 이들의 다양한 종이 같은 토지에서 자라면 더욱 효과가 크다.[319]

독일에서도 농업학자와 농민들이 바이오 연료와 바이오가스를 생산하기 위해서 목초나 윤작, 간작間作을 실험하고 있다. 빨리 자라는 몇몇 에너지 식물은 곡물을 수확한 다음에 겨울까지 번식하고 그러면서도

● Prairies: 북아메리카대륙 중앙부를 캐나다에서 멕시코 만까지 남북으로 가로지르는 대초원.

토양에 양분을 공급하기도 한다. 다시 말하자면 동일한 토지가 여러 차례 이용될 뿐만 아니라 식량 생산도 가능한 것이다. 독일 바이에른 주 농민들은 완두 및 곡물과 함께 실새삼을 기름채취용 과실로 삼아 하나의 경지에서 동시에 재배하는 것은 물론, 세밀하게 짜여진 계획에 따라 경작을 해서 토지의 비옥도도 높이고 있다. 자연의 다양성에 맞추어 재배하기 까다롭지 않은 적절한 식물과 생태 친화적인 경작 시스템을 찾는 것은 지금까지는 아직 연구가 미흡한 영역이다.

하버드 대학의 발전경제학자 리카르도 하우스만Ricardo Hausmann은 보다 효율적인 가공기술도 '이미 마련되어 있을 것'이라고 기대하고 있다.[320] 그는 무엇보다도 셀룰로스에서 에탄올을 채취하는 데 희망을 걸고 있다. 이 식물섬유소는 긴 고리 모양의 고분자로서, 먼저 단당류로 분해되어야 한다. 이는 기술적으로는 비용이 많이 들지만 모든 종류의 식물 재료를 사용할 수 있고, 따라서 열매만 사용하는 전통적인 발효나 기름추출보다 훨씬 효율적이다. 이 분야의 기술은 제지업과 목재업에서 나오는 쓰레기를 재활용하고 있는 스웨덴에서 가장 많이 발전해 있다. 독일에서는 프라이베르거Freiberger 그룹의 코렌 인더스트리스 Choren Industries가 폴크스바겐 및 다임러 벤츠와 공동으로 액화 바이오매스Biomass to Liquid(BTL)로 불리는 합성연료를 생산하기 위한 두 개의 설비를 건설하고 있다. 원료로는 유기물 쓰레기와 폐기 목재는 물론 식품생산에는 아무런 가치도 없는 모든 종류의 식물성 폐기물이 사용될 예정이다. 이렇게 하면 BTL은 같은 면적에서 유채유나 옥수수 에탄올보다 이산화탄소를 3~6배 절감할 수 있다. 그렇지만 여기에 소요되는 원료를 운반하는 데 에너지가 사용되어 그만큼 에너지 수확이 줄어드는 셈이다.

그러므로 의미 있는 바이오 연료 구상으로는 일단 한 가지가 유력하다. 즉, 식물이나 유기물 쓰레기 및 식물성 폐기물을 분산된 바이오가스 시설에서 활용하는 것이다. 여기에서 얻어진 메탄은 난방이나 전력 생산 및 자동차 운행 등 다양한 용도로 이용될 수 있다. 에너지 구성에서뿐만 아니라 이산화탄소 절감에서도 바이오가스발전소는 특히 메탄박테리아가 보일러에서 거의 모든 것을 먹어치우기 때문에 BTL보다 30퍼센트 이상 더 성능이 우수하다. 이렇게 해서 가령 플뢰르스하임Flörsheim 지자체는 4,000가구에게 그 지역의 유기물 쓰레기에서 채취된 바이오가스 생산 전력만을 공급하고 있다.

농부인 토마스 카를레Thomas Karle가 슈배비시 할에서 멀지 않은 쿠퍼첼 퓌스바흐Kupferzell-Füßbach에서 운영하고 있는 바이오가스 설비도 지역 에너지 및 경제순환과 식물성 원료의 지능적인 사용 면에서 모범적인 사례가 되고 있다. 그는 돼지개량공장에서 나오는 구정물을 두 개의 대형 보일러에서 일단 가스로 만든다. 빈틈없고 실험하기 좋아하는 이 농부는 "나는 동물 배설물을 이용해서 경제적으로 수입을 올리고 있다"면서 웃는다. 이는 '분뇨로 돈 벌기'를 그의 방식대로 표현한 것이다. 이 설비에는 옥수수나 목초 또는 호밀이 함께 들어간다. 그밖에 인근 주스공장에서 나오는 쓰레기와 원예기업에서 나오는 샐러드 찌꺼기도 예전에는 정화시설로 보내졌지만 지금은 이 보일러로 들어간다. 카를레의 마이크로 가스터빈은 바이오가스로 매년 350만 킬로와트의 전력을 생산하는데 이는 4인 기준 1,000가구에게 충분한 양이다. 그밖에 열병합발전을 통해 가스를 만들 때 발생하는 열도 이용할 수 있다. 이 열은 커다란 관을 통해 단열이 잘 된 공간으로 직접 보내져 그곳에서 가스보일러에서 나온 찌꺼기를 건조시켜 매우 훌륭한 비료로 만든다.

화분용 흙처럼 보이는 이 비료는 "내가 내 자신의 밭에는 뿌리지 않지만 정원 가꾸는 사람들에게는 팔 수 있다"고 카를레는 말한다. 바이오 가스는 전력을 생산하는 데에는 아주 효율적인 재료인 것이다. 더구나 이 에너지 농부 카를레는 적당한 기회가 오면 가스차량에 판매할 수 있도록 지역 충전소에도 공급할 것이라고 한다.

그러나 그러한 시스템은 석유 콘체른의 구조에는 맞지 않는다. 이들 콘체른의 경영자들은 자체적인 지역 충전소를 갖춘 새로운 경쟁자가 나타나는 것이 아니라, 기껏해야 자신들의 발전 시스템에 원료 조달만 약간 변경해서 지금까지의 사업을 계속하기를 원한다. 그렇기 때문에 그들은 처음에는 식물 에너지의 역할이 커지는 것에 원칙적으로 반대했고 이제는 순수한 바이오 연료를 개발하는 구상 자체를 배격하고 있다. 바이오 연료는 2008년 초까지 유류세를 면제받았다. 가격 우위 덕분에 수많은 중소 바이오디젤기업들이 등장해 군郡 지역 전체에 전력을 공급했다. 이에 대처하기 위해 콘체른 로비스트들과 EU 위원회에 있는 이들의 응원군은 미국의 예를 따라 혼합방식을 제시했다. 일정 비율의 농산물 연료를 전통적인 연료에 첨가토록 하는 것이다. 이 모델을 적용할 경우 결국 석유 의존도를 더 오래 지속시키고 또한 실제 주유 시장에서도 기존의 공급자들이 지배권을 갖게 된다.

이에 따라 사회민주당 재무장관 페르 슈타인브뤽과 헤센 주지사인 기독교민주당 롤란트 코흐가 타협안을 제시했다. 물론 사회민주당 의원 중 다수도 미국 모델에 반대했다. 독일 연방의회 청문회에서는 오히려 석유산업의 대변자가 증인으로 나온 전문가들에게 반격을 가했다.[321] 그럼에도 불구하고 2006년 7월 슈타인브뤽은 2007년부터 바이오 연료의 면세를 종료하고 혼합방식 도입을 의회에서 통과시켰다. 그 영향은 꽤 심각해질 것이다. 지역시장에서 순수한 바이오 연료에 이제 막 진출해서 자리를 잡아가는 중소 바이오 연료 기업이 사라지게 될 것이고, 바이오 연료 혼합비율이 독일 국내 생산만으로는 전혀 충족시킬 수 없어서 개발도상국에서 수입할 수밖에 없게 될 것이다. 따라서 기후보호 총리 메르켈의 정부는 굶주리는 사람들에게 필요한 식량으로 운전자들을 만족시키는 어처구니없는 경쟁을 더 부추기는 바람에 전 세계의 비판을 받게 되었다. 이들 석유 콘체른들의 전략은 원자력산업의 수출공세와 아주 유사하다. 이들은 기후문제를 해결하는 데 기여하기보다는 수년 전부터 악화되고 있는 인류의 다른 문제, 즉 농업의 위기를 더욱 첨예화시키고 있을 뿐이다.

92억. UN의 예측이 맞는다면 2050년에는 인류의 인구는 이 수치까지 증가할 것이다. 92억 명. 먹는 사람이 오늘날보다 30퍼센트 이상 많아지는 것을 뜻한다. 그렇다면 지금도 취약한 농업생산은 갈수록 힘겨워지고, 기후변화로 인해 전 세계 농업이 그렇지 않아도 근본적으로 개혁되어야 하는데 과연 그 인구를 모두 먹일 수 있을까? 여기에서는 육류생산이 큰 문제가 될 수도 있는데, 그 까닭은 수억 마리의 소에서 메탄가스가 배출되고 이들에게 필요한 사료를 생산하는 데 갈수록 넓은 평야가 필요해지고 있기 때문이다. 이를 위해 필요한 벌목을 감안한다면 전 세계에서 배출되는 온실가스의 18퍼센트가 육류소비에 따른 것이 된다. 이는 운송부문 전체가 배출하는 것보다 많은 양이다.[322] UN 식량농업기구FAO의 전문가들은 신흥공업국에서 복지가 증가함에 따라 2020년까지는 육류생산이 다시 한 번 두 배로 증가할 것으로 우려하고 있다. 미국 환경학자 레스터 브라운Lester Brown이 계산한 바에 따르면 이러한 확대는 지구의 생태시스템이 감당할 수도 없을 뿐만 아니라 생필품의 공평한 분배를 위해서도 문제가 된다. 게다가 식량이 모든 인류에게 충분할지조차 의문시된다.[323]

생존을 위협하는 이러한 도전에 대한 단호한 대응은 지금까지는 거의 없었다. 그 까닭은 선진국이든 후진국이든 대부분의 정부는 도시 지향적인 정책으로 인해 수년 동안 농업을 거의 돌보지 않았기 때문이다. 식물이나 토양 및 물의 전문가가 아니라 누구보다도 경제학자들이 예민한 문제인 농업생산을 오로지 세계시장에서의 가격경쟁과 규모의 경제라는 관점에 맞추기 위해 보조금정책과 무역정책에 복속시켰다. 이러한 좁은 세계관에 의해서 90년대에는 가난한 나라들에서 농부들을 위한 지원과 자문기구들이 거의 전국에 걸쳐 축소되었고 그들의 조직과 협동조합은 개혁되는 대신 해체되었다. 동시에 2000년까지 20년 동안에 농촌발전을 위한 국제원조가 거의 절반으로 줄어들었다. 농업 및 식품산업계의 세계 무역전략은 전 세계에 걸쳐 대규모의 경지에서 산업화된 생산을 유도했고 수억 명의 주민을 대도시 빈민가로 내몰았다. 따라서 농업전문가 마르셀 마조이어Marcel Mazoyer와 로렌스 루다 Laurence Roudart는 식량만을 기준으로 해서 볼 때 인간 세계는 '진흙으로 빚은 다리를 가진 거인'이라고 조롱하고 있다.[324] 이제 불과 몇 년 전부터 이에 관한 정치적인 각성이 이루어지고 있고 각국 정부나 세계은행 같은 국제기구들, 또한 빌 & 멜린다 게이츠 재단과 같은 민간재단들이 농촌 공간을 다시 확보하기 위해 많은 자금을 제공하기 시작했다.

그러나 어떠한 목표를 가지고 추진해야 하는가? 당면한 도전이 다양하기 때문에 이에 대해서는 전문가들 사이에서도 논란이 있다. 화학비료나 유전자 기술 또는 생물학적 영농을 활용해서 생산을 더욱 집약화할 것인가? 계속적으로 '성장하든지 사라지든지' 선택해야 하는가, 아니면 다시 소농 방식의 농업으로 회귀할 것인가? 세계시장을 위한 식량인가, 아니면 지역적인 순환경제를 위한 식량인가? 분명한 것은 이러한 양극단의 선택이 너무 위험한 동시에 또 시급하다는 사실이다. 많은 바이오 농민들이 산업적인 방법도 활용하고 있다. 대규모 영농기업들도 살충제 사용을 줄이거나 식물에 물을 공급할 때 물 한 방울이라도 절약함으로써 벌써부터 생태계와 조화를 이루면서 생산하려 노력하고 있다. 그리고 세계적인 농업무역도 있어야 하고 또 언제나 있어 왔다. 이것은 개발도상국의 농촌 공간이 개발되기 위해서도 필요하고, 물이 풍부한 지역이 건조지역에서 필요한 식량까지 생산해야 하기 때문에도 그러하다. 게다가 지역별로 그 대책도 분명 다를 것이다. 그러나 많은 곳에서 핵심부분도 놓치고 있으며 미래에 대한 안목도 부족하다. "우리에게 필요한 것은 우리 농업을 장차 어떻게 이끌 것인지에 관한 비전"이라고 국제산림연구소ICRAF의 루이 베르쇼Louis Verchot가 강조한다. 이 연구소는 농업을 기후변화로부터 구제하기 위한 투쟁을 이제 전면에 내건 세계은행 산하의 15개 농업연구소 중 하나이다.

지금까지의 주류와는 분명히 충돌하게 될 '다기능'이라는 개념이 현재 서서히 뿌리를 내리기 시작하고 있다. 다기능이란 말은 농업이 어디에서 누구에 의해 주도되든 상관없이 한꺼번에 많은 역할을 해야 한다는 의미이다. 농업은 순전히 곡물이나 과일, 육류만 생산하는 것 이상이다. 그 안에는 문화와 지식, 사회적 휴지休止, 경관 및 자연관리가 결합되어 있다. 따라서 농민은 식량생산자의 위치 이외에 물이나 숲, 토양, 경관 및 종의 다양성을 보존하고 개선할 수 있도록 더욱더 사회로부터 '가치를 인정받아야', 즉 지원받아야 한다. 루이 베르쇼의 말에 따

르면 농민은 자연적인 생활기반을 지키기 위한 "위임받은 존재"가 되어야 한다는 것이다.[325]

가뭄으로 위협받는 개발도상국의 많은 지역에서 이러한 역할이 얼마나 중요한지는 인도의 라포리야Laporiya라는 마을의 재활에 관한 예가 잘 보여준다. 그곳에 사는 락스만 싱Laxman Singh은 "내 말 좀 들어보라"고 말한다. "저 음악 같은 새소리!" 이 부유한 목축업자는 들판을 거닐면서 계속해서 위에 있는 나뭇가지들을 가리킨다. "이곳에는 새가 20년 전에는 전혀 없었다." 새가 없었던 것은 라자스탄Rajasthan 지방의 건조한 기후 때문에 나무와 덤불이 없었기 때문이다. 한때는 이 주州의 넓은 지역이 빽빽한 원시림으로 덮여 있었다. 그러나 벌목과 과도한 목축으로 몇 달 동안 모든 것이 바짝 말라버리는 상태가 되었다. 그러자 기온은 섭씨 46도까지 달아올랐고 땅은 갈라졌으며 사람들은 정부가 보내주는 급수차를 통해서 마실 물을 받아야 했다. 라포리야에서도 2,000명의 농부와 목동들이 9월부터 다음해 7월 초까지 비 한 방울 선사하지 않다가 3개월 동안 몬순 소나기를 하늘에서 퍼붓는 자연과 싸웠다. 그리고 수년 동안 이 소나기는 거의 이용되지 못한 채 바할라 강으로 흘러갔다. 락스만 싱이 20년 전에 그 빗물을 가두어 두기 시작할 때까지는.

이를 위해 싱은 먼저 동조자를 모았다. 50대 중반의 이 남자는 당시에는 구르자르Gurjar라는 폭압적인 카스트 군주가 마을 전체를 억압하고 있었고 마을 호수에 대한 모든 권리도 독차지하고 있었다고 한다. 그럼에도 구르자르는 아무런 책임도 지지 않았고, 물막이 댐은 여기저기에서 무너져 내리고 있었다. 처음에 싱은 겁먹은 이웃들을 구르자르에 맞서도록 하는 데 실패했다. 그래서 그와 친구 한 명, 이렇게 단 둘이서 어느 날 보수공사를 무조건 시작했다. 지나가던 한 이웃이 "당신들 절대 해내지 못할 것"이라고 비웃었다. 둘은 "그러면 당신이 도와달라"고 대답했다. 사회봉사 개념에 대해 배워 잘 알고 있는 싱의 끈질긴 설득 끝에 점차 마을사람들이 그들 주위에 모여들게 되었다. 이렇게 해서 공동노동을 경험한 주민들은 '추카 시스템'이라는 것을 구축하기로 힘을 모았다. 이 시스템은 우기에 물을 '수확하기' 위해서 싱이 개발한 간단한 방법이다.

'추카'는 오른쪽 구석이라는 뜻이다. 공동목초지에 대략 65×130미터 크기의 밭들을 구획으로 나누었다. 이들 밭은 각각 3면을 진흙제방으로 둘러막았다. 몬순기에 비가 쏟아지기 시작하면 물은 닫혀 있는 낮은 쪽에서부터 모이기 시작해서 일정 수위에 이르면 그 다음 위쪽의 추카로 퍼올린다. 이 일은 세 곳의 관개용 호수에 물이 찰 때까지 계속된다. 이렇게 해서 빗물은 보다 오랫동안 목초지에 보존되고 동시에 목초지에서 염분은 씻겨 내려가게 된다. 그러자 금세 가축에게 필요한 목초와 약초는 물론 타마린드와 바불 나무가 다시 자라나기 시작했다. 점차 빗물이 지하수로도 스며들어 103개의 우물에 물이 찼다. 비가 오지 않는 해에도 이들 우물은 아껴 사용하면 마르지 않았다. 이 '수통'에 대하여 싱과 그의 비정부단체 GVNML은 상을 받았다. 4만2,000가구가 이와 같은 식으로 성공을 거두었던 것이다.

추카 시스템은 빗물을 이용하는 단순한 방법일 뿐이다. 이것을 이용하면 둥그렇거나 긴 뱀 모양의 댐, 밭 위에 쌓은 돌담, 또는 산 등고선을 따라 파놓은 구덩이 등에서 아주 다양하게 물을 관리할 수 있고, 또한 전적으로 현지 사정에 따라 달리 운영할 수도 있다. 라포리야 주민들은 이제는 나무와 덤불을 심을 수 있게 되어, 전통적인 마을잔치를 열면서 나무들에게 감사를 표하고 있다. 그 까닭은 나무는 물을 보존할 뿐만 아니라 나뭇잎도 떨어뜨려 주고, 그래서 거의 황폐되었던 지역에서 수년이 지나면서 다시 비옥한 토지를 개간할 수 있게 해주었기 때문이다. 목동들은 우유를 팔아 돈을 버는 한편 이제는 사료나 옥수수, 밀, 채소도 재배할 수 있게 되었다. 그리고 최근에는 약초, '예를 들어 천연 무즐리'도 재배하게 되었는데, "이것은 우리의 토종 비아그라"라고 싱은 웃으면서 말한다. 그들은 이들 약제를 크게 성장하고 있는 아유르베다 Ayurveda[*] 시장에서 팔 수 있도록 제약회사에게 넘기고 있다. 이제 그들은 훨씬 잘 산다. 그들과 자연 모두.

기후를 구제하는 생태학적 영농

이와 같은 기술과 장기 전략이 전 세계로 확산되면서 생태학적 영농이 함께 확대된다면 전력 생산을 재생 에너지원으로 전환하는 것과 마찬가지로 세계사회의 안정에 기여할 수 있을 것이다. 그 까닭은 생태영농으로 경작하는 농민들은 전통적인 경작방식과 비교할 때 훨씬 적은 이산화탄소를 배출하기 때문이다. 토양과 경작 방식에 따라 60퍼센트까지 절감할 수 있다. 그 이유는 간단하다. 생태영농은 많은 에너지를 투입해서 생산된 비료와 여타 농화학제품을 사용하지 않기 때문이다. 여

---

[*] Ayurveda: 인도의 전통적인 자연의학.

기에서는 유기영양분만 사용되고 병충해는 오직 생물학적 수단으로만 퇴치한다. 그러므로 생태농부는 사실상 재생 에너지 선구자들과 마찬 가지로 기후보호에 기여하는 것이다. 즉, 영농을 화석에너지 가반으로 부터 다시 태양에너지 기반으로 전환시켰다.

그밖에 구정물이나 분뇨, 윤작을 활용함으로써 토양의 부식질층이 과도하게 잠식당하지 않고 오히려 확충된다. 그럼으로써 모든 생존의 토대가 크게 확보된다는 사실을 미국 작가 마이클 폴런Michael Pollan이 강조하고 있다. "인생을 먼지에서 먼지로 가는 여행이라고 쓴 작가가 '부식토에서 부식토로' 라고 표현했더라면 더 정확했을 것이다."[326] 영 양분이 많은 대지는 비옥할 뿐만 아니라 대량의 이산화탄소도 흡수한 다. 나아가 생태학적 영농에서는 종자나 화학비료를 조달하기 위한 비 용이 발생하지 않기 때문에 기아의 위험이 가장 큰 곳, 즉 수백만의 생 계형 농민에게 유리하다. 그래서 국제유기농협회IFOAM 게랄트 헤르만 Gerald Herrmann 회장은 "기후변화에도 불구하고 90억 인구를 먹여 살 리는 것─그것은 바이오로만 가능하다"고 단호하게 말한다.

반면에 화학영농 지지자들은 고개를 젓는다. 이들은 생태영농에 틈 새기능만을 인정한다. 가령 '녹색혁명' 에 대한 기여로 1970년 노벨평 화상을 받은 노만 볼로그Norman Borlaug는 생태영농으로 작물을 재배 하여 인류를 먹여 살리려면 지금보다 몇 배의 토지가 더 필요할 것이라 고 주장했다. 생태영농으로 경작하는 농부는 분뇨나 질소와 결합되는 식물의 형태로 비료를 직접 생산해야 하기 때문에 이를 위해 토지가 필 요해지고, 따라서 헥타르당 수확량이 줄어든다는 것이다. 영국의 주간 지 〈이코노미스트〉는 이 의견을 더욱 첨예하게 표현하고 있다. 생태영 농이 대규모로 실행되면 "우림도 많이 남지 않을 것이다." 그러나 여기에서는 재생에너지의 성장을 오랫동안 가로막고 있던 것과 똑같은 불안, 즉 작은 것에 대한 불안이 표현되고 있을 뿐이다.

그 까닭은 화학영농의 대형 이데올로기와는 반대로 생태영농이 화석원료에 기반을 둔 전통적인 영농에 비해 많은 곳에서 더 많은 수확을 올릴 수 있다는 것을 그 사이에 많은 연구결과가 증명하고 있기 때문이다. 전 세계적으로, 그리고 체계적으로 분석한다면 그렇다는 얘기이다. 생태영농으로 경작하는 선진국 농부들은 옥수수나 밀을 전통적인 영농법으로 재배하는 농부들보다 적어도 처음에는 약 20퍼센트 적은 양을 수확하지만 아시아, 아프리카, 남미의 소농들의 경우에는 그렇지 않다. 열대지역에서는 이들이 생태학적 경작방법을 배우면 종종 훨씬 많은 수확을 얻는다. 그 이유는 바로 고온다습한 조건하에서는 토양이 북반구에서보다 농화학물질에 훨씬 예민하게 반응하기 때문이다. 반대로 생태영농은 대다수 소농이 보유한 소규모 농지에서 비옥도를 더 높일 수 있다.[327] 이에 관한 가장 포괄적인 실증 연구는 그린피스, 세계를 위한 빵Brot fuür die Welt, 영국 개발원조성의 위탁을 받아 영국 에식스 대학 부설 환경사회연구소의 줄리 프리티Jules Pretty와 레이첼 하인Rachel Hine에 의해서 이미 2001년에 수행되었다.[328] 이들은 과테말라에서 말레이시아를 거쳐 인도에 이르기까지 매우 다양한 생태영농시스템 중 208개 농업프로젝트를 대상으로 조사했는데 거의 모든 지역에서 "식량생산량의 명확한 증가" 현상을 발견했다. 때로는 20퍼센트, 때로는 두 배 이상. 지구 전체에서 900만 명의 농부와 그 가족들이 그 혜택을 보고 있다.

그러나 그러한 전략을 추구하는 것이 세계 전체를 위해서 충분할까? 캘리포니아에 있는 호화로운 생태영농장을 탐방한데서 영감을 얻은 미시간대학의 캐서린 배드글리Catherine Badgley와 그녀의 연구팀은 이를 보다 자세히 알고 싶었다. 이들은 생태영농에 관한 293개의 수확량 연구를 정밀 조사하여 그 성과들을 세계인구 수준으로 추정했고 이를 전통적인 수확량과 비교했다.[329] 캐서린 배드글리가 설명한 바에 따르면 연구 결과를 놓고 볼 때 그것은 "상당히 놀라운 것"이었다. 그 까닭은 선진국의 비교적 낮은 생태영농 수확량만을 토대로 했던 그들의 비관적 계산에서도 생태영농은 부양할 인구 1인당 2,641칼로리를 달성하여 2,786칼로리를 달성한 전통적 영농보다 그다지 나쁘지 않았다. 두 결과 모두 인류가 배불리 먹기에는 충분하고도 남는다. 그러나 배드글리 연구팀은 개발도상국의 성과를 포함시켰을 때 1인당 4,381칼로리까지 계산해냈다. 덴마크 농학연구소의 니엘스 할베르크Niels Halberg도 자체 연구 결과를 다음과 같이 요약하고 있다. "생태영농은 생산량이 충분하지 않다는 선입견은 폐기할 수 있다."

전통적인 식량산업이 놀랄 정도로 생태학적 경작이 우위에 있다는 사실은 이미 수많은 유럽 국가들에서 소비자들에게도 전달되었다. 영국에서 이탈리아에 이르기까지 생태영농으로 생산한 제품이 슈퍼마켓 진열대를 차지하고 있다. 바이오가 뜨고 있다. 이와 관련된 시장은 독일에서 이미 2005년부터 매년 약 15퍼센트씩 계속 성장하고 있다. 대체로 슈바벤에서 남아프리카에 이르기까지 정책적 지원 없이 생산물 구조를 이중적인 의미에서 지속가능하게 변화시키는 것은 소비자 자신들이다. 이 강력한 흐름은 기후연구자들이 요구했던 3차 산업혁명을 위해서 그렇게 자주 외쳤던 소비자 권력을 실제로 동원하는 데 성공할 수 있음을 보여주고 있다. 그들이 무엇을 위해서 자신들의 돈을 지출하는지가 결국에는 세계의 신진대사를 직접 변화시키고 있다. 라이프스타일에 관한 연구서의 공동저자인 프리츠 로이스비히Fritz Reusswig가 주장하는 바에 따르면 구매 결정은 "생물리학적 신진대사"이다.[330] 세계적인 소비자계급에 속하는 인류의 약 25퍼센트는 의류, 교통수단, 주택 또는 휴가여행을 선택함으로써 세계 에너지수요의 절반과 적어도 온실가스의 40퍼센트를 발생시키고 있다.[331] 그러나 지난 30년 동안 계속된 환경 논쟁에도 불구하고, 모든 종류의 기계에서 달성된 엄청난 기술적 효율성 향상에도 불구하고 복지국가들에서 평균적인 소비자의 에너지 및 배출비용곡선은 지금까지 상향이라는 한 방향으로만 진행되고 있다. 1975년부터 2005년까지 미국의 에너지소비량은 40퍼센트 증가했다. 유럽은 이보다는 낮지만 추세는 유사하다. 일본도 마찬가지이다. 독일 부퍼탈에 있는 기후환경에너지연구소의 볼프강 작스Wolfgang Sachs의 주장에 따르면 "자원을 적게 소비하는 라이프스타일"이 비로소 기후변화를 막을 수 있다. 요컨대 원자재와 에너지를 보다 적고 지혜롭게 사용하는 소비를 가리킨다. 유권자들이 분노할 것을 두려워하기 때문에 정치가들은 이에 관해 말하고 싶어 하지 않는다. 그렇기 때문에 IPCC 의장이자 노벨평화상 수상자인 라젠드라 파차우리Rajendra Pachauri도 라이프스타일을 바꾼다는 것, 그것은 천한 것이 아니라고 말하고 있다.

선진국 국민의 압도적인 다수에게는 이런 식으로는 계속 갈 수 없다는 것이 이미 분명해졌다. BBC가 21개국에서 실시한 설문조사 결과에 따르면 응답자의 83퍼센트가 라이프스타일 변화가 필요하다고 답변했다. 수년 동안 환경의식을 연구한 마르부르크 대학 사회학자 우도 쿠카르츠Udo Kuckartz에 따르면 독일에서도 설문조사에 따라서 80퍼센트 내지 90퍼센트의 국민이 기후변화의 위험을 숙지하고 있다. 그렇지만 개인적인 문제에 대해 질문하면 수치는 현저히 낮아진다. 비행기 여행이나 자동차 주행을 줄이고 생태펀드에 투자할 것인가? 이에 대해서는 대부분 30퍼센트 내지 40퍼센트, 간혹 60퍼센트만이 그렇게 하겠다고 대답했다. 생각과 행동 사이의 괴리가 아직도 깊다.

사회에서 나타나는 이러한 잠재적 정신분열증은 도처에서 반영되고 있다. 비행기 경량제작을 통해 이산화탄소 배출량을 줄이려는 자신들의 노력을 양면 광고에서 칭송하는 루프트한자 항공사가 '100만 특별 좌석을 99유로부터' 라는 광고로 에너지 소비가 많은 유럽여행을 재미 삼아 하도록 유혹한다. 그녀의 기후정책 때문에 독일 일간지 〈빌트〉에 의해서 '미스 월드' 로 등극한 앙겔라 메르켈 독일 총리는 '단기적인 이익' 을 위해서 이산화탄소 감축을 위한 책임을 회피하지 말 것을 자동차 산업에게 촉구했다. 그러면서 동시에 "대형 승용차에 지나체게 부담을 주어서는 안 됩니다"라고 양보한다.

이처럼 겉으로 보이는 역설은 끊임없이 잘못된 경제성장논리에 그 뿌리를 두고 있다. 서구 자본주의는 여전히 내구성이 뛰어난 상품이나 보다 높은 삶의 질을 산출하고 판매하기보다는 물질적 소비를 확장함으로써 성장하고 있다. 그 결과 효율성 향상은 모두 소비열기로 사라진다. 단적인 예가 폴크스바겐의 비틀이다. 이 차의 1955년형 모델은 30마력에 750킬로그램의 무게가 나갔고 100킬로미터를 달리는 데 평균 7.5리터를 소비했다. 2005년형 뉴비틀의 엔진은 같은 연료로 2배 이상의 운동에너지를 만들어낸다. 그럼에도 불구하고 신형 모델이 소비하는 연료는 구형과 거의 같다. 그 까닭은 신형이 구형보다 500킬로그램 더 무겁고 기본형에서도 2배의 마력을 가지기 때문이다. 동일한 현상이 모든 생활영역에서 발견된다. 단열기술은 갈수록 좋아지지만 주택 크기는 커진다. 전기기기 수는 에너지효율에 비례해서 증가한다.

이러한 추세와 단절하는 것을 소비자에게만 맡겨두어서는 안 된다.

그 까닭은 그렇게 하면 소비자들이 관습을 거슬러야 하는 경우가 종종 있을 뿐만 아니라 가령 단기간에 여행을 자주 가야 하는 직업상의 필요에도 반할 수 있기 때문이다. 독일 브레멘 주의 환경부장관인 라인하르트 로스케Reinhard Loske가 주장하는 바에 따르면 "사회구조가 특정한 라이프스타일에 맞출 수밖에 없다면 이와 다르게 행동하기 위해서는 거의 성인聖人 같은 자세가 필요하다." 그렇기 때문에 한때 부퍼탈 환경친화생활양식연구소에서 경제학자로 연구 활동을 했던 이 녹색당 정치인은 규범을 강화하고 규칙을 제정하는 것이 정치의 의무라고 주장한다. 녹색당 환경전문가 롤란트 셰퍼Roland Schaeffer도 그와 같은 주도적인 역할이 없으면 "기후에 도움이 된다면 희생을 감수하려는 국민의 의향은 공허해진다"라고 주장한다.[332]

그런데 지금까지 정치계급에게는 바로 이렇게 행동할 용기가 어디에서나 부족하다. 단적인 예가 독일 환경부장관 지그마르 가브리엘Sigmar Gabriel이다. 그는 "전 세계적 도전"을 외칠 때에는 스스럼없지만 동시에 유권자에게는 기후보호가 고통을 가져다준다면 그것은 "잘못되었기" 때문이라고 공언한다.[333] 그러나 주택소유자부터 대규모 콘체른 주주에 이르기까지 필요한 투자가 처음에는 이윤을 감소시키다가 장기적으로 비로소 이익을 가져다줄 것이라는 사실은 자명하다. 그리고 에너지 가격 인상을 통해 소비자들의 낭비적인 습관을 교정하도록 강제하는 것은 불가피하다. 실제 상황을 잘 아는 사람이 필요한 희생에 대해 정직하게 설명할수록 이 모든 것은 더욱 쉬워질 것이다. 그렇게 해서 형성된 대중적 공감대 속에서는 개인들도 변화를 보다 쉽게 받아들일 수 있을 것이다. 집단적인 비상사태에서는 언제나 그것이 가능했었다.

그렇게 되면 지금까지 대부분의 사람들이 행동하는 데 방해가 되고

있는 다른 걸림돌도 작아질 것이다. 그것은 다름 아니라 규모가 깜짝 놀
랄 정도여서 사람들이 겁을 먹고 있다는 사실이다. 그처럼 방대한 문제
에 나의 소소한 기여가 무슨 소용이 있겠는가? 엠니드Emnid연구소가
실시한 설문조사 결과에 따르면 독일인의 44퍼센트는 기후변화에 관한
의식은 분명함에도 불구하고 자신의 습관을 바꾸는 것은 별 소용이 없
다고 생각한다. 그렇지만 이러한 태도는 상상력 부족에서 기인한다. 개
인의 기여가 얼마나 중요한지는 영국의 환경저널리스트 프레드 피어스
Fred Pearce가 계산해냈다. 부유한 나라에 사는 1억 명이 이산화탄소 배
출량을 1년에 10톤씩만 감축한다면—이는 대략 유럽에서 오스트레일
리아까지의 왕복비행에 해당된다—전 세계 배출량의 5퍼센트가 절감
될 것이다. 물론 이것으로 충분하지는 않다. 그렇지만 지구를 기후재앙
으로부터 구제하기 위해서는 다른 이유에서도 중요하다. 즉, 소수의 부
자와 특권층이 그들과 똑같이 살고 싶어 하는 다른 모든 사람들에게 보
여주는 모범적인 행동이 그 어느 것보다 중요하다. 그들의 지배적인 라
이프스타일이 바뀌지 않으면 기후재앙에서는 벗어날 수 없게 된다. 이
에 대해서는 아시아의 강대국 중국과 인도의 25억 인구도 전혀 의심하
지 않는다.

중국 증후군

상하이전력회사 빌딩에 있는 자신의 사무실에서 밖을 내려다보던 루안

샨투는 기후위기가 심화되고 있는 것을 목격한다. 타워크레인과 100층 높이의 절반쯤 완공된 업무용 빌딩들이 사방에서 나란히 서 있다. 이 탑들 사이에는 이미 완공된 고층아파트와 시멘트 건물들 사이로 끝없는 차량 행렬을 이끄는 고가도로가 있다. 보통 사람들이라면 새로 지어지는 건물들만 보겠지만 루안 씨는 그 밖에도 수만 개의 에어컨, 컴퓨터, 세탁기 그리고 머지않아 작동될 램프를 본다. 상하이전력공급망의 수석엔지니어인 그는 중국 거대도시지역에서 거의 1,500만 명에게 공급되는 전력설비를 담당하고 있다. 그리고 이미 수년 전부터 이 지역의 전력소비는 매년 18퍼센트까지 증가하고 있다. 그러한 조건하에서 어떻게 안정적인 전력시스템을 계획할 것인가?

안경을 쓴 루안 씨는 매력이 넘치는 40대의 활동적인 남성이다. 그는 잠시 생각하더니 큰 소리로 웃는다. "계획한다고요? 그것은 독일식 질문이지요. 우리는 계획하지 않습니다. 우리는 빈 자리만 있으면 변전소와 송전망을 세웁니다." 루안 씨는 2002년에 독일의 전력콘체른 RWE를 방문했다. 그는 "유럽에서 가장 큰 콘체른 중의 하나라는 설명을 들었어요. 3년이 지난 후에 우리는 그보다 더 많은 발전용량을 가지게 되었죠"라고 말한다. 그가 다니는 기업의 송전센터를 방문하면 그와 그의 동료들이 장래에 무엇을 기대하고 있는지 알 수 있다. 그것은 다름 아니라 그들의 유럽 동료들이 제공할 수 있는 모든 것을 능가하는 송전기술로 전력부하량을 추가로 높일 수 있도록 준비하는 것이다.

그러나 대부분의 전력이 석탄으로 생산되므로 이로 인해 지구 온난화가 극적으로 촉진되지 않을까? 상하이도 홍수발생 횟수가 증가하고 태풍이 점점 강해져서 몰락할 위험이 있지 않은가? 물론 이에 대해서는 중국에서도 논의가 이루어지고 있다고 루안 씨는 인정한다. 그러면서 갑자기 시정연설을 하는 듯한 진지한 목소리로 변했다. "우리는 이산화탄소 배출량을 제한하기 위해서 모든 것을 하고 있습니다. 그러나 당신도 중국이 안고 있는 문제를 이해해야 합니다. 우리는 증가하는 전력수요를 충족시켜야 합니다. 사람들이 주택, 에어컨, 인터넷 접속을 원하는 것을 막을 수는 없습니다." 그는 고개를 끄덕이다가 무언가 떠올랐다는 듯 말한다. "독일에서도 19개의 석탄발전소를 새로 건설할 계획이 있지 않았나요?"

상하이전력회사 간부가 말하는 이 문장들은 전 세계 기후정책의 근본적인 딜레마를 정확하게 표현하고 있다. 13억 명의 중국인도 유럽이나 미국, 일본에서는 수십 년 전부터 일상화되어 있는 그러한 생활방식으로 살고 싶어 한다. 그렇지만 그러기에는 배기가스 처리장으로서 대기의 용량이 충분하지 않다. 머지않아 인도와 여타 제3세계에 사는 30억 인류가 중국의 모범을 따른다면 더더욱 그러하다. 사회학자 볼프강 작스는 그들이 "세계 소비자계급"으로 상승 하기를 갈망하는 것에 대해 "상상력의 탈식민화는 아직 이루어지지 않았다"고 표현하고 있다. 여전히 가난한 사람들의 세계에서는 자신들의 사회가 북반구 나라의 사회에 가까워질수록 성공한 것으로 간주된다는 것이다. 미국-유럽식 꿈의 이러한 세계화가 이제 기후전쟁과 난민행렬로 이루어진 세계적인 악몽으로 귀결될 것인가? 아니면 뒤늦은 모방자들이 부자 나라들의 실수를 반복하는 것을 막을 수 있을 것인가?

일단 현대 중국은 이 희망에서 너무 멀리 떨어져 있는 것 같다. 1980년 경제개혁이 시작된 이후 이 나라의 국민총생산은 10배 증가했고, 그것도 발전소, 탄광, 댐, 고압전선, 정유공장 등 매우 전통적인 경로를 따랐다. 이처럼 중국에서 무언가 건설되는 곳이라면 어디에서든 복지를 가져다주는 기계들에게 필요한 전력에 대한 욕구가 끊임없이 증가하고 있음을 상징적으로 보여주는 건축물들도 증가하고 있다. 세계 최대 민족의 경제적 추격전은 인류 역사에서 전례가 없는 에너지 소비 증가를 수반하고 있다. 새천년의 처음 6년 동안에만도 중국의 에너지 소비는 매년 석탄단위SKE로 10억 톤 이상 증가했는데 이는 독일 전체가 소비하는 양의 두 배이다. 2006년 아시아의 이 거대제국에서는 10만 5천 메가와트의 발전용량을 가진 새로운 발전소가 송전을 시작했다. 이는 독일 전체 전력공급자들이 운영하고 있는 것과 맞먹는 규모이다. 2008년에도 같은 규모의 시설이 추가로 건설될 예정이다. 새로운 발전소의 4분의 3은 석탄을 연료로 사용할 것이다.

석탄! 이 단어는 중국의 최대 부와 최악의 저주를 상징한다. 이 나라는 러시아와 미국 다음으로 세계에서 석탄매장량이 가장 많다. 석탄은 다른 연료와 비교가 안 될 정도로 저렴한 에너지원이다. 2006년에 약 2만 4천 개의 탄광에서 600만 명의 중국인들이 20억 톤 이상을 캐냈고, 그리하여 전 세계 생산량의 45퍼센트를 차지했다. 그러므로 낡은 발전소와 수천만 개의 화덕에서 나오는 유황가스는 이 나라에게 재앙이다. 세계에서 대기오염도가 가장 높은 20개 도시 중 16개가 중국에 있다. 매년 50만 명 이상의 중국인이 그로 인해 사망하고, 농지의 30퍼센트가 산성비 위협을 받고 있다.

10억의 인구가 전기로 움직이는 안락한 세계를 개척하고 발전용 석탄을 싼값에 살 수 있을 때 무슨 일이 일어날지는 안후이성 화이난 시에 있는 국영콘체른 화이난광업에서 볼 수 있다. 상하이에서 남쪽으로 600킬로미터 떨어진 이곳은 중국에서 가장 가난한 지역에 속한다. 대다수 가옥들은 볼품없고 많은 도로들이 대부분 비포장이다. 그렇지만 그 한복판에서는 유리궁전들과 6차선 고속도로, 초현대식 호텔이 들어서고 있다. 그 사이에서는 검게 찌든 선박들, 화물차들, 화차를 200량까지 달고 있는 화물열차의 끝없는 행렬이 미래를 예고하고 있다. 즉, 석탄 대왕이 만인을 위한 부를 약속한다. 국영은행이 거의 무이자로 제공하는 수십억의 신용대출에 고무되어 기업들은 쇠락한 낡은 탄광을 세계에서 가장 현대적인 광산으로 변모시키고 있다. 가장 최근에 완공된 탄광은 35개월 만에 건설되었고 그 갱도는 1,000미터 지하까지 들어간다. 거의 자동화되어 32개의 모니터가 설치된 센터에서 감시되는 이 탄광에서는 컨베이어벨트와 활차가 지상까지 검은 금의 끊임없는 흐름을 만들어내고 있다. 각 채굴탑은 110초마다 64톤의 석탄을 지상으로 나른다. "이 세상의 어느 누구도 건설하지 않는" 탄광이라고 독일 광산전문가 보도 괴를리히Bodo Görlich가 놀라면서 말한다. 그는 예전 루르석탄 콘체른에서 새로 탄생한 에보닉Evonik 주식회사의 중국 대표이다.

아마도 중국은 세계 최대 이산화탄소 배출국으로서 이미 미국을 추월했을 것이며 그 끝은 아직 보이지 않는다. 단지 10여 년의 시차를 두고 똑같은 발전과정이 인도에서 일어날 위험이 있다. 2006년에 아시아에서 두 번째로 10억 인구를 가지게 된 이 나라는 이미 이산화탄소 배출국으로서 상위 10위권에 속한다. 그리고 중국과 마찬가지로 인도도 석탄에 의존하고 있으며 2020년까지 석탄소비량이 중국 수준에 이를 것이다. 인도 정부의 가장 중요한 자문위원회인 기획위원회의 에너지 전문가인 키리트 파릭Kirith Parikh은 "우리는 모든 것이 부족하므로 모든 대안을 활용해야 한다"고 설명한다.

기후정의 없이는 기후보호도 없다

따라서 아시아의 신흥공업국들이 유럽에서 기울이는 모든 노력을 수포로 만들고 인류를 기후대란으로 몰아가고 있다는 비난이 복지국가들에서 갈수록 거세지고 있다. 가령 영국 지속가능발전위원회 조너선 포리트Jonathon Porritt 위원장은 "중국에서 생태학적 재앙이 발전하고 있다"고 경고한다. 동시에 극동에서 갈수록 거세게 부는 배기가스 바람은 미국과 그 동맹국들이 자신들의 배출량을 감축할 의무를 거부하는 중요한 구실이 되고 있다. 유럽의 부유한 국가들도 똑같은 주장을 펴고 있다. 가령 독일 철강경제연합회 디터 아멜링Dieter Ameling 회장은 EU 회원국들이 추진하는 기후정책은 "유럽에서 에너지 집약적인 산업을 교살"하려는 것뿐이라고 한탄한다. 독일에서 매년 3천만 톤의 이산화탄소가 더 배출되든 덜 배출되든 아무런 의미가 없다는 것이다. 결국 중국의 경제성장이 1년 이내에 다시 이를 상쇄할 것이기 때문이라고 철강산업의 수석로비스트는 주장한다.

그렇지만 황화론의 새로운 경고자는 한 가지 핵심적인 사실을 무시하고 있다. 중국의 급성장은 서방 콘체른들과 그 고객들의 직접 위탁을 받아 이들의 이익을 위해서 이루어지고 있다는 사실이다. 2006년 한 해에만도 외국기업들이 700억 달러 이상을 중국에 투자했다. 중국 경제생산의 34퍼센트는 수출에 의존하고 있다. 그러므로 전력 및 연료 소비 증가에서 적어도 3분의 1이 해외시장을 위한 상품생산에 기여하는 것이라고 베이징 주재 세계은행 에너지 전문가 쟝핑 쟈오는 추산한다.

사실이 이렇기 때문에 자신들이 행동하지 않는 이유로 중국을 들먹이는 것은 "완전한 언어도단"이라고 영국의 중국통 외교관 존 애쉬튼 John Ashton은 화를 낸다. 그는 토니 블레어 총리 시절 기후문제 특별대사로 임명된 적이 있다. 기후보호는 세계경제가 작동하는 것과 똑같이 전 세계적으로 연계되어 구상되어야 한다는 것이다. 애쉬튼은 "우리가 하는 행동이 언제나 중국 산업에 영향을 미치고 반대로 중국이 하는 행동이 우리 산업에 영향을 미친다"고 주장한다. 유럽의 설비가 중국에게는 모범이 되고 중국 제품은 유럽의 에너지수지를 변화시킨다는 것이다. 따라서 가장 중요한 이 미래 문제는 중국 정부가 기후를 보호하는 생산방식을 구축할 때 유럽이 어떻게 지원할 수 있는가 하는 것이라고 한다. 애쉬튼은 "에너지를 절약하는 주택을 지을 때 필요한 값싼 건축 자재, 효율적인 주방용기 또는 경제적인 경차, 이것이 세계가 중국으로부터 필요로 하는 것이며 우리는 이것에 투자해야 한다"고 주장한다.

그린피스 베이징 사무소 소장인 28세의 아일룬 양 씨도 똑같은 생각이다. 그녀는 서방에서 증가하고 있는 중국 공포에 대해서 "아 그래요, 유럽 사람들이 이제 심리적 공황상태에 빠지겠네요. 우리가 당신들에게 거울을 비치기만 하면 갑자기 당신들은 새로운 생활양식이 지속가능하지 못하다는 사실을 깨달을 겁니다"라고 촌평한다. 장점이라면 이제는 아무도 산업사회의 생태학적 개조가 얼마나 불가피한지에 대해 더 이상 의문을 가지지 않을 것이라는 점이라고 한다. 중국에서 공부했고 두 세계를 고향으로 가진 이 젊은 여성은 아마도 중국이 이 과정에서 선도적인 역할을 할 수 있을 것이라고 희망한다. 그렇지만 "당신들의 나라가 지난 30년 동안 어떤 길을 걸었는지를 똑똑히 보아야 합니다"라고 한다. "만일 우리 세대가 이곳에서 권력을 장악하면 모든 것이 완전히 달라질 수 있습니다"라고 이 활동가는 중국의 꿈에 관한 자신의 전망을 설명한다.

이것은 이상주의적이고 거의 순진한 소리처럼 들린다. 그렇지만 중국인들은 보기보다는 훨씬 더 긍정적이다. 그 까닭은 세계 여론의 주목은 거의 받지 못하지만 중국 지도부도 올바른 에너지정책을 위하여 힘든 싸움을 했기 때문이다. 이를 시작한 것도 다름 아닌 원자바오 총리 자신이었다. 그의 자문관이 제공한 정보에 따르면 2006년부터 2010년까지의 5개년계획을 국가평의회에서 통과시키면서 그는 놀라울 정도로 용기 있는 결정이 이루어지도록 했다. 즉 5년 이내에 국내총생산에 대비하여 에너지 투입을 20퍼센트 감소시키는 것을 중국 공산당 지도부가 원한다는 것이다. 이는 유럽 정부들이 지금까지 설정했던 어떤 것보다 훨씬 야침 찬 효율성 목표이다.

이어서 베이징 경제지도소이자 일종의 총괄부처인 국가발전개혁위원회NDRC가 철강산업에서 건물청소에 이르기까지 10개 핵심 분야에 대한 포괄적인 계획을 제출했다. 계획이 잡힌 프로그램들이 성공하면 향후 수년에 걸쳐 낡은 소형발전소는 폐쇄되고 효율적인 가전제품이 체계적으로 지원되며 품질규정은 최상품에 맞추어질 것이다. 전국적으로 기업고객들의 고효율 기술에 투자하고 거기서 절약된 에너지로 돈을 버는 에너지자문 기업이 설립될 것이다. 건물의 단열표준은 유럽 수준으로 높아지고 낡은 건축물들은 수십억의 보조금을 지급해서 에너지효율을 높이도록 정비하며, 이미 2009년부터는 휘발유 고래라 불리는 미국의 대형차나 독일의 대형 리무진이 중국에서 더 이상 판매될 수 없도록 자동차의 연료소비 한도도 강화될 것이다.

동시에 베이징은 이산화탄소 없는 에너지원을 대대적으로 확충할 것을 계획하고 있다. 여기에서 전 세계의 주목을 받는 것이 중국의 원자력 프로그램이다. 2007년에 중국 정부는 일미日美 합작기업 도시바-웨스팅하우스와 프랑스 원자력 콘체른 아레바에 6기의 새로운 발전기를 주문했다. 그렇지만 전문가들은 약 200억 달러에 달하는 값비싼 투자가 단지 기술적 대안을 확보하기 위한 것으로 판단하고 있다. 에너지 공급에서 이들이 차지하는 비중이 조만간 2퍼센트를 약간 넘을 것이다. 이 나라는 재생에너지에서는 훨씬 더 나아가고 있다. 오늘날 중국은 태양열을 이용한 온수 채취에서 이미 세계를 선도하고 있다. 여기에 2020년까지 4만 메가와트의 용량을 가진 풍력발전설비를 통해 현재 독일의 풍력발전용량보다 두 배 많은 전력을 공급하고자 한다. 모든 대규모 설비 생산자들이 현지에 제작공장을 설치하고 있다. 그러나 무엇보다도 양쯔강의 대형 댐 10개와 소형 수차 수만 개가 석탄전력을 대신해서 수력발전의 비중을 높일 것이다. 베이징의 에너지 전략가들은 13년 이내에 재생에너지 비중을 40퍼센트까지 높이고자 한다. 이는 같은 기간 동안에 독일이 계획하고 있는 것보다 더 높은 수치이다.

인도의 에너지 계획당국도 아주 비슷한 프로그램을 추진하고 있다. 인도 정부는 이미 수년 전에 재생에너지부를 설치했고 최근에는 에너지효율성을 높이기 위한 연방부처도 만들었다. 독일 기술협력협회GTZ의 에너지 자문위원으로서 효율증진법을 이행할 때 인도 정부를 지원했던 알브레흐트 카우프Albrecht Kaupp는 인도가 "세계에서 가장 엄격한 에너지절약법"을 의결했다고 평가한다.

야심 찬 이 계획들은 처음부터 아시아의 두 강대국의 통치자들이 지구 온난화를 두려워하는 것과는 아무런 상관도 없었다. 그들의 목표는 일차적으로 대기오염을 퇴치하고 석유와 가스의 수입량을 줄이는 것이었다. 공식적으로는 중국과 인도 정부 모두 배기가스 증가에 대처할 어떤 의무도 거부하고 있다. 기후문제에 관한 베이징 외무성의 공식 성명에서는 언제나 "기후변화는 선진국들의 오랜 역사적 배출에 의해 야기되었다. 결국 이들이 책임을 져야 한다"는 것이다. 델리의 에너지 계획 당국도 "기후문제를 초래한 것은 우리가 아니다"라고 간결하게 말한다.

그러나 이 전선에서도 바람의 방향이 바뀌고 있다. 2006년 12월 중국의 주요 환경학자 25명이 국가평의회에 보낸 서한에서 노선변경을 촉구했다고 한 참석자가 설명했다. 그 후 최고위급에서 환경을 주제로 월례회의가 열리고 중국 언론은 거의 매일 기후변화의 위험에 대해 보도하고 있다. 다른 어떤 것도 전혀 지속될 수 없을 것이라고 한다. 온난화는 이미 비싼 대가를 요구하고 있다. 중국은 2006년에만 엄청난 태풍과 혹독한 가뭄 때문에 2,400억 달러에 달하는 국민경제적 손실을 입었다.

정치적 압력이 이처럼 거센 만큼 필요한 개조에 대한 저항도 그만큼 끈질기다. 이러한 갈등은 복지국가들과 놀라울 정도로 유사하다. 단기적인 경제적 이익이 발생가능한 장기적인 손실에 비해 훨씬 중요하게 여겨진다. 중국과 인도 같은 신흥공업국에서는 이 모순을 극복하는 것이 유럽에 비해 훨씬 어렵다. 그러므로 중국의 22개 성省 정부들은 중국 사회를 분열시킬 위험이 있는 극단적인 사회적 긴장을 해소해야 한다. 매년 1,500만 명이 일자리를 찾아 도시로 향한다. 그 결과 각 성 정부는 경제적 확장을 저해할 우려가 있는 계획에 대해서는 거의 관심을 보이지 않는다.

따라서 효율성 계획의 실행은 매우 지지부진하다. 계획된 것처럼 4퍼센트를 감축하는 대신 에너지 소비는 2006년까지 경제성장률보다 더 빨리 증가하기도 했다. 그러나 중앙정부는 이 상황을 결코 미화하려고

하지 않았다. 오히려 그 반대였다. 국가가 통제하고 있는 언론은 상황을 자세하게 보도했다. 독일 에너지 전문가 외르크 모차들로Jörg Moczadlo 는 정부 당국자와의 대담에서 "목표 미달은 국가적 실패로 느끼고 있다"는 말을 들었다. 따라서 기술협력협회의 위탁을 받아 발전소 교체에 관해 중국 전력산업계에 자문하는 모차들로는 "분위기를 반전시키는" 급격한 변화를 예상하고 있다. 정부 자문위원인 판 쟈화도 이를 뒷받침하고 있다. "에너지 문제를 무시하는 기업은 정치적 지원이 끊길 위험이 있다." 그리고 이러한 지원이 없으면 "아무도 중국에서는 사업을 할 수 없다"고 그는 확언한다.

에너지 갈등이 내부적으로 어떻게 조정되는지에 대해서 베이징 통치자들은 공개적으로 이야기하지 않는다. 그러나 정부와 밀접한 관계를 맺고 있는 모든 전문가들이 보고하는 바에 따르면 공산당 지도부는 가장 중요한 비장의 카드를 꺼내기 시작했다. 그것은 공산당 간부의 경력에 대한 권력이다. 모든 간부는 해마다 평가를 받아야 한다. 낙오된 사람은 다시 올라갈 수 없다. 지금까지는 무엇보다도 성장과 고용이 중요했지만 이제는 에너지 효율성이 또 하나의 성공 기준으로 간주된다. 모든 의혹을 불식시키기 위해 후진타오 주석은 2006년 12월 정치국 회의에서 마치 확신에 찬 환경투사처럼 말했다. 그는 "당과 사회는 에너지 효율성을 향상시키는 것이 얼마나 긴급한지를 이해해야 한다"라는 발언을 관영통신을 통해 전했다. 그리고 이것에 "인간 사회의 생존과 발전이 달려 있다"라고 덧붙였다. 그러자 각 성 정부와 부처들은 에너지계획을 하나씩 발표하고 있다. 에너지 소비량이 가장 많은 1,000개 기업은 2007년 초 베이징의 압력을 받은 각 지방당국으로부터 그 해 안으로 에너지절약 프로그램을 제출하라는 최후통첩을 받았다.

이 과정에서 중국 에너지 전략가들은 일관성 있게 해외로부터 지원을 받고 있다. 중국문제가 가지는 방대한 규모로 인해 워싱턴에서 브뤼셀을 거쳐 도쿄에 이르기까지 전적으로 새로운 차원의 초국적 협력정신이 창출된 것이 분명하다. 그래서 EU의 모든 큰 나라들과 일본은 광범위한 에너지자문 프로젝트를 추진하고 있다. 중국 당국과 긴밀히 협력하고 있는 미국 에너지재단의 양푸샹은 중국이 '세계의 에너지 실험실'이 되고 있다고 표현한다. 한때는 국가계획기관인 NDRC의 직원이었던 양푸샹은 베이징이 "지금 기후보호에 대해 진지하다"고 확신하며 10년 이내에 이 나라는 에너지 기술에서 선진국 대열에 합류할 수 있을 것이라고 한다.

그러나 그것으로 충분할까? 그렇게 하면 중국이 세계 기후를 망가뜨리지 않고 복지를 달성할 수 있을까? 이에 대해서는 2007년 중반까지 12년 동안 NDRC 총괄부처의 에너지학연구소를 이끌었던 경제학자 조우다디만큼 깊이 고민한 사람은 없다. 중국 국가지도부에게 경각심을 불러일으킨 것도 그의 조언이었다. 그러나 그도 기적을 약속할 수는 없을 것이다. 그는 모든 계획이 성공하는 최상의 경우에도 중국의 석탄 소비는 2020년까지 다시 한번 50퍼센트 증가할 것이며, 그와 함께 온실가스 배출량도 증가할 것이라고 예상한다. 커다란 안경을 쓴 이 상냥한 교수는 단 한 가지 대안밖에 없다고 주장하면서 연필을 쥐더니, 앞으로 수십 년 동안의 연료소비 추이를 보여주는 그래프를 종이 위에 그린다. "여기 아래에 우리가 있습니다"라고 말하면서 그는 1인당 1.4톤 석유단위를 가리킨다. 그러더니 연필은 4배 높은 수치가 있는 위로 향한다. "여기, 바로 여기에 부유한 선진국들이 있습니다." 이어서 그는 두 가지 곡선을 긋는다. 첫 번째 곡선인 중국 곡선은 상승한다. 그는 "그러나 당신들에게서는 어떤 일이 일어나지요? 당신들의 소비는 20년 사이에 절반으로 줄어들 수 있을까요?"라고 물으면서 이와 관련된 하강곡선을 긋는다. 그게 성공한다면 "우리는 아마도 똑같은 방법으로 더 나아지는 데 성공할 수 있을 것입니다"라고 말하면서 중국 곡선이 다른 곡선과 교차하기 전에 꺾어서 아래로 연장시킨다. "제 말을 믿어도 좋습니다. 우리 정부는 기후변화의 위험을 매우 진지하게 받아들이고 있습니다. 그러나 우리에게는 모델이 없습니다. 석탄과 석유를 덜 소비하면서 성장하는 것, 어떻게 그것이 가능한가요?"

베이징의 이 에너지기획자는 그동안 이 세계에 잘못된 모델을 선사한 바로 그 나라들이 이 질문에 대한 답변을 제시해야 한다는 데 아무런 의심의 여지를 두지 않는다. 인도에서 선도적인 환경운동가로 활동하는 수니타 나라인도 이 점에서는 같은 생각이다. 조우다디와는 달리 그녀는 인도 정부엘리트에 속한 적이 없다. 그녀는 인도 환경정책의 날카로운 비판자이다. 그러나 선진국 스스로도 아직 성공하지 못한 것을 인도나 중국과 같은 나라들에게 요구하는 것은 그녀도 거부한다. "우리는 모든 것을 동시에 해내야 합니다. 경제를 발전시키고 빈곤을 퇴치할 뿐만 아니라, 이제는 이산화탄소가 적게 발생하는 라이프스타일도 발명해야 하나요?"라고 그녀는 묻는다. 나라인이나 조우다디, 개발도상국이나 신흥공업국의 여타 대표들이 볼프강 작스가 명명한 "역사적 순간의 비극"에 관한 분노를 표출하는 것을 흘려들을 수 없다. 그것은 인류의 가난한 다수가 부에 참여할 비전을 가지게 된 바로 그 시점에서 낡은 자본주의 형태의 성장은 지구의 생태학적 한계에 이르렀다는 것이다.

이러한 형국은 세계 각국 정부들이 전 세계 기후보호체제에 관해 법적 구속력이 있는 조약, 즉 실제로 통제할 수 있는 범위 안에서 기후변화를 조절할 수 있는 규칙체계에 타협하는 것을 거의 불가능하게 만든다. 공정한 발전조건과 재정적 균형에 관한 신흥공업국이나 더 가난한 나라들의 정당한 요구는 너무 큰 것처럼 보인다. 그들이 에너지정책을 급격하게 변경하고 기후변화로 인한 피해자들에게 수년에 걸쳐 수십억의 배상금을 지불해야 한다고 요구하는 것을 복지국가들은 받아들이기가 너무 어렵다. 그럼에도 불구하고 수천 명의 외교관과 정치인들이 전 세계에 걸쳐서 바로 이 메가프로젝트에 종사하고 있다. 그리고 아마도 이들의 노력은 헛되지 않을 것이다.

적어도 2007년 12월 15일 오후 인도네시아 발리 섬에 위치한 국제컨벤션센터에서 기후외교 분야의 베테랑조차 깊이 감동했던 세계사회의 저 숙명의 시간을 경험했던 사람들이라면 틀림없이 이러한 인상을 받았을 것이다. 조지 W. 부시 미국 대통령이 보낸 대표단은 그들도 책임에서 벗어날 수 없다는 것을 처음으로 그들 이외의 세계로부터 배워야 했다.

발리 결전

상황은 이제 더 이상 어쩔 수 없는 것 같았다. UN 기후변화회의에 참석한 1만여 명의 대표단은 이미 2주 동안 타협안을 찾기 위해 씨름했지만 중요한 문제에 대해 별다른 성과를 내지 못했다. 환경운동가들이 조롱하듯이 이름붙인 기후정책의 '유랑서커스' 가 지난 15년과 마찬가지로 다시 한번 똑같은 궤도에서 헛바퀴를 도는 것 같았다. 1992년에 리우 데 자네이루에서 '개발과 환경에 관한 세계회의'가 열렸을 때에도 정확히 똑같은 문제가 다루어졌다. 즉 기후를 구하려면 부유한 선진국들이 얼마나 많은 기여를 해야 하는가? 개발도상국에게는 어느 정도의 발전공간이 남아 있어야 하고, 그리하여 배기가스처리장인 대기에 어느 정도 지분이 남아 있어야 하는가? 최빈국에 대한 보호조치와 새로운 에너지 기술에 필요한 돈은 누가 부담해야 하는가? 열대우림의 보존은 얼마나 가치가 있는가? 그 당시에 이미 기후변화를 경고했던 사람들은 '마지막 비상구 리우'에 대해 말했다. 이 비상구에 대한 비유가 이제는 품격 있는 인도네시아 발리 섬의 휴양지 누사두아에 더욱 잘 어울린다.

기후에 관한 진실이 밝혀지던 2007년에 외교관과 장관들에게 건 기대는 그 어느 때보다 높았다. 금빛으로 장식된 벽과 끊임없이 미소 짓는 여성안내원, 우아한 해안풍경이 있어 파라다이스를 연상케 하는 호화로운 호텔은 각국 대표단들이 기후협상에 대해 거의 경외하듯이 명명한, 가장 치열한 협상을 위해서는 부적합한 무대인 것 같았다. 공식적으로는 큰 문제가 없었다. 다양한 언어를 사용하는 공직자들과 전문가들로 이루어진 공동체가 결의해야 할 것은 단지 앞으로 2년 동안 UN기후변화회의의 확대에 관해 협상할 것인지와 어떤 목표를 가지고 협상할 것인지였다. 교토의정서도 논의 대상이었는데 이 의정서는 1997년 36개 선진국과 EU로 하여금 온실가스배출량을 2012년까지 평균 5퍼센트 감축할 의무를 지게 했던 추가조약이었다. 장래 조약구성에 관한 세부사항은 아직도 전혀 갖추어지지 않았고 다만 일반적인 구성과 협상목표가 일단 확정되었을 뿐이다. 로드맵, 즉 세계를 기후재난으로부터 구제하기 위한 일정이 명시된 청사진은 대표단이 초안을 작성해야 했다. 그리고 절차, 의무, 규모를 둘러싼 본격적인 이해갈등은 코펜하겐에서 열리는 차차기 당사국협의회Cop:Conference of the Parties 때까지 앞으로 2년 동안 이어질 것이다.

그렇지만 중요한 문제가 있었다. 즉, 미국을 한편으로 하고 중국을 비롯한 신흥공업국 및 개발도상국을 다른 한편으로 하는 두 경쟁상대가 공통의 협상기반을 발견할 수 있을지가 문제였다. 이것이 성공하지 못하면 세계기후프로젝트는 바로 그 자리에서 실패할 수도 있었다. 베이징 정치국 대표단은 이른 시점에서 타협의사를 내비쳤다. 중국에 가뭄이 들기도 하고 홍수가 나기도 할 위험은 중국 지도부를 실용적으로 만들었다. 반대로 당초 미국의 리더십에 이의를 제기했던 서방 강대국 대표단에서는 협상에 성의를 보이지 않는 나라도 등장했다. 이들은 사우디아라비아, 일본과 함께 공동으로 "배를 침몰시키려는 선원"을 구성했다고 제니퍼 모건은 평가했다. 그녀는 유럽 환경조직인 e3g에서 기후변화프로그램 감독이자 동시에 세계적인 기후행동네트워크의 활동가이다.

회의가 끝나기 이틀 전 목요일이었다. 산림보호기금에 관한 실무그룹에서부터 기후보호기술의 남북이전에 관한 실무그룹에 이르기까지 모든 실무그룹에서 중국을 포함하여 'G77'에 참여한 개발도상국과 신흥공업국들이 받아들일 수 없는 제안서를 미국이 제출했다. 협상이 11일째를 넘기면서 합의에 실패할 수 있다고 언급하는 외교관도 있었다. 12일째인 금요일, 협상 마지막 날에 이것은 위급한 상황이었다. 기후변화회의 의장인 라흐마트 위토엘라Rachmat Witoelar 인도네시아 환경장관은 회의를 연장하기로 신속하게 결의하는 것 말고 다른 방법이 없었다. 그 까닭은 아직 한 가지 결정적인 문제가 해결되지 않고 있었기 때문이다. 미국이 가장 큰 기후범죄자로서 책임을 지게 하고 그에 상응해서 중국과 다른 인구가 많은 신흥공업국들도 책임을 지게 할 것인가?

늦은 밤 회의센터는 황량한 분위기였다. 많은 협회와 환경단체들은 자신들의 안내소를 벌써 철거했고 상자들만 여기저기 쌓여 있었다. 한 부속실에서는 40명이 모인 장관회의가 두 번째 밤을 허비하고 있었다. 토요일 새벽 2시 반경 이들이 마침내 타협책을 찾아냈다. 신흥공업국들도 기후보호를 위한 '행동'을 취할 의향이 있음을 선언한 것이다. 다만 그들의 능력과 복지증가에 상응하고 선진국들이 자금, 조언, 기술로 지원해준다는 전제하에서. 다른 한편에서 미국은 여전히 교토의정서에 서명하거나 구체적인 목표를 확정하려 하지 않았다. 다만 2020년까지의 선진국 배출량의 필요 감축치와 관련하여 많은 가능한 목표 중 하나로서 UN 기후평의회에 속한 학자들이 산정한 최고 40퍼센트 감축이라는 내용을 최종문서의 추가조항에 넣기로 했다. 그럼에도 불구하고 미국은 기후보호를 위한 '의무' 이외에 '행동'도 하기로 양보해야 했다. 게다가 이 의무는 다른 선진국의 그것과 '비교 가능'해야 했다. 그러한 내용에 대해서는 특히 미국이 끈질기게 반대했던 이유는, 그 까닭은 그렇게 되면 교토의정서 서명국들이 행해야 하는 것에 근접할 것이기 때문이다.

그러한 말장난은 관찰자에게는 초현실적인 것처럼 보이지만 외교적 대결에서는 이것이 협상을 진전시키기 위한 결정적인 단계이다. 이제 배출량이 가장 많은 두 나라가 한 배에 탄 셈이다. 하지만 한 가지 문제는 아직 남아 있었다. 이 해결책이 전체회의에서도 통과할 것인가? 워싱턴 정부가 그들의 대표단이 마지막 순간에 양보한 것을 받아들일 것인가? 장관들은 탈진해서 호텔로 돌아갔다가 5시간 후에 다시 대형 홀에 모였다.

아침 8시, 대표단들의 신경과민은 여기저기서 느껴졌고 귀엣말이 홀을 가득 채웠으며 곧바로 논쟁이 다시 시작되었다. 몇몇 개발도상국은 선진국의 지원의무를 최종합의문에서 더 강하게 강조하고자 했다. 이에 관한 다양한 국가연합들의 협의가 아직 끝나지 않은 상태에서 전체회의는 개회되었다. 곧이어 한 중국 외교관이 유엔기후변화협약 사무총장이 내용을 왜곡했다고 비난했다. 꼬박 밤을 샌 이보 드 보어Yvo de Boer에게는 지나친 것이었다. 대표단 전체가 모인 회의에서 그는 울분을 터뜨렸다. 다시 회의는 중단되었고 인도 대표가 타협안을 찾아냈다. 드디어 마지막 발언이 시작되었다. 미국 협상단 대표 폴 도브리안스키Paula Dobriansky가 발언했다. 그녀의 발언은 다음 문장으로 이어졌다. "우리는 수용할 준비가 되어 있지 않습니다." 순간 회의장을 가득 메웠던 2천 명이 넘는 사람들의 숨이 막혔다. 그들이 제대로 들은 것인가? 미국이 합의 내용을 받아들이지 않겠다고 선언할 수 있을까?

그러다가 갑자기 모든 긴장감이 풀어지고 지난 2주 동안의 불만이 폭발했다. 그 자리에 있던 많은 대표들에게는 그것이 수년 동안 쌓인 분노일 수도 있었다. 여느 때라면 국제무대에서 어떤 단어를 사용할지에 대해 심사숙고하고 어떤 흥분도 억제하는 장관과 외교관들도 더 이상 참지 못했고 거침없는 야유가 회의장을 가득 메웠다. 그리고 짤막한 침묵이 흘렀다. 놀라움이 어찌나 큰지 마치 공기가 진동하는 것 같았다. 불과 몇 분 전 인도네시아 대통령이 예정에도 없이 개입하면서 경고하듯이 던졌던 질문처럼 정말로 "인류를 구제하는 것이 문장표현 때문에 실패할 것인가?" 머지않아 문자 그대로 물이 목까지 차오를 작은 섬나라들의 호소에 귀를 기울이지 않은 채 그대로 있을 것인가? 반기문 UN

사무총장도 평소와 다르게 직설적으로 전체회의를 꾸짖었지만 헛수고가 될 뻔했다. "솔직히 말해 저는 진전이 부족한 데 실망했습니다." 그리고 앨 고어의 설교. 이것도 효과가 없을 것인가? 이틀 전 그는 '미국 시민으로서' 웨스턴호텔의 축하연회장에서 1,000명의 회의참석자 앞에서 열정적인 연설을 했다. 아마도 가슴 벅찬 감회를 느꼈을 것이다. 10년 전 미국이 처음에는 협정을 막았다가 자신들에게 유리하게 조작했고 그럼에도 결국에는 협정에 참여하지 않았을 때 그는 미국 부통령으로서 빌 클린턴 옆에 서 있었다. 누사두아에서 고어는 숨을 깊이 들이마신 다음 미국 사절단을 향해 그들이 흘려들을 수 없게 분명하게 소리쳤다. "내 자신의 나라, 미국이 이곳 발리에서 협상이 진전되지 않는 데 대해 가장 큰 책임을 져야 합니다." 모든 것이 헛되었나?

한 남아프리카 외교관이 다시 발언신청을 해서 도브리안스키의 이의 제기가 "누구에게도 환영받지 못하고 아무런 근거도 없다"고 공격했다. 모두가 잠재적 기후변화의 희생자인 투발루, 브라질, 말리, 파키스탄 대표도 전선을 폈다. 우간다 대표단 단장은 다른 음정으로 말했다. "우리는 협정에 찬성하도록 미국에게 간청합니다." 미국의 마지막 강철같은 동맹국인 일본조차 공식적으로 타협안에 찬성했다. 파푸아뉴기니 대표인 케빈 콘래드는 발언 말미에 세심한 호소를 실었다. 환경운동가들이 카리스마 있는 산림보호론자로 알고 있는 그는 "우리는 당신들의 지도적인 역할을 희망합니다"라고 말했다. 그러나 미국이 이 지도적인 역할을 수행할 의향이 없다면 "이 일을 나머지 우리에게 맡기고 당신들은 옆으로 비켜 서 주시오"라고 그는 말했다. 그리고 이 말이 역사를 이룩했다.

이제 도브리안스키 여사 홀로 남았다. 지난 몇 분 동안 그녀는 부지

런히 전화하더니 마침내 앞에 놓인 마이크를 켜고 말했다. "우리는 한 걸음 앞으로 나아가 합의에 동참하겠습니다." 안도의 한숨을 쉬면서 외교관들은 벌떡 일어나 기립박수를 쳤다. 몇 분 동안 세계 전체는 공동과업의 압력하에 실제로 하나가 되었다. 기후정의를 위해서 내용에서는 미미하지만 정치심리적으로는 엄청나게 중요한, 하마터면 실패할 뻔했던 승리였다. 그리고 이것은 그 이상의 의미가 있다. 훼방꾼 미국은 처음으로 그들의 물질적·군사적 우위를 바탕으로 더 이상 정치권력을 휘두를 수 없었다. 그들은 또한 처음으로 세계 권력이동의 현실과 신흥공업국들의 비중에 맞추어야 했다. 다극 세계가 집단적 위협에 직면해서는 협력할 능력이 있을 것이라는 희망이 적어도 이 순간 발리에서는 있었다. 지금까지 다수에게 그럴 의향이 분명하게 있었던 적이 없었고, 다행히 지금처럼 위험을 차단할 수 있는 기회가 이렇게 큰 적도 없었다. 일련의 기후협상대표들은 귀국길에 오르기 전 인류를 위한 위대한 한 걸음이었다고 말했다.

아니면 그것은 사소한 일보일 뿐인가? 한편에서 독일의 환경장관 지그마르 가브리엘 같은 정부대표들은 발리에서의 '장벽 붕괴'를 칭찬했다. 그리고 선후진국 대표단들은 핵심사안의 협상에서 보여준 끈질김과는 반대로 개별 전문가회의에서 나타난 대다수 국가들의 협력의향은 긍정적으로 변했다고 한다. '탈선은 줄었고' 기후보호와 관련한 원칙에 대한 비관적인 논란도 이제는 더 이상 없었으며 한 가지 새로운 구상에 대한 진지함이 있었다고 한다. 1992년부터 협상을 지켜본 독일 환경단체 저먼워치Germanwatch의 사무국장인 크리스토프 발스Christoph Bals도 "일 년 만에 거둔 비약적인 발전"이라고 주장한다. 그 밖에 미국을 고립시키는 데 성공한 것은 개발도상국과 중국, EU의 새로운 동맹

덕분이었다. 이것은 새로운 미래를 보여주었다.

그렇지만 UN 기후평의회에 속한 학자들의 명확한 확인에도 불구하고 다른 한편에는 여전히 석탄과 석유, 온실가스 배출량의 급격한 감축과 열대우림 벌목의 급격한 감소가 필요하다는 점에 관한 국가공동체의 분명한 확인이 없었다. 그렇기 때문에 어떤 토대 위에서, 어떤 나라가, 대기의 배기가스 처리장 지분을 얼마나 가져야하는지는 아직도 전혀 알 수 없다. 일정한 이산화탄소 배출량 척도, 가령 현재의 세계 인구 수준에서 지금까지의 배출량의 절반은 많아야 1인당 2톤가량인데, 이 정도는 대양과 대지의 숲이 피해를 입지 않으면서 흡수할 수 있다. 그렇지만 이 생태학적 용량이 어떻게 배정되어야 하는가? 앙겔라 메르켈 독일 총리가 급진적인 환경보호론자도 놀랄 만큼 제안했듯이 모든 인간에게 동일한 양이 할당되어야 하는가? 이것이 협상의 기초가 된다면 선진국들은 수년에 걸쳐 개발도상국으로부터 이 배출권을 매입할 수 있고 매입해야 할 것이다. 그리고 복잡한 경과규정에 대해 합의해야 할 것이다. 발리에서 벌어진 기후외교는 진짜 결정적인 이러한 문제에까지는 다가가지 못했다. 따라서 그린피스부터 세계야생생물기금에 이르기까지 환경단체들은 비록 실패를 막기는 했지만 아직도 '내용'이 없다고 비판했다.

그밖에 그 당시 진행되고 있던 미국 대통령 후보 경선이 마지막 순간에 미국이 양보하도록 영향을 미친 것으로 짐작된다. 이 선거전이 기후에 관한 집권 공화당의 무지를 심판하는 법정으로도 발전했기 때문이다. 현직 대통령이 자신의 당과 후보를 위해서 발리 회의가 자신 때문에 실패했다는 비난을 감수할 수는 없었을 것이다. 그렇지만 발리에서의 타협은 아무런 의무도 지지 않으면서 단지 기술 지원에만 모든 것을 거는 자신의 기후보호 노선과는 전혀 맞지 않았다. 그래서 부시는 바로 다음 날 협상 결과를 즉각 비판했다. 반면에 민주당 경선후보인 힐러리 클린턴과 버락 오바마는 흔쾌히 환영했고, 따라서 차기 미국 대통령은 부시의 대표단이 요구는 하면서 실행하지는 않았던 저 '지도적인 역할'을 2009년부터 실제로 맡을 것이라는 희망을 불러일으켰다.

그리고 동시에 보다 많은 '기후 정의'를 위한 새로운 경로를 '발리 로드맵'에 기재하는 데 성공했다. 즉 2012년부터는 마지막 원시림에 대한 보호가 기후보호협약에 포함될 것이다. 그것이 지니는 실존적 중요성에도 불구하고 이 탄소감축이 지금까지의 협약들에는 포함되지 않았었다. 하지만 이제는 원시림 보호가 배출권 거래에서 산입될 수 있게 되었다. 토양 및 산림 난개발로 인한 배출 감축REDD(Reduced Emission from Deforestation and Degradation)이라는 기금을 통해 장차 복지국가들이 내는 자금으로 콜롬비아에서 파푸아뉴기니에 이르기까지 농민들과 산림거주자들이 벌목을 포기할 경우 그들에게 대체 소득원을 마련해주는 프로그램을 운영할 것이다. 이산화탄소를 많이 발생시키는 기술들을 선진국에서 후진국으로 모두 이전하는 문제에 관한 논의에서도 진전이 있었다. 이는 G77 그룹에 속하는 130개국과 이들의 지원국 중국에게 근본적으로 중요했다. 인도와 중국의 기후정책이 보여주는 바와 같이 이들은 당연히 자신들의 이익을 위해서도 경제성장을 처음부터 효율성과 재생 가능한 원천 위에서 이룩할 의향이 있다. 그렇지만 많은 고효율 기술과 에너지 기술은 특허로 보호되고 있고 가난한 나라들에게는 너무 비싸다. 아시아의 두 성장대국조차 지금까지 자체적인 기술연구 역량을 거의 갖추고 있지 못하다. 반면에 부자 나라의 기업들은 경쟁자를 키울지도 모른다는 우려에서 기술을 전수해주기를 꺼리거나 높은 수수료를 받고서만 넘겨준다. 앞으로 다양한 해결방안—연구 협력, 무료 라이선스, 환경기업의 합작투자 지원—에 관한 치열한 논란이 불가피하다.

끝으로 이미 심각해졌음에도 불구하고 너무 오랫동안 도외시되었던 한 가지 주제가 발리 회담 이후 마침내 논의되기 시작했다. 그것은 남아프리카공화국 데스몬드 투투 주교가 경고했던 "적응과정에서의 인종차별"을 저지하기 위해서는 불가피한 기후피해 문제를 해결할 때 가난한 나라를 지원해야 한다는 것이다. 나이로비에서 기후회의가 개최되기 1년 전만 해도 빈곤국과 부유한 국가의 대표들은 마치 해당 기금의 통제가 중요한 것처럼 요란하게 맞붙었다. 발리에서는 개발도상국에게 보다 많은 발언권을 인정하는 타협안을 찾았다.

적응을 위해 마주하는 도전은 언제나 거대하다. 도대체 어떤 것이 가능하고 어디에서 시작해야 하는지 아는 사람은 아무도 없다. 아프리카에는 기후변화에서 나타나는 변화들을 측정하거나 예측하기 위한 기상측후소마저도 부족하다. 새로운 종자, 경보시스템, 보험, 제방 축조, 실현가능한 이주 프로그램과 도시계획 프로그램에 필요한 비용을 실제로 제대로 예측할 수 있는 사람도 거의 없다. 세계은행은 1년에 410억 달러까지 필요하다고 예측하고 있고 국제적인 구호단체인 옥스팜Oxfam은 그 두 배를 예측하고 있으며 다른 이들은 연간 1,000억 달러까지 이야기한다. 그러나 결의된 적응기금에는 2012년까지 최고 6억 달러가 모금될 것인데, 이는 거대한 도전에 비해 우스꽝스러울 정도로 적은 금액이다. 이 금액은 미국의 최신형 B2 폭격기 한 대 가격의 절반밖에 안된다. 따라서 앞으로 진행될 기후적응과정에서는 필요한 자금을 추가로 동원할 때 정의의 핵심에 다가가야 할 것이다. 즉 항공연료에 세계조세가 부과되어야 할 것인가? 배출권거래를 통해 얻는 이익에 대해서 세계조세를 부과할 것인가? 이 세계조세는 선진국의 감축의무가 높게 설정되고 많은 국가가 참여할수록 더 많이 증가할 것이다. 지금은 2020년까지 25퍼센트 내지 40퍼센트까지 감축하는 목표가 교토의정서에 대한 추가 협상을 위한 과제목록에 포함되어 있다. 그렇지만 실제로도 그것을 지향하겠다는 확고한 의지로서가 아니라 각주에 포함되어 있을 뿐이다.

세계 차원에서는 발언하고 국가 차원에서는 뒤로 미룬다

위와 같은 것들은 지금까지의 지구적 기후체제가 안고 있는 어두운 측면이기도 하다. 모든 결과는 답답할 정도로 불충분하다. 협상과 이행의 속도는 결코 많은 사람들이 말하는 열정과 비례하지 않는다. 사안의 절박성에 비례하지 않는 것은 말할 것도 없다. 어떤 의향의 선언이 실천이 되기까지 15년이 걸렸다. 그것도 세계공동체의 극히 일부에서만 그러했고, 기금, 기구, 개별 프로그램, 규칙으로 구성된 혼란스러운 시스템을 이용해서 그렇게 한 것이다. 이 시스템은 그동안 약자略字와 각주 처리로 과부하가 걸려 작성자들조차 그 조항들을 거의 꿰뚫어 볼 수 없을 정도이다. 그리고 언제나 외교관 무리가 시간을 질질 끌면서 다음 협상에 대해 협상하고, 파푸아뉴기니에서 온 케빈 콘래드가 발리에서 화가 나서 비판했듯이 '하루에 한 문장씩' 합의하고 필요한 협상은 빨라야 4년 후에나 구체적으로 착수할 수 있다.

그러나 과학적 분석에 따르면 결정적인 진로결정을 위해서는 시간이 10년도 남지 않았다. "새로운 규칙들이 2012년이 아니라 2010년에 발효되도록 하시오!"라고 앨 고어가 조급하게 대표단을 향해 외쳤지만 아무런 반향도 없었다. "대규모 환경오염자들의 해안 파티"에 참석조차 하지 않은 인도의 환경보호론자인 수니타 나라인은 무자비하게 평가했다. 즉, 지금까지의 기후외교는 "유치원 수준의 접근방법"을 좇고 있는데 "우리가 어른이 되는 것이 시급한 시점"이라는 것이다. 태양열 에너지로의 전환을 주장하는 독일인 헤르만 셰르Hermann Scheer의 비난도 그와 유사하게 날카롭다. "세계 차원에서는 말하면서 국가 차원에서는 뒤로 미루는 것", 이것이 지금까지의 세계기후정책의 결산이라고 한다.[334]

수많은 선진국들은 지금까지 자신들의 사소한 배출량 감축 의무도 이행하지 않았고 그리하여 기후보호체제 전체의 신뢰성을 무너뜨리고 있다는 사실이 그의 주장을 뒷받침한다. 그렇기 때문에 UN 기후변화협약 사무총장 이보 드 보어는 발리 회의가 열리기 전에 교토의정서 서명국들의 온실가스 배출량이 "신기록"을 달성했다고 걱정스럽게 발언했다. 그는 "우리는 몇몇 나라들에서 여전히 온실가스의 지속적인 증가를 기록하고 있다는 사실에 대해 침묵해서는 안 된다"고 경고했다. 가령 스페인은 어떤 단호한 조치를 취하지 않으면 2012년까지 감축하겠다는 약속과는 반대로 25퍼센트 증가시킬 것이고 이탈리아는 거의 20퍼센트, 오스트리아는 30퍼센트, 포르투갈은 17퍼센트, 일본은 12퍼센트, 캐나다는 44퍼센트 증가시킬 것이다. 독일과 스웨덴, 영국 등 몇몇 나라들만이 그들의 목표를 달성할 것으로 전망하고 있다. 이렇듯 지금까지의 측정치에 따르면 유럽연합 전체로는 2012년 1차 의무기한까지 약속한 8퍼센트가 아니라 2퍼센트도 감축하지 못할 것이다.

　말하자면 향후 4년 동안 극적인 진전이 없다면, 하필이면 유럽이 스스로 국제법적 구속력이 있는 자신의 의무를 위반하게 된다. 이는 분명 지금까지 추진해온 새로운 세계기후협약의 유효성과 정당성을 위해서 좋은 결말은 아니다. 앙겔라 메르켈 독일 총리도 "소통적 재앙"이 발생할 것을 경고하고 나섰다. 지금까지 유럽에게는 모든 비판이 미국을 향하고 있다는 행운이 있었을 뿐이다. 그밖에 EU는 새로운 기후결의를 통해 개발도상국들 사이에서 호의적인 분위기를 만들 수 있었다. 그러나 이보 드 보어는 교토의정서 서명국들이 온실가스 배출량의 11퍼센트를 감축하려는 목표가 달성하기 어려운 것은 아니라고 간주한다. 단 지금 계획된 기후보호조치들이 실제로 신속하게 실행된다는 전제에서만 가능하다.

　그렇지만 부자 나라들이 서류상으로 자신들의 목표를 달성한다고 할지라도 그것이 반드시 자기 나라에서 실제로 배출량을 감축했다는 것을 의미하지는 않는다. 실제로 이산화탄소가 적게 배출된다는 것마저 보장할 수 없다. 그 까닭은 교토의정서가 어처구니없게도 소위 청정개발메커니즘Clean Development: CDM을 허용함으로써 막무가내기식으로 행동하는 많은 나라들에게 값싼 도주로를 제공해주고 있기 때문이다. 이 제도가 의미하는 '환경보전적 개발 메커니즘'이라는 아이디어는 원래 다음과 같이 매력적으로 들린다. 기후변화는 전 세계적 문제이니 서방기업들이 어느 곳에서 감축의무를 이행하든 물리적으로는 상관없다는 것이다. 개발도상국에서는 종종 이에 필요한 비용이 훨씬 더 낮고 효과는 더 크다. 그렇기 때문에 선진국들의 기업과 모든 국가들은 개발도상국의 배출량 감축 설비에 투자하여 추가로 인증서를 획득하는 것으로도 자신들의 의무를 이행할 수 있다. 이 메커니즘은 선진국들에 가해지는 혁신에 대한 압력은 완화시키지만 많은 문제를 한꺼번에 해결해줄 수 있을 것이라고 그 창안자는 주장한다. 즉 자금과 신기술이 개발도상국에 유입되어 경제발전과 환경상황의 개선에 기여한다는 것이다. 연간 수천억 달러가 될 잠재력이 있는 CDM 수입의 1퍼센트로 적응기금도 조성되어야 한다. 2007년 말까지 약 850개의 CDM 프로젝트가 등록되었고 1억 개의 인증서가 발행되었으며 이로써 2006년에 이미 42억 달러가 개발도상국으로 유입되었다. 49개국에서 1,800개의 사업이 추가로 인가절차를 밟고 있다.

그러나 배출권 거래와 마찬가지로 CDM사업도 실제보다는 이론이 낫다. 가령 아프리카에는 지금까지 모두 23개 프로젝트밖에 없었다. 이는 선진국 자금이 가장 긴급하게 필요한 곳으로 가장 적게 흘러가고 있다는 의미이다. 인증서 사냥꾼은 이 분야에서 이산화탄소 시장의 '와일드 웨스트'라고 불리는 중국이나 인도로 진출하고 있다. "그들은 우리 문 안으로 뛰어들고 있다"고 어떤 인도 프로젝트 검사관이 증언하고 있다. 그러나 그는 "지금까지 기업들은 낮게 열린 열매만 따고 있다"고도 말한다. 기술이전은 안 돼. 지금까지 이루어진 CDM 프로젝트의 70퍼센트는 단지 값싸고 흔한 공정으로 기후에 영향을 미치는 산업배출가스를 해롭지 않게 만드는 데 기여하고 있을 뿐이다. 반면에 기술적으로 비싸지만 장기적으로 효과적인 재생에너지원의 확장에는 지금까지 CDM 자금의 15퍼센트만 투입되었을 뿐이다. 게다가 선진국에서 들어온 투자의 수혜자들은 인도 기업 타타인더스트리즈Tata Industries, 브라질 석유 콘체른 페트로브라스Petrobras, 중국의 후케미컬Hu Chemical과 같은 막강한 콘체른들이다. 이들은 자체적인 CDM 부서를 설치해놓고 기술적·법적·재무적 심사에 소요되는 방대한 행정비용에 가장 먼저 적용했다. 바이오 가스나 태양에너지가 필요한 중견기업들이나 작은 촌락공동체들이 심사과정에서 기회를 얻는 경우는 드물다.

더욱 어처구니없는 것은 많은 CDM프로젝트가 원래의 목표에서 완전히 빗나가 있다는 사실이다. 법적으로 선진국의 투자자들이나 이들의 프로젝트 중개인들은 그들이 인증서를 받기 위해서 설치하는 중국의 고효율 발전소 터빈이나 인도의 열병합발전소가 이미 계획되어 있었던 것이 아니거나 해당 국가의 법적 규정에 부합된다는 사실을 증명해야 한다. 그렇지 않으면 선진국의 행위가 없더라도 배출량은 감축될 것이고 본국에서의 태만을 정당화시켜줄 추가적인 절감은 없을 것이기 때문이다. 독일 환경연구소가 발표한 연구보고서의 저자들은 이러한 추가 절감이 전체 CDM프로젝트의 약 40퍼센트에서 결여되거나 적어도 의문시된다는 사실을 발견했다.[335] 가령 독일 에보닉 콘체른의 발전소 자회사인 스테악Steag은 대부분 메탄으로 구성되어 있어 위험한 갱내 가스를 모아서 전력화하기 위한 설비를 중국 석탄발전소에 설치해줌으로써 많은 인증서를 취득하고 있다. 그렇지만 이러한 투자는 인증서가 없어도 경제적일 것이고 안전을 위해서도 어차피 필요할 것이다. 배출허가비용 때문에 인상되는 전력가격을 통해서, 가령 독일의 전력소비자들이 중국의 석탄 채굴 확장을 지원한다는 것이다. 한마디로 어처구니없는 기후보호 형태이다.

요컨대 한때 환경보호론자들도 찬양했던 CDM시스템은 사실상 커다란 경비를 지출함에도 감축되는 배출량은 적다. 그러므로 이 메커니즘은 선진국들에게 "대기를 계속 덥히도록 전도된 유인"을 제공한다고 마틴 코어Martin Khor는 비판한다. 그는 정의로운 경제구조를 위해 투쟁하는 회원들로 구성된 제3세계네트워크의 대변인이다. 수니타 나라인도 지금까지 활용된 CDM시스템을 "올바른 사회적 관심사를 기업과 관료가 파괴한 가장 대표적인 사례"로 부르고 있다. 이 인도의 환경보호론자는 부자 나라들이 "규칙을 복잡하게 만들고 정치적 현명함을 뺀 채 확정했기 때문에 당초 목표에서 남은 것은 별로 없다"고 주장한다.

그 책임은 행정 절차에도 불구하고 위탁받은 심사자들이 프로젝트를 효과적으로 심사하지 않는데 있음이 분명하다. 환경연구소의 연구결과에 따르면 의심스러운 조건에도 불구하고 거부된 신청서는 거의 없다. 따라서 모든 당사자들의 이해관계가 너무도 잘 일치하는 것을 짐작하기는 어렵지 않다. 선진국 기업들은 자신들의 의무에서 벗어나기 위해 신속하게 많은 인증서가 필요하고, 신흥공업국들에 있는 그들의 파트너는 어떤 용도를 위해서든 신속한 자금을 필요로 한다. 그리고 양자 모두를 위해서 CDM 중개인과 프로젝트개발자들이 이해당사자들을 한데 모아 모든 것이 무난하게 진행될 경우에만 이들이 비용을 부담하도록 활동하고 있다. 결국 이들이 전체 CDM 전략의 최대 수혜자들이다. CDM 자문위원 악셀 미하엘로바Axel Michaelowa는 이 새로운 엘도라도에서 "황금열풍이 떠오른다"고 말하면서 "탄소 백만장자"가 있다고 말한다.[336] 이 시스템이 의미가 있으려면 적어도 UN 사무국과 심사자에 의한 CDM 사업의 통제가 보다 단순하면서도 엄격해져야 한다.

그러나 이러한 구조적 약점에도 불구하고 기후협약을 위한 전 세계적 노력이 헛된 것은 아니다. 192개 회원국이 모든 문제에서 합의에 도달해야 하는 UN 차원에서만 지구의 비상사태인 기후변화가 해결될 수 있는 것은 아니다. 그러기에는 여론과 수많은 환경단체의 기대치가 너무 높다. 전 세계 차원에서 구속력 있는 목표와 규범, 그리고 자금 이전과 지식 교환을 둘러싸고 분투해야 한다. 이 과정에서 국제조약이 필수 불가결하다는 것은 발리에서 벌어진 결전이 극명하게 보여주었다. 세계무역기구의 협정과 유사하게 국제법에 따라 구속력 있는 의무를 이행하지 않는 나라에게 고통스러운 제재를 가하는 새로운 기후협약이라면 더욱 효과적일 것이다.

그 밖에 대규모 환경회의는 언제나 전 세계에서 진행되는 논란의 촉매이다. 다양한 입장의 접근을 유도하는 정치적 압력이 없으면 국민국가나 EU 차원에서 달성되는 것은 훨씬 적을 것이다. 이는 UN 회의가 촉매가 되었던 기후의 해인 2007년의 역동성이 잘 증명해주고 있다. 그러나 실제로 필요한 변화는 결국에는 유럽이나 국민국가, 지역 차원에서 더욱 신속하고 효과적이며 민주적으로 발견될 수 있고 또 발견되어야 한다. 그렇게 해야만 기후보호를 위해 세계경제를 개조하고자 할 때 피할 수 없는 정치적·경제적 경쟁이 다양한 착상을 통해서 촉진될 수 있다. 그리고 나서 어떤 길이 더 낫고 효과적인지는 세계회의에서 모든 참가자들이 서로에게 다시 한번 배울 수 있다.

어쨌든 이것은 2만 명이 참석한 발리회의의 핵심적인 성과이기도 하다. 공식행사 동안 매일 50차례가 넘는 토론과 포럼, 전시를 통해 전 세계에서 온 방문자들은 수많은 전략에 대해 서로 의견을 나누었다. 여기에서 가령 노르웨이는 향후 5년 동안 아무 조건 없이 25억 달러를 세계 산림기금에 기부할 의향을 밝혔다. 뉴질랜드, 코스타리카와 공동으로 스칸디나비아 나라들은 2030년까지 그들 나라에서 배출량을 어떻게 0으로 감축하고자 하는지를 발표했다. 뉴욕 시장 마이클 블룸버그 Michael Bloomberg는 다른 행사에서 세계 40대 도시를 대표해서 자신들의 온실가스 배출량을 40년 안에 60퍼센트 내지 80퍼센트까지 감축하겠다는 자기의무를 선언했다. 저명한 학자와 예술가, 정치가들의 모임인 세계미래위원회World Future Council는 독일의 '재생에너지지원법'을 세계적인 모범으로 칭찬하기 위해서 그들의 저명한 친선대사인 비앙카 재거Bianca Jagger를 파견했다. 또는 Oil Watch기구에서 활동하는 에콰도르의 활동가 이본 야네즈Yvone Yanez는 다른 '진정한 해결책'을 선전했다. 그녀의 정부는 야수니 국립공원에 매장되어 있는 "석유를 땅속에 두고" 그 대가로 자신들이 포기한 수익의 50퍼센트를 선진국들이 보전해줄 것을 제안했다. 이 자금은 열대우림을 보호하고 사회복지 프로젝트를 추진하는 데 사용될 것이라고 한다.

이를 비롯해서 급진적인 새로운 착상, 기후친화적인 건축물과 도시 계획, 적응 구상 및 전기자동차에 관해 수백 차례의 논란이 벌어질 때 제네바와 뉴욕에서 온 UN 관리, 유럽과 일본에서 온 재계 대변인, 케냐에서 온 마사이족 통치자, 브라질에서 온 농민 대변인, 미국의 노조운동가, 오스트레일리아 상원의원 등 다양한 사람들이 모였다. 그리고 이들은 정부에 의한 정치와 외교의 저편에서 오래전부터 또 하나의 정치적 힘이 세계사회의 발전을 추동하고 있음을 극명하게 보여주었다. 시민사회도 세계화되고 자신의 방식으로 상황을 움직이고 있는 것이다.

제7장

세계강자 세계시민

Der
**Globale
Countdown**

새로운 인터내셔널과 아래로부터의 통치의 발명

담장. 길이 12킬로미터, 높이 2.5미터. 킬로미터 당 100만 유로 소요. 2007년 6월에 발트 해 연안에 위치한 하일리겐담의 초원과 도로, 해변을 따라 구불구불하게 건설된 이 담장은 가시철망과 감시 카메라, 물체 감지기까지 설치되어 눈처럼 하얀 켐핀스키 그랜드 호텔을 요새로 변신시켰다. 이곳에서 8대 경제대국의 정부 수반들이 회동했다. 이 담장은 갈수록 비싸게 연출되는 세계적인 사건을 혹시 있을지 모를 테러 공격이나 항의 시위로부터 보호하기 위한 것이었다. 그러나 동시에 의사 결정자 클럽을 전 세계로부터 달려온 수천 명의 평화적인 세계화 비판자들로부터 차단했다. 그리고 그들의 집회와 콘서트, 토론회는 15킬로미터 떨어진 항구도시 로스토크로 추방시켰다. 거리를 두려는 것이었다. 양측을 가르는 이 경계선은 이미 G8 정상회담이 열리기 전부터 언론에 대대적으로 보도되었다. 이 선은 아주 대조적인 강력한 이미지를 제공해주었다. 이쪽에는 세계개량자들, 저쪽에는 세계조종자들. 이쪽에는 무기력, 저쪽에는 권력. 그렇지만 이 상징물은 이미 오래전부터 더 이상 현실과 일치하지 않았다. 담 바깥쪽에 서 있는 사람들은 단순히 환영 인파만은 아니었다. 결의에 찬 시민들의 행렬은 세계의 정치적 운명에 갈수록 강한 영향력을 행사하고 있다.

로스토크 니콜라이교회에 모인 이들 시위군중과 '대안 정상회담'의 참석자들은 조직형태와 노선이 너무 다양했기 때문에 대다수 사람들에게는 파악할 수 없을 정도로 혼란스럽게 보였다. 가톨릭 평화운동, 노조활동가, '피에로 군대Clown Army'●와 기후과학자들, '좌익' 학생들, 유럽의회 의원들, 소규모 고등학생그룹, 전 세계에 270만 회원을 가진 환경단체 그린피스의 대표들. 여기에 멕시코 농민, 아프리카 난민기구, 인도 유전공학 비판자, 인디언들의 대변인은 물론 말리, 베네수엘라, 레바논 등 세계 도처에서 온 교회 대표와 인권변호사들이 가세했다. 한 편은 반자본주의적이고 다른 한편은 실용적이다. 한편은 급진적이고 다른 한편은 합의지향적이다.

그러나 이들을 단합시킨 것은 한 가지 목표였다. 지금까지 그들은 순전히 경제적으로만 추동된 세계화에 사회적·생태학적 경계를 설정하고자 했다. 그들이 정치가와 논평가들로부터 개선의 여지가 없는 시대착오적인 사람들로 치부되거나, 〈프랑크푸르터 알게마이네 차이퉁〉이 수년 전까지도 G8 회담에 항의하는 시위군중을 비난했던 바와 같이 "정치가 세계에 도장을 찍는 직업이 아니라는 것"을 아직도 파악하지 못한 "모호한 낭만주의" 추종자로 치부되던 그런 시장맹신의 시대는 지났다.[337] 세계화 비판자들은 자칭 혁명가들이 집회 주변에서 시위를 장악하기 위해 저질렀던 폭력사태와 더 이상 싸잡아서 취급당하지 않는다. 오히려 하일리겐담 정상회담에 앞서 기후보호와 빈곤퇴치에 관한 정상회담 비판자들의 비판적인 분석과 요구사항은 이미 모든 언론을 통해 접할 수 있었다. 이렇게 된 중요한 이유는 이제 이들 분석과 요구사항에 대해 밥 겔도프Bob Geldof, 보노Bono, 헤르베르트 그뢰네마이어Herbert Grönemeyer와 같은 팝스타와 수많은 할리우드 유명인사들

● Clown Army: 지루한 자본주의에 맞서 웃음을 통한 비폭력 직접행동을 추구하는 단체로 피에로 분장을 한 채 시위를 한다.

이 호의를 보이고 있기 때문이고 더욱이 빌 게이츠나 워런 버핏과 같은 수십억을 가진 기업가나 투자자들을 비롯해 제프리 삭스나 빌 클린턴과 같은 저명인사들이 적극적으로 동일한 실존적 문제에 동참하기 때문이다.

그밖에 동일한 의문이 그랜트 호텔에서도 논의의 대상이었다. 독일 총리는 "우리는 세계화에 인간적인 얼굴을 주어야 한다"고 외쳤다. 앙겔라 메르켈 총리는 국제적인 기후보호 목표에서 1인당 배출권으로 더 많은 세계적 정의를 구현해야 한다는 요구를 제기함으로써 수많은 환경단체보다 앞서 나가는 것처럼 보였다. 분명 문제 상황은 정부가 더 이상 숨길 수 있기에는 너무나 심각해졌다. 그러나 생태계, 에이즈 정책, 아프리카 빈곤 문제로 인해 규칙적으로 이런 저런 정부회의가 개최된다는 것은 시민단체, 사회운동, 비정부 기구가 오랫동안 벌인 활동의 업적이다. 하일리겐담에서 열린 대안 정상회담의 대변인도 "우리는 우리의 임무를 관철시켰다"고 선언했다. "다른 세계가 필요하다"는 것이 어느덧 모든 정치적 차원에서 합의사항이 되었다는 것이다.[338]

구체적인 목표, 방법, 법률이 문제가 되면 담장 이편과 저편의 대립은 다시 커질 것이다. 그러면 원자력과 석탄을 가진 이쪽의 기후정책과 재생에너지로의 일관된 이행을 주장하는 저쪽의 기후정책 사이, 특허권의 엄격한 보호와 원자재 확보를 주장하는 이쪽과 전 세계적 분배정의를 요구하는 저쪽 사이에는 여러 세계가 놓이게 된다. 요컨대 시민사회 그룹들은 결코 할 일이 없어진 것이 아니라 오히려 새로운 도전에 직면하는 것이다. '어젠다(의제) 설정'이라는 목표는 달성되었고 이제는 정치적 대응을 둘러싼 갈등 섞인 경합이 현안이라면, 동시에 결단성과 이행 속도가 문제가 된다면 시민사회 그룹의 역할은 어떻게 변할 것인가? 그리고 그들은 경제집행 과정과 의사결정 과정의 세계적인 연결이 심화되는 것에 어떻게 대비하고 있는가?

이 질문에 대한 답변은 아직 확정되지 않았기도 하지만 그만큼 한눈에 파악하기도 불가능하다. 정상회담이 열릴 때 소동을 벌이는 차원을 넘어서는, 그리고 조직화된 세계화 비판운동도 넘어서는 새로운 시작에 대한 분위기가 지배하고 있다. 세계 도처에서 그처럼 서로 다른 많은 사람들이 세계의 생태학적 치유와 더 많은 복지 정의를 가져다줄 해결책을 그토록 열심히 찾은 적은 일찍이 없었다. 그리고 전 세계적인 불평등 때문에 세계사회가 이미 "많은 사람들이 마치 고비 사막을 행군한 다음에 보인다고 생각하는 신기루"[339]처럼 보인다는 엘마르 알트파터 Elmar Altvater처럼 회의적인 사람이 많을지라도 세계사회는 한발 한발 우리 앞에 등장하고 있다. 이러한 세계사회가 세계의 운명에 미치는 영향을 표현하는 핵심개념이 '네트워크'이다. 그리고 이들의 연결점과 접속점들은 국가와 대륙의 경계를 넘어서 매일 매일 더 촘촘해지고 있다. 조직과 개인에 의해서, 대규모뿐만 아니라 소규모로도, 부분적으로는 예전에 거의 비정치적이었던 전혀 새로운 사회집단에 이르기까지 연결되고 있다.

가령 이탈리아에서 등장한 슬로푸드 협회는 멋스럽게 꾸며진 레스토랑 가이드로 미식가들을 위해서 수년 동안 이런저런 이야깃거리를 찾아다니지 않았던가? 하지만 천연자원과 식물 종의 극적인 멸종 위기에 직면한 이 단체는 그 사이에 매우 정치적인 농업문화 네트워크로 바뀌었다. 이곳에서는 농민, 요리사, 생필품 생산자들이 부당한 세계무역 규칙, 종자 독점, 환경파괴적 경작방식에 반대하는 지역문화와 가치창출을 추진하고 있다. 케냐에서 니카라과에 이르는 농민들이 보다 공정하고 믿을 수 있는 소득을 얻을 수 있도록 단지 '싼 것이 최고다'는 생각을 넘어서 더 높은 가격을 지불하는 소비자들이 갈수록 많아지고 있다. 그러한 공정한 무역으로 구매하는 커피, 차, 오렌지가 '하나의 세계' 상점이나 유기농 상점뿐만 아니라 거의 모든 대형 슈퍼마켓의 진열대에 놓인 지도 이미 오래되었다. 매출액도 21세기 초부터 전 세계에서 매년 20퍼센트 가량 증가하고 있다. 유럽의 공정무역시장에 관한 연구보고서에서 평가하듯이 '60개국의 회원들로 이루어진 진정으로 세계적인 운동'의 성과이다.[340] 그러한 제품들이 정말 유행이라는 것은 'LOHAS' Lifestyle of Health and Sustainability를 위한 웹사이트인 Utopia.de가 증명해주고 있다. '보다 나은 세계를 구매하십시오'라는 제목하에 연극배우 막셀 밀베르크Maxel Milberg와 다른 저명인사들이 최초의 체제정합적인 유토피아를 선전하고 있다. 여기에서는 사람들이 '다른 곳을 희생시키면서' 자신의 복지를 향유하지 않고 상품을 구매할 때에는 '이산화탄소 죄악'을 피한다.

지금까지는 종종 민족적 이기주의에 사로잡혀 있던 노동조합도 이제는 자신의 밥그릇 너머를 보고 있다. 2006년 말에는 노동자의 권익을 세계적인 차원에서 개선하고 확장할 수 있도록 105개국 300개 이상의 노조가 국제노조연합을 결성했다. 콘체른들에서는 공식적으로 세계기업평의회가 등장하고 있고, 동일한 콘체른에 속해 있으면서도 서로 다른 나라들에서 일한다는 이유로 쉽게 농락당하지 않으려는 노동자들이 비공식 그룹도 결성하고 있다. 가령 다임러 벤츠 콘체른의 기업평의회들은 노동쟁의가 발생할 때 남아프리카나 브라질에서 일하는 동료들과 협력한다. 또는 독일 공공서비스노조ver.di와 식품노조NGG의 조합원들은 규제받지 않는 노사관계 속에서 종종 고용주의 자의에 완전히 노출되어 있는 불법이민자들의 상황에 관심을 두고 있다. 이를 위한 이니셔티브는 대부분 이주노동자 자신들이 취하며 이들은 유럽 네트워크를 결성해서 서로 지원하고 있다. 가령 네덜란드에 본부를 둔 '바바일란 Babaylan'은 필리핀 출신 가사노동자들에게 그들 자신의 문제를 논의하고 정치적 요구를 개발할 수 있는 포럼을 제공하고 있다.

사회의 정반대, 즉 경영자 측에서는 함부르크의 선박업자 페터 크레머Peter Krämer가 수백만 유로에 달하는 자신의 이윤 중 일부를 '아프리카를 위한 학교'에 기부하면서 잊혀진 대륙에서 민주적 여론이 형성될 수 있도록 디지털 라디오네트워크를 지원하고 있다. 그 밖에도 그는 자기 나라에서 재산세의 현저한 인상을 지지하는데 재산세가 인상되면 그 자신이 가장 먼저 손해를 입게 될 것이다. 이와 같은 참여가 전염되는 사례는 영국, 미국, 브라질, 세네갈, 인도 등 도처에서 발견할 수 있다. 마그데부르크 대학의 롤란트 로트Roland Roth 교수가 관찰한 바에 따르면 "세계를 위해 책임을 진다는 느낌이 현저하게 넓어졌다."[341]

이러한 시민운동은 실제로 수없이 등장하고 있다. 함부르크 제8실업학교 학생들은 태양열 조리판과 전등은 물론 광전지 시설에 필요한 모금을 해서 아프리카 말리의 반디아가라Bandiagara에 있는 초등학교에 보내고 있다. '100퍼센트 지역들'은 국경을 초월한 기후변화에 반대하는 투쟁에서 어떻게 재생가능한 에너지원으로만 살 수 있는지에 관해 의견을 교환하고 있다.[342] 시민들은 생태전력 공급자들을 선전하기 위해서 "세계를 구하는 일, 바로 지금 당신 손으로"라는 제목으로 "전력교체파티"를 연출한다. 극적인 세계적 위기 상황에 직면해서는 대립적인 정치적 노선들조차 공동행동을 도모한다. 가령 보수적인 오스트리아 국민당ÖVP의 전직 유럽연합위원인 프란츠 피셜러Franz Fischler는 개발도상국에 대한 대대적인 자금지원을 관철시키기 위한 시민운동에서 좌파 세계화 비판자인 수전 조지Susan George와 어깨를 나란히 한다. 또한 독일 기독교민주당 사무총장이었던 하이너 가이슬러Heiner Geißler가 아탁Attac에 참여한 일이 언론에 대대적으로 보도되었다. 새천년에 접어들면서 좌파 녹색당 계열로 분류되는 이 세계화 비판 네트워크에는 보다 효과적으로 금융시장 규제를 주장하고 대기, 물, 교육과 같은 공공재가 전 세계적으로 상품화되는 것을 반대하기 위해서 전 세계 사회운동과 사회조직들이 한 지붕 아래 모여들어 어느덧 45개국 90,000명의 회원이 여기에 참여하고 있다.

독일 아탁은 처음 몇 년 동안에는 니더작센 주 알러 강변의 페르덴Verden 시에서 생활노동공동체를 조직했다. 이들의 친숙한 '생태주택'은 그 어느 때보다도 오늘날 "세계적으로 생각하고 국지적으로 행동한다"는 구호의 생생한 화신 같다. 그리고 그곳에서는 아탁의 주창자 중 한 사람인 정치학자 펠릭스 콜브Felix Kolb가 사회운동의 변화능력에 관한 책의 제목으로 사용한 바와 같이 '무언가가 움직이도록' 계속해서 새로운 아이디어가 생겨나고 있다.[343] 예컨대 '운동 재단'은 전후 자산의 수많은 유산 중 일부를 정치적 캠페인을 지원하는 데 동원하고자 노력하고 있다. 그래서 이 자금은 비정규직 노사관계에 반대하는 '유럽행진'이나 정경유착을 감시하는 로비 통제 조직을 지원하는 데 사용된다. 그 다음으로 페르덴 주민들은 '보다 나은 정치'를 위한 온라인 네트워크인 캄팍트Campact를 탄생시켰다. 이 주동자들은 생태학적으로나 사회적으로 민감한 법안과 관련하여 결정적인 국면에 베를린이나 브뤼셀에 있는 의원들에게 압력을 가하기 위해서 시민들을 동원한다. 다른 비정부 조직, 가령 신차에 대한 이산화탄소 배출한도를 강화하는 것과 같은 자신들의 관심사를 관철시키려는 조직은 캄팍트를 증원군으로 활용할 수 있다.

미국 작가 폴 호켄Paul Hawken은 이러한 수많은 전 세계 시민운동과 조직, 개인 참여자들을 "인류역사상 최대의 사회운동"으로 간주한다.[344] 이 환경운동가는 이러한 정치적 물결이 처음으로 독단적인 구세론이나 카리스마 있는 지도자에 의해서 창설되지 않았다고 설명한다. 오히려 이 물결은 역설적으로 엄청난 다양성을 장점으로 가진다고 한다. 호켄은 오히려 "생명을 위협하는 지구의 질병"으로 인해 등장한 이 "축복받은 불안"을 인간 면역체계의 복잡한 방어체계와 비교하고 있다. 이 모든 것이 조금은 비장한 것처럼 들릴 수 있다. 그렇지만 독일 시사주간지 〈슈피겔〉조차 이례적으로 감정이 잔뜩 실린 억양으로 '기업관리자, 정치가, 학자들, 지구의 시민들이 통합되는 세계시민사회의 탄생에 대한 희망'을 피력하고 있다.[345] 철학자 페터 슬로터다이크도 "멀리 사는 이웃"의 등장을 관찰하고 있다. "결속하기 위해서 반드시 같이 살아야 하는 것은 아니다. 서로 챙겨주기 위해서 반드시 친척일 필요는 없다. 서로 연대하기 위해서 반드시 공동의 환상을 꿈꿔야 하는 것은 아니다. 서로를 위해 무언가를 하기 위해서 반드시 직접 대면해야만 하는 것은 아니다."[346] 실제로 하나의 가치가 그 어느 때보다도 부흥을 경험하고 있다. 그것은 국제연대이다. 지구가 비좁아지고 있다. 그리고 인류도 갈수록 가까워지고 있다.

세계화의 파괴적인 측면에 대한 건설적인 반대는 바로 세계화가 초래한 세계적인 커뮤니케이션 덕분에 가능하다. 이주민들은 신문기사 제목이 시사하는 바와 같이 모든 사회계층에서 갈등에 찬 사회에 직면해 있을 뿐만 아니라 여러 문화들 사이에서 갈수록 다양한 관계를 촉진하기도 한다. 관광과 저가 여행은 기후에 해를 끼치기는 하지만 그래도 인간들이 서로 가까워지게 했다. 위성방송과 CNN은 축구 월드컵에서 가나가 거둔 성적, 북극곰 크누트, 지진해일, 허리케인 카트리나가 뭄바이에서 나이지리아를 거쳐 핀란드에 이르기까지 화제가 되게 했다. 적어도 중산층에서는 그러했다. 이들의 자녀는 오늘날 국적이 다양한 또래들과 함께 학창시절을 보내고 있다. 그들은 발리우드와 할리우드를 동시에 바라본다. 그들에게는 세계가 필연적인 사유공간이다. 사회학자 울리히 벡이 "세계화 세대Generation Global"로 명명한 이들은 교환학생으로 더 이상 영국이 아니라 에콰도르, 남아프리카, 뉴질랜드로 날아간다. 고등학교를 졸업한 다음 어학연수, 실습, 학업을 위해 하나의 세계지역에서 다른 세계지역으로 옮겨간다. 그리고 세계 도처에서 맺은 우정과 만남을 인터넷을 이용한 전자우편과 온라인 채팅을 통해 생생하게 유지한다.

무엇보다도 대륙을 뛰어넘어 수백분의 일 초 사이에 전 세계 다른 모든 인간과 잠재적으로 연결시켜주는 것은 이들이 지닌 민주적 잠재력이다. 모두가 영어를 사용하게 되었고 영어는 이러한 과정을 통해 저절로 세계어가 되었다. 사람들은 지위에 상관없이 반말을 하게 되었고 이

앵글로색슨식의 네티켓은 공간적·문화적 거리를 더욱 좁히는 것 같다. 마우스를 클릭하기만 하면 미얀마에서 벌어진 승려들의 항의시위에 관한 뉴스가 거의 실시간으로 전 세계에서 연대성명의 돌풍을 일으킨다. 클릭만 하면 미국 구내식당에 있는 학생들은 코카콜라에서 살충제 성분을 검출한 인도의 비정부단체들의 조사활동에 관한 소식을 이탈리아의 자연보호운동가들과 동시에 접한다. 몇 시간만 지나면 이 콘체른 본사는 전 세계에서 밀려오는 항의와 불매운동 위협을 화면에서 접하게 된다. 또 한 번 클릭하면 바로 지금 페루에서도 허가 없이 교배된 옥수수작물이 발견되었다는 사실을 인도 안드라 프라데시부터 독일 메클렌부르크 포어포메른에 이르기까지 모든 생명공학 반대단체가 알게 된다. 이들은 즉각 클릭을 통해 이 정보의 민감성과 심각성을 PDF 파일 형태로 만들어 어떤 대학연구를 통해서든 검증할 수 있다. 또는 올리베르 빈트게터Oliver Windgätter처럼 평범한 사람도 국제적인 신문에서 광고를 검색하다가 클릭 한 번으로 열광적인 인터넷 마이크로은행가가 된다. 독일 본 출신으로 26세인 이 예비 법조인은 인터넷 서핑을 하다가 Kiva.org 사이트에 이르렀다. 이 사이트는 빈민지역의 영세기업들에게 저렴한 신용을 지원해주는 방문자들의 포털사이트이며 세계시민들의 만남의 장소이다.

이곳에서는 가령 카메룬 여인 빅토린 푼퀸을 만날 수 있다. 이 젊은 요리사는 김이 나는 냄비 옆에 쪼그리고 앉아 간선도로 변에 있는 자신의 레스토랑이 보다 잘 되려면 새로운 재료가 필요하다고 설명한다. 또는 캄보디아에 사는 렉헤압의 사례. 쌀 수확만으로는 그녀의 가족이 살아갈 수 없다. 그래서 그녀의 아들이 수공업자로 자립해야 하지만 그렇게 하려면 먼저 공구가 필요하다. 이러한 영세사업자들을 공익단체나

지역 저축은행들이 선별해서 사진과 함께 상환계획을 Kiva 사이트에 소개한다. 그러면 거기에서 덴마크 출신의 카스파, 노스캐롤라이나 출신의 제리 또는 네트워크에서는 그냥 '올리'라 불리는 본 출신의 올리베르 빈트게터가 자신들의 '프로젝트'와 채무자를 찾는다. 이들은 필요한 대출금 200, 600, 1천 유로가 될 때까지, 가령 20유로씩 자신들의 자금을 모아서 주로 페이팔PayPal●로 송금한다. 그리고 나면 방글라데시에서 소액신용대출(마이크로 크레디트) 활동을 한 공로로 노벨평화상을 받은 무하마드 유누스와 같은 기분을 약간은 느낄 수 있다. 올리는 혼자서 자신의 '포트폴리오'에 15명의 신용대출 신청자를 모았다. 불가리아부터 탄자니아까지 돼지사육업자, 전기공, 매점주인 등. 2006년 중반 Kiva가 설립된 이후 1년 반 동안 이러한 방식으로 1,300만 달러가 2만 명의 신용대출 신청자에게 흘러들어갔다.

이 프로젝트에 대해 비판하는 사람들은 이것이 후진국 개발 방식을 따르고 있다고 비난한다. 무엇보다도 무이자 자금은 중간에 놓인 마이크로은행에게 경쟁우위를 제공하며, 따라서 현지 은행시스템 구축을 방해한다는 것이다. 그러나 캘리포니아 실리콘 밸리에 살고 있는 창립자 플래너리 부부는 이를 반박한다. 아직 소액신용대출이 제공되지 않는 곳이 많으며 그들의 프로젝트는 창업 지원에 지나지 않는다는 것이다. 어쨌든 이들을 도우려는 복지국가에 살고 있는 시민들의 관심은 대단하다. Kiva에 공개되는 자금수요는 종종 몇 분도 안 되어 충족된다. 대출금을 제공할 의사가 있는 시민은 새로운 문의가 들어올 때까지 기다려야 한다. 그러므로 Kiva는 무엇보다도 얼마나 많은 시민들이 아주

● PayPal: 온라인 해외송금 사이트.

멀리 떨어져 사는 생면부지의 타인을 위한 일에 동참하고자 하는지를 잘 보여준다. 대부분의 정치가들은 이러한 행동을 과소평가하고 있다.

올리베르 빈트게터는 이들 빈민의 활기와 직접 접하는 것이 자신의 인식 전체를 변화시켰다고 말한다. "원래 나는 두 번째 수습업무를 법률회사에서 하려고 했습니다. 하지만 지금은 보츠와나 인권단체로 결정했습니다"라고 그는 말한다. 그리고 스와힐리어인 'Kiva'는 통일을 의미한다.

국경을 초월하는 정보통신수단으로서 인터넷은 다른 비정부 조직의 사업도 다양하게 지원해준다. 이들은 세계 시민사회의 비주류에서 전문적으로 활동하는 안내자들이고 폭넓은 사회운동에서 제시되는 정치적 요구가 실현되는 것을 촉진하는 촉매로 자처하고 있다. 여기에서 몇몇 독자적인 학문적 분석은 그들의 가장 중요한 수단이다. 이 수단은 정치적 지향뿐만 아니라 비판적 캠페인을 뒷받침해준다. 비정부조직들은 연구소별로 국경을 초월해서 전자우편으로 정보를 교환하고, 그럼으로써 공동연구보고서를 발간한다.

그러나 그들의 전문적인 활동은 하부조직의 실천가들도 직접 지원한다. 가령 독일인 병역대체복무자 막스 마이어Max Mayer는 인도 남부 데오덕에 있는 자신의 비정부 조직 사무하Samuha의 먼지투성이 사무실에서 노트북 컴퓨터를 무릎 위에 올려놓고 앉아서 인터넷 전화 스카이프Skype로 접속하여 캐나다인 제닌 렘툴라Jeanine Rhemtulla에게 거의 무료로 자문해준다. 이 캐나다 여성은 흩어져 있는 망고나무 재배를 배출권거래에서 어떻게 산입할지를 알아보고 있다. 그리고 비정부조직 사무하는 여기에서 마을 주민들과 함께 수행하는 개발정책 사업에 필요한 자금을 구할 수 있을 것으로 희망한다. 제닌 자신은 페루 아마존

지역에서 연구여행을 다니는 중이고 이퀴토시Iquitosi에 있는 자그마한 인터넷카페에서 막스에게 연락한다.

독일어권에서만도 어느덧 400개가 넘는 비정부 조직이 환경 및 기후 보호, 평화, 개발도상국 부채탕감, 난민보호, 여성인권을 위해 활동하고 있다.[347] 국제협회연맹Union of International Associations 발표에 따르면 이런 조직이 전 세계적으로는 7,300개가 있다.[348] 다른 자료에서는 이 수치가 15,000이나 50,000 또는 그 이상으로 추정되고 있다. 이처럼 불명확한 이유는 무엇보다도 특정 목적을 위해 새롭게 생겨났다가 다시 해체되거나 다른 형태로 통합되는 이들 조직의 속성에 기인한다. 이들은 소수의 명예직 활동가로 구성되거나 그린피스처럼 전 세계에 걸쳐 수백 명의 유급 직원으로 구성된다. 이들의 정치적 지향은 매우 상이하고 부분적으로는 대립적이기도 하다. 그렇지만 그들은 정부나 정당 정치적이거나 경제적 이해관계로부터 독립적이며 공익을 지향하면서 특정한 명분을 위해 싸운다는 공통점이 있다. 어쨌든 비정부 조직의 이상적인 사례에 대한 수많은 정의가 있지만 이렇게 요약될 수 있다.

그 까닭은 비정부 조직의 엄청난 다양성으로 인해 사회학자들 사이에서는 '개념적 혼잡'이 지배하고 있기 때문이다.[349] 누가 이 조직에 속하는가? 비정부 조직과 사회운동 사이의 이전은 매우 유동적이다. 그리고 노조, 협회, 교회 내 시민운동, 학술연구소도 비정부 조직인가? 정부가 주제를 선점하기 위해서 주도하거나 지원해주는 반半국영의 'Quangos'疑似-NGOs, 공익을 지향하는 듯하지만 종종 숨어서 로비를 하는 기업들의 경제연구소들은? 지속적으로 세계무대에서 활동하는 조직들만 비정부 조직의 일원으로 간주되는가? 또는 인도 마을 쿠달로어의 여성센터, 수자원 민영화에 반대하는 마닐라의 도시운동, 나이로비 빈민가의 에이즈지원단처럼 우간다에만 3,500개, 중국에는 32만 개, 인도에는 1백만 개가 존재한다고 하는 국민적 기반조직들은?[350] 이처럼 모든 정치 영역을 포함하는 폭넓은 개념은 한편으로는 모호할 뿐만 아니라 시민사회 내의 위계적 관계들을 은폐하기도 한다. 다른 한편으로 이러한 개념은 의미 있는 것처럼 보이는데, 그 까닭은 갈수록 인터넷이라는 커뮤니케이션 경로가 국지적인 소그룹의 활동을 옥스팜이나 그린피스처럼 전 세계 수많은 나라들에서 활동하고 있는 세계적인 대그룹과 연결시키기 때문이다.

시골에서 컴퓨터를 연결하는 것만으로도 충분하기는 하지만 누군가 영어는 할 줄 알아야 한다. 그러면 중국의 산골 구석에서 탄압이 두려워 숨어서 활동하는 환경운동가도 베이징에 있는 서방의 동조자에게 실질적인 조언이나 정치적 후원을 요청할 수 있다. 가령 그린피스는 하마터면 독극물에 오염될 뻔한 호수를 보면서 식수문제를 걱정하던 청년들의 제보로 사회에 경종을 울렸다고 암스테르담 본부의 게르트 라이폴트Gerd Leipold 사무총장은 보고한다.

다른 시민운동들은 구글 설문조사나 이메일 호소문을 통해 지원을 구하면 아마도 독일 베스트팔렌의 자센베르크Sassenberg에서 활동하는 '우르게발트Urgewald' 와 같은 시민운동을 만나게 될 것이다. 이 운동의 창립자인 헤파 쉬킹Heffa Schücking에 따르면 이 운동의 목표는 "독일 금융기관이 지구 다른 곳에서 야기하는 환경파괴를 저지하는 것"이다. 2006년 불가리아 소도시 벨레네Belene에서 활동하는 그룹이 이들에게 도움을 요청했다. 두 개의 독일 금융기관이 그곳에서 새로운 원자력 발전소 건설자금을 공동으로 조달한다는 것이었다. 하필이면 지진발생 지역에 건설될 것이라는 소식이었고 그곳 사람들은 코즐로두이

Kosloduj 원자력발전소의 심각한 안전장치 결함으로 이미 끔찍한 경험을 한 적이 있었다. 이에 우르게발트 회원들은 다른 조직들과 공동으로 벨레네 원자력발전소에 자금을 제공하려던 독일 은행들의 60개 지점 앞에서 집회를 계획했다. 헤파 쉬킹이 말하는 바와 같이 "고객 바로 앞에서" 그러한 시위를 하겠다는 위협만으로도 도이체방크가 먼저 참여를 취소했고 이어서 히포연합은행도 계획을 취소했다. 그래서 항의시위는 감사시위로 바뀌었다.

겨우 8명밖에 안 되는 우르게발트 회원들이 잘못 계획된 대형프로젝트를 저지하고자 할 때 이처럼 언제나 성공적인 것은 아니다. 가령 1992년 건설을 시작한 태국의 팍문댐은 이 작은 시민단체가 생태적 해악에 대해 온갖 경고를 했음에도 불구하고 결국에는 완공되었다. 그러나 이들은 세계은행의 최종결정회의에서 독일이 이 프로젝트에 대해 반대표를 던지도록 영향을 미쳤다. 헤파 쉬킹의 주장에 따르면 "독일이 회원국이 된지 40년이 넘었지만 예전에는 이런 적이 한 번도 없었다." 독일 대표가 약간은 의기소침해서 독일의 거부의사가 시민단체의 압력 때문이라고 워싱턴에서 해명했을 때 세계은행 미국 대표의 답변은 무뚝뚝했다. "민주주의에 온 것을 환영합니다!"

민주주의의 진공

시민사회가 국제적으로 활약하는 것이 새로운 사실은 아니다. 이미 19

세기에 시민들은 서로 협력했으며 국경을 뛰어넘어 공동목표를 위한 연대를 결성했다. 노예무역 철폐를 위한 운동에서든, 여성의 선거권을 도입하기 위한 운동에서든, 사회주의나 공산주의 노동운동의 '인터내셔널'에서든. 최초의 비정부 조직의 하나가 적십자였다. 이들의 대표는 이미 1차 세계대전 이후에 UN의 역사적 선행기구인 국제연맹에서 발언권을 얻었다. 엠네스티 인터내셔널, 인간의 대지, 국제인권연맹 등 이들은 모두 이미 수십 년 전부터 기본권과 인간적 생활조건을 전 세계에서 향상시키기 위해 투쟁하고 있다. 70년대의 민주화운동과 환경운동은 이러한 새로운 주제를 가지고 정치무대에 항상 새로운 그룹을 등장시켰다. 그러나 80년대 중반 미국과 영국에서 시작되었고 세계은행과 국제통화기금의 정책도 결정했던 자유화(개방화) 정책은 국제적 비정부 조직의 숫자를 급증시켰다. 그리고 동구권 국가경제의 몰락은 국제적 비정부 조직의 발전에 또 다른 강력한 추진력을 부여했다.

철의 장막이 무너진 후 열광적인 분위기는 한동안 시민사회에 날개를 달아주었다. 체제경쟁과 수십억을 집어삼키는 군비경쟁이 종식된 다음 '평화배당금'에 대한 희망이 있었다. 사람들은 새로운 국제적 연대를 형성하기 위한 수단과 에너지, 정치적 의지가 활성화될 것이라고 생각했다. 이러한 세계적인 새 출발 분위기는 1992년 브라질에서 열린 UN 환경개발회의에서 절정에 달했다. 이 회의에서는 기후변화도 처음으로 의제에 올랐다. 이전에는 정부가 비정부 조직들의 입장을 듣기 위해서 이처럼 넓은 공간을 허용한 적이 없었다. UN체제의 민주화가 확장된 것 같은 이런 분위기는 "굉장한 체험"이었다고 바르바라 운뮈시흐Barbara Unmüßig는 기억하고 있다. 그녀는 당시 개발정책기구에서 활동하고 있었고 지금은 하인리히 빌Heireich Böll 재단을 이끌고 있다. '리우의 선한 정신'은 오늘날 독일에서만도 2,600개의 지자체에까지 영향을 미쳐 시민들이 지속가능성위원회나 어젠다21 사무소에서 지금도 환경목표와 개발목표를 실제적으로 달성하기 위한 활동을 하게 되었다.

그렇지만 얼마 되지 않아 이러한 새출발 분위기는 사라지고 수세로 전환되었다. 그 까닭은 리우회의에 참여했던 그 정부들이 그와 극명하게 대조되는 세계무역기구WTO를 창설하기 위한 조약과 막강한 경제이익단체들이 요구하는 규정집에 관해 협상했기 때문이다. 이 조약이 1994년 마라케시Marrakesch에서 체결됨으로써 세계적 금융기관인 세계은행과 국제통화기금의 '워싱턴 합의'와 일치하여 전 세계 국가경제의 공동화가 이루어졌다. '마라케시 정신'이 '리우 정신'을 퇴색시켰고, 정치적 의사결정을 "경제적·기술적 요구에 사회문제를 적응시키는 것"으로 위축시켰다고 메디코 인터내셔널medico international의 토마스 게바우어Thomas Gebauer는 분석했다.[351]

계속되는 환경 침탈과 사회적 결속의 위협이 그 대가였다. 정부 스스로 권한을 포기하는 일이 국제협의기구에서 벌어졌는데 이 국제협의기구는 의회의 아무런 공식적인 통제도 받지 않았고, 실제로는 더 이상 아무것도 바꿀수 없게 되었을 때 비로소 결의 내용이 외부에 알려졌다. 게바우어에 따르면 그 결과는 "세계정치의 정당성의 전면적인 위기"로 나타났다. 강력한 경제와 약한 국가 사이에 존재하는 이 민주주의의 공백을 그 후부터는 비정부단체들이 새롭게 메우고자 했다. 이들은 대응보고서를 작성하고 창의적인 새로운 구상을 개발하며 캠페인을 조직함으로써 기업이나 정부에서 진행되는 의사결정과정의 배경에 대한 정보를 제공한다.

이때 이들은 자신들의 가장 중요한 잠재적인 영향력을 스스로 창출해야 했는데 세계 여론이 바로 그것이다. 리우회의가 개최된 지 7년이 지난 1999년에 이들의 새 출발은 시애틀에서 세계무역기구 총회를 무산시킨 대대적인 시위를 통해 이루어졌다. 강력한 선진국들이 모든 협상술수를 동원했음에도 불구하고 이 회의에서 자유무역의 무제한적인 확장을 밀어붙이려다 실패한 이유는 일차적으로 세계무역기구 내 갈등 때문이었고 이 갈등은 오늘날에도 계속되고 있다. 즉 유럽연합과 미국은 농업보조금 삭감에 대해 합의에 이르지 못하고 있는 것이다. 개발도상국 대표들은 자신들이 결정적인 협의에는 참석하지 못하는 현실을 더 이상 방치하지 않았다. 그렇지만 전 세계에서 모여든 1,500개의 비정부 단체들의 격렬한 시위는 압력을 강화했고 시민사회의 목소리는 반항적인 개발도상국 대표들에게 힘이 되었다. 시위군중과 신흥공업국 및 개발도상국 정부가 하나가 된 연합은 4년 후 칸쿤에서 세계적인 자유화 열차를 다시 한번 탈선시켰다. 동시에 브라질 포르투 알레그레에서 10만 명이나 모여들었던 세계사회포럼은 '다른 세계가 가능할 수 있을 것이다' 라는 새로운 희망의 선언이 되었다. 그리하여 새천년 들어서까지 계속되는 '신자유주의의 10년' 은 동시에 '비정부 조직의 10년' [352] 으로 발전했다.

그들은 처음에는 불신의 눈길을 받았지만 그들이 지향하는 가치, 현장 중시, 전문역량 덕분에 갈수록 존경을 받았다. 국가 및 경제와 어깨를 나란히 하는 '제3섹터' 로서 이제는 정부로부터 재정적 지원도 받게 되었고 자문위원으로 초청받는다. 일부 사회학자와 평론가들은 "세계 정치의 창공에 나타난 초신성超新星"[353]이라며 대단히 열광적으로 축하했다. 비정부조직들 덕분에 "아래로부터의 여론에 의한 통치의 재발명"[354] 이 가능했다고도 한다. 프랑크푸르트 대학 정치학자이자 평화연구가인 하랄트 뮐러Harald Müller는 이에 비하면 냉정하다. 그에 따르면 비정부단체들은 "국제정치의 의미 없는 부속물도 아니고 성배도 아니다."[355] 그렇지만 그도 이 단체들에게 중요한 역할을 부여하고 있다. 국제적인 갈등이 발생할 경우에는 이들이 "가장 위험한 정치적 상황을 유발하지 않으면서 강대국에게 가장 먼저 즉각 보복할 수 있는 세계정치의 안정에 기여하는 위치"에 있다고 그는 말한다. 가령 비정부 단체들은 오랫동안 기후보호에 참여하는 것을 일체 거부해온 나라를 상대로 소비자 거부운동을 조직할 수 있을 것이다. 뮐러에 따르면 "규칙위반자에게 국제법 원칙을 관철시키기 위한" 그러한 캠페인은 "오늘날 이미 세계사회가 어느 정도 수준에서 존재하고 있는지에 대한 검증이자 동시에 세계사회 건설을 위한 기여"이다.

이러한 규모의 거부운동은 지금까지는 이론일 뿐이었지만 시민사회 조직들은 국제적으로 연계된 정부정책을 구체적으로 변화시키는 데 한 번 이상 성공했다. 가령 1999년에 2천 개가 넘는 그룹이 공동으로 진행한 대대적인 시위가 없었더라면 서방 선진8개국G8은 일정한 조건하에서나마 최빈국들의 채무를 탕감시켜주는 어떤 결정도 내리지 못했을 것이다. 그 후부터 비정부단체들은 그 결정을 쟁취한 것만큼이나 치열하게 이 결정의 실행이 지지부진한 것에 대해 비판하고 있다. 유로솔라 같은 네트워크는 대체에너지 공급을 확대하기 위한 지원법을 유럽 전역에서 추진하고 있다. 미국에서도 앨 고어의 기후변화 반대 캠페인보다 훨씬 일찍부터 아놀드 슈왈제네거와 다른 주지사들로 하여금 에너지개혁을 추진하도록 독려한 것은 과학자, 캘리포니아 환경단체, 퍼블릭 시티즌, 수많은 태양에너지 단체들의 연합이었다. 유전자 기술을 한 번 보자. 끊임없이 새로운 시도를 통해 미국정부와 세계무역기구, 일부

유럽위원회는 수년 전부터 유럽에서 유전자조작식물GMO의 광범위한 도입을 막고 있는 법적 방지장치를 와해시키려 하고 있다. 이에 유럽 지역과 브뤼셀에 있는 수백 개의 시민단체들은 압도적인 다수 소비자들의 이름으로 마치 시지프스처럼 계속 새로운 방지장치를 구축하고 있다. 또한 시민사회가 가하는 압력만이 세계적인 종보호협약에서 제약산업과 영농산업의 착취이익만이 아니라 자연과 원주민의 이용권이 보호될 수 있게 한다. 그리고 지뢰금지를 위한 국제적 캠페인은 아주 의미 있는 성공을 거둘 수 있었다. 강력한 전쟁국제법을 제정하는 데 참여할 수 있었던 것이다.

작고 값싸며 어디에나 묻을 수 있기 때문에 민간인에게도 무자비한 피해를 주는 대인지뢰는 특히나 잔혹한 무기이다. 모잠비크에서 체첸에 이르기까지 과거에 발생했던 전쟁이 남겨놓은 이 수천만 개의 폭발물이 아직도 땅에 묻혀 있다. 대인지뢰 사용을 금지시키려는 생각은 독일 원조기관인 메디코 인터내셔널과 스위스와 미국의 비정부 단체의 지원을 받고 있는 쿠바의 한 의족공장에서 처음 떠올렸다. 자신이 두 다리를 수술 받은 상이군인이기도 한 교관이 미국의 베트남참전군인재단과의 접촉을 주선했다. 처음에는 6개, 나중에는 40개의 다른 비정부 단체들과 연계해서 메디코와 참전군인들은 언론의 도움을 받아 전 세계 인류의 정신을 각성시켰다. 이들은 희생자들의 고통을 보여주었고 모토롤라에서 암스코어Armscor에 이르기까지 책임 있는 지뢰제조업체들을 정면으로 공격했다. 캄보디아에서 영국에 이르기까지 수백만 명의 서명이 도착했고 이러한 압력 덕분에 UN 무기협정을 수정하기 위한 협의회의 일정에 이 주제가 포함되었다. 하지만 이 협의회에서 협상이 실패할 위험에 처하자 비정부 단체들은 외교적인 창의성을 발휘했다. 이

들은 대화의지가 있음을 밝힌 '같은 생각을 가진' 8개 나라 대표들을
1996년 초에 협상테이블에 앉혔다. 지뢰반대캠페인의 대변인들이 이
선구자들의 협상에 깊숙이 개입해서 구체적인 문안을 제의하기에 이르
렀다. 얼마 지나지 않아 16개 정부가 참여했고 1997년 12월에는 122개
국이 오타와협정(지뢰금지협정)에 합의했다. 그리고 현재까지 155개국
이 이 협정에 서명했다. 하지만 러시아, 중국, 미국과 같은 강대국이 다
른 무기금지에 대한 선례가 될 것을 우려해 동참하지 않았다는 것은 기
쁨을 흐리게 하는 베르무트 한 방울 이상이다. 그 밖에 이 협정에는 대
인지뢰만 포함되었고 여전히 분쟁지역에 투입되어 차량과 탑승자를 토
막 내는 대형지뢰는 포함될 수 없었다.

비정부 기구 연합의 활동이 그 후 다시 약화되었다고 해서 노벨평화
상 수상에 빛나는 이 성공이 가지는 모범적인 의의가 줄어들지는 않는
다. 대부분 제한된 힘과 역량을 사용할 뿐인 비정부 조직과 사회운동의
세계적인 활동에 대해 사회학자 시드니 태로우Sidney Tarrow가 서술한
바에 따르면 그와 같은 초국가적인 활동상은 "국제적 해변을 씻은 다음
다시 국내 해양으로 돌아가는 일련의 파도"와 비슷하다. "그럼에도 그
들은 해변에 가치 있는 변화를 남겼다"고 태로우는 주장한다.[356]

어떻게 전 세계에서 동원하는가?

그러나 메디코 캠페인이 있은 지 10년 후에 수많은 세계적 요구들이 장

기적으로 제기되었고 적어도 대기상태에 놓여 언제라도 동원될 수 있게 되었다. 아탁Attac을 창설한 선구자 중 한 사람인 스벤 기골트Sven Giegold의 표현에 따르면 개별 대륙 안에서는 대규모 세계 사회포럼들이 수많은 네트워크로 성장했다. 지역 차원에서는 세계 차원에서보다 공통된 문제가 더 많기 때문이다. 가령 남아메리카의 시민운동과 비정부 기구들은 자체적인 개발은행의 역할을 논의한다. 그리고 아프리카에서는 에이즈, 농산물시장, 원자재판매수입의 공정한 분배에 더 많은 관심을 기울인다. 유럽에서는 네트워크들이 금융시장 규율이나 공공서비스의 위상에 대해 서로 논의한다. 다른 네트워크들은 아프리카 비정부 기구들과 협력해서 가장 가난한 개발도상국에서 자체적인 농업 구상과 산업을 개발하는데 방해가 된다는 비판을 받고 있는 유럽동반협정ERP에 반대하는 운동을 벌인다. 다음으로 지역 차원의 활동은 '우리 세계는 팔지 않습니다Our World is Not For Sale'와 같은 세계적인 캠페인으로 연결된다. 이들 캠페인 주도자들은 월례 전화회의를 통해 정치적 상황판단이나 공동행동에 관해 의견을 교환한다. '빈곤퇴치행동을 위한 세계행동Global Call for Action Against Poverty'은 102개국 단체들과 전 세계에서 공동행동을 수행하는 세계네트워크로서 확고하게 자리를 잡았다. 2007년 10월 17일에는 '빈곤에 반대하는 봉기'에 4,370만 명을 동원할 수 있었다. 이들의 조정회의는 외무장관들이나 세계 콘체른 경영자들의 회동만큼이나 정기적으로 열린다.

　기독교개발서비스EED의 회장이자 동시에 VENRO의 의장인 클라우디아 바르닝Claudia Warning은 "시민사회가 갈수록 밀도 있게 세계화되고 있다"는 사실을 확인해주고 있다. 개발정책 관련 비정부 기구들의 상부조직인 VENRO도 어느덧 G8 회담과 같은 중요한 국제회의에 앞서 자신의 정치적 중점사업과 성명들을 다른 나라의 유사한 상부조직들과 구속력을 가질 수 있게 조율하고 있다. 독일이 G8 의장을 맡고 있던 해에는 정부 수반들 사이에서 앙겔라 메르켈 총리가 맡았던 것과 같은 조정자 역할을 시민사회단체들 사이에서는 클라우디아 바르닝이 자동적으로 맡았다. 바르닝은 "일본, 미국, 영국, 프랑스가 동일한 입장을 지지하는 것이 쉽지 않다는 것은 어렵지 않게 상상할 수 있다"고 말한다. 그 까닭은 비정부 기구들 사이에서도 상이한 국가적 관심과 우선순위가 있기 때문이다. 가령 영국인들은 하일리겐담 정상회담에 앞서 무엇보다도 개발원조금을 증액하라는 요구에 집중하고자 했다. 그 이유는 그것이 토니 블레어 영국 수상에게 가장 유망한 주제였기 때문이다. 독일인들은 매우 이질적인 회원단체들이 제안한 다양한 요구들을 들고 왔다. "하지만 우리는 대부분 합의하는데 성공합니다. 그리고 우리가 제기하는 공동 요구는 전혀 다른 비중을 갖습니다"라고 바르닝은 말한다.

만약 하일리겐담 정상회담에 앞서 비정부기구들이 서한으로 모든 국가수반에게 보낸 정치적 요구사항을 토니 블레어가 논의하고자 한다면 클라우디아 바르닝도 대표단으로 런던 다우닝가로 향한다. 그녀는 "요즘처럼 세계화된 시기에는 다른 나라의 주권영토로 들어가는 것을 더 이상 주저해서는 안 된다"고 말한다. 그래서 2008년 초에는 일본 비정부기구 활동가도 일본 도야코에서 개최될 다음 정상회담에 즈음하여 앙겔라 메르켈 독일 총리의 초청을 받았다. 그 밖에 비정부 기구들은 전 세계적으로 연결되어 있기 때문에 정치적으로 능숙하게 집단적으로 행동할 수 있다. 가령 유럽의회에서 항공교통을 온실가스 배출권거래 협상에 포함시키려는 시도가 유명무실해질 위험에 처하게 되면 브뤼셀에 있는 전 세계 기후행동네트워크Climate Action Network : CAN 유럽지부의 소관 위원회 위원장이 함부르크에서 와서 좋은 아이디어가 있는지 묻는 회람을 돌리기 시작한다. 그러면 CAN 회원인 저먼위치German Watch는 한자동맹도시 함부르크에 있는 기독교민주당과의 접촉을 통해 함부르크가 올레 폰 보이스트Ole von Beust 시장 시절에 원래 기후보호도시로서 명성을 날리고자 했음을 정치가들에게 상기시키고자 시도한다.

구체적인 사례에서 이러한 시도가 성공적이지 않았을지라도 CAN은 전 세계에서 400개가 넘는 회원단체를 가지고 있어 가장 크고 가장 빠르게 성장하는 네트워크 중의 하나이다. CAN은 무엇보다도 대규모 세계기후회의가 열리는 곳에서는 어디에서나 협약에 보다 공세적인 내용을 담을 것을 목표로 등장한다. CAN이 이렇게 하는 것은 기후보호운동가들이 협상의 진행상황에 대해 비판적인 정보를 얻고, 외교적으로 양보하지 않는 유별난 전통을 가진 나라들에게 매일 밤 '오늘의 화석' 표창장을 수여하기 위해서만은 아니다. 이 상의 최다 수상기록은 미국이 가지고 있고 뒤를 이어 캐나다, 일본, 사우디아라비아 순이다. 기후네트워크 회원단체들은 참관인 자격을 가지며 부분적으로 발언권과 제안권을 갖는다. 모든 나라의 CAN 회원단체 100개 이상이 기후보호협정을 협상하기 위한 다양한 실무그룹에 참여하고 있으며, 따라서 이들 모두가 하루에도 수차례 전략회의에서 정보를 교환하면 협상이 진행되고 있는 전체상이 거의 그려진다. 저먼위치 사무총장 크리스토프 발스 Christoph Bals는 "우리는 언제나 개별 정부보다 더 빨리 정보를 얻는다"고 말한다. "그 까닭은 우리는 다른 모든 사절단들이 생각하고 있는 것을 시시각각으로 알게 되기 때문이다." 정부 대표들과 비정부 기구

대표들이 서로 정보를 묻고 UN 기후협약 사무총장도 CAN 인사들이 무엇을 듣고 생각하는지를 알기 위해서 연락하기 때문인 것이다.

휴대전화의 보급 덕분에 정보흐름이 더 빨라졌고 이제는 회의가 진행되는 동안 뉴스가 실시간으로 전달되거나 여론 활동을 위해 활용될 수 있다. 가령 확정적 배출량 제한으로 해석할 수 있는 조항을 일본이 제안하면 비정부 조직이 이를 즉각 일본 언론에 전달한다. 그러면 도쿄에서는 혼란이 초래되고 정부는 그렇지 않다는 입장을 명확히 할 필요가 있다. 그러한 표현이 다자간 의무를 거부하는 미국 입장으로 선회하는 것으로 이해되어서는 안 된다고. 일본 언론인들도 이 이야기를 사후적으로 다음과 같이 해석한다. 비정부 기구의 이러한 투명성 공세가 새로워지는 일본 정부의 기후정책에 대한 입장 정립을 촉진할 수 있었을 것이라고 말이다. 그 비중이 얼마가 되었든. 기후정책이라는 대대적인 게임에서 CAN은 비중 있는 영향력의 변수가 되었다. 그렇다고 CAN의 활동이 언제나 논란의 여지가 없는 것은 결코 아니다.

기후행동네트워크 회원단체들이 다음 해 전략기획을 위해 발리에 모여 6시간 이상 의논한 적이 있었다. 이 자리에서 특히 한 가지 주제가 격렬하게 논의되었다. 그것은 남반구의 위상에 관한 것이었다. 말하자면 지금까지 CAN에서는 이들의 목소리가 "결코 적절하게 대변되지 못했다"고 런던에 있는 옥스팜 인터내셔널의 기후전문가 안토니오 힐 Antonio Hill은 인정했다. 북반구가 지배하게 된 이유 중 하나는 가난한 나라들에서는 복잡한 기후 체제에 관한 비정부 기구의 역량이 강화되지 않았기 때문이다. 종종 국제회의에 참석하기 위한 비행기표를 사기 위한 돈이 없기도 했다. 게다가 북반구에서든 남반구에서든 기후변화가 개발도상국에 미치는 폭발력은 비로소 최근에야 그 전체적인 규모가 파악되었다. 그리하여 기후회의에는 무엇보다도 그린피스에서 세계 야생생물기금에 이르는 환경보호론자들이 참석했다. 가난한 나라들이 가장 큰 피해를 당할 것이지만 이들과 신흥공업국들의 전망이 기후활동가들 사이에서는 이제야 비로소 조금씩 부각되고 있다—국가 차원의 협상자 쪽에서도 마찬가지이다.

기후네트워크에 참여하는 아프리카인, 미주인, 아시아인들이 많아지면 교토의정서에 대한 실행과정에 간여하는 비정부 단체들의 전략도 변화할 것이라는 주장을 뒷받침해주는 몇 가지 사실이 있다. 가령 남아프리카에 본부를 두고 새로 창설된 네트워크인 '기후정의를 위한 더반그룹'은 CAN 외교관들이 청정개발메커니즘CDM은 물론 온실가스 배출권 거래 자체를 너무 무비판적으로 지지했다고 아주 구체적으로 비난한다. 더반그룹에 대해서 인도네시아 인권운동가 오비 페라소파Ovi Ferahsofa는 종종 잘못된 발전구상으로 자금이 흘러들어가는 경우가 있고, 선진국의 환경운동가들에게는 어떻게 해서든 이산화탄소 배출량 감축만이 문제인 것 같다고 도발적으로 비판했다. 그가 생각하기에 기후변화는 "총체적인 정치적 위기"의 표현이며, 따라서 사회문제에 대해서 언급하지 않으면 그것을 해결할 수 없다는 것이다.

다른 주제에서도 환경보호론자들과 개발정책가들 사이에는 상이한 관점들이 존재한다. 그래서 가령 CAN 전략가들은 기후변화에 대한 적응이라는 주제를 세계적 차원의 협상에서 수년 동안 의도적으로 경시했다. 우선 선진국들이 높은 이산화탄소 감축 의무량을 달성해야 한다는 목표가 희석되어서는 안 된다는 것이었다. 그러나 가난한 나라들에게는 두 가지 모두 중요하다. 그리고 이들 나라가 경고시스템, 이주 가능성, 제방 축조와 같은 지원에 얼마나 의존하는지는 아마도 이러한 지체 때문에라도 점차 의식할 수 있게 되었다. 그렇지만 비정부 조직의 활동가들은 아직도 복지국가 시민의 관점에서 행동하는 경우가 너무 자주 있다.[357]

어쨌든 이러한 정당성 문제는 CAN도 인식하고 있으며 후진국의 관점을 강화하기 위한 가능성이 모색되고 있다. 환경단체인 '지구의 친구들'의 열정적인 의장인 메나 라만Meena Raman은 "우리는 이제 리우를 새롭게 발견하고자 한다"고 말한다. 그곳에서 환경과 개발을 동시에 생각하게 되었다는 것이다. 그린피스도 선진국에서 모은 기부금 중에서 지구의 빈곤지대를 함께 아우르는 활동에 배정하는 몫을 크게 늘리고 있다. 중국과 인도에 있는 사무실을 확장했고 이제 아프리카에 첫 번째 그린피스 지사가 개설될 예정이다. 메나 라만은 '지구의 친구들'도 이와 마찬가지로 그동안 경시되었던 검은 대륙에 대한 관심을 강화하려 한다고 말한다. 그 밖에 그녀는 전 세계 회원단체들 사이에서 미래 공동 비전을 탐색하기 위한 2년에 걸친 논의과정을 촉발시켰다.

그러나 몇 년 전부터 개발도상국들이 자신들의 조직과 운동을 독립적으로 결속함으로써 추격하고 있다. 선구자는 웰든 벨로Walden Bellos의 '세계 남부의 초점Focus of the Global South'과 '제3세계 네트워크 Third World Network:TWN'이다. 두 네트워크는 개발도상국의 관점에서 다른 세계상을 제공하는 학술네트워크이다. 세계화 전문가인 에른스트 울리히 폰 바이체커Ernst Ulrich von Weizsäcker는 말레이시아 출신 TWN 이사인 마틴 코어Martin Khor를 "남반구의 가장 중요한 목소리의 하나"라고 부른다. 코어는 경제학자이고 소비자운동가이며 수많은 세계화 비판 서적의 저자로 계몽자인 셈이다. 발리에서나 또는 제네바 호숫가에 위치한 세계무역기구에서, 전 세계 어디에서든 노트북을 들고 있는 그의 모습을 발견할 수 있다. 그는 전 세계를 향해 회의 경과에 관한 배경보고서를 보낸다. 그러면 나이로비에서 마닐라까지, 하이데라바드에서 상파울루까지 의원, 신문기자, 교수, 농민운동 대변인, 노조 운동가들이 그것을 가지고 정치 활동을 한다. 또한 언제나 겸손하게 행동하는 이 말레이시아인은 수많은 개발도상국 정부의 자문위원으로서 적극적으로 활동하고 있다. 세계화 연구자이자 세계무역기구 직원인 볼프강 작스의 견해에 따르면 수년 전부터 세계 정치무대에서 개발도상국의 자신감이 명백히 높아진 데에는 "마틴 코어의 공로가 작지 않다."

그러나 전 세계에서 소농과 농업노동자의 권익을 위해서 활동하는 라 비아 캄페시나La Via Campesina와 같은 네트워크도 여기에 기여했다. 1993년 창설된 이후 이 네트워크에 소속된 53개국 132개 단체들은 세계시장과 자본집약적인 농업기업에 우선권을 부여하는 농업정책에 반대하는 '농민의 길'을 옹호하고 있다. 남반구 농민들과 더불어 '식량주권', 즉 모든 나라가 식품생산과 식생활을 어떻게 형성할지를 스스로 결정할 권리를 위해서 투쟁하는 것은 유럽과 미주의 동료들도 마찬가지이다. 그러나 라 비아 캄페시나는 압도적인 다수의 국민이 농업에 생계를 의존하고 있고 빈곤 속에서 사는 사람도 적지 않은 개발도상국에 정치 활동의 중점을 두고 있다. 대지주의 이익에 반하는 농업개혁에 대한 그들의 요구는 그곳에서 커다란 폭발력을 가지고 있으며, 녹색 모자와 목도리를 한 '국민 행렬'이 세계무역기구 회의가 열리는 홍콩이나 아시아의 다른 쌀 경작지에서 행진을 하면 체포사태가 벌어지는 경우도 흔하다. 인도네시아에 있는 국제조정센터의 의장이자 농민대표인 헨리 사라기Henry Saragih는 칼리만탄과 수마트라 열대우림의 열정적인 옹호자이고 그곳에서 야자유 귀족들에 의한 토지 소유에 반대해서 투쟁하고 있다. 2008년 초에 영국 일간지 〈가디언〉은 그를 '지구를 구할 수 있는' 50인의 인물 중 한 명으로 선정했다.[358]

개발도상국에서는 세계적인 '국민건강운동People's Health Movement'도 탄생했다. 이 운동은 2000년 방글라데시에서 열린 '아래로부터의 세계보건집회'에서 창설되었다. 90개국의 회원단체들은 국내에서는 기초부양을 개선하기 위해서 활동하고 세계적인 차원에서는 의학연구와 세계보건기구에서 우선순위를 변경하기 위해서 활동하고 있다. 그러한 모임들에서는 갈수록 빈번하게 개발도상국 사이에 아주 실질적인 지식교환이 성사되고 있다. 이 지식교환이 중요한 이유는 아시아 개발도상국의 생산조건과 생활조건은 서구 선진국의 그것보다는 남미의 그것과 훨씬 유사하기 때문이다.

가령 의약품 공급에서 이루어지는 협력이 특히 두드러진다. 2007년 봄 프랑크푸르트의 한 주민자치센터에는 열정적인 여성과 백발의 남성이 사업계획서들과 생화학 공식들에 둘러싸여 앉아 있었다. 엘로안 피네이로Eloan Pinheiro는 브라질에서 에이즈퇴치운동을 성공으로 이끈 핵심인물이다. 전직 국영제약회사 사장이었던 그녀는 그 나라에서 값비싼 서구 의약품의 모조 시제품, 즉 비싸지 않은 에이즈 치료제를 만들기 위해서 활동했다. 그녀 앞에 있는 자프룰라 초두리Zafrullah Chowdhury는 방글라데시에서 '국민보건센터'를 설립했다. 그것은 국민들이 자신들의 상황을 스스로 개선하는 법을 배우는 작은 자구시설들의 체인이다. 이 대안 노벨상 수상자와 브라질 여성은 한 가지 문제를 공동으로 해결하기 위해서 만났다. 세계 특허법은 브라질이나 인도와 같은 보다 부유한 신흥공업국들이 더 이상 의약품을 값싸게 복제하는 것을 허용하지 않는다. 가장 빈곤한 나라들만이 세계무역협정에 따라 2016년까지는 특허법 상의 허가가 없이도 소위 제네릭Generic●을 생산할 수 있다. 그러나 대부분의 나라들은 기술적인 능력이 없기 때문에 전혀 생산하지도 못하고 있다. 여기에서 방글라데시는 예외이다. 초두리가 이끄는 국민보건센터는 이미 80년대에 최소한 일상의약품만이라도 콘체른의 시장정책에 좌지우지되지 않도록 자체적인 의약품 생산시설을 구축했다. 이들은 개발도상국에 자신들의 모조품을 선진국에서보다 대부분 값싸게 판매한다. 그리고 아주 관대하게 기부금을 제공하기도 한다. 그 밖에 자체적인 세계의약보건기금Global Pharma Health Fund을 통해서 지금은 에이즈퇴치 프로그램도 운영하고 있다.

"그러나 우리는 더 많은 것을 얻고 있습니다. 그것을 스스로 만들 수 있다는 행복감입니다"라고 초두리는 싱긋 웃으며 말한다. 방글라데시의 작은 공익기업이 앞으로는 아시아와 아프리카의 빈민을 위해서 에이즈 치료제를 생산할 수 있을 것인가? 어떤 시설이 필요하고 어떤 역량이 필요한가? 이 프로젝트는 이제 기획단계이지만 엘로안 피네이로는 다카 근교에 있는 초두리의 기업을 이미 자세히 관찰했다. 그리고 지금까지는 그러한 전문지식이 선진국에서만 왔었지만 이제는 개발도상국에서 개발도상국으로 흘러갈 수 있다.

인도의 과학환경센터의 경우도 이와 유사하다. 이 센터는 아시아와 아프리카가 빗물채취 및 보관시스템에 관한 경험을 교환하기 위해서 최근에 작은 사무실을 열었다. 그리고 '지구의 친구들'은 오래 전부터 퇴비와 구더기 사육으로 환경친화적 경작에서 성공한 인도 동료들을

● Generic: 모방의약품, 복제약.

말레이시아 농부들에게 소개시켜주는 자리를 마련했다. 다른 한편으로 이들은 홍수림을 새로 조림하고 보존하기 위한 모범적인 지역프로젝트가 있는 태국으로 어부들을 파견했다. 그 까닭은 말레이시아에서도 환경오염과 도시 확대로 인해 어종이 풍부한 서식공간들이 위험에 처해 있기 때문이다.

콘체른의 살에 박힌 가시

정의로운 세계경제를 요구하는 캠페인에서 북반구와 남반구 사이의 초국적인 협력은 이미 오래 전부터 잘 이루어지고 있다. 최근에는 '제3섹터'가 정부에 대해서 영향을 미치고 있을 뿐만 아니라 비정부 기구들은 세계적인 콘체른의 살에 박혀 있는 가시이다. 동시에 세계 소비자계급도 앞장서서 기업뿐만 아니라 정부에게 압력을 가할 수 있다. 특히 네덜란드에 근거지를 둔 세계적인 네트워크인 청정의류캠페인Clean Clothes Campaign(CCC)은 니카라과에서 인도에 이르기까지 의류산업과 스포츠용품산업에서 노동조건을 개선하기 위한 투쟁을 효과적으로 전개하고 있다. 그러나 이 캠페인은 비정부 기구들이 달성할 수 있는 것의 한계도 동시에 보여주고 있다. 여기에서는 국가가 요구된다.

유럽이나 미국의 의류기업은 청바지, 티셔츠, 축구공을 자국에서 생산하지 않고 거의 전량을 개발도상국과 신흥공업국에서 만든다. 거기에서 그들은—그리고 소비자들은—기아임금은 물론 소위 특별경제구역이라는 거의 무법공간을 이용해서 이익을 얻고 있다. 특히 세계 섬유류 수출의 4분의 1을 차지하는 중국에서는 물론 인도네시아나 방글라데시에서도 아동노동, 임금덤핑, 휴식시간 없는 야간노동은 노동자들의 일상에 속한다. 중국 광둥성 중샨시 샤시沙溪 지구에 있는 한 기업에서는 빨래집게를 이용해서 여성노동자들이 눈을 뜨고 있도록 강요하기조차 한다.[359] 이에 대해 생산국과 소비국에 있는 약 200개의 여성단체, 소비자운동단체, 노조, 교회단체들은 청정의류캠페인에 모여서 수년 전부터 나이키, C&A, 퓨마와 같은 대형 유명 콘체른들이 하청업체들의 그처럼 비인간적인 노동조건을 개선할 수 있는 대책을 세우도록 공동행동을 통해 압력을 행사하고 있다. 기업들은 '거명하고 창피주기' 에 민감하다. 그것은 바로 세계화된 시장에서는 그들의 소위 명성자본이 더욱 가치 있기 때문이다. CCC 활동가들은 2004년 아테네 올림픽 당시 50만 명의 서명을 받아 스포츠용품기업들에게 공정한 근로조건을 준수하도록 요구했다. 2008년에는 베이징 올림픽을 겨냥하여 중국에서도 다시 유사한 행동을 계획했다. 착취상황을 거부한다는 사실을 전자우편이나 우편엽서로 알리도록 고객들을 지속적으로 독려하고 있다.

수년에 걸친 끈질긴 여론작업은 갈수록 많은 소비자들의 의식을 전환하는 데 기여했다. 이는 CCC가 거둔 가장 큰 성과의 하나이다. 그리하여 이제는 천연식품과 공정거래식품에서처럼 패션에서도 소비자들이 구매를 결정하기 전에 꼼꼼하게 살펴본다는 사실을 해당 분야 전문가들은 확인하고 있다. "윤리적 의상을 구매하는 것이 추세가 되었다"고 한 전문가는 말하고 있다. 유럽에서도 그 티셔츠가 잘 팔리고 있는 아메리칸 어패럴과 같은 미국 기업들에게서는 양심에 대한 강조와 관심에 기대를 걸 수 있다. 회사 발표에 따르면 그들은 주로 환경친화적으로 생산된 면화를 이용해서 중국의 저임금 공장이 아니라 로스앤젤레스에서 이주노동자들이 생산한다. 아메리칸 어패럴은 윤리 상표로 4년 사이에 매출액을 3,500만 달러로 배가할 수 있었고 어느덧 미국 최대의 티셔츠 생산기업의 하나가 되었다.[360] Gap, 리바이스, 또는 그룹 U2의 리더 보노의 의류기업이던 어패럴이 남아프리카 소국 레소토에서 노동자 친화적인 노동조건하에서 생산한 청바지와 티셔츠도 날개 돋친 듯이 팔렸다. 하지만 중국산 저가 수입품이 시장에 넘쳐나면서 아프리카 작은 나라의 섬유산업에서 약 10,000개의 일자리가 사라졌다. 이제 새로운 브랜드의 생산작업에서 다시 일자리를 구하고 있다. 이던 어패럴 Edun Apparel의 최고경영자 크리스찬 켐프그리핀Christian Kemp-Griffin 은 "기업이 윤리적으로 생산할 때 제품에서 발생하는 이윤마진을 희생시키지 않아도 된다. 실제로 그것은 소비자에게도 초과가치를 가져다 준다"[361]고 확언한다.

독일에서는 지금 세계최대 통신판매업체인 오토그룹이 책임 있게 생산된 원료를 대량시장에 공급하고 전체 가치창출사슬을 개조하려는 시도를 감행하고 있다. '아프리카산 면화' 라는 이니셔티브는 이제 시작에 지나지 않지만 면화가 말리 농부에 의해 재배되어 함부르크의 매장에 걸려 판매될 때까지 한 단계 한 단계가 사회적·생태적으로 친화적인 방식으로 조직될 것이다. 이를 위해서 오토 경영진은 전 세계 면화거래상들, 의류기업인 톰 테일러, 독일 기술협력협회GTZ 대표와 회동했다. 또한 독일 환경보호연합, 세계야생생물기금, 세계기아원조와 같은 비정부 단체들과 협회들은 자문위원으로 참여했다. 티셔츠와 이불의 가격을 지나치게 인상하지 않으면서 이미 익숙해져 있는 생산구조와 거래구조를 깨뜨리는 것은 힘든 사업이었다. 그러나 페터 마파이Peter

Maffay가 선전하는 첫 번째 제품이 이미 오토 카탈로그에 실려 있다. 그리고 앞으로 3년 내지 5년 사이에 약 3억 장의 티셔츠를 생산하는 데 필요한 10만 톤의 면화 매입을 보증하면서 공정한 가격으로 12만 명의 농부로부터 매입하겠다고 오토 경영진은 예고했다.

그렇지만 이러한 노력은 아직 예외에 지나지 않는다. 그리고 대부분의 의류생산에서는 2004년 말 세계 섬유협정이 만료되고 그에 따라 자유무역이 세계적으로 확산되면서 세계시장에서의 경쟁이 다시 한번 격심해졌다. 그 후 콘체른의 고용정책이 세계적으로 유연해짐에 따라 현지 생산자들을 위협할 가능성은 더욱 커졌고, 그럼으로써 여성근로자들에 대한 압력도 커졌다. 게다가 다시 한번 값싸게—청바지를 9.99유로에—판매하려는 할인매장들이 갈수록 많이 의류시장에 진출하면서 가격인하경쟁을 추가로 부추기고 있다. 그래서 청정의류캠페인은 아직도 할 일이 있다. 이들의 조사관인 잉게보르크 비크Ingeborg Wick에게는 언제나 한 가지 '중요한 학습경험'이 떠오른다. 그녀가 동남아시아 여행을 수없이 많이 하는 동안 여성 섬유노동자들과 이야기를 할 때면 젊은 여성들의 태도가 언제나 그녀의 가슴을 뭉클하게 했다고 한다. "그녀들은 감당할 수 없을 정도로 착취당하는 경우가 종종 있었지만 대부분 도시에서 일자리를 찾았다는 사실 자체에 감사하는 마음이었다"고 그녀는 설명한다. "노동조건에 대한 그녀들의 비판은 언제나 부차적인 것이었다." 이 사실만으로도 이들이 더 이상 돌아가고 싶어 하지 않는 농촌의 강제와 빈궁에 대해 많은 것을 알 수 있다. 그리고 그녀들이 고용주의 자의에 얼마나 노출되어 있는지에 대해서도.

교회와 가까운 지그부르크Siegburg연구소 '쉬트빈트(SÜDWIND)'에서 근무하는 잉게보르크 비크는 수년 전부터 중국에서 인도네시아에 이르기까지 노조, 법률가, 비정부 단체, 여성노동자들과 집중적으로 접촉하고 있다. 그녀와 11개 유럽 국가들에서 온 그녀의 동료들은 "지속적으로 공장의 노동조건들에 관한 정보를 서로 교환하고 있다." 그 까닭은 결사의 자유가 없거나 정보제공자가 탄압을 두려워하는 곳에서는 정보에 접근하는 것이 결코 쉽지 않기 때문이다. 캠페인 조사관 스스로 한 차례 이상 체포 위협을 받았다. 각각의 기업가들과의 구체적인 공급관계를 콘체른에게 입증하기 위해서는 '탐정처럼' 행동해야 한다고 비크는 말한다. 그 까닭은 수탁자들이 자주 바뀌고 그들은 수백차례 서로 최저가격으로 덤핑을 할 뿐만 아니라 중간상의 중개로 인해 직접적인 거래관계가 은폐되기 때문이다. 따라서 아시아 공급업체들에서 명확히 나타났던 비인간적인 상황에 대한 책임을 많은 의류제조업체들이 부인할 수 있었다.

자신들이 오늘날에는 더 이상 할 일이 거의 없게 된 것을 잉게보르크 비크는 또 하나의 성공으로 간주한다. 언론을 기피하는 것으로 악명이 높은 슈퍼마켓 체인 알디의 경영진조차 최근 독일 CCC 감시자의 공격 표적이 되자 이 비판자들을 두려워하는 것 같다. 이 염가 슈퍼마켓의 선구자는 자신의 상품 공급업체인 중국 및 인도네시아 하청업체가 노동자들에게 과도한 노동을 강요하고 임금을 체불하며 아동을 고용하고 있다는 의류캠페인의 한 연구결과에 직면하자 2007년 봄 신속하게 반응했다. "우리는 영업활동을 통해 전 세계와 연결되어 있는 기업으로서 이러한 지위로부터 생겨나는 책임을 잘 의식하고 있다"고 알디 경영진이 발표했다. "제품 생산국들의 열악한 조건을 볼 때 우리의 독일 파트너에 대한 신뢰 이외에 통제형태도 도입할" 필요성을 느낀다고 했다. 그 사이 이 기업은 유럽무역연합이 탄생시킨 기업사회준법운동 Business Social Compliance Initiative: BSCI에 가입했다. 이 운동의 행동규범집에는 생존을 보장하는 임금지불이 규정되어 있다. 노동시간에 대해서도 공정한 규칙이 적용되어야 한다.

다른 기업들에서도 비정부 단체들의 압력은 효과를 보였다. 할인매장 리들Lidl은 CCC와 독일 공공서비스노조가 2006년에 노동조건으로 압박하자 BSCI 규범집을 수용했다. 나이키, 아디다스, 리바이스, 오토 통신판매기업은 여론의 압력을 받아 현지의 노조와 비정부 단체들이 가입해 있는 독립적인 통제기관에 가입했다. 또는 치보Tchibo는 '치보의 재봉소에서 발생한 스캔들' 과 같은 대대적인 보도가 나온 다음에야 노동조건 개선을 달성하고자 자체적인 부서를 증설했다.

민간자율규제의 한계

그러나 그러한 자기책무를 실제로 실행에 옮기는 것은 이중적인 결과를 초래하는 것으로 나타났다. 몇몇 제조업체에서는, 가령 종업원에 대한 적절한 의료서비스 제공이나 임금 인상과 같은 분명한 개선이 있었다고 잉게보르크 비크는 결론짓고 있다. 그렇지만 나이키와 아디다스, 그리고 다른 기업들은 "일부 사업장에서의 진전이 마치 전체에서 이루어진 것처럼 선전"하지만 사안별로는 긍정적인 사례들이 실제로 산업 전체에는 아무런 영향을 미치지 못했다. 비크에 따르면 "전반적으로는 예전과 똑같다. 오히려 경쟁이 심화되면서 첨예화되기도 한다." 40개 이상의 기업과 노조대표, 비정부 단체 대표들이 소속되어 있는 윤리무역

운동Ethical Trading Initiative의 활동에 관한 연구결과도 비슷하게 비판적으로 나타났다. 의류, 신발, 식품부문에서는 비록 후생급여의 산발적인 개선이 확인되기는 했지만 노조의 자유와 결사의 자유가 관철된 곳은 거의 없었다. 조사대상이 된 기업들이 서류를 위조한 것으로 밝혀진 경우가 많았다. 계절노동자들과 이주민들은 사회적 자기책임의 혜택을 전혀 받지 못했고 하청업체에서도 적용되지 않았다.[362] 2006년 BSCI 자체검증도 마찬가지로 커다란 결함을 드러냈다. 기업책임 법률고문이 확인한 바에 따르면 조사대상이 된 공장들에서 "시스템에 복종할 충분한 유인이 공급업체들에게 제공되지 않고 있다"는 것이다. 전 세계적으로 BSCI 규범집을 갖추고 있는 조사대상 기업의 75퍼센트가 노사관계에 문제가 있는 것으로 분류되었다. 단지 8퍼센트에서만 문제가 없는 것으로 나타났다.[363]

그 이유는 다양하다. 공급업체들이 전체 상황을 파악하고 있지 못한 것도 한 가지 이유이다. 그러나 지금까지 자발적으로 규범집 준수에 참여하지 않고 있는 소매상들이 상당히 많다는 사실도 이유가 된다. 소수만이 앞서가면 추가비용이 이들에게만 발생하게 되고 선구자들은 아무리 이미지가 개선되어도 격렬한 경쟁에서 다른 경쟁기업들에 비해 불이익을 받는 것으로 느낀다. 한 대기업의 관리자가 주장하는 바에 따르면 "그것은 스포츠에서의 도핑과 같다." 그는 아무도 우회할 수 없도록 국가가 규칙을 제정하는 것이 차라리 낫다고 말한다. 그러나 그는 자신의 이름이 언급되는 것은 원치 않았다. "그렇지 않으면 같은 업계 사람들 사이에서 원성이 높아질 것이다." 잉게보르크 비크는 이 점에서 보다 솔직하게 말할 수 있었다. 그녀는 "자발성에는 한계가 있다. 우리는 세계적으로 구속력 있는 사회표준과 함께 명확한 제재도 필요하다"고 말한다. 전체에 대한 파악이 불가능하다는 이유에서도 그러하다. 그 까닭은 부문을 초월하거나 기업 자체적인 수많은 자기책무는 물론이고 다양한 국가기관이나 비정부 단체들에 의해 작성된 자기책무를 낱낱이 알고 있는 고객이나 하청업체는 없기 때문이다.

소매업이 아닌 다른 분야에서도 글로벌 콤팩트Global Compact처럼 유엔이 주도하는 유사한 캠페인이나 시민운동들이 세계적으로 활동하는 기업들에게 일종의 윤리 붐을 일으킨 것은 사실이다. '기업사회책임'을 위한 자체적인 부서는 더 이상 예외적인 현상이 아니며, 텔레콤에서부터 월마트와 메트로를 거쳐 네슬레 콘체른에 이르기까지 수많은 열성적인 종업원들이 기후보호와 복지프로그램을 진지하게 받아들이면서 활동하고 있다. 그렇지만 다른 부서들은 이들을 마치 경제부장관이 환경부장관을 대하듯이 하는 경우가 너무 자주 있다. 그리고 결국에는 경제부장관의 의견이 관철된다. 그리하여 경제활동의 핵심은 거의 건드리지 못하는 타협에 머무는 경우가 흔하다. 하지만 실제로 기업의 관점에서 볼 때 자발적인 자기책무와 윤리 상표는 무엇보다도 한 가지 목표에는 도움이 된다. 법률, 법적 구속력을 갖는 규정이 제정되고, 그래서 추가 비용이 발생해서는 안 된다는 것이 그것이다. 그렇기 때문에 기업책임에 관한 규정집을 통과시키려는 UN의 노력은 지금까지 성공하지 못했다. 이 노력은 구체적인 배상의무를 도입하려는 것 때문에 항상 UN 인권위원회에서 합의에 실패했다. 경제협력개발기구OECD가 원칙을 결의했고 국제노동기구ILO의 핵심적인 활동규범이나 후생표준이 국제법적인 유효성을 가지지만 경제계의 극렬한 반대로 인해 효과적인 제재수단을 갖춘 기관은 없다.

비정부 기구들은 '민간자율규제', 말하자면 기업과 직접 협상해서 얻어낸 규칙에 수년 동안 희망을 걸었다. 그러나 거기에서 그들은 자신들의 역할을 과대평가했다. 모든 성공적인 활동에도 불구하고 많은 비정부 기구들에서 이제는 각성이 아닌 신음이 확산되고 있다. "실질적인 변화는 달성하지 못했다"고 비정부 기구 싱크탱크인 weed의 페터 푹스Peter Fuchs와 욘 하겐로흐Jörn Hagenloch는 비판한다. 그리고 그들의 비판은 더욱 날카로워진다. "오늘날 '기업사회책임'은 유감스럽게도 유행이 된 테마에 대한 정치적 이니셔티브의 전도를 의미한다."[364] 그리하여 세계화라는 고슴도치와 시민사회라는 토끼 사이의 경주는 다음 라운드로 넘어간다. 처음으로 되돌아간다고 말할 수도 있을 것이다. 국가라는 심판이 다시 요구된다. 국가가 나서서 사회적·생태적 규칙들이 구속력을 가지도록 해야 하고 자발성 대신 보고의무가 도입되어야 한다. 국가가 나서서 국제법적 규범을 구체적인 법률로 바꾸어서 기업들에게 더 이상 도덕적으로만이 아니라 법적으로도 책임을 추궁할 수 있어야 한다. 기업책임Corporate Accountability: CorA과 유럽 기업정의연합 같은 새로운 네트워크가 이것을 목표로 지금 활동하고 있다.

하지만 그곳으로 가는 길은 아직 멀다. 그때까지는 많은 비정부기구들이 '윤리 PR'이나 '녹색 세탁'을 폭로하는 것을 자신들의 과제로 생각하고 있다. 아탁의 의결위원회에 새로 참여한 슈테판 쉴링은 "만일 지금 모두가 우리처럼 말한다면 그럴수록 말과 행동 사이의 차이를 명확하게 해야 한다"고 말한다. "그것은 Eon처럼 앞으로도 석탄과 원자력을 중시하면서 대외적으로는 풍력발전설비와 조력발전소에 주력하는 것처럼 치장하려는 에너지 콘체른에게 해당된다." 이는 만약 환경친화적으로 재배한 양배추가 많은 에너지를 소비하여 냉동된 채 유럽 전역으로 수송되어도 여전히 '환경친화적'인지에 관한 의문에도 해당된다. 나아가 이는 많은 윤리적 투자에도 해당된다. 그 규모는 지속적으로 증가해서 독일에서도 2006년 191억 유로에서 2007년 216억 유로로 증가했다. 때때로 애널리스트들도 그다지 면밀하게 관찰하지 않는다.

가령 남아프리카 광산기업 앵글로 플래티넘Anglo Platinum에는 여러 개의 '지속가능성기금'이 참여하고 있다. 이 회사는 교회 투자자를 포함해서 사회적으로나 생태적으로 결함이 없는 기업에 투자하려는 투자자들에게 추천되고 있다. 반면에 달변의 남아프리카인 존 케이플John Capel은 본에서 개최된 회의에서 이 회사에 대해 다른 모습을 그려보였다. 그는 이 회사 경영진이 최근에 노동자보호를 위해 더 많이 노력하는 것은 사실이라고 보고했다. 그러나 앵글로 플래티넘의 귀금속광산에서는 아직도 사고로 인해 지난 수년 동안 매달 평균 두 명의 사망자가 생겼다고 한다. 여성들은 채굴장에서 성추행을 두려워해야 했고 새로운 갱도를 파기 위해서 농민들이 여러 차례 토지에서 추방당했다고 한다. 케이플은 2000년부터 대규모 콘체른의 '기업사회책임'을 관찰하는 벤치마크 재단에서 일하고 있다. 그는 다른 개발도상국에서 온 경제전문가들과 함께 공동으로 독일 은행들의 애널리스트와 투자전문가들을 상담해주기 위해서 쉬트빈트의 초청을 받아 본에 왔다. 왜 그처럼 피상적인 판단에 이르는 경우가 종종 발생하는가? 금융인들의 설명에 따르면 애널리스트들이 기업을 분석하면서 받는 심한 시간압박 때문이다. 그런 경우에는 윤리 검증을 할 때 거의 해당 기업의 자체평가에 의존하게 된다는 것이다. 본에서 그들은 기업의 일상적인 실행에 관한 보다 정확한 정보를 어디에서 얻을 수 있는지에 대해 토론했다. 그래서 비정부 기구들은 그들 자신이 만들어낸 윤리 시장들에서도 투명성을 높이기 위해 노력하고 있다.

그러나 비정부기구의 영향력이 커지면서 비판도 증가하고 있다. 때로는 몇 명에 지나지 않는 사람들이 캠페인을 통해 전체 콘체른의 이윤곡선을—적어도 일시적으로나마—바닥으로 떨어뜨리고 전 세계의 협상과정을 변화시킬 때 그들은 도대체 누구를 대변하는 것인가? 체코 대통령 바츨라프 클라우스Václav Klaus는 최근 "NGO주의"라는 "새로운 사회주의"에 대해 경고해야만 한다고까지 생각했다.[365] 그러나 그다지 음모론적으로 접근하지 않는 비판자들도 '정치 연극무대에서의 광대들'의 형식적 정당화에 대해 의문을 던진다.[366] 이들 광대를 선출한 사람은 아무도 없는 것이다. 그렇지만 그러한 비판에서도 비정부 기구들 내에서도 얼마나 다양한 관점이 존재하는지는 간과된다. 공개 석상에서뿐만 아니라 서로 간에도 그들은 다원적인 의견 경쟁을 벌이면서 활동한다. 그리고 "사람들이 행동하라는 호소를 자발적으로 따를 때" 비로소 그들이 시민들에게 영향을 미칠 잠재력은 발휘된다고 갈등전문가 하랄트 뮐러는 말한다. 뮐러에 따르면 "각 개인이 비정부 기구의 정치에 대한 심판"이 되고 이들의 정당성은 "특수한 경우에" 그때그때 적용된다.[367] 하겐 방송대학의 평화민주주의연구소의 루츠 슈라더Lutz Schrader도 손을 내젓는다. 오늘날 비정부 기구들은 "정당에 거의 상관없이 대의민주주의에 필요한 보완장치로 인정된다." 그렇지만 그들은 자신들이 "대변한다고 주장하는 이익을 실제로 대변하는지"에 관한 질문에 대해 자신들의 정당성을 입증해야만 한다.[368] 그 이유는 비정부

기구들의 가장 중요한 자본은 그들의 신뢰성이기 때문이다. 그리고 그들은 종종 자신들의 이익을 내세우기도 한다.

자금은? 이는 대부분의 시민운동에게는 여전히 부족하다. 부족한 재원을 가진 비상근자들은 자신들이 손가락질하는 기업들이 집행하는 수십억의 광고비와 마케팅예산에 맞서야 한다. 그러나 부분적으로는 '제3섹터'도 어느덧 경제요인이 되어버렸다. 그들의 공적인 역할이 인정되면서 많은 비정부 기구들로 거액의 기부금이 흘러들어간다. 가령 독일 그린피스는 2007년에 4천만 유로 이상의 수입을 기록했다. 산업계나 정부부처가 필요로 하는 평가서에 대한 수당을 받거나 국가로부터 직접 지원금도 받는 기구들도 있다. 그 덕분에 시민운동의 활동은 더욱 전문적이 되었고, 그래서 더욱 진지해졌고 영향력도 커졌다. 그러나 몇몇 대규모 단체들은 어느덧 '집행이사'나 '부서장'을—비록 콘체른에서보다 급여는 적지만—고용하고 있고, 경력개발 기회도 제공하며 정부와 기업에 자문을 해주고 있다. 이로 인해 인식이 변할 수 있고 논의를 촉발시키는 비판적 공격수로서의 역할이 무뎌질 수 있다.

후원금이 줄어들 것을 우려해서 환경단체들은 수년 동안 최대의 환경오염원인 자동차에 대한 투쟁을 거의 하지 않았다. 부자 나라들이 개발도상국의 이산화탄소 피해자들에게 금전적인 보상을 해야 한다는 사실에 대한 계몽도 여전히 인기가 없다. 또는 "기후연대는 새로운 석탄발전소를 건설하는데 반대하지만 석탄발전의 중단을 요구하지는 않는다"고 아탁의 알렉시스 파사다키스Alexis Passadakis는 비판한다. 세계야생생물기금에서 오랫동안 기후전문가로 활동했던 제니퍼 모건Jennifer Morgan은 "우리의 생활방식을 지나치게 문제 삼는 것이라면 지원이 끊길 것이라는 두려움이 생긴다"고 인정한다. 그녀는 오늘날 '환경운동의 제3세대'로서 외교적인 경로를 통해 세계기후정책을 진전시키려는 단체인 e3g에서 활동한다. 사회운동연구자 디터 루흐트Dieter Rucht도 "제도화가 진전됨에 따라서 요구가 약화된다"는 것을 관찰하고 있다.

게다가 일부 시민사회와 정부 사이에서 발전되어온 관계도 사회학자 울리히 벡Ulrich Beck이 도발적으로 명명한 바와 같이 "적들의 역설적인 친교"로서 이중적이다.[369] 특히 환경부와 경제개발부는 비정부 기구들의 활동에 대한 지원금을 매년 증액하고 있다.[370] 이 자금은 무엇보다도 분쟁지역의 지원단체들에게 들어가지만 수많은 교회 단체, 연구소, 공공 캠페인, 트랜스페어 이니셔티브에게도 들어간다. 이러한 조치는 올바르면서 중요한데, 그 이유는 개발도상국에서는 비정부 기구들이 일련의 과업을 공공기관보다 더 신뢰성 있게 수행할 수 있고 또한 자연보호와 기후보호도 의심할 여지없이 지원을 필요로 하기 때문이다. 그러나 동시에 사용목적이 정해져 있는 지원금을 이용해서 시민사회 일부가 정부정책을 위해서 도구화될 위험이 있는 것도 사실이다. 그래서 메디코 인터내셔널의 토마스 게바우어Tomas Gebauer는 이미 자신들의 '국가화'를 말하고 있다. 가령 비정부기구인 '환경개발포럼'이 연방환경부의 위탁을 받아 정부회의체인 '재생가능성'을 조정한다면 얼마나 독립성을 유지할 수 있을 것인가? 한때 원조기구인 'Cap Anmur'를 창설했던 루페르트 노이덱Rupert Neudeck과 같은 전문가들은 특히 지원금을 신청하려면 방대한 관료적 작업을 필요로 하는 EU 자금이 소규모 개발프로젝트는 사실상 배제할 뿐만 아니라 그것을 받으려는 자는 갈수록 내용에서 자신만의 강조점을 무시하게 될 것이라고 비판한다. 더욱이 적지 않은 비정부 기구들이 상근자들의 급여를 사용이 자유로운 자금에서가 아니라 정부가 제공하는 개별 프로젝트 지원금을 통해 어렵사리 지급한다. 조직을 유지하기 위해서는 머리에 쥐가 날 수 있다고 저먼워치의 클라우스 밀케Klaus Milke는 고백한다. "내게 다시 필요할지도 모르는 지원금제공자의 발을 걷어차는 것이 도움이 되는지 많은 사람이 자문한다." 그래서 밀케는 정부 부처들이 앞으로는 자금을 정부가 제시하는 좁게 정의된 프로젝트나 주제에 대해서만 제공하지 말고 프로그램을 위해서 제한 없이 제공할 것을 제안하고 있다. "그렇게 하는 것이 시민사회의 중요한 행위자인 비정부 기구들에게 오히려 적절하다"고 밀케는 말한다. "그들의 장점은 임기나 자격요건을 염두에 둘 필요가 없고 장기적이며 독립적으로 기획하고 사고할 수 있다는 것입니다."

시민사회의 다른 행위자에게서도 자금은 전혀 다른 방식으로 역할을 한다. VENRO 대변인 클라우디아 바르닝은 보노부터 겔도프까지, 줄리아 로버츠부터 리어나도 디캐프리오까지 저명인사는 물론 이제 빈곤퇴치와 기후보호를 위해 거금을 투자하는 기업경영자들과 기부자들을 거명한다. 이들의 참여가 반가운 것은 사실이고 이들 저명인사의 지원 덕분에 전혀 새로운 인구계층이 전 세계 빈곤문제를 직시하도록 하는데 성공했다고 바르닝은 주장한다. "다른 한편으로는 그것이 자선행위가 아니라 정의의 문제라는 점에 대해서는 거의 논의가 없다." 그 밖에 돈은 권력이다. 바로 이 점에서 세계에서 가장 부유한 부부가 비판대상이 되었다. 신화적인 마이크로소프트 설립자와 그의 부인이 설립한 빌&멀린다 게이츠 재단 때문에.

그들이 모습을 드러내는 곳이면 세계에 어디에서든 두 사람은 겸손하고 꾸밈없는 모습 덕분에 지지를 받는다. 막강한 권력을 지닌 이들 미국인 부부와 함께 서부 케냐를 여행했던 아프리카녹색혁명연맹의 아킨 아데시나는 "그들은 면밀하게 관찰하고 평범한 농부들과 접촉을 하며 경청할 줄 안다"고 자신의 경험을 말한다. "자동차 안에서 그들 곁에 있으면 무언가 변하는 것을, 그들이 진정으로 원한다는 것을 느낄 수 있다." 그리고 그들은 그에 필요한 재원을 가지고 있다. 미국 대형 투자자 워런 버핏이 300억 달러를 추가하면서 그들의 재단은 600억 달러의 기본자본금을 갖게 되었다. 이 자산에서 얻어지는 이자수입으로 그들은 매년 30억 달러를 사회적인 목적을 위해 기부할 수 있다. 환상적인 금액이다. 게이츠와 그의 부인이 그 돈으로 가난한 마을과 소도시를 위해서 컴퓨터와 도서관에 필요한 자금을 지불하고 에이즈 퇴치에 투자하며 열대병 연구에 투자하는 한 칭찬과 공감을 얻을 것이다.

그들은 최근 아프리카 농업과 관련된 운동을 시작했다. 그들은 60년대에 녹색혁명을 주도했던 록펠러재단과 공동으로 검은 대륙의 척박한 토지에서 2배 내지 3배의 수확량을 거두고자 한다. 그러나 이를 위해 빌 게이츠가 우선 농업산업 분야에서 몇몇 주요 인사를 스카우트하고 특히 종자 및 유전자공학 분야 대기업인 몬산토Monsanto의 전직 부사장인 로버트 호쉬Robert Horsch를 채용하자, 그리고 재단 관계자가 이 운동의 중점사업이 비료와 종자를 분배하기 위한 인프라 구축이라는 점을 밝히자 전 세계의 비정부기구와 전문가들이 귀를 기울였다. 그것은 이미 실패한 낡은 처방이 아닌가? 어떤 경작구상을 가지고 우선 1억5천만 달러로 시작하여 매년 증액하면서 20년 동안 아프리카에서 사업을 한다는 것인가? 20개국의 70개 단체가 시애틀로 항의서한을 보냈고 이 전략이 무엇보다도 농업 콘체른에게 시장을 열어줄 것이라는 우려를 표명했다. "북반구에서 잘못 주도된 운동"라는 것이다. 클라우디아 바르닝도 빌 게이츠가 자신의 계획을 세우면서 시민사회와 의견을 교환하지 않았다고 비판한다. "이에 관해서 나는 유전자가 조작되었을 수도 있는 종자에 집중하는 그의 사업이 개발도상국 농부들을 새로운 종속상태로 몰아넣을 수도 있다는 점에 대해 그와 기꺼이 토론하고 싶습니다."

실제로 사람들은 게이츠 부부가 적극적일 뿐만 아니라 학습능력이 있는 것으로 여겼다. 그들이 아프리카에서 지원하는 프로그램들은 그 사이에 자원보호와 부식질 조성을 포함하고 있다. 그렇지만 민주적으로 정당성이 있는 결정을 내리는 국가 당국은 갈수록 약화되는 반면에, 인류를 사랑하는 미국인 부부와 한 명의 대형 투자자가―농업전문가들이 예언하는 바와 같이―그들의 개인적인 결정을 통해 "농업을 완전히 바꿀" 수 있는 권력에 대해서는 의문을 제기하지 않을 수 없다. 공동 출연자인 워런 버핏은 무엇보다도 수단에서 시행되는 중국의 석유프로젝트에서 돈을 벌어서[371] 그 중 17.7퍼센트를 세금으로 미국에 납부한다. 미국 칼럼니스트 마르시아 펠리Marcia Pally가 주장하듯이 그것이 그의 경비원의 경우보다 13퍼센트 더 높은 비율이라면 많은 공적 자금이 모여질 것이다.[372] 방글라데시 출신 노벨평화상 수상자인 무하마드 유누스도 비판하듯이 "버핏이 그의 수십억 재산과 노하우로 미국에서 의료보험 없는 5천만 명을 위해서 의료보험을 설립했더라면 인상적이었을 것이다."[373]

게이츠 재단이 세계식량기구에서 농업프로젝트를 설명하던 날에 대한 세계식량기구의 직원들의 보고를 들어보면 봉건제를 연상하지 않을 수 없다. 그 기구에서 열린 행사에 참여율이 그렇게 높은 적이 없었다. "누구나 바로 그곳에서 돈이 분배되기를 희망했습니다. 마치 미국에서 부자 아저씨가 방문한 것 같았다." 실제로 게이츠 재단은 식량농업기구에서도 전문가들을 스카우트했다. 민간이 재원을 조달하는 농업프로그램의 초기자금만 해도 식량농업기구 1년 예산의 3분의 1보다 많았다. 게이츠 부부가 매년 지출할 수 있는 30억 달러는 UN 예산보다 3분의 1 더 많다. 클라우디아 바르닝은 "이것이 시민사회입니까?"라고 묻고 있다. 그러면서 세계적인 문제에서 누가 누구를 지배하는가 라는 질문을 던지고 있다. 인류공동체가 정치의 우위를 단연코 포기하지 않는다면 세계기구가 지녀야 할 가치와 실천능력에 대해서도 다시 생각해야 한다.

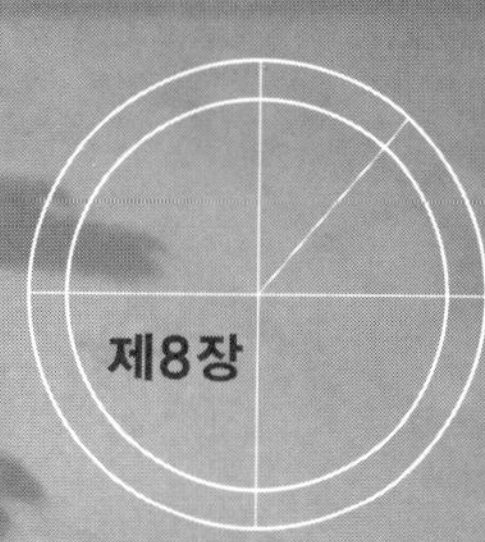

제8장

UN 패러독스

Der
Globale
Countdown

많은 사진들은 역사적 순간의 감동을 포착하고, 그러면서 스스로 역사를 만든다. 1972년 6월 미군의 공습이 지나간 다음 불타는 네이팜탄 앞에서 발가벗은 채 두려움에 일그러진 얼굴을 하고 도망치는 아홉 살짜리 베트남 소녀의 사진을 전 세계가 보았을 때가 그러했고, 1989년 11월 9일 브란덴부르크 문 앞 장벽 위에서 베를린 청소년들이 춤추는 모습을 보여준 사진들이 그러했다. 그리고 프랑스 통신사 AFP의 한 사진기자가 1998년 1월 15일 자카르타에서 당시 인도네시아 대통령 수하르토의 집무실에서 포착한 순간도 그러했다. 당시 책상 앞에 앉아서 2억 3천만 국민의 국가원수가 어떤 서류에 서명했고 그의 곁에는 한 유럽인이 팔을 꼬고 서서 진지한 눈빛으로 살피면서 어깨 너머로 바라보았다. 이 사진은 다음 날 쿠알라룸푸르에서 마닐라에 이르기까지 모든 동아시아 신문에 실렸다.

이 광경이 아시아인이 아닌 사람들에게는 별것 아닌 것처럼 보였지만 인도네시아 국민과 수백만 동남아시아인은 그 광경을 영원히 잊을 수 없는 깊은 치욕으로 간직할 것이다. "어떻게 우리 대통령이 저토록 굴욕을 당할 수 있는가? 사람들은 오로지 이것에 대해서만 이야기했다." 인도네시아 정치학자 데위 안와르Dewi Anwar는 당시 자기 나라 사람들의 분위기를 이렇게 적었다.[374] 이러한 질문이 제기되는 것은 단지 팔짱긴 유럽인의 모습이 동아시아에 위치한 섬나라에서는 모욕으로 간주되기 때문만은 아니다. 이 상징적인 모습은 수하르토가 서명한 조약의 내용과도 일치했다. 이 조약으로 수하르토 자신과 그의 나라는 당시 서구 복지국가들이 세계화 규칙을 관철시킬 때 중심적인 권력수단으로 삼았던 한 기구의 독재에 굴복한 것이다. 워싱턴에 본부를 둔 국제통화기금이 바로 그것이다. 그 나라의 관습에 대한 지식이 전혀 없던 그 유럽인은 당시 국제통화기금 총재 미셸 캉드쉬였다. 이 광경은 90년대 말 아시아 금융위기의 정점을 기록했다.

당시 미국 정부와 그들에 의해 조종되는 국제통화기금의 대대적인 압력을 받은 소위 네 마리 호랑이 국가들인 태국, 말레이시아, 한국, 인도네시아는 그 직전에 외국과의 자본교류를 자유화했다. 이 지역은 두 자릿수 성장률을 기록하면서 호황을 누렸는데 미국 금융자본이 여기에 동참하고자 했다. 곧이어 단기신용을 통해서 미국, 유럽, 일본에서 수백억 달러가 이들 신흥공업국들로 흘러들어갔고 대대적인 부동산 투기 붐을 일으켰다. "우리는 우리 집 기초공사를 시작했다. 그런데 갑자기 우리는 세계적 파티의 주빈이 되어버렸다"[375]고 당시 인도네시아 중앙은행 총재는 조롱하듯이 말했다. 시작된 많은 프로젝트가 수익성이 없음이 드러나자 미국과 유럽에서 온 전주들은 그들이 이전에 투자했던 것보다 더 신속하게 자금을 회수해갔고 신용 계약을 해지했다. 차입자금만이 장기 투자되었다. 그리하여 1997년 가을 불과 몇 주 사이에 호황을 누리던 국가들의 외환보유고가 고갈되었고 그들의 통화가치는 끝없이 폭락했으며 방콕, 서울, 자카르타의 정부는 국제통화기금에 구제금융을 신청했다.

기금 이사들은 세계은행의 동료들과 공동으로 관대하게 처신했으며 1,000억 달러 이상을 제공했다. 그렇지만 국제통화기금 이사회에서는 미국인과 유럽인들이 발언권을 가지고 있었는데, 이들은 자기 나라의 위기 때와는 전혀 다르게 차입국들에게 이자율을 급격히 인상하고 정부지출을 줄이라고 요구했다. 그러나 당초 별것 아니던 국제수지 위기가 심각한 경기침체로 발전되었다. 세계무역에서 완전히 이탈하지 않기 위해서 호랑이국가들은 더 많은 신용을 신청해야 했고 국제통화기금은 캉드쉬 총재를 필두로 하여 더 큰 것을 노렸다. 그들은 이제 더 이상 위기극복을 겨냥한 것이 아니라 서구 투자자들에게 문호를 개방하도록 하는 요구사항과 조건을 자의적으로 제시했다. 인도네시아만 해도 50가지 조건을 충족해야 했다. 수하르토는 무엇보다도 그때까지 적용되던 외국인의 기업 및 부동산소유 제한을 철폐하고 국영 자동차산업 및 항공산업 조성을 중단하며 외국인에게 열대목재 무역을 개방하고 식량과 연료에 대한 보조금을 삭감할 것을 약속했다. 뒤를 이은 가격폭등은 국민경제 전체를 흔들었고 전국적인 소요를 야기해 결국 혁명으로 귀결되었다. 그들이 구제행동이라고 불렀던 조치들을 취한 지 9개월 후 IMF 전문가들은 도주하는 도리밖에 없었다. 1998년 5월 14일 새벽, 그들은 불타는 바리케이드와 전복된 군용차량을 지나 가까스로 군사비행장에 도착해 그곳에서 특별전세기를 타고 국외로 빠져나갔다.[376]

그러나 그들의 작전은 성공했다. 서구 콘체른과 투자자들은 위기에 처한 국가들에서 터무니없이 낮은 가격으로 자산을 사들였고, 런던정경대학 경제학자 로버트 웨이드가 계산한 바에 따르면 동남아시아는 "내국인 소유주로부터 외국인 소유주로, 지난 50년 사이에 평화시에 일어난 것 중에서 가장 큰 소유권 이전을 경험했다."[377] 미국정부의 관점에서 그것은 성공이었다. 당시 미국 상무장관이던 미키 캔터Mickey Cantor의 설명에 따르면 "호랑이경제에서 발생한 문제는 서구에게 경제적 이익을 관철시킬 수 있는 황금의 기회를 열어주었다." 그리고 "이

나라들이 IMF의 도움을 구하면 유럽과 미국은 이익을 얻기 위해서 IMF를 숫양처럼 이용해야 한다.”[378]

이 메시지는 분명했고 전 세계가 주목했다. ‘다시는 IMF 안 본다’는 한국, 태국, 인도네시아 정부만 터득한 구호가 아니었다. 남아프리카에서 아르헨티나를 거쳐 인도에 이르기까지 거의 모든 개발도상국 정부는 중국의 모범에 따라 자국의 통화를 보호하고 대규모 외환보유고를 비축하기 시작했다. 이것이 자국 발전을 희생하면서 이루어졌으나 갑작스러운 자본유출로부터는 보호해주었다. 10년 사이에 개발도상국들의 외환보유액은 9천억 달러에서 약 4조 달러로 증가했고 옛 IMF 고객들은 모두 신용을 조기 상환했다. 아시아 외환위기 이후 10년이 지난 지금 IMF는 고객과 이자수입이 부족해서 매년 수억 달러의 적자를 기록하고 있다. 2008년 중에는 2,700명의 직원 중에서 적어도 3백 명을 감원해야 하고 일부 보유금을 판매하여 손실을 보전해야 했다. 그동안에 아시아와 남미의 경제강국들은 낡은 선진국들의 영향에서 벗어나기 위해 자체적인 지역통화기금을 결성하기 시작했다.

그렇게 본다면 자카르타에서 찍은 기념비적인 조약서명 사진은 한 지역 전체의 치욕을 나타낼 뿐만 아니라 세계사회에서 가장 중요한 기구 중 하나의 몰락이 시작되는 것을 나타내기도 한다. 서방 연합국들이 1944년 미국 휴양지 브레턴우즈에서 국제통화기금을 창설했을 때 그들은 회원국들이 국제수지 위기에 처했을 때 도울 수 있도록 국제연대를 위한 수단을 만들고자 했다. 그러나 오늘날에는 이 기금에 미래가 있는지조차 불투명하다. 세계는 또 다시 국제금융시스템의 심각한 위기의 한복판에 서 있다. 실제로 추진력이 있고 세계적으로 권위를 인정받는 세계적 금융기구가 긴급하게 필요할 것이다. 커다란 경제블록 모두가 운영하는 기금의 지원이 있어야만 새로운 안정적인 통화질서의 구축이 성공할 수 있다. 그러나 하필이면 지금 그러한 목적에 적합한 유일한 조직이 정당성에서 크게 훼손당했으며 실행능력이 거의 없다. IMF 조정위원회에서는 인류 4분의 3의 의견이 적절하게 대변되지 못하고 있으며, 지금까지 적용된 정치경제적 구상들은 완전히 신용을 잃었다. 아무도 인정하지 않기 때문에 2007년 가을 총재로 임명된 전직 프랑스 재무장관 도미니크 스트로스 칸Dominique Strauss-Kahn도 위기 상황에서는 거의 지도적 역할을 담당할 수 없을 것이다.

IMF만 모순에 빠진 것이 아니다. 세계공동체의 다른 모든 기구들도 대부분 사정이 비슷하다. 세계화는 개별 국가들을 상호의존관계 속에 깊이 엮어놓았고 동시에 세계적인 위기와 위험을 초래했다. 이들 위기와 위험은 세계적인 협력과 조정을 위한 기구가 있어야만 해결될 수 있다. 그러나 그러한 것이 가장 긴급하게 필요한 지금, 기존의 조직과 구조는 희망을 걸 수 없을 정도로 낙후되었고 비효율적이다. UN의 안전보장이사회와 그 산하기구부터 세계무역기구, IMF, 세계은행을 거쳐 G8 국가들의 언필칭 세계조종에 이르기까지 도처에서 똑같은 진단이 내려진다. 각종 위원회에서의 권력분배가 복지국가들과 과거 강대국들에게 일방적으로 맞추어져 있다. 세계화의 패자인 빈곤국가와 빈곤지역의 의견은 충분히 경청되지 않고 있을 뿐만 아니라 브라질에서부터 인도와 남아프리카를 거쳐 중국에 이르기까지 세계화의 승자인 신흥 경제강국들도 각종 위원회에서 지구의 운명에 대해서 그들의 정치적, 경제적 비중에 걸맞는 영향력을 행사하지 못하고 있다. 영국 정치가이자 오랜 UN 관료였던 마크 맬록 브라운Mark Malloch Brown은 2008년 1월 이 모순을 다음과 같이 요약했다. "인류 역사에서 세계가 이토록 강하게 서로 연결된 적도 없었고 이렇게 통치가 안 된 적도 없었다."[379]

브라운의 표현은 그가 UN 사무총장이었던 코피 아난의 각료회의 의장으로서 6년 동안 지내면서 내린 결론이었다. 이 시기에 UN은 역설적인 발전을 경험했다. 이 기구는 회원국들에 의해 지속적으로 약화되었지만 동일한 회원국들이 이 기구에게 갈수록 더 많은 과업을 부여했던 것이다. 인류공동체의 중심부, 뉴욕 허드슨 강변에 위치한 UN 고층건물에서 9천 명의 직원들은 오늘날 안전보장이사회, 총회, 기타 수많은 위원회의 회의를 조직할 뿐만 아니라 UN 사무국은 모든 분야의 세계적 기업들과도 협력을 추진해서 세계를 무대로 활동하는 이들에게 사회적 과업을 수행할 의무를 부여하고자 한다. 동시에 UN 관료들은 에이즈, 말라리아, 기아, 물 부족, 기타 많은 문제를 해결하기 위한 원조프로그램을 갈수록 많이 조정하고 있다. 그리고 무엇보다도 가장 중요하고 원초적인 과업이 가져다주는 부담이 증가하고 있다. 갈수록 자주, 그리고 갈수록 많은 수의 군인들이 분쟁지역에서 평화를 지키기 위해서 평화유지군으로 파견되어 있다.

UN 경시

그렇지만 맨해튼 제1번가에 위치한 UN 본관 건물의 상태는 이미 완전히 낡아버린 기구가 과잉 가동되고 있음을 증언하고 있다. 열악한 냉난방시설로 인해 한 번은 과잉난방, 또 한 번은 냉방, 또 한 번은 환기가 이루어진다. 동시에 화재위험은 높은데 스프링클러도 없고 고층건물은 기괴한 매력을 가진 '석면지옥'으로 여겨진다.[380] 2003년 이제 막 선출된 마케도니아인 UN 사무총장 스르잔 케림Srgjan Kerim이 자기 사무실에서 이스트 강이 내려다보이는 발코니로 나가는 유리문을 열려고 문고리를 잡아 흔들었지만 헛수고였다. 그에게 불려온 건물관리인이 어깨를 으쓱하면서 유감스럽게도 문틀이 녹슬었다고 알려주었다. 이에 케림이 응수했다. "녹슨 것은 문만이 아니지요. 여기 있는 사람들의 머리도 녹슬었어요."[381] 발코니 출입구는 수리되었고 건물 전체가 2015년까지 단계적으로 보수될 예정이라고 한다. 그렇지만 이 세계기구의 내부구조를 근본적으로 정비하는 것은 그보다 훨씬 더 급한 일일 것이다. 이 기구의 잘못된 운영과 경직된 관료제는 오래 전부터 비판을 받아왔다. 마크 맬록 브라운이 공개적으로 보고한 바와 같이 중요한 자리는 여전히 국력에 따라서 '뒷거래' 되고 있다. 그래서 UN 지도급 인사에게 전문성이 부족한 경우는 흔하다.

동시에 UN 사무총장은 우스울 정도로 적은 예산을 운용하고 있다. 2008년 예산은 겨우 21억 달러인데, 이는 미군이 2008년에 이틀 동안 지출한 비용보다 적으며 실질적으로는 전년보다 0.5퍼센트 밖에 많지 않다. "그것은 많지 않지요"라고 현 사무총장인 한국인 직업외교관 반기문은 아시아인답게 조심스럽게 언급했다.[382] 본부 시설이 낙후된 것과 병행해서 UN체제의 다른 부분들, 불명확한 분업으로 인해 업무가 겹치는 곳에서는 낭비가 자행되고 있다. 이는 결함 목록에 추가된 또 한 가지 사항이다. 가난한 나라들을 위한 식량을 확보하기 위해서 세계식량농업기구FAO, 세계식량계획WFP, 국제농업발전기금IFAD의 세 기구가 동시에 존재하고 있다. 동시에 UN의 조직구조에서는 정책적 우선순위가 반영되지 않는 곳이 많다. 가령 환경기후정책을 위한 강력한 기구는 아직도 없다. 케냐 나이로비에 있는 UN 환경계획UNEP의 환경프로그램은 개별 정부의 자발적인 분담금에 의존하고 있으며, 따라서 그 의장 아킴 슈타이너Achim Steiner의 모든 개혁 열정에도 불구하고 홍보활동과 연구활동 이외에 아무것도 할 수 없다. 원래 세계 경제관계를 공정하게 구축하기 위한 감독기능을 수행해야 하는 UN 경제사회이사회도 명확한 권한규정이 없기 때문에 뒷전으로 밀려나 있을 뿐이다.

그리고 UN의 가장 고귀한 과업인 평화보장조차 심각한 체제결함에 시달리고 있다. 평화유지군을 파견할 때마다 언제나 새롭게 수개월 또는 수년에 걸쳐 군대의 범위와 무장에 대해 협상이 이루어져야 한다. 코피 아난은 이러한 상황을 UN은 "출동하기 위해서 먼저 사람을 찾아내고 장비를 갖추어주어야 하는 희귀한 소방수이다"라고 말했다. 가능한 화재를 초기에 진압할 수 있을 평화유지군을 파견하려면 UN 자체적인 상비군이 필요할 것이다. 그러나 비판자들이 명명하는 바와 같은 '연합정부'는 그러한 일을 지금까지 시작하려고도 하지 않는다. 그것은 중견기업의 예산 정도밖에 확보하지 못하고 있는 세계식량기구나 UN환경계획의 빠듯한 예산도 마찬가지이다. UN은 각국 정부들이 허용하는 만큼만 강해질 수 있다.

이러한 참상의 일부는 동등한 자격을 지닌 192개국이 합의원칙에 따라 의결하는 총회에 책임이 있다. 여기에서는 지금까지 코피 아난과 그 전임자들이 추진했던 모든 개혁시도가 낡은 남북문제 사고에 거의 의식儀式처럼 매달려 있는 개발도상국 블록에 막혀 좌절했다. 고국에서 민주적인 통제를 거의 받지 않고 행동하는 빈곤국 외교관들은 종종 UN

을 허영과 봉록의 철옹성으로 간주하면서, 자신들의 나라에 아무런 이익도 되지 않고 UN활동에 해가 될지라도 강철같이 개혁에 저항한다.

이러한 자기봉쇄의 이면에는 강대국에 의한 안정보장이사회, 전 세계의 전쟁과 평화를 감시해야 하는 가장 강력한 UN회의체의 지배가 있다. 여기에서는 마치 역사적 순간포착처럼 1945년 창립 당시 정관에 의해 정해진 의석과 권한의 분배에 관한 정치적 구도가 고착되어 있다. 러시아, 미국, 영국, 프랑스, 중국 등 제2차 세계대전의 승전국만이 상임이사국으로서 거부권을 행사할 수 있다. 반면에 혼자서도 세계인구의 6분의 1을 차지하고 중국보다 5배 많은 평화유지군을 파견하는 인도는 이 '전후 화석'에서 간혹 비상임이사국이 될 뿐이다. 남미와 아프리카 대륙 전체는 이사회에 상임이사국이 없으며 아랍 또는 이슬람 국가도 마찬가지이다. 거부권을 가진 강대국의 이 낡아빠진 특권은 그들이 계속해서 편협한 이익정책을 가지고 UN의 필요한 활동을 봉쇄하거나 또는 지연시킬 수 있게 해준다. 그 결과 명령을 부여하거나 필요한 재원을 조달하기 위한 사활이 걸린 결정이 한 차례 이상 지연되었다. 르완다, 스레브레니카●, 그리고 최근에 다르푸르. 대량학살과 인종살상이 이미 예고되었던 이들 지역은 UN활동 실패의 정점을 기록했다. 이렇게 UN체제는 권력정치에 의해 남용되었고 동시에 만성적으로 경시되었다. 이는 UN 역사 전체를 관통하는 숙명이다.

처음에는 UN체제에서 모든 것이 희망차게 시작되었다. 제2차 세계대전의 전율이 끝난 직후인 1945년 샌프란시스코에서 제1차 총회가 열렸을 때 외교관들은 그러한 재앙을 결코 반복해서는 안 된다는 목표에

● 스레브레니카: 보스니아-헤르체코비나의 동부지역으로 보스니아 내전 때 대량학살이 이루어졌다.

고무되어 있었다. 새로운 UN은 1919년에 제1차 세계대전의 승전국만으로 설립되어 실패한 국제연맹보다 강력해야 했다. 이제는 민족 자결권, 보편적 인권, 국제법을 보장한다는 포괄적인 요구를 달성하는 데 모든 나라가 포함되었다. 외교를 통한 중재, 그리고 나중에는 공동의 평화유지군만이 아니라 경제적·사회적 발전에서 국가들 사이의 협력을 통해서도 갈등을 예방하고자 했다. 따라서 UN 사무국을 중심으로 세계보건기구WHO부터 UN 개발계획UNDP에 이르기까지 화환모양으로 다양한 기구들이 곧바로 탄생했다. 이러한 시도에서는 특별히 창설된 정부기구들을 이용해서 '뉴딜'의 범위 안에서 자신의 국내정치적 개혁프로젝트를 실행에 옮겼던 프랭클린 루스벨트 미국 대통령의 개혁정신이 살아 숨 쉬는 것이 아주 명백했다. 당시 뉴욕에 세워진 UN 신축건물은 미래지향적인 '정신'이 표현되었다. 건축가 팀에는 오스카 니마이어Oscar Niemeyer와 르 코르뷔지에Le Corbusier 등 근대주의의 우상들이 임명되었다.

그러나 새롭게 시작하려는 분위기는 동시에 발발한 동서갈등으로 곧바로 무너졌다. 베를린 봉쇄부터 아프리카, 아시아, 남미에서의 대리전쟁들에 이르기까지 때때로 극적이었던 대결들은 일찌감치 UN의 일체성을 훼손시켰다. UN은 50년대에는 최초의 평화유지 사명을 띠고 파견되었고 60년대에는 1차 개발연대가 선포되었으며 70년대 초에는 최초의 환경프로그램이 창설되기는 했다. 냉전주의자들은 UN의 틀 안에 이루어지는 진지한 협력에는 관심이 없었다. 그들은 민족공동체 밖에서 벌어지는 체제경쟁 속에서 자신들의 국제적 활동을 각각의 방위동맹인 나토 및 바르샤바 조약기구와 동서 블록의 경제동맹에 집중했다. 서방에는 다자간 무역협정인 GATT와 OECD가 있었고 동구에는 상호

경제원조기구, 또는 코메콘이 있었다. '동서블록에 속하지 않은' 국가들은 물론 대부분 구성원이 비슷한 '77그룹' G77은 다수임에도 불구하고 UN체제가 갈수록 무력화되는 것을 극복하는데 성공하지 못했다. '1국1표주의' 원칙이 적용되는 총회는 '제3세계' 국가들에게 유일한 국제적인 비판무대를 제공해주었다. 그렇기 때문에 총회는 오늘날까지 어떤 변화에 대해서도 불신의 눈길로 감시한다. 그렇지만 개발도상국들이 새로운 식민지해방과 더불어 증가하는 회원수를 이용해서 강력한 서방 선진국들을 소수 입장으로 몰아넣는 상황이 종종 소련에 의해 악용되었고 강대국들, 특히 미국의 이탈을 촉진했을 뿐이다.

철의 장막이 무너진 다음에도 무관심 원칙이 지배하고 있었다. 90년대에 많은 정부들이 UN의 정치적 마비를 종식시켜줄 것으로 기대했던 열광의 분위기도 아무런 변화를 가져다주지 못했다. 즉 소련이 붕괴한 다음에는 마침내 세계기구들이 강화되고 인류가 안고 있는 커다란 문제들이 해결될 수 있을 것처럼 보였다. 그리고 이러한 분위기는 수많은 대규모 UN 회의에서 나타났다. 이런 회의는 실제로 해마다 하나씩 열렸다. 1992년 리우 데 자네이루에서 열린 세계환경개발 정상회담이 그 시작이었다. 세계인권인구사회회의와 도시의 미래에 관한 UN 인간거주위원회(하비타트)회의가 뒤를 이었다. 마침내 새천년으로 넘어갈 무렵에 UN 회원국들은 신화적인 새천년회담에서 2015년까지 빈곤위기와 환경위기에서 전환점을 마련한다는 야심 찬 목표를 설정했다.

세계은행과 국제통화기금 – 무의미해지는 오만

이 모든 회의들은 세계사회에 중요한 공통규범을 설정했으나 실제에서는 대부분 효과가 없었다. 세계화된 경제를 위한 투자와 규칙에 관해 힘들게 내려진 결정들은 서방 선진국들이 자금력 덕분에 발언권을 가진 기구들에서 이루어졌다. 이제는 아무런 대항마도 없는 자본주의 승자의 오만함까지 겹쳤다. 특히 국제통화기금과 함께 세계은행이 그러했다. 세계은행은 당초 브레턴우즈에서 가난한 나라들에게 자문과 값싼 신용을 지원하기 위한 연대의 도구로 창설되었다. 그러나 그 직원들이 말하곤 하는 'THE BANK' 도 주로 서방 콘체른에게 기여하는 경제체제와 에너지체제를 구축하기 위해 미국, 유럽, 일본에서 온 조종자들에게 오남용 되었다. 신용조건을 통해 강제된 무역자유화는 빈곤국들을 우월한 국민경제와 완전경쟁을 하도록 몰아넣었고 수많은 소농들과 국내산업의 생존기반을 무너뜨렸다. 동시에 해당 국가들은 경제발전을 위한 우선순위를 스스로 결정할 권한을 상실했다.[383] 그러므로 중국과 인도 또는 베트남과 말레이시아처럼 세계은행과 국제통화기금의 요구에 굴복하지 않은 개발도상국들만 성공한 것은 우연이 아니다.

따라서 국제통화기금과 마찬가지로 세계은행도 오늘날 세계경제에서 차지하는 비중을 극적으로 상실했다. 갈수록 많은 나라들이 세계은행이 부과하는 신용조건을 벗어나 차라리 자유로운 자본시장을 이용하기 때문에 세계은행에서도 이제는 고객들이 떠나고 있다. 전체 공적개발원조 중에서 겨우 6퍼센트만이 워싱턴에 있는 이 기구를 통해서 이루어지고 있다.[384] 중국은 이제 스스로 1년에 55억 달러의 개발원조를 공여하고 있고 세계은행보다 더 많은 신용을 아프리카 나라들에게 제공하고 있다.[385] 그러므로 전 세계에 걸쳐 빈곤국을 위한 원조를 조정하는 기구는 오늘날 그 어느 때보다 중요할 것이다. 개발원조자금의 제공이 지금까지는 230개가 넘는 국가기구나 국제기구를 통해서 이루어졌기 때문에 많은 행정비용이 발생하고 이롭기보다 해로운 경우가 종종 있다. 그러나 세계은행 집행부의 권한 배분은 시대착오적이고, 원래 그들의 고객인 개발도상국의 가난한 사람들의 이익이 실제로 존중되는 것을 방해한다. BRICs국가들로 불리는 브라질, 러시아, 인도, 중국만으로도 세계경제성장에 기여하는 정도는 적어도 2010년에는 미국, 일본, 독일, 영국, 이탈리아의 기여도를 합한 것을 능가할 것으로 전망된다.[386] 그럼에도 불구하고 이들 낡은 5개 선진국이 공동으로 세계은행에서 40퍼센트가 넘는 지분과 의결권을 보유하고 있다. 중요한 결정은 85퍼센트의 지분이 있어야 내려질 수 있다는 원칙 때문에 혼자서 17.1퍼센트 지분으로 참여하고 있는 미국 정부에게는 사실상 또 하나의 거부권이 주어진 셈이다.

세계은행의 새로운 역할과 그에 기초한 정당성을 찾기 위해서 2007년 가을 새로 임명된 로버트 졸릭Robert Zoellick 총재는 그래도 새로운 수석 이코노미스트로 중국인을 선발했다. 나아가 그는 향후 세계은행을 그동안 경시된 농업의 지원기구이자 기후변화에 대처하는 세계기관으로서의 면모를 강화하고자 한다. 교토 기후보호협약의 틀 안에서 추진되는 몇몇 프로그램에서 세계은행은 이미 신탁관리인으로서 역할을 수행한다. 그러나 내용상 우선순위를 새롭게 정하는 시도도—신뢰 부족 때문에—실패할 위험에 처해 있다. 옥스팜이나 세계야생생물기금과 같은 기구들은 고양이에게 생선가게를 맡긴 격이라고 비판한다. 그 까닭은 로버트 졸릭의 온갖 고백에도 불구하고 지분소유국들의 위임을 받은 세계은행 이사들은 마치 기후변화가 없다는 듯이 아직도 석탄, 석유, 천연가스를 채굴하는 투자에 열중하고 있기 때문이다. 2004년에만 도 세계은행 관리자들은 수력, 풍력, 태양에너지, 바이오에너지 지원에 집중하라는, 자신들이 위촉한 자문회의의 권고를 무시했다.[387] 재생에 너지와 에너지 효율성을 위한 세계은행의 지출은 2007년 14억 3천만 달 러로 증가했지만 대부분 수력발전소를 위한 것이었고,[388] 또한 새로운 석유매장지와 천연가스 매장지를 개척하는 데에도 동시에 많은 지원이 이루어졌다. 세계은행의 민간부문 자회사인 국제금융공사IFC 혼자서 2007년에 화석연료원 개발을 확대하는데 6억 4,500만 달러의 신용을 제 공했다. 또한 페루 천연가스 프로젝트를 위해 승인한 3억 달러 규모의 신용 제공과 함께 2008년을 시작했다. 그 대가는 그 지역에서 귀중한 열 대림이 대대적으로 파괴되는 것이다. 그리하여 세계은행도 에너지정책 에서는 스스로 화석일뿐이다.

두 금융기구의 자유화 구상과 부합되게 선진국들은 1994년에 마침 내 세계무역기구WTO도 창설했다. 공표된 이 기구의 목적은 처음부터 개별 국가의 발전 수준과 전혀 상관없이 관세장벽은 물론 다른 시장진 입 걸림돌을 전 세계에 걸쳐 철폐하는 것이었다. 자신들의 법률 지식을 총동원하는 것은 물론 때로는 자신들에게 저항하면 개발원조와 여타 혜택을 삭감한다고 위협하면서 선진국들은 나머지 회원국들에게 자신 들의 의사와 구상을 강요했다. 그 결과 WTO 프로젝트로 인해 인류는 소련 붕괴 이후 처음으로 UN의 지붕 아래에서 여타 프로그램 및 협정 과 부합되는 새로운 국제무역시스템을 구축할 수 있는 역사적 기회를 놓쳐버렸다. 국제노동법이나 환경협약의 규범들은 새로운 세계무역법에서 자리를 잡지 못했다. 특허권 침해는 WTO 규정을 어기는 것이다. 그러나 노동착취 공장이나 아동노동에서 자행되는 인간 존엄성의 훼손에 대해서는 어떤 제재도 가해지지 않는다.

물론 WTO에서도 '1국1표주의' 원칙이 적용된다. 그렇기 때문에 제네바 호숫가에 자리잡은 WTO 궁전에서 신흥공업국들의 새로운 권력이 결성될 수 있었다. 이들 신흥공업국들은 더 가난한 나라들과 많은 분야에서 사생결단의 경쟁을 해야 하지만 브라질을 선두로 하여 WTO 협상에서 새로운 연합을 결성하는데 성공했다. 이들은 추가적인 시장개방에 관한 미국과 유럽의 요구에 맞서 자신들의 요구를 내세우고 있다. 가령 철저하게 봉쇄되고 국가의 보조를 받는 선진국 농업시장의 개방에 관한 요구가 그것이다. 이 갈등 때문에 이미 시애틀, 도하, 그리고 최근에는 2003년 멕시코 칸쿤에서 각각 개최된 세 차례의 WTO 정상회의가 실패했다. 그러나 동시에 협상은 이들 연합의 압력으로 인해 더욱 투명해졌고 갈수록 많은 다양한 이익과 집단을 끌어들이고 있다. 이제는 가난한 나라들의 소망에 대해서도 논의되어야 한다. 세계시장경쟁으로부터 보호받기 위해서 이들은 독일이 전후 재건을 위해 보호관세를 활용했고 미국이 19세기에 유럽을 추격하면서 활용했던 것과 똑같은 자유를 원한다. 이처럼 의견이 분분한 새로운 상황을 프랑스 경제재정산업부장관인 크리스틴 라가르드Christine Lagarde는 적절한 비유를 하고 있다. "예전에는 무역협상이 탱고였습니다. 그러다가 민속춤이 되었고 오늘날에는 대대적인 로큰롤 파티가 되어 각자가 자신이 춤출 공간을 원하고 있다."[389]

그럼에도 불구하고 아직도 낡은 세계질서를 추종하는 선진국의 무역전략가들은 이러한 개발도상국들을 오히려 장애요인으로 취급한다. 결국 무관심 원칙이 또 다시 적용되고 있다. 점점 유럽과 미국, 일본과 몇몇 신흥공업국들도 그들의 무역이익을 WTO를 비켜가서 쌍무적으로 관철시키고자 시도한다. 2008년 초 현재 이미 44개의 상이한 무역협정이 이미 체결되었거나 협상 중이다. 반면에 WTO에서 세계적으로 적용될 통상법을 발전시키기 위한 회의에 대해서 참석자와 참관인이 동일한 비유를 사용하고 있다. "시간은 흐른다", 새로운 조약이 "위기에 빠져 있다"거나 또는 "얼어붙었다." 여기에서 최근의 소위 '개발라운드'는 가난한 나라들의 무역이익에 기여하고, 그럼으로써 세계 안정을 증진시키기 위한 전제가 되는 공정한 균형에도 기여할 것이다.

G8-강대국의 무기력

전통적 선진국들은 세계기구를 지속적으로 약화시키는 한편, 그와 동시에 자신들의 정치적 조정을 비공식 협의회를 통해서 더욱 화려하게 연출하고자 시도하고 있다. 예전에 가장 강력했던 경제강국들이 모인 G8 그룹은 세계에서 가장 주목받는 정치적 무대로 등장했다. 한때 G8은 러시아 없이—그리고 처음에는 캐나다도 없이—'친구들 모임'으로 출발했다. '세계경제정상회담'은 1975년에 프랑스 대통령 지스카르 데스탱Giscard d'Estaing과 독일 총리 헬무트 슈미트Helmut Schumidt의 주도로 파리 근교에 위치한 람부일레 성에서 열렸다. 그들은 석유위기,

달러 환율에 대한 근심 때문에 만났으며 경제대국의 정상들이 외부와 철저히 차단되어 추진했던 지적 교류였다는 표현이 더 적절하다. 첫 번째 G6 정상회담의 공식 사진은 주최국 지스카르 데스탱과 헬무트 슈미트 옆에 미국 대통령 제럴드 포드, 영국 총리 해럴드 윌슨, 이탈리아 총리 알도 모로, 일본 수상 다케오 미키를 보여주는데 이들은 카메라를 전혀 의식하지 않는 것처럼 보인다. 비공식적 벽난로 회담은 오늘날 2,500명의 직원, 통역관, 자문관은 물론 수만 명의 기자, 경찰, 시위대로 구성된 대대적인 국가행사가 되었고 전 세계 언론이 주목하고 있다.

G8은 더 이상 경제문제만을 논의하지 않고 국방과 안보, 환경, 개발에 대해서도 협상한다. 독일 정부는 2007년 북해 연안 휴양지 하일리겐담에서 열린 정상회담에 즈음하여 G8이 '경제적·정치적 거버넌스의 국제적 다자간 시스템의 더 높은 차원의 발전을 위한 … 중요한 구심점'을 형성한다고 의미를 부여했다. 그러나 결국 이 회담은 부자클럽의 담합에 기여할 뿐이다. 이들은 비록 전 세계 총생산의 거의 3분의 2를 차지하지만 갈수록 운신의 폭은 좁아지고 있다. 공식적으로 G8은 아무런 법적인 권한도 없고 빈곤과 기후변화에 대처하는 그들의 행동은 선언 이상을 넘는 경우가 드물다. 그리고 참석자들이 많은 비용을 들여 자신들의 회동을 일종의 세계정부로 연출하면 할수록 신흥공업국들의 성장으로 인해 이미 발생한 G8의 실질적인 권력누수는 더욱 두드러진다.

이들 자칭 세계조정자들은 '확대 5개국Outreach5'을 설치함으로써 하일리겐담 회동에서 처음으로 신흥공업국이 급성장한 현실을 반영하고자 했다. 인도, 중국, 브라질, 남아프리카공화국, 멕시코 정상이 조찬협의에 참석하기 위해서 초대되었다. 그러나 수십억 인구를 가진 나라들의 정상을 어린이 식탁 같은 자리에 한꺼번에 참석시키려는 시도는 오히려 그들을 비하하는 인상을 주었다. 어쨌든 인도 수상 만모한 싱은 하일리겐담을 다녀온 비행이 시간낭비로 느껴졌다고 솔직하게 토로했다.[390] 그리고 프랑스 대통령 니콜라 사르코지도 "단지 셋째 날 조찬에 참석시키기 위해서" 신흥공업국의 다섯 대표를 초청한 것은 "어리석었다"고 나중에 시인했다. 그럼에도 G8은 "이들을 파트너로 대하고 그들의 책무를 일깨워 줄 충분한 이해관계"를 가진다고 한다.[391] UN 자문관이자 하버드 대학 경제학자인 제프리 삭스도 '엘리트 서클'인 G8이 점점 그 중요성을 상실할 것이라고 예언하고 있다. 이 서클 회원들은 "자신들이 더 이상 세계정치를 독점하고 있지 않다는 사실"을 마침내 인식할 것이라고 한다.[392]

이 점은 G8 정상 중 누구도 원칙적으로는 더 이상 부인하지 않는다. 거의 모든 국제기구와 협의체들이 근본적인 개혁을 필요로 한다는 점은 모든 정상들이 명확하게 인식하고 있다. 러시아 전직 대통령 블라디미르 푸틴은 국제기구체제 전체가 "구태의연하고 비민주적이며 번거롭게" 되었다고 직설적으로 평가했다.[393] 그의 재무장관 알렉세이 쿠드린도 "세계경제에서 제국의 시대는 지나갔다"고 확언했다.[394] 니콜라 사르코지 프랑스 대통령은 세계적 협력의 '르네상스'까지 예고했다. 2008년 1월 신년 기자회견에서 그는 "인류의 절반을 더 이상 무시할 수 없다"고 선언했다.[395] 무엇보다도 하일리겐담에 참석했던 '확대 5개국'이 진정으로 참여하는 G13으로 G8을 확대하는 것을 추진해야 한다고 한다. 그 직후 영국 총리 고든 브라운도 인도를 국빈 방문한 자리에서 이제는 모든 세계기구가 "새로운 세계질서와 새로운 세계사회"에 새로운 틀을 제공할 수 있도록 "급진적으로" 개혁되어야 한다고 촉구했다. 그밖에 이들 기구는 "불확실성만이 유일한 확실성인 것처럼 보이는 시대, 보장이 없다는 것이 유일한 보장인 시대, 유일하게 불변인 주제는 변화인 시대"에는 보다 큰 안정성을 보장해야 한다는 것이다.[396]

그러나 지금까지 그것은 강력한 수사에 그치고 있다. 낡은 세계기구들을 새로운 다극세계에 적응시키는 것은 복잡하고 장기적인 대형과제이기 때문에 정치적으로 달갑지 않은 일이다. 게다가 그 과제는 모든 국가가 자신의 이익을 축소시키고 각국의 위신을 생각하지 않는 것을 필요로 한다. 그렇기 때문에 G8 국가들은 그들이 결정하는 세계기구의 근본적인 개혁을 위한 모든 기회를 지금까지 놓쳤다. 그리고 여기에서 미국과 더불어 최대의 걸림돌은 하필이면 EU 국가들인 것으로 드러나고 있다. 이들 나라의 정치 지도자들은 기꺼이 다자간 외교정책노선을 칭송하기는 한다. 그러나 동시에 그들은 모든 협의회에서 유럽의 진부한 우위를 고수하려 한다.

이것은 2005년에 안전보장이사회 개혁이 실패한 이유 중 하나이기도 하다. 당시에 독일 정부는 인도, 브라질, 일본은 물론 2개의 아프리카 나라가 상임이사국으로 안전보장이사회에 진출해야 한다고 강력하게 주장했다. 몇 달 동안은 그러한 개혁에 대한 지지가 충분한 것처럼 보였다. 그런데 독일 스스로도 이 지위에 진출해야 한다고 요구했다. 이 요구는 많은 정부의 비판을 받았다. 이들은 유럽은 이미 프랑스와 영국이 있기 때문에 과잉대표되고 있다고 주장했다. 공정한 대의라는 의미에서 보면 유럽이 하나의 공동 의석에 합의하는 것이 더 설득력이 있었을 것이다. 그러나 이 착상에 대해서는 핵무기를 보유한 EU의 두 강대국이 협상조차 하려 하지 않았다. 이러한 거부 때문에 개혁안은 처음부터 설득력이 없었다. 유럽 국가들이 자신들의 특권을 포기하지 않는데 왜 다른 나라들은 더 관대해야 하는가? 결국 멕시코 정부는 브라질의 격상을 원하지 않았고 중국인들은 일본을 원하지 않았으며, 아프리카인들은 대표국에 전혀 합의할 수 없었다. 이처럼 안전보장이사회에 더 많은 정당성을 부여하려는 해묵은 노력은 다시 수포로 돌아갔다. 그 이후로 세계 모든 지역의 진정한 대표를 선정하기 위한 모든 노력은 "시체의 움직임"과 같다고 파키스탄 UN 대사는 진단했다.[397]

유사한 사례가 국제통화기금과 세계은행을 새롭게 정비할 기회가 주어졌던 2007년 가을에 반복되었다. 바로 직전에 두 브레턴우즈 기구의 총재가 짧은 시차를 두고 퇴진했다. 부시 행정부가 보낸 세계은행 총재 폴 월포위츠Paul Wolfowitz는 자신의 여자 친구에게 과도한 급여를 지급하는 특혜를 준 것이 밝혀지면서 물러나야 했다. 그가 내부적으로 리더십 문제로 논란이 일었던 다음이라 그 사건은 결정타였다. 예전에 스페인 재무장관이었던 국제통화기금 총재 로드리고 드 라토는 개인적인 이유로 자리에서 물러났다. 그리하여 유럽과 미국이 두 총재직을 자기들끼리 지명하는 낡은 전통과 단절할 가능성이 생겼다. 1944년에 창설된 이래 미국은 세계은행 총재를, 유럽은 국제통화기금 총재를 각각 배출했다. 그렇지만 이제는 은행과 기금의 소유국들이 보란 듯이 공개모집을 통해 후보자를 물색한 다음 자질이 있을 뿐만 아니라 세계적으로 인정받는 지도부를 임명할 수 있게 된 것이다. 그러나 이 발상은 수년 전부터 논의되고는 있었지만 실현될 기회가 없었다. 부시 정부는 로버트 졸릭이 예전 무역대표이자 세계무역기구 협상대표로서 개발도상국들 사이에서는 명백히 미국 정부의 단순한 이익관리인으로 간주되었음에도 불구하고 그가 세계은행 총재로 임명되도록 압력을 가했다. 유럽인들도 망설이지 않고 여기에 동참해서 프랑스 전직 재무장관 도미니크 스트로스 칸에게 통화기금의 수장을 맡기겠다고 고집했다. 이어

서 룩셈부르크 총리 장 클로드 융커Jean Claude Juncker가 유럽 대변인
으로서 스트로스 칸은 이 자리에 앉는 "마지막 유럽인"이 될 것이고 추
후에는 모든 것이 달라질 것이라고 보증했지만, 자리 장사가 왜 즉각
중단될 수 없는지에 대한 해명은 없었다.

기금의 지분과 투표권의 분배를 현대 세계에 적응시키려는 시도는
상당히 안쓰럽게 진행되었다. 지금까지 유럽국가들은 23퍼센트의 지분
으로 24명의 이사 중 6명을, 미국은 17퍼센트 지분으로 1명의 이사를
세우고 있다. 이에 비해 중국은 1명의 이사만으로 3.6퍼센트의 투표권
을 가진다. 통화시스템의 안정을 책임지는 기구에서 유로존 국가들은
모두 합쳐서 미국과 동일한 비중을 차지하는 유로존 공동 대표를 집행
부에 세우는 것이 논리적일 것이다. 전임 사무총장 라토가 제안한 것이
바로 이것이었다. 유럽인들과 미국인들이 각자의 지분을 13퍼센트로
낮추고 그에 따라 발생하는 차이 지분은 중국과 중동 산유국들에게 이
전될 수 있을 것이다. 그렇게 된다면 금융시스템의 안정에 결정적인 영
향을 미치는 나라들이 함께 결정하게 될 것이다. 나아가 어떤 통화블록
도 거부권을 가지지 못할 것이고 기금의 노선은 마침내 대등한 협력의
방향으로 향할 것이다. 이는 예전에 'G24'로 결속된 24개 신흥공업국
및 개발도상국의 IMF 대표들이 요구했던 것이다. 그렇지만 유럽인들은
아직까지 단호하게 이를 거부하고 있고 자신들의 자리에 계속 욕심을
부리고 있다. 독일 재무장관 페르 슈타인브뤽은 "나는 유로지역이 한
표로 줄어드는 것에 반대한다"고 간명하게 선언했다.

그러므로 세계기구들이 오늘날 그 어느 때보다도 절실하게 필요한, 그들의 설립목적에 부합되는 일을 가까운 시일 안에 실제로 이행할 수 있을 것이라는 희망을 가질 근거가 없는 것처럼 보인다. 그렇지만 개혁에 대한 그 어떤 내부적인 저항에도 불구하고 실제 행동에서는 외부상황의 압력이 높은 분야에서 국가들로 하여금 서로 협력하도록 강제하고 있다. 제도적인 정체가 있다고 해서 빈곤, 궁핍, 전쟁을 퇴치하기 위한 세계적인 협력이 지속적으로 강화되는 것이 저지되지는 않았다. UN이 많은 분야에서 보여준 놀라운 성공보다 이 사실을 더 잘 증명할 수 있는 것은 없다. 구조는 낡았다. 그러나 다수의 직원은 동기부여가 잘 되어 있고 그들의 정치적 실적은 갈수록 중요해지고 있다.

세계식량계획WFP은 많은 사례 중 하나이다. 2005년과 2007년 사이에 UN 기구들의 식량공급은 매년 8천만 내지 1억 명의 사람을 기아와 영양실조로 인한 죽음에서 구해주었다. 하지만 90년대 초에 WFP 구조활동은 그토록 많았던 기아인구의 절반에도 미치지 못했었다. 그 사이에 WFP 직원들은 이미 기부식량의 절반 이상을 해당 지역에서도 사들이고 있다. 선진국의 잉여농산물로 기아에 허덕이는 사람들을 돕고, 그래서 수취국의 농업을 몰락시키던 한때의 관행은 머지않아 완전히 종식될 것이다.[398] 이에 못지않게 중요한 것이 유엔난민기구UNHCR의 활동이다. 난민 수는 2006년까지 거의 2천만 명으로 증가했고 50개국에서 UN 구조대가 이들을 돕고 있다. 각국이 자발적으로 갹출해서 모은 연간 예산은 2001년 약 9억 달러에서 2007년에는 15억 달러로 증가했다.[399] 이 난민기구의 활동과 더불어 UN이 전 세계 모든 종류의 재난 구제활동에서 선도적인 조정자 역할을 수행하고 있다는 데는 논란의 여지가 없다. 모든 외교적인 불화에도 불구하고 부유한 회원국들은 담당 UN 조정관인 사무차장 존 홈즈John Holmes가 언제라도 사용할 수 있도록 매년 4억 달러 이상의 긴급구호기금을 적립하고 있다. 그리하여 UN은 커다란 재난에도 불구하고 다른 구호기관들이 제때에 나서지 못하는 곳에서도 거의 어디에서나 활약하고 있다.

평화보장기구로서 UN의 성공 사례는 더욱 두드러지게 증가했다. 1991년에는 제복을 입은 UN 평화유지군이 1만 명에 지나지 않았다. 하지만 2007년 말에는 119개국이 청색 깃발 아래 83,000명의 군인, 경찰, 군사감시단을 전 세계 총 20개 평화유지 임무를 위해 파견하고 있다. 그 밖에 5천 명의 국제민간직원, 약 5백 명의 자원봉사자, 11,000명 이상의 현지 민간인이 UN의 평화유지임무에 참여하고 있다.[400] 이를 위해 필요한 비용은 2008년에 60억 달러를 넘는다. 이는 전 세계 군사비의 0.5퍼센트에 지나지 않지만 그것을 통해 이룩해낸 성과는 대단한 것이다. 청색 헬멧을 쓴 군인들과 UN 외교관들의 끈질긴 중재노력 덕분에 21세기 처음 7년 동안에만도 아체, 앙골라, 부룬디, 콩고, 라이베리아, 네팔, 동티모르에서 전쟁이 멈추었다. 민간인에 대한 인종학살과 대량살상도 저지되었다. UN이 2007년 말에 26,000명의 평화유지군을 파견하기 전에 다르푸르에서 20만 명 이상이 사망했던 것은 쓰라린 경험이었다. 그렇지만 르완다, 부룬디, 보스니아에서 인종 때문에 자행된 대량살상이 10여 차례 발생했던 80년대와 90년대 이후 그러한 갈등이 발생한 수는 전체적으로 줄어들었는데 많은 연구자들에 따르면 이는 예

방 외교와 평화유지 임무의 '막대한 증가' 덕분이다.[401]

이렇게 세계적인 평화유지 임무로 나아가는 길에서 중요한 돌파구를 마련했던 것이 2005년 총회에서 의결된 대량살상과 인종청소로부터의 '보호 의무'에 관한 결의였다. 그 이후 모든 UN 회원국은 자국 국민을 대량살상으로부터 보호해야 하는 국제법상의 의무를 지게 되었다. 이를 위반할 경우 국제공동체는 민족 주권과 영토의 불가침 원칙을 무효화했다. 따라서 외부개입이 국제법적으로 정당화되었다.

그렇지만 1년 후에 발생한 다르푸르 사태는 결의만으로는 아무것도 이룰 수 없다는 것을 여실히 보여주었다. 당시 수단 정권의 보호자였던 중국이 안전보장이사회에서 거부권을 행사하여 조기개입을 저지했다. 그러나 이러한 저항은 중국으로서도 오래 지탱할 수 없었다. 많은 정부뿐만 아니라 조지 클루니, 스티븐 스필버그와 같은 저명한 예술가와 수많은 비정부단체들이 공개적으로 압력을 가하자 일단 UN결의로 채택된 세계여론이 결국에는 효과를 발휘했다. 2008년 2월 카르툼 정권이 UN군 투입을 더 이상 방해하지 못하도록 강제하는 데 중국 정부 스스로 앞장섰다.[402]

세계사회의 평화를 유지하기 위해서 이에 못지않게 중요한 것은 2002년 헤이그에서 이루어진 국제형사재판소의 설치였다. 처음에는 미국정부가 격렬하게 반대했지만 재판소는 어느덧 영향력을 발휘할 수 있었다. 독재자와 압제자는 자신들이 영원히 죗값을 치르지 않아도 된다는 사실을 확신할 수 없게 되었다. 2007년 말까지 이 재판소에는 105개 회원국이 가입했다. 어느덧 5개국에서는 재판소 수사관들이 활동하고 있고 판사들은 지금까지 8건의 체포명령을 내렸다. 2008년 1월 이후 라이베리아 독재자 찰스 테일러가 전직 대통령으로서는 처음으로 인류에 반하는 범죄로 인해 세계재판소의 법정에 섰다. 중앙아프리카공화국의 독재자였던 앙게 펠릭스 파타세가 곧 그 뒤를 이었다. 이 법원에 대한 지지는 매우 높아 결국 미국 정부도 이 법원에 대한 저항을 포기하기에 이르렀다. 당초 미국은 남미, 유럽, 아프리카의 21개국이 국제형사재판소 설치에 관한 협약에 가입했다는 이유로 이들에 대한 군사원조와 개발원조를 위한 모든 지출을 봉쇄했다. 그러나 이 제재는 2006년 중반에 아주 조용히 다시 해제되었고 미국 국무부는 다르푸르 학살사건의 주모자에 대한 재판소의 활동을 지원하겠다는 의사도 비쳤다.

여러 정황에 비추어 볼 때 UN의 중요성과 세계적으로 협력하려는 각국 정부들의 의향은 앞으로도 커질 것이 분명하다. UN의 '흥망성쇠'가 있은 다음에 이제는 '재부상'이 기대된다고 영국 시사주간지 〈이코노미스트〉는 평가했다. '오늘날의 무질서는 강대국 간의 갈등에서 유래하기보다는 모두가 해결되기를 바라는 문제에서 유래하기 때문에' 다자간 협력에 대한 희망이 커진다는 것이다.[403] UN 사무총장 반기문도 이 세상이 "UN에게 유리하게" 변했다고 주장한다. UN의 정상에 있는 이 한국인이 관찰한 바에 따르면 기후변화에서 빈곤퇴치에 이르기까지 세계적인 위기를 극복하기 위해서는 필요하기 때문에 "다자주의와 외교에 대한 새로운 가치평가"가 이루어지고 있다.[404]

마침내 부시 행정부조차 2007년 여름 이 중립적인 세계기구에 대한 이와 같은 재평가를 상징하는 조치를 취했다. 2003년 이라크 전쟁을 시작하면서 부시 행정부는 무자비하게 국제법을 무시했고 UN을 무의미한 기구로 치부했다. 그렇기 때문에 2007년 8월 10일자 〈워싱턴포스트〉 1면 기사 제목은 더욱 놀라운 것이었다. '미국, 이라크 회담에서 UN의 지원 요청'이라는 제하의 기사에서 이 신문은 이 메소포타미아 문명국의 적대적인 민족 집단들 사이에서 평화를 달성하기 위해 이라크 인접 국들과 협상을 계획하고 있다는 사실을 보도했다. 이라크 주재 미국 대사는 "우리는 이라크인들을 결속시키기 위해서 지역 전체의 도움이 필요하다"는 이유로 이러한 입장 선회를 정당화했다. "우리 혼자만으로는 힘들다." 미국의 요청에 따라 안전보장이사회는 마침내 이라크 주재 UN 외교관에게 협상권한을 부여하는 결의를 채택했다.[405]

　　UN의 재부상을 가져온 또 다른 요인으로는 세계적으로 시민들이 UN 기구에 대해 가지는 신뢰를 빼놓을 수 없다. 전 세계 인구의 절반 이상을 차지하는 17개국에서 실시한 설문조사에서 응답자의 74퍼센트가 UN이 세계정치에서 보다 큰 역할을 해야 한다는데 찬성했다. 전통적으로 UN에 대해 회의적으로 평가하는 정치가들이 많은 미국 응답자들도 4분의 3이 찬성 의견에 동조했다.[406]

민주주의 없는 공간에서의 글로벌 거버넌스

여기에는 명확한 모순이 존재한다. 다가오는 세계적 위기에 맞서는 투쟁을 개별적인 국익을 뛰어넘어 지도하고 조정하는 중립적인 지도기구가 있어야 한다는 세계적인 소망이 존재한다는 사실은 의문의 여지가 없다. 그러나 이러한 다수의 의지가 정치적 실천에는 영향을 미치지 못하고 있다. 대다수 정부는 다자간체제 내에서 자국의 이익만을 추구할 뿐, 중립적인 지도기구의 필요성은 각국 의회에서도 아직 논쟁거리가 되지 않는다. 이러한 괴리가 세계화 시대의 정치에서 나타나는 가장 중요한 결핍이다. 갈수록 많은 의사결정이 초국적 차원에서 내려지지만 시민들이 이에 영향을 미칠 수 있는 가능성은 거의 없다. UN 사무국에서든 IMF와 세계은행 이사회에서든, G8 회담 타결이나 세계자본시장 규제에서든 마찬가지이다. 행위자에 대한 민주적 통제는 사실상 이루어지지 않고 있다. 비정부기구들이 부분적으로 이 역할을 했고 WTO부터 기후변화협약에 이르기까지의 전통적 유니온숍 덕분에 비판과 공동 노력이 이루어질 수 있는 문호가 개방되었다. 그러나 공식적으로 '글로벌 거버넌스'는 민주주의 없는 공간에서 이루어지고 있다.

그것이 도대체 달라질 수 있을 것인가? 정부들의 협의기구로 활동하는 세계기구들이 민주화될 수 있는가? 이에 대해 많은 정치가들과 활동가들은 그렇게 될 것이라고 확신하고 있다. 독일 국제법학자이자 기업 자문위원인 안드레아스 붐멜Andreas Bummel이 몇몇 동료들과 함께 2004년에 'UN민주화위원회'를 발족했을 때 많은 사람들에게 그것은 실현될 전망이 전혀 없는 공상적인 시도로 간주되었다. 그러나 붐멜은 20여 개국에서 활동하는 100개 이상의 비정부기구를 하나씩 설득하는 데 성공했다. 2007년부터 활동가들은 'UN의회 창설'을 위한 캠페인을 전개하고 있다. 2008년 초까지 113개국 470명의 의원과 1,200명의 개인이 이 호소에 동참하고 있고 이 중에는 독일인 연방의원과 유럽의회 의원도 있다. 이 호소문에 서명한 저명인사 명단에는 노벨상수상자인 독일 작가 귄터 그라스, 오스카 상을 수상한 영국 배우 엠마 톰슨, 범아프리카의회 의장 게르트루데 몽겔라 등이 포함되어 있다.[407] 충분한 자질을 갖춘 동조자로는 UN 사무총장을 지낸 이집트인 부트로스 부트로스 갈리가 있다. 그는 UN의회가 "UN의 투명성을 높이고 UN을 더욱 효과적이고 민주적으로” 만들 것이기 때문에 지지한다고 밝혔다.

1단계 조치는 모든 UN 회원국의 국회의원들로 구성된 ‘의원총회’여야 할 것이다. 그러한 총회는 질의권과 내부자료 접근권을 가지고 우선은 직위나 예산을 배정할 때 통상적으로 이루어지는 ‘밀실 거래’를 차단하고 무엇보다도 하부기관의 활동과정에 관해 보다 많은 홍보를 수행할 것으로 UN 활동가들은 기대한다. 활동을 시작하고 10년 동안에는 국회의원의 총회에 지나지 않았던 유럽연합 의회가 이러한 프로젝트의 모범이다. 그렇지만 각국 정부들은 이 제안을 수용하지 않았다. 녹색당 출신 외무장관이었던 요슈카 피셔조차 그의 당이 UN의회를 선거 공약으로 내걸었음에도 불구하고 연방의회에서 이에 상응하는 제안에 제동을 걸었다. 캠페인을 주도하고 있는 붐멜은 이러한 거부를 관료들의 저항의 표현으로 해석한다. 말하자면 이들은 ‘UN뿐만 아니라 IMF나 세계은행과의 교류를 일단은 더욱 복잡하게 만들 새로운 행위자를 원하지 않는 것이다.’ 또한 UN에서 의원총회가 충분한 파괴력을 가질 수 있을지도 의문이다. 끝으로 중국과 러시아를 비롯해서 아프리카의 많은 나라들과 수많은 UN 회원국들 스스로 지극히 비민주적인 구조를 가지고 있다. 이들 나라의 의원들은 정권의 꼭두각시에 지나지 않으며 외교관보다 정당성에서 결코 우월하지 않다. 그럼에도 불구하고 UN개혁주창자들은 그러한 총회에서 민주주의자들이 다수일 것이라고 생각한다. 이들 민주주의자 가운데서 중요한 활동이 시작될 수 있으며 여기에서는 “장기적으로 사고”해야 할 것이라고 한다. “혁명”은 일어나지 않을 것이지만 “시작을 하는 것”이 중요하다는 것이다.

이는 물론 가장 먼저 각국 국민대표들의 임무일 것이다. 그렇지만 여전히 각국 의회에서는 대부분 세계기구에서 발생하는 일이 거의 아무런 역할도 하지 않는다. 정치학자 미하엘 취른Michael Zürn은 이곳에서는 여전히 "믿을 수 없을 정도의 지역이기주의"가 지배하고 있다고 비판한다. 그는 세미나를 통해 전 세계 청년들을 국제기구에서 일할 수 있도록 교육시키는 베를린 소재 헤르티거버넌스 대학 학장이다. 독일 연방의회도 여기에서 자신의 임무를 다하지 않고 있다. 재무장관은 IMF 내 투표권 재분배에 관한 논란에서 어떤 입장을 가지는가? 세계은행에서 독일 대표는 왜 환경에 해를 끼치는 석유프로젝트를 위한 재원 공급에 찬성하는가? EU 위원회는 어떤 임무를 부여받고 WTO에서 협상하는가? 이런 의문들은 거의 논란이 되지 않고 있고 대부분의 경우에 장관들이 완전히 자유로운 결정권을 가진다. 따라서 "국제회의체의 의회화"보다 더 중요한 것은 "국가 의회의 국제화"라고 취른은 주장한다. 여기에서 가장 큰 걸림돌은 그러한 문제를 다루는 것이 개별 정치가들의 '경력에 별 도움이 안 되고' 가령 예산 배정에서처럼 유권자에게 뚜렷한 이익을 가져다주지 않는다는 사실이다.

그렇지만 여기에서도 바람 부는 방향이 바뀌고 있다. 세계적인 정부 운용의 구조와 기구를 둘러싼 노력이 머지않아 정치적 톱 테마로 부상할 것이다. 그 까닭은 전통적인 조직의 개혁에서 거의 진전이 없을지라도 정치의 국제화는 급속하게 진행될 것이기 때문이다. 베를린 외무성 기획국장인 마르쿠스 에데러의 주장에 따르면 표면의 정지 상태에 현혹되어서는 안 된다. 외무성과 경제협력성은 일찌감치 외교정책의 독점을 상실했으며, 오늘날에는 환경성에서 법무성에 이르기까지 거의 모든 부처가 국제무대에서 활약하고 있다. 반대로 외무장관 프랑크 발터 슈타인마이어는 기후정책을 조정하기 위한 전권대사를 특별히 임명해야 했다. 따라서 과학자인 취른과 실천가인 에데러 두 사람은 "글로벌 거버넌스"가 장차 "얼기설기 엮은 양탄자" 모양으로 보다 강력하게 발전할 것으로 예상하고 있다. 그리고 에데러의 주장에 따르면 그것은 그렇게 되어야 한다. "문제는 다급해지고 있다. 특히 환경문제에서 우리는 기구들이 완벽히 개혁될 때까지 기다릴 시간이 없다."

그러므로 일련의 '국제적인 사고를 갖춘 나라들'은 독일 정부의 주도하에 앞서 가면서 국제재생에너지기구IRENA를 창설하고자 시도하고 있다. 이 기구는 무엇보다도 빈곤국들이 생태기술을 장려하도록 지원한다고 한다. 그리고 이에 참여하려는 나라들의 수가 계속 늘고 있다. 얼기설기 엮은 양탄자의 다른 한쪽에서는 캘리포니아 주지사 아놀드 슈왈제네거와 슈타인마이어 장관이 미국 서해안의 몇몇 주와 유럽연합의 배출권거래체제를 서로 연결하는 계획을 세워놓고 있다. 전혀 다른 연방 차원에서 이루어지는 독특한 협력이다. 에데러가 주장하는 바에 따르면 G8도 대규모 신흥공업국들로 확장하고 우선은 주요 선진국에서 기구 개혁을 선도함으로써 대의제 문제에서는 선구적인 업적을 남길 수 있을 것이라고 한다. 최근에는 특히 대도시들이 기후보호에서 갈수록 큰 영향력을 행사하기 위해 서로 지원하는 빈도가 늘고 있다. 어쨌든 그곳에서 대부분의 온실가스 배출이 이루어지고 있다. 세계적으로는 "글로벌 거버넌스"가 "실험 국면"에 있다고 에데러는 결론짓고 있다. 정부기구를 국제협력에 보다 잘 적응시키려는 작업도 도처에서 진행되고 있다고 한다. 워싱턴부터 베이징에 이르기까지 상이한 외무성에서 온 동료들과의 대담에서는 '놀라울 정도로 유사한 점들'이 발견된다고 한다. 이미 이에 관한 의사소통은 '그 자체로서 가치'를 가진다는 것이다.

그러나 각국 정부들이 국내에서 세계적 책임을 인정하고 그들의 시민과 기업들에게 국제법상의 조약을 준수할 것을 요구하는 것도 수선된 양탄자의 일부에 속한다. 여기에는 사회적 최소규범 준수에 관한 협약에서부터 종보호협정에 이르기까지 다양하다. 부패 척결을 위해서는 이 원칙이 훨씬 오래 전부터 적용되고 있다. 국제적 기업의 경영자들이 다른 나라에서 부패사건에 연루되었다는 이유로 그들의 고국법정에서 고발되는 경우가 빈번해지고 있다. 이로써 OECD의 국제협정이 실행되고 있다. 경제와 인권을 위한 UN 특별대사인 존 러지John Ruggie는 국가들이 유사한 방식으로 인권문제에서도 보다 결연하게 "영토외적 의무"에 충실해야 한다고 요구하고 있다. 가령 한 기업이 다른 나라에서 아동을 고용하거나 생산과정에서 발생하는 쓰레기로 수질오염을 야기할 경우―지금까지는 그렇게 되지 않았지만―그의 모국 정부가 책임을 져야 한다는 것이다.[408] 이를 위해 별도의 세계경찰은 필요하지 않으며 다만 세계적 법에 대한 민감한 의식만 있으면 된다고 한다.

인도인 아르하나 네기Archna Negi처럼 국제정치에서 상승일로에 있는 후세대가 있다면 그러한 범례에 따르는 정치는 머지않아 자명한 사실이 될 수 있을 것이다. 이 젊은 인도 여성정치학자는 2007년 가을에 다른 신흥공업국에서 온 17명의 참석자들과 함께 본에 있는 '글로벌 거버넌스 학교'를 방문했다. 참석자들은 세계적인 맥락에서 '통치'가 어떻게 작동하는지를 그곳에서 다함께 배웠다. 하루는 하일리겐담 G8 정상회담이 학습계획에 들어 있었다. 그리고 역할 게임이 있었다. 짙은 전통의상을 입은 네기는 G8 회담을 조정하기 위한 인도 대사 역을 맡았다. 그리고 중국, 멕시코, 브라질, 남아프리카에서 온 그의 동료들과 함께 참가국 확대를 위해서 G8을 상대로 하는 전략을 개발해야 했다. 여기에서 상하이와 제네바에서 온 노련한 정부자문위원들이 그녀의 스파

링파트너였다. 철저하게 준비된 강연에서 이 인도 여성은 협력을 위한 우선순위목록을 작성했는데 그 안에는 무엇보다도 기술이전과 기후변화가 들어 있었다. 그리고 결론적으로 말하기를 "우리 5대 신흥공업국들은 우리 자신의 이익만을 추구해서는 안 됩니다. 우리는 G8과의 대화에 우리 지역에 있는 작은 나라들의 이익도 같이 포함시켜야 합니다."

연방경제협력성의 이름으로 에이전트 InWEnt와 공동으로 정부학교를 조직한 독일개발정책연구소 소장 디르크 메스너가 나중에 말한 바에 따르면 앞으로 중요한 것은 이러한 사고방식이다. 그 이유는 이것이 결정적인 미래문제이기 때문이라고 메스너는 주장한다. "세계적인 '우리' 정체성을 발전시키는데 성공할 수 있을까요?"

제9장

세계대전인가
세계사회인가?

Der
Globale
Countdown

비상내각이 백악관 상황실에 소집되었을 때 주식시장에서는 벌써 패닉 현상이 나타나고 있었다. 이란에 비밀 핵시설이 있다는 새로운 정보가 알려진 후 미국과 EU 정부는 서방에 있는 모든 이란 은행계좌의 봉쇄와 같은 급격한 제재를 가하겠다고 테헤란 정권을 위협했다. 이란 대통령 마흐무드 아마디네자드도 똑같은 어투로 응수했다. 그는 자신의 동맹군인 베네수엘라 대통령 우고 차베스와 함께 '서방에 대한 제재'를 공언했다. 두 산유국은 공동으로 일일 석유수출량을 70만 배럴 감축했고 서방이 제재 위협을 철회하지 않으면 감산량을 더 늘리겠다고 경고했다. 이 소식이 전해지자 유가는 몇 시간 만에 배럴당 145달러로 50퍼센트 이상 인상되었고 세계는 경제적 재난을 눈앞에 두게 되었다. 이에 미국 대통령의 위임을 받은 국가안보회의 의장이 에너지장관, 경제장관, 재무장관, 국방장관과 비밀경찰 총수와 합참의장을 비상회의에 소집했다. 대통령이 미국의 대응책을 알리기 위해서 세계 언론 앞에 서야 할 시간까지 한 시간 남아 있었다. 이번 회의에서 전략이 마련되어야 했다. 이제 어떻게 반응할 것인가?

벽에 걸린 화면에는 계속해서 나쁜 소식들이 경제전선으로부터 들어오고 있는 동안 열띤 논쟁이 벌어졌다. 재무장관은 신속한 대규모 경기부양책과 가격상승에 대비한 '전략비축유'의 방출을 요구했다. 그의 펜타곤 동료는 이에 대해 이의를 제기했다. 전쟁이 발발하면 이 비축물량은 군부에게 필수불가결하다는 것이었다. 그는 "군수물자 1톤을 중동으로 나르려면 석유 3톤이 필요합니다. 민간인은 우리 석유에 손대지 마시오"라고 분명히 했다. 에너지장관은 석유제품에 대한 수요를 줄이고, 그렇게 해서 공급 감소를 상쇄하기 위해서는 전국적인 제한속도의 하향과 여러 긴축조치를 취할 것을 제안했다. 대통령 홍보담당관은 시민들의 항의를 이유로 그에 반대했다. 그리고 그것이 가능하려면 "이란과 베네수엘라를 악마로 몰아야 하고 누가 적이고, 누가 책임을 져야 하는지를 분명히 해야만 한다"고 했다. CIA국장은 이러한 모든 절감조치를 무력화시키기 위해 이란이 일일생산량을 다시 100만 톤 줄일 수 있다고 반박했다. 더욱이 "달러화로부터의 대량 이탈"이 발생할 위험이 있으며 유가는 계속 상승할 것이라고 했다. 그러자 국방장관이 발언했다. 그는 "위기에는 외교적 수단으로 대응해야" 한다고 말했다. 그러나 군사적 위협도 외교에 속한다고 덧붙였다. "우리는 태평양함대 전체를 중동으로 즉시 이동시켜야 합니다"라고 요구하면서 아울러 예비군도 동원해야 한다고 했다. 나아가 대통령이 병역의무제 재도입을 예고해야 한다고 했다.

잠깐 침묵이 흐르고 나자 합참의장은 긴장이 고조된 다음 단계를 염두에 두면서 말했다. "그러면 이란은 아프가니스탄과 이라크에 있는 우리 군을 압박할 것이 분명합니다." 국방장관은 한술 더 떴다. "대통령은 지금 국제비상사태를 선포하고 세계를 지휘해야 합니다. 우리는 우리 생활방식을 소멸시킬지도 모르는 위협에 직면해 있으며 대통령은 지금 모든 힘을 동원해야 합니다. 2차 세계대전 동안에도 사람들은 경제적 영향에 대해서는 슬퍼하지 않았습니다." 국무장관은 '사명'이 무엇이고 중국과 러시아는 어떻게 처리해야 할지를 알고 싶어 했지만 의장은 폐회를 선언했다. 그는 대통령이 이제 결정해야 하는데 "우리가 그에게 대안들을 제시하겠습니다”라고 말했다.

2007년 11월 1일 오후 미국 비상각료회의는 이렇게 끝났으며 이런 형식으로 다시는 열리지 않을 것이다. 이 각료회의는 백악관에서 열리지 않았고 리츠칼튼호텔 연회장에 가상으로 설치된 상황실에서 열렸다. 미국 기업가들과 퇴역군인들로 구성된 실무그룹인 ‘미국미래에너지확보’가 이 연극을 연출했으나 할리우드에서 제작된 최신 정치스릴러를 홍보하기 위해서가 아니라 에너지정책에서 전환이 이루어지도록 공개적인 압력을 가하기 위해서였다.[409] 그에 따라 오일쇼크와 페르시아 만 전쟁에 관한 극적인 논쟁이 가상 시나리오에 따라 진행되었다. 그러나 이것은 “충분히 납득할 수 있다”고 석유산업과 미 육군을 위해서 안보상황을 분석하고 있던 영국의 군사고문관이자 석유전문가인 폴 돔잔Paul Domjan이 확언했다. 참가자들의 행동도 너무나 설득력이 있었는데, 그 이유는 이들 모두가 과거에는 스스로 정부 고위직에 몸담고 있었고 압박을 받는 미국 정부의 위기 동학을 알고 있었다. 대통령을 대리하는 의장직은 빌 클린턴 행정부 시절 재무장관을 지냈던 로버트 루빈이 맡았다. 합참의장 역은 2007년 3월까지 중동과 아시아에 대한 모든 군사력 투입을 담당하는 중앙통제소를 이끌었던 존 아비자이드John Abizaid가 맡았다. 국방장관 역은 로널드 레이건 행정부에서 해군장관을 지낸 존 리먼John Lehman이 맡았다. 리처드 아미티지가 국무장관을 맡았는데 그 자신은 조지 부시 대통령의 첫 번째 내각에서 국무차관으로 근무했었다. 다른 모든 역할도 비슷하게 고위직 인사들이 맡았다. 역할게임이 끝난 뒤 정부의 베테랑 루빈은 얼마나 “무서울 정도로 현실감 있는 쇼”가 진행되었는지 토로했다.

이 가상의 비상내각은 세계적 상호의존의 시대에 새로운 세계체제가 얼마나 고도로 불안정한지를 극명하게 보여주었다. 그리고 그것은 동시에 최고의 취약점을 명확히 해주었다. 즉 갈수록 희소해지는 원자재인 석유 공급이 세계경제의 아킬레스건이라는 사실 말이다. 전 세계 운송의 90퍼센트 이상이 아직도 석유에서 뽑아낸 연료로 운행되는 차량으로 이루어지고 있다. 따라서 전 세계 석유소비는 2006년 하루에 8,500만 배럴에서 이미 2015년에는 하루에 거의 1억 배럴로 증가할 것이라고 파리에 있는 국제에너지기구IEA는 예측하고 있다. 이 기구는 OECD의 위탁을 받아 세계 에너지 시장의 동향을 추적하고 있다. 그들은 2030년까지 석유소비가 하루에 1억 1,600만 배럴까지 증가할 것이라고 말한다. 이는 현재보다 36퍼센트가 증가한 양이다.[410] 이는 마치 지난 50년 동안의 변천을 임의로 연장할 수 있다고 주장하는 것처럼 들린다. 그렇지만 이것은 거의 불가능하다.

비록 이론상 확인된 매장지역에 아직도 40년은 더 현재의 소비량을 충족시키기에 충분한 석유가 있다. 그러나 마지막 한 방울이 소비되기 훨씬 전에 전체 채굴량은 더 이상 증가하지 않고 감소할 것이다. 그 이유는 석유가 매장되어 있는 지층의 지질학적 구조 때문이다. 그곳에는 과거 지질시대에 얕은 바다의 플랑크톤 침전물에서 생성된 석유가 지층의 기공에 들어 있다. 석유를 채굴함에 따라 압력이 감소하는데 이를 인위적으로 상승시키는 데에는 한계가 있다. 그렇기 때문에 지금까지 알려진 모든 유전에서는 매장량의 절반만 뽑아내도 이미 생산량이 감소하기 시작한다. 그렇기 때문에 미국에서의 채굴은 이미 1971년에 정점을 지났고 북해에서는 2000년부터 생산량이 감소하고 있으며 쿠웨이트, 멕시코, 중국에 있는 세계 4대 유전 중 세 곳에서도 마찬가지로 생산량이 감소하기 시작했다. 동시에 1980년부터는 매년 새로 발견되는 유전의 배장량보다 채굴량이 많기 때문에 세계 차원에서도 머지않아 최대채굴량에 도달할 것으로 예상하는 석유지질학자들이 갈수록 많아지고 있다.[411] 이러한 소위 피크오일이론(석유채굴정점이론)을 석유콘체른과 대규모 산유국들은 오래 전부터 부인하고 있는데, 그 이유는 무엇보다도 자신들의 사업모델과 주가를 걱정하기 때문이다. 그렇기 때문에 그들은 새로운 기술과 캐나다 오일샌드처럼 채굴하기 어려운 자원을 개발함으로써 아직까지는 수요 증가를 오랫동안 충족시킬 수 있다고 호언했다. 가령 오랫동안 BP콘체른 회장을 지냈던 존 브라운John Browne 경은 2004년에 석유생산의 증가를 막을 "아무런 물리학적 이유가 없다"고 주장했다.

그러나 이러한 평가는 그 사이에 거의 부정되었다. 2003년 이후 유가가 3배 상승했기 때문에 산유국들은 자신들의 금고를 채우기 위해서 생산량을 급격하게 확대할 충분한 이유가 있었을 것이다. 그러나 실제로는 채굴이 전 세계에서 단지 7퍼센트 남짓 증가했을 뿐이고 그 이상은 기대할 수 없을 것이다. 사우디 국영석유회사인 아람코Aramco에서 오랫동안 수석엔지니어를 지낸 사다드 알후세이니Sadad al-Husseini도 이를 확인해주었다. 그의 의견이 중요한데, 그 이유는 IEA에 있는 석유 낙관론자들의 예상에 따르면 필요한 석유 증산은 거의 사우디아라비아가 담당할 것이기 때문이다. 아랍 유전에 관한 최고 전문가들은 이를 "비현실적"이라고 생각한다.[412] 후세이니는 아마도 세계적 생산의 "정점"에 이미 도달했으며 이 정점을 유지하는 것이 "상당히 어려울 것"이라고 말한다. 이는 서방 석유 콘체른의 회장들도 거의 피할 수 없는 예측이다. 2008년 1월 석유거인 셸의 회장인 예룬 판 데르 페이르Jeroen van der Veer마저 늦어도 2015년이면 석유 및 가스 생산이 더 이상 수요를 충족시킬 수 없을 것이라고 인정했다.[413]

그 결과는 잔혹하다. 2008년 초까지 배럴당 100달러 이상으로 가격이 상승했을 때 전 세계, 특히 가난한 나라들에서는 수백만 명의 사람들에게 극적인 결과가 초래되었다. 국가공급체제가 없어서 지역 발전기에 필요한 연료를 살 돈이 없었기 때문에 전력공급이 중단된 곳이 많았다. IEA 수석 이코노미스트 파티 비롤Fatih Birol이 계산한 바에 따르면 가격폭등은 아프리카에서 자국 유전이 없는 가장 큰 12개 나라에게는 부채탕감과 개발원조를 통해 유입되는 것보다 더 많은 돈이 소요되게 만들었다.[414] 그리고 이것은 시작에 불과하다. 가스와 석유 가격은 불가피하게 계속 상승할 것이다. 이는 심각한 세계경제공황에 의해서나 중단될 수 있는 추세이다. 그리하여 세계경제의 이익에서 중동과 아프리카에 있는 수출국들과 러시아, 멕시코, 베네수엘라로 흘러들어가는 몫이 갈수록 많아질 것이다. 그에 따라 지금까지 화석연료의 주요 수혜국이던 미주와 유럽에서는 중국과 인도라는 새로운 소비대국이 성장하고 산유국에서 혹시라도 내전이 발발하거나 정권교체가 이루어지는 과정에서 석유와 가스에 대한 원천 접근에서 배제될 수도 있다는 두려움이 커지고 있다. 따라서 모든 강대국과 중견국들은 오랫동안 과거의 잔재로 간주되었던 정치적 구상을 유령처럼 똑같은 형태로 반복했다. 즉 전략지정학이 그것이다. 베이징에서든, 브뤼셀에서든, 워싱턴에서든, 도쿄에서든. 또는 델리에서든 다 마찬가지였다. 어떤 정부가 들어서든 '에너지 안보'를 확보하기 위해서는 경제적·군사적 수단을 이용해서 석유수출국들에 대한 영향력을 확대하거나 유지하고자 했다.

가령 수단, 나이지리아, 앙골라의 석유프로젝트에 이미 100억 달러 이상을 투자한 중국 국영콘체른들이 아프리카에서 벌이는 공세는 장관이다. 동시에 유럽과 미국의 석유콘체른들은 자국 정부의 위임과 지원을 받아 카스피 해 석유 및 가스전 개발을 둘러싸고 러시아 및 중국과 경합을 벌이고 있다. 석유 콘체른 BP의 주도하에 아제르바이잔부터 터키 지중해 항구인 제이한에 이르는 파이프라인을 건설해서 2006년부터 하루에 약 100만 배럴을 수송하기 위해 지불된 수십억의 보조금은 그 과정에서 제1단계에 지나지 않았다. 유럽에게 카스피 해 천연가스원을 연결시켜줄 동일한 규모의 천연가스관이 이미 기획 중이다. 그 사이에 중국과 일본도 카자흐스탄 가스전에 대한 접근과 파이프라인 건설을 둘러싸고 경합을 벌이고 있는데 이곳에서는 동시에 러시아 국영콘체른 가즈프롬이 독점적 지위를 갖고자 한다. 비슷한 경쟁관계는 거의 모든 산유국에서 나타나고 있으며 그 와중에 서로 경합하는 그룹이나 정당 사이에 갈등을 유발하고 있다.

채굴권과 파이프라인을 둘러싼 외교적·경제적 포커 게임과 병행해서 자원 접근의 확보가 갈수록 군사적 기획에서도 중심에 놓이고 있다. 미국 정부는 자신의 세계 패권적 지위를 유지하기 위해서 자원이 풍부한 지역, 특히 중동에 대한 군사적 통제를 이미 오래전부터 포기할 수 없는 것으로 간주하고 있다. 조지 W. 부시 행정부가 출범한 이래 핵심 시장과 전략적 자원에 대한 접근은 2003년부터 국가안보전략의 공식목표로 설정되기도 했다. 그러나 전 세계적으로 가시화되고 있는 석유희소화 과정에서 유럽 정부들도 자신들의 '에너지안보'를 군사적으로 정의하기 시작했다. 가령 모든 나토 가맹국들은 2006년 11월 라트비아의 수도 리가에서 열린 정상회담을 마치면서 "동맹의 안보이해는 필수적인 자원 유입이 중단될 경우 침해될 수 있다"고 공동으로 선언했다. 이와 병행해서 나토는 신속대응군을 창설했는데 첫 번째 기동훈련에서 분명하게 드러난 것은 산유국들이 작전지역에 포함된다는 사실이었다. 아프리카 서부 대서양 상에 있는 카보베르데에서 섬을 '탈환'하는 연습이 실시되었다. 이 시나리오가 기니 만에 있는 섬나라 상투메 프린시페São Tomé e Príncipe 점령을 겨냥했음은 간과할 수 없었는데, 이곳 해협에 대규모 유전이 놓여 있다.

EU 회원국들이 공동으로 운영하는 파리 안보연구소의 군사전문가들은 몇 걸음 더 나아간다. 2004년에 이들은 EU의 공동군사전략의 본보기가 될 수 있을 '유럽방위보고서'를 제출했다. 여기에서는 '교역로 보호와 원자재 흐름'이 유럽연합의 '사활이 걸린 이해'로 선언되었을 뿐만 아니라 동시에 향후 에너지전쟁에 대비한 시나리오도 개발되어 있다. "인도양에 인접해 있는 X국에서 반反서방 세력이 권력을 장악하여 석유를 무기로 활용하고 서구인들을 추방하며 서방의 이익을 침해한다. 나아가 그들은 친서방적이고 석유가 서방에 자유롭게 유입되는데 중심적인 역할을 하는 이웃나라 Y에 대한 침략을 시작한다. Y국은 EU와 미국에 지원을 요청한다."[415] EU의 위탁을 받아 작성된 에너지전략은 군사적으로 해결되어야 한다는 위기 발생 가능성을 이렇게 기술하고 있다. 목표는 '점령된 지역을 해방시키고 X국의 석유시설, 파이프라인, 항만에 대한 통제를 유지하는 것'이라고 한다. 이를 위해서 유럽은 미국이 이끄는 25만 병력의 군대에 6만 명의 병사를 배치해야 한다는 계획이 포함되었다. 반면에 그러한 개입이 중동의 석유공급에 똑같이 의존하고 있는 중국이나 인도에서 어떻게 받아들여질 것인가에 대해서는 파리의 책상물림 전략가들은 한마디도 하지 않았다. 그리고 독일 연방방위군조차 2006년 10월 '백서'가 통과됨으로써 '안전한 원자재 공급'과 '에너지 인프라스트럭처의 안전'을 위해서 노력해야 하는 임무를 독일의 메르켈 정부로부터 받았다.[416] 베이징과 델리 정부도 자신들의 석유공급을 확보하기 위해 유사한 계획을 가지고 있는지는 지금까지 알려지지 않고 있다. 그러나 이들 아시아 강대국도 역시 그러한 종류의 계획을 숙고를 할 개연성이 높다.

이 모든 것은 20세기 초 세계화가 붐을 이루던 당시 자원과 영향권을 둘러싼 경합을 연상시킨다. 그리고 향후 전개되는 상황이 역사적 범례를 따른다고 한다면 조만간 석유나 다른 자원을 둘러싼 대전이 불가피할지도 모른다. 또는 영국의 역사학자 티머시 가튼 애시Timothy Garton Ash가 설명한 바와 같이 "새롭게 부상하는 강대국들과 사라지는 강대국들 사이에서 벌어진 주요한 권력이동은 지금까지 대부분 전쟁을 동반했다."[417] 독일 헤센 주 평화갈등연구소 하랄트 뮐러 소장도 수십 년의 경험에 비추어 "급증하는 에너지 수요"를 세계평화를 위한 "최대의 위험"으로 판단하고 있다. 특히 대부분의 유전이 '세계에서 가장 위험한 지역의 하나'인 정치적으로 불안정한 중동에 집중되어 있기 때문에 그러하다. 뮐러는 만약 이 문제를 석유에 의존하는 강대국들이 "국가정책들의 경쟁으로 추진"한다면, 가령 사우디아라비아 정권의 붕괴로 인해 위기가 심화되었을 경우 "그곳에서 군사적 우위를 확보하려는 시도, 즉 폭력으로 새로운 정부를 수립하려는 시도가 발생"할 수 있다고 경고했다. 그렇게 된다면 "10년 내지 20년 후에는 중국군, 인도군, 미군이 서로 충돌할 수도 있을 것이다.”

그러나 이러한 모든 공포 시나리오는 근본적인 모순을 안고 있다. 석유를 둘러싼 투쟁에서 강대국들 사이에 군사적 충돌이 발생한다면 첫 번째 총성이 울리기도 전에 그 누구도 주목표는 더 이상 달성할 수 없을 것이다. 세계 석유시장과 세계 분업체제가 붕괴될 것이기 때문이다. 세계경제의 거대한 수송기계 전체가 더 이상 안전하지 않을 것이며 수조 달러의 투자가 무가치해질 것이다. 복지는 ‘방어’ 하기 전에 이미 사라지게 될 것이다. 사투를 벌이고 있는 자원인 석유에 대한 수요는 바닥을 모른 채 감소할 것이다. 그렇기 때문에 전통적이거나 새로운 강대국과 초강대국들의 모든 전략지정학적 구상에는 묘하게 시대착오적인 부분이 포함되어 있다. 그들이 대비하고 있는 X−데이가 도래하면 그 누구도 정치적·사회적 결과를 통제할 수 없을 정도로 경제적 혼란이 클 것이다.

가령 이란과 같은 거대한 중동 산유국에 대한 공격과 같은 본격적인 갈등으로 가는 예비단계는 세계화와 그것으로 달성된 모든 부가 이미 종말을 고하기 시작하는 시점이 될 것이다. 리츠칼튼호텔에서 열렸던 가상 비상내각도 예상한 바와 같이 미국이 이란의 핵시설을 공습으로 파괴한다면 영국 군사전문가 폴 로저스Paul Rogers가 추정한 대로 “개전 며칠 만에 수천 명의 사망자”가 즉각 발생하고 “장기전”이 초래될 것이다. 중동지역을 잘 아는 전문가인 로저스는 이라크전쟁 전에도 이 전쟁이 점령군에 대한 장기적인 저항과 테러조직의 강화로 이어질 것이라고 예언한 바 있다. 그러나 이란의 경우에는 훨씬 더 극적인 결과가 초래될 것이라고 예상하고 있다. 이란인들은 1980년대 사담 후세인의 침략군에 대항한 방어전에서와 마찬가지로 생각할 수 있는 모든 수단을 동원해서 반격할 것이라고 로저스는 예언하고 있다. 자살특공대를 태운 쾌속정이 호르무즈 해협에서 유조선을 폭파할 것이고 중요한 석유수송로를 봉쇄할 것이다. 이란 전사들과 이들의 헤즈볼라 동맹군의 테러 공격은 중동 전체를 불길에 휩싸이게 할 것이다. 그 결과 세계 석유공급의 대부분이 중단될 것이고, 그럼으로써 세계적인 경제재난이 닥칠 것이다.[418]

그럼에도 불구하고 미국과 중국뿐만 아니라 일부 EU 국가들의 권력자들이 석유와 가스에 의존하는 자국의 에너지 딜레마에 대한 군사적이고 권력정치적인 해결책이 있다는 상상을 고수하고 있다는 것은 한 가지 사실을 증명해주고 있다. 즉, 거의 모든 주요국들의 현역 정치가들이 세계적인 상호의존, 모든 권력블록의 상호종속의 진정한 규모를 이해하고 이러한 정황에 자신들의 정치를 적응시키려고 극단적인 노력을 하고 있다는 점이다. 기후보호, 금융시장 규제 또는 조세정책에서와 마찬가지로 그들은 지난 수십 년 동안 실행된 국민국가 차원의 수동적 정책을 따르고 있는 것이다. 이때 너무나 비합리적인 것은 무엇보다도 국민국가적으로만 유효한 에너지 안보를 추구하는 것이다.

가령 아프리카에서 벌어지는 중국의 석유공세가 경제적으로 의미가 없다는 것은 석유부문의 소식통이자 석유 전문가인 돔잔이 확언하고 있다. 그가 계산한 바에 따르면 수단, 앙골라, 나이지리아 정권에 대한 개발원조, 도로 건설, 무기 공급에 필요한 모든 추가적인 지출을 합하면 "그들은 정상적인 시장에서 장기계약을 통해 달성할 수 있는 것보다 더 많은 비용을 석유를 위해서 지불하고 있다." 이 모든 것은 중국이 무력에 의해 석유거래로부터 차단되거나 진정으로 자체적인 배타적 유전이 필요한 경우에나 비로소 의미를 가질 것이라고 한다. 이러한 경우에는 아프리카 석유로도 중국경제의 붕괴를 더 이상 저지할 수 없을 것이다. 그 이유는 중국 경제의 3분의 1이 수출에 의존하고 있기 때문이다. 미국이 중동에서 벌이는 파워게임에도 동일한 사고가 그대로 적용된다. 오래 전부터 미국 석유수입이 발생시키는 '은폐된 비용'을 추적하고 있는 초당적인 국방위원회재단National Defence Council Foundation이 계산한 바에 따르면 페르시아 만 산유국들을 군사적으로 확보하는 전략에 매년 1,380억 달러의 세금이 소요된다. 이 지역의 모든 석유수출액으로 환산하면 이것만으로도 배럴당 18달러의 할증이 발생한다. 이 금액이면 미국은 10년 안에 에너지시스템을 재생에너지원으로 어렵지 않게 전환할 수 있다.[419]

세계공동체의 잊혀진 성공

이러한 배경에서 볼 때 석유 부족은 유럽, 아시아, 미주의 수입대국들로 하여금 전쟁을 진지한 대안으로 숙고하기보다는 항구적으로 협력하도록 강제할 것이라는 주장이 설득력이 있다. 지금까지도 독자행동보다는 이미 협력이 훨씬 많았는데, 그 이유는 19~20세기의 식민주의 사례가 유용한 결과를 보장하지 못하기 때문이다. 중국 석유회사들은 탐사부터 정유에 이르기까지 299개가 넘는 프로젝트에서 브리티시 페트롤리엄, 미국 콘체른인 엑손, 프랑스의 토탈, 말레이시아의 페트로나스와 같은 국제파트너들과 협력하고 있다.[420] 동시에 중국과 인도는 값비싼 가격경쟁을 피하기 위해서 석유시추권 공모에 공동으로 응찰하기 시작했다. 이들 두 아시아 강대국이 OECD의 국제에너지기구부터 G8 차원의 조정에 이르기까지 모든 자원관리 담당 기구에 가입해 있으므로 이러한 협력은 더욱 심화될 수 있을 것이고, 예상되는 갈등은 처음부터 협상 궤도로 안내될 수 있을 것이다. 그리고 세계화된 경제시스템이 작동하고 모두에게 이익을 가져다주는 동안에는 분명 어떤 강대국도 다른 강대국과 협의하지 않은 채 중동에 심각한 충돌이 발생하는 것을 무릅쓰고 원자재를 확보하기 위해서 군사적인 방법을 선택하려 하지는 않을 것이다.

그런데 바로 이러한 조건—세계화된 자본주의의 작동능력—이 고도로 위협받고 있다. 만약 패자들이 반란을 일으키고 이들이 민족주의적 정치가들과 함께 주도권을 잡는다면 세계를 아우르는 생산사슬, 국경 없는 자본 흐름, 초국적 소유구조가 얼마나 오래 유지될 수 있겠는가? 기후변화와 더불어 지역 전체 주민이 생활기반을 잃어버린다면 정치가 국민국가적 봉쇄에 대한 요구에 얼마나 오래 버틸 수 있겠는가? 세 가지 거대한 미래과제를 동시에 해결하는데 성공해야만 시스템이 안정적으로 유지될 수 있을 것이다. 세계화된 금융산업의 제어, 개발도상국의 대중빈곤과 복지지대의 사회적 분열의 극복, 재생에너지원에 의한 화석연료 및 핵연료의 대체가 그것이다.

전 세계 분쟁지역에서 끊임없이 전해오는 나쁜 소식들에 비추어 볼 때 이들 목표는 한없이 멀리 있고 실제로는 달성할 수 없는 것처럼 보인다. 그러나 이러한 생각은 틀렸다. 사실 인류는 협력하는 세계사회를 향하여 이미 대대적이고 측정 가능한 진전을 이룩했다. 세계은행 경제학자들이 계산한 바에 따르면 신흥공업국들이 세계시장에 편입된 덕분에 1999년부터 2004년까지 5년 동안에만도 약 1억 3,500만 명의 사람들이 절대빈곤에서 벗어났다.[421] 이 수치는 그 후 다시 한번 배로 늘었을 것이다. 동시에 교육혜택이 갈수록 많은 사람들에게 미치고 있다. 1975년에 15세부터 25세 사이의 모든 인류 중에서 약 25퍼센트가 아직 문맹이었지만 이 비중은 현재 10퍼센트 남짓으로 감소했다.

경제적 성과와 병행해서 질병 예방, 위생, 상수도 시설도 확산되고 있다. 이 성과는 대단하다. 2005년에 처음으로 질병과 영양실조로 사망한 어린이 수가 연간 1천만 명 미만으로 감소했다. 세계인구수에 비추어 볼 때 이는 1960년의 절반에 지나지 않는 수준이고 1990년에 비해 25퍼센트 감소했다. UN 아동보호기구인 유니세프 총재인 앤 베너먼Ann Veneman은 2007년 가을 최신 데이터를 발표하면서 이로써 "역사적 계기"가 기록되었다고 말했다.[422] G8 국가들과 게이츠 재단과 같은 민간 기부자들이 2005년부터 수십억 달러를 들여 말라리아, 결핵, 에이즈와의 싸움을 대대적으로 강화했기 때문에 전문가들은 2010년까지 유아사망률이 다시 크게 감소할 것으로 예상하고 있다. 이러한 동향은 또 다른 갈등요인인 과잉출산 문제의 완화와 병행되고 있다. '인구 폭발'은 오랫동안 최대 위협으로 간주되었다. 그러나 산업화, 유아사망률 감소, 피임제 확산으로 노후보장을 위한 아동에 대한 수요가 감소하고 여성들이 자신의 성과 자녀 수를 스스로 결정할 수 있는 가능성을 강화시켰다. 그 결과 출산율이 1970년 이후 남아시아에서는 여성 1인당 6명에서 3명으로, 동아시아에서는 5.4명에서 2.1명으로, 세계 전체로는 4.8명에서 2.6명으로 하락했다. 그리하여 세계 차원에서의 인구수 안정이라는 목표에 아주 근접했다. 아프리카에서도 유아사망률과 영양 문제에서 진전을 이룰 수만 있다면.[423]

전쟁과 폭력의 퇴치도 세계화된 언론네트워크에서 이루어지는 전쟁 보도를 보고 추측할 수 있는 것보다 훨씬 더 진전되었다. 1992년만 해도 모든 내전을 포함해서 전 세계에서 정규군이 개입한 무력분쟁이 51건 있었다. 13년 후인 2005년에는 그것이 31건에 지나지 않았다고 캐나다-스웨덴 연구그룹인 인간안보보고서프로젝트Human Security Report Project의 전문가들이 확인했다.[424]

강력한 반대경향이 있는 것도 사실이다. 테러공격의 수가 2001년부터 크게 증가한 것이다. 그렇지만 이 중 가장 큰 부분은 분쟁지역인 팔레스타인과 이라크에서 발생한 것이고 그곳에서는 나머지 세계 전체에서보다 희생자도 많았다. 영토, 물, 석유를 둘러싼 근본적인 분쟁이 조약과 폭넓은 협력을 통해 해결되지 않으면 계속되고 있는 중동 분쟁은 절대적으로 우세한 군사력을 투입해도 무용지물이거나 상황을 더욱 악화시킬 뿐이다.

요컨대 세계사회 프로젝트를 포기할 이유는 없다. 오히려 대부분 간과되고 잊혀진 진전은 모든 지리적·이데올로기적 경계를 뛰어넘는 협력을 세계정치의 기본원칙으로 고양시키는데 성공한다면 무엇을 달성할 수 있을지에 관한 예감을 가질 수 있게 해준다. 그렇지만 분명한 것은 에너지정책과 기후정책뿐만 아니라 빈곤퇴치에서도 세계의 공익을 각국의 국익 위에 두는데 성공하지 못한다면 이 모든 성과가 몇 년 사이에 정반대로 반전할 수 있다는 점이다. 그리고 여기에서 결정적인 문제에 대한 해답은 아직 없다. 어떤 강대국, 어떤 정부가 앞장서 가고 자신의 행동을 통해서 다른 나라를 설득시킬 수 있을 것인가?

생각할 수 있는 가장 간단한 해결책은 미국에 의한 선도일 것이다. 국가안보가 다른 나라들에게도 적용되지 않으면 자신의 국가안보도 아무런 가치가 없다는 것을 미국의 정치적·경제적 엘리트들이 받아들인다면 이것은 의심할 여지없이 황금기의 시작일 것이다. 모든 점에서 미국은 협력적인 세계질서를 수립하는데 필요한 도구와 수단을 갖추고 있다. 미국의 인구수는 비록 세계인구의 20분의 1에 지나지 않지만 세계총생산의 4분의 1을 생산하고 유례없는 최대의 군사력을 보유하고 있다. UN의 위임을 받는다면 미군은 혼자서도 세계 어떤 나라에 대해서든 외침에 대한 안전보장을 제공할 수 있을 것이다. 그리고 결단을 내린 미국 정부보다 기후변화를 완화하는데 필요한 자본흐름의 전환을 더 빨리 진전시킬 수 있는 나라도 없다. 공정한 세계조세질서나 약자를 보호하는 교역시스템을 위한 기준을 관철시키는 것도 미국 정부의 선도하에서라면 비록 힘들기는 하겠지만 가능할 것이다. 그렇지만 지금까지의 모든 경험에 비추어 볼 때 미국의 바로 이 강력함이 동시에 국제협력으로 가는데 가장 큰 걸림돌이다. 그 이유는 외견상의 패권이 대다수의 미국인들과 이들의 정치 지도자들에게 오늘날까지도 미국은 완전히 독립적인 의사결정을 내릴 수 있으며 국익을 위해서라면 군사적·정치적 압력을 마음대로 행사할 수 있다는 환상을 심어주고 있기 때문이다. 부시 행정부의 반대자들조차도 미국의 '독립'이라는 건국신화가 세계화된 자본주의의 경제적·생태학적 밀착 속에서 벌써 해소되었다는 사실을 고집스럽게 부인한다. 부시 시대의 네오콘들이 어떠한 국제적 책임도 보란 듯이 거부하는 것은 이미 일종의 회귀, 즉 이미 오래전에 잃어버린 상태를 회복하려는 무의식적인 시도로 이해될 수 있다.

2008년에 진행된 대통령 선거전에서 드러난 대외정책 참모들의 언급에 따른다면 2009년 1월 정권 교체 후에도 이러한 현실 부정은 별로 변하지 않을 것이다. 놀라운 것은 가령 두 대외정책 전문가 이보 달더Ivo Daalder와 로버트 캐건Robert Kagan이 백악관의 차기 제1인자에게 권고한 구상이다. 달더는 예전에 빌 클린턴 대통령의 유럽 담당 참모였고 버락 오바마 대통령후보의 가까운 참모로 알려져 있다. 캐건은 보수주의자들의 저명한 선각자이고, 유럽인들은 사랑의 여신 비너스와 친한 반면에 미국인들은 전쟁의 신 마르스의 원칙을 따른다는 공식을 주장해 세계적으로 유명해졌다. 선거전에 돌입하면서 두 사람은 두 진영 사이의 ‘대외정책에서의 분열을 극복’ 하기 위한 계획을 공동으로 작성했다. 그 결과를 보면 정신이 번쩍 든다.

이에 따르면 모든 강대국이 동등하게 참여하는 다자간 협상과 협약은 장래에도 ‘마비’ 와 정체를 가져올 처방으로 간주된다. 국제법, UN 헌장, 안전보장이사회는 앞으로도 미국의 세계정책을 위한 본보기가 되어서는 안 된다. 그 대신 미국의 세계정책에 관한 두 최고전문가들이 권고하는 것은 차기 미국정부가 ‘세계 민주주의 기구’ 를 설립해서 유럽, 일본, 오스트레일리아에 있는 기존의 민주주의 동맹세력 이외에 인도, 브라질, 남아프리카 국가들도 참여시키도록 시도해야 한다는 것이다. 이들 대외정책 분야 선각자들은 이 민주주의 동맹을 이용해서 무력을 사용하는 미국의 세계정책의 ‘정당성’ 을 회복할 수 있기를 희망하고 있다. 그리고 “특히 미국은 자신이 개입한 나라들의 재건을 위해서

자신의 자원을 동맹국의 자원과 통합"해야 한다고 말한다.[425]

이는 어떤 미국 대통령도 "필요하다면 일방적으로라도 폭력을 사용하는 것을 일찍이 주저했던 적이 없었다"는, 세계를 떠돌아다니는 버락 오바마의 고백과도 부합된다. "위급한 상황에서는 폭력 사용을 승인할" 모든 민주세력이 참여하는 "대안적 포럼"을 구성해야 한다는 힐러리 클린턴 참모진의 제안도 마찬가지이다.[426] 이와 병행해서 민주당 차관 출신이고 예일 대학 교수인 제프리 가튼Jeffrey Garten과 같은 유력한 지식인들이나 공화당 후보 존 매케인 상원의원이 중국과 러시아에서 부상하는 "권위주의적 자본주의"에 맞서 "서구적 가치"를 지키기 위해 북을 치고 있다.[427]

그렇지만 이처럼 진영, 동맹세력, 이데올로기적 전선 개념을 사용하는 사고는 미국 엘리트들과 유럽 및 일본 내 추종자들이 아직도 얼마나 과거에 집착하고 있는지를 극명하게 보여줄 뿐이다. 악화되고 있는 어떠한 세계적 위기도 중국과 러시아의 포괄적인 참여 없이는 해결될 수 없다는 사실이 이미 오래전에 분명해졌다. 그리고 이 사실은 펜타곤의 기획자들도 이미 확인했다. 그러므로 어떠한 블록 구축도 반反생산적일 것이다. 게다가 서구적 가치의 우월성이나 민주세력의 주도권에 관한 잡담은 이러한 상상이 그동안 많은 인류 사이에서 얼마나 절망적으로 불신을 받고 있는지를 간과하고 있다. 중국과 러시아, 또는 이란과 시리아에서 반대세력에게 자행되고 있는 반인간적인 탄압이나 박해를 비판하는 현지인들에게 미국의 주도하에 있는 '서방'은 나머지 세계에 교훈을 가르친다는 어떤 주장도 할 수 없게 될 날이 멀지 않았다.

이에 대한 책임이 이라크 전쟁에만 있는 것은 결코 아니다. 이 전쟁은 전직 국가안보회의 의장인 즈비그뉴 브레진스키가 미국 상원청문회에서 비판했듯이 "역사적·전략적·도덕적 재앙"으로 미국 역사에 기록될 것이다. 자칭 상상 속의 민주주의 동맹의 지도국이 항상 거짓으로 들통 나는 사실을 고귀한 의도인 척 내세우는 이중도덕은 이라크 전쟁보다 더 큰 책임을 져야 한다. 어찌되었든 절반쯤 민주적으로 선출된 이란 정부는 이스라엘을 위협하고, 그렇기 때문에 봉쇄조약과 더불어 국제법에 의해서 보장된 원자력기술을 보유해서는 안 된다고 한다. 그러나 동시에 핵무장을 하고 있는 부패하고 무능한 파키스탄 군사정부는 여전히 10억 대의 보조금을 워싱턴으로부터 받고 유럽으로부터는 통상원조를 받고 있다. 중국과 러시아는 정치적 반대세력에 대한 폭력적 탄압 때문에 비판의 대상이 되고 있다. 그러나 이 때문에 복지국가들의 자유의 수호자들이 모로코에서 튀니지와 이집트를 거쳐 사우디아라비아에 이르는 아랍 폭군들에게 수십억 달러의 군사원조와 통상에 대한 특권을 제공하지 못하는 것은 아니다. 게다가 그 수혜자들이 무자비한 경찰국가를 운용하고 있고 그들 국민들의 어떠한 발전도 철저하게 유보하고 있음에도 불구하고 그러하다—이는 전투적인 이슬람주의자들과 테러주의 종파 알카에다를 계속 도와주는 정상이다. 오사마 빈 라덴은 이미 2002년 '미국에 보낸 편지'에서 다음과 같이 지적한 바 있다. "이것은 너희들이 가진 주요 속성의 하나이다. 너희들의 위선 … 너희들의 자유와 민주주의는 너희들에게만 적용된다." 이 비난은 아랍세계 전체와 멕시코에서 인도네시아에 이르는 다른 개발도상국들의 지식인들 사이에서 폭넓은 공감을 얻었다. 그리고 서구적 가치의 옹호자들은 그에 대해 아무런 대응도 하지 못했다.

중국과 러시아의 권위주의적 국가자본주의에 대해 유럽과 미국의 많은 정치인들이 제기하는 경고조차 해당 국민들의 귀에는 공허하게 들린다. '민주적인' 대통령 보리스 옐친이 집권하던 당시에 서방 금융산업의 적극적인 참여 속에서 옛 소련의 국유재산을 약탈하는데 결정적으로 기여한 것은 바로 서방이 조종하는 국제통화기금과 시장을 신봉하는 미국인들이었다. 그 동안에 러시아 주민 대다수는 궁핍 속에서 살았지만 옐친은 아주 인기가 좋았다. 규제완화의 옹호자들이 금융 무정부상태와 함께 다시 수조 규모의 재앙을 초래한 지금, 국가에 의한 중국경제의 조종이 세계경제를 위협한다고 서방의 시장전도사들이 제기했던 훈계는 상당히 기괴하게 들린다.

이중 잣대를 적용하는 정치에서는 각각의 경우에 언제나 그럴듯한 근거를 적용하는 것이 분명하다. 그러나 서방 시장민주주의를 추종하는 부유한 소수가 이에 기초해서 나머지 세계의 대다수가 받아들일 수 있는 지도력을 요구할 것이라고 가정하는 것은 어리석다. 미국이 영향력을 상실하고 있다는 확실한 지표는 미국 여론조사기업인 퓨리서치센터Pew Research Centrer가 전 세계에 걸쳐 실시하는 설문조사에서 미국이 누리는 명망이 끊임없이 하락한다는 사실이다. 여론조사는 모든 지역과 대륙에 흩어져 있는 47개국의 국민정서에 관한 2007년도 연차보고서에서 '지난 5년 동안 미국의 이미지는 대부분의 세계에서 거의 폭락했다'고 확인했다.[428]

그렇지만 동양의 지혜에 의지하고 중국과 인도의 수십억 민족을 통치하는 아시아 정부들이 지구의 생태학적·사회적 안정을 둘러싼 투쟁에서 조만간 리더십을 갖게 될 것으로 기대하는 것도 환상일 것이다. 모든 성공적인 성장에도 불구하고 두 나라는 커다란 내부갈등의 위협을 받고 있다. 경쟁을 격화시키는 터보자본주의의 급발진은 첨예한 불평등을 초래해서 눈에 띄게 격렬한 분배투쟁을 야기하고 있다. 농민과 노동자들의 봉기가 두 나라를 뒤흔들고 있다. 동시에 두 나라는 극심한 환경파괴에 시달리고 있고 모든 지역에서 물 공급 체계가 붕괴될 위험에 처해 있다. 게다가 민주적인 인도에서와는 달리 중국의 통치자들은 매일 심각해지는 한 가지 문제와 싸우고 있다. 그들의 권위주의적 통치형태와 일당지배 원칙이 복잡한 산업사회를 조종하기에는 적합하지 않다는 것이다. 베이징의 전능하다는 일당독재자들에게도 자본주의에서의 통치는 복잡한 사안이 되었다. 결국 중앙정부가 대부분의 경제적 의사결정을―그리고 대부분의 조세수입을―지방정부에 넘겼기 때문에 새로운 역동성이 초래되었다.

그 결과 한때의 단일정당이 경쟁적 경제단위들의 느슨한 연합으로 눈에 띄게 전환되고 있다. 그래서 충돌하는 이해관계들이 종종 서로를 가로막고 있다. 그리고 민주적인 의사결정 경로가 결여되어 있기 때문에 환경정화나 사회보험 구축과 같이 생존에 직결되는 과제들이 정체되고 있다.

이 모든 것으로 인해 세계정치에 관심을 기울일 여력이 거의 없다. 더욱이 세계시장시스템으로의 통합은 신흥국들의 통치자들에게 해결하기 어려운 딜레마를 안겨주었다. 불과 지난 몇 년 전부터 이들 나라는 다시 강해진 강대국들로 세계적인 인정을 받고 있고, 따라서 상당히 강화된 권력과 자율권을 경험하고 있다. 그와 함께 성장한 민족적 자부심은 내부갈등을 평정하는데 크게 기여하고 있다. 그렇지만 동시에 세계적인 생태학적 · 경제적 상호의존은 이들 나라가 세계적인 규율을 위해서 새로 확보된 주권의 일부를 다시 포기할 것을 요구하고 있다. 독일 개발정책연구소 소장이자 글로벌 거버넌스를 둘러싼 다툼에 관한 뛰어난 분석가인 디르크 메스너Dirk Messner가 관찰한 바에 따르면 이 모순은 아직 새로운 강대국들의 지도층에게 버거운 과제이다. 무엇보다도 중국 정치가들은 조금씩 스스로를 세계정치의 행위자로서 이해하고는 있지만 "한 걸음 더 나아가는 어떤 책무도 두려워한다"는 사실을 메스너는 자신을 자문위원으로 위촉한 베이징 정부관료들과의 면담에서 경험했다. 그래서 아시아의 강대국들은 미국이라는 경쟁국과 마찬가지로 국가주권과 군사적 권력 확보라는 낡은 구상을 더욱 지향하고 있다. 이대로 놓아두면 기존의 초강대국들과 미래의 초강대국들은 상호 위협 속에서 자신들의 이익에 균형을 맞추는 차가운 평화밖에 가져오지 못할 것이다.

소프트 파워-유럽 모델

계획되지 않았고 의도하지는 않았지만 향후 10년 동안 임박한 세계위기에 대처하기 위한 세계적인 협력을 추동할 과업이 통합된 유럽에게 갈수록 강력하게 주어지고 있다. 그 이유는 유럽인들은 세계무대의 다른 어떤 행위자들도 가지지 않은 경험과 능력을 가지고 있기 때문이다. 이들은 이미 인류의 공존이 조만간 모든 나라들에게 강요할 수많은 어려운 적응과정을 뒤로 하고 있다. 상호의존과 주권분할은 유럽 정치인들에게는 물론 어느덧 많은 유권자들에게도 자명한 일이 되었다. 그들이 국가 차원에서는 많은 것을 이룰 수 없지만 공동체로는 매우 많은 것을 이룰 수 있다는 것을 브뤼셀의 각료위원회 회의석상에서 법을 제정하는 자들은 모두 알고 있다. 상당 부분의 정치가 각국의 국경을 넘어서 이루어져야 한다는 것이 유럽에서는 일상적인 일이 되었다.

나아가 세계 차원에서 반드시 준수되어야 할 것이 유럽에서는 이미 성취되었다. 부유한 지역과 가난한 지역 사이의 균형이 그것이다. 1986년에 스페인과 포르투갈이 소위 유럽공동체EU에 가입했을 때 이베리아 반도는 유럽의 빈민가로 간주되었다. 그로부터 20년 후 스페인은 경제력에서 이미 이탈리아에 근접했고 포르투갈은 더 이상 빈곤국가가 아니다. 중부유럽과 동부유럽의 새로운 회원국들도 동일한 길을 갈 것으로 예상된다. 폴란드, 체코, 슬로바키아에서는 이미 측정 가능한 진전이 이루어졌다. 실업률은 하락하고 일자리를 찾아 외국으로 떠났던 많은 사람들이 고향으로 돌아오고 있다. 그 동안 옛날 EU 회원국들의 기업들은 거대한 신시장을 개척하고 있고 EU 예산에서 지급되는 수십억의 보조금이 잘 투자되고 있음을 모두 함께 경험하고 있다. EU 예산의 '순지불국들'도 시장 확대에서 이익을 얻고 있다.

EU는 시민의 관점에서 볼 때 관료적이고 답답하게 다가오는, 한눈에 파악하기 힘든 경우가 자주 있기는 하다. 그 구조는 국가연합과 연방국가의 중간 어디에 걸려 있는 것 같다. 입법 과정은 종종 고통스러울 정도로 오래 걸리고, 필요한 타협이 의회를 벗어나면서 민주주의 원칙 저편에서 이루어지는 경우가 너무 자주 있다. 그러나 유럽의 느림은 모든 것을 압도하는 한 가지 진보를 안고 있다. 유럽 국가들이 공동의 사법기능과 입법기능을 가지는 내부시장으로 통합됨으로써 회원국들 사이에서 전쟁에 대한 망령은 전례 없이 멀리 추방되었다. 독일군이 자신들의 할아버지처럼 폴란드나 프랑스를 침략할 것이라는 상상은 오늘날에는 극우 미치광이들도 진지하게 추구할 수 없을 정도로 엉뚱한 것이다.

이 외에도 또 더 있다. EU는 전혀 새로운 정치적 형상을 창조했다. 그것은 아무도 위협하지 않는 제국이다. 유럽은 경제적으로 세계총생산의 4분의 1을 차지하는 거인이다. 이는 막강한 권력을 가져다준다. EU 법률은 세계적인 표준을 설정하고 있다. 세계 다른 어떤 나라도 법률과 규정의 수출에서 EU만큼 강하지 못하다. 외국에서 EU 법률의 적용은 자발적으로 이루어진다. 따라서 강요된 복속이 아니라 시장 접근과 경제적 지원이 중요하다. 유럽출신 군인이 아프가니스탄에서 전투를 하거나 아프리카에 파병되었을지라도 유럽 병력이 UN 안전보장이사회의 위임을 받지 않고 다른 나라를 점령하거나 '정권교체'를 추진할 것이라고—어쨌든 지금까지는—두려워할 사람은 없다.[429]

미국 정치가들은 이를 용기와 결단력 부족으로 생각한다. 또한 유럽 정치인들이 초국적·다자간 협상을 선호하는 것을 그들은 약자의 정치라고 해석한다. 그렇기 때문에 미국 양대 정당의 정치인들은 유럽이 군비를 증강해서 군사강대국으로 성장해야 한다고 촉구한다. 가령 콘돌리자 라이스 밑에서 미국 국무차관을 지낸 니콜라스 번스Nicholas Burns는 2008년 2월 뮌헨 안보회의 석상에서 유럽이 스스로를 "세계강대국으로 바라보아야" 하고, 마침내 "세계 전략"을 덧붙여 미국이 주도하는 나토군 파견에 더 많은 병력을 제공할 것을 요구했다.[430]

그러나 만약 그렇게 된다면 유럽인들은 자신들의 가장 소중한 자산을 잃을 것이다. 전 세계에 걸쳐 모범이 되는 정치적 기본원칙을 가진 평화로운 경제거인으로서의 명망이 그것이다. 세계적으로 적극적인 활동을 하는 다른 어떤 대국도 EU만큼 지지를 받지는 못하고 있다. 갤럽이 매년 실시하는 세계 최대의 정치설문조사인 '국민의 소리Voice of the People' 2007년 판이 이를 다시 한번 입증해주었다. 52개국, 57,000

명을 대상으로 실시한 설문조사 결과는 그래도 3분의 1은 EU가 세계정치에서 영향을 확대하기를 원한 반면, 5분의 1은 반대한 것으로 나타났다. 이러한 결과를 얻은 EU는 '4대 강국(미국, 중국, 러시아 포함) 중 유일하게' 아무도 영향력 확대를 저지하려 하지 않는 강국이었다고 유럽외교관계위원회European Council on Foreign Relations 전문가들은 해석했다. 다른 세 강대국에 대해서는 언제나 다수가 영향력의 축소를 희망했다.[431]

이러한 세계적인 인정은 무한한 가치가 있다. 그 이유는 이러한 인정은 미국 정치학자이자 정치가인 조지프 나이Joseph Nye가 언젠가 '소프트파워'로 정의했던 그러한 종류의 영향력을 부여해주기 때문이다. 이는 다른 국가들로 하여금 동일한 목표를 추구하도록 유도하는 한 국가의 능력을 의미한다. 그 전제는 자신의 정치와 사회가 모방할만한 가치가 있도록 형성되어 있어야 한다는 것이다. 그는 1990년 당시에는 아직 자명했던 미국 헤게모니의 본질에 관한 자신의 주요 저작에서 다음과 같이 썼다. "한 나라의 권력이 다른 나라들이 보기에 정당한 것으로 간주되면 그 나라가 바라는 것은 거의 저항을 받지 않는다. 그 나라의 문화와 이데올로기가 매력적이면 다른 나라들이 따르기가 더 쉬울 것이다. 그 나라가 자기 사회의 표준에 부합하는 국제적 표준을 관철시킬 수 있다면 그 자신은 특별히 새롭게 적응하지 않아도 된다." 그러므로 조지프 나이는 "부드러운 공조적 권력도 딱딱한 명령권한과 마찬가지로 중요하다"고 강조했다.[432] 그는 이라크 전쟁 후 오늘날 미국이 전 세계 많은 지역에서 이러한 차원의 권력을 상실했다고 서술했다. 친미주의자라는 명성이 자자한 어떤 나라의 정치인들에게는 이것이 유권자들의 표를 구할 때 이것이 '죽음의 키스'가 되었다고 한다. 터키나 멕시코

와 같은 오래된 우방에서조차 그러하다고 한다.[433]

　그러나 유럽 정치인들에게는 자신들의 증대된 소프트파워를 경제력 증강을 위해서뿐만 아니라 세계적인 도전을 물리치는 데도 사용해야 할 책임도 그만큼 커진다. EU 국가들이 공동으로 행동하면 세계정치적으로 얼마나 많은 것을 이룩할 수 있을지는 이미 여러 차례 증명했다. 미국 정부에 맞서 국제형사재판소의 설치를 관철시킨 것도 유럽인들이었다. 그리고 EU 국가들의 공동 노력 덕분에 교토의정서도 발효될 수 있었다. 그러나 무엇보다도 EU는 많은 점에서 일종의 세계화 실험실이다. 재정 균형, 최소규범, 항구적인 정책조정, 그 밖에 많은 것들이 한 걸음 한 걸음 세계적 연방을 건설하기 위한 모범이 될 수 있을 것이다. 그리고 유럽이 가진 수단들이 그에 맞지 않을지라도 유럽의 경험은 인류의 미래를 보다 안전하게 만들기 위한 최상의 토대를 제공한다. 여하튼 이것이 바로 유럽모델의 정수인 것이다. 모든 국경을 뛰어넘는 경제적 융합이 법으로 촘촘하게 정착될수록 평화는 더 안정되고, 공동의 문제에 대한 공동의 해결책이 발견될 개연성이 더 높아진다. 여하튼 8년 동안 ‘세계에서 가장 강한 남자’로서 미국을 이끌었던 빌 클린턴조차 어느덧 이러한 견해를 옹호하고 있다. 자신의 재단에 대한 지원을 얻기 위해 떠난 여행길에서 그는 “세계 전체가 더 많이 당신들 EU처럼 되어야 한다”고 선언했다.[434]

그러나 유럽의 대통령들, 총리들, 그리고 이들과 함께 유럽연합 집행부 전체가 이 기회를 활용할 것인가? 그들이 진정 그것을 원하는가? 그들의 실용적인 연설 내용에 따라서만 본다면 그것은 전혀 이론의 여지가 없다. 예를 들어 프랑스 대통령 니콜라 사르코지는 세계화로 인한 변혁들이 "모두가 서로 의존하고 기회, 위험, 위기가 모두에게 분산되어 있는 지구를 창조했다는 것", 그러나 동시에 "권력정치적 전략들이 충돌"할 위험이 있다는 것을 잘 알고 있다. 어쨌든 그는 2007년 8월 파리에서 열린 연례회의에서 프랑스 외교관들에게 이렇게 설명했다. 그래서 사르코지는 "국민들이 요구하는 바와 같이, 잘못 통제된 세계화의 행패"에 맞서 "국제무대의 중요한 행위자로서 보다 공정하고 조화로운 세계질서를 결연하게 확립하려는 강한 유럽"을 요구했다.[435] 그리고 그는 UN 안전보장이사회의 개혁부터 새로운 강대국으로의 G8의 확대에 이르기까지 세계통치가 성공하기 위해서는 반드시 필요한 모든 본질적인 요소들을 자기 것으로 만들었다. 영국 총리 고든 브라운이나 독일 총리 앙겔라 메르켈도 이미 아주 비슷하게 그럴듯한 연설을 한 적이 있다. 아마도 다른 EU 정부들도 대부분 이의를 제기하지 않을 것이다.

그렇지만 이 고귀한 의도를 실천으로 옮겨야 할 때가 되면 유럽의 정치계급은 지금까지 처참하게 실패하고 있다. '유럽 공동의 외교정책'은 그저 구호, 즉 매일 어기고 있는 EU 시민들에 대한 약속일뿐이다. 사실상 각각의 EU 회원국은 자체적인 외교정책을 추진하고 있고 EU 대표는 의장직과 함께 반년마다 교체된다. 그리고 이론적으로 존재하는 소프트파워는 각국 정치인들의 치졸한 경력 쌓기 속에서 증발해버린다. 여기에서 영국은 미국과의 '특수관계'를 관리하고 독일은 러시아와 특별협약을 체결하며 프랑스는 자기 판단에 따라 아프리카에 개입한다. 중국과 인도 외교관들은 기후보호를 위한 자국과 유럽의 협력프로그램이 하나가 아니라 서로 다른 10개가 있다는 사실에 실소를 금치 못한다. 미국은 이미 이라크전쟁 때와 마찬가지로 원한다면 언제든지 EU를 분열시킬 수 있다. 유럽인임을 선언하고 영국의 유럽개혁센터 소장을 맡고 있는 찰스 그랜트Charles Grant는 2008년 2월 자신의 중국인, 러시아인, 미국인 대화상대가 "현재와 같은 EU 기구들, 특히 의장직 교대, EU집행위원회와 각료위원회의 분리"에 대해서 말할 때 보였던 "특별한 멸시"에 대해서 보고했다.[436] 이처럼 EU도 UN과 똑같은 처지에 놓여 있다. 갈수록 긴급한 요구들이 늘고 있지만 집행능력은 점점 떨어지고 있다.

유럽이 세계무대에서 실패하는 원인은 유럽 프로젝트의 커다란 공백 때문이다. 그것은 바로 민주주의의 부족이다. 통치자들은 여전히 연합을 순수한 엘리트행사로 추진하고 있다. 치안부터 징수를 거쳐 대외정책에 이르기까지 모든 중심적인 정치영역에서 국민은 발언권이 없다. 정부들이 합의하거나 그렇지 않으면 공동정책은 없다. 전쟁의 상처가 아직 치유되지 않았던 1950년대와 1960년대에는 그렇게 해도 의미가 있었다. 그러나 50년이 지난 지금, 연합에 행위능력을 갖추게 하는 것이 중요한 이때 민주적 다수결과 EU 정책 결정에 필요한 명확한 규칙을 거부하는 것은 유럽적인 발상 전체에 대한 사보타지이다. 유럽이 공동으로 군비증강을 할 것인가 아니면 UN 구조를 강화하는데 투자하는 것이 더 나은가? 조세경쟁에서 자본소유자에게 혜택을 주고 조세피난처를 보존할 것인가? 아니면 조세부담을 다시 공정하게 실적능력에 따라 분배할 것인가? 유럽이 이주민을 막는 요새로 확장되어야 할 것인가 아니면 자금을 빈곤국의 안정을 위해 사용해야 할 것인가? 이와 더불어 다른 실존적인 질문들은, 지난 몇 년 동안 정부들은 합의하지 못하고 EU 의회는 가장 중요한 영역에서 발언권이 없기 때문에 아무것도 결정되지 못하고 있다.

바로 이것 때문에 소위 유럽헌법도 실패했다. 프랑스와 네덜란드의 유권자들이 유럽헌법을 거부했던 것은 유럽통일에 반대했기 때문이 아니다. 오히려 그들은 '경쟁'과 군비확장 의무에 헌법적인 위상을 부여하려는 시장급진적 엘리트들의 합의가 고착되는데 저항했던 것이다. 유럽인들이 EU 집행위원회 의장을 스스로 선택할 수 있는지, 내정된 유럽 외무장관이 스트라스부르에 있는 의회가 우선적으로 의무를 져야 하는지에 관해 표결을 붙였더라면 그 결과는 분명 달리 나타났을 것이다.

'헌법'에 반대하는 표가 EU의 민주주의 부족에 대한 반대였음은 의심할 나위가 없다. 모든 분석 결과는 다수의 유권자들이 자신들의 이해가 브뤼셀에서 대변되지 않을 것으로 우려했다는 것이다. 그럼에도 불구하고 브뤼셀의 통치자들은 이를 냉정하게 무시하고 똑같은 의도를 낡은 EU 협약들의 단순한 개정이라는 축약된 형태로 관철시키기로 결의했다. 민주적 경로로 통합을 진전시키는 대신 국민에 대한 불신에서 민주주의를 완전히 기피하고 있다.

이는 틀림없이 실패할 것이다. 그렇기 때문에 독일 철학자 위르겐 하버마스는 EU가 "완만히 퇴보"할 위험이 있다고 경고하면서 "유럽을 위한 응급처치"를 요구했다. 회원국 정부들은 "자신들의 본성을 버리고 자신들의 시민들에게 국민투표를 통해 유럽의 미래에 관해 결정할 기회를 주어야 한다"고 말한다. 이것이 EU의 내부문제 때문에만 필요한 것은 아니다. 하버마스는 다름 아니라 "유럽 전체가 세계에서 직면한 도전들"도 "결단"을 요구한다고 촉구하면서 유럽에 의해 추동되는 "세계 국내정치의 제도화"를 열정적으로 옹호했다.[437] 잘 알려진 국민국가들의 파워게임으로 천천히 퇴보할 것인지 아니면 진전되는 통합을 위해 명확하게 결의할 것인지가 대안이라는 것이다.

그러한 유럽 전체적인 국민투표가 실제로 실시된다면 그 결과는 사전에 확실해질 것이다. 영국을 제외하고 모든 나라에서 민주화된 유럽에 대한 찬성이 있을 것이다. 만약의 경우에 영국이 참여하지 않아도 유럽은 행위능력이 있을 것이다.

이것이 언젠가 성공할 수 있을까? 유럽인들은 자기봉쇄를 극복하고 민주적 정당성을 갖춘 공동정부와 함께―사르코지가 올바르게 인식한 바와 같이―"국민들이 요구하는" 세계기구의 확충을 진전시킬 수 있을까? 그러한 비전을 비현실적이라고 폐기할 소지가 높을지도 모른다. 그러나 공동화폐의 도입도 베를린 장벽이 무너진 이후의 역사적 정세 덕분에 실현될 때까지는 수십 년 동안 비현실적이었다. 독일 통일이라는 커다란 목표는 당시 총리였던 헬무트 콜에게는 독일 마르크화를 둘러싼 연방은행가들의 다툼보다 중요했다. 역사적 변혁들이 지체되면 새로운 길을 가는 데에는 경제와 관련되지 않은 다른 문제들도 생긴다. 세계사회의 생태학적·사회적 안정을 둘러싼 세계적인 갈등들이 심화되면 유럽은―미래의 형성을 미국과 아시아의 강대국들에게만 맡겨놓지 않으려면―머지않아 새로운 우선순위를 설정하지 않을 수 없을 것이다.

1933년 노벨평화상 수상자인 영국인 노먼 에인절Norman Angell은 일찍이 1차 세계대전이 일어나기 4년 전에 "거대한 환상"에 관한 자신의 반박서에서 국민국가적 우위와 군사적 점령을 추구하는 것이 이미 그 당시에도 얼마나 비합리적인지를 설득력 있게 설명했다. 그러나 그의 호소는 헛되었고 낡은 유럽에서 전쟁에 열광했던 정치가들은 귀를 기울이지 않았다. 독일에서 나치가 권력을 장악하면서 유럽 내 적대관계가 다시 고조되었을 때 그는 1933년에 이미 절망한 듯 다음과 같이 기술했다. "유럽 역사에서 행복한 우연에 의해서 마치 미국에서처럼 펜실베이니아와 오하이오가 차지하고 있는 것과 동일한 지위를 프랑스와 독일이 갖게 되는 연방체와 같은 것이 있다면 오늘날 라인강에 접한 두 나라 사이의 전쟁은 미주연합의 국가들 사이에서와 마찬가지로 없을 것이다."[438] 이러한 비전으로 실제 정치를 수행하고 유럽을 평화의 시대로 이끌기 위해서는 수백만의 사망자를 낸 또 한 차례의 재앙이 필요했다. 그래서 유럽인들은 두 가지를 경험했다. 세계대전의 전율과 평화적인 협력의 성공이 그것이다. 평화로운 세계사회의 건설에서 선두에 서는데 이보다 더 강력한 동기는 거의 없을 것이다.

| 주석 |

1. 세계화와 함께 나락으로

1) Niall Ferguson, 'Sinking Globalization', 〈포린어페어스〉,
    2005년 3/4월호.

2) Richard Ely, 《Studies in the Evolution of the Industrial Society》,
    New York, 1903년.

3) Kevin H. O'Rourke, Jeffrey G. Williamson, 《Globalization and History》,
    Cambridge, MA, 1999년.

4) Peter Hertner, 〈German Multinationnal Enterprise before 1914: Some
    Case Studies〉, 《Theory and history》, Aldershot(Gower) 1986년.

5) Huge Ott, Hermann Schäfer, 《Wirtschafts-Ploetz. Die
    Wirtschaftsgeschichte zum Nachschlagen》, Würzburg, 1984년.

6) Herbert Giersch, 'Das mobile Kapital erzieht die Wirtschaftspolitik zur
    Verantwortung', 〈한델스블라트〉, 1998년 8월 31일.

7) Norman Angell, 《The Great Illusion》(1910), North Stratford,

New Hampshire, 2006년 재발행.

8) Joachim Radkau, 《Das Zeitalter der Nervosität》, München, 1998년.

9) Werner Abelshauser, 《Die BASF. Von 1865 bis zur Gegenwart. Geschichte etinew Unternehmens》, München, 2002년.

10) Radkau, 위의 글.

11) Joseph A. Schumpeter, 〈Zur Soziologie der Imperialismen〉, 《Archiv für Sozialwissenschaft und Sozialpolitik》, 1918/1919년.

12) 빌레펠트 대학 베르너 아벨샤우어 교수의 자료에서 인용.

13) Ludwig Pohle, 《Deutschland am Scheidewege: Betrachtungen über die gegenwärtige volkswirtschschaftliche Verfassung und die zukünftige Handelspolitik Deutschlands》, Leipzig, 1902년.

14) Norman Angell, 《The Great Illusion》.

15) UNCTAD, 《World Investment Report 2006》, Genf.

16) ‘Cargo Cults’, 〈이코노미스트〉, 2006년 6월 15일.

17) McKinsey Global Institute, 《Mapping the Global Capital Market》, 2007년 1월.

18) Bundesbank, ‘Das deutsche, Auslandsvermögen Ende 2006’, 〈프레세노티츠〉, 2007년 9월 26일.

19) Harald Schumann, ‘Bye, Bye, Bable’, 〈타게스슈피겔〉, 2006년 12월 2일.

20) 〈Germanwatch-Zeitung〉, 2005년 4호 인터뷰.

21) Ben Bernanke, ‘Global Economic Integration: What's New and What's Not?’, 2006년 8월 25일 와이오밍 주 잭슨홀에서 열린 〈Annual Economic Symposium〉에서 행한 연설.

2. 미카도의 세계

22) 이 시스템의 단점은 위험통제와 비용통제가 없다는 점이다. 그렇기 때
문에 국영은행은 산더미 같은 신용불량, 즉 지불능력이 없는 채무자들과
씨름해야 한다. 추정에 따라 대출의 10퍼센트 내지 30퍼센트가 이에 해
당하는 것으로 나타나고 있다. 그래서 중국 정부는 홍콩과 상하이의 주
식시장에서 주식을 매각함으로써 부분 민영화하여 은행에게 추가 자본
금을 유입시키고 금융부문에 효율성 압박을 가하기 시작했다. 그러나
오늘날까지 기본원칙에는 변함이 없다.

23) 이는 과도한 통화가 유통되고 인플레이션이 통제 불가능해질 위험을 안
고 있으나 대부분의 기간 동안 중국의 경제조종자들은 이 문제를 잘 통
제해왔다.

24) 세계은행 자료에 근거하여. http://sima-ext.worldbank.org

25) 〈BP Statistical Review of World Energy〉, 2007년 6월.

26) Rebecca Schultz, 《How Hight Oil Prices Are Affecting Africa》,
Center for American Progress, Washington, 2007년 7월 17일.

27) Abdoulaye Wade, 'Africa over a Barrel', 〈워싱턴포스트〉,
2006년 10월 28일.

28) 2007년 6월 21일 독일 사민당 당사에서 행한 연설.

29) 〈파이낸셜 타임스〉와의 인터뷰, 2007년 10월 22일.

30) Lawrence H. Summers, 'Sovereign Funds Shake the Logic of
Capitalism', 〈파이낸셜 타임스〉, 2007년 7월 30일.

31) Robert Wade, 'Sovereign Funds a Useful Weapon for Poorer Nations',
〈파이낸셜 타임스〉, 2007년 8월 10일.

32) More Objections to Port Takeover by Arab Entity,
〈어소시에이티드 프레스〉, 2006년 2월 19일

33) William Wallis, 'Dubai Sees Future as Ally, Entrepot and Playground',
〈파이낸셜 타임스〉, 2006년 3월 8일.

34) Robert Write, 'Windfall for Dp World on US Ports Sale',
〈파이낸셜 타임스〉2006년 12월 12일.

35) Goldman Sachs, 《Global Economic Papers》 99호, 2003년.

36) Gabor Steingart, 'Weltkrieg um Wohlstand', 〈슈피겔〉, 2006년 37호.

37) UN Industrial Development Organization, 'Share in Regional and
World MVA', www.unido.org/data/country/stats

38) 중국인민은행, www.pbc.gov.cn ; AFX news, 'China forex reserves at
1.53 trln usd at end of 2007', 2008년 1월 11일.

39) Harald Schumann, 'Die Dolla-bombe', 〈타게스슈피겔〉,
2004년 11월 20일.

40) National Priorities Project, 'die amtliche Budgetdaten transoarent
aufbereitet', wwwnationalpriorities.org

41) Brad Setser, 'Estimating the Currency Composition of Chinas Reserves',
〈Roubini Global Economics〉, 2007년 5월.

42) James Mawson, Reneée Schultes, 'Tracing the Assets That Make the
Gulf an Economic Powerhouse', 〈다우존스 파이낸셜 뉴스〉,
2007년 8월 2일.

43) 이 수지에는 직접투자와 금보유고는 포함되어 있지 않다. 그러나 이 금
액도 혼란스러운데, 그 이유는 미국 당국이 부채항목을 정산하면서 미국
의 해외투자금액은 환율 하락으로 증가한 달러표시 금액을 사용하기 때
문이다. 미국의 대외채무는 매년 절대적으로 8천억 달러 이상 증가한다.

44) 〈파이낸셜 타임스〉, 2004년 10월 5일.

45) Christopher Swann, 'Paulson Says Foreign Treasuries Holdings Not
Threat', 〈블룸버그〉, 2007년 3월 4일.

46) Lawrence H. Summers, 'the United States and the Global Adjustment process'. 2004년 3월 23일, 워싱턴의 국제경제연구소에서 행한 연설.

47) Joseph Kahn, 'China Couple of Senate Sceptics', 〈뉴욕타임스〉, 2006년 3월 23일.

48) Nouriel Roubini, 〈글로벌 이코노믹스 블로그〉, 2006년 2월.

49) Goldman Sachs, 〈글로벌 이코노믹 페이퍼스〉 99호, 2003년.

50) Francisco Guerrera, 'Jet-Set Diplomacy Forges Strong Ties With China', 〈파이낸셜 타임스〉, 2006년 6월.

51) 'Workers Protest at Nokia Subcontractor's Factory in China', 〈Helsingin Sanomat〉, 2007년 8월 23일.

52) Liu Cheng, 'The Draft Labor Contract Law of the Poeples Republic of China and its Background' ; Global Labor Strategies, 'Undue Influence: Corporations Gain Ground in Battle over China's New Labor Law', 2007년 3월, http://laborstrategies.blogs.com

53) 2006년 11월 22일, 베를린에서 열린 〈Globalisierung fair gestalten〉 콘퍼런스에서 행한 연설.

54) David Barboza, 'China Draft Law to Empower Unions and End Labor', 〈뉴욕타임스〉, 2006년 10월 13일.

55) 'Disputes Over New Labour Contract Law, Foreign Business Groups Threaten to Withdraw Investments', China Labour Bulletin, Hongkong, 2006년 6월 7일.

56) www.itglwf.org/DisplayDocument.aspx?idarticle=15269&langue=2

57) Shi Jingtao, 'New Labour Law Would Bring Conflicts, European Firms Fear', 〈사우스차이나 모닝포스트〉, 2006년 4월 22일.

58) '21st Contract Economic Report, Foreign Investors Strongly Oppose the Draft Labour Contract Law and Threaten to Withdraw Investment',

Guangzhou, 2006년 5월 11일.

59)	Dexter Roberts, 'Rumbles over Labor Reform: Bejing's Proposed
	Worker Protections Are Giving Multinationals a Jitter', 〈비즈니스위크〉,
	2007년 3월 1일.

60)	Andreas Lauffs, 'Employers Face Tougher Rules', 〈파이낸셜 타임스〉,
	2007년 1월 31일.

61)	Geoff Dyer, 'China's Labour Law Raises US Concerns',
	〈파이낸셜 타임스〉, 2007년 5월 2일.

62)	Josephine Lau, 'U.S. Urges China to Buy Mortgage-Backed Securities',
	〈블룸버그〉, 2007년 7월 31일.

63)	www.uschina.org

64)	Mure Dickie, China Joins FBI in Piracy Operation, 〈파이낸셜 타임스〉,
	2007년 7월 24일.

65)	Niall Ferguson. 'Buy Chimerican', 〈LA 타임스〉, 2007년 3월 5일.

66)	Wolfgang Proissl, 'EU ängstigt sich vor Russland',
	〈파이낸셜 타임스-독일판〉, 2007년 10월 25일.

67)	〈Magazin Focus〉와의 인터뷰, 2007년 10월 29일.

68)	'Gazprom sucht neue deutsche Partner', 〈파이낸셜 타임스-독일판〉,
	2007년 1월 22일.

69)	〈파이낸셜 타임스〉와의 인터뷰, 2007년 10월 30일.

70)	〈Magazin Capital〉과의 인터뷰, 2007년 5월 22일.

71)	Ruth Berschens, 'Schluss mit dem Schulterklopfen', 〈한델스블라트〉,
	2006년 9월 25일.

72)	〈어소시에이티드 프레스〉, 2007년 10월 15일.

73)	Chris Abbott, Paul Rogers, John Sloboda, 《Global Responses to Global
	Threats》, Briefing Paper, Oxford, 2006년 6월 ; 《Beyond Terror:

The Truth About the Real Threats to Our World》, London, 2007년.

74) ‘Global Risks 2007’,《World Economic Forum》, Genf.

75) 함부르크 컬러 라인 아레나에서 행한 연설에서. 2007년 10월 7일.

3. 세계적인 모래성

76) 1944년 미국 휴양지 브레턴우즈에서 합의된 이 시스템은 좋으나 싫으나 미국이 자신의 통화정책을 오로지 자신의 이익에만 맞추지 않는다는 미국의 선의에 서방 시장경제를 종속시켰다. 그러나 베트남 전쟁이 악화되면서 당시 미국 대통령이었던 리처드 닉슨은 1969년부터 군비부담을 화폐발행으로 지불했고 세계에 값싼 달러가 넘치게 만들었다. 이와 병행해서 영국정부는 당시 통제받지 않는 소위 유로자본시장을 런던 시티에 건설하는 것을 지원했다. 기축통화의 증발과 투기적 목적을 위한 유동자본의 동원은 마침내 이 시스템을 폭파시켰다. 은행들은 유럽 기업들에게 이자가 낮은 달러 신용을 공급했다. 차입자는 이를 즉각 고정환율로 독일 마르크와 교환했다. 그리하여 마르크화와 다른 유럽 통화들이 지속적인 평가절상 압력을 받았고 독일 연방은행은 이 압력을 계속 새로운 달러매입으로 상쇄하고자 시도했다. 투기물결의 방어가 더 이상 불가능해지자 당시 유럽공동체 정부들은 1973년 미국과의 공동통화협약을 파기하고 환율과 자본거래를 자유화했다.

77) McKinsey Global Institute,《Mapping the Global Capital Market》, San Francisco, 2007년.

78) 무엇보다도 금융산업 대변인들과 이들의 자금 지원을 받는 경제학자들에 의해서 전파된 주장과는 반대로 이 전환이 노화하는 사회에서 연금의 안정성을 높여주지 못한다. 지급될 수 있는 연금수준은 언제나 한 사회

전체의 경제적 성과에 좌우된다. 그 성과가 어떤 경로로 성취되었는지
와는 무관하다. 재배치를 통한 재원조달과 다른 점은 단지 자본충당은
부유층과 빈곤층 사이의 재분배를 허용하지 않고, 수수료 수입으로 금융
산업에 흘러들어가는 관리비용이 더 많아진다는 점뿐이다.

79) Martin Wolf, 'Why It Is so Hard to Kepp the Financial Sector Caged',
〈파이낸셜 타임스〉, 2008년 2월 6일.

80) Robert Wade, 'The Ever-Growing Structural Power of Finance',
〈파이낸셜 타임스〉, 2008년 1월 5일.

81) Claudio Borio, Philip Lowe, 'Asset Prices, Financial and Monetary
Stability: Exploring the Nexus', 《BIS Working Paper》114호, Basel,
2002년.

82) IWF, 〈Awash with Cash: Why are Corporate Savings so High?〉,
《Global Economic Outlook》, Washington, 2006년.

83) Dierk Hierschel, Martin Stuber, 'Made in Germany im Griff der
Finanzmärkte', 〈Neue Gesekkschaft/Frankfurter Hefte〉, 2007년.

84) John Maynard Keynes, 《Allgemeine Theorie der Beschäftigung,
des Zinsesund des Geldes》, Berlin, 1994.

85) Christiane Grefe, 《Attac-Was wollen die Globalisierungs-kritiker?》,
Berlin, 2002년.

86) Bear, Stearns Asset Management, 'Brief an die Investoren des
High?Grade Structured Credit Strategies Fund und High-Grade
Structured Enhanced Leverage Fund', 2007년 6월 30일.

87) Greg Ip, 'Did Greenspan Add to Subprime Woes?',
〈월스트리트저널〉, 2007년 6월 9일.

88) Michael Mandel, 'It' s a Low, Low, Low-Rate World', 〈비즈니스위크〉,
2007년 2월 19일.

89) Nell Hendersson, 'The ATM That Is out of Money',
〈워싱턴포스트〉, 2007년 5월 30일.

90) www.mortgagebankers.org

91) 투기적인 이유로 CDS 계약보다 몇 배가 되는 신용과 대출이 많기 때문
에 이 금액은 '보험에 든' 신용규모를 초과한다. 그러나 이 금액은 위험
과 신용공여가 분리된 정도를 명확하게 보여준다.
www.bis.org/statistics/derstats.htm

92) 국제결제은행 2007년 연차보고서.

93) Gillian Tett, 'The Dream Machine: Invention of Credit Derivatives',
〈파이낸셜 타임스〉, 2006년 3월 24일.

94) Mara Hovanesian, 'The Mortgage Mess', 〈비즈니스위크〉,
2007년 4월 2일.

95) Stefan-Michael Steinmann, Susanne Knips, Dresdner Kleinworth,
《How Important Are Hedge Funds for the Investment Banking
Industry?》, Frankfurt, 2007년.

96) 연방경제협력성이 2006년 10월 18일 베를린에서 주최한 행사에서 행한
연설.

97) Seth Lubove, Daniel Taub, 'Subprime Fiasco Exposes Manipulation by
Mortgage Brokerages', 〈블룸버그〉, 2007년 5월 30일.

98) David Evans, 'The Poison in Your Pension', 〈블룸버그〉,
2007년 6월 26일.

99) Moody's Investors Service, US Subprime Mortgage Update, 2007년 4월.

100) Global Credit Research, 2007년 8월 16일.

101) William Gross, 〈Enough is Enough〉, 《Pimco Investment Outlook》,
New Port Beach, Kalifornien, 2007년.

102) Tobias Bayer, 'Gute Gründe für eine Panik', 〈파이낸셜 타임스-독일

판〉, 2007년 8월 17일.

103) 2007년 9월 4일, 프랑크푸르트에서 열린 〈Banken im Umbruch〉회의에
서 아커만이 행한 연설.

104) Nicholas Dunba, 'Conservative Mittelstand Lender IKB Has
Transformed itself into Germany's Biggest Investor in Structured Credit',
〈Risk〉, 2004년 2월 1일.

105) Daniel Schäfer, Ackermann besänftigt die Finanzmärkte,
〈프랑크푸르터 알게마이네 차이퉁〉, 2007년 9월 5일.

106) Melanie Bergmann, 'Tor zur Hölle. Wie gefährlich ist die Finanzkrise
für Ihre Lebensversicherung?', 〈Wirtschastswoche〉, 2007년 8월 13일

107) Martin Wolf, 'The Policy Challenge of Rescuing the World Econom',
〈파이낸셜 타임스〉, 2007년 9월 12일.

108) Andreas Oldag, 'Mit fremdem Geld', 〈쉬트도이체 차이퉁〉,
2007년 9월 18일.

109) Gilian Tett, 'Out of the Shadows. How Banking's Hidden System Broke
Down', 〈파이낸셜 타임스〉, 2007년 12월 17일.

110) JP 모건과 도이체방크와 아주 똑같이 골드만삭스도 비교적 적은 손실을
내면서 이 위기를 벗어났다. '구조화된' 신용패키지로 가장 잘 돈을 벌었던
이들 기업의 딜러들은 제때에 그들 상품의 '독극물 쓰레기' 품질을 알아챘
음이 분명하다.

111) Nouriel Roubini, 'The Rising Risk of a Systemic Financial Meltdown:
The Twelve Steps to Financial Disaster', 〈RGE monitor〉, New York,
2008년 2월 5일.

112) David Enrich, 'World Rides to Wall Street's Rescue', 〈월스트리트저널〉,
2008년 1월 16일.

113) James Kantner, 'Paulson Cautions Against Rush to Regulation in Credit

Crisis', 〈뉴욕타임스〉, 2007년 9월 18일.

114) 〈로이터〉, 2007년 8월 30일.

115) Bertrand Benoit, 'Steinbrück Eases Fear of Fresh Regulation',
〈파이낸셜 타임스〉, 2007년 9월 19일.

116) Michael K. Ozanian, 'Wall Street's Highest Earners', 〈포브스 매거진〉,
2007년 5월 21일.

117) 미국 선거전에서 자금이 미치는 영향을 수년 전부터 체계적으로 연구하
고 있는 대응정책센터Center for Responsive Politics가 발표한 자료에 따
름. www.opensecrets.org

118) Ben White, 'Race to Become $1bn president', 〈파이낸셜 타임스〉,
2008년 2월 2일 ; 'Donations End GOP Reign on Wall St',
〈파이낸셜 타임스〉. 2008년 2월 5일.

119) 국제결제은행 76차 연차보고서, 2006년 6월 ; 국제통화기금 재정안정성
보고서, 2007년 4월.

120) Klaus Engelen, 'Dem langjjährigen Finanzkorrespondenten des
Handelsblatts' ; 'Beamte werden Banker', 〈한델스블라트〉,
2006년 10월 17일.

121) Peggy Hollinger, 'Paulson Seeks to Assuage Subprime Concerns',
〈파이낸셜 타임스〉, 2007년 9월 18일.

122) Michiyo Nakamoto, 'Bullish Citigroup is 'Still Dancing' to the Beat of
the Buy-Out Boom', 〈파이낸셜 타임스〉, 2007년 7월 10일.

123) Helmut Schmidt, 'Beaufsichtigt die neuen Großspekulanten!',
〈디 차이트〉, 2007년 2월 1일.

124) Martin Wolf, 'Why Regulators Should Intervene in Banker's Pay',
〈파이낸셜 타임스〉, 2008년 1월 16일.

125) Jean Pisani-Ferry, 'Durchsichtige Forderungen',

〈파이낸셜 타임스-독일판〉, 2007년 8월 29일.

126) Louis Uchitelle, 'Market Swings Are First Test for Fed Chairman',
〈뉴욕타임스〉, 2007년 8월 11일.

127) Martin Wolf, 'The Fed Must Weigh Inflation Against the Risk of
Recession', 〈파이낸셜 타임스〉, 2007년 9월 26일.

128) 'Why the Federal Reserve Has to Keep the Party Going',
〈파이낸셜 타임스〉, 2007년 8월 22일.

129) Dani Rodrik, 《The Social Cost of Foreign Exchange Reserves, paper
presented at the American Economic Association》, Boston, 2006년 1월.

130) Paul Krugman, 'Debt and Denial', 〈뉴욕타임스〉, 2006년 2월 13일.

131) Ben Bernanke, 'The Global Saving Glut and the U.S Current Account
Deficit', 2005년 3월 10일, 버지니아 주 리치몬드에서 행한 연설에서.

132) Michael P. Dooley, David Folkerts-Landau, Peter Garber, 'An Essay on
the Revived Bretton Woods System', 〈NBER Working Paper 9971〉,
Cambridge, MA, 2003년.

133) www.manager-magazin.de와의 인터뷰.
'Die Risiken sind unüberschaubar'. 2006년 8월.

134) EZB, 2007년 8월 월간보고서.

135) Jonathan Shaw, 'Debtor Nation', 〈하버드 매거진〉, 2007년 7월.

136) 위의 글.

137) Christopher Swann, 'Paulson Says Foreign Holdings Not Threat',
〈블룸버그〉, 2007년 3월 4일.

138) Fan Gang, 〈Currency Asymmetry, Global Imbalances, and the
Rethinking of the International Currency System〉, 《Global Imbalances
and the US Debt problem-Should Developing Countries Support the US
Dollar?》, Den Haag, 2006년 12월.

139) Marcello de Ceco, 'Origins of the Post-War Payments System',
〈케임브리지 저널 오브 이코노믹스〉3호, 1979년.

140) Steven Solomon. 《The Confidence Game》, New York, 1996년.

141) John Frahner, 'EU Calls on China to Let Yuan Appreciate Against Euro',
〈블룸버그〉, 2007년 10월 9일.

142) Richard McGregor, 'Beijing Begins to Pay Price for Forex Sterilisation',
〈파이낸셜 타임스〉, 2008년 2월 1일.

143) 〈로이터〉, 2007년 8월 30일.

144) www.faz.net와의 인터뷰, 'Viele verlieren das Vertrauen in den Dollar',
2007년 9월 27일.

145) Joseph Stiglitz, 《Die Chancen der Globalisierung》, München, 2006년.

146) 2007년 5월 23일, 워싱턴에서 있었던 미국 대외관계협의회 토론회에서.

4. 불평등의 씨를 뿌린 자들은

147) Hans-Peter Martin, Harald Schumann, 《Die Globalisierungsfalle》,
Reinbek, 1996년.

148) 2007년 세계경제포럼 연차총회.

149) 미국 농무부, 'Household Food Security in the United States',
《Economic Research Report》, Washington, 2006년 11월 29일.

150) Krishna Guha, 'Anxious Middle: Why Ordinary Americans Have Missed
out on the Benefits of Growth', 〈파이낸셜 타임스〉. 2006년 11월 2일.

151) David Cay Johnston, '04 Income in U.S. Was Below 2000 Level',
〈뉴욕타임스〉, 2006년 11월 28일.

152) Isabell Sawhill, The Brookings Institution, 《Is the American Dream Alive

and Well?》, Washington, 2007년.

153) Janny Scott, 'David Leonhardt, Shadowy Lines That Still Divide',
〈뉴욕타임스〉, 2005년 5월 15일.

154) 연방 재무성, 2007년 12월 월차보고서.

155) Horst Köhler, 'Die Ordnung der Freiheit', 〈Arbitgeberforum〉에서 행한
연설, 2005년 3월 15일 ; 〈Berliner Rede〉, 2007년 10월 1일.

156) 런던 정경대학 로버트 웨이드 교수가 OECD자료를 분석한 계산.

157) Edward Lee, 'The Grab for a Job, Democrats Turn Protectionist',
〈파이낸셜 타임스〉, 2007년 10월 9일.

158) Greg Hitt, 'Americans' Anti-Global Turn May Stir Race for President',
〈월스트리트저널〉, 2007년 12월 20일.

159) Chris Giles, 'Rich Nations Backlash Against Globalization',
〈파이낸셜 타임스〉, 2007년 7월 22일.

160) 《Perspectives on Trade and Poverty Reduction. A Survey of Public
Opinion》, German Marshall Fund, Washington, 2006년 12월.

161) www.bea.gov ; www.bls.gov

162) 사용자가 파업 노동자를 해고하고 새로운 종업원을 채용하는 것은 합법
적이다. 미국 기업에서 노동조합이 허용되려면 종업원 다수가 공개적으
로 찬성해야 한다. 이는 대체로 간단한 위협만으로도 저지될 수 있는 조
건이다. 저지되지 않으면 사용자는 투표를 반복시키고 대항조직을 결성
하며 상관과의 개별 면담을 통해 종업원들을 압박할 수 있다. 동시에 모
든 중간간부들과 단순한 선임자들조차 노동조합 회원이 될 권리가 없
다. 이 규정만으로도 800만명의 근로자가 결사의 자유를 박탈당하고 있
다. 다음 글 참조.
Theodore Moran, Georgetown University, 'Why a Grand Deal on
Labour Could End Trade Talks', 〈파이낸셜 타임스〉, 2007년 3월 13일.

163) Jagdish Bhagwati, 《Senate Finance Committee, Testimony on US Trade Policy: The China Question》, Washington, 2007년 3월 27일.

164) 세계은행, 《Global Economic Prospects》, Washington, 2008년 1월.

165) Alan S. Blinder, 'Americans Ready to Stop the World and Shut out Reality', 〈인터내셔널 해럴드 트리뷴〉, 2007년 1월 6일.

166) Kevin O'Rourke, Jeffrey Williamson, 《Globalization and History》, Cambridge, 1999년.

167) Florian Gathmann, 'Für Ausländer haben wir keinen Platz', 〈슈피겔-온라인〉, 2007년 12월 3일. www.spiegel.de/deutschland/0,01518,521198,00.html

168) EU-Agentur für Grundrechte, 《Report on Racism and Xenophobia in the Member States of the EU》, Wien, 2007년 8월.

169) Elisabeth Noelle, Thomas Petersen, 'Eine fremde, bedrohliche Welt-Die Einstellungen der Deutschen zum Islam', 〈프랑크푸르터 알게마이네 차이퉁〉, 2006년 5월 17일.

170) Wilhelm Heitmeyer, 'Wo sich Angst Breitmacht', 〈디 차이트〉, 2006년 12월 14일.

171) Jan Goebel, Maria Richter, 《Nach der Einführung von Arbeitsolsengeld II : Deutlich mehr Verlierer als Gewinner》, DIW Wochenbericht 50, Berlin, 2007년 12월.

172) Bertelsmann-Stiftung, 〈Soziale Gerechtigkeit 2007〉, Gütersloh.

173) OECD, 〈Education at a Glance 2007〉, Paris.

174) Kienbaum Consultants, 'Vorstandsbezüge steigen-und fallen, Pressemittei-lung', 2008년 2월 18일.

175) 'berlin hat eine starke Anziehungskraft', 〈타게스슈피겔〉과의 인터뷰, 2007년 11월 19일.

176) 2007년 12월 3일, 하노버에서 열린 독일 기독교민주당 당대회에서 행한 연설에서.

177) 'Nicht von den Reichen nehmen', 〈슈테른〉, 31호, 1999년 8월 12일 인터뷰.

178) Martin Arnold, 'Buy-out Tax Rate is 〉Lower than a Cleaner's', 〈파이낸셜 타임스〉, 2007년 6월 4일.

179) Susanne Uhl, Thomas Rixen, 《Unternehmensbesteuerung europäisch gestalten》, Berlin, 2007년.

180) Glenn R. simpson, 'Wearing the Green: Irish Subsidiary Lets Microsoft Slash Taxes in U.S and Europe', 〈월스트리트저널〉, 2005년 11월 7일.

181) Google, 2004, 2005년도 연차보고서. 2007년부터 구글의 조세기획자는 미국 금융당국과 절세를 제한하기로 합의했다. 그러나 아마도 다른 나라를 희생시키면서 그렇게 했을 것이다. 전 세계 유효담세율은 불변일 것이라고 이 콘체른은 2006년 사업보고서에서 예고했다. 다음 글도 참조. Colm Keena, 'US Limits Google's Tax Savings', 〈아이리시 타임스〉, 2007년 2월 5일.

182) Lorenz Jarass, Gustav Obermaier, 《Unternehmenssteuerreform 2008》, Münster, 2006년.

183) Georg Meck, 'Die Firmen fahren die Gewinne aus dem Land', 〈프랑크푸르터 알게마이네 손타그스차이퉁〉, 2006년 8월 13일.

184) Tax Justice Network, 《Tax Us if You Can》, Essex, 2005년.

185) Kurt Beck, 'Asoziales Verhalten von oben', 〈쥐트도이체 차이퉁〉, 2008년 2월 20일.

186) 'Schurkenstaat Liechtenstein', 〈타게스차이퉁〉, 2008년 2월 21일 인터뷰.

187) 여기에는 신탁관리인들을 통해 다시 다른 역외센터나 외국에 투자된

3,560억 달러가포함되어 있다. Martin A. Sullivan,

《Offshore Exploration: Switzerland, tex Notes, Falls Church》, Virginia,

USA, 2007년 12월 10일.

188) Armando Mombelli, 'Umstrittene Steuerprivilegien für Superreichs',

〈Swiss info〉, 2005년 2월 24일

189) 〈Offshore Explorations: Jersey, Guernsey, Isle of Man, Tax Notes, 10〉,

2007년 11월 5일.

190) Richard Murphy, 《The Missing Billions, The UK Tax Gap》, London,

2008년.

191) 그렇지만 이러한 지위에 대해서는 영국의 일반시민들도 비싼 대가를 지

불해야 한다. '비거주 주민'은 매년 200억 유로를 지불하고 수천 명의 가사

보조인력과 특수서비스직을 고용하지만 부富가 런던에 고도로 집중되어

있음으로 해서 부동산가격을 극단적으로 부추기고 있다. 평범한 소득자

가 살만한 주택이 시내지역에는 거의 없다. 켄싱턴Kensington이나 첼시

Chelksea와 같은 고급지역은 순전히 부유층을 위한 구역이 되었다.

192) Heinz Kussmaul, 'Leveraged Buyout am Beispiel der Friedrich Grohe

AG', 〈Der Betrieb〉, 2005년 11월 25일 ; Harald Schumann,

'Heuschrecken am Wasserhahn', 〈타게스슈피겔〉, 2005년 6월 3일.

193) Haig Somonia, 'Swiss Step up Efforts to Lure Uk Non-Doms',

〈파이낸셜 타임스〉, 2008년 2월 3일.

194) Jenny Anderson, 'Tax Gap Puts Private Equity Firms on Hot Seat',

〈뉴욕타임스〉, 2007년 6월 16일.

195) Kenneth F. Scheve, Matthew J. Slaughter, 'A New Deal for

Globalization', 〈포린어페어스〉, 2007년 7/8월호.

196) Robert Shiller, 'Inequality-Indexing of the Tax System, The Tobin

Project', 〈Discussion Paper〉, 2007년 5월 ; 'Eine Psychologie der

Furcht', 〈쉬트도이체 차이퉁〉과의 인터뷰, 2007년 8월 30일.

197) Eoin Callan, 'Investment Industry in US Tax Dog-Fight',
〈파이낸셜 타임스〉, 2007년 11월 1일.

198) Joann M. Weiner, 'Saving Private Equity', 〈Tax Notes Today〉,
2007년 10월 24일.

199) Angela Maier, 'Bund verschont Private Equity bei Zinsbesteerng',
〈파이낸셜 타임스-독일판〉, 2006년 12월 6일.

200) Robert Kracht, 'Anleger können Schweizer Quellensteuer umschiffen',
〈파이낸셜 타임스-독일판〉, 2007년 5월 5일.

201) 'Why Finance Will Not Be Unfettered', 〈파이낸셜 타임스〉,
2007년 6월 25일.

202) Vito Tanzi, 《Does the World Need a World Tax Organization?》,
Tel Aviv, 1996년 8월.

203) 스위스 전신청, 2007년 11월 13일.

204) Capgemini, Merrill Lynch, 〈World Wealth Report 2007〉, New York.

205) James B. Davis, 〈Estimating the Level and Distribution of Global
Household Wealth〉, 《World Institute for Development Economics,
Research Paper 77》, New York, 2007년.

206) Philippe Douste-Blazy, 'Für eine gerecte Globalisierung',
〈프랑크푸르터 알게마이네 차이퉁〉, 2007년 3월 26일.

207) Robert Wade, 'Global Inequality', 〈이코노미스트〉, 2001년 4월 28일.

208) Michaela Schiessl, 'Not für die Welt', 〈슈피겔〉, 2007년 5월 22일.

209) Jean-Paul Azam, 'The Redistributive State and Conflicts in Africa',
〈Journal of Peace Research〉4호, 2001년.

210) Iris Krebber, 'Armut ist die eigentliche Ursache für Unruhen in Kenia',
〈Welt-hungerhilfe〉, 2008년 1월 3일.

211) 2008년도 연방예산은 개발원조 재원을 총 73억 유로로 8억 7,000만 유로로
증액하기로 예정하고 있다. 그러나 이 금액은 2010년까지 국내총생산의
0.51퍼센트에 도달하기로 한 EU 내에서 확약된 목표치에 크게 미치지
못하고 있다. 이를 위해서는 연간 12억 유로를 증액해야 한다. Terre des
Hommes, 《Welthungerhilfe, Die Wirklichkeit der Entwicklungshilfe》,
Bonn, 2007년 10월.

212) 'In zehn Jahren müsste Afrika nicht mehr arm sein', 〈타게스슈피겔〉과
의 인터뷰, 2007년 6월 3일.

5. 온실에서 벌어지는 자원전쟁

213) Alex de Waal, 'Counter-Insurgency on the Cheap', 〈London Review of
Books〉, 2004년 8월 ; 'Is Climate Change the Culprit for Darfur?', SSRC
Blog ; Stephan Faris, 'The Real Roots of Darfur', 〈애틀랜틱 먼슬리〉,
2007년 4월.

214) 'Sudan-Post-Conflict Environmental Assessment', United Nations
Environment Programme, Nairobi, 2007년 6월.

215) 반기문, 'Aus Darfur lernen-Warum der Kampf um das Klima und der
Kampf für die Menschen in Sudan zusammenhängen', 〈타게스슈피겔〉,
2007년 6월 18일.

216) Kurt Pelda, 'Der Darfur-Konflikt eine Folge des Klimawandels?',
〈노이에 취르허 차이퉁〉, 2007년 6월 27일.

217) Mandy Turner, 'Scramble for Africa', 〈가디언〉, 2007년 5월 2일.

218) Gérard Prunier, 'Darfur-Motive eines Völkermords',
〈르 몽드 디플로마티크〉, 2007년 3월 9일.

219) C. Bergman, 'Chinas Interesse am Sudan/Hauptabnehmer des sudanesischen Erdöls', 〈노이에 취르허 차이퉁〉, 2004년 11월 27일.

220) Margaret Beckett, 'Kimawandel-Der Sturm Zieht auf', 2007년 4월 16일 뉴욕에서 열린〈Winston Churchill Memorial Lecture 2007〉에서의 연설.

221) UN 기후변화위원회 제4차 경과보고서, www.ipcc.ch ; Michael Müller, Ursula Fuentes, Harald Kohl, 〈Der UN-Welt-klimareport. Bericht über eine aufhaltsame Katastrophe〉, Köln, 2007년.

222) 북서항로 횡단에 관한 크리스토프 랜스마이어Chrostoph Ransmayr의 소설 제목이다.

223) Doug Struck, 'Rapid Warming, Spreads Havoc in Canada's Forests', 〈워싱턴포스트〉, 2006년 3월 1일.

224) 슬로푸드 협회가 조직한 테라 마드레Terra Madre.

225) International Energy Agency, 'World Energy Outlook', 2007년.

226) Mark Lynas, 《Six Degrees: Our Future on a Hotter Planet》, London, 2007년.

227) 저자에게 보낸 스와미나탄의 전자우편에서 인용.

228) 다음을 보시오. http://afk-web.de/Stroh_Konflikum Wasser-Fallstu-dieNild.pdf

229) Z. B. Beste Willma, 'Die Vereinten Nationen warnen: 5 Millionen Umwelttote schon jetzt', 〈타게스차이퉁〉, 2007년 10월 26일.

230) Z. B. Axel Bojanowki, 'Gefährliche Abgase-Schiffsverkehr fordert 60000 Tote jährlich', 〈쉬트도이체 차이퉁〉, 2007년 11월 8일.

231) Global Environment Outlook, 《GEO 4: Environment for Development》, Nairovi/New York, 2007년 10월.

232) Carl Amery, 《Hitler als Vorläufer. Auschwitz-der Beginn des 21. Jahrhunderts?》, München, 1998년.

233) Pro Asyl, 《Wenn Sie ins Wasser fallen, ertrinken Sie》, Frankfurt, 2007년 10월.

234) Dominic Johnson, 'Weg in die Unmenschlichkeit', 〈타게스차이퉁〉, 2007년 11월 13일.

235) Navid Kermani, 'Menschenrechte oder Leichensäcke', 〈타게스차이퉁〉, 2007년 11월 13일.

236) Gesellschaft für bedrohte Völker, 'Klimawandel schürt ethnische Konflikte und Gewalt in Uganda', 2007년 4월 2일 ; Ökumenischer Nachrichtendienst, 'Umgehender Handlungsbedarf für schmelzende Eiskappen auf Afrikas höchsten Bergen', 2007년 5월 30일 ; Deutsche Welle, 'Über beides reden, Frieden und Umwelt in Kenias Norden', 2006년 4월 20일.

237) 〈로이터〉, 2007년 4월 17일.

238) 〈china dialogue〉, 2007년 10월 30일.

239) 'Wissenschaftlicher Beirat der Bundesregierung Globale Umweltveränderungen, Sicherheitsrisiko Klimawandel', 2007년 6월.

240) Strategic Studies Institute for Security Studies, 'Global Climate Change: National Security Implications', 2007년 3월 토론회.

241) 'Center for Strategic and International Studies und Center for a New American Security', 〈인터프레스 서비스〉, 2007년 11월 6일.

242) The CNA Corporation, 《National Security and the Threat of Climate Change》, Washington, 2007년 4월.

243) Tim Flannery, 《Wir Klimakiller–Wie wie die Erde retten können》, Frankfurt, 2007년.

244) Joseph Canadell, 'Proceedings of the National Acadamy of Sciences' ; 'Ozeane speichern weniger Kohlendioxid', 〈베를리너 차이퉁〉, 2007년

10월 24일 ; Ute Schuster, Andrew Watson, 'University of East Anglia' ; Christopher, 'Mehr Gas im Treibhaus', 〈쉬트도이체 차이퉁〉, 2007년 10월 23일.

245) Global Carbon Project, www.globalcarbonproject.org ; Fritz Vorholz, 'Der Fluch des teuren Öls', 〈디 차이트〉45호, 2007년 10월 31일.

246) 〈슈피겔 온라인〉, 2007년 6월 20일, www.spiegel.de/wissenschaft/mensch/0,1518,489612,0.html

247) Anita und Marian Blasberg, 'Vor der großen Flut', 〈디 차이트〉21호, 2007년 5월 17일.

248) 2007년 헤센선거 캠페인 동안 프랑크푸르트 문학원에서 열린 토론회에서 행한 연설.

249) Potsdam Memorandum, 〈Eine Globale Zielvereinbrung für die Große Transformation〉, 《anlässlich der Konferenz 'Global Sustainability: A Nobel Cause'》, 2007년 10월.

250) Environmental Law and Policy Center, Gallup, 2007년 4월 24일.

251) Sir Nicholas Stern, 'The Stern Review in the Economics on Climate Change'. www.hmtreasury.gov.uk/independent_review_economics_climate_change/sternreview_translation.cfm

252) Deutsche Bank Research, 《Klimawandel bewältigen-Die Rolle der Finanz-märkte》, Frankfurt, 2007년 9월 24일.

253) Peter Ehrlich, 'Wirtschaftselite spielt die grüne Karte', 〈파이낸셜 타임스-독일판〉, 2007년 1월 26일.

254) Carbon Disclosure Project, www.cdproject.net

255) Hamburgisches WeltWirtschaftsInstitut und Berenberg Bank, 《Strategie 2030-Vermögen und Leben in der nächsten Generation》,

Hamburg, 2007년.

256) Deutsche Bank Research, 《Klimawandel und Branchen: Manche
mögen's heiß!》, Frankfurt, 2007년 6월 4일.

6. 에코토피아를 향하여

257) Amory Lovins, 《Winning the Oil End Game. Innovation for Profit,
Jobs and Security》, Earthscan, 2005년 ; Hermann Scheer,
《Solare Weltwirtschaft. Strategie für die ökologische Moderne》,
München, 2000년.

258) www.solardecathlon.org

259) 〈Erneuerbare Energien〉11호, 2006년.

260) Franz Alt, www.sonnenseite.com, 2007년 11월 3일.

261) Rainer Hermann, 'Am Golf entsteht ein Silicon Valley für erneuerbare
Energien', 〈프랑크푸르터 알게마이네 차이퉁〉, 2007년 6월 19일.

262) 독일 연방의회, 〈Abschlussbericht der Enquete-Kommission 'Schutz
der Erde'〉, Bonn, 1990년.

263) Sharon Begley, 'Global-Warming Deniers: A Well-Funded Machine',
〈뉴스위크〉, 2007년 8월 13일.

264) 1999년 9월 30일, 당시 독일산업연맹BDI 회장인 올라프 헨켈이
독일연방총리 슈뢰더에 보낸 서한에서.

265) 정부가 선거공약을 지킨다면 2012년까지 오스트레일리아의 온실가스
배출을 2006년 수준에 비해 약 25퍼센트 감축해야 한다. 따라서 거의 실
현 불가능한 시도이다.

266) 이에 비해 예전 EU의 15개국은 그때까지 겨우 2퍼센트 감축을 실현했

다. 이마저도 동독의 탈산업화 때문이었다. 예전 EU 15개국 중 7개국에
서는 배출량이 1990년에 비해 오히려 증가했다.

267) 〈Europäischen Union Dokument 7224/07, Schlussfolgerungen des
Vorsitzes〉, Brüssel, 2007년 3월 9일.

268) Bremer Energie Institut, 《DLR: Analyse des nationalen Potenzials für
den Einsatz hocheffizienter Kraft-Wärme-Kopplung》, Herrsching,
2006년.

269) Eon AG의 2000년과 2007년 사업보고서.

270) 'Rahmenterminplan für die Realisierung des 400 MW Offshore Wind-
parks Arkona-Becken Südost', 2006년 4월 18일.

271) 'Bundesministerium für Umwelt, Naturschutz und Reaktorsicherheit',
〈EEG-Erfahrungsbericht 2007〉

272) 위의 글.

273) Jürgen Neubarth, 'Beeinflussung der Spotmarktpreise durch
Windstrom-erzeugung', 〈Energiewirtschaftliche Tagesfragen〉,
2006년 6월.

274) J. Nitsch in Zusammenarbeit mit DLR, 'Leitstudie 2007 Ausbaustrategie
Erneuerbare Energien, Untersuchung im Auftrag des BUM', 2007년 2월.

275) 'die gut nachvollziehbare Berechnung von Rainer Baake, Klima-
schutz, Kohle und Atom', 〈Deutsche Umwelthilfe〉, 2007년 10월.

276) Thomas Tuma, Frank Dohmen, 'Vor einem tief greifenden Umbruch',
〈슈피겔〉과의 인터뷰, 2007년 12월 3일 ; Annette Beutler, Jochen
Schuster, Karl-Heinz Steinkühler, 'Wir brauchen Gewinne', 〈포쿠스〉,
2007년 10월 29일. ; 〈RAG-Magazin〉2007년 2월.

277) www.sfv.de//briefe/brie97_1/sob97135.htm

278) 2007년 10월 9일 기자회견에서.

279) Harald Schumann, 'Strategiespiel um die Windkraft', 〈Geo〉,
      2005년 5월.

280) 〈이코노미스트〉, 2007년 1월 20일 : "Empty Words Just Add Carbon
      Dioxide. Our Climate Map Is All About Reducing It. Vattenfall-Energy
      for Activists"

281) PricewaterhouseCoopers, 《Changement climatique et énergie:
      Comparaison des émissions de CO2 des Principaux électriciens
      européens》, Paris, 2007년 11월.

282) Wuppertal Institut für Klima, Umwelt, Energie, 《DLR-Zentum für
      Sonnenenergie und Wasserstoff-Forschung, Potsdam-Institut für
      Klimafolgenforschung》, Wuppertal, Stuttgart, Potsdam, 2007년 2월.

283) 'USA stoppen CO2-Speicherung', 〈타게스차이퉁〉, 2008년 2월 6일

284) 2007년 11월 26일, 잘츠기터에서 열린 독일 사회민주당 회의에서.

285) 무엇보다도 전前 총리 게르하르트 슈뢰더는 연방카르텔청의 의사와 명
      확한 경고를 거스르면서까지 이미 최대 규모였던 전기공급자 Eon이 최
      대의 가스공급자 루르가스Ruhrgas 콘체른을 매입하고 그럼으로써 독일
      시장 전체를 지배할 수 있도록 추진했다. 그 대가로 담당 경제장관 베르
      너 뮐러Werner Müller가 나중에 루르석탄 주식회사Ruhrkohle AG 사장
      이 된 것으로 보인다. 이 회사는 Eon과 RWE가 대주주이고 화학발전부
      문은 Evonik이라는 회사명으로 상장될 것이다. RWE에는 다시 뮐러의
      장관직 후임이었던 볼프강 클레멘트Wolfgang Clement가 감사위원회에
      진입했다. 클레멘트는 이전에 전력산업을 환경보호규제로부터 성공적
      으로 보호해주었고 재생에너지 확충을 대대적인 흑색선전으로 차단했
      었다.

286) 2007년 2월 7일, 베를린에서 있었던 시위.

287) Keith Crane, James Bartis, 'On Carbon Dioxide, a Better Alternative',

Think Tank Town, www.washingtonpost.com, 2007년 11월 29일.
www.washingtonpost.com/wp-dyn/content/article/2007/11/28/
AR2007112802160.html

288) 〈Bundesministerium für Umwelt, Naturschutz und Reaktorsicherheit,
EEG-Erfahrungsbericht 2007〉.

289) Trans-Mediterranean-Renewable-Energy-Cooperation(TREC),
《Clean Power from Deserts》, Hamburg, 2007년 11월.

290) Christian Wüst, 'Suche nach dem Wungdrakku', 〈슈피겔〉,
2007년 11월 25일.

291) Fiona Harvey, 'International Star Plays Coy on Domestic Plans',
〈파이낸셜 타임스〉, 2007년 11월 13일.

292) Michael Gardner, 'Global-warming Bill Generates Political Heat',
〈샌디에이고 유니언 트리뷴〉, 2006년 8월 21일.

293) Stephanie Kirchgaessner, 'Even Reluctant Lawmakers Are Speaking
Out', 〈파이낸셜 타임스〉, 2007년 10월 12일.

294) Deutsche Bank Research, 'EU-Energiepolitik: Höchste Zeit zu
handeln!', 〈EU-Monitor 44〉, 2007년 3월 5일.

295) 2007년 1월 16일, 헤르베르트-크반트 재단 유럽 포럼 연설에서.

296) Igor Schuwalow, 'G8-Beauftragter des russischen Präsidenten
Wladimir Putin', 다음의 인터뷰에서. Wolf Schmiese, 'Die beste Antwort
ist Atomkraft', 〈프랑크푸르터 알게마이네 차이퉁〉, 2007년 5월 30일.

297) Mycle Schneider Consulting, 《The World Nucelar Industry Status Report
2007》, Brüssel, 2007년 11월.

298) Frank Barnaby, James Kemp, 《Too Hot to Handle? The Future of Civil
Nuclear Power》, Oxford Research Group, 2007년 7월.

299) Christiane Grefe, 'Ganz von gestern', 〈디 차이트〉, 2006년 4월 27일.

300) Jürgen Flauger, 《Verlängerung der Laufzeiten. Merkels Atompolitik er-
spart Firmen Milliardeninvestitionen》, Handelsblatt, 2005년 6월 6일.

301) www.bfs.de/de/transport/endlager/abf_progn_laufz.html

302) 게하르트 슈뢰더 총리의 정부가 적녹 연정이 된 2004년에 프랑스 라아
그의 플루토늄 재처리공장으로 옮겼다.

303) 이는 두 명의 미국 물리학과 학생이 이미 1964년에 증명했다. 미국 정부
의 위탁을 받은 이들은, 훗날 공개된 서류에서 밝혀진 바와 같이 "훈련
이 잘된 몇몇 사람만 있으면 적은 비용으로 비밀정보에 접근하지 않고서
도 핵탄두를 개발할 수 있다는 것"을 성공적으로 입증했다. 다음 글을
참조하시오.
Mycle Schneider, 《The Permanent Nth Country Experiment, Nuclear
weapons Proliferation in a Rapidly Changing World》, Paris 2007년.

304) 이에 대한 훌륭한 개관은 다음 자료를 보시오. Hans-Christian Rößler,
'Nukleare Renaissance in Nahost'; Leo Wieland, 'Auch der Maghreb
will Atomstrom', 〈프랑크푸르트 알게마이네 차이퉁〉, 2007년 11월 23일.

305) Franz Schrader, 《Atlas de géographie historique》, Paris, Hachette,
1896년

306) 다음 글에서 인용. Karl-Otto Sattler, 'Brot oder Sprit', 〈Das Parlament〉
48호, 2007년 11월 26일.

307) Eric Holt-Giménez, 'Sprit vom Acker', 〈르 몽드 디플로마티크〉,
2007년 6월 8일.

308) Thomas Fritz, 《Das Grüne Gold. Welthandel mit Bioenergie-Märkte,
Macht und Monopole, Forschungs-und Dokumentationszentrum
Chile-Latein-amerika》, Berlin 2007년.

309) 2007년 1월 30일, 유럽 독일 경제인의 날에 앞선 연설에서.

310) 《Biofuel Drama, Down to Earth, Center for Science and Environment》,

NeuDelhi, 2007년 10월 15일.

311) Thomas Wolf, 'Agrarrohstoffe-Reiche Ernte', 〈포커스머니〉, 2007년 9월 12일.

312) Rüdiger Jungbluth, Marcus Rohwetter, 'Raubbau am kostbarsten Gut', 〈디 차이트〉, 2007년 4월 4일.

313) 'Biotereibstoff aus Palmöl-Klimaschutz oder ökologischer Bumerang? Der Fall Indonesien'. 《Kurzberichte aus der Internationalen Entwicklungszusam-menarbeit der Friedrich-Ebert-Stiftung》, Jakarta, 2007년 12월.

314) C. Ford Runge, Benjamin Senauer, 'How Biofules Could Starve the Poor', 〈포린어페어스〉, 2007년 5/6월호.

315) Christiane Grefe, 'Wie viele Menschen ernährt die Erde?', 〈디 차이트〉, 2007년 3월 13일.

316) Runge, Senauer, 위의 글.

317) 다음 글에서 인용. Andrew Bounds, 'Doubts rasied over EU's biofuels targett', 〈파이낸셜 타임스〉, 2007년 9월 13일.

318) Thomas Fatheuer, 'Mit Agrotreibstoffen aus Brasilien gegen den Klimawandel?', 하인리히 빌 재단, www.boell.de/oekologie/oekologic-1577.html

319) David Tilman, Jason Hill, 'Corn Can't Solve Our Problem', 〈워싱턴포스트〉, 2007년 3월 25일.

320) Ricardo Hausmann, 'Biofuels Can Match Oil Production', 〈파이낸셜 타임스〉, 2007년 11월 6일.

321) 〈Solarzeitalter〉2호, 2006년.

322) FAO, 《Livestock's Long Shadow-Environmental Issues and Options》, Rom, 2006년.

323) Lester Brown, 《Plan B 2.0-Rescuing a Planet Under Stress and a
Civilization in Trouble》, New York, 2006년.

324) Marcle Mazoyer, Laurence Roudart, 《A Histor of World Agriculture-
From the Neolithic Age to the Current Crisis》, New York, 2006년.

325) 다기능 개념은 유럽에서 갈수록 보조금 개혁의 특징을 이루고 있다. 이
개념은 또한 '개발을 위한 농업과학기술국제평가International Assessment
on Agricultural Science and Technology for Development' 라는 긴 이름
을 가진 세계적 학술프로젝트에서도 중심에 놓여 있다. 이는 세계사회
로 가는 길에 있는 신참이다. UN 기후위원회 의장을 지녔으며 세계은행
환경부에서 학술지도를 담당하던 밥 왓슨Bob Watson이 조정하는 이 프
로젝트는 모든 나라, 모든 관점, 모든 이해관계를 가지는 500명의 전문
가가 참여했다. 여기에서는 정부, 업계, 유전기술회사, 농민단체, 환경단
체의 대표들이 학습과정 속에 들어 있었다. 이 학습과정은 어느 정도의
이질성으로 인해 내부 논란을 가져오지만 그만큼 대외적으로는 민주적
으로 개방되어 있었다. 중간결과는 누구든 인터넷으로 확인할 수 있고
의견을 개진할 수 있다. 전문가들은 공동으로 세 가지 가장 중요한 과업
에 도전하는 임무를 띠고 있다. 그것은 기아 퇴치, 토양 및 지하수 보호,
기후변화에의 적응이다. 전 세계에 적용될 수 있는 표준처방 대신 이들
은 소농과 생계농을 위해 현장에 적응된 해결책을 요구한다. 이 책의 원
고가 마감될 때까지 최종보고서는 아직 제출되지 않았다.

326) Michael Pollan, 《The Omnivore's Dilemma-A Natural History of Four
Meals》, New York, 2006년.

327) 이는 아프리카에 널리 퍼져 있는 바와 같은 혹사당한 많은 토양에는 해
당되지 않는다. 이들 토양은 인산 같은 온갖 미네랄 성분도 너무 많이 유
출되었다.

328) Jules Pretty, Rachel Hine, 《Ernährung sichern-eine Perspektive aus dem

Süden. Welt-Themen》, Frankfurt, 2001년. : 《Agri-Culture:
Reconnecting People, Land and Nature》, London, 2002년.

329) Catherine Badgley 외, 〈Organic Agriculture and Global Food Supply〉,
《Renewable Agriculture and Food Systems》, 2006년.

330) Fritz Reusswig, Antonella Battaglini, 'Lifestyle Dynamics as a Catalyst of
a Sustainable Energy Transition, Kyoto Plus Papers', www2.kyoto-
plus.org/uploads/battaglini_reusswig_fin.pdf

331) 위의 글.

332) Roland Schaeffer, 'Das Klima, die Dinge und die Menschen',
〈Kommune〉2호, 2007년.

333) Fritz Vorholz, Bernd Ullrich, 'Klimaschutz tut nicht weh', 〈디 차이트〉,
2006년 4월 26일 인터뷰.

334) Hermann Scheer, 'Klimapolitik in der multia teralen Falle', 〈Kursbuch〉,
167호, 2007년.

335) 세계야생생물보호기금WWF과 Ökotest의 공동연구.

336) Axel Michaelowa, 〈Avoiding the Carbon Hangover〉, 《Trading Carbon》,
2007년 12월.

7. 세계강자 세계시민

337) Thomas Schmid, 'Trübe Romantik', 〈프랑크푸르터 알게마이네
차이퉁〉, 2001년 7월 21일.

338) Annette Jensen, 'Zumutungen für die Konsumentenklasse, eins
Entwick-lungspolitik', 〈Dossier: Der G8-Gipfel〉, 13/14호, 2007년.

339) Elmar Altvater, Birgit Mahnkopf, 《Grenzen der Globalisierung.

Ökonomie, Ökologie und Politik in der Weltgesellschaft》, Münster, 1999년.

340) Jean Marie Krier, 《Fair Trade in Europe, Facts and Figures on Fair Trade in 25 European Countries》, Fair Trade Advocacy Office, Brüssel. 2005년.

341) Michael Bauchmüller, 'Eine Bewegung kämpft mit sich selbst', 〈쉬트도이체 차이퉁〉, 2008년 1월 21일.

342) 《Auf dem Weg zur 100% Region》, B.A.U.M Consult, München, 2006년.

343) Felix Kolb, Bewegungsstifting(Hrsg.), 《Damit sich was bewegt-wie sozialbe bewegungen und Protest Gesellschaft verändern》, Hamburg, 2007년.

344) Paul Hawken, 《Blessed Unrest-How the Largest Movement in the World Came into Being and Why No One Saw it Coming》, New York, 2007년.

345) Klaus Brinkbäumer, Ullrich Fictner, 'Die Weltsanierer', 〈슈피겔〉, 2007년 7월 23일.

346) Peter Sloterdijk, 'Fern-Nachbarschaft', 〈디 차이트〉, 2007년 4월 26일.

347) 이 수치는 《Das NGO-Handbuch》(GReenpeace, Hamburg, 2007)의 설명에 따른 것이다. 여기에는 개발정책기구는 포함되어 있지 않다. 그리고 수천 개의 소규모 지역 시민운동도 빠져 있다. 이들 중에는 일부만이 본문에서 언급된 상위단체에 가입해 있다.

348) www.uia.org

349) Roland Roth, 〈Transnationale Demokratie〉, Achim Brunnengräber, Ansgar Klein, Heike Walk, 《NGOs im Prozess der Globalisierung. Mächtige Zwerge-umstrittene Riesen》, Bundeszentrale für politische Bildung, Bonn, 2005년.

350) Thomas Deichmann, 'Die Macht der NGOs-Datenund Fakten',

〈Cicero〉, 2008년 1월 1일.

351) medico international, 《Was tun? Kritische Kampagnenarbeit in Zeiten der Globalisierung》, Frankfurt/Main, 2007년.

352) Heike Walkm, 《(Ohn-)Mächtige Helden? Die Gestaltungskraft von NGOs in der internationalen Politik》, OnlineAkademie der Friedrich-Ebert-Stiftung, Bonn, 2006년.

353) Brunnengräber, 'Klein, Walk, NGOs im Prozess der Globalisierung'.

354) 토마스 게바우어와 함께 한 메디코 인터내셔널의 토론에서 인용.

355) Harald Müller, 《Wie kann eine neue Weltordnung aussehen? Wege in eine nachhaltige Politik》, Reihe Forum für Verantwortung, Frankfurt/Main, 2008년.

356) Sidney Tarrow, 《The New Transnational Activism》, Cambridge University Press, 2005년.

357) 〈Institute für Public Policy Research〉.

358) 'People Who Could Save the Planet', 〈가디언〉, 2008년 1월 5일.

359) Petra Aldenrath, Friederike Schulz, 'Billigkleidung für den deutschen Markt', 〈도이칠란트펑크〉, 2007년 12월 27일.

360) Anke Schipp, 'Moral kommt in Mode', 〈프랑크푸루터 알게마이네 차이퉁〉, 2005년 8월 29일.

361) Stephanie Hanes, 'Hey, Nice Clothes, But Are They Ethical?', 〈크리스천 사이언스 모니터〉, 2006년 10월 13일.

362) Ingeboeg Wick, SÜDWIND, 《All die Textilschnäppchen-nur recht und billig? Arbeitsbedingungen bei Aldi-Zulieferern in China und Indonesien》, Siegburg, 2007년.

363) Reinhard Biedermann, 'Private Governance durch gemeinsame Standards. Mechanismen, Macht und Gegenmacht in drei globalen

Branchen', 〈Hanse-Wissenschsftskolleg, Delmenhorst, Macht, Ohnmacht, Gegenmacht: Nichtstaatliche Akteure im globalen Regieren〉 강연, 2007년 8월 15~16일.

364) Peter Fuchs, Jörn Hagenloch, 'CorA: Transnationale Konzerne zur sozialen Verantwortung zwingen', weed aktuell, 2006년 11월.

365) Václav Klaus, 'NGOismus ist der neue Sozialismus', 〈Cicero〉, 2008년 1월 1일.

366) Thomas E. Schmidt, 'Harlekine im Politik-Theater', 〈디 차이트〉, 2001년 7월 19일.

367) Harald Müller, 'Wie kann eine neue We ltordnung aussehen?'.

368) Lutz Schrader, 《NGOs im politischen Entscheidungsprozess》, Bundeszentrale für politische Bildung, 2006년 2월 1일.

369) Ulrich Beck, 《Macht und Gegenmacht im globalen Zeitalter. Neue weltpolitische Ökonomie》, Frankfurt/Main, 2002년.

370) EU는 2003년부터 2006년 사이에 환경 주제를 위해서만 비정부단체에게 2,640만 유로를 지원했다. 개도국과의 협력을 위해서는 16억 유로 규모의 "비정부 행위자와 현장 당국"을 위한 5개년 패키지가 있다. 독일 연방경제협력성은 2007년에 국내 비정부기구들(재단과 교회 포함)의 개발 활동에 4억 6,490만 유로를, 국제 비정부기구들의 활동에는 약 720만 유로를 지원했다. 연방환경성은 독일의 비정부기구 활동에 430만 유로를 지출했다.

371) Janis Vougiouskas, 'Sudan-China-USA', 〈쉬트도이체 차이퉁〉, 2007년 10월 11일. 미국에서 벌어진 민족말살 논란 때문에 워런 버핏은 2007년에 여론의 압력을 받아 중국의 석유재벌 페트로차이나에 대한 지분 참여를 줄이지 않을 수 없었다.

372) Marcia Pally, 'Sex Krieg & Waffen', 〈타게스차이퉁〉, 2007년 8월 4/5일.

373) Klaus Brinkbäumer, Ullrich Fichtner, 'Die Weltsan ierer'.

8. UN 패러독스

374) Seth Mydans, Crisis Aside, 'What Pains Indonesia Is the Humiliation',
〈뉴욕타임스〉, 1998년 3월 10일.

375) Stephen Grenville, 1998년 5월 21일 모나시 로스쿨 협회 창립식에서
행한 연설.

376) Michael Shari, Dean Foust, 'The IMF Ballout: Up in Smoke',
〈비즈니스위크〉, 1998년 5월 21일.

377) Robert Wade, 〈The Asian Debt and Development Crisis 1997~99:
Causes and Consequences〉, 《World Development》, 1998년 8월.

378) 'Fund Managers in a Surrey State', 〈더 타임즈〉, 1997년 12월 5일.

379) Mark Malloch Brown, 〈The John Holmes Lecture: Can the Un Be
Reformed?〉, 《Global Governace》, 2008년.

380) 'Die Uno ist eine Baustelle', 〈노이에 취르허 차이퉁 암 존탁〉,
2007년 9월 23일.

381) 'Balkan Diplomat Seeks to Open Doors', 〈BBCNews〉,
2007년 8월 11일.

382) 'UN Proposes New Budget', 〈어소시에이티드 프레스〉,
2007년 10월 26일.

383) 《Uwe Hoering, Vorsicht Weltbank!》, Hamburg, 2007년

384) Steven Weisman, 'Old Guard of Banking Struggles to Adjust to Global
Economy', 〈헤럴드 트리뷴〉, 2007년 6월 4일.

385) 'China Takes up Civic Work in Africa', 〈크리스천 사이언스 모니터〉,

2007년 6월 27일.

386) Daniel Drezner, 'The New World Order', 〈포린어페어스〉,
2007년 3/4월호.

387) 《The World Bank Group and Extractive Industries-Strikig a Better
Balance》, Washington, 2003년 12월.

388) 세계은행 보도자료, 2007년 10월 20일.

389) Katrin Bennhold, 'At World Economic Forum, a Look at the Dangers of
a Shifting Power Equation', 〈인터내셔널 헤럴드 트리뷴〉,
2007년 1월 23일.

390) Jan Ross, 'Wer, bitte, regiert denn nun die Welt?', 〈디 차이트〉,
2007년 6월 14일.

391) Nicolas Sarkozy, 《Rede beim französisch-japanischen Club》, Paris,
2007년 11월 22일.

392) Catherine Belton, 'Es gibt einfache Lösungen, Interview',
〈배니티 페어-독일판〉 23호, 2007년.

393) 'Putin Calls for New World Order in Trade and Finance Institutions',
〈파이낸셜 타임스〉, 2007년 6월 11일.

394) Alexej Kudrin, 'The Era of Empires is Over in the Global Economy',
〈파이낸셜 타임스〉, 2007년 9월 30일.

395) Michael Kläsgen, 'Die leeren Worte des Präsidenten',
〈쉬트도이체 차이퉁〉, 2008년 1월 9일.

396) www.number10.gov.uk.output/Page14323.asp

397) Gunter Hellmann, Ulrich Roos, 'Windhunde und falsche Hasen',
〈프랑크푸르터 룬트샤우〉, 2007년 9월 26일.

398) www.wfp.org

399) www.unhcr.org/statistics.html

400) www.un.org/Depts/dpko/dpko/bnote.htm

401) 'A Chance for a Safer World', 〈이코노미스트〉, 2007년 1월 6일.

402) Lydia Polgreen, 'China, in New Role, Presses Sudan on Darfur', 〈뉴욕타임스〉, 2008년 2월 23일.

403) 'A Chance for a Safer World'.

404) 반기문, 'Why the World Has Changed in the U.N. Help with Talks on Iraq', 〈워싱턴포스트〉, 2007년 8월 10일.

405) Colum Lynch, Robin Wright, 'U.S. Seek U.N. Help with Talks on Iraq', 〈워싱턴포스트〉, 2007년 8월 10일.

406) 'World Publics Favor New Powers for the UN', www.worldpublicopinion.org/pipa/articles/btunitednationsra/355.php?lb=btun&pnt=355&nid+&id=, Washington, 2007년 5월 9일.

407) http://de.unpacampaign.org

408) Bettina Stang, 'Zwei Jahre Abeit und kein Ende', 〈eins Entwicklungspolitik〉, 13/14호, 2007년.

9. 세계대전인가 세계사회인가?

409) www.secureenergy.org

410) IEA, 《World Energy Outlook 2007》, Paris.

411) Energy Watch Group, 《Crude Oil-The Supply Outlook》, München, 2007년 10월.

412) David Strahan, 'Former Head of Saudi Aramco : Oil Has Peaked', 2007년 10월 31일. http://globalpublicmedia.com/transcrips/2851

413) 셸의 전 직원들에게 보낸 이메일에서, 2008년 1월 22일.

414) Ed Crooks, 'Africa Aid Wiped out by Rising Cost of Oil',
〈파이낸셜 타임스〉, 2007년 12월 29일.

415) Institute for Security Studies, 《European Defence: A Proposal for a
White Paper》, Paris, 2004년 5월.

416) 'Bundesministerium der Verteidigung, Weißbuch 2006 zur
Sicherheitspolitik und zur Zukunft der Bundeswehr', Berlin.

417) Timothy Garton Ash, 'Müder Titan', 〈쉬트도이체 차이퉁〉,
2005년 8월 30일.

418) 'Wir rechnen mit mehreren tausend Opfern', 〈타게스슈피겔〉,
2006년 2월 18일.

419) 2006년 1월 석유수출에 근거하여. The National Defense Council
Foundation, 'The Hidden Cost of Oil', 2007년.

420) Maximilian Mayer, 'Warum China aktuell', 2007년

421) The Worldbank, 〈Global Monitoring Report〉,
《Millennium Development Goals 2007》, Washington.

422) Donald McNeil, 'Child Mortality at Record Low; Further Drop Seen',
〈뉴욕타임스〉, 2007년 9월 13일.

423) http://devdata.worldbank.org/wdi2006/contents/section2_1.htm.

424) 'Liu Institute for Global Issues', 〈Human Security Report 2005〉,
University of British Columbia, Vancouver. ; 'School for International
Studies', 〈Human Security Brief 2006〉, Simon Fraser University,
Vancouver.

425) Ivo Daaler, Robert Kagan, 〈Bridging the Foreign Policy Divide〉,
《America and the Use of Force: Sources of Legitimacy》, The Stanley
Foundation, Muscatine, Iowa, 2007년 6월.

426) Christian Wernicke, 'Im Zweifel stramme Patrioten',

〈쉬트도이체 차이퉁〉, 2007년 6월 27일.

427) John McCain, 'In alter Freundschaft', 〈쉬트도이체 차이퉁〉,
2008년 2월 8일.

428) Pew Research Center, 《Global Unease with Major Powers》,
Washington, 2007년 6월.

429) 세르비아 공습과 코소보 침공은 이 원칙을 위반한 것이었다. 그러나 정
황이 독특했으며 군사작전은 지금까지 유일한 죄악이었다.

430) Nicholas Burns, 'Europa sollte sich als Weltmacht sehen',
〈쉬트도이체 차이퉁〉과의 인터뷰, 2008년 2월 8일.

431) Ivan Krastev, Mark Leonard, 〈New World Order: The Balance of Soft
Power and the Rise of Herbivorous Powers〉, 《Policy Brief, European
Council on Foreign Relations》, London, 2007년 10월.

432) Koseph Nye, 《Bound to Lead: The Changing Nature of America
Power》, New York, 1990년.

433) 'The Decline of America' s Soft Power', 〈포린 어페어스〉,
2004년 5/6월호.

434) Steffen Dobbert, 'Bill umarmt die Welt', 〈디 차이트〉, 2007년 9월 11일.

435) Nicolas Sarkozy, 'Den Lauf der Dingeändern',
〈프랑크푸르터 알게마이네 차이퉁〉, 2007년 8월 31일.

436) Access Asia Weekly Update, 2008년 2월 14일.

437) Jürgen Habermas, 〈Erste Hilfe für Europa〉,
《Rede vor dem SPD-Kulturforum》, Berlin, 2007년 11월 23일

438) Norman Angell, 《The Great Illusion》.